創新與傳承
大學生命教育課程規劃與教學實務

紀潔芳 主編

心理出版社

目　次

生命教育教學方法

殯葬文化

特約稿

論通識教育與生命教育的關係

1

《創新與傳承：大學生命教育課程規劃與教學實務》這部書，是紀潔芳與黃麗續邀請許多學者，就他們在生命教育的教學實踐上的心得與體認撰寫專文，匯集而成的一部著作。承蒙兩位編者的好意，將全書書稿寄來給我先睹為快，並希望我寫一些文字作為本書序文。我非常感佩他們長期以來在生命教育教學上的努力，所以就不揣鄙陋，寫一些自己的想法，以就教於本書廣大的讀者。

本書兩位編者告訴我：2020 年臺灣有 160 所大專校院，其中有 128 所學校開授生命教育相關課程共計 1,563 門課，有 711 位老師講授生命教育課程。這部書的編者邀請在生命教育不同領域有教學經驗的老師，撰寫教學經驗專文，探討教學內容、教學方法、體驗活動的運用、作業的規劃等經驗，將每位老師的經驗或困難，與關心生命教育的老師互相分享。他們還告訴我：臺灣大專校院所開授的生命教育課程，約有半數是作為通識課程而開授。他們所指出的這項事實，引導我們思考：「生命教育與通識教育有何關係？」這個問題。因此，在這篇序文中，我想就不再重複討論本書所收錄專文的許多重要論點，我想首先探討「通識教育與生命教育的關係」這個理論性問題，接著討論在華人社會中，生命教育向東方文化智慧回歸的願景及其價值理念。

2

關於通識教育與生命教育的關係，我認為可以從兩個角度來思考：第一，從教育的形式與本質的關係來看。在形式上，通識教育包括人文、社

會科學、理、工、醫、農、生命科學等各大學術領域的課程，涵蓋的教育領域範圍較廣，所以是「總」；生命教育主要涵蓋生命的意義、方法與實踐等課程，範圍較窄，可稱為「別」。但是，在理論以及教學實務上，生命教育是通識教育的基礎與起點，因為生命教育致力於在生產自動化與「人工智慧」（AI）將成為人類文明主流的 21 世紀，培育學生具有「機器不可取代的能力」，所以較通識教育更為根本而重要，我在近作中曾討論這一項論點（請參考拙作〈「生命教育」如何可能？〉，《通識教育學刊》第 24 期，2019 年 12 月，頁 9-30），所以在此就不再重複。

第二，從教育的過程與目標來看。首先，在教育的過程中，教育始於「自我」的探索與挺立，孔子就說過，「修己以敬」是「修己以安人」以及「修己以安百姓」的起始點（《論語・憲問・45》）。「敬」這個字在朱子（晦庵，1130-1200）思想中，得到最充分的發揮，朱子解釋《論語・雍也・1》時說：「自處以敬，則中有主而自治嚴」，「敬」的精神狀態正是生命教育致力於培育的一種生命情懷。生命教育教學實踐的形式雖然多元多樣、不一而足，但是都在不同程度之內與不同面向上，致力於「自我」的覺醒，以臻於「敬」的精神境界，這一點應是毫無疑義的。從教育的過程來看，生命教育確實是教育的起點與基礎，只有經由生命教育，才比較容易達到通識教育的目標。

再從通識教育的目標來看，通識教育雖然教學的學術領域各不相同，涵蓋人文社會、理工、醫、生命科學、農學等各學門的知識，但都是為了促使學習者作為「人」之覺醒，以建立人與「自我」、人與「他者」、人與社會、人與自然、人與超自然的關係。《六祖壇經・般若第二》說：「若無世人，一切萬法，本自不有。故知萬法本自人興」，這句話可以被引用來闡釋通識教育的目標是為了「人」，而不是為了「物」，所以擔任做為生命教育的通識教育課程老師，對於學生就必須懷抱著同體大悲之心、觀功念恩之心、善巧柔和之心，才能對學生生命的轉化與提升有所幫助。如果以上說法可以成立，那麼我們就可以說，生命教育正是通識教育的目標。

所以，不論是從教育的過程或目標來看，生命教育與通識教育都不可分割，而且生命教育比通識教育更重要。2020 年，某頂尖大學在一週之內竟有三個學生自殺，這項慘痛的事實，逼使我們必須正視生命教育在當前大學教育中的重要性。

從以上這兩個角度來看，我們就可以理解臺灣大專校院開授的生命教育課程，大約半數是作為通識教育而開授的原因了。生命教育與通識教育兩者密切互動、相互支援，我們可以說：欠缺生命教育的通識教育是缺乏方向感的教育；缺乏通識視野的生命教育，終不免流於務內而遺外，所見不免拘於一隅。

3

在我非常有限的接觸範圍裡，我大約了解現階段臺灣大專校院所開授的生命教育課程內容，其主要重點有二：第一，教學內容在「生」而不在「死」，這種傾向固然是與孔子（551-479 BCE）所說「不知生，焉知死？」（《論語・先進・11》）的教誨遙相呼應，若合符節。但「生」與「死」原是生命不可切割的兩面，《論語・先進・11》中的季路問事鬼神，孔子說：「未能事人，焉能事鬼？」南宋朱子在註解這一章的時候說：

> 問事鬼神，蓋求所以奉祭祀之意。而死者人之所必有，不可不知，皆切問也。然圓點)非誠敬足以事人，則必不能事神；非原始而知所以生，則必不能反終而知所以死。蓋幽明始終，圓點)初無二理，但學之有序，不可躐等，故夫子告之如此。（〔宋〕朱熹：《四書章句集注》，臺北市：臺大出版中心，2016 年，頁172）

朱子這一段解釋，很能闡發孔子的生死觀，「幽明始終，初無二理」，如果我們的生命教育能兼觀「生」、「死」，也許就較能得其全貌而無偏頗。

20 世紀英國著名的人類學家馬林諾夫斯基（Bronislaw Kaspar Malinow-ski, 1884-1942）早就一針見血地指出，死亡是人生的一切事件中最具破壞性的事件，人類對死亡的否定、靈魂永生論的提出等，「都是由於一種否認個人毀滅的深刻需要而產生的」（馬林諾夫斯基著，費孝通等譯：《文化論》，臺北市：臺灣商務印書館，1967 年臺一版，中譯原版在 1944 年出版，頁 59）。藏傳佛教宗喀巴大師（1357-1419）提到，人最需要思考的有三件事：「思決定死，思維死無定期。思維死時除法而外，餘皆無益」（宗喀巴大師造，法尊法師譯：《菩提道次第廣論》，卷 2，收入藍吉富主編：《大藏經補編》，臺北市：華宇出版社，1985 年，第 10 冊，頁 518）。「死亡」這項事件，在生命教育中的重要性，實在不可忽視，值得我們從事生命教育教學工作的老師們加以重視。當代西方學術界正視人之「死亡」問題，發展出所謂「死亡學」（Thanatology）這個新興學術領域。十幾年前，日本東京大學也推動為期十年的「生死學」研究計畫（請參看 http://www.l.u-tokyo.ac.jp/shiseigaku）。2016 年，中央研究院中國文哲研究所也召開國際研討會，將研討會上所發表的論文編成專書出版（周大興編：《東亞哲學的生死觀》，臺北市：中央研究院中國文哲研究所，2016 年）。

在寫作這篇序文的時候，本書兩位編者告訴我：過去生命教育教學實務重「生」不重「死」的狀況，近年來已大幅改善，這是很令人欣喜的事情。兩位編者說：近年來，生命教育現場教師常常解說各大宗教的死亡觀，也帶領學生預立遺囑、舉行生前告別式、參觀殯葬所或生命紀念園區，或引導學生簽下預立醫療緩和意願書，也會帶領學生學習重病臨終關懷。由此可見，近年來臺灣的生命教育，已經理論和實務並重，並且「生」、「死」並觀，庶幾不墮一邊，這是非常令人感到欣喜的發展。

4

第二，過去有一些在第一線從事生命教育課程教學的老師告訴我：在臺灣，有關生命教育的理論基礎，多半是來自近代西方的「生死學」學理，

而較少源自於東方文化中幾千年所蘊蓄的智慧。這樣的印象應該距離當時實際教學狀況不遠，但這些狀況近年有明顯的改善，本書所收蔡明昌老師的專文，就以中華文化與佛教教義為基礎，試擬「大學生來生信念量表」、「大學生死亡焦慮量表」、「大學生果報信念量表」、「大學生對生命重大事件成敗歸因量表」、「大學生犬儒態度量表」等，這個方向是很有發展潛力的。我說以上這類量表在生命教育上有潛力，主要原因是如果我們的青年世代在青春歲月就能深思生命的有限性、死亡的必然性，以及來生的不確定性等重大問題，那麼，他們對於所生存世界的苦難，就能有所體認，而升起「離苦得樂」之心（或稱「出離心」），當他們對於其他人也面對一樣的生命困境，就比較容易升起同體大悲之心，這就是所謂「菩提心」。從以上生命的事實出發，就比較容易思考世界與生命都是由無量無邊的充分條件與必要條件之互動所決定的，這就是所謂「空正見」。這樣一步一步分析，可以使生命教育的學習更加深入。但是，如果完全依靠「量表」，有時不免會陷入「數量性思維的陷阱」，所以，義理思想的解析，仍必須居於首位。因此，我想接著討論生命教育向東方文化回歸的願景。

過去生命教育的學理基礎與教學規劃，得益於來自歐美的生命教育典範者較多，這是可以理解的，而且多年來也發展出許多方便可行的教學模組，以便於移植運用。但是，由於社會背景與文化元素的親近性，在華人社會的大專校院推動生命教育教學，如果能夠在現在已經非常好的成績的基礎之上，再加強作為東方文化主流思想的儒釋道的生命智慧，可能就更能使我們的學生受益。

在東方文化主流思想中，儒釋道思想傳統對於生死問題的思考，都有深刻的思想資源，而具有開發課程之豐沛潛力，但為節省篇幅，我想僅就儒佛的生命智慧略申管見。

首先，儒家的生命智慧較具有「現代相關性」的，大約有以下三點：第一，儒家將生理生命的結束，視為文化生命的開始，孔子說「殺身以成仁」（《論語・衛靈公・8》）、孟子（372-289 BCE）說「捨生而取義」

（《孟子・告子上・10》）、荀子（298-238BCE）說「從生成死」（《荀子・正名》），都強調「生」與「死」是一個生命的連續體。儒家認為，人在生之日應努力使自己經由「修身」而完成「齊家」、「治國」、「平天下」的志業，賦予自己生命的意義。所以，儒家認為人雖然生理生命有時而終，但因為他們的生命已經融入社會文化的巨流之中，所以他們對死亡的來臨並不恐懼，因為他們知道生理生命結束之日，正是他們文化生命開啟之時。明末王陽明（1472-1529）臨終只說：「此心光明，亦復何言？」（吳光等編校：《王陽明全集》，下冊，卷35，頁1324）八個字，正是基於這種生命智慧。第二，儒家強調在人的有限生命歷程之中，應該致力於「自我的轉化」，並以「自我的轉化」作為起點與基礎，努力於「世界的轉化」這個終極目標，以創造生命的無限意義。北宋初年范仲淹（989-1052）〈岳陽樓記〉結語說了：「先天下之憂而憂，後天下之樂而樂」這句氣勢磅礡的宣示；明末東林書院「風聲雨聲讀書聲，聲聲入耳；家事國事天下事，事事關心」的楹聯，都告訴我們：在儒家生命觀中，從「修己」到「治事」是一個同心圓的展開過程。儒家關心「生成」（beco-ming）的問題，遠過於「存有」（being）的問題。許多儒者並在「生成」（「成聖成賢」）的過程中，賦予「存有」（「生命」）以意義，所以在儒家經典中的功能性概念（如「修」、「養」、「轉」、「化」、「治」等），比實體性概念（如「身」、「氣」、「形」等）更為重要，更受東亞各國儒者之重視。第三，儒家在社會文化傳統（古代稱為「禮」）的價值脈絡之中，思考「生」與「死」的問題。孔子說服事父母必須做到「生事之以禮，死葬之以禮，祭之以禮」（《論語・為政・5》），荀子說：「禮者，謹於治生死者也。生，人之始也；死，人之終也。終始俱善，人道畢矣」（《荀子・禮論》），儒家以極嚴肅態度面對「生」、「死」問題，認為「生」、「死」問題應置社會文化的價值傳承及其脈絡之中思考、安排。儒家傳統中生死觀的這三項論點，對處於「傳統」與「現代」斷裂的21世紀之華人青年，可能仍具有啟示，值得成為現代大學生命教育課程

的部分內容。

　　接著，我想再簡單說明佛教的生命智慧。佛教經、律、論的數量浩如煙海，但佛教生命觀基本上環繞在「四諦」與「十二因緣」這二個核心概念而展開。所謂「四諦」，是指「苦」、「集」、「滅」、「道」，佛教首先直指人為生命的生存，生而具有永無止境的欲求，所以生命的本質狀態就是「苦」，之所以「苦」是因為諸多因緣的「集」聚。人要達到「滅」的境界，滅除生命的「苦」，就必須求「道」。《大般若經》曾說：「苦是逼迫相，集是生起相，滅是寂靜相，道是出離相。自性本空，遠離二法，是聖者諦」（卷 472），主張對「性空」的認識是使生命離苦得樂的途徑。所謂「十二因緣」觀，各種闡釋極多，相傳生於釋迦摩尼滅度後約 500 年的龍樹菩薩（150?-250?）之解釋較為清晰。《大智度論》說：

> 　　過去世一切煩惱，是名「無明」。從無明生業，能作世界果，故名為「行」。從「行」生垢心，初身因，如犢子識母，自相識故，名為「識」。是「識」共生無色四陰，及是所住色，是名「名色」。是「名色」中生眼等六情，是名「六入」。情、塵、識合，是名為「觸」。從觸生「受」。受中心著，是名「渴愛」。渴愛因緣求，是名「取」。從取後世因緣業，是名「有」。從有還受後世五眾，是名「生」。從生五眾熟壞，是名「老死」。（龍樹菩薩造，鳩摩羅什譯：《大智度論》，卷 5，收入《大正新脩大藏經》，東京：大藏出版株式會社，1988 年，第 25 冊，頁 100）

　　佛教的「十二因緣」觀，建立在「無限生命」觀之上，認為人死之後「神識」不滅，生命恆處於輪迴之中，所以修行乃成為必要，只有通過修行，才能使生命生生增長、離苦得樂。

　　我對儒佛生命觀作最簡要的解讀，掛一漏萬之處在所難免，但以野人獻曝之誠，愚者一得如果能獲得本書作者與讀者的採擇，作為規劃生命教育課程的參考，就不失為一件有意義的事情。

5

我建議在大學推動生命教育，可以考慮回歸東方思想文化泉源的儒佛思想，並以儒佛生命智慧作為基礎，規劃生命教育課程，此尚有另一層考慮，這就是二戰以降「有形的宗教」之退潮這項新發展趨勢。

著名的社會學家盧克曼（Thomas Luckmann, 1927-2016）曾研究戰後德國社會的宗教信仰趨勢，指出在德國社會中傳統以教會制度為基礎的「有形宗教」，如新教或舊教，已逐漸成為一種邊緣現象。二戰以後興起的，是以個人虔信（individual religiosity）為基礎的「無形宗教」（invisible religion）。這種心中虔信的個人可能不會經常去教堂，但是他們每天都會閱讀《聖經》，並藉由《聖經》而與上帝對話，這種人愈來愈多（盧克曼著，覃方明譯：《無形的宗教：現代社會中的宗教問題》，北京市：中國人民大學出版社，2003 年）。盧克曼的研究發現，不僅見於德國社會，其實也見之於許多地區或國家，這是戰後世界的重要現象。

在這種「有形的宗教」退潮的現代（更精確地說，應是「後現代」）社會氛圍之中，儒家與佛教的人文精神，就顯得特別彌足珍貴。儒家人文精神建立在「天人合一」的理念之上，杜維明先生曾經說：「這種人文主義內蘊著一種與天的『盟約』，因為我們的道德責任不在於把我們自己作為一個孤立的個體來實現自己，也不在於把我們的社群完善成某種自足的實存，而是通過自我實現和社群完善去實現『與天地參』的人類的最高理想」（杜維明著，段德智譯：《中庸：論儒學的宗教性》，北京市：生活・讀書・新知三聯書局，2013 年，頁 120-121）。儒家雖不是西方文化定義下的「宗教」，但是儒家以「誠」為核心價值所開啟的豐沛人文精神傳統，仍是 21 世紀生命教育取之不盡、用之不竭的思想資源。《中庸》這部儒家經典，對於「誠」這個價值概念，發揮得淋漓盡致。「誠」這項儒家核心價值，對於德川時代（1603-1868）的日本社會與思想影響深遠。從 16世紀至 19 世紀，日本儒家思想史就是走在從「敬」向「誠」移動的發展軌

跡之上（參看相良亨：《近世の儒教思想：「敬」と「誠」について—》，
東京：塙書房，1966 年）。儒家在人倫日用之中體認並開啟生命的永恆而
超越的意義，對 21 世紀的人而言特別值得深思。我在探討東亞儒家人文精
神的近作中，曾就這一項看法再三致意（參看拙作 Chun-chieh Huang,
"Humanism in East Asia," 收入 *Oxford Handbook of Humanism*, Oxford, UK:
Oxford University Press, forthcoming）。

其次，再就佛教生命智慧來看。佛教雖然是源遠流長的宗教信仰傳統，
但是佛教絕不鼓吹盲信，釋迦牟尼說：「苾芻或智者，當善觀我語，如煉
截磨金，信受非唯敬」（《吉祥大力續王》，引文見宗喀巴大師造，法尊
法師譯：《辨了不了義善說藏論》卷 1，收入《大藏經補編》，第 10 冊，
頁 2）。《大般若經》說：「所有事業，皆自審思，非但信他而便起作，乃
至如來、應、正等覺所有言教，尚不輕爾信受奉行，〔……〕」（〔唐〕
玄奘譯：《大般若波羅蜜多經》，卷 448，收入《大正新脩大藏經》第 7
冊，引文見頁 262）。從以上這些經文來看，我們可以說佛教追求的是「理
性」與「信仰」之平衡。上個世紀著名的宗教學者史密斯（Huston Smith,
1919-2016）曾說，佛教不是迷信的宗教，而是最具革命性的宗教（參看
Huston Smith, *The World's Religion: Our Great Wisdom Traditions,* New York,
NY: Harper-Collins Publishers, 1991, pp. 82-153），也許就是著眼於這一點。
以這樣的態度面對信仰問題而開啟的生命智慧，正是 21 世紀大學生命教育
的資源。

總而言之，2001 年 9 月 11 日紐約的恐怖攻擊事件，為 21 世紀這一個
苦難的時代揭開了序幕，提醒人類人與「自我」的和解、「自我」與「他
者」的和解、「自我」與「超自然」的和解之重要性；2019 年開始，「新
冠病毒」（COVID-19）肆虐全球，更為人類的永續生存，蒙上了巨大的陰
影，更提醒人類與「自然」的和解之重要性。上個世紀 1970 年代曾獲諾貝
爾獎的經濟學家加爾布雷斯（John Galbraith, 1908-2006），曾著有一本題為
《不確定的年代》的書（John Galbraith, *The Age of Uncertainty*, Boston, MA:

Houghton Mifflin Harcourt, 1977。此書有中譯本：約翰・加爾布雷斯著，杜念中譯：《不確定的年代》，臺北市：時報出版公司，1994 年）。但是，我們的 21 世紀才更是一個「不確定的年代」。在疫情嚴峻、危疑震撼的苦難歲月中，大學的生命教育取得了一個前所未有的高度，也具有前所未有的重要性。我很高興看到紀老師與黃老師不辭辛勞，合編這一本書，我深信這本書的出版必將為生命教育，開啟一個新的視野，其大有裨益於我們苦難的時代，是可以確定的。朱子詩云：「問渠哪得清如許，為有源頭活水來」，21 世紀人類的苦難與世界的潦水迴旋，需要以優質的生命教育流注清流，才能邁向「潦水盡而寒潭清」的新境界。

黃俊傑

臺灣大學特聘講座教授、歐洲研究院院士

2021 年 5 月 19 日

以自覺生命啟迪生命自覺

　　由紀潔芳教授主編，一批長期在大學從事生命教育的優秀教師們撰寫的《創新與傳承：大學生命教育課程規劃與教學實務》一書即將付梓出版。紀老師熱情邀請我為之做序，推辭不過，也為祝賀，談談初步學習後的心得體會。

　　二十餘年來，各大專校院一大批熱心於生命教育的老師們，積極參與、傾心投入各種正式和非正式的生命教育交流，結成「生死之交」。我有幸參與到這個過程中，深受感染和教育，也激發出很多有意義的思考。紀潔芳教授和何仁富教授等是生命教育界良性健康互動的重要推手，做出了突出貢獻。

　　隨著生命教育學術研究和交流的深入，紀教授等將生命教育的交流視域由學術理論探討拓展到課程規劃和教學實務，在教學理念、課程規劃、教材選編、教學進程、教學方法等開展深度交流，主編這樣一部以課程規劃和教學實務為主要內容的重要著作，既是生命教育自身發展的緊迫需要，也是生命教育界同仁的眾望所歸。

　　生命教育得到重視與廣泛推展，確實是社會發展、教育發展、人的發展的根本需要促成的。生命自覺，既可以說是人的基本自覺，也可以說是人的高度自覺。而在生命教育的推進過程中，大學生命教育承擔著特別的任務與使命。一方面，大學是人成長為成熟主體的關鍵時期，大學教育應當包含生命教育，大學應當面向大學生開展生命教育，且需要有科學合理高效的生命教學實踐；另一方面，大學作為社會教育體系的最高層次，還應當為中小學的生命教育和社會其他領域的生命教育提供指導，開展理論研究、學術交流、師資培訓等工作。這都凸顯了將大學生命教育理念的學術探討拓展和應用到教育教學實踐的極為重要地位與作用。

本書作為第一部試圖從整體上呈現大學生命教育教學面貌的文集，內容非常豐富：既有對生命教育理論構建與對策的探討，也有對生命教育教學實踐與方法的探討；既有關於生命教育的論說，也有關於生死教育的討論，還有關於安寧療護、臨終關懷、殯葬文化等主要生命議題的討論；既有定性的研究分析，也有量表的開發運用；既有全新專題課程的研發，也有在不同學科課程中開展融入式生命教育的討論；既有多年從事生命教育、生死教育的老前輩經驗分享和理論建構，也有年輕一代對生命教育的熱情投入。由此也可見，大學生命教育的獨特魅力和華人世界生命教育的蓬勃生機。

翻閱各位作者的大作，體會同仁們的生命教育實踐經驗和理論思考，對生命教育和生命教學有幾點切身感受。

生命教育是涵括全生命週期的教育。從各位大專校院老師開設的生命教育課程名稱和內容就可以體會到，生命教育真的是涵括了生命從出生到死亡的全生命週期的「全人教育」。「物有本末，事有終始」，生命之為生命，在於有生死，但又不只是由生死決定，而是由生到死的全過程才成其為「生命」。儘管大學階段的生命教育對象主要還是「年輕的生命」，但是這些年輕的生命已經是其前生命歷程和生命經驗的匯聚，並將作為相對成熟的生命直面在畢業後「全週期」的生命，因此大學階段的生命教育課程才呈現出這樣的「全週期性」，從出生到成長、從衰老到死亡、從臨終到殯葬，生命教育讓生命的全週期都得到關照。這是生命教育的真正意義之所在。

生命教育是融攝全專業學科的教育。如果說生命教育在內涵上是涵括全生命週期的，那麼在生命教育的教學方法上，則充分體現了全專業學科的融攝性。在大學的生命教育課程中，除了各種類型、名稱的「生命教育課程」，還有更多融入到不同專業學科的「課程生命教育」，所涉及學科非常廣泛，既有人文社會科學的課程，也有自然科學的課程，還有醫學及藝術類的課程。儘管不同專業課程在開展融入式生命教育時會有所側重，

但生命教育的理念在這種教學實踐中得到了更為廣泛的推廣和普及。其中我們還看到，有些大專校院已經開始將生命教育納入整個專業的人才培養計畫中，開展系統的生命教育課程；有些大專校院則開設了多門有特色的系列生命教育課程。這些都是極為可喜的事。

生命教育是滋養全社會人群的教育。亦如大學是一個社會學習和研究的中心，就生命教育而言，大學的生命教育研究、教學和傳播也承擔著整個社會生命教育及普羅大眾生命品質提高的重任。在本書中，我們不僅看到老師們潛心於大學生命教育的學術研究和教學實踐，還深層次地介入中小學生命教育的課程設計、教材編撰、師資培訓。同時，也看到老師們積極承擔社會生命教育責任，在老人安養中心、醫院、監獄等推展生命教育的經驗總結。人的生命不只是簡單的自然生命歷程，根本上還是教育的結果，而且這種教育是終身的。因此，看到生命教育逐漸成為社會不同人群關注的熱門話題，這是我們大學生命教育老師們的使命，也是一份光榮。

正是由於生命教育在個體人以致全體人的生命歷程中都具有如此重要的地位和作用，一種更加健全與合理的生命教育教學理念和教學方法就更顯重要，能夠具有以「自覺生命」激發和啟迪「生命自覺」的鮮明特色，能夠在不同生命體之間激發出某種特殊的同頻與共振，並提升人們的生命自覺。在這裡，既需要生命教育教師憑藉著自己已經達到的自覺生命而發揮的主導性作用，也需要生命教育體系的各種要素發揮出系統性和活化作用，以便最大限度激發教育對象的生命活力和生命自覺，例如：透過對生命教育課程的全面規劃與悉心設計，體現出對於生命價值意義的多向度領悟；透過對教學資料的精準選擇和生動展示，彰顯生命案例的鮮活啟迪意義；透過對教學場景的精心設計和感性生動，展示生命與環境的良性互動；透過對教學過程的動態展開和有序推進，凸顯生命自覺的感悟節點；透過教學方式的生動感性與豐富多彩，激發生命自覺的活力與魅力等等！正是透過他們，高度特性化的個體生命才能夠與高度社會化的人類生命交互激盪，彰顯意義，提升自覺，從而融入到人類生命體系，並展示出自身的特

殊價值和意義！

　　正是在這樣的意義上，我真誠希望也相信，本書的出版能夠將老師們
具有個性化特色的生命教育教學經驗轉化為生命教育界的共同財富，相互
學習、彼此借鑒、推進創新，將生命教育教學提升到更高水準和更高境界，
更能造福社會！

歐陽康

華中科技大學哲學研究所所長、哲學學院二級教授

2021 年 4 月 28 日

教師做為僕人領導者

　　疫情期間，翻閱著出版社寄來的本書每一篇作者之分享，有感動，也有思考，還有一種整理。閱讀這些篇章，我可以感受到每位作者個人對於教育工作的熱情與對年輕人成長的關切。從形式與主題範圍來看，本書帶著濃濃的叢書味道，形式上有敘述經驗的，有類似準質性研究的論文形式，也有教案分享。至於內容，從一所大學的通識教育如何以生命教育為核心，到一位教師如何規劃一學期生命教育課程的大綱與執行方式的介紹，或單一門課以特定學生（如師資生）為主軸的教學經驗分享等；進一步說，本書的範圍從生死教育、生活美學、安寧照護、悲傷輔導、文化、宗教、動物照護到品格倫理等等議題都有，形式多元、內容豐富。讀者可因個人的教學環境與脈絡的不同，或根據教學對象的差異，或個人在校園的角色任務之不同需求，找到可以參考的篇章。因篇章繁多，留給讀者一一探索，免得破梗。

　　做為讀者，在細細閱讀每位作者的經驗之同時，思緒掉進 1998 年一路走來的軌跡。對我來說，參與臺灣生命教育政策的發起、推動與個人實踐，無疑是宇宙給我個人生命發展的教育歷程。因為生命教育的推動工作，擴展了我個人生命面向的視野，也深刻了我對生命層次的體會，尤其是在靈性發展的面向上。從個人有意識的在教學與輔導學生之歷程中融滲生命教育的目標，我充分體驗與學生們一起實作、修練的重要與進展，體會「教師做為僕人領導者」的真諦與喜悅。一位「僕人領導教師」，帶著利他的信念，在學生的差異和成長需求上，看到生命教育／教學的彈性、創意與路徑。多年來，到現在依然，我總是主張，校園生命教育的落實與成效，關鍵在於提供學生可以連結和親近的生活楷模和生命典範，而這些楷模與典範就是每位校園裡的僕人領導者——教師。僕人領導教師總是以其言行

與風範，透過一種能引起學生共鳴的強大振動，在教學、活動與生活互動間，默默地改造年輕人的生命。

　　容我先感謝紀老師於舊曆年期間以電話邀我參與本書的撰寫，然而，在一一檢視個人的教學經驗後，我很難提出一門課做為代表；容我誠實面對自己這些年的生命與工作體驗後，深覺自己的信念中，每一門課都與學生生命有關，而我也習慣每一個議題都要師生連結回個人生命或群體脈絡，這樣的想法自然就衍生出不同的教學形式和議題融入，在還未能理出課程與生命教育的系統脈絡前，實不敢有太多書寫；感謝前輩們體諒，甚而不棄，還再次邀請我為此書寫幾個字，我也只好恭敬不如從命了。再次表達對前輩先進的敬佩與感謝。

　　最後，套用 Robert Moor 在《路：形跡的探索》（駱香潔譯，2018）一書中的概念：「山徑是人走出來的，歷史悠久的山徑必是有用的山徑」（頁29）；本書的範圍多重、形式多元，讀者閱讀時，不妨想像，就像進了一座小山，山裡有不同的路徑，而生命教育的每位行者在每個岔口，各自選擇不同的小徑。我相信，這些小徑，有些平坦，便利行走；有些小徑，沿途風光美好，卻不見得好走，但總是前人走過的路，有跡可尋。最後，那些被重複走過的小徑，自會成為一條有用的山徑與存在。

　　教育工作者做為僕人領導者，我們總是自我期許帶著勇氣、感恩與祝福，繼續在生命教育的路徑上前行。感謝每位作者，祝福每位讀者。

林思伶

Covid-19 期間於臺北

2021 年 5 月 23 日

生命教育三十年傳承愛與希望的未來

　　我國實施生命教育，係前省教育廳始自 1997 年推動的「中等學校生命教育計畫」。然而，更早在 1990 年左右，國內已有部分大學開設生命教育相關專題課程。大學端很早即意識到生命教育課題的重要性，當時已由一群對生命教育有熱誠、有使命的專家學者默默耕耘、犧牲奉獻，一點一滴開疆拓土，為生命教育的發展扎根奠基，可謂是生命教育推動的先鋒部隊。及至 2001 年，教育部宣布該年為「生命教育年」，並初頒「教育部推動生命教育中程計畫（90 年至 93 年）」，規劃從小學至大學十六年一貫的生命教育實施，正式奠定我國生命教育推動的重要里程碑。

　　教育部為因應社會變遷及校園學生實際狀況，每三年持續滾修生命教育中程計畫重點工作，2018 年至 2022 年之生命教育中程計畫「以生命教育的回顧、深耕與前瞻」為規劃之指導方針，從政策發展與推動、課程教學與師資培育、研究發展與國際接軌等三大面向，規劃教育行政機關及各級學校應辦理之工作項目。其中，在回顧的部分，以盤點 20 多年來的生命教育資源為目標，包括人力、課程教案、教材與校園文化等，期建立完整資料庫並留下歷史紀錄。值此同時，欣見彰化師大紀潔芳教授退而不休，以其 30 年來（高中 20 年，大學 30 年）在大學開授生命教育的教學經驗及在國內外推廣生命教育的熱忱，匯聚了大學資深教授與年輕學者，共同分享推動生命教育的實踐經驗，不僅體現了生命教育傳承與創新的有機性，也為大學生命教育 30 年留下最佳註腳。

　　本書共有 31 所大學、46 位任課教師參與，計 45 篇文章，內容相當豐富，分七個主題，包含：通識與生命教育、生命教育與自我成長、生命教育教學方法、生命教育特色主題、臨終關懷與安寧療護、殯葬文化、特約稿，各主題透過研究分析、量表開發、融入式課程的教學方式與讀者分享，

對未來的生命教育課程規劃，有很大貢獻。

　　中小學生命教育要大力推動，大學生命教育之教學成效是關鍵因素。大學生命教育課程不僅能增進學生對生命意義的理解，亦能培養其正向的生命態度、激發生命的熱情，畢業後進入社會，必能珍愛自己、尊重他人及關愛大自然。部分畢業生會進入學校教書，若能帶著正向的生命特質，陪著孩子一起成長，以生命影響生命，一代傳一代，愛與希望必能永綿延。生命教育在大學受到高度的重視，在課程自主的原則下，各大學多在通識課程或各系所必選修課程中開設生命教育課程，目前也已成立多所生命教育相關系所與碩博士專班、教師第二專長培育、生命教育增能培育，除開設課程外，也辦理生命教育推廣活動，包括：學術研討會、國際學術交流、社團活動與服務學習等，以期提升未來教師的生命教育素養及知能。

　　深耕生命教育是教育部重要的教育政策之一，在落實從小學到大學一貫的生命教育推動上，教育部亦整合了各項行政資源。在大專校院，由學生事務及特殊教育司下設教育部生命教育中心、教育部生命教育研發育成中心，積極協助大學生命教育的推廣、學術研發與師資培育，透過行政資源整合與分工，深化生命教育推動效能。而在高級中等以下學校，生命教育由教育部國民及學前教育署下分設三個中心協助推展，包括位於羅東高中的國教署生命教育學科中心以及國教署生命教育專業發展中心，分別推動高級中等學校、國中小課程研發與教師培訓；另於羅東高商的國教署生命教育資源中心，負責推動非正式課程。

　　從幼兒園到大學都積極在推展生命教育，如今生命教育已枝繁葉茂、蔚然成林。本書寶貴的大學生命教育課程實踐經驗的分享，於大學推動生命教育 30 年之際，深深值得我們重視及珍惜，更可提供各級學校未來創新課程的發想與省思。

林騰蛟

教育部常務次長

2021 年 5 月 13 日

生命教育將成為劃時代的顯學

　　生命教育是人與自己、人與他人、人與環境、人與宇宙的連結關係，是關乎人的教育。1997 年，前省教育廳推動「中等學校生命教育計畫」，是臺灣官方正式推動「生命教育」的濫觴。20 多年來，生命教育在臺灣遍地開花、成果豐碩，例如：生命教育成為高中以下學校的正式必修或融入式課程、出版適合各級學校的生命教育教材與教科書、多樣的生命教育教學教案與經驗分享等，不勝枚舉。面對 AI 時代的來臨，學科知識的獲取將變得更為普及，生命力的無限感知勢必大幅崛起，串起物聯時代的生命力，生命教育已漸漸成為劃時代的顯學。

　　2017 年，南華大學將學校中的生命教育主力教師（包括釋慧開教授、紀潔芳教授、何長珠教授等人）之大作，集結成《生命教育教材：基礎篇》（11 篇）及《生命教育教材：進階篇》（12 篇）兩本生命教育教材，委由五南出版社出版，兩本書主要論述生命教育的基本概念與實務案例，內容涉及生命真相、生死諮商、臨終關懷、悲傷輔導以及不同宗教觀的生命教育等多項議題，非常豐富。而今，歡喜樂見紀潔芳與林綺雲兩位曾任南華大學生死學系的教授，齊力發起《創新與傳承：大學生命教育課程規劃與教學實務》一書的出版，攜手集結多位來自高等學術機構的生命教育重要推手，其中不少（曾）任職於南華大學生死學系的教師，包括鈕則誠老師、釋慧開老師、魏書娥老師、黃麗續老師、曾玉芬老師等，以及諸多曾來南華大學交流分享的專家們，與中國大陸、香港、澳門諸位致力生命教育的學者，共計 45 篇大作／ 50 位撰筆；其在生命教育深耕多年的課程與教學經驗，彙編成冊，儼然為 20 多年來共同推展生命教育課程與教學經驗的集大成，也是臺灣生命教育向前推展堅定的磐石。

　　生命教育是南華大學的品牌，更是臺灣最美麗的風景。南華大學深耕

生命教育，自創校以來迄今已 20 餘載，期間在 2013 年本人就任南華大學校長後，將「生命教育」列入校務發展的四大主軸之一（另三項為「環境永續」、「智慧創新」、「三好校園」）；秉持「以生命力帶動生命力」理念，採取「特色化、差異化、整合化」策略，建立以生命教育為引導的「身心靈平衡」教育體系，以及含括「組織制度、課程教學、教師增能、學生成長、推廣產學、評量改善」六面向的推動機制，全校近半數教師投入生命教育行列，每年開設逾百門生命教育課程，從學校到社區、影響社會、邁向國際，南華大學正積極打造成為全國以「生命教育」為品牌的卓越大學。爰此，2015～2021 年連續獲選設立國家級「教育部生命教育中心」、2015～2020 年連續榮獲教育部「生命教育特色學校」，帶動多項辦學績效飛躍成長，例如：2018～2020 連續三年全校註冊率蟬聯全國私立大學第一、2020 年獲「世界佛教大學」排名第九（華人第一）、2020～2021 英國泰晤士高等教育（Times Higher Education）世界大學影響力排名（University Impact Rankings）全球排名四百多名（全國並列第 11 名）等，學校整體與師生教與學的成效，以及在各級學校、社區及國際推廣的影響力，皆深獲教育部、國內各界及國際高度肯定；南華大學也因生命教育創出高教品牌，生命教育在南華大學將更加豐富與多元。

　　生命教育是臺灣最獨樹一格的教育品牌，感謝有幸與諸位作者和眾多同道共同推動生命教育，讓生命教育在臺灣各地開花結果、各有風采；相信藉由本書的出版，對臺灣及世界各國生命教育的再推進甚有助益，在此特予推薦。

林聰明

南華大學校長

2021 年 5 月 19 日

以飛揚的生命引領生命的飛揚

　　1999 年 7 月因緣際會，在臺北和心儀已久的趙可式老師見面，我們一見如故、相見恨晚，暢談了一個下午，談出了彰化師大五年十次的學術研討會，也談出了臺灣生命教育發展的一片天。

　　2000 年 1 月 27～28 日，是一個發光發熱的日子，在趙老師啟動了引擎下，彰化師大主辦了「大學院校生死教育課程教學研討會」，各大學教生死教育課程的老師幾乎都參加了，與會人士將近二百多人，包括：學者專家、碩博士研究生、高中教師、醫護人員及社會人士等，大家惺惺相惜、志同道合，並結下了生死盟約，以推廣生死教育為己任，並以生死之交暱稱。在往後的日子裡，常互通有無，分享教學資源，交流教學心得。在其他行業中，通常是同行相忌，但在生死教育領域，我們是同行相親，發揮一加一大於二的功效。

　　多年來，大家有個心願，希望同心協力完成一本書，為歷史留下見證，也為後人留下寶貴經驗。但歲月匆匆，忙教學、忙推廣教育，心願總是懸著，一晃二十多年，恰逢新冠疫情不能趴趴走的期間，閉門著述、奮筆疾書，終於蔚為成冊，為臺灣的生命教育發展留下了我們的心意。

　　靜下心來翻閱，這本書還頗有看頭：樹人老師「生命卷軸」的啟示、慧開法師「生命教育教學相長」的生命故事，另外還有則誠、樹仁、綺雲、淑美、文祥、錫琦、運星、景媛、仁富、麗華、曉婭、劉慧、王珊、宜安、紋羽、劍鍠、禮安、閏華、維信、開敏等老師，都是教授生命教育的老將，教學經驗豐富，文筆流暢，閱讀之餘，深獲我心，諸多啟發，例如：仁富老師「西湖生死學」的課程，將傳統融入現代，典雅中有新意，融合了歷史、地理、人文、藝術、生死學，韻味無窮。

　　英雄出少年，年輕一輩的教師充滿活力、創新、熱情，文章也很精彩：朝興老師的教學方法及教學成效，令人振奮；拜讀慧瑩及楊菁老師的文章，

才知道彰化師大的生命教育為什麼總是頂呱呱；嘉銓老師將生命教育融入解剖學的尊重與莊嚴；育誠及淑蘭老師的心靈彩繪藝術療法非常賞心悅目；瑋宜老師將生命教育融入營養學、服務學習及班級輔導，文字簡約、說理清楚、實例貼切，正是我們需要的；明昌老師對「來生信念」及「果報信念」量表的研發，提升大學生處世之道的修養；愛民老師為人熱誠、胸懷大志，以大力推動死亡學理論探究及實務教學為己任；書梅老師將書目療法運用於生命教育的新穎；玉芬老師對監獄生命教育推廣及境外生生命教育的教學經驗非常寶貴；昱平老師設計的堅毅生命課程是年輕人必須的修養；碧味老師帶領學生參訪醫學院解剖課程的大體老師及對生命鬥士的關懷；雲嶺老師對生死教育混合式教學的成效；丹妮老師的生命敘事式生命教育之引領；明宇老師對死亡體驗活動的教學震撼；明霞及黎想老師在安寧療護及死亡體驗教學上的鍥而不捨；明理老師對校園動物照護的生命教育；達能老師的殯葬實務及防治自殺教學經驗等，都令人印象深刻。以上這些文章都非常有特色，助益我們對生命教育有多元的認知，為生命注入強心劑，也深深感覺到生命教育的無所不在！

　　安寧療護是生命教育中非常重要的單元，維淑老師為人實在，深具實力且慈悲無限，她的〈藏行顯光，幽谷伴行〉一文，讀之再三，令人感動落淚，可式老師的學生真不是蓋的；書娥及麗績老師將安寧療護的教學歷程如實呈現，是實證研究貼切的範例，並助益學生對生命末期態度的理解及調適；桂軍老師對癌末病人的臨終關懷實務經驗豐富，視病如親，他的每一個個案都動人心弦，是非常好的教材。以上四位老師安寧療護的文章，引領醫護莘莘學子慈心向上，病人有福了！

　　臺灣臨終關懷的服務品質，在亞洲堪稱第一。有位企業家，英年早逝，因感念志工的服務熱忱，發願捐贈大體，卻感歎到：「我年輕時參加兩次大專聯考，因名落孫山無法進大學讀書，想不到死後轉為大體老師，在大學教書。」生命教育的啟迪是多麼奧妙，大體老師的設置讓捐贈者的心境從嚴酷的寒冬提升到和煦的暖春，真耐人尋味！

為了普及生命教育的推廣，教育部在 2002 年設置了「生命教育學習網」，並由年輕但資深的關婉玲博士負責教材的策劃、設計、製作及審查。該網站提供了豐富及實用的教學資源，非常受到教師、家長及學生的肯定。2008 年 5 月，四川汶川大地震有九萬多人喪生，意味著有九萬多個家庭破碎，有數十萬個家庭身心受到創傷。6 月，我應宋慶齡基金會及北京中科院心理所之邀請前往災區學校了解如何進行生命重建的工作。之後三年，我前往北川及綿陽等地有十趟之多，協助災區學校有系統的進行生命教育。在工作中，知道災區的教師、家長、志願者及社會工作者等運用「生命教育學習網」上的許多教學資源幫助災區學童走出悲傷。另外，本人曾應僑委會的邀請為全球華人教師講授生命教育課程，獲悉全球華人包括歐美地區、中南美洲、澳洲及東南亞的許多華人教師也非常習慣使用該網站的資料輔助教學。目前，該網站的名稱已改為「教育部生命教育全球資訊網」，以因應九年國教延長為十二年國教之需。未來，教育部的生命教育重點工作之一為盤點生命教育三十年來之重要教學資源，以為 AI 世代發展生命教育之參考。故，「生命教育學習網」早期教學資源的保存及維護非常重要，可發揮承先啟後之功效，在此感謝關博士以特約稿形式報導。另外，本書主要探討大學老師生命教育的教學經驗，故特刊載本人、謝依樺及李泓穎老師的〈臺灣大專校院生命教育推動三十年之回顧與展望〉一文，供大家參考。

　　綜觀教授生命教育的老師都有共通的特質：就是有一顆赤誠的心，以生命力教學，能聆聽及同理學生。舉凡教學方法的設計、教學資源的選擇，以及體驗活動的實施，都是以學生為主體，希望學生能愉快地學習及學到帶得走的能力。曾經有學生說：「在上課中深深被老師的誠懇及表裡如一而感動」；另有學生也回憶到：「畢業多年，走在人生道路上，每當碰到十字路口左右徬徨時，不覺會想起老師，當時被觸動的感覺很自然地浮現上來，安撫我、鼓舞我，幫助我做較佳的人生抉擇……」，想想，這不就是我們生命教育的教學目標嗎！

在此非常感念黃俊傑教授、歐陽康教授、林思伶教授、林騰蛟次長及林聰明校長等對我們的相知、相惜、相挺，在百忙中抽空為本書寫序。當我接到這五篇序稿時，特別撥空靜心拜讀不下十數次，涵泳其味、深思其旨，原來這是用生命力寫的序，文章看似心平氣和，卻有雷霆萬鈞的穿透力及震撼力，並有語重心長的殷殷期盼，深覺內心受到洗滌、靈魂獲得滋潤，不由得省思：自己在教學中有無誤人子弟？有無把握生命教育的真意？有無到位入味？有無啟發學生生命的飛揚？有無為社會的天時地利人和盡一份心力？在此，對兩位通識教育大師黃教授和歐陽教授、天主教大學林董事長、教育部林次長、佛教大學林校長等，感恩再感恩。

或許有人疑惑，怎麼沒見到幾個熟悉的名字？可式老師隱居調養；明富老師、效智老師及佩怡主任等都太忙了……，這是我們力求圓滿中的美中不足，但「盡心隨緣」，不正是生命教育中需學習的功課嗎？！

本書的完成要感念一批批的年輕學子，在他們青春年華、人生最珍貴的求學期，走進教室，聽我們的課，讓我們有機緣盡一份心力。也要感念各位任課老師言而有信、義不容辭、依時依約寄來鴻文。另外，仁富、麗華賢伉儷及綺雲，全程幫忙看稿及諸多鼓勵，有知音同行真好。亦師亦友的麗續不厭其煩，將行政事宜一肩扛起，將突發事件即時處理得當，有妳真好！也感謝心理出版社及林總編輯的用心！最最感動的是好友妙蓮寺印行法師護持我閉關五天，在清靜祥和中，拜讀一篇篇發自心靈的文稿，融匯涵容，並有兩位小助理幫忙處理電腦事務，很有效率，有你們真好！

此時的心境非常怡然安祥，能為大家服務是緣分，不但好文章可先睹為快，在來往的互動中，深受「大家」風範磁場的普照，在和諧溫馨中接到可式老師的電話，帶著滿滿的祝福將本書付梓，將心動轉為行動，相信本書的出版，會為這動盪不安疫情肆虐的社會，增添一分安定及清涼，也相信在生命教育發展中將有所撼動，讓生命更有意義！

潔芳　誌於慕蓮齋
2021 年 5 月

通識與生命教育

1 生命卷軸：價值與意義的示現

金樹人

臺灣師範大學教育心理與輔導學系名譽教授

在生命教育的課程中，我們經常會配合課程的目標，邀請學生繪製「生命卷軸」。生命卷軸又稱為生命線（life line），因其形狀類似魚骨，也有人稱其為魚骨圖（fishbone diagram）。生命卷軸在生命教育課程中的使用目的，在於自我探索、抒發創痛、生命回顧與策劃未來（紀潔芳、鄭瑋宜、鄭璿宜、曾懷荻，2014）。本文擬從筆者多年來從事心理諮商與生涯諮商的經驗與視角，探討生命卷軸中價值與意義的示現，就教於生命教育領域的前輩與專家。

壹、生命卷軸溯源

生命卷軸的應用源自於日本學者石川馨（Kaoru Ishikawa）所設計的石川圖（Ishikawa diagram），又稱為魚骨圖。原本是為了解決管理過程中出了狀況的問題事件，一種追根溯源的圖像式思考輔助工具（Ishikawa, 1989）。魚骨圖在本質上是一種因果圖，可幫助管理人員追蹤瑕疵、變化、缺陷或失敗的原因。該圖看起來就像一條魚的骨骼，頭部標示出問題，問題的原因進入了脊柱，可能的原因就分列在兩側。一旦確定了造成問題的所有原因，就可以開始尋找解決方案（Pearson, 2021）。

生命魚骨圖擷取了「因（生命故事）—果（生命瓶頸）」的概念，用

於從生命史中找出解決生命瓶頸的故事線索。前段魚頭可用三角形表示，代表一個人出生後 0 至 3 歲的發展階段。中段魚骨拉出時間的緯度，同時標示出關鍵事件。關鍵事件意指影響最大或令人最難忘的事件，成功或正面事件的魚刺朝上、失落或負面事件的魚刺朝下，並以魚刺的長短表示事件影響的大小。後段魚尾，則表示現在的生命位置或想要解決的困境。

貳、繪製生命卷軸

在課程中，我們讓學生回溯過往的生命經驗，按照重要的事件，依序繪出高峰低谷的生命卷軸。生命卷軸的繪製，可參考Cochran（引自黃素菲譯，2006）的作法，除了繪圖之外，加上故事的敘說。其實施步驟如下。

步驟一：在 A4 大小的白紙上，畫上一條橫線，最左邊由「出生」開始，延伸到最右邊的「現在」。學生回憶過去印象深刻的生活經驗，按照時間的序列逐一標出。正向情緒的經驗標記在橫線上方，負向情緒的經驗則標記在橫線下方。離橫線遠近的位置表示情緒的強度，離橫線愈遠表示印象愈深刻，反之亦然。

步驟二：每一個標記代表一個生命故事，其中隱含著故事所擁有的元素：人、事、時、地、物，以及情節。正面的故事通常是成功的、快樂的經驗，負面的故事大多是挫敗的、痛苦的經驗。當然，也有的故事被放在橫線上。請學生將這些故事的標題，列在每一個標示點上。

步驟三：請學生按照時間序列，針對每一個故事進行敘說，進入到故事中的細節，包括了個人當時的感覺、想法與行動，以及在這個事件中的學習、感動或領悟。

步驟四：請學生選擇一個生命的轉折點，討論如果當初沒有轉彎，可能發生什麼事？如果繼續轉彎，可能發生什麼事？無論是否轉彎，故事最好的結果會是什麼？

步驟五：回顧所有的生命故事，並賦予自己的生命故事一個主軸、一

個篇名。

配合課程的進度，也可以請學生根據這些事件撰寫生命故事的傳記，作為家庭作業。

生命卷軸的標示，可以清楚地看出故事人物的命運轉折與變化，這正是學生在描繪過程中，認知歷程主導敘事鋪陳的概念化表徵。從成功的正向高峰經驗中，覺察自己的天分與才能；從看似幽暗的負面谷底經歷，留下強韌的生命力。在心理治療的療程中，治療師有時會讓當事人畫出一條線，左一個起點，右一個終點，從中發現一些療癒切入的蛛絲馬跡（鄧伯宸譯，2015）。如果使用得當，生命的跌宕困頓亦可展示出無比的力量與意涵。

參、卷軸深藏的價值與意義

「意義的發現」來自於在時間軸線中故事所掩隱的意義被重新看見。儘管隨著時間的流逝發生了許多變化，過去的自我影響了現在的自我，或為現在的自我創造了舞臺；而現在的自我又將形塑未來的自我，或為未來的自我創造舞臺（McAdams, 1995, p. 382）。Viktor Frankl（1905-1997）回顧他在納粹集中營的故事，發現了常人無從理解也不能理解的生命意義，連綴這些生命主題與意義，從而創建了影響深遠的意義治療（logotherapy）。

時間的流轉是自然的變化，在生命卷軸中回顧生活的變遷並賦予意義，是發生轉化的主要作用力。從敘事心理學的觀點，個人標示出什麼樣的故事，就會在意識藍圖中演繹出潛隱的個人意義，因此而改變了自己（Peavy, 1998）。美國前任總統歐巴馬（Barack Obama）回憶他以聯邦參議員的身分參選總統，初期沒有人可以保證他能成功出線，關鍵在於「有件事我可以打包票。我知道我舉起右手宣誓成為美國總統的那一天，世界會以不同的眼光看待美國。我知道全美的小孩子，包括黑人孩子、拉丁裔的孩子、

無法融入社會的孩子，也會用全新的方式看待自己。他們的視野開了、可能性變大了，光是這些……就值得了」（引自陳琇玲、鍾玉珏、楊明暐、陳文和、林步昇譯，2020）。歐巴馬深知，如果這些想法能清楚攤在世人面前，他的人生才有意義，他就可以把那樣的承諾、那樣版本的世界傳承給下一代。在群雄環伺的候選人中，他勇敢地踏上征途，最終成了史上第一位非裔的美國國家領導人。

晴晴（匿名）參與了一個澳門的生涯發展研究（關詠怡，2015）。她選取了自己的九個故事，按照時間發生的序列，包括了第一個「初戀」，到第九個「公開同志講座」。故事的高低起伏，呈現出對故事情節張力的主觀認定，其中「剪短髮事件」的故事情節張力最高。對應於每一個故事都個別產生了自我認同的新理解（如圖1所示）（關詠怡，2015，頁66）。

以「剪短髮事件」為例，故事如下：晴晴小時候在父母及老師心目中，一直是一個乖巧的女兒及學生，十分懂得遵守規則，不需要別人替她擔心。

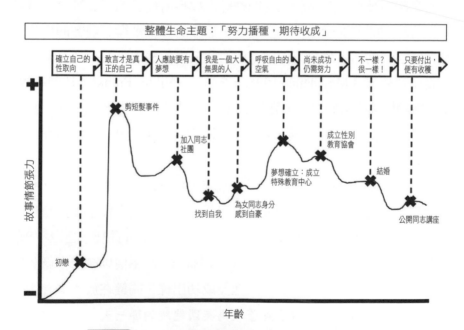

圖 1　卷軸中生命故事與生命主題發展脈絡

但她在國中三年級的時候把頭髮剪短，因而觸犯了校規，被處罰停課一星期。她剪頭髮的原因完全跟女同志身分無關，卻被人誤會成要在學校推廣同性戀風氣。

> 大概是在國三的時候我把頭髮剪短，當時校規說明不能把頭髮剪短至耳邊，否則會遭到停課……，其實我並不是要去挑戰這條校規，只是因為上完體育課後我感到很熱，於是便把頭髮剪短，結果被老師帶去見校長，見校長時我也不會怕，直至我被停了一星期的課，我在家中思考為什麼自己要被停課。（關詠怡，2015，頁 43）

她覺察到自己一直以來都只敢做一個聽話的女生，但這件事將她隱藏在內心敢言的自己拉了出來，解構了「我是老師眼中的問題學生」之自我認同，重新建構「敢言才是真正的自己」。這個「敢言的自己」人格傾向，被「後來的自己」在「先前的自己」播下的種子中發現，成為「所執之我」。

> 當時學校制訂這項規定是不想鼓吹同性戀風氣，但我並非女同志的關係去剪短頭髮，而是因為太熱才去做，被停課時我感到冤屈，我認為不應該這樣子，所以在我復課後變得敢言，夠膽向老師說「不」、反駁老師，在那一年開始我成為了老師眼中的問題學生……。我認為內心深處的自己要爆發出來，不再躲藏起來……。所以我認為這件事把內在的自己引發出來，造成了我日後的人格。（關詠怡，2015，頁 43）

阿賴耶識有一種功能：種子起現行，現行薰種子（于凌波，2010，頁305）。我們在這個例子中可以看得很清楚，當生命卷軸中的故事（種子）

被開啟時，故事有強盛的勢用（現行），剎那之間，個體可以薰習起現行的種子，成為新的種子。晴晴從「剪短髮事件」的種子中，左觀右瞧那件發生在國中三年級的故事，薰習出新的種子：「敢言才是真正的自己」。這個新種子在晴晴後來的生涯發展歷程貫而穿之，發揮了「我要做自己」的生涯定錨作用。

肆、生命卷軸觀察事件

一般來說，生命卷軸的繪製是將印象深刻的事件按照時間序列在生命線上標示出來。因使用目的不同，可有不同的觀察事件。以下分別從谷底的事件、抉擇的事件、緣分的事件與高峰的事件等四大類分別說明之。

一、谷底的事件

谷底經驗是生命卷軸中最常出現的事件，包括了親人亡故、父母離異、學業失敗等。我們可以透過下列的探問方式，尋繹隱含其中的生命主題。生命主題根源於生命中的苦痛或未竟之業（unfinished business），由此經驗的再經驗，定義出新的自我認同，從而激勵願景，展現生命意義。

- 這是什麼樣的經驗？
- 這樣的經驗帶來的感受是什麼？
- 我從這個經驗中看到什麼？

Irvin D. Yalom 是美國知名的存在主義精神醫學大師，他在 80 歲高齡回答如何決定要走入這一行時，憶起了小時候的一個傷痛經驗（引自鄧伯宸譯，2015）。他的雙親是猶太美裔新移民，幼時飽受歧視。父親在他年少時心臟病發，母親當時非常驚慌，她莫名地對他吼著說：「是你害死了他！」曼徹斯特醫生來到後，摸著他的頭髮，把手放在他頭上，讓他聽他的聽診器，並安慰驚懼恐慌的這一對母子。Yalom 從他身上感到極大的舒慰。他從這樣的低谷經驗中，醞釀出一種內在語言：

　　我將來要做一位(1)精神科醫師，這樣可以(2)帶給其他人極大的舒慰，也可以(3)讓我的猶太背景家庭揚眉吐氣／向我的嬤嬤證明我其實並不笨。

　　在這個內在語言中，(1)職業名稱與(2)社會貢獻屬於可以公諸於世的意義，(3)生命主題則是屬於私人珍視的意義。生命主題的看見，讓內在潛隱的生命議題得以藉著工作場域揚眉吐氣，這使得個人被動的苦難（passive suffer）翻轉成為主動的駕馭（active agent）（Savickas, 2013）。

　　從羸弱到強壯，從內縮到自信，從壓抑到表現，從貧困到豐裕，從恐懼到堅毅，苦難被再敘說之後，如何能更有勁地提升其上升的力道？

　　我經常會問受苦的當事人：「這痛苦的經驗想要讓你學習到什麼？」這是一種生命意義的探問。瑞士精神分析學家 Carl Jung 曾說：人類存在的底蘊，就是在黑暗的實存經驗中，找到向晚燭光的意義。一燈如豆，照亮千年的幽暗。意義，隱遁在黑暗的經驗深處；抖落孤寂與痛苦，需要面向經驗，從經驗中找到蟄伏在意義中的力量。美國心理學家 Erich Fromm 指出，意義的發現，是一種力量的開展。如果不是這樣，生命就沒有意義（金樹人，2014）。

　　我們在生命卷軸的敘說或敘寫中讓學生自己發現意義，因意義的發現而啟動心靈的流轉，帶出上升的力量。

二、抉擇的事件

　　生命中無可避免地要經歷許多兩難的抉擇。做決定通常會伴隨著焦慮，焦慮的來源很多，其中的大部分是來自於「難捨」與「不確定」。換言之，首先是兩難之苦，魚與熊掌難以兼得，因而天人交戰，苦到極致，猶如天地之懸隔，此其一也。其次是混沌之苦，抉擇的後果難料，未來處處充滿不確定性，難以逆料，此其二也。在甲選項上的優點，在乙選項上是缺點；

在甲選項上的損失，在乙選項上是獲益。選上甲，就失去了在乙選項上的獲益；選上乙，就失去了在甲選項上的優勢。「左右不逢源」、「魚與熊掌難以兼得」是學生面臨做決定最大的壓力源，魚與熊掌的難捨讓人下不了決定，下不了決定又是另外一種煎熬。

禪宗三祖僧璨大師《信心銘》開章即言：「至道無難，唯嫌揀擇。但莫憎愛，洞然明白。」如果人生當中，不必做決定，毋須揀擇，則不僅沒有煩惱，甚而欲臻通透至道之境，亦非難事。而「唯嫌揀擇」，所欲揀擇者，率皆出於憎愛之心。或憎或愛，只要一念稍起，就在平靜的心湖攪亂一池春水。若求心性之洞然明白，但莫憎愛，這一個輕描淡寫的「但」字，談何容易啊！

《信心銘》接著說：「毫釐有差，天地懸隔。」明白與混濁，繫乎憎愛之心。憎愛之心，起心動念若有毫釐之別，所差者，豈只千里之殊；其與至道，若有天地之懸隔，當下立判。倉央嘉措（Tshangs dbyangs Rgya mtsho, 1683/3/1～1706/11/15）係第六世達賴喇嘛，高僧洞察眾生煩惱，以詩開示：「曾慮多情損梵行，入山又恐別傾城。世間安得雙全法，不負如來不負卿。」梵行如來與傾城愛卿，取捨之間，糾纏了多少難捨憎愛。他因而感嘆「世間安得雙全法」。

「世間安得雙全法」是抉擇的本然現象，遇到生命中的重要抉擇，無論是二選一，或是多選一，我們都希望能斷、果斷、決斷，然而生命抉擇中諸多的不確定性因素，使得抉擇困難重重，無法求全。

玉玦是一種古老的玉製裝飾品，為環形形狀，有一缺口，在古代中國主要用作耳飾和佩飾。自古以來，國人愛玉。玉的質地細膩，柔潤如脂，孔子把它昇華至君子品德，象徵著人格的仁、義、禮、智、信，而且賦予高貴、吉祥、溫柔、沉穩的高尚情操，具有高度的精神內涵。

莊子曰：「緩佩玦者，事至而斷。」儒士衣帶上掛個玉玦，「玦」諧音為「決」，表示遇事善於決斷。東漢古書《白虎通義》也說：「君子能決斷則佩玦。」為何能斷、果斷、決斷的君子或儒士，不是配戴完整無瑕

的美玉，而是有個缺口的玉玦？這裡面隱藏著什麼象徵的意涵與智慧？

　　生命的價值排序，隱藏在左右為難的抉擇中。憎與愛，避與趨。魚與熊掌，左右為難。難在何處？難在難捨：生命價值的取或捨。我選擇大學科系究竟要忠於自己的理想，還是遷就父母師長的期待？我到底要留在家鄉學校陪伴年邁雙親，還是要遠赴他鄉異地求學？我選擇要高位高薪，還是要回家照顧一雙子女？選擇了Ａ，就必須捨去選項Ｂ中難以割捨的價值，有時最難割捨的還竟是生命中始終捍衛的珍寶。

　　在生命卷軸中重新檢視過去的抉擇經驗，往往會發現選項勝出的關鍵，除了能捨之外，在於掌握了最重要的價值排序。生命的價值排序，隱藏在每一次困頓的抉擇中。

　　以馮小剛的電影《唐山大地震》為例。1976 年 7 月 28 日凌晨，一場 7.8 級大地震，將唐山在 23 秒之內搗成一片廢墟。在劇烈的搖晃之後，救難大叔發現了一對姐弟，分別被壓在水泥石板的兩側。如果撬開弟弟這邊，就會壓住姐姐那邊，救難員倉皇地對孩子的母親喊說：「我們只能救出一個，快拿個主意啊……。」全身滿是灰燼、失魂落魄的媽媽面對殘忍的抉擇，嘶聲地哭著：「求求你們，都救，兩個都救啊。」餘震不斷，救難大叔也急了：「再猶豫，兩個都沒了。」這選擇的兩難，落在一個瞬間壓縮的時空。

　　我在上課時常問，如果你是這母親或父親，當下你決定要救弟弟還是救姐姐？

　　在這個教學的例子中，我特別提示學生，選擇弟弟或姐姐不是討論的重點，重點在於思考「為什麼」你自己在那個瞬間要做如此的決定。選擇要救弟弟的請列出三至五項選擇的理由，選擇要救姐姐的也請列出三至五項選擇的理由。選擇本身不應該有對錯，不應該有價值審判，這些理由是個人生死抉擇的瞬間所珍視的生命意義，有其深沉的意涵，他人無從置喙。

　　沒有人能夠知道抉擇之後會發生什麼，這是抉擇之所以難為之另一所在。抉擇之智慧，在於清楚知曉所取者為何，所捨者為何，去接受一切，

去經歷它。無論如何，抉擇之後，東方既白，新的一天，好好去活（金樹人，2014）。

三、緣分的事件

「緣」長久以來就融入了華人庶民的生活，從華人文化結構中自然形塑成了一種獨特的語言習慣與生活智慧。徐欣萍、黃光國（2013）深入分析文獻中傳統對於「緣」所理解的內在成分，大致歸納有三種內涵：(1)與人或物的「各種關係」；(2)行動上的主動性與被動性（類似某種生命態度與因應行為）；(3)佛教的教義。從現象學的角度看，在當代年輕人的語言認知構念中，緣的現象普遍存在於生活中的各種關係，涵蓋了人與人的悲歡離合，以及人與萬事萬物的親疏遠近。從詮釋學的角度看，「緣觀」也是一套對於在關係中「為何有些事情會不預期的發生，又為何有些事情會預期的不發生」之解釋系統，這套系統透過傳統與當代社會建構的機制，涵化了現代年輕人應對關係中順境或逆境的心理／靈性調節法則。

所謂緣分事件，一是指意料之外：沒有刻意追求，卻意外地發生了；二是指影響重大：這些事件對生命發展產生了一定且重要的影響。

在生命卷軸上繪製緣分事件的步驟包括：

1. 回憶從出生到現在，發生在自己身上的緣分事件（包括逆境緣與順境緣）。
2. 在生命卷軸中標示出這些事件。
3. 敘事的反思：這些緣分故事對自己的生命產生的影響。
4. 命名：為這些事件命名。

若要將緣觀的知識系統轉化為因應心理調適的動能，必須具備哪些基本能力？以下分別從「識緣力」、「應緣力」與「惜緣力」等三方面說明之，此緣觀三力可統稱為「緣力」（金樹人，2020）：

1. 識緣力：這是一種事前正確認識緣觀的基本能力，也是一種充實緣力的先備知識。識緣力在於了解緣起緣滅的自然現象，以及這種緣

起現象在生命事件中的積極作用，包括了順境緣與逆境緣。

2. 應緣力：這是一種遭逢緣分事件的處置能力，也是一種緣力在面對事件的具體展現歷程。這個歷程包括「起心」、「動念」、「隨緣」與「識見」四個步驟：(1)「起心」，是面對緣分事件來臨時的最原始素樸之心智準備狀態；(2)「動念」，是面對緣分事件的所有心智動員狀態，包括盡最大的努力蒐集資訊與整合舊有的經驗智慧。「起心」和「動念」這兩個階段竭盡所能，讓「盡分」的程度達到極大化；(3)「隨緣」，是以緣觀經歷事件的來臨與變化，從「無緣」接觸「邊緣」，繼而進入其「緣心」，產生對於人、事、物的密切關聯（緣起）。無論是順緣或逆緣，乘載其中，浮沉上下；(4)「識見」，是有意識地覺察在緣分事件中人與事的變化，靜觀其變，運籌帷幄。「識見」是一種後設認知（metacognition），屬於一種對緣分事件默照決行的智慧。

3. 惜緣力：這是一種對緣分事件沉潛後的深度反思能力，也是緣力中最為縱深的觀察視角。這種反思能力包括三個向度：(1)對於順緣或逆緣事件中促成緣分事件相關人士的感恩；(2)在順境緣中持盈保泰之餘，對於盛極必衰的惕勵與警覺；(3)在經歷的逆境緣中，發現困厄底層中所隱含的啟示與意義。

緣起現象的流轉還滅看似零散無章，在凌亂中容或掩隱簡單至極的章法，別有深意，需要自行判讀。生命過程出現的每個看似不相關的順緣或逆緣事件，其實是「雪花飄落，片片各得其所」。一連串發生的事件看起來像隨機甚至混亂，然而在隱映互彰的背後，似乎暗藏著更高的次序和目標（林于荻，2017）。這讓身歷其境的人，無法忽視裡面隱藏的深意。

四、高峰的事件

上生涯探索的課程時，我經常會讓學生回想看看，最近一段時間或近幾年，有哪些在工作上或生活中非常開心的經驗，這就是在生命卷軸上所

出現的高峰經驗。所謂的開心，我會特別解釋，不是別人的掌聲，而是一種忘我的經驗，一種午夜夢迴，想起來都會讓自己覺得生命沒有白活的經驗。然後，讓他們自己去歸納與思考，這些經驗有哪些共同之處？請他們記下共同之處的前三個名詞或形容詞。在有一次碩士班上課的練習中，班上有一半澳門籍學生，一半中國大陸籍學生（共 33 人），我收回了學生描述高峰經驗的結果，整理歸納如下：

幸福　喜樂　充實　忘我
心醉　神迷　心靈　悸動
廢寢忘食　欲罷不能
豁達完美　極樂輕安
天人合一　真善美聖
別無所求　夕死可矣
統一完整

　　有一位學生告訴我，她一直困惑於如何在會計師與設計師的生命方向中擇一而行。在高峰事件中發現，她很驚喜的發現創意與美感、自由與率性是她生命故事中不斷出現的主題。其實，這些隱藏在生命卷軸中的高峰經驗，是個人本質中不可或缺的一部分，重複地出現，雕琢成了生命中亮麗的冰晶雪花。雖然後來她必須順從家庭的期待選擇會計師，她也堅定的表示要將美學的元素加入生命的品質中。

　　我們活過的經驗是零散的，就如同天體中散布的星體。經驗透過生命卷軸事件的再現而彰顯自身的存在。經驗浮現成為故事，從故事中映照出某種生活的主題。過去的經驗在現在標示成故事，所形成的主題會帶出生命的意義，就如同星體被水手、航海家當作標誌為識別方向的星座一般，從而帶出行動，影響未來的行為。

伍、結　語

　　生命卷軸的活動提供了一個框架，用於了解一個人的過去事件和規劃未來行動，使得生命的存在變得更有意義。每一個人的靈魂深處，除了安全、愛與隸屬感等基本需求外，還渴望自己在這個世界上是被看重的，能夠活得踏實又有意義。生命卷軸的運用，不僅在鑑往知來，尚且隱含著深邃的生命價值與生命意義。透過生命教育的實踐，能讓學生從高峰與低谷的種種經驗中展現這種內在的渴望，活出意義來。

參考文獻

于凌波（2010）。**唯識名詞白話新解**。臺北市：佛陀教育基金會。

林于荻（2017）。**雪花飄落，片片各得其所：由偶發事件與預見力到初啟如實之路**（未出版之博士論文）。輔仁大學，新北市。

金樹人（2014）。**如是深戲：觀・諮商・美學**。臺北市：張老師文化。

金樹人（2020）。緣起緣滅：東方緣觀與生涯諮商。載於金樹人、黃素菲（主編），**華人生涯理論與實踐：本土化與多元性視野**（頁 399-439）。新北市：心理。

紀潔芳、鄭瑋宜、鄭璿宜、曾懷荻（2014）。**生命教育教學**。北京市：中國廣播影視出版社。

徐欣萍、黃光國（2013）。大學生緣觀構念研究與對本土化諮商的啟示。**教育心理學報**，**45**（2），241-259。

陳琇玲、鍾玉玨、楊明暐、陳文和、林步昇（譯）（2020）。**應許之地：歐巴馬回憶錄**（原作者：B. Obama）。臺北市：商業週刊。（原著出版年：2020）

黃素菲（譯）（2006）。**敘事取向的生涯諮商**（原作者：L. Cochran）。臺北市：張老師文化。（原著出版年：1997）

鄧伯宸（譯）（2015）。**一日浮生：十個探問生命意義的故事**（原作者：I. D. Yalom）。臺北市：心靈工坊。（原著出版年：2015）

關詠怡（2015）。**澳門女同志的生涯建構之敘事研究**（未出版之碩士論文）。澳門大學，澳門。

Ishikawa, K. (1989). *Introduction to quality control*. The Netherlands: Springer.

McAdams, D. P. (1995). What do we know when we know a person? *Journal of Personality, 63*, 365-396.

Pearson, S. (2021). *Definition: What is a fishbone diagram?* Retrieved from https://tallyfy.com/definition-fishbone-diagram/

Peavy, R. V. (1998). *Sociodynamic counselling: A constructivist perspective.* UK: Trafford.

Savickas, M. L. (2013). Career construction theory and practice. In S. D. Brown & R. W. Lent (Eds.), *Career development and counseling: Putting theory and research to work* (2nd ed.) (p. 147). New York, NY: John Wiley & Sons.

作者介紹

　　金樹人，現任臺灣師範大學教育心理與輔導學系名譽教授，臺灣生涯發展與諮詢學會常務監事。美國伊利諾大學（香檳校區）哲學博士（1986年）與訪問學者（1995年），曾經擔任臺灣輔導與諮商學會秘書長、理事長，臺灣師範大學教育心理與輔導學系系主任，澳門大學教授。專攻諮商心理學、生涯發展與輔導、心理師個我理論（personal theory）督導等領域。近年來特別聚焦在文化本位生涯諮商的發展與應用、心理位移的發展與應用，以及涵攝東方智慧的諮商心理學。

2 以生命教育為核心的通識教育

周文祥

雲林科技大學通識教育中心兼任副教授

壹、前　言

　　《天下雜誌》（2009，頁287）教育特刊針對高中和大學生所做的調查顯示，有37%的高中生與大學生缺乏自信，更有42%的大學生最感痛苦的是不知道自己要做什麼或能做什麼，此調查結果顯示出大學生生命迷航的狀態。而且近半數的大學生，最希望在學校學到的能力是參與社會的能力，其次是能夠控制自己的情緒，再者是對生命的理解力，最後是對別人要有同理心。而雲林科技大學（以下簡稱雲科大）100學年度生命教育課程，針對大一入學新生的調查也顯示，缺乏生命方向、人際關係、自我成長、時間管理與孤獨寂寞是學生最主要的問題。由此可見，大學除了專業知能的教育之外，通識教育與生命教育內涵的養成亦是刻不容緩之事，除了教學生知道怎麼做（know-how）之外，更需要教學生知道為何而做（know-why）。

　　觀諸社會環境，目前針對企業體系對於大學畢業生的工作條件調查中顯示，企業界所重視的能力或特質前五名分別為：學習力與可塑性（49.8%）、態度主動積極（49.8%）、專業知識與技能（43.4%）、配合度與穩定度（42.3%）、責任感以及自我管理能力（40.7%），是業界選才用人的參考指標（104人力銀行、遠見雜誌，2011，頁18）。由上述可知，除了「專業能力」之外，更重要的是態度，如對人要有感覺、對事要有敏

銳的判斷力，能夠做到「願意聽、聽懂話、肯去做、能做對」之基本素養。再者，藉由以生命教育為核心的通識教育，不僅可以引導學生體會到自己生命的價值與意義，亦可透過正確的學習，經由身體力行的實踐過程，對別人做出貢獻，建立有意義與友善的人際關係；並且從中看到生命的價值，進而發揮自己的長處與美德，產生正向的生命情緒與價值。藉由服務利他以及參與有意義的活動，找到真實而恆久的快樂，創造個人生命的意義與價值。在這樣的背景與因緣下，雲科大遂推動生命教育，本文旨在將生命教育課程規劃為全校核心通識課程的脈絡與歷程，作統整與分享，並就教於關心教育的有志之士。

貳、生命教育的目標與課程內涵

雲科大「生命教育」課程設計的總目標為實現全人教育、培養崇高人格、成就圓滿生命；藉以幫助學生建立正確認知，認識生命的真諦，並引導學生建立生命價值觀，對生命充滿希望與熱忱。雲科大自 100 學年度開始全面推動生命教育，並將其列為全校大一必修的核心通識，以下就課程目標與課程內涵，分別作敘述。

一、生命教育課程目標

透過大學生活中的真實問題，讓學生調整以往被動接受知識的學習習慣，培養積極主動的學習態度與終身受用的學習策略，以適應未來變動不定的社會情境，並且楷定志向，透過正確學習，讓生命達到最高。生命教育課程目標如下：

1. 實現全人教育：(1)建立正確認知，認識生命真相；(2)了解並認識大學教育的意義，能有效運用各項學習資源。
2. 培養崇高人格：(1)培養智慧與遠見，楷定生命方向；(2)引導學生喜歡真理、喜歡經典和聖賢智慧。

3. 成就圓滿生命：(1)引導建立正確的生命價值觀，對生命充滿希望和熱忱；(2)透由正確學習，能改變自己、幫助別人、能夠得到真正的快樂。

二、生命教育課程四大面向的內涵

　　課程面向與內涵的建構，最主要是透由教師社群的討論，了解到現今教育大多強調專業知識技能的學習，而忽略心靈提升的價值以及生命意義的認識。並參酌儒家文化的內涵與精神，以及雲科大與福智文教基金會共同主辦的大專生命成長營課程內涵等而訂定（自 1999 年至 2018 年，經歷二十年）。課程內涵有四大面向與十四個課綱。四大面向為：生命意義的覺醒、智慧與遠見、愛與關懷、實踐與力行。十四個課綱分別是：(1)新世紀生命價值觀；(2)大學教育的本質與價值；(3)效學生命典範：立志與勤學；(4)長遠的生命規劃；(5)生命的希望與光明；(6)做個好學生，找到好老師；(7)認識真相：心靈與物質；(8)物質世界的真相；(9)幸福密碼：關係與意義；(10)觀功念恩的實踐；(11)環境倫理與永續生態；(12)有機心生活：健康生活；(13)惜福習勞（農耕體驗）；(14)善行實踐（服務利他）。其中，惜福習勞與善行實踐就是身體力行農耕與參與服務學習的活動，其他四堂課則是第一堂的總說、全校性的專題講座、課堂講座，以及期末的學習總結——分享與回饋。生命教育的教材內容最主要還是環繞著，如何讓學生去認識這一門課程對他／她長遠生命的價值與意義，然後策發學生想要學習的心。

（一）生命意義的覺醒

　　引導學生學習生涯規劃，同時由諮商輔導中心來協助做「複合向度性格測試」（Multiple Aspects Personality Assessment, MAPA），讓同學認識自己、了解自己，進而自我實現；接著是「大學教育的本質與價值」：了解大學教育的價值與意義，例如：「我為什麼要念大學？」因為大學是「大

學之道，在明明德，在親民，在止於至善」。大學不應該只侷限在專業知識技能的學習，「大學之道，在明明德」，指的是大學的宗旨在於希望恢復本有的光明德性，第一個「明」是動詞，有彰顯、發揚的意思，第二個「明」是名詞，指的是光明正大；認識自己內在的這些心性與德行，然後透過教育與學習讓它彰顯，這是一種醒覺的過程，明明德就是啟發的過程。能夠做到安身立命，進而兼善天下，讓生命臻於究竟圓滿的狀態。這個面向在引導學生如何去認識生命典範、立志向學，進而生起效學仰望之心，其主要內涵為認識生命的意義與價值、建立正向的目的感與意義感。

（二）智慧與遠見

　　在這個面向中，希望同學能夠認識真相、對長遠的生命有規劃、學習面對人事物的態度。我們常說「人無遠慮，必有近憂」，當人有一個高遠的志向與方向時，就知道如何去經營自己的生命。還有認識心靈與物質對我們生命的影響，因為每一個人都想要追求快樂遠離痛苦，但若不認識心靈與物質，終其一生在追求物質的快樂，或許有一天可以達成願望或欲望，可是會覺得不快樂或不幸福，因為那不是帶給生命幸福的真正來源，心靈的提升與滿足才是真正帶得走的資產。那麼智慧從哪裡來？一定是跟有經驗的人學習，要跟有經驗的人學，自己要先成為一個好的學生，所以會延伸出學習的態度。因為跟有經驗的人學習，就能認識真相，能夠做正確的取捨、抉擇與判斷。人會覺得痛苦是因為無知！更嚴重的是自己在無知當中，卻不知道自己的無知，還覺得自己所知道的是正確的，這個才是我們痛苦的根本原因。因此，第二個面向就是在探討如何去開展自己的智慧與遠見，擁有明而覺知，清晰且明瞭的心識，面對境界能夠做正確的抉擇與取捨。其主要內涵為能夠正確觀察思維抉擇、認識無限生命與因果道理、了解心靈與物質的影響與作用，進而成為一個充滿青春、活力、智慧與遠見的時代青年。

（三）愛與關懷

　　此面向旨在透過正確的學習，對環境生態與對人有感覺，比如說如何讓生態能夠永續發展，然後能夠盡自己的能力去關懷自然環境與人。所以對於規律的生活、健康的飲食、崇高的生命、社會的關懷等內涵，需要透過學習去認識，涵養內在的慈悲心，不僅僅只有對人類，對環境生態、動物也都是如此。所以課程中會有一個很重要的主題「觀功念恩」，透過觀功念恩的概念去經營和諧的人際關係。請學生寫感恩卡，真實地去感恩對他有恩的人，另外也有成長札記的記錄、回饋與反思，記錄自己的學習軌跡，總結自己的成長與進步，透過這個過程讓自己對人有感覺，然後生起慈愛與感恩的心。其主要內涵為關心健康、關愛環境與關懷生命等。

（四）實踐與力行

　　當我們對人、對周遭的環境有感覺時，身體力行實踐的課程就顯得更為重要，包括農耕、服務利他或者自己建構一種健康生活的型態。農耕的意義，最主要是使學生能夠對環境生態有感覺與責任，同時農耕的過程也是一種因果的教育，例如：現在英文不好，是過去沒有努力，那你現在努力開始念英文，以後就會慢慢改善，也不是說一下子就有成果。如同種菜一樣，從一顆種子或芽苗，然後慢慢長大，到開花結果，看得到而且吃得到蔬菜，內心會有一種踏實與歡喜的感覺。從種子到萌芽，然後成長、開花、結果，這過程就是一種因果教育。其主要內涵為內在力量所產生的勇氣、遇難不退與堅持到底的意志力等。本校生命教育的四大面向、課程內涵與課綱如表 1 所示。

表 1　雲科大生命教育面向、內涵與課綱

面向	內涵	課綱
生命意義的覺醒	1. 認識生命的意義與價值 2. 建立正向的目的感與意義感	1. 新世紀生命價值觀
		2. 大學教育的本質與價值
		3. 效學生命典範：立志與勤學
智慧與遠見	1. 正確觀察思維抉擇 2. 認識無限生命與因果道理 3. 了解心靈與物質的影響與作用	4. 長遠的生命規劃
		5. 生命的希望與光明
		6. 做個好學生，找到好老師
		7. 認識真相：心靈與物質
		8. 物質世界的真相
愛與關懷	1. 接納別人 2. 代人著想 3. 關懷的能力 4. 關心環境與生態	9. 幸福密碼：關係與意義
		10. 觀功念恩的實踐
		11. 環境倫理與永續生態 12. 有機心生活：健康生活
實踐與力行	1. 內在力量所產生的勇氣 2. 遇難不退與堅持到底的意志力	13. 惜福習勞（農耕體驗） 14. 善行實踐（服務利他）

參、教師社群建構與培育

　　生命教育的核心價值主要在於啟發個體對於生命意義的醒覺、增進個人對於內在狀態的認識，進而建立崇高人格、楷定生命方向、成就圓滿生命。現在的學生之所以會困惑，是因為沒有正確的認知，進而延伸出錯誤的價值觀，所以產生種種的身心困頓與生命的迷航。而生命教育的推動，是否能產生實質的影響力，其核心在於參與授課教師的發心與體會，以及教材內容與教學方法，因此教師社群的培訓增能，就是關鍵所在。依據孫效智（2008）的「人生三問」，三個最根本的生命課題：(1)人為何而活？(2)人應如何生活？(3)又如何能活出應活出的生命？引導每一個人深刻思考生命的課題。

一、教師社群的建構

金耀基（2003，頁 14）在其所著的《大學之理念》一書中，引述大學教育最主要有二個功能，首先透過教學傳授學問，培育人才，其次是發展知識。因此除了專業智能的養成外，如何協助學生發展個人的生命價值觀與多元文化涵養，如自我認同、生命的定位、生活的方向，參與社會的能力與能夠控制自己的情緒等，是現階段多數大學生希望學校能夠教導他們的能力。如證法師（2008）在〈大專教育的基本意義與價值〉一文中提到：「教學相長的重要，教師自己的學習與成長很重要。改變自己，才能影響別人。自己一點都沒有改變的時候，你不可能有任何的經驗告訴學生。」由上所述可知，教學是師生互動的過程，是一種心與心的傳遞。教學的過程，最主要的就是能夠引發學生的學習動機，建立正確的學習態度以及楷定生命方向。

二、教師社群建立與實施過程

建構與推動生命教育課程歷程，最主要有四個難點：第一是調整通識課程結構與學分，移撥學分成為必修課程；第二是邀請具有教育理念與熱忱的老師參與共學和授課；第三是教材內容的研討與統整；第四則是如何跨單位整合資源。所幸在雲科大前、後任校長的支持下，同仁們熱心的付出與參與，加上努力誠懇的溝通與協調，生命教育成為全校大一核心通識必修課程。

三、師資來源與培育

教育是人類升沉的樞紐，老師是教育的核心。有好的老師，有正確的教育，才會有好的學生，人類社會才會不斷向上提升（日常法師，2009，頁 12）。目前大學生生命的迷航，最主要的原因是缺乏正確的生命方向，以及永無止境的物質追求，遺忘了生命真正的主體是心靈，唯有心靈得到提升與滿足，生命才會感到真實的快樂。而在這個過程裡教師扮演著舵手的角色，教育是心與心的傳遞，所以教師的學習與成長非常重要。「生命教

育」課程，首先要面對的是師資來源與培訓問題，因此就現有已開授相關生命教育課程之老師，以及有心參與課程的老師舉辦生命教育課程研習會，除經驗交流之外，凝聚共識、統整理念、同心同願、創造願景。雲科大通識教育中心每月定期舉辦生命教育種子教師共學培訓，並共同討論建構出生命教育課程面向與內涵。師資群來自全校四個學院 20 個專業系所，多年來共有 52 位老師參與授課，其中人文學院 6 個系所 16 人，工程學院 6 個系所 15 人，管理學院 5 個系所 14 人，設計學院 3 個系所 3 人，兼任教師 4 人。

四、教師社群成效

　　雲科大在生命教育推動以來，共舉辦 53 場次的教師社群共學，有 1,090 人次的教師參與，計有 60 位教師參與生命教育教師社群共學，其中本校跨院系專任教師有 56 人。實際參與生命教育授課的老師共有 52 位，其中 48 位是專任教師，分別來自於 20 個系所，約占全校專任教師的 12%（周文祥，2015）。同時本校分別於 102 年度與 105 年度，兩度獲教育部頒發生命教育特色學校。此外亦有工管系邱靜娥與休閒所陳美芳二位老師，榮獲教育部生命教育績優人員，通識教育中心也於 102 年度榮獲教育部頒發全國技專校院通識課程績優學校。得到肯定與鼓勵原非當初推動生命教育的所求，但方向正確，就不怕路遠，一步一腳印，因正則果圓，這也可以說是附加價值吧。圖 1 是教師自發性參加增能培力工作坊學習的踴躍情況。

圖 1　教師社群熱烈歡喜參與增能培力工作坊

五、如何永續經營

創業維艱，守成更難。生命教育能否永續經營，產生影響性的關鍵，在於老師的持續學習與參與，所以維繫教師社群的共學，以及期末教學經驗交流的工作坊，就相形重要與必要。透過教師成長社群的研討與交流，可以讓不同專業領域的老師在共同的生命教育議題上和教材教法上，相互切磋交流，一方面提升自己，另一方面利益學生。教學其實應該是教學相長的過程，透過教學的過程中，老師一方面以自己的體會去傳遞，善巧地讓學生了解，一方面也透過這些過程去學習。而這其中最主要的元素是真誠與關懷，學生如果感覺到老師在關懷他，他會產生一種力量，就會有勇氣致力於自己要改善，或是有能力去面對他生命中應該去突破與學習的地方。所以這是教與學的內涵，這就是教學相長的過程，老師自己也要不斷地提升，因為老師的生命高度到哪裡，學生就能夠走到哪裡，因此老師不斷自我提升是很重要的！

六、教學相長

此外結合學術研究，探究生命教育的成效，產生更具體的結果與影響性，也是後續要努力的地方。最近雲科大也嘗試將生命教育的實施成效作量化與質性的研究，例如：鄭心婷（2013）針對 100 學年度與 99 學年度的學生，探討生命教育對生命意義價值觀影響之研究。研究結果顯示，學生修習生命教育課程後，生命意義價值觀顯著高於修習生命教育課程前。修習過生命教育課程的學生，其生命意義價值觀顯著高於未修習過生命教育課程的學生。其次，許惠婷（2014）透過文獻的整理與蒐集，探討生命教育的發展歷史與脈絡，並了解當今國內大學生命教育課程之教育目標，以及其課程設計之內涵，並在蒐集相關資料擬定訪談大綱後，擇定五位受訪者，逐一進行深度訪談，並針對訪談內容進行分析，俾便了解生命教育課程對大學生的影響。由訪談內容的歸納分析中，發現下列主要結果：大學

的生命教育課程確實能為大學生帶來影響與改變。就影響的面向而言，可分為六個層面，分別為：同理心、感恩心、環境永續、健康飲食、正向光明的思考、生活變得更有目標，其中受訪者對同理心、健康飲食、正向光明的思考等三個向度的感覺較深刻，其次是感恩心與環境永續，最後則是生活變得更有目標。此外，磨韻如（2015）以現象學研究策略，選取五位教授生命教育並曾獲教學評量前三名之授課教師，作為研究對象。以半結構式深度訪談，並以持續比較法分析所訪談之資料。研究結果顯示，參與生命教育課程教師具有高度熱忱及利他心，並認同課程的內涵與充滿信心，以及教師社群的感染力而參與授課。參與過程皆以「身教」為核心，「關懷」為本之精神，傳達課程內涵，如表2所示。最後是透過教師社群共學，教學相長，彼此提升，同時也展延到專業教學，並且在生活內涵與生命品質的學習上，都有正向的成長。

　　由上述的實證研究可知，大學生命教育課程有其實質上的需要，不僅能夠幫助學生建立正確的生命價值觀，同時也為其長遠的生涯學習，鋪下深厚的基石。同時也讓授課教師透過教的過程達到教學相長的效果，藉此建構起教師社群學習團隊，相互學習也互相支援。

表2　雲科大生命教育質性研究分析

研究者 （年代）	研究對象	主要研究結果
許惠婷 （2014）	來自四個學院的五位上過生命教育課程的同學	‧經過生命教育課程的學習，歸納出同理心、健康飲食、正向光明的思考、感恩心、環境永續、生活變得更有目標等六個面向，印象最深刻 ‧呼應到生命教育課程四大面向與內涵
磨韻如 （2015）	五位教授生命教育並曾在教學評量排序前三名的老師	‧參與授課教師具高度熱忱與利他心，認同課程內涵與教師社群的感染力 ‧以身教為核心，以關懷為基礎 ‧教學相長，對自己教學、生活與生命都有正向的幫助與成長

肆、結語：生命教育的感性力

　　教育過程是一種自我認識、自我探索、自我發現與自我實現的心路歷程，是一種內在自我覺醒的歷程，也可說是生命智慧與生活經驗的傳承。而雲科大推動生命教育能夠初具成效，最主要歸納出四點因素：第一是回歸教育本質，培養崇高人格的教育目標；第二是因應社會脈動與業界需求；第三是教師社群的建構與學習；最後則是跨單位與跨領域的資源整合。生命教育推動最主要是讓學生建立正向的目的感與意義感，進而產生自主學習動力。具體而言，可歸納成三感二性一力：三感指的是目的感、意義感與價值感，二性是指自主性與自律性，最後是產生堅持到底的意志力。

　　總而言之，生命教育是一種希望的教育，不怕困難、不怕失敗的教育！換句話就是不管我的起點多麼不光彩，多麼平凡，只要我不斷往正確的方向努力，我的生命是可以改善，可以超越，可以達到我想要的目標和理想。生命教育也是一種心與心的交流和傳遞的教育，若學會了就能教導別人，就能傳遞給別人。生命教育是身體力行，以身作則的教育，抱持著教學相長的心態，拉著學生的手帶著他們去美妙的地方做學習，讓每一個人都能在自己的水平上，努力向上跨一步。而老師也可以透過參與教師社群共學增能的過程，達到教學相長、理念統整、自我提升、利益學生的願景。期許校園是一個充滿「愛與關懷，溫馨幸福」的學習環境。

參考文獻

104 人力銀行、遠見雜誌（2011 年 4 月 21 日）。**2011 企業最愛大學生評鑑調查**（頁 1-26）。臺北市：作者。

天下雜誌（2009）。人生迷航，近半大學生不知要做啥。**2009 教育特刊，435**，286-289。

日常法師（2009）。**教育：人類升沉的樞紐**。臺北市：福智之聲出版社。

如證法師（2008）。大專教育的基本意義與價值。**通識在線，19**，11-15。

周文祥（主編）（2015）。**生命教育：看見希望**。雲林縣：雲林科技大學通識教育
　　中心。

金耀基（2003）。**大學之理念（二版）**。臺北市：時報文化。

孫效智（2008）。以生命教育為核心的通識教育。**通識在線，19**，3-5。

許惠婷（2014）。**生命教育課程對學生影響之探究：以雲林科技大學為例**（未出版
　　之碩士論文）。雲林科技大學，雲林縣。

鄭心婷（2013）。**生命教育對生命意義價值觀影響之研究：以雲林科技大學生命教
　　育課程為例**（未出版之碩士論文）。雲林科技大學，雲林縣。

磨韻如（2015）。**用生命陪伴生命：大學教師參與生命教育課程經驗之研究**（未出
　　版之碩士論文）。雲林科技大學，雲林縣。

作者介紹

　　周文祥，雲林科技大學通識教育中心兼任副教授，目前開授「生命教育與圓滿生活」與「心靈教育與美好人生」等二門課程。他是一位充滿活力與膽識的老男兒，熱愛戶外活動更喜好親近大自然，但也熱衷追求內在靈性生活。個性熱忱，樂於助人，長期在福智團體學習並擔任志工，學習心靈成長，並透由義工服務，練習代人著想與觀功念恩，實踐利他兼自利的深度休閒生活，積極開展生命格局與視野。

　　座右銘：幸福的根本是回歸心靈的成長，教育的根本是教育本身。

3 大學生命教育課程之建構、推動歷程經驗分享：以彰化師範大學通識教育為例

丘慧瑩

彰化師範大學國文學系教授兼系主任
彰化師範大學臺灣文學研究所所長

壹、前　言

　　源於希臘城邦的博雅教育，是為培育具文化素養、術德兼備、心智健全的自由人（Kimball, 1995）。時至今日，「自由人」的定義或許產生變化，但博雅教育培養獨立判斷的中心價值，不容置疑。

　　然現今教育的功能卻常被區別為人文／科技、博雅／實用、通博／專精的二元對立，在狹隘的專業教育主導下，大學培養出來的人才適合代工產業的格局與需求（林崇熙，2014）；通識課程被簡化為幾門分類的課程，以符合教育商品化、市場化的需求；簡單的知識拼湊，很難培育出博雅教育重視的思考、溝通、辯證、判斷等能力。

　　臺灣的通識教育一直存在著「通識教育是什麼？」的爭辯。從早期的「共通共同」──共同科，作為彌補專業教育的不足，到重新思考通識教育的定位，近來甚至成為各種創新實驗的開路先鋒。彰化師範大學通識課程的幾經變動，正見證了臺灣各界（特別是教育主管單位）對大學通識教育不同階段的思考與變化。

現今大學的通識教育，希望能培育出兼具深度與寬度的「T 型人才」（T-Shaped）。所謂「T 型人才」的概念，是由哈佛商學院教授 Dorothy Barton 提出。簡單說，傳統科系教育培養出來的 I 型人才，是指在某個專一領域中具有專精技術的人才，也就是一般人常講的「專才」；而 T 型人才，則是指除了在某專一領域中具有專業智能之外，並同時對於其他相關領域都有一定相關知識素養的人才，即「通才」，也是目前強調素養導向的跨域學習。「I 型人」的思維只有單一領域的深度，很少思考自己習慣範疇之外的事物；但「T 型人」有深度也有寬度，除自己熟悉的範疇，也勇於擁抱改變、思考創新事物，是新世代所需要的人才。

作為傳統師資培育學校，我們更強調通識課程中的人文精神、人之所以為人的獨特性、使命感。因此彰師大的通識課有了變動，我們希望有一門課程，可以讓學生有不一樣的學習經驗，讓學生多一點反思批判的機會。於是我們結合校內外資源，終於在 105 學年度開始，正式推動全校必修通識課：「生命探索發展與實踐」，這是一門以生命教育為主，融合生涯發展、服務學習的實作性課程，希望能帶給學生自覺反省能力、問題解決能力，以及多一點點的心靈感動。

貳、通識課程的目標與理念

彰化師範大學秉持「創新、務本、專精、力行」之校訓，為提供一開明之教學環境，且讓包括專才與通才內的各種人才都能得到適性的培養，來規劃課程。因為只具有「專才」，很容易成為毫無「人味」的專家機器。在「I」的架構下，如何讓學生伸出兩隻手搭在別的領域（即 T 的開展）？2014 年 8 月，有機會應彰師大郭校長豔光的邀請，擔任彰師大通識教育中心主任，開始這一連串美麗的「遇見‧預見」。幾年下來做了幾項的改變：推動「生命探索發展與實踐」課程（含服務學習）、「願景激發與執行」、「積沙成塔探索學堂」——「大學之道」（MOOCs）通識課程、多元學習

（跨域學習微學分）。我們希望藉由通識課程的創新設計、規劃，嘗試把學生由「I 型人」轉變成「T 型人」。

目前彰師大通識課程內容涵蓋「文化素養」、「科學素養」、「躬身力行」、「獨創思維」、「公民素養」、「地球村胸懷」等，依校訓精神及核心素養規劃。「核心通識教育」：以培養學生具備創新的觀念、務本的精神、求精的態度、執行的能力。持續落實課程精緻化與多元化的同時，更以「生命探索發展與實踐」為轉型重點與目標。落實核心通識課程之特色教學，結合生命教育、服務學習的社會參與，提高教學品質；透過通識課程，使學生具備六項通識素養：「文化素養」、「科學素養」、「躬身力行」、「獨創思維」、「公民素養」、「地球村胸懷」，以延伸為「文化省思」、「科學探索」、「積極實踐」、「獨立思考」、「自主學習」、「團隊合作」、「社會參與」、「倫理情操」、「在地關懷」、「全球關懷」十項通識核心能力。原本依課程屬性，劃分為「人文」、「社會」、「自然」三大區塊，然為因應日漸增多的跨領域課程，以及統合、實作、實驗試行性質課程，105 學年度起，依課程性質，重新區分為「博雅一」、「博雅二」、「博雅三」三類。

全校必修的核心通識「生命探索發展與實踐」課程，是跨出改變的第一步。這門課程強調通識課程中的人文精神、人之所以為人的獨特性、使命感。我們結合校內外資源，由 40 多位老師自發組成，歷經兩年半的工作坊、營隊活動、經驗交流、教案討論等運作，終於在 105 學年度開始，正式推動「生命探索發展與實踐」課程——這是一門結合生命教育、生涯發展、服務學習的實作性課程，希望能帶給學生自覺反省能力、批判思考、團隊合作、問題解決能力及多一點點的心靈感動；並藉著這門課程為學生的生、學涯定錨，灑下服務種子，啟動創新創意的契機。這種課程設計又與後來教育部積極推動的「大學社會責任」不謀而合。這種不刻意卻與政策時事暗合的情況，只說明我們思考及努力的方向是正確且需要的。

這門全校必修課設計還有相關的進階課程：「願景激發與執行」、「多

元學習」微學分課程及「新世代軟實力微學程」。「願景激發與執行」是為了延續在服務學習中產出的熱情、勇氣，思考如何將創意成為創業的基礎及社會企業的可能。創意的發想往往因生活的某些需求，偶得的靈光一閃；主動積極的學習動能，永遠在不斷受挫與追求完美間巧妙平衡。為了打破系所高牆的學習領域限制，培養學生更多的能力及素養，「多元學習」微學分課程成為最好的跨域助攻，彰化師範大學多元學習通識課也就是在這樣的情況下誕生。許多潛在課程、實驗性課程，經過目前的申請程序，往往錯失了開課最佳時機。面對瞬息萬變的世界，強調培育「全人」的通識課該如何開出學生「有感」的課程？基於「以學生學習為本位的思考」，彰師大通識教育中心參酌各校不同的作法後，絞盡腦汁，突破現有體制，構思出屬於彰化師範大學獨一無二，一種修課時間彈性、學生自主學習、能力多重加值、跨域學習組合的「多元學習」課程。

「多元學習」通識課程，以微學分組合，從「0.9 與 1.1」學習理論而言，是一種額外加值的概念；課程內容強調理論與實務並重，科技與人文兼顧之精神，且奠基於「動手做，做中學」的「PBL」課程。其型態包括工作坊、實作研習、校內外實踐教學、講座（須包含實務演練）、學習成果展示、田野調查、MOOCs 課程、社團精進課程等，非一般正式課程拆解授課。因彈性上課（晚上假日都可以上課、上課不一定要 18 週）、不受超修學分限制、領域任選，累計時數 36 小時，採計為 2 學分，故可降低排課壓力，且有助學生執行目標規劃、培養時間管理能力、擴展多元學習、提升學習動機。

此種彈性卻有系統、特色的課程，具有三次較大型的成果發表：「100 天彰師空間改造營」、「走讀彰化——南北管戲曲音樂」、「地方小食文化」都被媒體大篇幅報導；多元多樣的課程深受學生好評，因此被喻為「彰師大最有感的通識課」。筆者也多次應邀至他校演講，分享推廣本校通識改革創舉。微學分「多元學習」通識課程，從構思、規劃、協調各單位並執行，事務多如牛毛，千頭萬緒卻不容任一個環節出錯，而同仁們皆義無

反顧的承擔，且能不斷修正檢討，便是希望建立良好的制度，以利繼續推動對學生真正有益、能讓學生主動積極並跨域學習的課程。

參、「生命探索發展與實踐」特色課程

彰師大 105 學年度推出的全校必修核心通識課程「生命探索發展與實踐」，是歷經兩年半的籌備，加上種子教師培訓研習，申請教育部教學卓越計畫並與蔚華教育基金會合作的新課程。課程透過結合生命教育、生涯發展和服務學習，引導學生「探索為何而活、學習該如何活著、練習實際活出該活的生命」，內容主要以生命反思為動力、以系所專業為基礎、透過服務學習建立個人生涯願景。其目的是讓傳統生命教育增添生涯發展的規劃而落實，讓傳統服務學習增添生命與生涯的明確目標而紮實。具體而言，透過「生命教育」與「生涯發展」課程協助學生發展以生命反思為動力、以系所專業為基礎的「圓夢計畫」，並練習透過「服務學習」初步嘗試、落實與體驗，從而反思生命意義與發展具有個人獨特意義的生命熱情和生涯願景（彰化師範大學，2014）。整體課程設計形成循序往復的迴圈：探索自己生命、探索生涯發展、投入服務實踐、反思生命意義、定位核心自我、發展生涯願景、形成自主實踐動力。在過程中透過不斷的反思及人我互動，培養批判與思考能力，透過團隊合作（雙贏思維）及問題解決而更認識自我，確定自己的生涯走向及自發性實踐的力量，建造出大學生的生命並開拓其思維和生命經驗（如圖 1 所示）。

「生命探索發展與實踐」核心通識課程的哲學基礎，即「大學之道」。「大學之道」乃成人之學，以「在明明德，在親民，在止於至善」為三綱領，而以「格物、致知、誠意、正心、修身、齊家、治國、平天下」為具體施行的條目；引領大一學生「格物致知」的「內自省」工夫，經由課程活動推進，學生進而了解自己優勢和興趣所在，發展生命圖像，正是「誠意正心」的努力結果。「外實踐」的工夫是配合生（職）涯輔導機制，讓

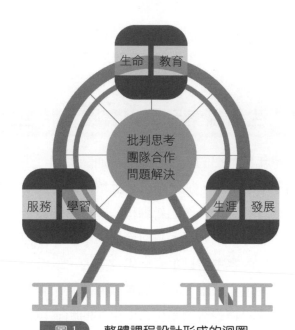

圖 1 整體課程設計形成的迴圈

資料來源：彰化師範大學通識教育中心

學生對未來確立生涯願景，進而引發內在動機去達成目標，追求自我實現。生涯不再是被動的安排，而是主動掌握生命自主權，啟發願景，做出選擇，並負起自己生命的責任，此時則進入「修身」的階段。經由人生哲理思辨，探索生命意義，透過服務學習經驗，確立大我小我相生相成的生命態度和社區意識。配合體驗性課程，加深個人與他人的合作，累積體驗反思及討論深化自我覺察和解決問題能力。課程的設計，引領學生以「求真求善」的態度，逐步累積未來「齊家」的能量。當個人小我能充分發揮一己能力時，國家社會「治平」便可期待。

　　為保有課程中心主軸不變，又付予授課教師充分的專業自主權，我們以一綱多本概念，透過開放卻又有明確指向性的基本架構，給授課教師較大的彈性空間，以便結合老師自身的生命經歷與特質，師生共同學習人生的智慧、探究人生三問：「人為何而活、人應如何生活、又如何才能活出

應活出的生命」。隨後又考慮到可操作性，最後我們制定了以「批判思考、團隊合作、問題解決」為核心導向的課程綱要；課程雖為「三合一」，但三者關係並非截然切割的三個區塊，而是三者互相勾聯、相輔相成，其課程綱要之元素如下：

1. 生命教育
    1-1. 愛自己：釐清生命理念、釐清生與死的本質、抉擇生命的意義與價值、生命關懷、人生意義的追尋。
    1-2. 愛別人：倫理、人我關係、落實社會關懷與社會責任。
    1-3. 愛環境：人跟社會、人跟環境。
2. 生命發展／生涯發展
    2-1. 發展自我：探索與發展個人志趣與才幹。
    2-2. 實踐願景：籌畫與實踐生涯願景。
    2-3. 領導自我：培養與應用自我管理習慣。
3. 生命實踐／服務學習
    3-1. 尊重差異：了解多元社會與尊重不同文化。
    3-2. 落實關懷：落實社會關懷與社會責任。
    3-3. 了解服務：了解服務學習的基本精神——規劃、執行、反思、慶賀。

　　教案依各單元獨立及三種主題互相結合的方式分別設計，共兩套完整教案，另有各單元個別教案，若排列組合，可得出數十種組合。

　　經由 105 學年度全面推動至今，隨時間推移，目前大學部學生都已修習過此一課程，不同授課老師針對不同系別的特質，更設計、發展出更多精彩教案，多年累積下的精益求精皆可見授課教師的用心。為此，本校得到教育部肯定：106、109 年度筆者（原通識中心主任）與楊菁教授（原通識中心人文組組長）獲頒教育部生命教育績優人員；彰師大於 108、109 年度成為生命教育特色學校，由此可見教師為推動生命教育的努力與奉獻。

肆、具體推動進程

推動生命教育課程「生命探索發展與實踐」成為全校必修通識課，需要從行政、教師、課程、學生、外部連結等方面著手。

1. 寫入教學卓越計畫，成為本校 104～105、106 教學卓越計畫 C 主軸「特色通識、願景造就」的主要內容。

2. 103 學年度成立教師社群，培養生命教育種子教師。

3. 成立課程小組，建構課綱與教材。課綱僅定主要架構，內容依授課教師自身的生命經驗及專長予以充實。

4. 104 學年度建立教案教學平臺，以供授課教師交流、使用。

5. 成立 TA 社群，培育種子學生，並可協助老師帶領課堂活動。

6. 舉辦各種與生命教育相關的講座、工作坊、訓練營隊。

7. 辦理全校性生命教育教案競賽與圓夢競賽。

8. 與外部資源（蔚華教育基金會）合作，以設計思考（Design Thinking）及 7 Habits，讓學生重新審視自己的生命、設計自己的人生「做自己的生命設計師」（Designing Your Life）。

9. 104 學年度通識課程開設七班（上學期四班、下學期三班）「生命探索發展與實踐」選修課程。

10. 105 學年度「生命探索發展與實踐」正式成為全校必修通識課。

11. 持續至他校演講，交換各校推動生命教育的經驗。

12. 持續參與各界舉辦之生命教育活動、研習。

在 103 學年度之前，彰師大通識中心原有「教師教學研討社群」，為了將「生命探索發展與實踐」三合一通識課程推廣至全校，並且根據各系所的專業性質及特色規劃課程，103 學年度開始，擴大教學研討社群的運作，並以多元、多面向態度向各系所招募種子教師。以「生命探索發展與實踐」三合一課程為討論主題，針對生命教育、生涯發展、服務學習的教

材、教學活動、教案等進行討論與規劃。種子教師專長增能培訓，以不定期聚會的討論方式，結合相關講座、企業參訪、引入外界師資與資源，並制定出課綱，供授課教師授課遵循。

「生命探索發展與實踐」課程，於教師社群運作成熟，且18週課程教案也充足完備後，又在教育部教學卓越計畫與蔚華教育基金的支援下，於104學年度先試開七個班，授課教師依據共同課綱，結合來自各系所種子教師的專長，針對各系生涯規劃及服務學習進行微調，教學的重點在強化反思面向、情境學習、回到學生本身。

新課程的推出，除成立教師成長社群提供知能提升、增加本門課程教學專長外，另建置「生命探索發展與實踐」課程教學資料平臺，內容含生命探索、生涯發展、服務學習相關教材、教學活動、教案與服務學習方式供參。依104～105教學卓越計畫規劃。另舉辦以下活動：

1. 辦理「生命探索發展與實踐」課程講座：通識中心將辦理生命教育、生涯發展、服務學習相關研習並開拓服務學習場域，讓學生可以進行服務並從中有所學習的方式。

2. 生涯經典閱讀分享競賽：以讓學生選定一位該領域之傑出人士或大師之傳記導讀或影片觀賞的方式，透過該領域具指標人物的生平，與學生一起探索生命及未來學涯發展，並藉此引領學生了解個人能力傾向與系所學習方向，勾勒出契合個人之願景與了解個人獨特能力優勢，據以作為規劃與投入學涯發展、職涯準備的基礎。

3. 教案競賽：以「自己的教案自己救」為號召，讓學生自己撰寫包含二種以上議題（生命教育、生涯發展、服務學習），4至6週的教案。本競賽目的在了解學生對課程的想像與需求，且訓練學生撰寫教案的能力，除可產出優秀的課程教案，亦有助於授課教師教學內容的調整，以及教學策略的制定。

4. 學習成效評量：經由學生的學習與反饋，了解其對學習的成效，藉由量表問卷做學習成效評量，以作為課程的效能或改進方向。

5. 教學助理學習成效評量：提升教學助理領導能力、協商能力、整體思考能力，亦有助於學生的學習和成長。課程安排教學助理及教材開發經費補助辦法，充足課程所需。授課教師藉由教學助理協助減輕教學負擔，教學助理於「生命探索發展與實踐」課程中，協助教師於小組及課後時間帶領學生進行服務學習，可更確保課程品質，創造教師、教學助理、學生三贏局面。

從 104 學年度試開的七班「生命探索發展與實踐」課程，先以通識選修試行一年，再於 105 學年度成為全校必修的核心通識課程。從學生的回饋與授課教師的反應得知，此課程對生涯有相當大的助益。據 105～109 學年課程的前後測資料分析，學生因「生命探索發展與實踐」課程影響，對生死的態度及挫折的忍耐皆有正向的加強，足見此課程對學生的影響。

還記得剛開始推動課程時，千頭萬緒，但正如《牧羊少年奇幻之旅》（*El Alquimista*）一書中的名言：「只要你真心想做一件事，全宇宙都會來幫你」（引自周惠玲譯，1997）。2014 年 8 月，筆者剛接任彰師大通識教育中心主任，時值暑假期間，公關中心蕭輔力主任提議一同去拜訪一位非常關心學弟妹的校友——許宗賢董事長，於是我們北上新竹，與蔚華教育基金會的許宗賢董事長長談，牽起了日後通識教育中心與蔚華教育基金會的長期合作；在尋找種子教師成立教學社群時，時任副校長的陳明飛教授（目前為彰化師範大學校長）鎖定各系熱心的老師，逐一電話邀請；原本就在師培中心開設生命教育課程的王朝興等老師情義相挺，更與系上老師協同教學，培養更多生命教育的教師；教育背景的劉淑慧、段曉林、羅家玲老師，則成為課程小組的核心，積極參與「生命探索發展與實踐」課綱的制定與教案的撰寫；中心同仁盧胡彬老師，歐慧宜、楊菁前後兩任人文社會組組長，是主要的智囊，貢獻了許多心力；其餘中心同仁則幫我們打理庶務與連絡工作。正是有這群熱心熱情的好夥伴，因此在推動「生命探索發展與實踐」課程時，一切都顯得水到渠成。

特別是這些要「上線」的種子教師，願意在各自的專業之外，為我們

的學生（許多是未來的教師）付出心力，言傳心授自己的生命感悟，讓筆者非常感動。多次到校外交流時，筆者都非常驕傲的談起我校「生命探索發展與實踐」的種子教師，因為有對生命充滿熱情的老師，才可能影響學生，改變目前的校園文化；也正是因為有這群老師，所以即便有各種不同的聲音或質疑，但彰師大卻充滿了正面的能量。

伍、結　語

林從一提及大學未來發展的大趨勢：(1)跨領域整合的教育趨勢；(2)以通識教育為軸線重新定位大學；(3)從知識本位到學習本位的教育轉向；(4)教學成就重新成為重要學術成就；(5)從套裝知識教授到核心能力培養的教學轉向；(6)社會參與式學習的發展（林從一，2014），通識課程被賦予了重大使命與高度期待。彰師大全校必修的核心通識「生命探索發展與實踐」課程，正是跨出改變的第一步。

推動新的通識課程，是我們的一點執念，如同葉慈（William Butler Yeats）在「Ego Dominus Tuus」（我是你的主人）所說（引自楊牧，1996）：

因為我追尋的是一個典型，不是書，
在作品裡顯得最充滿智慧的，不為別的，
是因為他們那盲目執迷的心。
（Because I seek an image, not a book.
Those men that in their writings are most wise.
Own nothing but their blind, stupefied hearts.）

哈佛大學的德克斯特門口（Dexter gate），有前校長 Charles William El-iot 所寫的兩句銘文：「Enter to grow in wisdom」、「Depart to serve better thy country and thy kind」，意思是「進入校園以增長智慧、離開校園為國為民謀福祉」。在現今這種功利的時代，這兩句話特別發人深省。彰師大通識的改革與新生課程，除讓我們的學生也能有「進入校園以增長智慧、離開校園為國為民謀福祉」的體認與承擔，更希望發揚彰師大校訓「新、本、精、行」的精神，讓我們的學生成為一個宏觀博雅、有智慧的「全人」。

所謂的「大學之道」，傳統的解釋「在明明德，在親民，在止於至善」，用現代的語彙，指的即是往完美境界的終身追求。就任通識教育中心主任時，筆者將原有彰師大通識教育的目標修改為「培養學生廣博而寬宏的知識基礎，以及追求生命意義的智慧」。

教育的意義在於教育的過程，教育應該是讓學生找到學習的自信，而不是扼殺學習的熱情，所以我們努力用生命影響生命，因為不做永遠不會改變，做了，就有機會！我們期待我們的學生「要更好」，所謂的「好」，不是追求財富、名利等外在的虛無，而是培養「追求生命意義的智慧」——去尋求生命的自在歡喜，知道自己要什麼、要往何處去。因此容許我們當老師的有點小小的貪心，希望我們教出來的大學畢業生，不只具有專業知識，且能與不同領域的人合作，激發創意，更能不斷跨界學習、成長，思考如何讓世界變得更好。期待我們的學生都能讓自己成為更具有「人味」的「通才」，更期待經由這樣的改變，引發出更多的自主動能，累積出更多踏實前進的腳印。

註：本文增刪修改自丘慧瑩（2016）。創新、務本、專精、力行的彰師通
　　識。載於宋秀娟（主編），**大學通識教育典例：整合性典範理念與實**
　　務範例（頁 228-239）。彰化縣：大葉大學。

參考文獻

周惠玲（譯）（1997）。**牧羊少年奇幻之旅**（原作者：P. Coelho）。臺北市：時報。

林崇熙（2014）。通識教育渴望超越：以自我消融來創造大學革新。**通識在線，53**，9-11。

林從一（2014）。臺灣通識教育發展方向。**通識在線，43**，42-46。

楊牧（1996）。**亭午之鷹**。臺北市：洪範書局。

彰化師範大學（2014）。**104～105 教學卓越計畫 C 主軸**。彰化市：作者。

Kimball, B. A. (1995). *Orators and philosophers: A history of the idea of liberal education*. New York, NY: College Board.

作者介紹

丘慧瑩，服務於彰化師範大學國文學系。

固定開授：詞曲選及習作、戲劇研究、俗文學研究等課程。

曾開授：生命探索發展與實踐、願景激發與執行等通識課。

雖未走過千山萬水，但曾任教於數所大專校院；有過從事社會運動的「江湖夜雨十年燈」；學會了批判思考，對教育有深切期許。希望當個「有書有筆有肝膽，亦狂亦俠亦溫文」的「清都山水郎」，但有點難，只好認真的當好一顆螺絲釘。

座右銘：不得中行而與之，必也狂狷乎，狂者進取，狷者有所不為。

4 大學生命教育教學「動」起來

楊 菁
彰化師範大學國文學系教授

壹、前　言

在臺灣，多數學生認為的成功無非是：考上好學校、找到好工作、賺到好多錢。在大學錄取率攀升，社會急遽變化下，現今大學生的各種現象都值得我們反思，諸如沒有人生目標、迷失自我、缺乏方向，以至於懶散、缺乏動力，過著迷惘而頹廢的大學生活。又如 3C 成癮之手機中毒症；智慮淺薄、思辨力低下；交際困難、不善與人溝通，成為遠離人群的邊緣人；沒有規律生活、書沒讀好、雜事一堆等，面對這「無動力世代」，已然是現今教育需慎重對待之問題。

大學時期之青少年正面臨身心、環境的轉變期，也是人格塑造的重要時期，教育尤須帶領他們認識自己，認識身為「人」的複雜多面，以及人與人的各種關係之處理。因此大學教育不能再只是重視專業學習、理工掛帥，忽略「人」的教育，這也是近年來生命教育愈來愈受關注與重視的原因。

高級中學 108 課綱已將生命教育列為必修學分（占 1 學分），大學校院的生命教育課程也在持續重視與發展中。臺灣大學於 2008 年 9 月成立「臺灣大學生命教育研發育成中心」，以生命教育之永續推動為目標與願景，體現「大人之學」的理念，實施一系列生命教育之學術研究、學校生

命教育推動、生命教育跨界合作等。南華大學亦於 2015 年～2020 年連續六年獲設置教育部「生命教育中心」，推動生命教育相關之主題研習、教育聯盟、計畫申請等。「教育部生命教育中程計畫」（2018 年～2022 年）提出以「提升大專校院開設生命教育相關學程普及性」為目標，內容包括「檢視各大專校院開設生命教育課程內容及實施現況」[1]。臺灣大學孫效智教授於 2018 年 6 月 23 日～25 日主持「大學生命教育教學社群啟航工作坊」，於高雄真福山文教基金會舉辦，會中擬定大學生命教育課程之核心內涵，並逐步產出教材、教案；接著在 2020 年 11 月 7 日～8 日於麻布山林舉辦「大專校院生命教育跨校工作坊」、2021 年 4 月 24 日～25 日舉辦「大專校院生命教育跨校工作坊」進階版，足見大學校院生命教育課程的推動已愈來愈熱烈，且為現階段教育發展的重要項目。

筆者任教之彰化師範大學通識教育中心亦於 105 學年度起，將「生命探索發展與實踐」列為大一必修通識課程，課程內容包含三大主軸：生命教育、生涯發展、服務學習。冀由此課程，引導學生在「生命教育」部分，由認識自己出發，進而了解人與他人、社會、環境的關聯；並由「生涯發展」部分，探索個人性向，發展個人志趣、才幹；且在「服務學習」部分，學習實踐與付出，探索個人之價值。

筆者自 104 學年度試辦期間即開始教授此門課，六年來受到許多挑戰與質疑，也不斷地調整上課內容與方法。本章名為「大學生命教育教學『動』起來」，除了分享本人授課內容，更強調活動設計之融入課程，以使課程內容既能扣緊核心主題，教課方式又能更為多元與活潑。

貳、大學生命教育之理論內涵、實施策略

有關於生命教育之理論內涵與實施策略，論述者甚多，在此不多加深

1　內容詳見網址：https://life.edu.tw/zhTW2/node/436。

入贅述，但我們仍須了解關於生命教育的基本內涵，在教學上才能扣合此一目標前進。生命教育被稱為「心靈覺醒的教育」，黃俊傑（2015）說：「如果沒有『心靈的覺醒』，我們所學的知識就很容易淪為作惡的工具；因為如果不是建立在『心靈的覺醒』之上，我們在世界各種不同文明高度互動的 21 世紀全球化新時代裡，就很容易失去生命的意義感和價值的立定點」，提出生命教育以喚醒學生的「心靈覺醒」為目標，以幫助學生找到生命的意義感和價值感。孫效智（2013）在其著作中，對生命教育之內涵多有論述，他提出「生命教育是全人教育的基礎，亦是終身學習的核心內涵」，以全人教育為生命教育所欲達成的最終目標，並提出人生三問：「人為何而活？人應如何生活？又如何能活出應活出的生命」，以此作為生命教育的基本內涵，並指出人生而為人的三個重要探問：我為何而活著？我應該如何生活？我如何才能活出應活的生命？「這三個問題分別涉及人生目的與意義的探索、人生應行道路的判斷，以及知行合一的修養」（孫效智，2013），亦指出生命的探索最終的目標皆指向於人生目的與意義的探索。

全人教育亦可以「天人物我」四大象限概括，四象限為：(1)「人與天」，此部分可作為個人生命終極意義與價值之探求，如中國哲學的天人合一、宗教的成佛、成聖等探求；(2)「人與人」，則在連結人與人之間的關係，包括家庭、人際之群己關係，此涉及各種倫理的探討；(3)「人與物」，則討論人與自然、人與環境，以及人與專業學習之關係；(4)「人與己」，可包括自我了解、自我探索的各種議題與內容。

由上述可知，生命教育的內涵應指向心靈覺醒、全人教育、人生三問等重要問題的叩問，最終在於探索生命的意義與價值。因此大學生命教育無論設計何種課程內容，都應提供學生較完整、開闊的生命視野，指導學生探求人生之「道」，協助學生認清方向，走向適合自己的道路。

學者亦提出，生命教育的教學不應僅是理論的傳達，而應該更重視「行」的實踐，孫效智教授認為以上的「人生三問」包含「知行合一的修

養」（孫效智，2013），生命教育的課程，應涉及「知」，即知識、學理的論述，以及「行」，即躬身實踐與體驗。他又說：「生命教育的『知識』層面不能是一種灌輸背誦的教育，而必須是一種討論的、對話的、啟發的、體驗的、反思的，追求所以然的教育」（孫效智，2013）。李丁讚（2008）也說：「生命教育應透過老師的身教以及學生的實踐體驗來進行，而不能當成一種知識來傳遞。」以上說法皆為筆者所認同，生命教育課程的教授，不能僅透過教科書來教，更不能只當成知識來教，而是應輔以討論、對話、啟發、反思、實踐、體驗等活動，方能使生命教育「動」起來。

參、大學生命教育之課程設計原則

筆者教學期間，對此門課程之觀察及曾遭遇到之教學困境，歸納如下：

1. 據課堂問卷了解，以學生的困惑為例，學生對未來感到迷茫者，人數最多，約占 60%；其他如不知為何上大學、時間管理和情緒管理不佳、壓力管理、孤獨等問題，皆為常見。

2. 學生提及高中已上過生命教育相關課程，故毋須再上；或認為此課程非專業課，而有「沒有用」、「浪費時間」等反應。

3. 課程安排在大一，學生對大學生活尚在摸索與適應階段，又大一學生活動甚多，故學生時有上課散漫及對作業太多而產生不滿之情況。

基於上述各問題，筆者認為，大學的生命教育課程應和高中有所區隔，且應針對學生現階段的困惑或關心之議題設計課程內容，方能為學生提供一引導方向。基於上述情況，筆者認為此門課應重視之要點如下：

1. 設計與學生切身相關的課程內容。陳復（2017）認為：「臺灣大學生普遍對於為何念大學（尤其是念該專業科系）有嚴重的困惑，其背後來自對『我是誰』的無知，從而對生命如何過得有意義毫無頭緒」，並稱此為「意義危機」。筆者亦認為，大學生命教育課程應

引導學生了解「我是誰」此一問題，並以此問題為核心，設計與學生生命、生活切身相關的主題。

2. 大學的學習方式應有別於高中，生命教育課程亦應以更多元的方式，帶領學生對生命的重要議題進行探索與反思，故課程應以問答、討論、體驗、實踐、桌遊、展演、影片等授課方法，以更活潑、多元方式引導學生認識自己，進而為自己找到定位。

3. 引導學生破除專業、實用本位的學習觀念，建立全人觀念，並養成自我覺察及向內觀照之習慣，在生活中實現自己，學習關懷他人。

肆、大學生命教育之課程內涵設計

大學生命教育的授課，宜針對學生現階段的需求設計課程內容，筆者在授課時，前期將課程內容依過去、現在、未來作主題性探問，主題包括：

1. 回顧過去：單元內容包括「回顧家庭影響、個人習慣」、「壓力管理」、「關係探索」、「孤單與獨處」等。

2. 立足現在：單元內容包括「何謂成長？成長與選擇」、「大學三問」、「正念練習」、「我是誰」等。

3. 建構新的未來：單元內容包括「生涯探索」、「建立新習慣」、「服務學習」、「意義與價值」等。

以上內容結合彰化師範大學「生命探索發展與實踐」之生命教育、生涯發展、服務學習三面向，以重新審視過去生命經驗的影響、立足現在、展望未來為基礎，由「我是誰」之探問，回歸「人生意義、價值」的探索。近兩年則將課程內容依「天人物我」四大象限做設計，其架構調整如下：

1. 「人與天」關係，課程內容規劃如：正念、幸福學、生死關懷、生命意義與靈性提升等。

2. 「人與己」關係，課程內容規劃如：自我探索、建立新習慣、時間管理、大學三問、夢想清單、情緒調適、壓力管理等。

3.「人與人」關係，課程內容規劃如：家庭與我、愛情與我、兩性關係、人際溝通等。

　　4.「人與物」關係，課程內容規劃如：職涯探索、環境倫理、服務學習等。

　　此四面向由「自己」的回歸開始，再由自己出發，協調「人與人」的各種關係，共創和諧的家庭、社會。進而在「人與物」方面，學習尊重自然、環境，將專業學習指向和諧的人生之創造。最終導向「人與天」的連結，發展靈性，邁向生命美善境界的追求。

　　以上課程內容以大學一年級學生為授課對象，「人與己」關係之主題，例如：「大學三問」，針對大一學生剛進入大學時，透過對為什麼讀大學、理想的大學生活之探討，幫學生重新釐清為何讀大學、如何規劃大學生活。「建立新習慣」則依 Stephen R. Covey《與成功有約：高效能人士的七個習慣》（ *The 7 Habits of Highly Effective People* ）（顧淑馨譯，2017）一書，幫助學生思考由規律的高中生活到自由的大學生活，了解建立良好習慣的重要，此七大習慣中，尤以時間管理更為大一學生所需要。此外，情緒調適、壓力管理等皆與自我探索有關，亦為大學生切身需要之點。

　　「人與人」關係之主題，則幫學生回顧與原生家庭之關係，討論及引導其學會同理、傾聽，以建立良好的人際關係。大學生急於追求「脫魯」的愛情功課，也與此一主題有關。

　　「人與物」關係之主題，則幫助學生在大一時進行職涯探索，了解自己就讀的科系與未來可從事的職業，為其專業學習建立一學習地圖。此外，協助學生更了解人與環境的關係，並藉由服務學習之設計，進行與環境議題相關的服務實踐。

　　「人與天」關係之主題為本課程最核心之目標，但相對也較難設計內容，課程內容如正念的觀念與實作、生死議題的探討等，都有助於對生命意義的了解。

　　以上主題將依每學期不同學生、不同班級的不同狀態而做調整。

伍、大學生命教育之教學活動設計及評量方式

一、教學活動設計

　　大學生命教育之教學，不應該僅是知識傳授，須以「知行合一」為目標，以多元方式融入教學，以達到教學成效。筆者在課程中結合各種方式以活化教學，透過多元的教學方法，帶領學生進行人生議題的深入思辨，並在體驗活動中，養成覺察的習慣，為建立新習慣而準備；且在服務學習中進行服務實踐，在實踐中了解自我的侷限與定位，或引發個人人生意義之思索等。課程活動設計如下。

（一）分組討論

　　關於討論之進行，學生須於課前預習指定課文內容，再於課堂上針對課文內容之相關論題進行分組討論；或者設定一討論主題，由小組進行討論。討論後，每一組再由一位同學總結全組討論要點，與全班同學分享。故學生對於每一論題，除了可聽到同組組員的分享，亦可聽到他組同學的分享，在每一次討論後，皆可擴大及加深學生對問題的認識。

（二）問答法

　　「問答法」為蘇格拉底所創始，又稱為「產婆術」，以發問誘導的方式，引發回答者對問題更深入的思考，並開啟其若明若昧的思想。學生可二人或三人為一組，對某一問題不斷進行追問，迫使回答

者須更深入了解問題、尋找可能的答案。

　　本教學活動打破傳統講授知識、學理的方式，讓學生在討論過程中，刺激其對問題的思考，在與同儕的互動中，互相學習、互相啟發，以打破個人思維之侷限，找到突破慣性的可能。此外，學生亦可藉由討論發言，練習臺風、儀態、口語表達等，且鼓勵其勇於發言，強化學生組織語言及口語表達之能力等。又在二或三人一組的問答過程中，迫使學生思索問題、尋找答案，學習由表象、現象，探尋問題背後的真相，形成洞見。令己之思維更深刻且不被表相所迷惑，有助於學生在多元價值的迷失中，釐清問題，尋找真相。進而，在活動設計中，激發創意，集思廣益，為自己規劃未來人生的藍圖。

（三）設計思考法

　　本活動結合 Bill Burnett 和 Dave Evans 合著的《做自己的生命設計師》（*Designing Your Life: How to Build a Well-lived, Joyful Life*）（許恬寧譯，2016）一書之活動設計，對問題進行「現象」歸納，探求現象背後的「洞見」，進而對於「需求」進行活動設計。舉例來說，在「生涯探索」部分，即可令學生先藉由對話，了解自己的興趣、志向，再經由活動設計，對未來夢想或可能從事的工作加以設計、規劃。

（四）正念體驗法

　　關於正念體驗法，本課程主要實施正念之「專注」及「放鬆」的練習。正念為美國卡巴金（Kabat-Zinn）博士提出，「正念意指有意識地集中注意力於當下的經驗感受，並以不批判地開放與接納態度進行覺察」（Kabat-Zinn, 1990）。故知正念的特色是平靜、不評價、時時刻刻持續對身體的感覺、感知、情意狀態、想法和想像進行覺察。故知，透過正念練習，可幫助人們覺察身心當下的

經驗，打破身心的慣性行為，從狹窄的視域中解放，以新的角度看待事情，養成深刻的洞察力與自我覺察力。筆者結合《老子》、《莊子》修養工夫之「虛靜」，以及西方正念方法，帶領學生練習靜坐與放鬆，幫助學生時時記得「把心帶回家」，並訓練其自我覺察的習慣。

（五）演講、工作坊

　　邀請專門領域的師資，如輔導諮商或身體展演的老師，帶領學生進行團體練習、身體的展演等，亦可體驗身心的聯結，以從身體出發的戲劇或瑜伽等活動，練習覺察自己、表達自己，進而探索與自己密切相關的生活話題。

（六）桌遊

　　桌遊已經是現今教學常用的媒材，目前已有多款和生命教育相關的桌遊，可藉著遊戲體驗人生的各種不同情境，開啟智慧與活力，並提高學習興趣。筆者常用的有：《Feelinks 同感》，這是與感受、情緒相關的遊戲，同樣一件事，每個人的感受不一，藉此遊戲，不但可以練習自我覺察，也可學習如何尊重與包容多元的情緒與感受，理解他人、同理他人，並與他人同在。另一款桌遊《實話實說 2》，此遊戲運用卡片及問答的方式來進行互動，從遊戲中不僅能從其他玩家給予的卡片了解別人如何看待自己，也能從對話中發現更多不同面向的自己。此遊戲亦可配合「周哈里窗」的「四種我」，對於「我是誰」會有更多的認識。

（七）其他

諸如規劃學生參與學校或社區之參訪及服務，如至幼兒園進行課輔、社區或校園打掃、淨山等活動，進行體驗、實踐。

二、教學評量方式

由於本課程之授課方式不做過多的學理講述，以分組討論、學生交叉問答、分組作業、體驗實踐為主。各方法之運用與成效評量概述如下。

（一）個人反思札記

為深化學生對學習內容的思索與了解，以及將討論內容深化於個人經驗，學生於單元結束後，須撰寫個人學習心得。而學習心得強調與個人經驗作聯結，使學到的觀念及理論可以反思個人生命經驗，並對個人成長產生指引作用。為了避免學生覺得作業太多，此反思札記可在課堂中完成。筆者亦在期末要求學生將整學期札記彙整成一作業檔，並寫下學期總心得，作為課程總紀錄，也為大一的自我探索留下完整的學習歷程。

（二）分組活動及作業

本課程之服務學習，可採分組方式進行，學生可自行組隊，設計服務學習計畫書，經過課堂檢討後，再進行服務學習之實踐。

生涯發展探索也可由學生分組進行，學生或以心智圖繪出，包括未來可能的工作項目、個人特質、個人須具備之能力及條件、可能面臨困境等；或以訪問系上教師及學長姐的方式，設計與職涯探索相關的主題，此一方式除可進行職涯探索，也可讓大一學生拉進與系上教師及學長姐之距離。本分組活動亦有助於學生集思廣益，並培養互助合作及溝通協調之能力，而作業以多媒體方式呈現，亦可增加學生多媒體之製作能力。

（三）學習成效評量表

配合課程主題設計學習成效評量表，蒐集學生對本課程之量化與質性回饋，以了解學生的學習成效，作為課程改進之參考。

陸、寫在最後：「新」學習與「心」學習

生命之探索、發展與實踐，乃是極為深刻的自我對話過程，且為每個人一生中不間斷的探索歷程，因此課程的設計與實施只是一個開端，本課程希望在有限的授課時間，達到以下的成效。

一、在課程主題內容方面

本課程欲使學生對自身習以為常的習慣，如情緒表達、自我防衛機制、壓力處理、人我關係等議題進行重新反思；並審視及正視為何上大學、如何理解成長與選擇的關係；在未來建構中，建立新習慣，探索未來職涯方向，規劃未來藍圖，進而了解生命之意義。

此部分學生回饋如：「這學期的生命探索課過得很充實：剛入學時帶我們一起做大學生活目標的規劃，讓新鮮而又陌生的生活更快步上軌道；

思維模式的介紹讓我在回顧過往時找到過去對不擅長的數學一科深感挫折的原因，並學習到我可以如何修正不時出現的負面想法；時間管理的單元讓我們實際訂立以週為單位的代辦事項清單，並標示、區分事情的輕重緩急，讓我更能掌控自己的作息；觀看劉安婷的演講令人大開眼界，我明白了那些看起來吃力不討好、被社會評價為無用的事，往往給了我們最大的心靈飽足，我們應該打碎封閉的心、跳脫框架的限制，去接納全世界。」又如：「那個桌遊我和以前的同學們玩過，每次都很有趣，可以發現很多不一樣的自己，有的時候自己眼中的和他人眼中的差異很多，我認為那都是很好的學習機會，可以看看自己的評價是否符合心中的自己，當有所差異的時候，就可以依此反省，再做出改進和變化。」職涯探索，學生回饋如：「透過訪問師長、助教，讓我們對於國文系有更進一步的了解，因此吸收到不同面向的概念。尤其我最贊成的是『斜槓』，現在擁有一項專業已經是稀鬆平常的事情了，單一專業反而更容易遭到汰換，身為國文系的我們更應該另尋道路，來與本身專業互榮。」

二、在教學方法練習方面

本課程以問答、討論等方式，俾使學生勇於開口表達，訓練口語表達能力、開拓思維見解、深入思考、釐清問題等。

此部分學生的回饋如：「問答法可以讓人答出很日常但平常都不會特別注意到的答案，很有趣也有互動！」「可以找出自己很多不知道的地方，快問快答可以直覺回答，找到更真實的自己。」「強迫自己思考問題的根本，有助於我們釐清問題的真相，不過過程當中常常會卡頓，無法像反射動作一樣直接回答，不過這或許就是強迫自己思考的方法。」「問答法練習經常接不下去問，但在回答時有時能給出自己也沒想過的答案。」

三、在身心體驗方面

以正念練習培養放鬆、靜定的習慣，進而學會與自己相處；養成覺察

的習慣，提醒自己「把心帶回家」，使心志有可以安定、澄靜的方法，並觀察、體會身體與心靈的連結，學會愛惜自己，安住當下。

正念的練習近幾年受到大部分學生歡迎，學生回饋如：「我覺得這種的練習很棒，能讓我們回到自我的身上，重新找回力量。」「經過在生命探索課程所學到的靜坐和正念練習，真的讓我體會到如何真正地放鬆，暫時放下壓力，能夠好好面對和處理自己的憂心和煩惱。」「放鬆在現代社會很重要，能適度地減輕壓力，學著用呼吸去調整自我的身心，搭配一些輕音樂，確實有助於學會慢下腳步，去與萬化冥合，達到物我合一，找到真實的自我。」「每次都利用這個時間真正的放鬆自己，每次腦海中都浮現不同景色的風景，想像自己去到不同地方，離開現實社會，在這個壓力大的社會，或許真的需要透過這個方法讓自己的腦袋好好休息一下。」

四、在服務學習方面

在服務學習的付出實踐中，了解自己與他人之聯結，探索生命的意義，此部分學生回饋如：「印象最深刻的就是發願企劃的執行，我們這組選擇進行減塑，從中發現到我們常因一時之便，而隨意的浪費資源，並為地球帶來環境汙染。在這之中，我進行省思，體會到我們不應該只是因為自己的利益、方便，而去造成別人的困擾，我們應該學會換位思考、體諒彼此，才能共同創造友善、美好的環境。」

另外，生命探索課程的進行，本應建立於自願、自動，自己願意了解自己，且能夠安靜下來作自我對話及與他人對話，彰化師範大學通識中心將此門課列為大一必修，原有其規劃之理念與宗旨，然在推動過程中，因學生的反映不一，授課教師亦備受挑戰；且本課程授課教師皆非生命教育之專業者，因此在課程教授上，須花更多間了解及建立自身對生命教育之認知，並學習多元教授技巧，以引領學生對此課程內容深入了解。因此教師須更具熱忱，且時時不斷自我調整與精進；授課教師亦須時時作課程調適，並不斷進行嘗試，且透過研習、教學觀摩等，精進教學知能及技能，

方能為大學生命教育開啟新頁且注入新活水。

　　生命教育課程欲推動，除了教師不斷精進教學技能外，亦必須導正學生重視實效及專業取向的心態，現今學生普遍不習慣向內自我探索，且缺乏開放的學習心態；另外，即使教師再怎麼用心設計課程，仍然會有不認同的學生，如有學生回饋：「大一半年來我並未在生命探索課上有所收穫，也並沒有透過桌遊與同儕更加親近，不確定是否有我個人性格原因，但實在無法違心說出我在此課程中獲益良多的話。以學習單來檢視學生課堂吸收成果也讓我猛然回到國中時期，以課堂作業來確認我們有沒有認真聽課的方式，老實說非常無趣而且無效。」諸如此類回饋，筆者認為：對學生各種面向的回饋應以開放的心接受與面對，且所有的意見都可成為教學改進的方向。總的來說，不能期待生命教育對學生立即產生多大幫助，但若能提供他們不同的思考方式，或以不同的角度看待自己及他人，在覺察與開放中成長，多一點點的改變與實踐，便足以令人感到欣慰了！

參考文獻

李丁讚（2008年2月21日）。道德是能力，不是知識。**中國時報，A19**版。

孫效智（2013）。大學生命教育理的理念與策略。**生命教育研究，5**（2），1-37。

許恬寧（譯）（2016）。**做自己的生命設計師：史丹佛最夯的生涯規畫課，用「設計思考」重擬問題，打造全新生命藍圖**（原作者：B. Burnett & D. Evans）。臺北市：大塊。

陳復（2017）。如何由生命教育的角度來發展智慧諮詢：解決大學生意義危機的創新策略。**諮商心理與復健諮商學報，30**，71-96。

黃俊傑（2015）。**大學之理念：傳統與現代**。臺北市：臺灣大學出版中心。

顧淑馨（譯）（2017）。**與成功有約：高效能人士的七個習慣**（全新修訂版）（原作者：S. R. Covey）。臺北市：天下。

Kabat-Zinn, J. (1990). *Full catastrophe living: Using the wisdom of your body and mind to face stress, pain, and illness*. New York, NY: Dell Publishing.

作者介紹

　　楊菁，服務於彰化師範大學國文學系，研究中國經典的儒家、道家等思想，在偶然的機緣下於通識中心開設「生命探索發展與實踐」課程，同時開始接觸一些輔導諮商的議題與技巧，為原來重理論的教學開啟了一道異樣的窗。窗外曾經有荒漠，有荊棘，但也漸漸有幼芽，有細碎的小花。隨著四季的推移，所有的澆灌將會呈現一道道美好的風景，在自己的心中，也在播種的土地上。

　　平和的我，終將仰望圓滿！

5 由繁入簡：從大學多元的 生命教育回歸自我的專一 實踐

臺灣大學社會工作學系兼任講師

壹、教學篇：臺大通識課程「臨終的靈性關懷」 簡介（2007，2008）

一、前因

14 年前，好友王增勇老師打電話給我，說想推薦我給臺大的孫效智老師，希望能開設生命教育相關課程。幾經思索，因為我的社會工作專業生涯前後 13 年在醫療領域，在臺大教授「醫療社會工作」與「老年社會工作」多年，加上 1995 年因緣際會投入悲傷輔導相關書籍翻譯，以及後續安寧照護專業人員培訓，所以後來決定在通識教育開授「臨終的靈性關懷」。

感恩天時地利人和多項因素匯集，當時中華民國教育部推展「邁向頂尖大學計畫」（2005～2017 年間，為了建設世界級的頂尖大學，給予重點大學經費補助之計畫），因此得以聘助教協助以小團體帶領的方式進行課程教學。這堂課於 2007 年第一次開設時共 32 位學生選修，並有莊耀南、陳詠榆兩位助教協助帶團體。第二年選課人數增加到 58 人，因此加聘一名助教李孟儒。選修的學生除了社科院之外，橫跨了 11 個院系所，包括理學

院、醫學院、工學院、生科農業、管理學院、電腦資訊、法學院等。學期結束時學生所填寫的教學評鑑，兩年平均值都高於全系、全院與全校平均值。後因種種行政作業及個人因素，這堂課僅連開兩年後，我便回到社工系開授原來的課程。

二、教學經驗分享

（一）教學內涵

考量第一次開通識課程，須符合臺大通識課程的五項精神指標，包含基本性、主體性、多元性、整合性及引導性，據此發展出本課程的三大特色。詳見圖 1 所示。

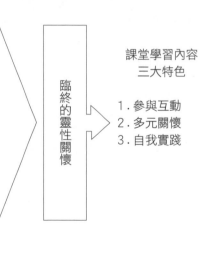

臺大通識課程五項精神指標

・基本性：包含人類文明的基本要素，即最根本的知識／智慧
・主體性：鼓勵透過思考／討論與獨立判斷，了解自己與環境及時代的關係
・多元性：拓展視野，消除性別／族群／階級與文化上的偏見，培養尊重多元差異
・整合性：整合不同領域的知識，啟發心智／創意與想像力，使之具備適應未來世界變遷與挑戰的能力
・引導性：深入淺出，激發學習興趣，藉由問題的探討而導引學生逐步深入專業知識

臨終的靈性關懷

課堂學習內容
三大特色

1. 參與互動
2. 多元關懷
3. 自我實踐

圖 1　「臨終的靈性關懷」課程設計概念圖

本課程學習內容三大特色說明如下：

1. 參與／互動式學習：鼓勵學生對臨終靈性關懷的概念，開放自我反省／整理，透過課堂討論分享，強化學生的學習自主性並深化對生

死議題的思考及敏感度。

2. 開放實用的關懷角度：從多元媒介，如書籍、新聞、文獻、兒童繪本、影片欣賞等，拓展學生視野，啟發學生的心智、創意與想像力，檢視死亡與人、家庭、環境、醫療團隊的交互運作。

3. 自我靈性關懷的實踐機會：提升同學對自我靈性照顧的關注，檢視自己與天人物我（自然世界、造物主、社會環境等）的關係。

如今重讀詠榆助教整理的課堂回饋，十分感動於學生對課程體會的深刻及真誠。在此節錄四個主題的學生回饋：

1. 對生死的體悟／認識：
   ・關心死亡的目的終究是要回到如何活著：先學會面對死亡，才能真正學會人應該如何活著。
   ・院民獲得救贖的是宗教和親情，從其遭遇認識「社會性死亡」。
   ・學習面對死亡其實是學習如何活著。

2. 對靈性的體悟／認識：
   ・靈性：開啟心中無盡藏。
   ・對自身周遭與內心清明的覺照力。
   ・同理他人、超越自身侷限的能力。
   ・面對逆境的轉化力（智慧），走過苦難的超升力（韌性）。
   ・面對未知困惑，甚至生命黑暗的勇氣與信心。
   ・靈性力量的培養／啟蒙——靈性由外在求得？可藉外在引發？

3. 關於書寫「靈性導師」報告後的體悟／認識：
   ・對生命的質有長遠改變。
   ・轉化煩惱焦慮。
   ・渡過困頓與苦難。

4. 對自己的期許：
   ・不知何時無常會來，每天都要做：
   　對己：穩健身心的培育——基礎。

對他：感謝、感恩、原諒、懺悔（道謝、道歉、道別）。

對天：悲智雙修；發揮生命潛能，獻身理想，傳承大願。

對地：行住坐臥、吃喝拉撒、生死殯葬，盡可能不增加環境負擔。

· 要完成的功課：

學會放下（隨緣知止／預先放下）──遺書寫作。

愛要及時。

意義追尋─書寫生命─年譜日記。

（二）教學方法

1. 運用團體工作，實施兼具大小團體帶領的課程進行方式

課堂上的大團體引導

帶當時的狗狗分享自己的生命經驗

團體工作是基礎社會工作方法之一，團體工作有四個基本目標：教育、成長、修正、社會化（Hepworth & Larsen, 1993）。透過團體經驗，可以提升個人潛能、學習及改善人際關係、增強社會功能。

在團體運作過程中，參與者須願意開放表達分享，其他成員聆聽給予回饋，學習從不同角度思考議題，以期擺脫固有的想法。我對自己帶領團體的定位，比較放在「催化者」（facilitator）的角度，示範並引導團體從一開始建立信任、開放的學習氛圍，彼此支持接納的態度，不批判不分析不建議。學生在課程進行過程中，有充分的機會整理內在想法、分享自己

的生命故事。透過真誠的接納與聆聽、生命之間的觸動與流動，創造了一個「普同性」的環境，讓學生們感受到「同行伴行」的力量，引發許多開放學習與成長。有學生寫道：「我找到更多夥伴與我一起走在人生美麗的道路上，欣賞美景，直視前方黑暗的未知，不再徬徨無助。」

團體核心是 4 人教學團隊（我及 3 位擔任教學助理的社工系研究生），用社會工作的團體工作方法作為課程實施的骨幹是這堂課的特色之一。教學助理有二項任務：協助課程的設計、執行與評估，組織同學的分享與討論。每次課程安排結構上是大小團體參半，第一部分由我針對特定主題短講，第二階段由助教分別帶開（各自獨立負責帶領 3 個，平均約 6 人的學習小團體），穿插運用適當的結構化活動，引導團體進行討論分享並確認和主題的連結。最後回到大團體整合該日所學，我和 3 位教學助理的默契十分重要。課程的進行依賴他們掌握帶領小團體的能力，以相當敏銳的觀察力及組織力，不斷即時回饋學生的學習狀況以及建議可以調整的方向，在教學上扮演非常關鍵的承上啟下角色。團隊緊密合作可由以下耀南助教的回饋看出：

「每次課程執行間與結束後，教學助理提供討論觀察與紀錄予教師，藉由第三者客觀詳實的記錄，有助於及時了解學生們對相關論題的理解程度、學習狀況，同時掌握討論中出現的其他情況，並使老師在課堂上能對學生討論中產生的種種有代表性的問題加以回應，形成互動，不斷改進課程組織及教學工作。無論是個人作業與團體報告，教師與助理皆會花時間給予每位學生評論、指導和鼓勵，課程中參與的成員，對於這樣教學方式的改變都有相當正面的評價與肯定。」

要整理這篇教學經驗時，立刻想到我的神隊友 3 位助教，並約見面。其中 2 位皆有八年到十幾年不見，再續前緣多麼難得。雖然十三年前的記憶模糊，但各自高效能的找出舊檔案和照片，以及當時因應補助所做的教學效果相關研究報告，在此一併放入內容分享。這 3 位年輕人在各自生涯

發展中隨著不同的因緣，進入學術界、社工實務後回母系參與研究或是進入社會行政工作領域，長江後浪推前浪，非常開心和可愛可敬的夥伴再次連結。

2. 體驗活動的運用

(1) 冥想（江麗美、魯宓譯，2008）

舉例來說，專注覺知／練習深呼吸／覺察此時此刻、身體掃描／對身體的感恩。提醒「做身體的好主人」及「聆聽身體」，學習安靜陪伴、好好關注和照顧身體，透過在大團體冥想活動的引導語，鼓勵學生對身體傳達溫暖、支持、感恩及承諾，體驗放鬆。

(2) 創作

舉例來說，畫曼陀羅完成後為之命名，整理心情故事。藝術創作的過程當事人能直接經歷到能量的改變，創作潛能得以釋放。個人可緩和情緒上的衝突，並有助於自我認識和自我成長。當團體中成員在陳述作品和團體分享時，常能喚起或刺激其他成員的情緒反應，加強積極參與活動的動機，增進團體的互動和凝聚力（陸雅青，1993）。有關鼓勵創造性活動，人本主義近年最有趣的一個發現是：不分年紀老少，創造性始終是成長的泉源。創造性（涉及肯定生命和願意冒險）要求的是一個人在不斷改變的內在與外在環境中，持續地與侷限性角力（梁永安譯，2011）。

(3) 戶外活動

大腦體操（brain gym）[1] 是美國 Dennison 博士所創教育肌動學（kines-

1　說明：二十多個大腦體操簡單易學（李開敏譯，2005），它曾獲美國白宮最佳教具獎，在二十餘個國家成功推動，藉由簡易、有趣、身心整合的動作，彷彿結合動功、靜功、按摩功自成一套增強自我管理、提升學習的方法。從協調和平衡腦身的動作，重新建構學習模式。在推廣「大腦體操」二十多年過程中，我發現它在教學、個案或團體的適用性極高，無論對象，跨年齡／性別／族群，大學生／小學生／醫療或輔導專業老師，家暴受暴的親職團體／九二一和汶川地震之後的紓壓團體，或年長的阿公阿嬤，對它的接受度都非常高。讓我一再從中體會我們的身體是如此誠實，它儲存的情緒記憶會干擾並造成身體的失衡。

iology）的俗名（Dennison & Dennison, 1994），帶領學生練習觀己／觀他／觀境（林沈明瑩、陳登義、楊蓓譯，1998），提升自我覺察，重視對身心／環境的敏感度，體會身心的平衡／失衡，學習放鬆。戶外包括在露臺或草坪上的實作與體驗。「有意識地專注於身體任何一部分都有具體影響」（廖和敏譯，2004）。

　　一位選修的外籍生回饋：「I enjoy the lesson, especially the part where we were brought out of class to do other activities. Its exceptionally meaningful!」

因當時未留戶外照片，改用 2008 年在武漢東湖對專業安寧團隊課程團體照片示意

3. 影片、繪本觀賞及討論

(1) 例一：瀕死的靈性典範「最後的演講」網路現場。2007 年 9 月 18 日僅剩三到六個月生命的 Randy Pausch 教授，他的「最後的演講」在網路上轟動一時，中譯本也在 2008 年問世（陳信宏譯，2008）。卡內基梅隆大學安排罹患胰臟癌的 Randy 教授以「真正實現你的童年夢想」為題，分享他的個人及學術「旅程」（journey）。觀賞後在小團體中分享帶來的啟發。

(2) 例二：青木純的動畫「這一生，一閃而過」。影片中主角如何跑完一生？你看到怎樣的一生？和我生活的共鳴之處為何？

(3) 例三：攝影集「再見，愛瑪奶奶」網路影音檔。關於臨終關懷的真人實例，輔以《臨終關懷與實務》第五章〈社會心理照顧〉之架構、善終與善別的條件及範例補充（李開敏，2005）。

(4) 例四：繪本《我永遠愛你》（趙映雪譯，1999）。兒童面對動物伴侶老化及離世後的調適，輔以我為愛犬送終的簡報及經驗分享。

(5) 例五：欣賞安寧療護關於藝術治療的動畫短片「媽媽的臉」。故事中治療師溫柔地用具體美勞物品，引導小傑去畫媽媽的手／串項鍊給媽媽，藉此連結物的創作過程，克服孩子心中的恐懼無措，引導小傑去面對重病的媽媽，留下彼此珍貴的回憶。

三、最得心應手的經驗

（一）以身示教，開放分享。落實團體中人人平等，學生是學習的主體

身為團體帶領者，我期許自己以尊重的態度及穩定、積極的參與，和助教及學生共同創造一個開放、彼此可以信任及安全分享的學習空間。

耀南助教回饋：

「發現，不是尋找一件新的事物，而是擁有一個新的眼光。課程主要與傳統大學課堂教學方式的不同，在於扭轉過去以授課老師講解課堂內容為主的單向式指導，提高課堂助理的重要性，讓具有能力的研究生也能發揮自己的專長，在課堂上藉由帶領修課學生一步步透過反芻進入學門去實踐所學。」

學生們回饋：

「這是我每個星期最期待的一門課！」

「上課氣氛很輕鬆，可是又很有收穫。」

「這堂課的氣氛好棒～輕鬆又很有深度，好喜歡:)」

「這堂課是我大學四年來最有意義的一堂課，讓我探索自己

與別人的生命，謝謝開敏老師與 3 位助教讓我的生命故事更有價值。」

「我很喜歡這門課！靈性真的很重要，如果意識的到靈性的存在，對於生命中的許多事，可以很坦然的不執著。」

「謝謝讓我看到更多我以前從未注意過的重要的事。」

期終團體照
三排右一是耀南，一排左一是孟儒，孟儒後方站立的是詠榆

當我分享為之前愛犬送終的 PPT（當時想出一本動物的安寧照顧）。學生回饋：

「看老師狗孩子Nono臨終過程，我對老師簡直把牠擬人化相當驚訝。雖是一條狗（坦白說還是隻醜醜拖著病身的狗）也毫不馬虎，甚至還有做精油按摩、陪牠說話，不能進食時還特地用針筒餵食安素。炒菜、去研討會還抱著牠讓牠舒服些、火化後還有

樹葬。甚至去世後還帶到女兒的補習班讓女兒道別。深厚的生命教育也包含了萬物平等、尊重生命的素養，開敏老師做了相當令我驚訝的示範。在我的故鄉，狗的命是很賤的，感嘆，或許一個尊重其他物種生命的地方也必定是個崇尚人權的地方？環保、生態到頭來還是跟生命教育連結上了！」

（二）分享與敘說的療癒力量（曾端真，2016）

我們需要跟人分享，也需要聽人分享。分享包括學習聆聽去同理並了解別人內心的歷程；分享拉近彼此心理距離；分享讓我們更像一個團隊，而不只是一群人聚集在一起完成任務。

有些學生在大團體中不善於發言，但在小組討論中比較敢於發表自己的看法，而且看法不管是雷同或分歧，學生彼此間能藉此學習到尊重對方的看法，也能夠拓展自身的經驗，這些想法在期末意見調查中獲得證實。因為學生們來自各種不同的科系領域，異質性豐富了共構的學習歷程與經驗，也藉此交換不同的生命故事。

不過受限於時間因素，小組討論中有時可能因成員自我坦露，需要即時處理當下的情緒與其他成員的反應，所以該如何掌握討論的節奏，兼顧教學的目標，對團隊來說，需要學習。

耀南助教回饋：

「此課程的回饋十分踴躍，學習成效顯著。我感受到這份工作於人於己的主要價值，恰恰體現在討論與解說（debriefing）之中，對學生來說，分享與討論次團體的增加，使這門難以具體操作的課程擁有更多的學習管道和更高的學習強度，為其提供了更充分的教育和引導；對自己而言，解說回饋則成為一種結合學術與實務的訓練，同時藉著理論與知識的傳遞，觀摩教師與其他助理帶領反思的過程，深化引導技巧的思考脈絡，達成教學經驗的整體性。」

學生回饋：

　　「雖然有時我會覺得自己的想法無法跟大家一致，導致我有點覺得無法融入這個主題，但又想想，這不能說是誰的不對。或許，這種思想上的衝擊所激盪出的火花，會是更加的璀璨也說不定。」

課堂各小組分組圍圈分享照

（三）珍惜並善用資源，促進和學生的連結

　　鼓勵學生使用臺灣大學課程網（CEIBA[2]），藉以將課程的學習與交流延伸，也促進學生對課程的掌握。

2　說明：臺大CEIBA課程網完整呈現課程及教師資訊，公布欄、課程內容、討論看版、資源分享區由教學助理定期更新、整理、主持；同學們不定時會在討論區分享學習心得、生活隨想與經驗反思，有近30個議題的討論，平均每個討論串有40人次以上的點閱率，回應篇數依主題不同最多達9篇，而教師則及時對討論作出詳盡的回覆或鼓勵。資源分享區藉由課程助理的拋磚引玉，也讓同學主動上網分享與課程相關的資訊；助理也活用電子郵件進行公告與通知修課同學課程的要求與準備，並適時關心缺課的同學，少部分同學亦透過此方式解答疑惑，進行個別諮詢與經驗分享。

學生回饋：

「每次在CEIBA上發言，老師都會很認真的給回饋，讓我覺得很溫暖很感動。而且老師鼓勵我們分享，讓我們可以互相交流彼此的經驗。」

「老師對於學生的回應非常認真且正面，讓剛剛上大一的我，從老師的身教中學到事事認真的精神！」

「感謝開敏老師都很努力看我們的作業，對我們的意見做回饋。」

「聽禪學社的同學分享，覺得很棒，想在回歸修定與感恩懺悔穩定身心。結交志同道合的朋友，建立社會支持網絡一起打氣加油。學著建立、維護、修復親密關係。」

邀請法師分享臨床經驗　　　　　　邀請修女分享臨床經驗

（四）勇於嘗試——實驗性的多重體驗

耀南助教學期終回饋：

「課程進行形式豐富，除採用媒材，如書籍／文獻〔《活出意義來：從集中營說到存在主義》（趙可式、沈錦惠譯，1995）、《幽谷伴行》（趙可式譯，2015）、《一個超越天堂的

淨土》（陳美羿，2003）、《生命最後一個月的花嫁》（黃穎凡
譯，2008）〕、繪本／影片／攝影集（如前述）等外，也透過小
團體討論等多元方式，讓同學們不僅有機會透過各種管道理解課
堂知識，也能直接體驗課程的內涵，從中感受到人與人、人與大
自然的連結。絕大部分的同學在期末的回饋問卷中表達，這些不
同的活動不僅給了他們不同的體驗，更協助他們能夠把所學運用
到生活之中。」

學生回饋：

　　「課堂中的影片、演講、實際的臨床經驗提供，以及各種藝
術療法、冥想，相當豐富多元。感謝老師想了很多方法及嘗試多
樣性的教學方法，帶領我了解靈性、了解自己。」

　　「看完『媽媽的臉』，我濕了眼眶。聽小傑喊媽媽、媽媽，
我自己也哭了，為什麼呢？我沒有這樣的經驗卻仍能引起共鳴，
這應該是因為人的普同性吧。」

　　「大人不應勉強，要用方法。也體會小孩也該有自己的步調
和方法去善別。」

唯一負面的回饋：「冥想時有點不自在，我不太喜歡那種不自在！！」

因當時未留團體創作的照片，改用創傷復原課程團體示意照
左圖是告別過去的儀式，右圖是成員朗讀完創作的詩之後的擁抱（2007 年，山西）

四、困擾

教學反思為：時間規劃及教學的系統性、組織性不足。

提出的建議完全符合我歷年來教學常常被回饋的弱項，學生回饋如下：

「老師上下課時間的調度可以再調整的更好。」

「課程規劃可以再有組織性一點，不然其實上了一學期真的不知道學了什麼，不過真的有很多反省自己的機會，很不錯。」

「課程設計有一定階段，建議學期初不久提供完整課程大綱。」

五、學習成效

問卷結果呈現，學生自我評估對課堂的投入程度，平均為 7.5 分（滿分 10 分）；課程滿意度平均 9.2 分（滿分 10 分）。各項指標分析：得分最高為教學態度 4.59 分，整體性評估 4.43 分，教學方法 4.39 分，教學內容與教材 4.17 分（修課人數 58 人，填答人數 43 人，列入統計 42 人，缺課 5 次以上不列入統計）。

學生的學習成效上，前測平均得分 25.96 分（滿分 60 分），後測平均得分 46.62 分（滿分 60 分），平均得分增加 86.9%。

細分各年級的學習狀況（詳見表 1 所示），則可以發現：以學習成效與收穫度來看，二年級學生皆有最高得分。

表 1　各年級前後測表現

	一年級	二年級	三年級	四年級	整體
滿意度	8.96	9.75	9.1	9	9.2
自我評估	7.24	7.75	8	7.4	7.5
前測平均得分	24.4	24.7	25.75	26.8	25.96
後測平均得分	43.8	52.1	46.9	47.2	46.62
進步百分比（%）	79.2	111.1	82	76.1	86.9

　　當時為了了解學生的學習效果，依據課程目標，設計了 10 題問題作為前後測。圖 2 顯示全班平均得分顯著提高，可以看出本課程的確創造了一個了解臨終與靈性的極佳平臺。

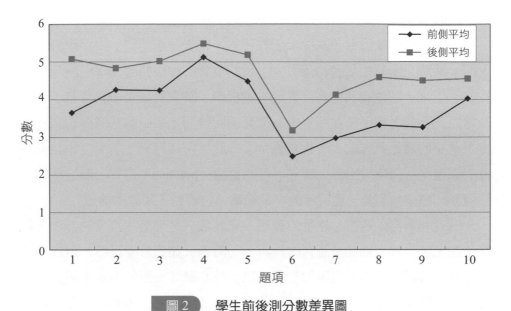

圖 2　學生前後測分數差異圖

前後測的 10 個問題如下：

1.我知道什麼是臨終的靈性關懷。

2.我習慣自主參與式的學習。

3.我熟悉創意與想像的學習歷程／方式。

4.反思與自我整理有助我的學習。

5.我會深入思考生死議題。

6.我對人在面臨死亡時的反應，了解有限。

7.我不知如何面對死亡的議題。

8.我知道靈性的意涵。

9.我知道如何照顧自我的靈性。

10.我常常檢視與自己及外界（天人物）的關係。

貳、自我實踐篇：回歸自我的專一實踐

我的修行是：多元到一元，返璞歸真，顧根顧本。

十年半前因緣際會，我從天主教背景，因著一場口譯，決定學打坐而入門，當時只因為相信我的接引人：我的整脊師和中醫師夫婦，沒想到竟然留了下來，在修心利他真行實證的過程中，讓我對於生命教育有了全新的體悟。至此，我了解並深信生命教育須回歸對生命中的三個核心議題，提出清楚的看法及方向，「我是誰？」「此生所為何來？」「生命結束時會去哪裡？」同時提出長久簡單可行的實踐（practice）方式，而這樣的智慧境界，超乎我窮其一生所涉的專業範疇，也跨越了宗教的藩籬[3]。

回首往昔自以為得心應手的教學，充其量只是著墨在表淺的方法上打轉，加上個人滿腔熱忱及認真的特質，一時看似達到教學目標，但內省繁雜多元的嘗試，或許來自奮力想彌補缺少核心關鍵支撐的不定不靜，因為沒有了悟根本。這十年多的修行顛覆了我一生的宗教觀、靈性觀、生死觀，讓我首次見證到平等不分別的境界。了悟要珍惜苦短人生，為靈性遙長的生命做生涯規劃[4]。人人本自俱足佛性，這是人生而平等的唯一基礎，須有一位生命導師，引領我們認識祂、打開祂、運用祂，真正的利益眾生。十年多來，有感於我參與臺灣修行團體中見證到靈性被提升、跳脫原來命運軌道的無數個人及家庭的見證，經徵求同意，先後將這樣實證的生命得教化的歷程在不同場合分享，包括國際研討會中報告[5]。

以我個人實證舉例：修行修正了我一生教學及生活上的最大障礙——對時間漫不經心的習氣。早在我幼稚園的時候，老師曾逗我：「你和吳○

3　引自《禪行週報》第 198 期，網址：https://www.rulai.org/weekly/198。

4　引自《禪行週報》第 61 期，網址：https://www.rulai.org/weekly/61。

5　見李開敏（2014a，2014b，2015b），以及以下 3 篇文章的作者序：李玉蟬等人（2012）、章惠安譯（2015）、劉建良（2016），共 6 篇。

〇都很乖，誰該拿第一呢？」我不假思索，立刻回答：「老師，我該第二，因為我常遲到」（李開敏，2015a）。

文內臺大期終學生提出的建議完全符合我歷年教學最常被回饋的弱項：「時間規劃及教學的系統性、組織性不足」。感恩修行團體中的千手千眼，從我入門就直心的提醒護持我，這個尾隨一生、迷糊隨性、不清楚、不精準的習氣，直到 57 歲修行中才願意真心面對，開始進入內省[6]懺悔發願實踐的軌道。

去年底，合作二十多年的臺灣安寧照顧協會，邀我帶兩天悲傷探索工作坊，相較於以前總習慣戴著老師傲慢名相的面具不以為意，自我感覺良好，認為開明聰明的我有其他強項，學生就包容一下吧！如今從一而終更真心以佛弟子的角度端正自己：時間要用心控好，不縱容習氣。事後收到主辦單位寄來的滿意度調查，其中一段回饋：「順暢、不疾不徐且能確切掌握時間、抓住節奏與顧及到每位分享的權利。」讓我發出無比的感恩讚歎！這絕非我所辦到，教學 40 年，從來沒有被回饋：「確切掌握時間。」

江山易改本性難移，一生始終克服不了的散漫大剌剌習氣，被改造調整了。感恩我的生命導師，慈悲的　師父教導我將禪行融入生活中。媽媽往生前失智 14 年，她深深信任的劉建良醫師也曾鼓勵肯定我把修行帶入媽媽的照顧之中，讓他見證到醫學上的奇蹟，包括媽媽以 99 高齡往生前，在我入門那 6 年中的脫胎換骨（劉建良，2016）。

後記：特別一提，在 3 位助教中，孟儒因緣俱足，在 2012 年入門，成為我的師姐。前年底曾邀我接引的 3 位社工見面，孟儒事後傳來訊息：

　　「好久不見的大家，每個人都帶著滿滿的實踐體會跟食物，
　　好豐盈的夜晚，隻身在臺北生活的我，因有如來大家庭覺得處處
　　都是家。感恩　師父！聆聽大家的分享，發現大家都有好多生活
　　上的挑戰，不因開悟高低，只因成佛與否。感恩　師父教導，有

6　詳見《禪行週報》第 188 期，網址：https://www.rulai.org/weekly/68。

身皆苦，要快！過去孟儒是把社會工作專業當作信仰的人，但後來才明白，我走上社工一路，只為遇見我的接引人開敏師姐。社工專業追求的公平正義，用人的力量追求，很多時候只能人我是非跟創造對立，並且還陷入傲慢分別而不自覺。只有大佛，得以真正實踐公平正義，也真正對眾生平等。一起持續在生活中練習師父的慈悲大愛。我這一生，都絕對的感恩讚歎　師父！孟儒也要發願，不只要知道，不只是做到，更要持續的實踐，並且愈行愈深，跟上　師父一切教導！直證見性！」

一切因緣合和，豈是我們所能預知思量於萬一？樸實無華的孟儒師姐道盡我們的心聲，這次感恩她慈悲護持製圖、排版、校正。

一切都是造物主、上帝、如來的恩賜！

參、結　語

生命看似步入尾聲，卻一直都在歸零重新開始。整理這一篇生命教育教學，其實是我自身的學習所留下來的紀錄，重新以謙卑感恩的心，看待一生中造就我的一切，最感恩的是賜我新生命的　佛父！

出生以來，父母家教嚴、看重子女的人格培養，家庭傳遞的生命教育首要是誠實，爸爸曾經有一段家訓「誠與拙」（王婉迪，2021），摘錄如下：「誠是不欺。要做到『勿自欺』、『不欺暗室』，就是說老實話。拙是不巧。不巧是要注意實驗，注重科學，就是做老實事。」檢視我的一生，若沒有這十年的實驗、老老實實的依教奉行，這段家訓也只是頭腦知道的道理，未必能做到。感恩慈悲的　師父教導示現弟子要透明、要真心、要真心真行、要真行實證[7]，心行合一，修心利他，一切以身示教絕對是生命

7　詳見《禪行週報》第 57 期，網址：https://www.rulai.org/weekly/57；第 157 期，網址：https://www.rulai.org/weekly/157；第 179 期，網址：https://www.rulai.org/weekly/179；第 188 期，網址：https://www.rulai.org/weekly/188；第 195 期，https://www.rulai.org/weekly/195。

教育最根本且唯一典範。

回看當年那個「百花叢裡過，片葉沾身」的我，那個想要找到好方法教人助人但卻瞎子摸象、陀螺般轉不停的我，如今心清淨安定不再外求，渴望返璞歸真，十四年忽焉已過，願由繁入簡、一心不二、直證菩提。

感恩這一路來，　師父慈悲教化我，開啟我的本自俱足。至此，終於見證了生命教育的核心主軸！

參 考 文 獻

王婉迪（2021）。**書劍萬裡緣：吳文津雷頌平合傳**。臺北市：聯經。
江麗美、魯宓（譯）（2008）。**薩提爾成長模式的應用**（原作者：J. Banmen）。臺北市：心靈工坊。（原著出版年：2006）
李玉嬋、李佩怡、李開敏、侯南隆、陳美琴、張玉仕（2012）。**導引悲傷能量：悲傷諮商助人者工作手冊**。臺北市：張老師文化。
李開敏（2005）。第五章「社會心理照顧」&第九章「悲傷與喪親輔導」。載於**臨終關懷與實務**。臺北縣：空中大學。
李開敏（2014a）。**亞太心理腫瘤大會（APPON）海報展：「禪修如何啟動癌患及家人的靈性療癒：三個奇異恩典的敘事」**（How Zen Practice facilitates spiritual healing in cancer patients and families: 3 narratives of Amazing Grace）。取自 http://kaiminglee.com/opendoc/APPONf3.pdf
李開敏（2014b）。**日韓臺灣家族治療聯合研討會，口頭報告：「家族治療的靈性觀和家庭圓滿的歷程」**。
李開敏（2015a）。死亡是良師，學分修不完。**財團法人中華民國（臺灣）安寧照顧基金會會訊**。取自 https://www.hospice.org.tw/content/1325
李開敏（2015b）。**亞太安寧療護會議（APHC），口頭報告：「悲傷與靈性，悲傷是通往開悟的幽靜：在悲傷輔導中整合靈性議題」**。
李開敏（譯）（2005）。**大腦體操：完全大腦開發手冊**（原作者：P. Dennison & G. Dennison）。臺北市：張老師文化。（原著出版年：1986）
林沈明瑩、陳登義、楊蓓（譯）（1998）。**薩提爾的家族治療模式**（原作者：V. Satir, J. Banmen, J. Gerber & M. Goromi）。臺北市：張老師文化。（原著出版年：

1988）

梁永安（譯）（2011）。**老年之書：思我生命之旅**（原作者：T. R. Cole & M. G. Winkler）。臺北市：立緒文化。（原著出版年：1994）

章惠安（譯）（2015）。**悲傷治療的技術：創新的悲傷輔導實務**（原作者：R. A. Neimeyer）。新北市：心理。（原著出版年：2012）

陳信宏（譯）（2008）。**最後的演講**（原作者：R. Pausch & J. Zaslow）。臺北市：方智。（原著出版年：2008）

陳美羿（2003）。**一個超越天堂的淨土**。臺北市：靜思文化。

陸雅青（1993）。**藝術治療**。臺北市：心理。

曾端真（2016）。**傾聽生命故事與敘說的療癒力**。臺北市：張老師文化。

黃穎凡（譯）（2008）。**生命最後一個月的花嫁**（原作者：TBS）。臺北市：三采文化。（原著出版年：2008）

廖和敏（譯）（2004）。**身體的情緒地圖**（原作者：C. Caldweel）。臺北市：心靈工坊。（原著出版年：1996）

趙可式（譯）（2015）。**幽谷伴行**（原作者：S. Cassidy）。臺北市：光啟文化。（原著出版年：1992）

趙可式、沈錦惠（譯）（1995）。**活出意義來：從集中營說到存在主義**（原作者：V. E. Frankl）。臺北市：光啟文化。（原著出版年：1993）

趙映雪（譯）（1999）。**我永遠愛你**（原作者：Hans Wilhelm）。臺北市：上誼文化。（原著出版年：1988）

劉建良（2016）。**是老化還是疾病：高齡趨勢下，如何判斷與協助發生在長輩身上的健康問題**。臺北市：大塊文化。

Dennison, P. E., & Dennison, G. E. (1994). *Brain GYM: Teacher's edition* (Rev. ed.). UK: Edu Kinesthetics.

Hepworth, D. H., & Larsen, J. A. (1993). *Direct social work practice: Theory and skills* (4th ed.). US: Wadsworth.

作者介紹

　　李開敏，身為外省第二代，童年非常寂寞。回想這一生，不斷在找自己的根，還有可以歸屬的家。但現實中所有努力都很不踏實。直到 57 歲無心插柳學打坐，竟遇明師，從此找到根與家。

　　入門第二年，寫下如來頌，獻給引領我回家的　師父，也是我生命教育的見證。

　　如來！如來！

　　來安我身，來破我習，

　　來開我眼，來解我疑，

　　來住我心，來淨我靈，

　　來立我信，來引我行，

　　昨日有苦不知苦，

　　今日知苦不覺苦。

　　昨日背苦不勝苦，

　　今日脫胎換骨。

―――――

　　為自己爭氣，為眾生慈悲！實踐修心利他！

生命教育與自我成長

6 生命與關懷：生命教育的核心價值

鈕則誠
銘傳大學教育研究所客座教授

前　言

　　擔任大學教師至今已歷三十七載，所授多為哲學通識課，自認皆屬生命教育類課程。簡單地說，生命教育教人將自身性命當作有限資源活學活用從而發光發熱，內容不脫安身立命與了生脫死二端。近年一旦修法，大學生便已屆成年，由於官方生命教育主要針對十二年國教而設計，採用標準課綱教學；大學以上遂歸成人教育，可以參考課綱各自表述、各取所需。對此筆者乃稱之為「大智教化」，即以古今中外聖賢才智的大智大慧作為自我教化終身學習的依據。課綱指出：「『生命教育』旨在透過價值選擇，建立自我生命的終極信念，培養哲學思辨的能力，實踐生命價值。」筆者就將大學生命教育課當作「愛好智慧」的應用哲學課來講授。

壹、生命教育是什麼

　　要了解生命教育究竟為何，教育學者徐敏雄所著的《臺灣生命教育的發展歷程：Mannheim 知識社會學的分析》（2007）一書是很好的參考文獻，可視為一部全方位檢視的生命教育史。不過它僅討論至 2006 年，之後至今的發展則列入最新「教育部生命教育中程計畫」內加以規劃。新計畫

的期程為 2018 年～2022 年中，主軸係「臺灣生命教育的回顧、深耕與前瞻」，回顧部分「以盤點二十年來的生命教育資源為目標，包括人力、課程教學、教材與校園文化等，建立完整資料庫並留下歷史紀錄」。依此所列工作項目第一項便是「建置生命教育推動政策及相關歷史脈絡檔案」，並「檢視各大專校院開設生命教育課程內容及實施現況」。

「教育部生命教育中程計畫」開宗明義記錄下：「我國實施生命教育，始自前省教育廳於 86 年推動的中等學校生命教育計畫，至今已屆滿二十年，民國 90 年，教育部宣布該年為『生命教育年』並初頒『教育部推動生命教育中程計畫』（90 年至 93 年），規劃從小學至大學十六年一貫的生命教育實施，奠下我國推動生命教育之重要里程碑。」臺灣生命教育最初是由位於臺中的天主教曉明女中之宗教教育與倫理教育蛻變而來，當年省教育廳所印製的《生命教育教師手冊》即載有〈倫理教育須知〉：「倫理教育的首要目標是培養學生的倫理性格，協助他們獲得正確的價值觀念和倫理取向。」由此可見生命教育的中心主旨正是德育。

「現代教育學之父」Friedrich Herbart 於 1806 年出版《普通教育學》（*General Pedagogy*）一書，主張以倫理學為教育學奠定宗旨，由心理學提供方法；當時倫理學與心理學皆屬哲學分支學科，後者於 1879 年始獨立為一門科學。事實上作為「教育學」的 "pedagogy" 乃指兒童教育，19 世紀歐美兒童所受的主要是倫理教育，亦即德育，強調智育則是 20 世紀以後的事情。19 世紀末英國哲學家 Herbert Spencer 曾撰寫小冊以提倡「德、智、體」三育，從此形成各國教育的標竿；我國則將之擴充而納入「群、美」二育，進而強調「五育並重」至今。依此觀之，本世紀初生命教育以取代傳統德育之姿躍上講臺，同樣可以走向五育並重的途徑。

當年省教育廳所推動的生命教育係針對省屬國高中六年十二學期而設計，曾出版教材加教師手冊共計 24 冊，幾乎面面俱顧。可惜此一地方政策從規劃到結束僅有短短兩年時間，原因是精省。所幸後來中央接手並擴大推動，尤其在政黨輪替後碰上一位認同此道的教育部長曾志朗，終於促成

四年中程計畫的施行。如今計畫已滾動五輪，不但運作無礙，更呈現出鴻圖大展的趨勢；2019 年（民國 108 年）被列入普通高中綜合活動領域必修 1 學分課程，而與生涯規劃、家政二科齊頭並進。立足此基礎更上層樓，大學生命教育課雖可各自表述，但仍宜維繫住十二年國教的一貫精神，對德育和人生價值面加以哲學探索與反思。

貳、生命教育有什麼

說生命教育課程是哲學課似乎太沉重，但雖不中亦不遠矣。試看高中必修課所要求的學習表現及內容，共分為五大核心素養：「哲學思考、人學探索、終極關懷、價值思辨、靈性修養」，以及加深加廣選修課的四項主題：「思考與謬誤、論證與思辨、事實與價值、情意與態度」，大致都不脫哲學性質。擴大來看，這些課題涉及了基本哲學、應用哲學、哲學諮商的理念與實踐；對高中生容或有相當難度，但為大學生則是很好的通識課題材。由於各大學校院所開設的通識課程琳瑯滿目，為吸引學生選修，不宜使用太籠統的「生命教育」為名稱，而應細分為諸如「生死學」、「人生哲學」、「宗教與人生」等。

不可否認，作為國家政策的生命教育，以高中課綱列出五項內容所要求的核心素養，正是每個人要想達於自我實現的核心競爭力。而由於大學生源主要來自普通高中，在人人多已具備 1 學分的哲學訓練後，於大通識課上進階學習應非難事，甚至可能產生事半功倍的效果。筆者正是以如此認知和態度來講授生命通識課，且基於個人背景為哲學出身，很自然地會希望將其中哲學「愛好智慧」的理想發揚光大。2020 年 5 月，筆者在所服務的銘傳大學教育研究所一場名為「生命教育融入教學創新」研討會上，發表論文〈後設生命教育〉，即對當前生命教育五大核心素養的哲學旨趣加以闡述，基本反映出筆者的授課心得。

不過話說回來，將生命課視為哲學課，只是指以哲學為主，並非全然

如此。從 2010 至 2019 年所施行的舊課綱來看，七門進階課的確有四門歸於哲學，另三科則分屬心理學、宗教學及生死學。這表示生命教育所具有的內容較傳統德育專講倫理道德規範為廣，卻仍跟哲學息息相關；像是心理學乃脫胎於哲學，「生死學之父」傅偉勳係哲學暨宗教學者等。當初規劃八科 16 學分卻只需選修 1 學分，不免會眼高手低甚至曲高和寡；如今改為必修，將各科打散納入核心素養以多元發揮，就顯得較易落實，例如：「終極關懷」素養，要求學生「從掌握哲學、生死議題與宗教的基本意涵及其和人生的關係，以建立自己的人生終極信念」。

根據新課綱所設計 1 學分必修課，是希望高中生初步認識哲學思考的妙諦。尤其將「哲學思考」素養再分為「思考素養」及「後設思考」兩項，令後者為「對思考進行思考，以動態掌握思考的本質、方法、情意與態度」，因為「思考素養對於一個人探究各種科學或處理生活中不同問題都是不可或缺的」，此乃說明哲學應用於人生的重要。人生哲學跟道德哲學或倫理學有相當大的重疊性，可歸於「價值思辨」素養。但哲學中的價值論並不止關注道德實踐，也及於美感體驗；將「生活美學的省思」一項列入，是新課綱頗具建設性的創意，至少不會讓取代傳統德育的生命教育顯得太過於「道貌岸然」難以親近。

參、大學生命教育：通識課

基於以上認知，筆者嘗試反思任教多年的大學生命教育課程，說與有緣人聽。講授的科目共分三類：「通識課：生死學；專門課：生死哲學；研究課：生命教育研究」，都是現在進行式。2020 年夏季筆者回聘銘傳擔任客座以作客，在教育所和通識中心各教兩班生命課，對象雖不同，吾道卻一以貫之，以作為成人生命教育的大智教化，教人以安身立命與了脫死之道。通識「生死學」講授至今已歷二十六載，起初採用他人觀點述而不作，後來自撰教科書照本宣科，近年則拈出自家本事借題發揮；前後出

版二書可視為兩道里程碑：《生死學》（2005）、《新生死學：生命與關懷》（2020），後者是去年的新作。

目前在銘傳臺北及桃園兩校區各開授單學期 2 學分一班，每班約 70 人上下；評量以認知性期中考占三成，其餘情意書寫占七成。生死學既以「學」為名就有一定認知內容，對此筆者提出「生物─心理─社會─倫理─靈性一體五面向人學模式」加以學理鋪陳，並介紹涉及「教育、輔導、關懷、管理」的四門生死專業實務，據此作為期中考範圍；相關教材可見於前述《生死學》及《殯葬與生死》（2007），二者皆屬空中大學教科書。筆者當初雖於空大開課，但非人文學系而在生活科學系，因此談生論死的視角不全然是哲學，而歸跨領域的統整觀點，「一體五面向人學模式」即為跨界演出，希望面面俱顧、無所偏廢。

筆者大學主修哲學，輔修生物學，曾留美念了一學期心理學，任教後又在職進修 MBA 三年半，對人類三大知識領域皆有所涉獵，雖未深入但已足以滿足通識課需求。「生死學」在銘傳列為哲學類選修課，另一必修課則為「道德推理」，主要講應用倫理學；這些都曾出現在高中生命課綱內，因此將該科視為應用哲學課乃有一定正當性。應用哲學與作為哲學應用的哲學諮商二者，都創始於上世紀 80 年代，而跟傳統的基本哲學互補互利、相輔相成。哲學思考探究的「宇宙與人生」分屬事實與價值，傳統方法主要為思辨；如今「價值思辨」和「事實與價值」分別列為高中必修課及加深加廣課，有待上大學後深化之。

死生大事既歸事實認定，也屬價值判斷；人終不免一死，醫學上的死亡判準基本已無疑義，但死亡的輕重緩急卻見仁見智。類似墮胎、安樂死、自殺等生命倫理重大議題，遂足以拿到生死學課堂上討論；以電影情節作為生命敘事個案，不失為一道方便法門。官方生命教育政策建議學理講授占六至七成，情意體驗為三至四成，如此一學期可看四至五部電影，再加上討論並提交心得，用於大班教學較之分組活動既省時又省力，長期施行下來倒也運用自如。此外自行觀影及課外閱讀亦可同步進行，筆者貼在粉

專網誌上的自撰文章接近 500 帖，鼓勵同學上網搜尋，下載閱讀並跟筆者互動，也都能夠收到一定效果。

肆、大學生命教育：專門課

筆者除了每週在銘傳授課 8 堂外，還回到母校輔仁哲學系兼課 2 堂，講授「生死哲學」、「生命倫理學」、「生命教育哲學」，加上本行「自然哲學」，四者每學期滾動開設，一班大約 50 人。哲學關注「宇宙與人生」，自然哲學即是宇宙論，其餘三科則探討人生本然，彼此相得益彰。三十三年前筆者在輔大撰寫的博士論文便題為「宇宙與人生」，今年（2021年）又將出版一部同名著作，以記錄其間心路歷程的轉化。以「生死哲學」為例，由於對象為哲學系同學，因此列為專門課，即使外系選修也一視同仁。生死哲學係生死學與哲學的統整，既可視為應用哲學的分支，亦得當作生死學之下的二階學科，而與生死文學、生死心理學、生死社會學並列。

生死哲學乃屬生死學加深課程，較生死學更集中討論哲學的核心課題「本體論、認識論、價值論」，就此三者筆者對應提出「向死而生、由死觀生、輕死重生」的基本論述，並撰成《學死生》一書次第鋪陳。「學死生」乃「生死學」倒著講，可視為孔子「未知生，焉知死」之反身，「未知死，焉知生」，足與孫子「置之死地而後生」相提並論，亦即在困境中進行逆向思考以絕處逢生。人生不如意者不見得十之八九，但總有十之五六或四五，因此要學會用平常心去「出生入死」。這句老子的話並非要大家去冒險犯難，而是指「從生來，到死去」最好能夠「順其自然，勿事造作」，此乃道家式素樸人生觀，對講究積極進取的人會不以為然。

西方思想經常鼓勵進步，但備受推崇的存在主義哲學家 Martin Heidegger 卻十分欣賞老子，甚至曾跟筆者的輔大老師蕭師毅教授一道翻譯《道德經》，他們都能把握「出生入死」的真諦。其實無論是對修通識或專門課的大學生，筆者都稱讚他們「不怕死」；心中藏有太多忌諱，就不容易逆

向思考了。生命教育課綱有云：「正確思考的情意與態度：摒除阻礙思考之負面因素，建立適切的思考美德，以達立場不必中立，態度必須公正的理想。」在哲學系講授生命課必須從思考入手，但並非「正確思考」而是「恰當思考」；人生道路正確與否，要等到蓋棺方能認定。既然個體生命是一份有限資源，前瞻性的「策略思考」同樣重要。

思考有垂直和水平兩種方式，前者講究上下因果的邏輯關係，後者則自橫向平移中發現可能的連結性，需要用到直觀能力。傳統上哲學思考一定要求推理論證，將之視為天經地義，連道德推理也不例外；直到上世紀80年代由女性主義學者所倡導的關懷倫理出現，堅持論證的立場始見鬆動。撰有另類《教育哲學》（*Philosophy of Education*）的 Nel Noddings，便主張用陰柔的「關懷」情意，去改善陽剛的「正義」認知不足之處。基於此種後現代的多元價值，筆者在講授「生死哲學」時，同樣透過電影情節以激發學生的反思能力，並在相互對話中求同存異，藉以培養有容乃大的生活態度。生死哲學尚可應用於哲學諮商內，協助人們自我解惑。

伍、大學生命教育：研究課

筆者的本職是在教育研究所授課並指導學生撰寫論文，銘傳教育所於碩士班基礎上設立了三處碩士專班，包括外島金門，四班每年總共招收85人；8位專任教師平均每屆指導10人，負擔不免沉重。筆者雖為人文學者，但念過企管所，對社會科學方法略知一二，尚能指導質性研究，量化則未經實際操作而力有所不逮。好在教育學跟哲學、心理學、輔導學都有一定淵源，鼓勵學生研究生命課題並非難事。我們的碩士生10人大多兼修師培課程，屬於未來教師；至於碩專班75員幾乎全為現職中小學及幼特教師，有機會站在教育現場第一線推動生命教育，想從事行動研究的人不在少數，對筆者這個指導老師而言，不啻具有教學相長的效果。

「教育部生命教育中程計畫」涵蓋甚廣，從十二年基本國教向上延伸

至大學及研究所，有一個工作項目為「鼓勵或補助設置生命教育碩博士班（或分組）及相關學程」，而其績效指標則是「強化生命教育專業，提升學術研究人力」；換言之，除透過辦理第二專長學分班以授證生命教師外，更希望培養擁有高學位的生命教育專家。但在筆者看來，面對具有豐富情意性質的生命教育，無論是想成為教師或專家，本身著實需要先進行自我教化，以擁有一定的生命化基本素養，包括個人涵養與修養。本於此等理念，筆者在教研究生時，會兼顧其教師專業及「人格統整與靈性修養」，後者正是生命教育五大核心素養的最後一個項目。

筆者在教育研究所有三門課可進行滾動式教學：「生命教育研究」、「情意與道德教育研究」、「教育倫理學研究」，四個班教下來得花好幾年。但筆者還是樂於去教大學通識課，希望將作為成人生命教育的大智教化之影響力最大化；研究生一年有 85 人，大學生則約 300 人，共同體現筆者的生命志業。生命教育在國內起步至今僅有二十四年，其間發展相對曲折，並非一帆風順，筆者乃鼓勵研究生從事生命教育史哲的後設研究，如此一方面可以鑑往知來，一方面更能落實「教育部生命教育中程計畫」希望達成「建置生命教育推動政策及相關歷史脈絡檔案」的目標。建構臺灣生命教育始的背後，需要有一定的史觀，亦即歷史哲學，這些都是很好的研究題材。

不過在現實中還是會碰到一些問題，尤其碩專班生皆為在職進修，多以事業為重，學業則不求有功，但求無過，能在兩年內順利畢業取得學位即為上策。希望他們沉潛靜心作研究，不說緣木求魚，但大多眼高手低，勉強不來。至於碩士生原本應該專心向學，但近年大多打算兼修師資培育的教育學程，經常需要多修兩、三年的課，還得外出實習方能畢業，如此也不易產生立竿見影的效果。算算筆者當碩士論文指導教授的經驗前後已有二十載，早年擇優培養，近來卻在少子化衝擊下，獨立研究所的教學生態已逐漸從賣方市場轉變成買方市場，在其中任教遂得秉持「盡力而為，適可而止」原則行事，以免落得吃力不討好。

陸、生命教育做什麼

　　作為南華大學生死學研究所創所所長，筆者於 23 年後的 2020 年 6 月應邀開會，跟歷任所長齊聚一堂，得知博士班已通過設立順利招生，覺得相當欣慰。想到銘傳教育所成立至今也有二十載，所上為求永續發展乃於今年正式申請成立博士班，雖不知何時能夠實現，但畢竟充滿希望。放大來看，生命教育在臺灣幾乎跟生死所同時起步，長期奮鬥，終於促成普通高中 1 學分必修課，讓年輕學子得以接受些許哲學教育。至於大學層級，通識課不乏哲學科目，但哲學教育並不全然為生命教育，生命教育於大學內到底在做什麼？能夠做些什麼？都值得第一線教師深思之。如今受邀撰寫經驗談，筆者就嘗試談些個人經驗，說與同道分享。

　　「生命」一詞相當籠統，甚至至大無外，足以包山包海（孫效智語）；但由於它的表述既正向又光明，在本世紀初一登場就立即取代了傳統德育。到如今它基本上已完全為社會大眾所接受，只要一有些性命攸關的事件發生，大家便立即想到生命教育。以學生自殺為例，1998 年秋季剛開學不久，臺中女中資優生廖曼君及其男友殉情事件立即引起廣泛討論，連帶也讓起步未久的生命教育，背負上一份明確但沉重的防治責任。二十多年過去了，活在同步數位化的當今大學生幾乎手機不離手，此一原本作為相互聯繫的工具，究竟帶給人們的是天涯若比鄰的方便，還是比鄰若天涯的疏離？

　　筆者經常從學生的心得寫作中讀出寂寞；但大多是被動失群寂寞，而非主動離群孤獨。因為他們自認不被了解和接納，但似乎從未想到應該先了解自己，而這就是生命教育足以使力用心之處。「了解你自己」乃是 Socrates 的人生教誨，他和學生 Plato 以及徒孫 Aristotle，共同開創了哲學「愛好智慧」的途徑，「自覺」正是愛智的第一步。生命教育五大核心素養之一的「人學探索」問道：「什麼是『我』？『我』是誰？『我的身體』、『我的心理』、『我的理性』、『我的感性』，以及『我的靈性』的關係

與差異」究竟為何？高中生命課就在問這麼深刻的問題，大學生能不知道嗎？啟發學生學習主動發現自己，是筆者教導大學生的一貫使命與任務。

　　相較於一些表現生動活潑的教師，筆者算是老派守舊的一群了。雖然曾經參與師資培育六年，成為老師的老師，但筆者很慚愧自己從未學過教材教法與班級經營，為人師表三十八載，一切都在困而學之。老實說年輕時功課很差，從未想過會當老師；但是學了文科的出路不是要筆桿就是要嘴皮，筆者先當記者後做老師，完全體現出文人的宿命。但筆者自視為另類教師，總是想盡辦法讓學生從事有關宇宙與人生的哲學思考，這便是筆者認為生命教育可以做也值得做的事情。如此看來，筆者把生命教育當作探究宇宙與人生奧秘的哲學教育，數十年如一日，也就可以理解了。以上所述，就是筆者對生命的言教與身教。

後　語

　　本世紀初，慈濟文化志業中心結集出版了筆者在佛光《人間福報》上連載十個月的情意教育專欄為《心靈會客室》一書，是個人第一部正式出版品。若加上學位及升等論文，四十三年來總共完成了三十四部著述，自認都具有「生命與關懷」的教化旨趣，書目附後請同道參考指教。生命教育之於筆者同時具備學校教育、社會教化、自我貞定功能，「我手寫我心，存在即自知」。回想起「吾十有五而志於學」，高中時期受到「存在主義－道家－禪宗」三位一體思潮影響而立志走向愛智之道，至今已超過半世紀，終於拈出自家本事「大智教化」，希望自度度人，安身立命，了生脫死。年近七旬依然留在學校任教，多少就是還具有一份使命感吧！

【鈕則誠三十四部著述】

1979.05.《自我與頭腦：卡爾波柏心物問題初探》。臺北縣：輔仁大學。

1988.01.《宇宙與人生：巴柏的存在哲學》。臺北縣：輔仁大學。

1996.03.《護理學哲學：一項科學學與女性學的科際研究》。臺北市：銘傳學院。

1996.10.《性愛、生死及宗教：護理倫理學與通識教育論文集》。臺北市：銘傳學院。

2001.02.《心靈會客室》。臺北市：慈濟。

2001.08.《生死學》。臺北縣：空中大學。（合著）

2003.08.《醫護生死學》。臺北市：華杏。

2003.10.《護理科學哲學》。臺北市：華杏。

2004.02.《生命教育：倫理與科學》。臺北市：揚智。

2004.02.《生命教育：學理與體驗》。臺北市：揚智。

2004.08.《醫學倫理學：華人應用哲學取向》。臺北市：華杏。（合著）

2004.09.《教育哲學：華人應用哲學取向》。臺北市：揚智。

2004.10.《護理生命教育：關懷取向》。臺北市：揚智。

2004.12.《生命教育概論：華人應用哲學取向》。臺北市：揚智。

2005.08.《生死學（二版）》。臺北縣：空中大學。（合著）

2005.10.《教育學是什麼》。臺北市：威仕曼。

2006.01.《波普》。臺北市：生智。

2006.01.《殯葬學概論》。臺北市：威仕曼。

2007.02.《殯葬生命教育》。臺北市：揚智。

2007.03.《永遠的包校長》。臺北市：銘傳大學。

2007.08.《殯葬與生死》。臺北縣：空中大學。

2007.11.《觀生死：自我生命教育》。臺北市：揚智。

2007.11.《觀生活：自我生命教育》。臺北市：揚智。

2008.04.《殯葬倫理學》。臺北市：威仕曼。

2009.01.《從常識到智慧：生活 8×5》。臺北市：三民。

2010.09.《生命教育：人生啟思錄》。臺北市：洪葉。

2010.09.《生命的學問：反思兩岸生命教育與教育哲學》。臺北市：揚智。

2013.10.《觀人生：自我生命教育》。新北市：揚智。

2015.07.《大智教化：生命教育新詮》。新北市：揚智。

2016.07.《學死生：自我大智教化》。新北市：揚智。

2018.09.《六經註：我的大智教化》。新北市：揚智。

2019.09.《新生命教育：華人應用哲學取向》。新北市：揚智。

2020.04.《新生死學：生命與關懷》。新北市：揚智。

2021.08.《宇宙與人生：大智教的貞定》。新北市：揚智。

作者介紹

鈕則誠，1953 年 10 月生於臺北市。

輔仁大學哲學系哲學博士，輔仁大學哲學系兼任教授，銘傳大學教育研究所客座教授。

Google 部落格：tcniu.blogspot.com。

聯經部落格：blog.udn.com/tcniu1014。

臉書專頁：tcniu 心靈會客室、zcniu 大智教化院。

e-mail：tcniu1014@gmail.com；tcniu@mail.mcu.edu.tw。

筆者自幼好讀書不求甚解，及長嚮往愛智之學並以此為業，不走學院派路線，而樂以「思者醒客、智者逸人」自許。為人師表三十八載，著書三十四部，自認全都在從事通識生命教育。耳順前後反身而誠，拈出「大智教化」新論述，作為官方「生命教育」的民間版、成人版、擴充版與升級版。大智教化宣揚人生大智教，希望將古今中外聖賢才智的大智大慧融匯貫通，教人以不問生前死後的安身立命與了生脫死之道。這是一套「後科學、非宗教、安生死」的儒道融通之現世主義人生哲理，筆者不斷著書立說，目的即為以文會友，廣結善緣；透過文字緣，善結有緣人。

7 略說我的生命教育教學經驗

陳錫琦

臺北教育大學教育學系暨生命教育碩士班教授

壹、前　言

回顧來時路，生命教育相關教學一路走來，從 1991 年在華梵大學的「覺智與人生」開始，歷經死亡教育、生死學及生命教育，最終生命教育成為臺灣現在生命教育相關教學的主流，至今 2021 年剛好 30 年。

應紀潔芳老師的邀請，請我寫一篇在大學的生命教育教學經驗與大家分享。感恩紀老師等諸位為生命教育努力的前輩，以下將從我在華梵大學教「覺智與人生」的教學經驗說起，順著時間推移，一直到現在的大概情形，與大家分享，感恩各位。

貳、以覺為核心的生命教育

1990 年，因嚮往著覺之教育（釋曉雲，1987），辭去行政院衛生署的工作轉往華梵大學任教，參與生命教育課程——「覺智與人生」的教學。

覺之教育是曉雲法師為因應當代教育未能重視心性教育，產生種種社會問題及教育上的困境而提倡的（陳錫琦，2001）。我認為覺之教育強調的心性教育，重點在於從「心的覺醒」到「生命覺醒」，可視為是生命教育的根本議題。

覺之教育如何來落實？「覺智與人生」是華梵大學在創校第二年，亦即 80 學年度（1991 年）在通識課程開設的一門課，每週 2 小時 2 學分，是全校學生必修的核心通識課程之一。剛開始只有工學院 5 個班學生，面對工學院學生要如何跟他們談如此人文的議題，對我來說是一大考驗。從 2006 年的「覺智與人生」教學計畫（如附錄 1 所示）來看，教學目標有四項：回應覺之教育，培養學生的生命智慧、關懷與實踐能力；教學內容回應教學目標；教學方法依情境有多元變化，沒有固定教材，對我來說華梵大學的校園就是教材，就是覺得展現，例如：藏六之旅——後山參學、禪與身心世界——院覺室參學、心靈之旅——文物館參學等，運用學校現有的景觀境教來體驗覺性。對於教學結果，我曾做了部分研究（請參看陳錫琦，2001），摘錄學生對整體課程的回應如表 1 所示。整體來看，學生對「覺智與人生」的教與學是持正向肯定的。

華梵大學以覺之教育作為建構校園文化的核心理念，其具體實踐有：潛在課程（如境教）、正式課程（如「覺智與人生」等），與現在教育部推動的以生命教育建構校園文化之政策一致，值得教育部重視及其他各級學校參考（陳錫琦，2017）。

除了「覺智與人生」外，在通識教育也開了生死學、死亡教育、禪與身心、禪與第三種思維等，這些都是「覺智與人生」的相關延伸課程，並與當時生死學、健康促進及創意思維的興起相呼應。

參、參與臺北護理學院生死學教學

1994 年，我應邀到臺北護理學院（現為臺北護理健康大學）參與生死學教學，那時的生死學是全校必修。生死學範圍廣大，要上哪些主題呢？要如何教？當時我們一起開課的團隊有曾煥棠、林綺雲、鈕則誠老師等，除了彼此分享討論外，我們還一起寫了一本生死學的教科書，由林綺雲主編（2000），作為我們讀書會及教學的參考。當時的教學計畫（如附錄 2

表 1	學生對「覺智與人生」整體課程的感受

影響研究對象的人生與心智
- 找到生活的重心
- 靜坐對其影響最大
- 啟發自己的心智,使思維更加深遠廣闊
- 體驗到許多新事物
- 在對事的看法及心靈提升上,有長足進步

體會到華梵有別於其他大學的特色
- 實地體會到華梵有別於他校的特色及獨特的創校理念
- 不只讓學生專注於念書,且要充實人文素養,將來才不會成為事業的奴隸
- 讓學子在大自然中接受山水的心靈調適與昇華

體悟到專業知識外還有更廣闊的學習空間
- 深深地體會到在自己專業的學科外,還有那麼寬廣、豐富的世界等待自己去探索
- 對於一些以前未曾思考過的問題,發現原來是這麼的有意義
- 以前認為無聊的簡單問題,現在才知道要回答這些題目並不是那麼容易

對上課方式的反應
- 可以發表自己的看法,並和老師做交流,彼此能有所互動
- 體會到看一個問題要有多元化、多角度的思維,經由審慎反覆的思考與討論,再推出較為適當、正確的結論

對覺智與人生課程的期待
- 期望能多開點類似覺智與人生的課程
- 認為覺智與人生要一直開下去,不要廢掉
- 肯定覺智與人生列為必修是正確的決策

所示),舉例來說,在那些年的教學過程中,發現護理師在職場上接觸死亡的機會很多,如何因應患者的死亡,對他們、患者及家屬都是個嚴峻的挑戰,學習生死學對他們是很有需要與幫助的。

　　這是繼華梵大學開設「覺智與人生」後,大學中開始普遍開設生死學等與生命教育相關的課程,促使與生命相關的學問——「生死學」成為新興顯學,受到各方重視與討論。在當時我也在思量,大學生想學習的生死學內容為何?也做了一系列有關大學生生死學需求研究,發現一般大學生優先興趣的議題如下(陳錫琦,2004):

　　1. 探索生命:如何活得快樂、人生的目的為何、生命的價值與意義、生命的過程。

2. 面對死亡：面對親友的生與死，該如何調適心情、人面對死亡的感受為何、該如何看待亡者。

3. 探索生與死：碰到生命的難題，如何起死回生，如何自處。

4. 臨終關懷：安寧照顧、如何幫助臨終病人。

5. 生死倫理：安樂死、自殺與解脫。

6. 人生與命運：人的一生是否冥冥中已注定好、如何掌握命運。

7. 預立遺囑：如何立遺囑、如何為死亡及死亡後做準備。

8. 器官捐贈：器官捐贈。

以上的內容雖以生死學為名，但也可將這些內容適度歸類，與生命教育結合，作為教學內容。此案例可參考陳錫琦（2011）的文章。

肆、到臺灣第一所生命教育研究所任教

2005 年，我轉到臺北教育大學生命教育與健康促進研究所任教，93 學年度的第二學期，在大學部開了一門生命教育選修課，這時的生命教育還在發展中，自行建構的教學目標及教學內容除了生命議題的討論外，考量師培生背景，同時強調校園生命教育的理論與實務。後來也曾開給師培生選修的「生命教育」，這時配合高中生命教育內容架構來安排教學內容，以便銜接，又由於學校有一半師培生，同時強調如何進行生命教育。延續過去繼續在通識教育開生死學，主題上基本沿用過去，加入時事議題來討論。後來，通識選修課程要配合政策推生命教育，就全面改成「生命教育」，教學計畫如附錄 3 所示，基本架構沿用之前的，主題選擇盡量貼近學生生活經驗，教學方法上以學生討論、報告為主。2017 年在教育學系開了一次「生命教育」給師培生，教學計畫如附錄 4 所示，基本架構與通識教育一樣，但特別用了 5 週時間討論「如何與國小學童談生死」，讓學生對整體生命教育內容有概念，並強化作為一位老師在校園中碰到死亡事件時，如何從死亡教育與輔導來進行生命教育。

　　雖然在大學部開過生命教育相關系列課程，但由於受限上課時數，我的課多數開在碩士班裡，有生命教育、靈性療癒、宗教生死學、自殺預防、死亡教育等，碩士班雖著重學術上的深入，但學生們不只來學習生命教育，不同於一般大學生，多數已經歷人生磨練，同時帶著自己的生命問號來求解。在二至四年的學習後，多數分享他們在碩士班裡生命獲得療癒與成長，也更能掌握生命教育的核心內容與教學。

　　我們也曾在 2012 年於教育部與本校師培中心的支持下，將九年一貫課程與生命教育相關內容的論文，改寫成各領域教學現場可使用的手冊，例如：生命教育融入生活課程領域（曾愛媛、陳錫琦，2012）、生命教育融入自然與生活科技學習領域（丁淑妙、吳姵涵、陳錫琦，2012）、生命教育融入社會學習領域（趙敏郁、周美斯、陳錫琦，2012）、生命教育融入藝術與人文學習領域（彭瓊玉、吳碧霞、陳錫琦，2012）、生命教育融入綜合活動學習領域（張夫美、張玉美、陳淑珠、陳錫琦，2012）、生命教育融入健康與體育學習領域（楊士萱、劉啟村、陳蓁雀、陳錫琦，2012），以及生命教育融入國語文學習領域（沈式俸、廖美蓉、陳錫琦，2012）等，讓老師們便於將生命教育融入其教學領域中。現在推行十二年一貫生命教育，融入各領域的學習是重要課題，或許此經驗可供借鏡。

伍、省思與展望

　　1950 年代開始發展的死亡學與死亡教育，雖在 1979 年即有學者撰文介紹（黃松元，1993），但未能成為可公開談論的議題；傅偉勳（1993）將西方的死亡學，加上東方以心性體認為本位的學問，提出「生死學」的概念，這是臺灣本土的學術用語。楊國樞（1993）在為傅偉勳的著作做序時，提到「生死教育」一詞，這也是臺灣的學術用語。「生死學」或「生死教育」，與在美國發展的「死亡學」或「死亡教育」是有學術上的淵源的。生命教育是在地的創新，其出現比「死亡教育」或「生死教育」晚，在機

緣成熟下成為十二年國教、大學與社會的重要議題；從 1997 年前臺灣省政府教育廳開始推動生命教育算起，生命教育在臺灣已推行約 24 年。

新課程的興起，往往是對當代社會的一種回應、一種使命、一種擔當，我能有機會參與這個歷程，是幸運也是幸福。生命，何其大的問題，在理論與實務上都需不斷精進，例如：生命是什麼？在各階段中未發現有具體描述，生命是生命教育最核心的概念與學習內容，有必要加以描述；又如：師資培育，高中有生命教育師資培育，國小國中有在職進修教育，然在質與量上須再精進（陳錫琦，2013），以及大學生命教育的發展與研究。

目前，大學教育政策走向，強調學生專業養成、競爭力及就業力，在這種教育、社會環境脈絡下，我們應更重視及落實校園生命教育課程的發展，以回應我們提出生命教育的初衷，使人文、生命與經濟、科技間能均衡發展，使學生的專業養成與生命智慧、競爭力與生命關懷，以及就業力與生命實踐，互為體用、相互融合，方是教育之本懷，國家社會之福（陳錫琦，2013）。

大學生命教育未來的發展，除了通識課程中的生命教育外，可以和其他學科結合，例如：生命和死亡教育與正向心理學（Phan, Ngu, Chen, Wu, Lin, & Hsu, 2020）、正念與正向心理學（Phan et al., 2020），以及幸福感、正向信念、生命意義與健康促進（Tsai, Hu, Yeh, Chen, Tseng, & Chen, 2020）等的結合。在內涵上，宜透過大學開放自由的學術發展，從更寬廣多元的角度來學習生命，讓生命教育能在大學中優遊自得，讓大學生能在大學時期對自己的生命有更深入寬廣的認識與體驗。

我相信一個人對生命的認知，會影響他對自己的認同與期許，在教學中，自己也是學習者，與學生一起成長、一起感恩。基於這個體驗，我也常常與身為人師的學生們共勉，當我們自己對生命真正有所認知、覺醒、經驗與體證，並展現在我們日常的身口意時，教室中的學生自然會感受到，這是最自然的生命教育。

參考文獻

丁淑妙、吳姵涵、陳錫琦（2012）。**九年一貫課程生命教育教學參考手冊：生命教育融入自然與生活科技學習領域**。臺北市：臺北教育大學生命教育所。

沈式倖、廖美蓉、陳錫琦（2012）。**九年一貫課程生命教育教學參考手冊：生命教育融入國語文學習領域**。臺北市：臺北教育大學生命教育所。

林綺雲（主編）（2000）。**生死學**。臺北市：洪葉文化。

張夫美、張玉美、陳淑珠、陳錫琦（2012）。**九年一貫課程生命教育教學參考手冊：生命教育融入綜合活動學習領域**。臺北市：臺北教育大學生命教育所。

陳錫琦（2001）。覺之教育之實驗與反影之研究：以華梵大學「覺智與人生」課程為例。**華梵學報，7**，74-89。

陳錫琦（2004）。大學生對生死學的學習需求之調查研究。**學校衛生，45**，17-41。

陳錫琦（2011）。大學生命教育課程之建構：以通識課程為例。載於**第二屆海峽兩岸大學生命教育論壇論文集**（頁 82-87）。浙江：浙江傳媒學院。

陳錫琦（2013）。十二年國教生命教育課程概觀與反思。**國民教育，53**（3），1-6。

陳錫琦（2017）。以生命教育建構校園文化：以華梵大學覺之教育為例。載於**2017年生命教育國際學術研討會論文集**（頁 219-232）。臺北市：教育部。

傅偉勳（1993）。**死亡的尊嚴與生命的尊嚴：從臨終精神醫學到現代生死學**。臺北市：正中。

彭瓊玉、吳碧霞、陳錫琦（2012）。**九年一貫課程生命教育教學參考手冊：生命教育融入藝術與人文學習領域**。臺北市：臺北教育大學生命教育所。

曾愛媛、陳錫琦（2012）。**九年一貫生命教育教學參考手冊：生命教育融入生活課程領域**。臺北市：臺北教育大學生命教育所。

黃松元（1993）。**健康促進與健康教育**（增訂版）。臺北市：師大書苑。

楊士萱、劉啟村、陳蓁雀、陳錫琦（2012）。**九年一貫課程生命教育教學參考手冊：生命教育融入健康與體育學習領域**。臺北市：臺北教育大學生命教育所。

楊國樞（1993）。序：一個不平凡的人，一本不平凡的書。載於傅偉勳著，**死亡的尊嚴與生命的尊嚴：從臨終精神醫學到現代生死學**（頁2-8）。臺北市：正中。

趙敏郁、周美斯、陳錫琦（2012）。**九年一貫課程生命教育教學參考手冊：生命教育融入社會學習領域**。臺北市：臺北教育大學生命教育所。

釋曉雲（1987）。**覺之教育**（三版）。臺北市：原泉。

Phan, H. P., Ngu, B. H., Chen, S. C., Wu, L., Lin, W.-W., & Hsu, C.-S. (2020). Introducing the study of life and death education to support the importance of positive psychology: An integrated model of philosophical beliefs, religious faith, and spirituality. *Frontier in Psychology, 11*, 580186. doi:10.3389/fpsyg.2020.580186

Phan, H. P., Ngu, B. H., Chen, S. C., Wu, L., Shi, S.-Y., Lin, R.-Y., Shih, J.-H., & Wang, H.-W. (2020). Advancing the study of positive psychology: The use of a multifaceted structure of mindfulness for development. *Frontier in Psychology, 11*, 1602. doi: 10.3389/fpsyg.2020.01602

Tsai, F. J., Hu, Y. J., Yeh, G. L., Chen, C. Y., Tseng, C. C., & Chen, S. C. (2020). The effectiveness of a health promotion intervention on the meaning of life, positive beliefs, and well-being among undergraduate nursing students: One-group experimental study. *Medicine, 99*, 10(e19470).

作者介紹

陳錫琦，臺灣師範大學健康促進與衛生教育學系博士，現任臺北教育大學總務長、臺北教育大學教育學系暨生命教育碩士班教授；曾任臺北教育大學教務長、生命教育研究所所長、生命教育與健康促進研究所所長、華梵大學人文教育研究中心副教授、中華生死學會副理事長、中華經典唱持與人文詮釋學會常務理事。目前亦為財團法人圓覺宗智敏慧華金剛上師教育基金會董事、諾那華藏精舍臺北助念團臨終關懷與助念終身智工。

註：本篇附錄請於心理出版社網站下載閱讀。

　　網址：https://reurl.cc/a9aag9

　　解壓縮密碼：9789860744170

8 以「死亡超越」為旨趣的生死學探索與生死教育嘗試

雷愛民

北京物資學院馬克思主義學院教師

2016 年博士後期間，在博士後合作導師盧風先生和博士導師胡軍先生的大力支持下，我和師兄張永超博士在清華大學哲學系發起了一次「中國當代死亡問題研討會」，呼籲中國大陸同仁更加地關注死亡問題研究，倡議成立死亡問題研究所，同時在會上提議設立「華人生死學」學術共同體，一起推進內地生死學的學術出版、建立學術行會、廣開學術研討會、推動生死學課程開發與學科設立等。2017 年，中國當代死亡問題研討會正式改名為中國當代生死學研討會，同年，第二屆中國當代生死學研討會在廣州大學召開，接下來就有了 2018 年第三屆（301 醫院）、2019 年第四屆（上海師範大學）、2020 年第五屆（廣州大學）生死學研討會，會議規模愈來愈大，與會人員範圍愈來愈廣，會議議題也愈來愈細緻。2019 年 9 月，我跟同仁們一起在官方機構北京市癌症防治學會下發起成立了中國大陸首個生死學與生死教育專業委員會，並以專業委員會的名義，在全國各地舉辦「談生論死」的生命文化沙龍，在新冠疫情期間還特別推出了「災疫中的生死學」生命文化網路大講堂，出版了以「中國當代生死學研究」為名的第四屆生死學研討會論文集。

近年來，中國大陸生死學研究與生死教育不斷向前，這每一步都與臺

灣的生死學與生命教育前輩同仁分不開，從第一屆生死學研討會開始（如圖1所示），臺灣著名生死學專家鈕則誠先生就親自與會支持，幫助良多，再到後來相繼加入研討會與專業委員會的紀潔芳教授、尉遲淦教授、釋慧開法師、龍武維教授、孔令信教授、林綺雲教授、張淑美教授、王枝燦教授、廖俊裕教授，諸位同仁先進對中國大陸的生死學研究與生死教育的推進之功有目共睹。可以說，中國大陸生死學探索與生死教育嘗試深受臺灣生死學與生死教育界之影響，從傅偉勳先生倡議生死學起，到中國大陸生死學與生死教育同仁承臺灣生死學與生死教育同仁研究之成果，臺灣生死學與生死教育的理念與方法已經成為中國大陸生死學發展的重要來源與思想借鑒。除此之外，自上世紀興起於中國大陸的死亡哲學研究（如段德智等）、生死哲學和生命教育研究（鄭曉江等）、死亡教育（鄒宇華等），構成了中國大陸生死學與生死教育的另一條學脈。然而，無論源自哪條脈絡，這兩條脈絡的交集處是從事生死學研究與生死教育嘗試的後輩學人，這些後學們大多深受死亡困惑的攪擾——事實上，中國大陸絕大多數研究生死學和投身生死教育的同仁都是出於自己的死亡關切，更明確地說，首先是為了滿足其超越死亡的內在需求。對我而言，我所做的一切都是出自這個目的：超越死亡，或者說克服死亡恐懼。我的生死學研究與生死教育嘗試都是從這個目的中派生出來的。

圖 1　「第一屆中國當代生死學研討會」現場
（北京清華大學哲學系會議室）

壹、緣起：超越死亡與自我超越

對於死亡，我的認知正式開始於高三（2002 年）前後一場突如其來的病痛，這場莫名其妙、令我虛弱至極的大病向我展示了一個令人恐懼不安的前景：我是會死的，而且死亡似乎就在眼前，觸手可及！在此之前，就像俄國文豪 L. Tolstoy 的名作《伊凡・伊里奇之死》（*The Death of Ivan Il-yich*）中的人物一樣，我一直認為死亡這個東西是別人的事情，與自己無關。這場突如其來的疾病令我如夢初醒，內心十分震驚，從那以後，「我會死」這個問題就成了我人生中最關切的問題，尋找死亡的超越方法，或者說，尋找一個讓我不再對死亡感到恐懼的方法，就成了我日後求學與生活的核心動力。雖然時至今日，我的人生剛剛走進三十七年之際，但是死亡問題竟然足足困擾了我近二十年，換句話說，迄今為止，我有將近一半多的時間在與死亡問題糾纏不清。近二十年來，死亡關切如影隨形地伴隨左右，不甚惶恐，我不斷向身邊的師長、朋友、親人等尋求解答，向歷史上的先賢尋求答案，向自己的內心深處尋找安寧，但是我發現：對這個如此切近的問題，身邊許多人要麼渾然不知，要麼如我先前一般，刻意迴避或者隨意應對⋯⋯，直到我開始認真整理死亡研究與學界的研究進展時，我才發現：雖然怕死並不鮮見，但是迴避死亡竟是人們的常態，研究死亡需要異於常人的勇氣和特別堅定的意志。否則，我們難免會被周遭的人奚落，被「怕死」的責備擊敗。

死亡意識覺醒後，死亡問題常常縈繞在心頭，可謂怕死怕得要命，有時簡直寸步難行，直面死亡，一開始確實非常艱難，但是時間長了我發現：死亡並沒有那麼可怕，真正可怕的是人不願正視死亡，以及人面對死亡時沒有支持和後援。當你對死亡束手無策的時候，當你拒絕別人假意理解和安慰的時候，當你以為死亡是孤寂無依、獨一無二的時候，或許你可以從同樣束手無策的人、從跟你處在同樣處境的人那裡得到同理的安慰：原來

死亡的難題是如此普遍！我並不孤單！甚至你還會對同樣束手無策的人產生同情共感，進而對死亡少了一些畏懼，多了一些包容。我們在尋求死亡解脫的時候，會深深地體會到：跟我們身在同樣處境的生命是何等需要支援和說明！而當我們看到他人受到死亡問題困擾，同情共感總是很容易觸發的，此時，只要我們伸出自己的手，展示自己的善意，哪怕不言不語，或許就已經是一種與人為善了。超越死亡的道路雖然艱難而漫長，有的人甚至要用一生來超越死亡，這不足為奇，但是我相信在死亡覺醒後的先進們那裡尋求幫助，加入到死亡覺醒的人群中去，是一件十分美妙而迫切的事情，一來它可以消除死亡的孤寂感與幻滅感，超越死亡恐懼，二來在死亡的教化之下，生死之交同修共進，相與為善，這是令人歡喜的事情，也是超越死亡的過程。正因為有此感受，後來我才積極與諸位同道一起發起生死學研討會、學術沙龍、論壇、出版相關著作、開設生死學相關課程等學術事業。在這個過程中，我的努力和付出讓我收穫頗豐：當發現另一個被死亡困擾的人也在尋求同樣的死亡超越時，一旦他獲得了機會、得到了幫助，我就感到極大安慰，內心充滿歡喜，心中的成就感、意義感與價值感油然而生。因此在開設生死教育課程的嘗試時，我始終覺得，如果我的工作給了有死亡困惑的人哪怕一點點微不足道的支援，那麼我的生死教育課就有價值了。

貳、嘗試：「生命哲學與審美人生」課程

應宋修見學長之邀，去中央美術學院人文學院開設「生命哲學與審美人生」課程，雖屬偶然，但似乎也不算意外。2016 年第一屆生死學研討會結束後，經恩師北京大學哲學系胡軍教授夫婦引薦，我結識了同是北大畢業的宋修見學長，此時他已經是中央美術學院人文學院的負責人之一。經面談，宋老師得知我的生死哲學研究方向後，表示出極大興趣，於是他邀請我前往中央美術學院開設相關選修課。非常有趣的是，雖然他認為生死

問題非常重要，應該開課為學生講授相關知識，但是在商定課程名稱時，他明確告訴我：我的課程名不宜涉及「死亡」二字，課程中也不要涉及自殺等比較敏感的生死話題，因為如果使用含「死亡」字眼的課程名稱，涉及相關內容，他擔心學校會不讓開這門課程。由此可見一斑，即便到了2017年，中國大陸的大學對生死教育一事仍然十分抗拒，事實上，中央美術學院的擔憂與謹慎不獨此一家，它反映出絕大多數中國大陸的大學管理者對待生死教育之態度。這樣一種要求，我十分理解，畢竟可以開課已經十分難得。後來經過商量，最後我把課程名稱定為「生命哲學與審美人生」，一方面我是打算開設哲學生死學課程的，由於不能涉及「死」字，所以只得調整為「生命哲學」，另一方面，美術學院的學生是藝術生，他們可能對人生問題、審美問題感興趣，所以結合他們的情況，我選擇了人生哲學、美學相關的論述。同時，我也把死亡美學的內容以審美的名義偷偷放進了課程裡，這在當時是不能放在提交的文字上說的，因為提交的開課計畫、說明和參考書等不能體現這些內容。因此雖然有太多妥協的地方，最後課程名稱變成了一個看起來有點相關又不完全是生死學話題的課程，但是「生命哲學與審美人生」課程是我生死教育課程的初步嘗試。

實際上，在課程的開設過程中，主要還是講授生死哲學的問題，內容大多涉及中外生死哲學典型理論與代表人物，當然，審美的部分就由死亡美學相關的內容代替了。在課程開設和講授的過程中，令我意外的是：與大學管理者們的擔憂截然不同的是，學生們對我講的生死相關話題毫無畏懼感，相反地，學生們參與課堂討論十分積極，有的學生竟然喜歡我開的這門課，甚至還把好朋友也拉入我的課堂聽課，再後來，當初的那些學生跟我成了朋友。雖然只有短短一學期的課，但是我發現，年輕人對生死問題的探討並沒有那麼忌諱，相反地，他們非常關注並願意深入探討生死話題，他們對此充滿了困惑，求知欲強，然而學生們卻找不到宣洩和疏導的出口。由於這一次開設課程提交的材料有點偷梁換柱的意思，它看起來與生死教育內容不太相符，所以在此附上課程相關材料意義不大，但是總體

來說，這是我第一次在大學裡進行生死教育的嘗試。這一次生死教育給了我很多鼓勵與信心，與學生們的交流與探討也比較順暢愉快。本次生死教育嘗試僅限於課堂講授與討論，期間最大的收穫是：我發現生死教育對於年輕的學生們來說，跟他們「談生論死」遠比大學的決策者開明、順暢、包容。

參、融入：「思想道德修養與法律基礎」與生死教育實踐教學

有關生命教育的理念和實踐，中國大陸已經有一些大專校院的思政課教師進行了非常深入有益的嘗試，比如浙江傳媒學院的何仁富教授，尤其在「思想道德修養與法律基礎」這門課程上，因為官方通行的教材中涉及生死議題，因此有許多內容可以結合生死教育理念進行教學設計。正是基於生命教育的「體驗」原則，力求讓學生對相關內容有直觀感受，從而真正觸動和影響學生，這是進行生死教育的絕佳機會。在這門課程的教學中，我把生死相關的話題融入了生死相關的現場教學，尤其是讓學生到特定生死教育場所去實踐觀摩，這個實踐教學是學生自己完成的，卻收到了意想不到的效果。具體的教學過程、研究方法、反思總結大致如下。

一、實踐教學設計及研究方法

本次實踐教學環節分設四個專案：(1)拜訪臨終關懷醫院或陪伴和訪談臨終病人；(2)探訪墓地，了解一位逝者的生平事蹟；(3)敬老院（geracomium）陪伴老人；(4)參與貧困山區助學活動。四個專案的要求一致：在課程開始之初，學生各自選擇四個活動項目中一個感興趣或能夠順利完成的活動，並且進行活動項目登記；並規定學期末前兩週上交一份實踐活動項目的書面材料；最後，針對上交的書面材料，對學生逐一進行深度訪談；在所有實踐專案過程中，學生需要記錄實踐活動中的人物、場景、時間、

地點、自己當時的真實感受，在上交的書面材料中，必須包括人物、時間、地點、當時的感受幾個核心要素。

　　參與本次社會實踐專案的全部為大學一年級新生，總共 9 個自然班，有關的人數、專業、選擇專案情況如表 1 所示。

表 1　實踐教學分組統計

班級名	人數	專業	探訪墓地	觀摩臨終者	訪問敬老院	助學活動
英語	80	英語	60 人	0	18 人	2 人
人力資源	64	人力資源	27 人	33 人	4 人	0
ACCA	70	ACC、CGMA	31 人	35 人	4 人	0
資訊技術	68	資訊技術	57 人	8 人	3 人	0
總人數	282		175 人	76 人	29 人	2 人

　　針對以上研究樣本，採取的研究方法為學生自行記錄和教師一對一訪談：

1. 學生自行記錄：讓學生把實踐過程中接觸到的要素記錄和反映在提交的書面材料中，書面材料必須包括人物、時間、地點、場景、自己當時的感受等內容。

2. 教師一對一訪談：學生的書面材料提交以後，對參與實踐的學生逐一進行訪談，每個學生訪談時長不定；針對學生提交的書面材料進行提問，問題主要有兩個：(1)在參與實踐活動過程中感受最深的、觸動最大的地方和情境是什麼？(2)在這個過程中有沒有對自身生命帶來衝擊，比如有沒有產生緊張、害怕、感動、敬畏等情緒？針對不同專案，提問有所不同，但是總體的導向是指向個體的生命體驗與切身感受。在課程結束之際，當學生書面材料已經全部提交，訪談全部完成的情況下，對實踐教學目的與訪談回饋進行總結。

3. 本研究在設計之初，沒有預設價值導向，而是完全基於學生參與這些活動的真實感受與切身體驗，著重觀察學生在實踐過程中，其生命體驗可能給他們帶來什麼變化、對學生觀念有什麼影響。

二、實踐專案結束後的學生回饋

學生提交了書面材料後，經過分班級、分時段的訪談——歷時兩個星期的訪談，結合學生的書面材料與訪談內容，從四個專案來看，收到的學生回饋與思想政治理論課要實現的教學目標基本一致，值得一提的是：生命教育視野下的實踐教學更為直接和觸動人心。

（一）探訪烈士公墓：震撼與感激之情的生發

在選擇「探訪墓地，了解一位逝者的生平事蹟」這個項目中，幾乎所有學生都選擇了去烈士公墓或者公園中的烈士墓，而沒有去其他墓地；其中，去北京八寶山烈士公墓的人數最多，其次以探訪高君宇和石萍梅墓的學生最多。在與學生的深度訪談過程中，透過提問發現：(1)學生之前大多數沒有去過墓地；(2)去過墓地的學生多數是由於家裡有清明祭祖的傳統，而有的學生即便家裡有清明祭祖傳統，也是年齡較大了才讓其參與其中；(3)學生去墓地多數是結伴而去，有不少學生是直接由家長陪同過去，獨自去墓地的人較少。從這些背景的了解可以知道：這些學生之前並沒有參與過生命教育，尤其是生死教育類的實踐教學項目，學生對墓地與逝者的教育意義並不了解。

在深度訪談環節，針對學生的書面材料，首先讓學生介紹社會實踐活動的完成過程，以及他們感觸最深、觸動最大的地方是什麼。在這個問題的回答過程中，學生一開始都是對去過的地方與墓主人的情況進行介紹，當說起觸動最大或者印象最深刻的事情時，學生們絕對大多數使用了同一個詞來形容他們的體會：震撼。震撼的內容中，即印象最深刻的事情包括：(1)從來沒有見過這麼多人的墓地，如此眾多的墓碑匯集在一起，讓人感到

十分震撼；(2)之前沒有想過：當了解了墓主人的生平經歷後，尤其是親自到了墓地，見到了墓碑會有種強烈的震撼感，有些墓主人的年齡跟學生相仿，卻因為國家和民族大義而犧牲了，有的人犧牲時竟然連名字也沒有留下，有的人功勳卓著或貢獻巨大，然而在自我評價時卻十分謙虛；(3)烈士們對國家和民族做出了巨大貢獻，但是他們的功績與事蹟卻沒有太多人了解，有的墓主人和烈士墓園無人問津，冷清景象令人震驚。

在談到或寫到自己當時的感受時，學生們幾乎都提到了對烈士、對英雄、對逝者的敬重和感激。學生們認為先烈的事蹟令人動容，尤其是在那麼艱難的環境下、面對那麼多生活中的艱難困苦，他們卻依然為正義事業而不懈奮鬥，甚至犧牲性命，這樣的生命典範令人感動。學生們在提到這種感受時，有的表示不可思議——以前對烈士或英雄，雖然也有尊重，也聽過他們的故事，但是由於沒有直觀的感受，現在透過對烈士的了解，站在烈士的墓碑前，了解到一個個鮮活生命的不凡過往，敬重之情油然而生，同時還激發了學生們對先烈的感激之情與個人擔當意識。當問到學生進入墓地時有無感到害怕或緊張情緒時，絕大多數學生的回答是不感到害怕，原因是他們感受到的是莊嚴肅穆、神聖偉岸的情感。由於這種情感充滿於內心，因此其他感受和情緒不明顯；有的學生即使一開始有些不適應，但是很快就被墓主人的事蹟所吸引和感動。學生的這種反應表明：感人的英雄事蹟與神聖莊嚴的情結使當事人能夠很好地克服和轉化死亡焦慮。

對人的生死觀念之樹立、對死亡焦慮的疏導是生命教育的重要課題，從學生的回饋中可以看出：(1)學生探訪英烈墓，英雄事蹟及其感召力直接影響到學生的愛國情懷與責任擔當意識；(2)思想政治理論課，尤其是「思想道德修養與法律基礎」課的生死觀教育可以借助生命教育的理念與方法。

（二）敬老院陪伴活動：尊老、孝順與陪伴意識

在選擇敬老院陪伴活動的學生中，比較普遍的回饋是：在敬老院或者其他養老機構中生活的老年人比較孤獨。由於子女長期不在身邊，或者長

時間無人探視，老人的精神狀態整體不樂觀，具體的差異性也比較大，有的老人能接受在養老機構中的生活，大多數老人對當前的生活狀態並不滿意，尤其是對長期無親人陪伴與交流感到十分不適。對於前去做志願陪伴的年輕學生，老人們大多數持歡迎態度，多數老人與學生有正常溝通交流，有的甚至希望學生能夠常去看望他們。學生們在面對老人的孤獨無助時，回饋比較多的是：(1)反思自己過去對待父母或祖父母等長輩的態度與行為方式，表示應該對長輩有更多的陪伴與關心；(2)對敬老院與養老機構中存在的只關心表面陪伴而不關注老人心靈需求的作法，表示擔憂和不滿；(3)多數學生堅持日後不去養老機構養老，也不會把父母送去養老機構養老，哪怕生活再忙碌、再困難，也要贍養和陪伴父母，甚至有學生建議對不奉養和長期不探視父母的子女進行立法懲處。學生們透過敬老院陪伴活動，多數認為老年人生活不容易，同時聯想到自己的父母及其他長輩，更加能理解尊老、孝順的意義，以及認為老年生活除了物質條件的滿足之外，還需要親人和其他人的關心與陪伴。有不少學生在志願活動結束之後，向老人許諾以後再去陪伴他們。敬老院志願陪伴活動讓學生受到觸動之處即：尊重老人、愛護老人、陪伴老人是年輕一輩應該做的事情，這與「思想道德修養與法律基礎」課程的家庭美德之「尊老」教育完全吻合。

（三）助學活動：助人與責任意識

　　相對而言，選擇助學活動的學生比較少，或許是因為當初在設計這個活動的時候就規定：(1)不得簡單地透過自己捐錢的方式來完成這個專案，選擇者必須借助自己的努力，透過動員不認識的他人來照顧貧困地區的學生；(2)必須親自參與到與幫扶對象的互動活動中，積極與被照顧對象交流溝通，體會他們的生活狀態。這種規定的目的是為了讓學生真正參與到助學活動中，同時不流於形式、不走過場，而是讓學生親自體驗他人不一樣的生活。這種要求之下，雖然加大了專案難度，但是學生的回饋卻令人感到意外：(1)參與活動的學生表示日後還會繼續參與這項活動，因為他們感

到這些被照顧的人非常需要他們的幫助，他們有責任幫助這些弱勢人群；
(2)同屬於北京地區或就在北京周邊，有的人生活條件很艱難，這讓學生們
感到意外；(3)這些生活條件艱困的學生們心理過早成熟，他們承受生活的
重擔，甚至面臨失學風險，生活條件的不容易與其年紀、樂觀積極的心態
形成鮮明對比；(4)對比之下，有學生開始反思自身存在的問題，尤其是他
們在相對較好的學習環境下為何不能好好學習、珍惜時光。在這些回饋之
下，最令人感到意外的事情是：學生完全沒有提到參與專案存在的困難，
而是非常積極表現出對他人困難的關心，並願意幫助他人；學生感到有被
需要的價值，這激發了學生助人的熱情；學生大多提到「責任」一詞，有
學生表示以前並不理解責任的真正含義，在助學活動中，他們感受到應該
施以援手、幫助他人的責任。

（四）臨終陪伴：珍愛生命意識

臨終陪伴這個活動項目，選擇的學生直接參與陪伴的不多，主要以參
觀北京松堂臨終關懷醫院為主，另外有一個小組參與了 301 醫院醫生舉辦
的一次觀摩臨終病人與其家人告別的對話活動。參觀松堂醫院的學生多數
與醫院的老人們進行了交談，而參與 301 醫院醫生生死教育活動的學生主
要以觀摩為主。從學生的回饋來看，學生對於臨終病人並沒有害怕或恐懼
的情緒，參與這個活動的學生更多的觸動是對生命本身的認知：(1)第一次
見證或者親臨他人面對生命終點，整個過程衝擊巨大；(2)引發了學生的死
亡焦慮，學生事後開始對生死觀問題進行反思；(3)生命寶貴而脆弱，要珍
惜生命。在學生的回饋中，臨終場景引發了學生對自身生命的思考。相對
生命要走到盡頭的人來說，學生們在見證這些生命個體面對死亡時的態度，
臨終者成熟與通透的生死態度對學生衝擊比較大：臨終者熱愛他身邊的人，
熱愛他的生活世界，對生命高度的熱情讓學生深受感染。臨終陪伴活動，
相對前三個項目，它所引發的主要是對觀摩者自身生命的反思，而其他三
個項目則主要是針對他人的生命反思。通常，珍愛生命對於沒有病痛、看

起來離死亡比較遠的年輕人來說似乎有些空洞，現實生活中，一些年輕人的生活習慣，如熬夜、生活不規律、飲食無節等，以及生命意義虛無等問題，面對這些問題，實際上平時很難引起他們珍愛生命的意識，而在極端的生命時刻（如臨終）與困難的生命事件（如事故、疾病）面前，卻觸發了學生對生命的思考，以及激發了珍惜生命的意識，這些情形在本活動中都得到了驗證。讓學生意識到生命的重要性，樹立珍惜生命的意識，這是教育者的基本責任。

三、結論

從以上四個實踐教學活動來看：首先，學生去烈士公墓，他們感受到英烈們的愛國情懷、民族大義，這激發了學生們對先烈人格的崇敬之情，同時英烈們的生平事蹟與人生經歷觸動了學生內心神聖的生命體驗，先烈的生命典範力量直接傳遞給了學生，愛國情懷與英雄崇敬之心在學生心中有了比較直觀的體驗。其次，學生在敬老院和養老機構與老人們相處和交流，從老人的生活狀態中，尤其是當他們發現老人們內心中最渴望的東西無法滿足時，這激發了學生們的同情心與關懷意願，同時學生還從老人們過往的人生經歷、取得的成就、應對老年生活的態度中受到教益，激發了學生們內心中對老人的敬意。參與這個項活動促使學生積極反思自身，開始理解尊老、孝老的意義。再者，學生在助學活動中，透過對弱小生命的關注與幫助，引發了學生對自身付出的價值之肯定，並感受到了其他生命對自己的需要，並由此引發了責任與擔當意識，這是個體生命的成熟與成長，助人為樂成為一種需要，這是一種人生境界的提升。最後，學生在探訪臨終病人的專案中，當事人透過見證另一個生命的艱難處境，開始意識到生死問題的重要性，引發了學生對生死問題的思考，同時學生透過親歷另一個生命在面臨生死大事時的積極態度，從另一個生命最後的成長中看到：人的潛能是無限的，生命本身神聖而偉大，任何時候都是生命成長的階段，生命成長沒有止境。

總之，四個活動都利用了生死教育最常用的情境教學方法，讓生命體驗帶來的衝擊與變化直達學生內心，並影響學生的價值觀念：無論是愛國情懷、英雄崇敬，還是尊老愛老，抑或是助人為樂、珍惜生命，這些價值觀念都是學生參與活動時直接呈現給他們的體驗。

肆、設計：「生死學與當代大學生」選修課程

2020 年新冠肺炎肆虐全球，全方位且深遠地影響現代人的經濟、社會、政治及文化等多方面問題。其中，最深層的問題莫過於現代人的生死遭遇到前所未有的衝擊與挑戰，全面、系統而深入地研討疫情下的生死問題是擺在我們面前緊迫的現實任務。疫情之下，國人的生死問題日益嚴峻，大學生當前的疫情，感受到的生死問題也更加迫切。因此開設生死學課程，對於產生了生死困惑的學生應該會有切實的幫助。鑑於大學生的心理問題與生命困惑都與學生對生命的認知，尤其是對生死問題的認知相關，而這些問題都可以在生死學課程中得到回應。基於這些考量，也為了能順利通過學校方面的課程審核，我初步選定課程題目為「生死學與當代大學生」，計畫從我對生死學的理解出發，結合當前大學生的現狀，進行一個相對完整的生死教育嘗試。具體的課程內容以及相關設計如下所示。

一、課程說明

課程編號			
課程名稱（中／英文）	生死學與當代大學生（Thanatology and Contemporary University Student）		
課程性質	選修		
學分／學時	2／32	其中實踐學分／學時	
先修課程			
適用專業	所有本科專業		

創新與傳承：大學生命教育課程規劃與教學實務

教材、教學參考書	1. 理論課教材 　胡宜安（2009）。**現代生死學導論**。廣州市：廣東高等教育出版社。 2. 主要參考文獻 　(1)費迪南・費爾曼著，李健鳴譯（2001）。**生命哲學**。北京市：華夏出版社。 　(2)雷愛民（2020）。**死亡是什麼**。北京市：北京大學出版社。 　(3)靳鳳林（1999）。**窺視生死線**。北京市：中央民族大學出版社。 　(4)邱仁宗（1987）。**生命倫理學**。上海市：上海人民出版社。 　(5)鄭曉江（2000）。**穿透死亡**。南昌市：江西教育出版社。 　(6)弗蘭克著，趙可式等譯（1998）。**活出意義來**。北京市：三聯書店。 　(7)蒙田著，潘麗珍等譯（1996）。**蒙田隨筆全集**。南京市：譯林出版社。 　(8)厄內斯特・貝克爾著，林和生譯（2000）。**拒斥死亡**。北京市：華夏出版社。 　(9)鈕則誠（2005）。**生死學**。臺北縣：空中大學出版社。 　(10)埃爾溫・薛定諤（2005）。**生命是什麼**。長沙市：湖南科學技術出版社。 　(11)段德智（2006）。**西方死亡哲學**。北京市：北京大學出版社。 　(12)陸揚（2006）。**死亡美學**。北京市：北京大學出版社。 　(13)鄒宇華（2008）。**死亡教育**。廣州市：廣東人民出版社。 　(14)歐文・亞隆（2009）。**直視驕陽：征服死亡恐懼**。北京市：中國輕工業出版社。 　(15)阿爾貝特・史懷澤（1992）。**敬畏生命**。上海市：上海社會科學院出版社。 　(16)姚全興（2001）。**生命美育**。上海市：上海教育出版社。 　(17)德斯佩爾德等著，夏侯炳、陳瑾譯（2009）。**最後的舞蹈**。北京市：中國人民大學出版社。 　(18)徐朝亮（2004）。**大學生安全啟示錄**。北京市：中國青年出版社。 　(19)吳興勇（2006）。**論死生**。蘭州市：湖北人民出版社。 　(20)周殿富（2004）。**生命美學的訴說**。北京市：人民文學出版社。 　(21)謝利・卡根著，貝小戎等譯（2014）。**耶魯大學公開課：死亡**。北京市：北京聯合出版公司。 　(22)傑爾姆・格羅普曼著，鞠瑋婕、鄧力譯（2016）。**最好的抉擇**。杭州市：浙江人民出版社。

二、課程設置的目的和意義

透過教育與引導，喚起學生對生命的尊重與關懷，引導學生思考生與死的生命課題，並以積極的態度去面對生命中的失落與痛苦，說明青少年認識生命的意義與價值，熱愛每個人獨特的生命，防止和減少青少年的自我傷害和自殺；教育青少年學會尊重他人生命，防止和減少青少年傷害他人生命的事件發生。

三、課程的基本要求

「熱愛生命，尊重生命，敬畏生命，敬畏死亡」，對生命的價值與意義有認知、理解和思考，對生死問題有基本的思考，想進一步了解相關知識。

四、考核方式及成績評定

總成績構成	考核方式	成績比例（%）	備註
平時成績	出缺席	10%	
	作業	20%	
	測驗		
	期中考試		
期末成績	大作業	70%	

五、教學內容構想、重點、難點、學時分配等

章節（名稱）	教學內容（知識點）	總學時	學時分配		教學重點	教學難點
			授課	實踐		
第一章	生命意識的自覺	1.大學生生命意識的自覺與生死問題（生命的概念；生死問題）2.生命的價值、可貴與人生困惑（大學生；生命的價值；人生問題）	4	4		生命意識	生命價值

章節 （名稱）		教學內容（知識點）	總學時	學時分配		教學重點	教學難點
				授課	實踐		
第二章	死亡作為生命的內核	1. 自然生命的結束過程（自然生命；生命過程） 2. 人類的死亡與文化（死亡的概念；人類文化）	4	4		人類死亡	死亡的文化性
第三章	大學生的生命困頓	1. 心理問題與生死困惑（大學生心理問題；生死難題） 2. 極端生命事件的干預（自殺；暴力；犯罪）	4	4		生死難題	極端生命事件
第四章	生命變故與失落應對	1. 接納生老病死的生命全過程（人的生老病死過程） 2.人生的失落、悲傷與痛苦之安放（人生的痛苦；喪親；悲傷輔導）	4	4		人生的悲傷、失落、痛苦	面對生命的困難與積極性
第五章	生命的尊嚴與善終關懷	1.癌症等絕症與當代人類（絕症；現代醫學） 2.死亡的尊嚴、安寧與善終（死亡尊嚴；安寧療護；善終）	4	4		死亡的尊嚴；安寧療護	善終
第六章	科學、倫理、藝術與死亡	1.永生與人類的不朽追求（人的不朽追求；永生） 2. 死亡恐懼的克服與人生意義的豐滿（死亡恐	4	4		永生；不朽；恐懼	人生意義
第七章	死亡安頓與社會禮俗	1. 生命的尊嚴與死亡的尊嚴（生命的尊嚴；生死學） 2. 生命安頓與死亡儀式（葬禮；社會習俗）	4	4		尊嚴；社會禮俗；傳統	生死學

章節 （名稱）	教學內容（知識點）	總學時	學時分配		教學重點	教學難點
			授課	實踐		
第八章	死亡的超越與生命的自覺	1. 人生意義與理想信仰的價值（死亡的意義；理想信仰的價值） 2. 向死而生與轉身去愛（生存態度；愛的價值）	4	4		死亡的意義；理想信念	生存態度；仁愛情操
	合計	32	32		－	－

伍、結　語

　　從我的生死教育經驗來看，我的目的首先是自我的生死教育，或者更明確地說，在幫助自己尋求克服死亡恐懼、超越死亡的道路上，我才開始從事生死學相關探索與研究。而就具體落實到生死教育的課程經驗來看，無非就是嘗試把自己的想法分享給有類似需要的年輕人，提供機會，跟他們探討共同關心的生死話題。因此到目前為止，我的生死教育經驗談不上系統、成熟的生死教育，充其量只是個生死教育的嘗試者。由於不忍心看到跟我有類似死亡困惑的人走著同樣的夜路而無人支持，所以才有所發心，唯願推己及人，才斗膽開展生死教育，並呼籲國內多一些生死教育內容。近年來，借中國當代生死學研討會的機會，我力邀兩岸四地的生死教育前輩進行授課，傳授經驗，從而推動內地生死教育師資培訓工作。雖說師資培訓班才開了兩屆，但是一些感興趣的國內同仁紛紛報名參加，現狀與成果也是令人欣慰的，相信在不久的將來，生死教育會進入國民教育體系，到時候生死學不再是令中國人望而生畏的內容，而是人人所需的生死課必修學分。

作者介紹

　　雷愛民（1984.3-），原籍湖南衡陽，現為北京物資學院教師，北京大學哲學博士，清華大學博士後，研究興趣涉及生死哲學、生死學、倫理學等；北京市癌症防治學會「生死學與生死教育專業委員會」秘書、副主委，中國當代生死學研討會發起者和組織者之一。已出版專著有《知識與境界》（北京大學出版社）、《死亡是什麼》（北京大學出版社）、《直面與超越》（華齡出版社），在《哲學與文化》（臺灣）、《鵝湖》（臺灣）、《倫理學研究》、《廣東社會科學》等刊物發表論文二十餘篇，共同主編《中國當代生死學研究》第一輯，中國大陸首套生死學通俗叢書副主編。

生命教育教學方法

9 生死學教學計畫：教學目標、內容與方法

林綺雲

臺北護理健康大學生死與健康心理諮商系教授

前　言

　　筆者服務的學校（臺北護理健康大學，以下簡稱北護）成立至今已有 75 年，建校時是以護理職業訓練（職校）為主，後正名為護理專科學校數十年。1994 年間，學校由專科升格為學院；經調查全校學生票選決定 8 學分（約四個科目）的通識課程科目之中，「生死學」在眾多科目中脫穎而出名列第一，亦使之成為全臺大專校院唯一全校必修之通識科目。當時，由校內幾位專任教師共同設計規劃課程，後有感於生死學領域的博大精深，再邀請校外相關領域的專家學者，以分擔課程單元或專題演講的方式共同參與教學。筆者將北護後來沿用數年的教學計畫整理成本文，提供未來想開課的學者專家們參考使用。

壹、教學目標

　　本課程旨在讓學生認識生死學的發展與範疇；從宗教、哲學（倫理學）與科學（醫學、社會學、心理學、文化人類學等）等知識角度關照生死相關議題；期使同學建立正向的生死觀與死亡態度，並能應用在日常生活或專業領域中，達到死亡教育的目的。教學目標列舉如下：

1. 了解生死學的學術研究取向：宗教、哲學與科學知識領域與內涵。
2. 能討論死亡，了解各種死亡語彙與象徵符號的說法，打破死亡迷思或禁忌。
3. 認識不同文化、社會體系的生死禮俗與儀式意涵。
4. 認識社會中處理臨終或死亡的相關組織、機構。
5. 了解醫護系統中生死照護的演進與瀕死經驗（near-death experience, NDE）相關研究。
6. 認識臨終病人及家屬的情緒、需要與關懷照護方式。
7. 了解臨終或死亡過程、階段與安寧照護模式。
8. 了解死亡造成亡者或家屬的失落悲傷，及專業照護者助人方式。
9. 能建立一己正向的死亡態度，對生死意義與價值進行反思。
10. 能進行死亡管理或死亡準備，學習安排生命遺願、規劃葬禮等。
11. 思辨科技社會中生死倫理衝突或爭議的課題，如墮胎、死刑、安樂死或自殺等。
12. 認識東西方社會各種宗教生死觀及對死後生命的看法，了解宗教對社會及個人的影響。

貳、教學內容

教學內容列舉如下：

1. 生死與教育：說明死亡教育、生死教育與生命教育的關係與演進，各年齡層死亡概念的認知與適當的生死教育方式，闡明生死教育的重要性、意義與內涵、實施重點與發展方向。
2. 文化與生死禮俗：了解不同社會體系的死亡系統，處理死亡的相關機構，文化中的喪葬儀式及其對亡者、失親者、家庭與社會的意義與影響，社會變遷下喪葬改革之今昔等。
3. 醫學與生死（臨終關懷與安寧療護）：了解臨終關懷的意義及理

念，接近死亡之症狀及照護措施，死亡歷程的情緒與需要，病情告知的理由與原則，安寧緩和療護的起源、特色與模式，不同專業的角色與功能，目前安寧緩和療護的現況、困境與未來發展方向等。

4. 生死管理與死亡準備：了解個體面對死亡時應有的態度與準備工作，包括：臨終與死後的安排，認識與死亡相關的各種意願書（含「不施行心肺復甦術同意書」、「醫療委任代理人委任書」等）。

5. 失落關懷與悲傷輔導：認識死亡造成的失落與哀傷之身心靈與社會反應，悲傷與喪慟的因應之道，複雜性悲傷的處置與諮詢輔導等。

6. 哲學與生死：認識歷代中西方社會學者專家的死亡哲學觀點，思考死亡與生命的關係、生死意義與價值等。

7. 科技與生死倫理：探討科技社會中與死亡爭議有關之社會倫理道德與法律問題，如墮胎、安樂死、自殘、自殺或病人的生命自主權等。

8. 宗教與生死：認識儒、道、佛、基督宗教、民間信仰的死亡或死後生命等觀點意涵，認識靈性與靈性照護的意義，宗教在臨終關懷靈性照顧的應用，了解宗教存在的意義、功能與價值等。

參、教學方法

教學活動的設計影響死亡教育的效果，其教學策略或方法如下：

1. 講解：提供生命或死亡現象相關之專業知識，包括：理論上的定義或概念、學者專家建構的各種原理原則、相關研究的結果或看法等。

2. 專題演講：針對生死特殊議題安排學者專家進行主題演講，如醫學生死學、殯葬機構特色、生死意義哲理等專題。

3. 機構參訪：介紹與人類生命或死亡現象相關之機構，並安排參觀或訪問，如安寧療護機構、宗教博物館、殯儀館、墓園等。

4. 體驗教學：在課程中安排體驗活動，有助於學生的參與和自我了解，例如：設計自己的葬禮、躺棺活動、音樂思親或園藝治療等活動。

5. 討論與分享活動：透過生命經驗分享活動，有助於學生間的互動與關懷，例如：分享失落事件與悲傷經驗，分享遺願清單之規劃，分享撰寫生前預囑的過程、感受與內容等。

6. 電影賞析：挑選適合生死學教學的電影，從電影情節中檢索可以進一步討論的議題，例如：《大病人》（日片，臨終插管急救等生死品質的議題）、《送行者》（日片，禮儀師協助亡者入棺等喪葬禮俗議題）、《東京鐵塔》（日片，臨終關懷的家庭議題）、《楢山節考》（日片，傳統社會老人屆齡必須送死的倫理議題）、《父後七日》（臺片，臺灣傳統喪葬禮俗議題）、《心靈時鐘》（臺片，家人自殺的失落悲傷議題）等。

肆、教學評量

教師可依教學實際狀況決定下列各項評量結果所占的比例：

1. 上課表現（％）：學生出席情形、主動參與討論或上臺分享情形。

2. 考試（％）：測試知識或觀念的理解與文字表達。

3. 個人作業（％）：包括完成各種心得報告，如讀書心得、參訪心得、電影賞析心得或上課心得回饋等，其中以完成遺願清單（bucket list）或預立遺囑（living will）為主要。

4. 團體或分組報告（％）：全班分組，每組成員約 5～8 人，各組發展一個與教學內容相關之議題，蒐集資料並整理成簡報，上臺報告（每組約一節課的時間）分享成果，上臺報告之前須與老師討論確定內容的適當與完整性。

伍、討論與建議

一、根據學生專業背景或屬性調整教學目標與內容比重

　　北護為醫護類專業背景的學生教授生死學課程，學習目標與內容重點放在醫學與生死、臨終關懷、失落悲傷與安寧療護等教學內容。建議教師設計課程時，可以依照學校屬性以及學生專業背景（如教育類、人文類等）之屬性調整教學目標與內容比重。

二、根據教師們專業背景協同教學（team teaching）

　　生死學的教學內容涉及宗教、哲學與科學知識領域與內涵，由於任課教師多半有其專業領域之限制，建議由校內相關領域之專任教師共同設計規劃課程內容，再邀請校外相關領域的專家學者，以分擔課程單元或專題演講的方式，共同參與教學。

三、教學方法與評量的問題

　　生死學的課程教學成效可以依據教學目標所規劃的教學方案，來進行課室評量以及學生學習表現的評量。教學方法除了講解式地教導理論知識之外，還可透過體驗或分享／討論教學，目的都是期許學生建立正向生死觀與死亡態度。觀念或態度的教學成效經常以撰寫個人作業形式呈現，教師要能耐心與細心地閱讀各種個人作業或團體報告，以理解學生的學習進展狀況。大部分的學生都能在正常教學程序中運作，少部分的學生可能會在各種作業中顯露出與生死相關的困擾議題，必要時，宜適時約談有個人議題的學生，以便做進一步的評估與協助。

　　學生亦喜歡校外參訪活動，可以分組方式進行，帶領學生參觀或訪問安寧療護機構、宗教博物館、殯儀館、墓園等，除了上臺報告之外，亦可

撰寫個人心得，參訪心得亦可提供機構參考。

四、根據教師們的專業背景與教學單元合作發展教材

　　北護開授「生死學」時的最大困擾是沒有適用的教材，剛開始時每位教師就其專業背景以及教學單元自備教材，直到五年後的 2000 年間，教師們都累積豐富的教學經驗，於是筆者召集六位教師合作出版了臺灣第一本《生死學》（洪葉出版），影響後來的相關圖書陸續出版，至今已有五十多種書籍。

　　總而言之，生死學這一門課不僅受教者學生受惠，授課教師亦相對成長。有人說，生死教育對教師而言是「送禮自用兩相宜」，教師們可以在生死學課程中學習做個集合知性、理性與感性於一身，具有溫度的老師，對學生／家人要能做到不批評、不指責，陪伴與關懷，與學生／家人一起教學相長。

參考文獻

林綺雲（2017）。**成為自殺防治守門人：理論與實務**。臺北市：天馬文化。

林綺雲（主編）（2000）。**生死學**。臺北市：洪葉。

林綺雲（主編）（2006）。**實用生死學**。臺中市：華格納。

林綺雲（主編）（2010）。**臨終與生死關懷**。臺北市：華都文化。

作者介紹

　　林綺雲，東海大學社會系博士，現任臺北護理健康大學生死與健康心理諮商系教授，是該系創辦人，2001 年創辦「生死教育與輔導研究所」，

2011 年轉型為「生死與健康心理諮商系」至今，是第一屆所長與系主任。她在北護設置「癒花園」（悲傷療癒花園）以及「癒心鄉心理諮商中心」，帶領學生從事社區直接的心理與生死服務。2010 年間，北護升格為大學，她除了擔任人類發展與健康學院第一／二任院長，亦擔任臺灣各種學會或協會之理事（長）或委員。除致力於生死學、生命教育、死亡教育、悲傷輔導或自殺防治等教學工作之外，亦發表相關研究與論述著作數十篇，專書數本，使北護的生死教育與悲傷輔導成為校園文化的一部分。林教授不僅見證臺灣二十多年來生死教育與悲傷輔導的發展，2013 至 2017 年間舉辦多場生命教育國際學術研討會，在亞太地區推動華人社會生死教育、悲傷輔導與自殺防治的發展，享譽全球。

附錄

教師透過教學活動發展教科書

運用各種繪本進行生死教育

運用電影進行生死教育

運用電影進行生死教育

參訪機構：世界宗教博物館

參訪機構：墓園

與學生一起籌備舉辦校犬告別式

參訪機構：馬偕紀念醫院安寧療護示範
教育中心

與學生一起籌備舉辦校犬告別式

與家人一起舉辦家貓告別式

舉辦國際學術研討會

出席國際學術研討會

10 生命教育的「教與學」心法

張淑美
高雄師範大學教育學系與生命教育碩士專班教授

壹、前　言

　　現今是工商業與科技日新月異的時代，誠如 J. P. Miller 所形容的：「由於整個人類社會過度耽於物質化、科技與量化的功績主義，人類社會處處充滿不停的競爭與消費，人們的心似乎愈來愈被外在的物欲所牽制，逐漸遠離了內在真我，也就是那原本是與自己、他人、自然環境、萬事萬物聯繫在一起的『靈性』。不僅個人失去了靈魂與活力，家庭中、學校中、社區中，乃至經濟與政治中，也都失去和諧共融的生命共同體、相互締結的關係」（張淑美，2007b）。Miller 描述的是北美全人教育、靈性教育倡議與推動的背景，用來說明當前華人地區生命教育興起的背景也甚為吻合。

　　生命教育的內涵與推動雖然也不偏廢知性與理性思辨，但更著重在「以生命感動生命、以生命帶動生命」，也呼應筆者近年體悟生命教育需要 4H 的學習途徑——「Head, Heart, Hands, Holy」，也就是要「用腦思辨、用心感受、經驗體悟，以及靈性／神聖性關聯與開展」[1]，透過身心靈整體的並用學習，達到孫效智（2015）主張的「知行合一、追求至善與至福的目

1　參張淑美主編（2021，頁 16-20）的第一章中，筆者提出七點「生命教育教師的教學素養與修為」，其中一項為「心、手、腦」並用原則（Heart, Hands, & Head, 3H），鑒於靈性發展也是生命教育不可或缺的層面，因此再增加 Holy——「靈性／神聖性」原則。

標」。相信諸多參與生命教育教與學的老師、家長，甚至於是學生、孩子們，應該都有類似的感受，也就是經過生命教育探索與學習的生命之旅過程中，施與受的雙方都能得到心靈的滋養與生命意義的提升。也因此，筆者認為實施生命教育的教師，也是需要不斷地提升自我生命的涵養，進而引導學生不斷地進行自我生命學習以及與他人相互幫助，可說是一種「點燃心燈、心心相印」的心法與過程，期能達到「與自己、與他人、與社會、與自然，乃至和宇宙的和諧關係」之理想境界。

　　本文旨在提出筆者對生命教育推動與實施的「看法」與「心法」──「生命教育的教學與自修」之二模式、四部曲、十原則與八字訣，藉以「自我修練」並提供有心實施生命教育的師長們參考。以下依次介紹「臺灣生命教育的發展與推動」、「臺灣生命教育的意涵與面向」，以及「點燃心燈，心心相印：生命教育教與學的心法」，讓我們一起「找回生命的靈、返回教育的魂」（張淑美，2007b，2014a）！

貳、臺灣生命教育的發展與推動

　　臺灣也和西方國家一樣，在工業化、資訊化的社會發展之後，長久以來重理工、輕人文，以及功利主義、績效主義、物質主義之社會風氣彌漫之下[2]，學校教育也無奈地必須符應家長、社會的期望，而強調成績、競爭與成就。然而，外在目的如果沒有內化為學生自己的意義，久而久之可能會逐漸失去自己獨特的生命意義與價值感，意義空虛就可能會有「沒有目的、沒有意義的存在荒謬感」，甚至於變成向內的憂鬱自傷，或向外的暴力傷人之情況。臺灣生命教育推動之遠因，和上述過度「重科技、輕人文」的功利價值觀所造成許多社會亂象相關。深究起來，仍然和個體是否找到生命的終極意義有關（張淑美，2006，2007a，2014b）。

2　美國亦然或更是，參張淑美、蔡淑敏譯（2007）。

　　臺灣的生命教育直接肇因於 1997 年、1998 年間校園出現嚴重的自我傷害與暴力行為，前臺灣省教育廳陳英豪廳長率先提出在中學校園中實施生命教育專案，並由臺中市天主教曉明女中為總推動學校，著手設計生命教育課程，於 87 學年度（1998 年）分別從國中、高中職實施（吳庶深，黃麗花，2001；張淑美，2006；張淑美主編，2021）。1998 年凍省（虛級化）之後，於 1999 年由教育部接管生命教育推動工作，時任教育部部長的曾志朗先生宣布 2001 年為「生命教育年」，希望展開從小學到大學十六年一貫的生命教育，並組成推動委員會（後改為諮詢委員會、諮詢小組委員會）及訂定「生命教育中程計畫」。生命教育已在臺灣正式推動超過二十年，該計畫至今仍是教育部重要的施政政策，各縣市政府教育局（處）也多在友善校園計畫中列為推動項目之一（張淑美，2020；張淑美、李昱平，2015）。此外，教育部及各級教育主管機關均已設置生命教育中心，包括：教育部生命教育中心（南華大學）、教育部生命教育研發育成中心（臺灣大學）、國教署生命教育學科中心（羅東高級中學）、國教署生命教育專業發展中心（LEPDC）等；還有建置「教育部生命教育全球資訊網」、「教育部國民及學前教育署生命教育資訊網」，針對不同教育階段提供生命教育課程教學、教材資源與各項訊息（張淑美、李昱平、劉麗惠，2021）。

　　生命教育曾列入九年一貫課程綜合活動領域指定單元（教育部，2010），教育部於 2003 年成立「普通高級中學各科課程綱要專案小組」，並於 2006 年公布「普通高級中學課程暫行綱要」（「九五暫綱」），其中「生命教育類」科共規劃了八個科目的選修課，供各高中選擇開設。2010 年，教育部透過對「九五暫綱」之修訂而公布正式的「普通高級中學課程綱要」（「九九課綱」），其中「生命教育類」科仍維持八個科目之選修課，並規定高中生一定要在「生命教育類」八科選修課中必選 1 學分（教育部，2011）。自 108 學年度開始正式實施的「十二年國民基本教育課程綱要」中，生命教育則正式列為普通高中綜合活動領域之必修科目（1 學

分）以及技術型高中之選修科目（2 學分）（孫效智，2015；國家教育研究
院，2014；張淑美主編，2021；教育部，2014），可見生命教育的重要性
與必要性愈來愈受到教育當局的重視。

參、臺灣生命教育的意涵與面向

　　生命教育涉及生命與教育兩個複雜概念，倡導之初，其意義與內涵並
未清晰，而有各種不同的取向。臺灣生命教育課程綱要之架構係由臺灣大
學哲學系孫效智教授所規劃，也代表國民基本教育階段生命教育正式課程
的定義與內涵。他認為：每一個人都會面對自己生命的三個基本問題——
「人生三問」，亦即：「我為什麼活著？我該怎樣活著？我又如何能活出
該活出的生命？」（或「人為何而活？應如何活？要如何才能活出應活的
生命？」）（孫效智，2006，2009）。針對「人生三問」，孫教授提出
「生命三學」，分別是「終極關懷與實踐」、「倫理思考與反省」、「人
格統整與靈性發展」三大領域，並定義生命教育為「探究生命中最核心議
題並引領學生邁向知行合一的教育」（孫效智，2009）。

　　孫效智（2015）接受國家教育研究院委託研究十二年國民基本教育之
生命教育核心素養，除了上述人生三問的向度之外，增加了生命教育的「方
法與基礎」，包括「人學圖像[3]與哲學思考」，共有 5 個面向、15 個核心
內涵，如表 1 所示。

　　生命教育可說是跨科際學門的多元學科理念，但仍聚焦於「有關生命
意義與價值探索」之教育理念，因此也有許多學者提出對生命教育意義與
內涵的看法。茲舉幾位學者的見解如下。

3　在 108 新課綱中，高中生命教育領綱已改為「人學探索」，筆者臆測應是落實在課程中用「探
索」，更符合新課綱主動自主學習的精神。而且生命教育領綱中的學習項目，也只有五類（層
面）十項，詳參教育部（2014）。

表 1　　生命教育核心素養

向度	層面	項目
（一）方法與基礎	1.哲學思考	(1)思考知識與技能 [1-1] (2)思考情意與態度[1-2] (3)後設思考 [1-3]
	2.人學圖像	(1)人是什麼？[2-1] (2)我是誰？[2-2] (3)在時間與關係中的人[2-3]
（二）人生三問	3.終極關懷	(1)人生目的與意義[3-1] (2)生死關懷與實踐[3-2] (3)終極信念與宗教[3-3]
	4.價值思辨	(1)道德哲學（moral philosophy）[4-1] (2)道德思辨及其應用[4-2] (3)美感素養與生活美學[4-3]
	5.靈性修養	(1)至善與幸福[5-1] (2)人格統整與修養[5-2] (3)靈性自覺與發展[5-3]

資料來源：孫效智（2015）

　　吳庶深、黃麗花（2001）認為，生命教育的理念在達成全人教育，其方向有二：第一，在生命方面，學習為何而活，以探討生命意義與本質為重點；第二，在生活方面，學習如何生活，建立生活目標與追求豐富人生。並且主張生命教育包括四個向度，即人與自己、人與他人、人與環境、人與宇宙。

　　何福田（2006）認為，推動生命教育，要讓學生了解「生命」，包括：「爭生——希望生生不息，這是宇宙間的事實」與「安命——不與命爭，庶可無憾」；「爭生」包括「生機、生存、生活、生義」，而「安命」則包括「受命、抗命、知命、立命、順命」。有其層次的發展，也指出人應該努力與接受之限制，最後也是歸於生命的終極意義。

　　鄭石岩（2006）提出「生命的活力、生命的成長、生命的實現、生命的倫理、生命的興致和快樂、生命的意義」等「生命教育的重心」之六大

主軸，並強調要配合學生心智發展的階段與學習能力，才能設計出適合學生程度的教材與教學活動。

　　吳秀碧（2006）則界定生命教育的目標是：「廣義的生命教育的目標與任務，便是提供人在生理、心理、靈性三個層面的範疇，有充分的活動與機會，能體驗與覺察，並教導必要的知識與技巧，促進各個層面生命意義的產生與提升，並增進身、心、靈整合的健全人格發展。以期最終目標可以產生個人適切人生觀的形成與終身不斷精進，以便帶動人生境界也不斷提升」；消極方面，「則可以減少個人追求存在意義的挫折，甚至發生失落存在意義的危機。以達成預防現代人精神疾病之發生。因此實際上生命教育就是全人教育，也是一種健全人格的教育」（頁38）。深刻點出生命教育的時代需求與全人教育功能。

　　紀潔芳、鄭瑋宜、鄭璿宜、曾懷萩（2015b）則從關愛生命的角度，認為生命教育的內涵包括關愛自己、關愛他人、關愛大自然。張淑美（2014b）歸納認為：「生命教育是探究生命中最核心／重要的議題，並引領學生邁向知行合一的教育；其課程理念與實踐形式，包括正式、非正式與潛在課程的薰陶；課程開展的面向包括人與自己、人與他人、人與社會、人與自然，乃至人與宇宙關係之聯繫與建構；課程目標包括認知、情意、行為與價值等層面；實施方式特別強調關懷的情操與實踐的行動，尤其是各種體驗活動與服務學習，使生命感動生命、生命帶動生命；期使吾人的生命能達致全人的開展、展現生命的意義與價值，進而希望整個生存的環境也是一個有機的、整體生命觀的發展。」

　　生命教育可以說和教育的本質、目的與宗旨相符，但其課程領域與目標和現今各級學校教育的內容與形式有所不同。生命教育著重在「最核心、最根本的、終極的生命所為為何的課題」，並涉及生命的身心靈、知情意行，以及「人與自己、人與他人、人與社會、人與環境、人與自然，乃至人與宇宙」等關係之全人面向開展、聯繫與建構，希冀能引導個體由內而發的生命能量，以及完成生命發展階段該有的發展任務、社會文化責任與

使命，內外合一，進而真正能夠「知情意行合一」。生命教育在現今價值觀混淆與意義感空虛的社會當中，更顯其重要而有迫切性，是每個人都需要探究的教育。

肆、點燃心燈，心心相印：生命教育「教與學」的心法

　　誠如德國著名的幼兒園之父福祿貝爾之名言：「教育之道無他，唯愛與榜樣而已」，中國人民教育家陶行知先生之名言：「真教育是心心相印的活動，唯獨從心裡發出來的，才能打到心的深處」，以及著名的臺灣通識教育學者黃俊傑（2019）也主張：生命教育是心靈的教育、引領學生「自我」的「心」之覺醒，生命教育老師要能「出乎其外」也要能「入乎其內」、走進學生的心靈。承上所述，生命教育更是需要點燃內心源源不絕的那盞明燈（inner light）[4]，還要「打從心裡喜歡自己的學生，真正地喜歡他」[5]，才能引起自發的能量，不管是透過正式、非正式課程的引發，或者是自我啟發的學習；而不是只有在學校教室中的課程教學，更多是在日常生活中的點點滴滴。每個人都要不斷地終身自我教育與生命學習，也需要與人締結共學關懷。

一、生命教育之自修與共學

　　每個人都應為自己的生命負責，人可以改變與創造自己的命運，明朝袁了凡先生就是一個很好的生命教育自學（修）成功典範。了凡先生被一位孔先生算出壽命 53 歲且無子的「命運」，之後遇到雲谷禪師勸導改造命運的方法，積極反省內在心性、改過遷善、積德修福，因而擺脫命運，考

4　參考張淑美、蔡淑敏譯（2007，頁 125）。
5　臺灣福智文教基金會十分重視推動生命教育，也包含德育教育及關愛教育，「打從心裡喜歡自己的學生，真正地喜歡他」即是關愛教育其中一則，參見 http://edu.blisswisdom.org。

上進士、官拜縣令、生得二子，享壽七十四，成為在世即見改造命運並福澤子孫的實例。他為兒子著《了凡四訓》，舉證「立命之學、改過之法、積善之方、謙德之效」等四種改變命運的方法（紀潔芳、鄭瑋宜、鄭璿宜、曾懷萩，2015a；陳運星，2009），正是非常重要的生命教育自學共修法門。

承上，生命教育需要自我學習、不斷地終身修練。黃政傑（2011）指出生命自我學習的重要性，因為自己隨時隨地都可以吸收生命有關的學問，他也提出各種多元的生命學習方法，其中以「討論、體驗、反省、行動」等方法尤為重要（頁 14）；鈕則誠（2004）也曾提出生命教育的自學方案；張淑美（2006）也強調日常生活中持續的實踐與反省。因為我們的生命向度包括「物、我、人、天」（黎建球，2001），彼此相互關聯，需要自修（學）與共修（學）交互相融。

我們要不斷探問自己最重要的生命價值與意義是什麼？即使艱難，仍然秉持該走的路，而且從內心發起良善與喜樂的信念與行為，與自己、他人、環境、宇宙（精神性信仰或宗教信仰）持續地緊密關聯（Wong, 2012, 2018）。生命教育的靈山，不需遠求，它就居住在內心，就像 Emerson 說的：「每個靈魂都為自己建了個居所，不管是什麼，即使名字沒那麼響亮，你的領土仍然不比別人的遜色」（林淑貞譯，2001）。

二、生命教育「教與學」的心法

因為每個人的生命經驗完全不同，有人藉由聽講、閱讀，有人藉由觀察，有人藉由體驗、實作、分享等不同途徑而驅入自己的生命核心，進而達到增長生命智慧、知行合一的目標。生命教育其實也需要很平凡的生活經驗來累積生命智慧，或是透過效法生命典範[6]，都能帶給我們生命教育教

6　臺灣的周大觀文教基金會每年頒發「全球熱愛生命獎章」給熱愛生命的典範與鬥士，每位都是生命的典範。感動全中國的微電影《希望樹》裡，那位義務支教的劉寅老師，也是位感動人心的生命教育典範。其他如大陸游泳選手「無腿蛙王」代國宏、有「隱形翅膀」的四川省無臂女孩雷慶瑤等許許多多生命教育的典範。

學與自我學習很好的啟示。生命教育以受教者生命成長為目標，每個人的經驗背景具有個別差異，無論是課程設計、教學方法、教材內容、評量方式等，都需盡量多元、適齡適性（吳秀碧主編，2006；紀潔芳等人，2015b；孫效智，2015；張淑美，2006；2014b）。但也可能因為要顧及多元需求和興趣，未必能盡如預期，施教者容有挫折失望之時，可以當作一種生命磨練，調整好心態，不需氣餒，也要鼓勵自己。有時候學生是我們的鏡子，轉念放下，仍可以充滿生命能量。因此，筆者也自我勉勵生命教育的教學與推動是一種「生命修練」，歸納言之，最重要也需要的是「心法」。茲用如下生命教育「教與學」的「二模式、四部曲、十原則與八字訣」分享與就教。

（一）生命教育「教與學」二模式

生命教育的教學方法與技術儘管需要多元彈性，但筆者認為可以總括為：(1)認知的／訊息的（或教導式的）：以提供文章、資料、書籍或視聽媒體的呈現，由主講人介紹的方式；(2)個人的／情感的（或經驗的）：以學生為主，用各種經驗、情緒分享的方式來探索（張淑美，2006）。

（二）生命教育「教與學」四部曲

知行合一是生命教育的目標也是方法，也同時兼具認知、情意、行為與價值改變的教學目標，因此提出「感→覺→思→行」四部曲，也就是「感受、覺察、思考與行動／實踐」等四要素，此也和英國學者羅貴榮（Roger Greenaway）提出「動態回顧循環」（Active Reviewing Cycle）的引導技巧——四個「F」的提問相呼應。4F 的重點為：事實（fact）、感受（feeling）、發現（finding）、未來（future）（展開行動）（引自洪中夫，2010）。但筆者認為未必是依序開展的四部曲，也可以適齡適性或因地制宜的調整切入，但終究希望引領達到知情意行合一、身心靈關聯，進而能夠如「大學之道」，實踐與邁向「在明明德，在親民，在止於至善」的功夫與目標。

（三）生命教育「教與學」十原則

1. **符合教育本質與規準**：教育本來就是為了生命向上向善的開展，因此生命教育應當要符合教育的目的與「合價值性、合認知性、合自願性」等規準（張光甫，2012，頁15），也就是應該符合社會上普遍接受的價值、符合「know how & know what」的合理性之認知方法與知識的學習，以及符合非強迫式的盡量引導自願性學習等原則性指引。

2. **貼近學生本位與經驗**：引導個體要為自己的生命負責，應當以受教者為主，貼近他們的經驗。

3. **引領多元的道德思辨**：孫效智（2006）提出「態度應當公正，立場不必中立」的道德教學原則，教師宜容許多元看法，但可以表達自己的立場，提供與示範自己的觀點，讓受教者建構自己的觀念。

4. **提供多樣的生活體驗**：提供或協助學子多樣的生活體驗，較能協助其透過感官知覺的領受，進而產生領悟了解，而成為真實的生命經驗。

5. **展現真誠的示範分享**：師生之間真誠分享生命經驗，並且以身作則，往往能以生命感動生命、生命帶動生命。

6. **親近原初的自然風光**：置身在大自然的風光意境之美，是深刻的美感經驗，也是滋養靈性的來源（詳參張淑美主譯，2007），靈性的感受會引領吾人清明的思維與創作。

7. **讚嘆純真的美德懿行**：生活中單純而真切的善念舉動，都是最可貴純潔的，即使是小善，都是至善。小善因小而容易而美，而人人可以做到。然而，隨時讚賞他人的純真小善，就會讓善的能量不斷循環與散播。

8. **帶引單純的服務奉獻**：引導受教者服務奉獻，透過服務學習，肯定與成長自己的價值，進而逐漸回到「為善不欲人知」的單純良善。

9. **導向終極意義與自學**：引領探索最重要的人生終極意義，必須引導而不是灌輸，而且要靠自己去創造、發現，甚至透過受苦經驗中的深刻體會（Wong, 2012, 2018）。

10. **關聯全人整體的開展**：生命教育關注在「生命」的身心靈、知情意行各方面與之間的緊密關聯，不僅是「整體」（wholeness），更是「整全的／全人的」（holistic）（李昱平、張淑美譯，2008；張淑美主譯，2011）。

（四）生命教育自修與共學八字訣

　　筆者衷心建議身為學生的生命教育學習者，當父母師長引領你生命成長的方法或活動時，宜虛心、「開」心（open minded）的接納與嘗試，先了解體悟才有學習的可能，尤其是生命學問的探索與生命智慧的提升，是很需要打開心門與用心學習。八字訣如下：

聽：從聆聽與傾聽中感受與覺知。

說：從描述與敘說中肯定與支持。

讀：從閱讀與觀察中知道與悟到。

寫：從寫作與寫意中抒發與清明。

思：從思辨與省思中確立與謙卑。

做：從實踐與修練中考驗與提升。

享：從分享與感受中感動與同理。

放：從放下與放鬆中寬恕與寧靜。

伍、結　語

　　生命教育旨在引領個體探尋自己的終極意義，進而能夠知行合一、不斷反省與實踐，以邁向至善與至福的生命目標，這正符合向上向善開展的教育目的。人人需要接受生命的教育，不斷自我修練，也要與他人一起共

修，甚至於如 Martin Buber（1878-1965）所說的「我—汝」（I-Thou）[7]之互為主體、相互尊重、心中有愛之「相逢交會」（encounter）的靈性感受，是可以透過與人、動植物、物體，乃至事件的當下「相逢交會」關係中展現（引自 Noddings, 2005, p. 169）。透過生命教育教與學的心法、施教者與受教者的生命真誠交會，豈不是美好的「成人成己」之志業呢？

註：本文係部分擷取並大幅修改自張淑美（2014）。點燃心燈：生死意義與生命教育。載於紀潔芳、張淑美（主編），**生死關懷與生命教育**（第一章，頁 1-1～1-33）。新北市：新頁圖書。出版社已撤銷，該書已絕版。

參考文獻

何福田（2006）。推動生命教育的必要與認識。載於何福田（主編），**生命教育**（頁 1-8）。臺北市：心理。

吳秀碧（主編）（2006）。**生命教育理論與教學方案**。臺北市：心理。

吳庶深、黃麗花（2001）。**生命教育概論：實用的教學方案**。臺北市：學富。

李昱平、張淑美（譯）（2008）。**如何成為全人教師**（原作者：J. P. Miller）。臺北市：心理。

林淑貞（譯）（2001）。**細說生命華采**（原作者：愛默生）。臺北市：張老師文化。

洪中夫（2010）。**玩出反思力：101 個活化教學的動態反思技巧**。臺北市：校園書房。

7　人民教育家陶行知先生的理念著實和 Martin Buber 所說的「我—汝」之「相逢交會」的教育愛精神相通，舉陶先生的教育名言，除了前述：「真教育是心心相印的活動，唯獨從心裡發出來的，才能打到心的深處」以及「你若把你的生命放在學生的生命裡，把你和你的學生的生命放在大眾的生命裡，這才算是盡了教師的天職」（https://mingyanjiaju.org/mr/7144.html），均可說明。

紀潔芳、鄭瑋宜、鄭璿宜、曾懷萩（2015a）。**打開生命教育百寶箱**。臺北市：蓮花基金會。

紀潔芳、鄭瑋宜、鄭璿宜、曾懷萩（2015b）。**生命教育你我他**。臺北市：蓮花基金會。

孫效智（2006）。高中「生命教育」課程綱要的重點與特色。載於何福田（主編），**生命教育**（頁221-235）。臺北市：心理。

孫效智（2009）。臺灣生命教育的挑戰與願景。**課程與教學季刊**，**12**（3），1-26。

孫效智（2015）。生命教育核心素養的建構與十二年國教課綱的發展。**教育研究月刊**，**251**，48-72。

國家教育研究院（2014年11月）。**十二年國民基本教育課程綱要總綱**。取自 http://www.naer.edu.tw/ezfiles/0/1000/attach/15/pta_2279_8619537_09968.pdf

張光甫（2012）。**教育哲學**（第二版）。臺北市：雙葉書廊。

張淑美（2006）。師資培育階段「生命教育」課程實施與省思。載於張淑美著，**「生命教育」研究、論述與實踐：生死教育取向**（頁209-225）。高雄市：復文。

張淑美（2007a）。臺灣「生命教育」的發展與未來。**教育研究月刊**，**162**，70-78。

張淑美（2007b）。找回生命與教育的靈魂。載於張淑美（主譯），**生命教育：推動學校的靈性課程**（原作者：J. P. Miller）（序）。臺北市：學富。

張淑美（2014a）。生命與教育的靈魂：靈性健康與靈性教育。載於黎建球（主編），**「身心靈整合之處遇Ⅰ：身體健康 心理成熟 靈魂美麗」學術研討會論文集**（頁335-348）。新北市：輔大書坊。

張淑美（2014b）。點燃心燈：生死意義與生命教育。載於紀潔芳、張淑美（主編），**生死關懷與生命教育**（第一章，頁1-1～1-33）。新北市：新頁圖書。

張淑美（2020）。略論臺灣生命教育的推動特色與展望。**生如夏花，死如秋葉**，**1**，6-10。取自 https://lifedunknu.wixsite.com/life-education-nknu/publications1

張淑美（主編）（2021）。**高中生命教育教材教法**。黃政傑總策畫，教育部分科教材教法系列。臺北市：五南。

張淑美（主譯）（2007）。**生命教育：推動學校的靈性課程**（原作者：J. P. Miller）。臺北市：學富。

張淑美（主譯）（2011）。**生命教育：全人課程理論與實務**（原作者：J. P. Miller）。臺北市：心理。

張淑美、李昱平（2015）。兩岸三地（臺灣、中國大陸、香港）華人地區生命教育政策分析。載於**「2015 年兩岸大專校院生命教育高峰論壇」論文集**（頁

130-144）。5 月 1～2 日，教育部主辦，臺北護理健康大學人類發展與健康學院承辦。

張淑美、李昱平、劉麗惠（2021）。**「教育部推動生命教育之動、靜態成果彙整計畫」成果報告書**。教育部委託高雄師範大學委辦計畫（張淑美主持、李昱平、劉麗惠協同主持人）。

張淑美、蔡淑敏（譯）（2007）。**學校為何存在？美國全人教育之發展**（原作者：R. Miller）。臺北市：心理。

教育部（2010）。**國民中小學九年一貫課程綱要**。臺北市：作者。

教育部（2011）。**普通高級中學課程綱要**。臺北市：作者。

教育部（2014）。**十二年國民基本教育課程綱要總綱**。取自 https://www.naer.edu.tw/ezfiles/0/1000/attach/87/pta_18543_581357_62438.pdf

陳運星（2009）。**生死學**。高雄市：麗文。

鈕則誠（2004）。**生命教育：學理與體驗**。臺北市：揚智。

黃俊傑（2019）。生命教育如何可能？載於亞東技術學院主辦，**2019 生命教育與通識教育論壇暨學術研討會手冊**（頁 17-30），新北市。

黃政傑（2011）。由生命教育推向生命學習。載於 **100 年度全國教師生命教育成長營「得渡鼓鐘」**（頁 9-21）。高雄縣：九華圖書。

鄭石岩（2006）。生命教育的內涵與教學。載於何福田（主編），**生命教育**（頁 23-49）。臺北市：心理。

黎建球（2001）。生命教育的哲學基礎。**教育資料集刊，26**，1-26。

Noddings, N. (2005). *Happiness and education*. New York, NY: Cambridge University Press.

Wong, P. T. P. (2018). *Inspirations for difficult times*. Toronto, ON: INPM Press.

Wong, P. T. P. (Ed.) (2012). *The human quest for meaning: Theories, research, and applications* (2nd ed.). New York, NY: Routledge.

作者介紹

　　張淑美，現任高雄師範大學教育學系與生命教育碩士專班教授。始自1988年尋找碩士論文主題時，開始踏入生死學與生死教育的研究領域，可說是臺灣「生死教育取向生命教育」的先驅之一。也從1988年開始發表生死教育主題文章，進而積極參與生命教育的推動，包括協助高雄師範大學教育學系於92學年度設立「生命教育在職碩士專班」、規劃高雄師範大學高中生命教育科師資學分一覽表、參與95學年度普通高中生命教育課程暫時綱要——生死關懷科的撰寫、普通高中99學年度生命教育課綱之審查工作、擔任教育部第四、五、六屆「推動生命教育推動委員會」委員以及改組後之「生命教育推動諮詢小組」二、三屆委員及其他生命教育推動業務委員會委員、高雄市政府教育局「友善校園輔導小組」生命教育委員、主持教育部委託之「99～102年生命教育中程計畫芻議」與「生命教育推動方案」（103～106年度生命教育中程計畫）研擬、主持「教育部推動生命教育之動、靜態成果彙整計畫」（2020/05/15～2021/01/14）、參與十二年國民基本教育綜合活動領域普通高中生命教育課綱研擬之相關工作等。

　　三十多年來，深感自己的生命因而成長與充滿意義，學問的生命能夠和生命的學問結合，真是無比的幸運與幸福。積極努力參與產官學界生命教育推動，出版生命教育專書與發表生命教育相關論述百餘篇。曾獲教育部94年度友善校園有功人員、103年推動生命教育績優人員、107年推動生命教育特殊貢獻人員等獎勵。

11 融入式與主題式生命教育的教學實踐探索

何仁富

浙江傳媒學院生命學與生命教育研究所教授兼所長

2007 年，浙江傳媒學院在大陸大專校院中建立了第一家生命教育研究機構「生命學與生命教育研究所」，同時推動建立了大專校院第一家融合生命教育與心理健康教育於一體的實務性機構「心理健康與生命教育中心」。這兩個機構一個側重在理論研究和教學推廣，一個側重於學生輔導，相互支援相互配合，推動浙江傳媒學院的生命教育研究與實踐。十餘年來，兩個機構合作在生命教育的研究和教學實踐上，特別是在思想政治教育與心理健康教育中融入生命教育的探索上，走出了自己獨特的路。2009 年，我們又創設了「海峽兩岸大學生命教育高峰論壇」，先後已經在浙江傳媒學院、臺北護理健康大學、河南洛陽師範學院、越秀外國語學院、阜陽師範學院等大專校院成功舉辦了八屆。就生命教育教學實踐而言，我們持續推動了「思想道德修養與法律基礎」融入生命教育的教學創新實踐與研究，主持開發了基於中華傳統文化的「愛與生命」、「西湖生死學」、「了凡四訓的生命智慧」、「論語生命學」等生命教育特色課程。相關成果連續三屆獲得四年一屆的浙江傳媒學院優秀教學成果一等獎：「思化、德化、生命化——思想政治理論課教學中融入生命教育的實踐與研究」（2012年）；「生命文化育人暨大學生命教育的實踐與研究」（2016 年）；「有溫度的思想政治工作：生命教育融入高校思想政治工作的實踐創新與理論探索」（2020 年）。2018 年，「生命教育工作室」入選浙江省第一批「高

校思想政治教育名師工作室」，《生命教育理念下高校思想政治工作創新研究》入選教育部第一批「高校思想政治工作研究文庫」（2018 年）。

壹、「思想道德修養與法律基礎」融入式生命教育的探索與實踐

「思想道德修養與法律基礎」融入生命教育的教學改革與創新，是我們從 2008 年以來一直在進行的探索和實踐。相關成果連續三屆（2012、2016、2020）獲得學校優秀教學成果一等獎，入選省高等學校教書育人典型案例（2012），入選省首批高校思想政治教育名師工作室（2018），入選教育部首批「高校思想政治工作研究文庫」（2018）。

一、課程教學改革創新要解決的「痛點」問題

思想政治理論課是關乎青少年生命成長和「扣好人生第一粒釦子」的核心課程。但在實際教學中，還存在著一些不能滿足學生成長發展需求和期待的問題。本課程教學創新以生命教育的研究和實踐為切入點，以多項省、廳級教改課題為支撐，著力解決以下教學中的「痛點」問題：

1. 教學內容不重視生命教育導致「缺乏針對性」的問題。缺乏學情分析基礎上直面學生生命成長實際需求和期待的針對性；缺乏將思想政治理論課中系統而抽象的一般理論轉化為自媒體時代學生習慣「具象化」傳播需求的針對性。

2. 教學方式不注重情感體驗導致「親和性不夠」的問題。只是「以理服人」的教學方式對學生的情感調動與激發不夠；教師只做「經師」不做「人師」的態度，不能做到「以生命影響生命」，導致與學生的生命互動不夠。

3. 教學過程不注重思維訓練導致學生「參與度不足」的問題。「宣教式」的教學導致學生缺少理論思考的機會；學生缺乏深入理論思考

的能力，不能回應教師的「提問」，不能主動參與到教學活動中。

4. **教學評價不注重學生德行要求導致「實踐性缺乏」的問題。**師生對「思想政治理論課」的理論屬性的誤解而忽視其實踐性；教學過程中缺乏對「實踐性」的具體要求和設計，缺乏生成性評量的理念。

二、課程教學改革創新的理念與目標

本課程教學改革強調思想政治理論課的教學應該將重點從「教書」轉到「育人」上來，以滿足學生生命成長需要和促進學生生命成長為目標，引導和說明大學生正確認識自身所處的人生發展階段和當前所處的時代方向，了解中國特色社會主義新時代對大學生成長成才的要求，了解黨和國家對大學生成長成才的期望，努力提升自身的道德素質和法治素養，做擔當民族復興大任的時代新人，做**「新三好學生」**。

「新三好學生」意涵	對應教學目標	對應教學內容
和自己好，熱愛自己的生命	養成良好生活習慣，熱愛自己的自然生命 學會情緒調節，熱愛自己的心理生命 堅定理想信念做有價值的人，熱愛自己的精神生命	專題：2、3、4、5、16
和他人好，尊重他人的生命	尊重現實中的他人，建構和諧人倫關係 尊重歷史中的他人，傳承優秀傳統文化 尊重團體中的他人，熱愛國家、民族和社會	專題：1、6、7、8、9、10
和世界好，維護地球的生命	養成綠色生活習慣，維護地球生態的多樣性 建立正確文明觀，維護地球文明的多樣性 形成命運共同體意識，維護地球文明發展	專題：11、12、13、14、15

三、課程教學改革創新的思路與舉措

本課程教學實行**「翻轉教室」**的教學，以線上自學與線下討論、課堂教學與課外輔導、理論教育與個案輔導的一體化方式綜合解決教學痛點問題，並形成直接針對教學痛點問題的**「四化」教學創新模式**。

以教學內容的**「生命化」**為抓手，解決**「缺乏針對性」**的問題。以重

新整合教材內容為依託，以重新設置教學專題為突破口（編注：比喻打破困局或限制的關鍵處），將生命教育的理念、內容納入教學過程中，**把所有的教學內容都放在「生命」向度上來思考、追問、體驗，實現教學內容的「生命化」轉化**，使得人生觀、價值觀、道德觀、法治觀等理論，成為關乎每一個學生自己的生命、生活、生存、生死的「大事」。

教材內容	教育部專題指南	生命化教學專題
緒論	做擔當民族復興大任的時代新人	專題一 大學生該成為怎樣的人？
第一章 人生的青春之問	確立高尚的人生追求	專題二 人應有怎樣的人生追求？
	科學應對人生的各種挑戰	專題三 人如何應對人生的挑戰？
第二章 堅定理想信念	理想信念的內涵與作用	專題四 人何以需要理想與信念？
	確立崇高科學的理想信念	專題五 人應有怎樣的理想信念？
第三章 弘揚中國精神	中國精神的科學內涵和現實意義	專題六 中國人如何成為中國人？
	弘揚新時代的愛國主義	專題七 新時代大學生如何愛國？
第四章 踐行社會主義核心價值觀	堅定社會主義核心價值觀自信	專題八 堅信社會主義核心價值觀
	踐行社會主義核心價值觀的基本要求	專題九 踐行社會主義核心價值觀
第五章 明大德守公德嚴私德	社會主義道德的形成及其本質	專題十 做道德的人如何明大德？
	社會主義道德的核心、原則及其規範	專題十一 做道德的人如何守公德？
	在實踐中養成優良道德品質	專題十二 做道德的人如何嚴私德？
第六章 尊法學法守法用法	我國社會主義法律的本質和作用	專題十三 新時代人何以應該尊法？
	堅持全面依法治國	專題十四 新時代人應該如何學法？
	培養社會主義法治思維	專題十五 新時代人應該如何守法？
	依法行使權利與履行義務	專題十六 新時代人應該如何用法？

以課堂教學的「藝術化」為抓手，解決「親和性不夠」的問題。借助「以禮相待」（老師每次上課前主動給學生行禮）、「遊戲人生」（課堂

遊戲體驗活動分享）、「**生命敘事**」（「我寫家史六十年」的作業及分享）、「**藝術呈現**」（以影視、劇本、歌曲等多種形式呈現學習成果）、**手語歌曲**等多種教學手段與形式的運用，將思想政治理論課的課堂變成了一個「潤澤生命、涵養性情」的「藝術化」課堂。

　　以學生學習的「自主化」為抓手，解決「參與度不足」的問題。以自主學習題目的設計、過程的引導、成果的分享為基本路徑，引導學生自主思考本課程所涉及的一些重大人生與社會問題，讓學生在自主學習中將知識增加提升為智慧成長，提升發現和解決相關問題的能力，實現「**課前學思**」。在完成線上學習或課堂學習任務後，「亮」出自己最精彩的理解，「考」一個別人不理解的問題，「幫」一個自己未理解的問題，課堂上以生生互動、師生互動為主，在分享和解決「亮考幫」的基礎上，老師再總結昇華，實現「亮考幫」和「團體詰問」相結合的「**課中辨思**」。學生在每堂課結束後，在課程微信群提交幾十字到幾百字不等的「微課堂筆記」，老師根據情況對比較集中的問題、話題在群裡回覆或者下堂課展開討論，實現「**課後反思**」。下面圖片呈現的是三個環節的「思」。

以考核評價的「生成化」為抓手，解決「實踐性缺乏」的問題。將同學們的日常行為表現（包括課堂表現、親情友情人倫關係、參與公益、知錯改錯等）納入課程的評量內容，讓學生在做的過程中體驗、反省、提升道德力。總成績100分＝平時成績60分＋期中成績20分＋期末成績20分：

平時成績（60 分）	期中（20 分）	期末（20 分）	總成績
線上網課學習情況 15 分	「我寫家史六十年」（3,000 字）及感悟（300字）	隨堂開卷考試（教材內容占70%，拓展性內容占 30%）	100 分
自主學習成果（含亮考幫）15 分			
德行表現及總結（出勤率、日常行為）10 分			
課堂討論與分享 10 分			
微課堂筆記 10 分			

「四化」教學創新模式是一個貫穿教學內容、教學手段、教學實施、教學考核的整體：生命化的「育」＋藝術化的「教」＋自主化的「學」＋生成化的「考」。在針對教學痛點問題的同時又在培養學生四個方面的生命力，成就學生的「新三好」目標：

教學創新	解決「痛點」	培養生命力	實現目標
「生命化」的教學內容創新	內容「針對性」差	生命感受力	「和自己好、和他人好、和世界好」的「新三好學生」時代新人
「藝術化」的教學手段創新	教學「親和性」差	生命愛敬力	
「自主化」的學生學習創新	學生「參與度」差	生命思考力	
「生成化」的教學評價創新	效果「實踐性」差	生命行動力	

四、課程教學改革創新的成果與反思

（一）問題解決的情況和效果

從已經推展十二年的教學實施來看，問題的解決和教學效果是顯著的。學生普遍體會到課程對自己現實人生的影響（「生命化」解決「針對性」問題），體會到課程教學的生動有趣（「藝術化」解決「親和性」問題），體會到課程幫助自己在「問」與「答」中深入思考了不少人生課

題（「自主化」解決「參與度」問題），體會到了自己生活中這門課程的
「影響」（「生成化」解決「實踐性」問題）。

主要評價點	代表性評價舉例
思修課是有趣的、生動的	・這門課程與枯燥、乏味這樣的字眼一點也沾不上邊，它是生動、有趣的。 ・思修課不僅不無聊，而且有時甚至很催淚。
思修課讓人認真思考與參與	・思修課是我這個學期最為喜歡的一門課程，我覺得思修課是有靈魂、有生命的，這門課真的讓我學到了很多東西，解決了許多困惑，打開了我大學四年的大門。「思修」課的重點教育便是在一個「思」。
思修課讓行為變化	・思修並非簡單的「思想修養」四個字，更是一門關於人生和生命的學問。 ・每次上完思修課，我好像都會更愛國一點，對愛國有了更深刻的認識。
思修課讓生命成長	・課程學習，不僅是在教書，更多的是在育人，教育我們人生意義，撥開我們人生路途上的迷霧。一個學期的思修學習，讓我覺得自己不是在學政治或者法律，而是跟著老師的腳步談一個關於「人生」的命題。

（二）對課程教學創新效果的反思

　　立足於「生命教育」理念對「思想道德修養與法律基礎」課程進行創新教學改革，已經堅持超過十年，從面授課內容「生命化」調整，到教學方式的「藝術化」落實，從讓學生開展「自主化」學習，到將學生日常生活行為納入「生成化」評量，逐步形成了「四重生命教育」的教學創新改革模式。針對創新成果的推行情況，感受到創新效果與老師的個人決心、素養密切相關。同樣的內容和設計，不同老師主講就會呈現不同效果，課程創新最大的動力在老師，最大的阻力也在老師；只有老師主動尋求改變，認真學習，培養創新的意識，才可能有不斷教學創新。

五、課程教學改革創新成果的應用與推廣

　　本教學創新成果因為有理論支持、有實踐操作，具有在思想政治理論

課推廣的價值。已經有**二十多所大專校院來交流學習**。主講教師也受邀在全省備課會上分享經驗。作為課程教學創新成果，出版了《**思想政治教育與生命教育──「思想道德修養與法律基礎」融入式生命教育的實踐與研究**》（2014 年）。以本教學創新成果為核心內容的綜合性成果《**生命教育理念下高校思想政治工作創新研究**》，入選教育部首批「**高校思想政治工作研究文庫**」（2018 年）。

　　主講教師和團隊出版了《生命教育引論》、《生命教育十五講》、《生命教育的思與行》等十餘部相關著作、教材和論文集；創設和主辦了「海峽兩岸大學生命教育高峰論壇」（已連續主辦八屆），該成果透過論壇影響到全大陸上百所大專校院，並涉及港澳臺境外地區。主講教師負責的「生命教育工作室」也入選首批「省高校思想政治理論課名師工作室」。相關成果被《中國教育線上》、《學習強國》、《錢江晚報》等多家媒體報導。

貳、基於生命敘事和傳統文化的「愛與生命」與「西湖生死學」

　　在十餘年推動融入式生命教育教學的基礎上，又進一步開發了「愛與生命」、「西湖生死學」以及「了凡四訓的生命智慧」等主題性生命教育課程。

一、「愛與生命」課程

　　「愛與生命」是基於儒家人倫理念開發的一門生命教育課程，強調用愛來成就生命，以生命來實現愛！生命教育對愛的培育，根本的是將個體生命放入愛的關係中，透過對親愛、友愛、情愛、仁愛、自愛的體驗，培育自己建立愛的關係的能力，促進個體生命與他者建立和諧愉快的生命關係，實現生命成熟。本課程提供的便是讓個體生命走向這種生命成熟的愛的培育。該門課程的內容於 2017 年被評為浙江省首批線上視頻精品課，目

前於「在浙學」和「中國大學慕課網」兩個平臺上線。

　　本課程作為生命教育專題課，將愛的培育作為主軸，將個體生命放入愛的生命關係中來理解和闡釋，具有鮮明的生命意識和現實針對性。課程從哲學、倫理學的向度，整合中國優秀傳統文化和西方思想的資源，充分體現社會主義核心價值觀的精神，彰顯傳統文化和傳統人生修養的優秀成果，具有中國生命教育的內涵。生命教育本質上是要激發個體生命內在的愛心，培養愛的能力，落實愛的行為。

　　在生命教育的基本理念上，我們主張「身心靈全人生命教育」，強調著力培養兩種重要的生命力：愛力和智慧力。生命教育的根本目標是要促進生命的美好，是要透過一些列關於生命的知識的學習、行為的體驗，增進生命智慧，並確立關於生命及人生等重大問題的正確、合理的基本信念。

　　人的生命作為一種實際存在，既不只是功利主義眼裡的身體欲望，也不只是心理主義眼裡的心理原子，同時也不只是哲學和宗教眼裡的精神孤島。現實的人的生命存在實際上是身、心、靈的統一體。身、心、靈是我們生命存在的三個同時呈現的層次或狀態。

生命	體	相	用
靈	信念信仰	價值觀系統	意義行為選擇
心	認知與判斷	情緒與情感	欲望與意志
身	身體	形象	行為

　　身、心、靈是我們個體生命存在的三個層面，是相互貫通合為一體的生命存在整體。作為一個整體的生命存在，身、心、靈各自承擔不同功能，此猶如一部車的車身、引擎和方向盤的關係。在身心靈全人生命結構中，「心」作為生命存在的「中樞」和「引擎」，是生命存在的動能系統，「靈」則是生命的「方向盤」。「心」是否接受「靈」的指引，對於生命活動的意義呈現具有決定性作用。

　　基於此，生命教育的核心內容和最高目標，便是要將「心」引向「靈」，讓「心」接受「靈」的指引，並以此帶動整個生命的現實行為。

而將「心」引向「靈」，我們必須從「心」本身著手。一方面，將心所具有的「知」的功能與「意」的功能相結合，透過一念翻轉，引導人自覺「知」「道」、「行」「道」。生命教育需要著力培養的，便是這樣一種知「道」、行「道」的知行合一的智慧力。另一方面，將心所具有的「情」的功能與「意」的功能相結合，透過激發情感意願，行其「義所當為」。生命教育最重要的目標之一，便是培育和推擴「愛」這種人類深層的正向情感，將它從隱藏狀態牽引到顯性狀態，將它從涓涓細流、星星之火的狀態推擴培育為可以容納各種存在的燎原狀態。

生命教育要將「心」引向「靈」，實現生命的健康美好，必須培養兩種最重要的生命力，一是基於「情」和「意」相結合的，仁者愛人、己立立人、民胞物與、情義一體的仁愛力；一是基於「知」和「意」相結合的，一念翻轉、洞察真理、自我抉擇、知行合一的智慧力。本門課程便是要培育第一方面的生命力。

生命教育是讓生命走向成熟的教育。生命走向成熟的根本，即充滿愛的生命關係的建立。這種生命關係的建立，並非是一蹴可幾的普遍的生命關係，而是從家庭擴展到社會，從親人擴展到熟人，進而擴展到陌生人，最後擴展到天地萬物。因此成熟的、充滿愛的生命關係的建立，首先是從家庭生命關係的建立開始的，亦即從親情之愛開始的。

由此，「愛與生命」的內容結構設定為：

主題	主要內容
生命教育與愛的培育	生命教育的歷史與發展、生命教育的取向與目標、全人生命教育與生命力、愛的理論與愛力的培育
人倫：生命真實化之愛	人倫之愛及愛的擴充、家庭意識與家庭人倫、家庭之愛的道德超化、家庭之愛到社會之愛
慈愛：父母對子女之愛	父母之愛的本質、父母之愛與自我犧牲、父母之愛的精神道義
友愛：兄弟姐妹間之愛	兄弟生命關係、兄友弟恭的生命人倫、兄弟友愛的道德意義
孝愛：子女對父母之愛	孝敬父母與生命返本、孝敬父母與報恩意識、孝敬父母與家庭之愛、孝敬父母與孝道人生、成就生命與及時盡孝

主題	主要內容
義愛：朋友生活中之愛	社會化歷程的人倫建構、生命人倫中的朋友倫理、作為生命品質的道義愛、八拜之交的生命教育義
情愛：愛情生活中之愛	為生命之愛的愛情、作為生活體驗的愛情、愛情生活維繫的道德、愛情生活實現的條件
恩愛：婚姻生活中之愛	夫婦關係的生命意義、夫婦之間愛情的創造、夫婦之間愛情的發展、夫婦關係的常道變道
仁愛：社會生活中之愛	人性的堅守、人道的落實、仁愛的信念、仁愛的智慧
和愛：對天地萬物之愛	現代環境意識的覺醒、人類中心主義的反思、現代生態倫理的建構、天人合一的生態智慧、利用厚生的現代教育
謹愛：對自我生命之愛	肉體生命之愛與生活方式、心理生命之愛與情緒管理、德性生命之愛與遷善養性、德性生命之愛與改過修身

　　在教學上，除了線上課程，見面課更多是以「亮考幫」方式引發學生的深入討論，尤其是父母子女之愛與愛情婚姻之愛兩大主題的討論。舉例來說，關於前一個主題，我們重點討論與探索：對照課程中講授的「父母對子女的愛」，站在自己的立場上反思自己父母對自己的愛，其中的問題在哪裡？以「如果我是父母」為內容，寫出你對父母之愛的認識和期待。對於後一主題，我們重點討論與探索：對照第 2 章和第 7 章討論的婚姻中和戀愛中的「愛情」，各自的特點如何？你認為，如何能夠在婚姻生活中繼續維繫兩個人的愛情？你認為，最理想的戀愛應該是以婚姻為目的的戀愛，還是只談戀愛不談婚姻？

二、「西湖生死學」課程

　　「西湖生死學」以生死學和生命教育為理念，以西湖的歷史傳說、歷史人物墓地，以及具體景點的樣態與生成為載體，以西湖景點涵攝的相關人物的生命故事為依據，提煉和昇華生死智慧。透過對西湖景點及其歷史人文內涵所蘊涵的生命故事、生死智慧的開掘，結合現代生死學基本理念的內容闡釋，給學習者以涵養自己生命的養分，體會生命的價值與意義，並以此促進自己生命成長。本課程既是一門通識教育課程也是一門生命教育課程。目前，該門課主要內容已經上線「智慧樹」平臺。

（一）課程背景

　　適應和滿足人們日益增長的對「美好生活的嚮往」。美好生活既有物質生活欲望的滿足，但更重要的是對「美好生活」本身的理解和創造。生死學關注生命、死亡、生活等重大課題，提升人的生命價值感與意義感，可以幫助人實現對「美好生活」的理解和創造。

　　適應和滿足人們對「西湖」此一著名人文景點的美好嚮往，同時透過挖掘西湖名人的生死故事，結合現代生死學理念與知識，深化對西湖的人

文理解。

　　適應「互聯網」教學的時代變化。資訊時代需要慕課和翻轉教室的對應。這種新型教育方式，既突破了傳統教學的時空限制，又傳承了傳統教學的師生互動，既具有視覺衝擊力，又有助於知識的沉澱，既符合世界潮流，也具有中國特色。

　　借助多媒體工具開設「西湖生死學」，不僅有助於多維觀察和解讀「西湖」和「生死」，而且有助於傳承中國「天人合一」、「人文化成」的生命成長傳統，弘揚「未知生焉知死」的中國生死智慧，為提升學習者的生命品質和社會發展服務。

（二）課程目標

　　生死學有多個面向，多種談法，醫學、心理學、哲學、倫理學、宗教、藝術等，但「西湖生死學」既不打算從哲學、宗教視域抽象、一般地談論生死智慧，也不打算從醫學、心理學視域去談論具體的死亡焦慮、死亡恐懼及悲傷輔導，也不打算從倫理學、科學視域去討論現代社會遭遇的諸多具體生死難題，也不打算從藝術、文學視域去體會生死故事；「西湖生死學」力圖讓多個學科相互融合，涉及宗教、哲學、文學、藝術、倫理、醫學、心理、美學等多個人文社會科學，甚至自然科學，將不同學科的知識用於解讀生死話題、生死問題、生死事件；力圖以西湖此一重要的人文資源為支點，以西湖周邊不同的生命群體、生命個體的生死敘事為依託，將生死問題、生死智慧呈現出來；力圖建構一個西湖歷史人物所彰顯的生死智慧的基本框架，力圖基本展現生死學的主要問題，力圖構建一個「人文生死學」的基本構想。

　　「西湖生死學」幫助學習者了解和理解生死學及生死教育的基本理念和基本知識，對生死學關心的主要生死問題，諸如生育、人生態度、死亡準備、善終等有比較清晰的認知。透過對西湖景點生命內涵及生死智慧的挖掘，實現人文與自然、現實與歷史、景點與人物、人生與社會、生與死

等個體生命的多重融合，開拓學習者新的人生視野與人生境界。透過對西湖周邊歷史文化人物的生死敘事和生死話題的拓展，啟動學習者自身的生命意識和死亡自覺，並提升自己熱愛生命、尊重生命、敬畏生命，進而提升生命價值感與意義感的自覺能力。

（三）設計原則

將理論、知識、趣味融為一體，借助多媒體工具完成課程目標。課程以「西湖人文景點」和「西湖文化名人」為導向，以「生死學話題」拓展為原則，以「生命價值感與意義感」為引擎，透過景點、人物、事件、生死智慧的有機結合，在「生死敘事」和「生死反思」中獲得「生死智慧」的成長。

（四）課程內容結構

主題	主要內容
導論：直面生死與生死學	直面現代人的生死困惑；現代生死學及其基本精神；從生死學中可以學到什麼；從生死學中學不到什麼；以什麼態度對待生死學；西湖邊無盡的生死智慧；「西湖生死學」如何談生論死
從蘇小小說生死學的大哉問	西湖邊的紅顏們；蘇小小的生死之愛；西湖邊的蘇小小墓；蘇小小生命的文化建構；生死感通中的蘇小小；現代生死學的大哉問；個體生命誕生的事實意味；個體生命誕生的想像意味；個體生命死亡的認知型態；死亡是一堵牆還是一扇門；生活就是用愛去成就生命
從林和靖說生死歷程與自然	西湖孤山景區的締造者；林和靖昭示的生死學話題；人生的自然及其實現；好死的組成要素；判斷好死的標準；《聯合國老年人原則》
從馮小青說生死命運與自殺	生命的演繹：悲劇人生的宿命迴響；人文的演繹：西湖岸邊的憂怨紅顏；自殺人生的文化反思；自殺與抑鬱症；從心理學的角度解釋自殺行為；從社會學的角度解釋自殺行為；關於自殺的道德性的宗教觀點；關於自殺的錯誤認識和事實；年輕人的自殺危險信號；碰到自殺危機如何做
從白居易說生死困頓與超越	西湖文化代言人白居易；白居易的父母與子女；現代科技與生育倫理：墮胎與優生；現代科技與生育倫理：代孕與複製人；白居易與〈長恨歌〉；白居易與湘靈的淒婉愛情；愛情的精神性及其生命意涵；愛情的德性及愛情生活的創造；人生痛苦及其超越；「中隱」與「閒適」的生命精神

主題	主要內容
從蘇軾說生死體驗與態度	蘇軾與詩意西湖締造者；蘇軾的人生地圖與人生精神；婚姻與家庭：生死之愛的多種樣子；好死與死亡準備：止於不可不止；現代醫學背景下的死亡準備；生前預囑與預立遺囑；安寧療護與臨終關懷
從秋瑾說生死傳播與傳承	秋瑾之生；秋瑾之死的創痛；秋瑾就義後的死亡報導；媒介對死亡的解構與建構；秋瑾十葬；喪葬儀式的生命意涵；喪葬儀式的生命教育意義
從岳飛說生死情懷與祭祀	「西湖三傑」與岳飛的英雄人格；岳飛的人生悲劇及〈滿江紅〉的悲劇精神；從岳飛廟看中國祭祀文化的生命意義；祭祀文化的生命意義
從弘一法師說生死超越與信仰	絢爛一生李叔同；律宗大師弘一法師；弘一法師的生死學；主要宗教的生死學（佛教：生命的輪轉觀；道教：生命的優質觀；基督教：生命的原罪觀；伊斯蘭教：生命的代理觀）
從馬一浮說生死哲學與智慧	今世顏子與一代儒宗；傳統文化的生命精神；馬一浮的晚年生活與死亡超越；復性書院與儒學生命教育；死亡恐懼與哲學式的死亡理想；中國傳統哲學生死智慧（道家的生死智慧、法家的生死智慧、墨家的生死智慧、儒家的生死智慧）
結語：西湖邊的名人墓	三面環山、層巒疊翠的西湖之濱，成了歷代名士的最後歸宿，留下了他們的長眠之處。這墳、墓、碑、塔，加上亭、臺、樓、閣，又構成了西湖自然景觀之外的人文景觀

　　「西湖生死學」作為一門課程，只能從有限的幾位西湖歷史人物的生死故事中，展現基於現代生死學視野的生死智慧，只是為大家打開一扇了解西湖人文和生死智慧的窗，而更有待於學習者親自去西湖領略這些長眠於此的歷代人物帶給我們的生死智慧！

作者介紹

　　何仁富，男，四川平昌人，清華大學哲學博士，浙江傳媒學院馬克思主義學院教授，生命學與生命教育研究所所長，浙江省教學名師。主要從事現代新儒家唐君毅、生命教育、儒家倫理的研究，曾出版《生命教育十五講》、《生命教育的思與行》、《準備與道別》、《道德與生命》等專著十餘部，主編大陸簡體字版《唐君毅全集》（39卷）。創設「海峽兩岸大學生命教育高峰論壇」，兼任中國陶行知研究會生命教育專委會副理事長，浙江省儒學學會常務理事。

12 體驗式與活動式生命教育的教學實踐探索

汪麗華

浙江傳媒學院生命學與生命教育研究所教授
浙江傳媒學院大學生心理健康與生命教育中心創設主任

在浙江傳媒學院的生命教育教學實踐中，我主要的課程是在「大學生心理健康教育」中開展融入式生命教育，並主編了《大學生心理健康與生命教育》教材。同時，還獨自創設了一門獨特的結合音樂、生命教育、團體輔導、體驗活動等設計的一門體驗式生命教育課程「德音雅樂與生命教育」，並主要負責設計和實施了我們在監獄的生命教育教學實踐。總體來說，體驗和團體活動，是我開展生命教育教學的主要特色。

壹、「德音雅樂與生命教育」課程的教學設計與實踐

一、課堂設計理念

「德音雅樂與生命教育」課程的教學目的和要求是，透過對精心挑選的德音雅樂的學、唱、舞，以及對其所蘊涵的生命教育意義的分享，讓學生在學習、理解和體驗每首歌曲所意蘊的對生命的熱愛、敬畏、尊重、欣賞、感恩等基礎上，學會和自己好、和他人好、和自然好，進而提升個人生命的品質，實現生命的飛躍與成長。

作為體驗式生命教育課程，本課程的課堂採取團體輔導活動方式進行。第一堂課為專門的團隊建設課。目的是透過團體活動的開展，促進團體成員之間的相互認識與信任，形成開放式的溫馨團體，增強團體自身的動力，實現生命的成長。此團隊一旦建成，將維持到本門課程結束。每次上課的分享過程，都將以小組為基本單位進行分享，然後再由小組代表在班級團體公開分享。

二、手語歌曲選擇

作為生命教育課，本門課程選擇的音樂作品依據四個方面的標準：一是易於學唱；二是歌詞的意涵比較積極，能夠體現生命教育的理念，彰顯正向價值觀、積極人生觀，以及體現人與人之間的愛，此即所謂「德音雅樂」；三是學生可以學習的手語舞；四是符合教師設計該課程所要強調的生命教育主題。

基於我們對生命教育的「身心靈全人健康」目標的理解，我們特別強調生命教育者的情感激發和智慧引領。情感激發中又特別強調最為天然的親情的自覺，以親情柔化每一個人的內心，再將此情推及至他人和天下萬物。這是一種基於儒家以孝親培養人之生命人格的學習路徑。同時，我們也強調個體自我對生命的智慧理解，懂得從關係中認識自我的價值，懂得不斷自我超越實現生命意義。

按照上述理念，我們將本門課程設計為以下幾個大的專題，並分別選擇合適的歌曲：

1. 生命之歌。選擇《生命之河》、《感恩的心》兩首手語歌，體驗生命的偶然，接納生命中所發生的所有喜怒哀樂，珍惜生命，積極生活。

2. 欣賞自我生命。選擇《我真的很不錯》，並進行自信心冥想活動和團體體驗活動，促進成員樹立自信心，接納自我，欣賞生命。

3. 我們是一家人。選擇《相親相愛一家人》，並進行和諧人際的體驗

活動，懂得欣賞他人生命的美好，構建和諧的人際關係，實現自我生命的擴展。

4. 感念親恩。選擇《好一個乖寶寶》、《跪羊圖》兩首手語歌，並進行親密關係喪失的體驗活動，檢視自己的孝心和行為，懂得感念親恩，孝敬父母。

5. 超越生命。選擇《從頭再來》、《怒放的生命》兩首手語歌，並進行挫折體驗繪畫活動，促進成員學會積極面對挫折，提高逆商（adversity quotient, AQ）。

6. 感恩一切。選擇《感恩一切》、《讓愛傳出去》兩首手語歌，並進行「心心相印」折紙和內心對話體驗活動，激發成員感恩之心，促進成員積極爭做「新三好學生」（和自己好、和他人好、和自然好），用日常生活中的言行把愛傳出去。

對於每一首歌曲，在教學過程中都按照學、唱、舞的順序，先教導學生會唱、會手語舞，並以小組或班級方式展示呈現，然後老師或由同學自己分析歌曲歌詞所蘊涵的生命教育意義。在此基礎上，老師再帶領學生做相應的生命體驗活動，並由學生分享體驗活動的經驗與感受。最後，老師分享自己的生命經驗或者恰當的生命故事，以提升該專題歌曲所呈現的生命意義。

三、體驗活動設計

本課程的基本結構是由 10 首左右的手語歌曲串聯起來的，但是在每一個專題的教學環節中，則主要是靠體驗性活動將外在與內在、經驗與理論、音樂與道理、身體與心靈、個體與他人、自我與宇宙等結合起來，並實現學生生命的體驗性成長。因此每個專題的體驗性活動設計和引導，是本課程成功的核心環節。

體驗性活動需要每一個學生都參與，並在小組分享經驗，再由代表在全班分享。不少體驗性活動需要相應的材料，這些材料都需要老師提前準

備好帶到教室。

在「生命之歌」專題，設計了「畫我人生」或「折我人生」體驗活動。

在「欣賞自我生命」專題，設計了自信心訓練活動「王婆賣瓜自賣自誇」、「『活在當下』生命時鐘」體驗活動》。在「我們是一家人」專題，設計了和諧人際活動單「起來，請起來」、「戴高帽子」、「無家可歸」、「同舟共濟」等。在「感念親恩」專題設計了「親密關係喪失」體驗活動，並安排了「種苜蓿寶寶」課後生命體驗活動。在「超越生命」專題，設計了「挫折體驗」繪畫活動。在「感恩一切」專題，設計了「心心相印」折紙和內心對話體驗活動，「感恩與期盼」祈願活動，以及「讓愛傳出去」星星之火活動。

在最後一堂課「收穫與成長」中，由於一學期成員之間的充分開放、親密接觸與團體分享，每個生命在團體的支持下都獲得了充分地成長；在課程即將結束時，需要對成員的分離情緒進行專門地處理，一是透過對課程內容的回顧，抒發出各自的感恩與感慨；二是能量朗讀和生命能量卡派送；三是透過「織網」體驗活動進行分離情緒的處理。

四、學生感悟與體驗

本課程是體驗性生命教育課程，考試重點不在理論或知識，而在學生的個性化生命成長。因此本課程期末考試沒有安排論文或者其他考試題目，而是以撰寫不少於 1,500 字學習總結報告的方式，讓學生提交個性化生命化的成長報告，並從中體察和了解學生的學習收穫與生命成長狀況。

從回收的學習總結報告來看，課程的教學目標得到了充分實現。學生對課程和教學的評價，甚至超過了老師設計該門課程的預期。比如：

> 「這是我在所有科目中最投入感情的一門課程。在其他的課程上，我或許有打瞌睡，有玩手機，有走神，但在這門課，我更多的只有是感情的聆聽和感情的投入，偶爾一句話能戳中我的心扉，讓我想留下眼淚來，一次次感恩的教育，讓我不再想抱怨這

個世界而更多的是感激，感恩一切我所擁有的，感恩我能幸福的生活在這個世上。在這兒，我第一次這麼快的認識了這麼多同學並能友善的相處，在這兒，我第一次能如此親暱的叫一個人的小名，在這兒，我第一次上課上得這麼生動有趣，在這兒，有了我太多的第一次感受，這個團體雖小，時間雖短，卻被愛緊緊包圍。我也選過好幾門別的選修課，但這門課卻讓我最為記憶深刻，可能這輩子也不會忘記，我從沒在選修課上結識這麼多朋友，可以更直接的說應該是一個都不會有，大家上課就像完成任務一樣，完成就走根本不會有什麼交流，最多混個臉熟，可在這兒，我們不僅和組裡的組員熟悉了，也和班裡的同學熟悉了，汪汪老師時刻擺在臉上的笑容讓我覺得，上課不再是那麼生冷，而是溫暖。」（坨坨）

「最讓我心靈震撼的應該就是感恩父母那個單元，第一節課汪汪止不住的眼淚讓在場的每個同學都看的心裡酸酸的。誰沒有父母，但不是誰都感恩孝敬了父母。以前有時候，我也常常覺得爸爸媽媽怎麼那麼煩，我都那麼大了，為什麼不讓我自由的想幹什麼就幹什麼，還要管這管那的，但是爸爸的一句『我們就你那麼一個女兒，養那麼大，怎麼能讓你有半點閃失』，每次這個時候，我總是眼眶燙燙的，說不出一句話，只是乖乖聽爸爸媽媽的，畢竟父母是這個世界上最不會害我的人。而且父母要的真的不多，有時候小小的一句問候，一聲暖心的話，都會讓爸爸媽媽感動很久，這就是父母，無私，無求。」（超超）

「在德音雅樂課上，除了學到一些做人的道理外，還有就是找回了自信，大聲說話、大聲唱歌、大力舞動的自信。我真的很不錯，真的很不錯，我是真的真的真的很不錯！也許曾經覺得別人比自己強，比自己家境好，比自己長得好，但現在想來，那都不算什麼，畢竟我也有令別人羨慕的地方，我也有我成功的點，

這就夠了。」（超超）

「在我心目中，汪老師算得上是我十幾年求學道路上最偉大也最令人敬重的老師了。在傳遞知識的時候她是老師，在一起做遊戲分享人生經歷、聆聽人生感悟的時候她像個朋友，在傳遞奉獻溫暖與愛的時候她又變成了媽媽。她善待她身邊的每一個人，甚至是她養育的植物，她都當成是自己的親生孩子一般，很用心地呵護。而且她從不只是口頭向我們講述那些充滿『愛』的大道理，卻總是身體力行地投入到實踐中去。」（螞蟻）

「德音雅樂這個課程真的很值得推廣，它有一種無法言說的魅力。我跟室友們分享我們課堂上的樂趣，各種多彩的小遊戲，包括折我人生、種苜蓿寶寶等體驗活動，總是能讓她們嚮往不已。這個課堂不僅讓我們在學習中收穫，更讓我們在快樂中成長，讓我們在感受愛的同時，也把更多的愛傳遞出去。在最後一堂課中，我選取的能量卡上寫著『在我心中充滿了無限的愛』，我相信這張卡片我一定能好好珍藏，無論順境還是逆境都拿出來看看，愉悅時告訴自己，愛的力量是偉大的，要讓更多的人感受到愛；失意時告訴自己，我的心中還有愛，沒有什麼過不去的坎。感恩汪汪、陽陽、同學們這幾個月以來的支援與陪伴，我相信課程的結束不是我們親密關係的結束，希望我們都能沐浴著愛，願愛永駐你們心田！」（小包子）

每一份作業都是滿滿的愛！是對課程的愛，對老師的愛，對父母的愛，對世界的愛，更是對每一個人自己生命的愛！這份愛，讓我作為老師感動，讓參與課程的所有學生感動。正因為這樣，我願意將這份感動進一步撥動起來，在這裡分享這門課程的一些經驗，希望「讓愛傳出去」，讓更多的生命受到鼓舞。

五、老師教學體驗

作為「德音雅樂與生命教育」課程的開發者和主講教師，有幾點教學感悟。

首先，生命教育特別強調「以生命影響生命，以生命感動生命」的身教方式，強調教師以一個真實的、開放的生命面對學生，並以此啟發學生也能夠以真實開放的生命自我呈現，如此達到生命的相互碰撞和影響。這就需要老師本身的生命必須盡可能身心全開放，展現真性情，不僅做「經師」，更要做「人師」。因此擁有開放、真實而性情化性格特徵的老師，更適合教授這門課程。

其次，由於該門課的教學內容主要以手語歌為載體，透過手語歌的學唱，手語舞的學習、表演來詮釋生命教育的相關內容，這就需要任課老師本人對肢體語言的運用有信心並願意潛心學習，同時能在課堂上大膽自如地表演。只有教師自身用自己的肢體語言投入到教學中，學生才能在教師身體力行的帶動下，開放自己的肢體，很快融入學習中，並增強自己學習手語舞的信心。雖然教師也擁有影片手語學習資源等，但如果直接透過播放影片要求學生學習而教師不親自表演，教師對學習的態度必然會對學生產生消極的示範效果。

第三，體驗活動與課堂分享，是這門課程帶領學生深入走進自己內心精神世界的關鍵環節，老師如果能將自己也作為團體的一員，以永續成長之心開放自己，並樂於與學生分享，學生會受到老師真性情的感染，更能打開心門，讓分享課變成會心課，師生獲得的生命感悟將會更多、更生動。以筆者自己的教學實踐，指定給學生的作業，筆者會自己也做一份，並在分享課上帶頭與學生分享，這樣產生的效果非常好。

最後，該門課程在設計時，教師除了需要在開課前完全熟悉所要教授的手語歌、手語舞外，各種體驗活動都需要準備豐富的材料，從選材、購材，到課前悉心地準備、分裝等，都需要教師用心細緻做到，以保證每堂

課的順利進行，如果有遺忘或缺失，會給教學留下許多遺憾，甚至難以順利進行下去，同時也會給學生帶來負面影響。

　　總之，「德音雅樂與生命教育」課程，作為主講老師經過近十年從事大學生心理健康教育、心理諮詢和生命教育、生命輔導的經驗總結與提升而創新性開設的生命教育課程，最重要的感悟是：上好這門課的關鍵，是主講老師自己必須有個美好的生命，從我做起，內心崇尚真、善、美、聖，尊重生命、熱愛生命、讚美生命，並有超越生命的勇氣與力量，在此基礎上，以生命影響生命、以生命感動生命、以生命引領生命，如此，在團體動力的帶動下，必然會使全體成員獲得生命的共同成長。

貳、「會心生命成長營」監獄生命教育的理念與實踐

　　監獄是一所特殊學校。對於大多數大學老師和學生來說，那裡都是神秘的、陌生的，甚至是無關的地方。但是浙江傳媒學院的生命教育團隊卻與監獄結緣，並組織師生團隊與監獄的警員和受刑人「打成一片」，在幫助受刑人的同時也成就自己的生命。

一、課程設計

　　經充分醞釀，浙江傳媒學院馬克思主義學院組建了以何仁富教授為負責人的 BJ 監獄生命教育團隊，成員包括何仁富、汪麗華、馬九福、張方圓、王國雨。這樣的團隊組建，既考慮到生命教育的經驗和理論積累，也考慮到不同學科的交叉與結合，還考慮到老師的教學能力和服務熱情。為了充分體現生命教育的「以生命影響生命、以生命感動生命、以生命陪伴生命」的宗旨，課程採取了體驗成長營的方式，成長營的主題被定位為「愛與生命」。

成長營主題：愛與生命

參加人員：學員團體 35 人，教師團體 5 人。

授課形式：講授、團體輔導、小組討論與分享、班級分享。

組織結構：營長、副營長各 1 位，並將成長營全體成員按照 7+1
　　　　　模式組成成長小組（5 個小組，每個小組 7 位學員、1 位教師
　　　　　作為該組的輔導員，現場隨機分組）。

時間：全程兩個半月，每期 10 週共 20 個小時，每週一堂課 120
　　　分鐘。

成長營條件：(1)能容納成長營全體成員的多媒體教室一間，活動
　　　　　桌椅，便於進行體驗活動、小組討論與分享；(2)成長營集體
　　　　　學習過程中，在保證人生安全的情況下，要求成長營以外的
　　　　　人員離開教室，便於學員的生命開放，提高學習效率，促進
　　　　　學員真實生命的成長。

二、課程實施

　　第一堂課由擅長團體輔導的汪麗華老師主持。經過一系列的熱身活動，
消除了學員之間以及老師和學員之間的「恐懼心理」和「隔閡」，開始了
生命與生命的碰撞。經過分組、討論、設計，最後 35 位學員分成了 5 個小
組，5 位老師也分別抽到 1 個小組，由此，40 個人組成 5 個生命成長小組，
開始一個學期的課程。每個小組自己擬定了組名、組歌、學習口號，每個
組員都有自己在班上的「小名」。

　　5 個小組的小組名分別是：心的凝聚組、淡定組、白鷺組、中華最強
組、五湖四海組。5 個組的口號分別是：團結就是力量；淡定的人生不生
氣；撸起袖子加油幹；愛我中華，強強強；好好學習，天天向上。5 個組的
組歌分別是：《團結就是力量》、《感恩的心》、《世上只有媽媽好》、
《五星紅旗》、《團結就是力量》。

最後還進行了「團體契約宣誓儀式」，增強團體成員的集體意識，並為在團體裡開放自己做好安全的思想準備，大家聲音洪亮、語氣堅定地完成了宣誓儀式。課程結束後，何老師告知學員們，我們為大家準備了兩本小書：《弟子規》和《了凡四訓》送給每位學員，何老師簡明扼要地介紹了兩本書的內容，並分享了推薦大家讀這兩本書的學習目的，希望大家能夠透過讀書學習獲得生命的成長。

此後的課程，每個老師便按照預先的課程安排，輪流主講，分別輔導。每次上課，5位元老師都會進入到自己所在的學員小組，與他們一起參加體驗活動，一起討論問題，一起分享生命故事，儼然是一個沒有「師生分別」的學習小組。

在第一堂課後，汪老師就及時撰寫了「教學日記」，以記錄、梳理和反思當日的教學內容、教學過程和教學回饋，由此開了一個好頭，之後，每位老師都撰寫了教學日記，使得本學期的教學活動處在一種完全「自覺」的狀態！閱讀這些教學日記，當日的教學場景便似乎歷歷在目。

其後的每一堂課，每一位主講老師都精心備課，精彩講課，從面對挫折、反思過惡、體驗親情、調整情緒、直面困頓、創造價值，直到最後做一個愛的傳遞者，內容環環相扣、層層遞進，課堂上精彩不斷。整個學期的課程，圍繞「愛與生命」的主題，設計了十個不同的教學專題，包括體悟仁愛，感悟生命；正視磨難，珍惜生命；命自我作，修養生命；返本報始，充養生命；體驗親情，覺察生命；彰顯親情，發現生命；管理情緒，悅納生命；轉危為機，成長生命；發揮用處，成就生命；感恩一切，傳承生命。

三、親情幫教

讓親人參與監獄受刑人的幫教（編注：指幫助和教育）活動，在不同監獄也多有推行。這樣的幫教形式，確實可以將親情作為一種重要的教育力量，激發起受刑人改過自新的勇氣和決心。但是浙江傳媒學院BJ監獄生

命教育團隊的親情幫教活動，則別具一格，不管是在內容上還是形式上都有很大的創新。

　　考慮到受刑人特殊的生命境遇和認識水準，生命教育課程特別注重情感教育的融入，尤其是親情孝道教育的融入。整個生命教育課程 10 堂課，有 3 堂是圍繞這一主題進行的。首先是「講理」，基於中國傳統文化的孝道內容和精神，讓學員在「理」上明白，自己所犯過錯不僅觸犯國家法律，同時也傷害了親人，未能盡人倫之道，便是未能充分盡自己的人生責任；其次上「動情」，透過各種體驗活動和老師自己切身體驗的分享，激發學員內在的生命情感，同時安排每一位學員完成一份作業：給自己最想念的親人寫一封信。有了這兩堂課在「理」和「情」上的鋪陳，就為接下來的親情幫教見面會打下了堅實的情感基礎。

　　經過一段時間的籌備，「我的親人我的愛」親情作業分享課暨親情幫教見面會拉開序幕。趕來監獄參加見面會的親人坐在教室中間特別安排的座位上，課程一開始，是全體學員在老師的帶領下，面向親人表演手語歌曲《好一個乖寶寶》和《跪羊圖》，在表演《跪羊圖》的最後，老師和學員伴著音樂一起向親人跪下。一剎那，整個教室，不管是老師還是學員，不管是警員還是親人，都已經禁不住淚流滿面。接下來，汪老師主持作業分享和親人見面，每一位來了親人的學員首先面向親人誦讀自己寫好的信，然後再將家人請上臺，老師透過提問的方式，讓親人互動起來，互相傾訴心聲，表達關愛和給予鼓勵，然後讓親人們肢體可以接觸。在這個過程中，一幕又一幕的母子、父子、夫妻相擁而泣，讓人感動不已。親情連接生命，感動天地！

　　這是一堂極為特殊的監獄親屬幫教活動課程，也是極為特殊的一堂生命教育課。整整一個上午，幾乎所有在現場的人員、學員、家屬、老師、警員，都是在不斷淚流中度過的。感動充滿了整個課堂！最後是家屬和學員到另外的教室見面，其他學員則留下繼續分享。

四、生命之歌會演

按照教學計畫，我們的課程總共 10 堂，最後一堂課是由汪老師主持的「把愛傳出去」。在此之前，經汪老師提議，我們決定在最後一堂課送給每位學員一份小禮物。在一週內，課程組老師精心準備禮物，並認真撰寫祝福卡，以此表達了對學員們真誠的生命之愛！

課堂上的課程儘管結束了，但課堂下的課程卻未能結束。由於監獄方提出，希望我們能夠有一場音樂演出，課程就從課堂內延伸到了課堂外，接下來的幾個星期一，老師團隊以及組建的學生團隊，都到監獄繼續授課，教學員們學習手語舞，幫助他們進行節目編排。

浙江傳媒學院生命教育團隊的老師在開展面向受刑人的生命教育課程時，遵循中國古代教育的基本原則，即「禮教」與「樂教」合一，實施「禮樂教化」。禮的教育是讓學員透過了解、理解、領悟人與人之間、人與社會之間以至於人與自然萬物之間所具有的規律、規則，學會依照「禮」也就是規矩行事；樂的教育則在於讓學員體悟、感受到人內在身心、人與他人以及人與社會和天地萬物之間的和諧圓滿。禮重秩序，樂重和諧，兩者兼顧，生命就可以怡然自得。

手語歌曲的學唱，便是生命教育課程每次的必修內容。透過學習相關的手語歌曲，在領會歌詞意境、意義的同時，透過身體動作的展示，可以開放性情、開放生命，促進彼此的相融。為了將學員們的學習成果集中展示，也為了讓更多受刑人從參加生命教育課程的學員身上看到生命的成長，「以生命影響生命」，教學團隊和監獄方聯合組織編排了「生命之歌」文藝會演。教授生命教育課程的老師，並非藝術類專業老師，加之監獄方的客觀條件（舞臺和設備缺乏）和主觀條件（管理的特殊性），因此組織、策劃這樣一個晚會，還是非常有挑戰性的。老師們不僅自己親自上場，也組織了學校的學生資源協助排練，最後的演出相當成功！

整場演出共 10 個節目，5 個學習小組各 1 個、老師團隊 1 個、BJ監獄

警員 1 個、浙江傳媒學院學生 3 個（包括播音主持藝術學院、電視藝術學院提前準備的各 1 個，我們帶隊的社會實踐團隊學生準備的 1 個），主持人則由學校播音學院學生和監獄警員共同擔任。10 個節目及表演者和表演順序如下：

第一，手語歌曲：《感恩的心》（「愛與生命」會心生命成長營「白鷺」組學員）。

第二，表演唱歌曲：《回家的路》（「愛與生命」會心生命成長營「五湖四海」組學員）。

第三，生命故事會：生命中的美好存在（浙江傳媒學院播音主持藝術學院學生）。

第四，手語歌曲：《從頭再來》（「愛與生命」會心生命成長營「淡定」組學員）。

第五，情景劇：精神貴族（浙江傳媒學院電視藝術學院學生）。

第六，歌曲演唱：《怒放的生命》（BJ 監獄警員）。

第七，朗誦：他們說（浙江傳媒學院 BJ 監獄生命教育教師團隊）。

第八，手語歌曲：《跪羊圖》（「愛與生命」會心生命成長營「心的凝聚」組學員）。

第九，音樂歌曲：《明天更美好》（浙江傳媒學院學生社會實踐團隊）。

第十，手語歌曲：《相親相愛一家人》、《讓愛傳出去》（「愛與生命」會心生命成長營「中華最強」組學員）。

音樂演出主持人的串詞由何仁富老師撰寫。老師團隊的節目創意和編排都來自汪麗華老師，從學員撰寫的「我的親人我的愛」中找出 5 篇有代表性的朗誦，冠以「他們說」的節目名稱，以呈現學員們真實的學習成果。節目的前言和結語由何仁富老師撰寫，主要彰顯生命教育的根本理念。前言中寫到：「生命是條河，是一條由愛匯聚成的生命之河。生命教育親情分享課，是他們和親人們昇華出的愛的傑作。那一句句發自肺腑的愛的表

達，是他們內心對親人們最真的愛、最濃的情！讓我們聽他們說！」結語是：「人間的結合，最高的是愛的結合。身在囹圄的他們，用他們的心，說出了他們對過去人生的懺悔，也說出了他們對未來人生的期盼，更說出了他們對親人的愛。他們對愛的表達和渴望足以表明：他們都是在向好，他們都可以變好，這個世界也終將變好！」

五、用心呈現生命影響

隨著音樂演出的結束，本期生命教育課程終於結束了。原計畫 10 週的課程，多了四個星期。生命教育的老師們常常掛在嘴邊的一句話是「以生命影響生命」，老師們這樣說，也是在這樣做，他們不僅用知識、智慧、體驗教這些受刑人，更是用心、用行動、用自己的生命熱情在感動、激發、引領這些學員。用他們的話說，生命教育老師不僅要做「經師」，更要做「人師」。老師們為了上好這門面對特殊物件的特殊課程，不僅整個課程規劃、課程形式反覆討論、修改，每一講的內容也是反覆討論、反覆修改。即使這樣，每次上完課後，老師們的第一件事，便是討論這一堂課的成功和不足，同時撰寫完整的教學反思日記。10 堂課下來，教學日記就是好幾萬字。

為了充分展現「愛與生命」的課程主題，老師們不僅將「愛」展現在課程中，還落實在關懷上。在最後一堂課時，老師們為 35 位學員準備了精緻特別的禮物，除了經過監獄方面認可的蘋果、巧克力等食品外，還特地為每位學員準備了一張祝福卡，每張祝福卡上都有老師為各自小組成員所撰寫的祝福語。

老師們辛苦而真誠的付出，也獲得學員們的真心感謝。在回答「本次課程中，你印象最深和最感動的內容是什麼？」時，學員們列舉了如下內容：對自身的認識和愛的傳遞、幫教活動、讓愛傳出去，同時強調：「老師們的幫助及對於每一位學員的問候，深知心裡」、「老師們對每一名學員都很用心，這讓我很感動」、「最感動的是，老師的真誠，沒有歧視」、

「在本次課程中，讓我懂得感恩，學會感恩，讓愛灑滿人間……」。

一位學員主動寫了一份課程感悟，其中寫到：

生命健康教育開課以來，參加學習的學員都有一種感受很深、收穫實在的喜悅之情，把上課視為減壓、減負、釋放心靈、調整心態、認識自我、學習知識、接受正能量的加油站。課堂上積極發言，認真聽講，監室裡主動交流，分享收穫。正視磨難，熱愛生活，積極向上的改造之風已經形成。

課堂中經驗豐富的老教授引領大家敞開心扉，開啟封固依舊的內心世界，吐露了心聲，宣洩了壓抑許久的情感；說出了困惑，放下了包袱；放下包袱，找回了自己。大家一身輕鬆地回到生產現場，讓勞動的汗水滋養重塑新生的種子。

教學中，教師們細心啟發，以身示教，設置了豐富多彩的教學環節，讓大家全身心地投入到活動中，透過學習，透過剖析，透過案例，大家直視今天的痛與苦，明白了只有從自己身上找原因，把今天的罪視為自己昨天的錯，不再在外界找藉口、找原因，正視磨難，找準目標才能識過，才能改過，才能自新。

透過學習，大家提高了認識，增長了與困難、與自身惡習進行搏鬥的信心和勇氣。尤其是監獄透過各監區的教育影片設備讓全體學員共同收看相關學習資料，擴大了課堂，延續了學習，豐富了教學內容，普及了生命健康教育，打好了主動改過的基礎。

現在大家的心聲是：首先要認識羞恥心，要誠於認罪，誠於悔罪，真誠改過。其次，要認識敬畏心，對道德、法律的敬畏，不應停留在口頭上、言語中，而是要貫穿在生活中，體現在行動上，落實到沒有監視設備的內心裡。第三，要認識勇心，面對自己的罪行要知恥而後勇，要立刻改，要立即改，要堅決改，要振作起來，找回信心，勇往直前；要讓生產線上不斷提升的個人產量、監區的總體產值，真實地反映出一個重塑的新我。

創新與傳承：大學生命教育課程規劃與教學實務

作者介紹

　　汪麗華，女，1963 年生，四川人，浙江傳媒學院馬克思主義學院教授，二級心理諮詢師，大學生心理健康與生命教育中心創設主任。主要從事心理健康教育、生命教育的研究與教學。曾出版《身心靈全人生命教育》、《愛，從生命裡流出》、《愛與生死》等著作，開發《德音雅樂與生命教育》特色生命教育課程，策劃在監獄的生命教育課程。榮獲浙江省「三八紅旗手」，宋慶齡基金會「生命彩虹優秀個人」。

13 影像中的生死學：以電影《活著》為例

陸曉婭

新聞人／心理人／教育人／公益人

　　2012 年～2017 年，我在北京師範大學開設了公共選修課（編注：相當於臺灣的通識教育課程，是所有學生都可以選的課）「影像中的生死學」。課程申報之時，曾有人建議我改成「影像與生命教育」，但我堅持了自己的想法，因為我覺得「生命教育」這樣的名稱可能會讓學生敬而遠之，覺得又是被灌輸一堆「珍惜生命」的道理；同時，我也想打破禁忌，透過課程名稱就讓學生做好心理準備：這個課我們不會迴避死亡哦！

　　用電影進行教學並非我首創，中外很多老師都在用電影進行教學。有趣的是，我在備課中發現，電影中的死亡劇情比比皆是，相反地沒有死亡的電影倒是十分少見，甚至連動畫片都是如此。

　　但是，電影與死亡的關係是複雜的。一方面，電影透過直觀逼真的畫面，解構了死亡的神秘與神聖，將死亡變成了一個觀看的對象、消費的對象；另一方面，電影也呈現出死亡的多樣性和複雜性，大大豐富了我們對於死亡的認識。一些被稱為「電影思想家」的著名導演，如伯格曼、黑澤明、阿巴斯等，都以死亡為主題拍過電影。

　　我想，用電影做為教學媒介，避免了空洞的說教，同時電影藝術表達的豐富性與解讀的多種可能性，也能激發學生更多的感受和更多的思考：終有一死的我們，活著究竟有何意義？怎樣才能戰勝死亡恐懼？面對死亡，人們為什麼會有不同的反應，會做出不同的選擇⋯⋯

我每學期都會圍繞著生死學的一些重要議題，選擇十部左右的電影進行教學（每學期的電影會有一、兩部不同）。為了能將學生從觀看電影、引發感受，帶入到深入思考、討論分享當中，每個單元我都精心設計了不同的教學方式，為的是讓學生們不僅能在課堂上高度參與，產生思想的碰撞，還能讓學習真正延伸到課後[1]。令我興奮的是，每次課後都會有學生主動將上課的收穫與困惑寫成文字，我還會把這些文字彙集起來，再加上我寫的回應發給所有學生。

　　這樣的課程對學生有何影響呢？有學生說：「我不知道這一學期的課對我來說產生了多大影響，我知道的只是，在此之前我遇到的老師完全是以解決問題為己任的，從來沒有哪個老師會這樣，一邊兒帶著我解決問題，一邊兒又狠狠地推著我往前走，去面對更多的問題。」還有同學說：「深思生命的有限性是一種建設性的行為，一個人不僅存活於生命歷程中，也可以透過自己的價值觀和行為舉動將生命傳遞下去。當我們真正領會人類的處境，我們不但可以細心品味人生每一個獨一無二的當下，享受踏實的喜悅，也可以培養我們對自己和全人類的悲憫。」

　　以下就以電影《活著》為例，和大家分享我其中一個單元的教學。這個單元的名稱是「歷史課：荒誕歲月中的死與生」。

　　之所以選擇張藝謀導演的《活著》做為教學影片，是因為它在一定程度上反映了傳統中國人的生命觀，同時帶出了生死學中一個重要卻常被忽略的概念——「社會生死」[2]。

　　我讓學生上課前提前看了整部電影。在課堂上，我將剪輯好的片段打亂順序，分為「活著」與「死亡」兩個部分，在課程的不同階段播放。為什麼學生已看過整部電影，還要在課堂上播放片段？為的是重新啟動其觀

1　我的教學過程可以參考我所寫的《影像中的生死課》（北京師範大學出版社，2016年）一書。

2　「社會生死」是胡宜安在《現代生死學導論》一書中提出的概念。所謂社會生死，一是指生死的意義已超出個體而具有社會性；二是指生死關聯與對抗不是以個體形式展開，而是以社會形式展開。本文中涉及到的社會生死，包括這兩者。

影感受，這樣更容易創造出討論氛圍。我先播放了兩個電影片段，兩個不同歷史時期、不同情境的片段，卻響著同一個聲音：「活下去！」

第一個片段：解放戰爭的戰場。

天空中紅色的霞光，似乎暗示著一個血色的黎明到來了，鏡頭下拉，大地上不是生機盎然的田野，而是剛剛寂靜下來的戰場。福貴和春生從戰壕中醒來，看到的卻是成千上萬具的屍體，染著鮮血的紗布，還在晨風中微微飄蕩。

「這家裡人都不知道，就這樣死了？」福貴的話，透著震驚和恐懼，也不經意地傳達出中國人的死亡觀念。強烈的視覺衝擊讓春生馬上想到自己的處境：「福貴，咱們可得活著回去啊！」福貴的回應透出「浪子回頭」的覺醒：「回去可得好好活啊！」

第二個片段：文革中「走資派」春生夜訪福貴。

幽暗的街道，昏黃的街燈，福貴拒絕了「走資派」[3] 春生送來的存摺，告訴「不想活了」的他：「我知道你現在不好受，可是不管怎麼著也得熬著，也得受著。」春生慢慢走遠了，穿過糊著「打倒走資派」標語的牌樓，在貼滿大字報的街道上，顯得那麼孤單和無助。家珍衝著他的背影喊：「春生，你記著，你還欠我們家一條命呢，你得好好活著。」

春生慢慢地回過身來，望著黑夜中的福貴和家珍……

「活著」、「好好活」、「不想活也得活」，在這極為普通的字眼裡面，「活著」傳達了怎樣的意味？包含了什麼樣的生命觀？

小說家余華（2012，韓文版序）說：「作為一個詞語，『活著』，在我們中國語言裡充滿了力量。」

畫家陳丹青（2011）說：「中國人有自己的信仰：活下去最要緊，這

3　「走資派」是「走資本主義道路的當權派」之簡稱，最早出現在 1965 年 1 月毛澤東主持制定的中共中央檔《農村社會主義教育運動中目前提出的一些問題》中。文革中，以劉少奇為代表的各層領導幹部，大多數都被打成了「走資派」，受到揪鬥。

是很偉大的信仰。」

我問學生，結合電影裡的臺詞「不想活也得活」，你怎麼理解余華和陳丹青的話？

有學生說，活著就有希望，在鳳霞婚禮上大家唱歌，那是生活本真的東西，生命在，希望就在。有學生說，生活是碗粥，你得慢慢熬。有學生說，從電影中看到生命的彈性和力量。想到老舍一躍，對他來說，死比活著更輕鬆，但有些人咬牙活了下來。有學生說，活著不需要有理由，活著就是為了更好的生活，中國人信仰未來。有學生說，想到了《狼圖騰》。中國人是靠長城一樣的守護和鼠兔一樣的繁殖能力生存下來，儘管下一代受的罪不一定比上一代少，過得不一定比上一代更美好。有學生說，為了生存，不得不隱忍。有學生說，我不認為這樣活著就是勇氣，這是一種「發霉」的隱忍，這種隱忍智慧讓一個人自身及其社會環境永無止境地陷落。有學生說，那一代人可能沒有能力改變時代的碾壓，很無奈，我們這一代好了很多……

我用 PPT 展示了《呂氏春秋》中的一段話：

> 子華子曰：「全生為上，虧生次之，死次之，迫生為下。」故所謂尊生者，全生之謂。所謂全生者，六欲皆得其宜也。所謂虧生者，六欲分得其宜也。虧生則於其尊之者薄矣。其虧彌甚者也，其尊彌薄。所謂死者，無有所以知，復其未生也。所謂迫生者，六欲莫得其宜也，皆獲其所甚惡者。……迫生不若死。

然後，在黑板上畫出一條線段，「死」是生命的結束，設為「0」，那麼「全生」、「虧生」為正數，「不若死」的「迫生」，就是負數了。

電影中的福貴，還有在漫長歷史中的許多中國人，無疑都活在接近「0」的「虧生」，甚至是做為負數的「迫生」狀態，那麼讓我們繼續發問：他們為何還要頑強地活下去？

學者郭於華在考察了對中國人影響最大的儒、道、佛（中國化了的世俗佛教）之生命觀後發現，它們均肯定和強調生命的存在，因此她認為，中國文化傳統有執著於現實、執著於生命的特性，強調生的欲求（郭於華，1992）。

的確，我們的老祖宗這樣教導我們：

「天地之大德曰生。」（《周易·繫辭下》）

「未能事人，焉能事鬼。」「未知生，焉知死。」（《論語·先進》）

千百年來，老百姓們則用他們的語言說：「好死不如賴活著。」「寧在世上挨，不在土裡埋。」

接下來，我和學生繼續探索：中國人的重生觀念和行為，除了儒、道、佛的影響，還與什麼有關？如何評價中國人的重生？為什麼陳丹青會說「這是中國人最好的地方，也是中國人最不好的地方」？

有同學提出質疑：「難道只有中國人重生嗎？難道重生不好嗎？」有同學舉例回應：「還是有些不一樣吧？中國人尋找長生不老丹，西方人重視死後能否升入天堂，日本的武士道文化，宣揚的是生命應該像櫻花一樣燦爛地綻放，哪怕馬上就凋零。」有同學從死後推測：「中國是一個農耕民族，面朝黃土背朝天，相信死後像活著一樣受罪，所以害怕死，不想死。」有同學補充：「西方人透過宗教，對於死後的世界有一個嚮往，中國人卻不知道死後世界是怎樣的，所以恐懼死亡。」有同學認為，無論如何也要活下去，是因為對家庭、家族負有責任。活著，是想讓後代的日子更好，相信生命是螺旋式上升的，會向好的方向走。

學習心理學的同學說，可以用「習得性無助」[4]的概念，來理解活得那麼憋屈、那麼痛苦也要活下去的人們。對於他們來說，知道反抗也不會成

4　「習得性無助」是美國心理學家馬丁·塞利格曼（Martin E. P. Seligman）於 1967 年在研究動物時提出的，他用狗做了一項經典實驗，起初把狗關在籠子裡，只要蜂鳴器一響，就給予難受的電擊，狗關在籠子裡逃避不了電擊，多次實驗後，蜂鳴器一響，在給電擊前，先把籠門打開，此時狗非但不逃而是在電擊出現前就先倒在地開始呻吟和顫抖，本來可以主動地逃避卻絕望地等待痛苦的來臨，這就是習得性無助。

功，所以唯一的辦法就是活下去，哪怕仍然活得憋屈和痛苦。也有些同學提出了更尖銳的觀點：重生是不是就不能自由地面對死，連死的權利都沒有？中國人骨子裡是認命的，甚至都不相信自己有死亡的權利。

我給學生們提供了一個傳統文化以外的西方視角，即紐約大學教授詹姆斯・卡斯（James P. Carse）在《有限與無限的遊戲》（*Finite and Infinite Games*）一書中所說：「極端形式的束縛有時讓人以活著為代價換取進行比賽的機會——死亡，就是拒絕比賽。」「如果失敗者死亡，那麼死亡者也是失敗者」（馬小悟、余倩譯，2013，頁 28-29）。

從這樣一個角度看，眾多福貴們在無法掌控的殘酷命運中，仍然要頑強地活著，是不是也在表達一種對命運的不屈服？這是不是陳丹青所說的「這是中國人最好的地方」，也是余華所理解的「『活著』，在我們中國語言裡充滿了力量」？

然而，如詹姆斯・卡斯（馬小悟、余倩譯，2013，頁 29）所說的：「這裡存在一個矛盾：如果贏得有限遊戲的獎勵是生命，那麼參與者便沒有好好地活著。」這不免讓我們重新來正視這「沒有好好地活著」的「活著」，來思考若「活著」能幫中國老百姓取得比賽的勝利，他們希望贏得的是什麼？什麼樣的社會條件，才能創造「生命」與「生活」的同在？

福貴們也許不會說出一套理論，他們想要的，無非是安寧平靜的日子，但我們今天都知道，這安寧平靜的日子，是需要制度來保障的。只有在能保障人的權利與尊嚴的社會制度下，人才不需要以「活著」為代價來換取比賽的機會，人才能用踏實又豐富的「生活」讓「生命」變成一段有幸福感的旅程。

這「沒有好好地活著」的「活著」，固然表現了生命力的強韌，但為什麼陳丹青還說這「也是中國人最不好的地方」？

我與學生們分享了郭於華的觀點：人類個體和群體，從幼稚到成熟，從野蠻到文明，對於死亡的認識也是一個從拒絕到接受，從蒙昧到覺醒的過程。否認和迴避死亡，是原始意識和思維的殘留，而一味地求生避死，

難免造成「好死不如賴活著」的苟且人生和怯懦的國民性格（郭於華，1992，頁 184）。

　　郭於華列舉了一些現象，指出「求生避死」、缺乏超越精神的文化在中國人身上的種種表現，例如：多子多福的生育觀；重生命長度不重生命品質；求全保身、逆來順受、知命樂天、安時處順的民族心態；自私、巧滑又麻木的性情等。

　　我並不希望學生們一定認同這些觀點，也不期望大家達成一致的觀點，我帶著這些 90 後的學生們探索這「不想活也得活」背後的信念，是希望他們能擺脫麻木，讓有限的生命開出燦爛之花。這需要他們個人的努力，也需要有好的社會制度予以保障。

　　本單元的後半段我用另外兩個剪輯好的電影片段來開啟：

　　第一段是「有慶之死」，第二段是「鳳霞之死」。

　　在電影中，有慶死在瘋狂的「大躍進」中——雖然只是小學生，他也要到學校參加勞動。過度疲勞的有慶在校牆下睡著了，而同樣過度疲勞的縣長春生，開車撞到了牆，把有慶壓死了。

　　鳳霞，死在更加瘋狂的「文革」中。她到醫院生孩子，醫學院的學生無法應對大出血，急忙叫來被「打倒」的王大夫，但是在「牛棚」中吃不飽的王大夫一口氣吃了福貴買的七個饅頭，因為噎著了而無法搶救鳳霞。

　　福貴和家珍是這樣解釋兩個孩子的死因：

　　有慶死後，家珍說：「都是娘不好，娘要是把爹攔住就好了。」她還對春生說：「有慶是你害死的，你欠我家一條命。」

　　鳳霞死後，福貴說：「我要是少給王大夫買幾個饅頭就好了……」

　　有慶之死和鳳霞之死，似乎是偶然的意外，家珍和福貴也把責任攬在自己身上，似乎只要自己做了什麼或沒做什麼，死亡就不會發生。

　　我讓學生思考，這兩起死亡真正的原因是什麼？

　　在《安寧死亡權研究》一書中，我看到作者畫出的一個死亡譜系（溫靜芳，2009，頁 21）。這個譜系首先將死亡分為「自然死」和「非自然

死」兩大類。在「自然死」中，包含了「生理死」（老死）和「疾病死」兩個分類；在「非自然死」中，包含了「自殺死」、「他殺死」和「意外死」三個分類（如圖 1 所示）。

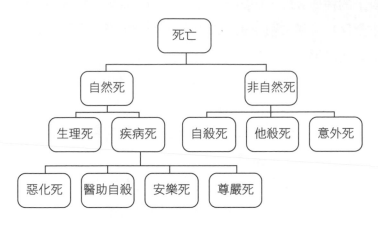

圖 1　死亡譜系

資料來源：溫靜芳（2009）

　　這個死亡譜系曾引起我長時間的思考，因為我發現有些死亡是非常複雜的，將其歸入這個譜系中的某個類型，可能會模糊了真實的死亡原因。我問學生，《活著》中的有慶和鳳霞之死亡該歸入哪一類呢？學生們立刻就意識到，如果將有慶的死亡歸入「意外死」、將鳳霞的死亡歸入「疾病死」，似乎就改變了死亡的性質，淡化了甚至消解了導致他們死亡的社會因素，把時代的悲劇變為了個人的悲劇。

　　由於電影提供了豐富的社會背景，學生們不難理解，看似偶然的死亡，其實有著必然；看似個體的死亡，其實是社會因素導致的。這不是個人的苦難，不是福貴、家珍個人的「命不好」，而是當時整個社會非理性的瘋狂狀態導致的死亡。

　　由於死亡都是每一個具體生命個體的死亡，因此在生死學書籍中，很少去探索因社會因素而導致的死亡，在我讀過的大量書籍中，只看到廣州

大學的胡宜安教授在《現代生死學導論》一書中，闢出專章，論述「社會生死」。對於「社會生死」，他是這樣定義的：所謂社會生死，一是指生死的意義已超出個體而具有社會性；二是指生死關聯與對抗不是以個體形式展開，而是以社會形式展開。

在這部著作的第五章「社會生死」中，作者說他取的是第二種含義，它表明的是：生死矛盾不再是存在於個體生命的內在，而是群體間的外在矛盾，是一部分人的生和一部分人的死之矛盾。但是就它最終未能克服死亡的必然性而言，這種社會生死對抗是不合理的、荒謬的。戰爭以暴力的形式出現，既是解決群體間生死對抗的方式，也是群體間生死對抗的一種極端形式；貧窮（包括饑荒）是現實中以「合理的」制度方式產生群體間不平等的生死；死刑則是以社會報復形式出現的極原始之群體間生死關係。這三種形式，都是對生命主體與尊嚴的剝奪（胡宜安，2009，頁181）。

雖說死亡總是指個體的死亡，但研究人類的死亡現象，僅有個體的視角、生物學的視角是不夠的。傅偉勳就曾在《死亡的尊嚴與生命的尊嚴》一書中提出了「集體死亡」（megadeath）的問題，認為核子戰爭的威脅、政治壓迫等，「這些都是死亡學的探討對象」（傅偉勳，2006，頁14）。前任哈佛大學校長凱薩琳‧福斯特（Catharine D. G. Faust）所著的《這受難的國度：死亡與美國內戰》（*This Republic of Suffering: Death and the American Civil War*），在我看來就是一本研究「社會生死」或「集體死亡」的代表作，她在序言中說：「這場戰爭的死亡人數（南北雙方的罹難士兵為62萬，不包括平民）之影響與意義超越了死亡者數字本身，死亡對於內戰一代人的重要意義也源於，它有悖於關於生命正常終結的普遍預設──誰應該死去，在何時、何地以及何種情況下死去。」

「應該」這個詞所指向和開闢的，正是與死亡相關的社會層面之思考。正是循著這些主題，福斯特對美國內戰中的死亡進行了深入的採訪與調查，發現「死亡所帶來的變化，一些是社會層面的，例如：妻子變為了遺孀，

孩子淪為了孤兒；一些是政治層面的，例如：黑人士兵希望透過他們的甘願赴死與樂於殺敵贏得公民身分與平等；還有一些則是哲學與精神層面的，例如：大屠殺迫使美國人探尋戰爭浩劫的意義，並對它做出詮釋」。

學生們剛剛在電影中看到了戰場上大規模的死亡，那麼關於中國的「社會生死」，他們還知道些什麼呢？有學生說到馮小剛導演的《1942》，然後有學生說，解放後也有大饑荒，也死了很多人，還有「文革」中那些被迫害致死的人們。

學生們沒有親歷過這些事件，因此我決定做為一個有血有肉的個體，和學生們分享了我對大饑荒的記憶和了解：1960 年一天，我的祖父從已經沒有糧食的公社食堂出來，直接跳了岷江；我的祖母在 1962 年大年初三死去，臨死前說的最後一句話是「我餓啊」；我的叔叔在農村做小學教師，當地支書（編注：中國大陸黨團支部的書記）的三個孩子都餓死了，為了不讓自己的孩子也餓死，叔叔來到更為偏遠的大山深處一個叫做「七間房」的地方教書，因為那裡的支書答應給他一小塊地，可以種點豆子、南瓜給孩子糊口……

為什麼要對 90 後的年輕人說這些早已過去的事情？陳丹青（2011）說過：「中國人很大氣，毀了就毀了，摔了就摔了，忘了就忘了，他承受得起。」從心理學的角度來看，這種「忘了就忘了」，這種「承受得起」，是心理防禦機制[5]在運作，透過壓抑、否定、隔離、合理化等方法，的確可以讓人減輕痛苦，在那個當下活下去，但卻無法讓傷口真正癒合，更無法讓我們從災難和傷痛中獲得思考和反思，因而我們就不可能以史為鑒，避免悲劇的再次發生。在這個意義上，記憶即生命，因為直面真相、直面痛

5　心理防禦機制（psychological defense mechanism），是指個體面臨挫折或衝突的緊張情境時，在其內部心理活動中具有的自覺或不自覺地解脫煩惱，減輕內心不安，以恢復心理平衡與穩定的一種適應性傾向。心理防衛機制的積極意義在於能夠使主體在遭受困難與挫折後減輕或免除精神壓力，恢復心理平衡，甚至激發主體的主觀能動性，激勵主體以頑強的毅力克服困難，戰勝挫折。消極意義在於使主體可能因壓力的緩解而自足，或出現退縮甚至恐懼而導致心理疾病。

苦，才能使個體和國家療癒。

　　這堂課我發給同學們的閱讀資料中，有節選自《大學人文讀本・人與國家》中的一篇文章，題目就是〈記憶即生命〉，作者徐川是這樣論述的：記憶不但有維繫生存、延續歷史的作用，還和尊嚴、道義等價值準則聯繫在一起。在暴力和邪惡過分強大，反抗已不可能或無濟於事時，不甘凌辱的最後方式就是捍衛記憶。受苦受難者可以記錄苦難、記錄迫害、記錄罪惡，保存和轉移這些紀錄，以便它們有朝一日重見天日，讓子孫後代永誌不忘。這種紀錄實際上需要極高的遠見和極大的勇氣，有時甚至需要付出生命的代價，但對於走投無路的受害者，這是保全自己生命意義的一種方式，有時甚至是唯一的方式。舒衡哲（Vear Schwarcz，猶太學者）在紀念反法西斯戰爭勝利五十週年為中國讀者而寫的專稿中，就提到一個名為西蒙・胡伯班特的猶太教拉比，他在自己被殺害前三年四處周遊，記錄他的人民每日每時所經歷的噩夢，將黑暗深領於心。他寫下猶太人受難的編年史，將其放在牛奶罐中，隱藏在華沙羅伏裡克 8 號一幢四層的樓房底下。他的生命凝結成一份歷史見證，這即是價值所在（徐川，2002）。

　　開課三年以後，我在媒體上看到華中科技大學李培根校長（學生們稱其為「根叔」）的離任演講，其中一段話非常中肯、非常有分量，他說：「如果大學生對國家過去的錯誤和痛楚多一些了解，他們就能知道對人的蔑視多麼恐怖，個人迷信多麼可怕；就容易理解民粹式民主的荒唐；就能知道道德在無約束的權力面前多麼不堪一擊！從而真正地思索人的意義、民主的意義，把權力關進籠子裡的意義」（《新京報》電子報，2014）。課後，我收到了一位同學的來信，她說：「上完 4 月 4 日的課，我很震撼。我的專業是日語，對於日本篡改教科書，不承認歷史的卑劣行為，我一直嗤之以鼻，並且嘲笑日本的學生愚昧無知。但是今天，我才意識到，我們也需要有勇氣面對我們自己的歷史。我意識到了歷史的真實性，對社會、對政治家、對普通的個人，都是有意義的。」

參考文獻

《新京報》電子報（2014 年 4 月 1 日），取自 http://epaper.bjnews.com.cn/
　　html/2014-04/01/content_503338.htm?div=-1

余華（2012）。**活著**（第三版）。北京市：作家出版社。

胡宜安（2009）。**現代生死學導論**。廣州市：廣東高等教師出版社。

徐川（2002）。記憶即生命。載於夏中義（主編），**大學人文讀本‧人與國家**。廣
　　西：廣西師範大學出版社。

馬小悟、余倩（譯）（2013）。**有限的與無限的遊戲：一個哲學家眼中的競技世界**
　　（原作者：詹姆斯‧卡斯）。北京市：電子工業出版社。

郭於華（1992）。**死的困惑和生的執著：中國民間喪葬禮儀與傳統生死觀**。北京
　　市：中國人民大學出版社。

陳丹青（2011 年 6 月 30 日）。兩千年文脈已斷。**鳳凰網**。取自 http://culture.ifeng.
　　com/renwu/special/chendanqing/chendanqing/detail_2011_06/30/7354848_0.shtml

傅偉勳（2006）。**死亡的尊嚴與生命的尊嚴**。北京市：北京大學出版社。

溫靜芳（2009）。**安寧死亡權研究**。北京市：科學出版社。

作者介紹

　　陸曉婭，新聞人／心理人／教育人／公益人。退休前為中國青年報高
級編輯、公益組織「青春熱線」和北京歌路營創辦者、中國心理學會首批
註冊心理督導師。近年來，在高校開設「影像中的生死學」、「自助旅行
與自我成長」公共選修課，並為高校教師等舉辦生死教育工作坊，同時參
與生前預囑推廣和安寧緩和志願服務。近著有《影像中的生死課》、《給
媽媽當媽媽》。

14 小學教育專業「生命教育」兼教方向的實踐探索：以首都師範大學小學教育專業為例

劉　慧
首都師範大學兒童生命與道德教育研究中心主任

王　珊
首都師範大學初等教育學院研究生

　　生命教育，是每一個人一生的必修課，尤其是在學生時代，特別是師範大學生。這不僅源自他們自身正處在遭遇與思考生命問題的重要階段，而且還源自他們未來所要從事的教師職業之需要。2012 年，在教育部頒發的「幼稚園、中小學教師專業標準」中，已將生命教育理念貫徹其中，對兒童生命的認識與理解、為兒童提供適合的教育、成為兒童健康成長的引路人，是國家對合格教師的基本要求。2020 年，新冠疫情突發及其在全球的持續肆虐，「生命至上」成為社會上的「共識」，人們更為關注、重視生命教育。這就更需要教師率先接受生命教育，並能從事生命教育。

　　如何在師範生中開展生命教育，是教師教育和生命教育研究的重要課題。2014 年，在「第三屆海峽兩岸大學生命教育高峰論壇」上，我發表了〈師範生生命教育理論與實踐探索〉，主要內容有師範生生命教育的價值與意義、師範生的生命教育特性、師範生生命教育目標與內容、師範生生命教育課程建設等四大方面，並被收錄於《大學生命教育的課程與教學》

（何仁富主編，2015）一書，這主要是基於自 2003 年至 2014 年我在兩所高師院校的生命教育實踐研究。2015 年，在前期多年的生命教育課程教學實踐探索之基礎上，完成了生命教育課程的教材建設，出版了《生命教育導論》（劉慧主編，2015）。在本文中，我將說明 2016 年以來首都師範大學初等教育學院啟動的「生命教育與班主任工作」（編注：班主任即相當於臺灣的班導師）兼教方向的實踐探索。

壹、小學教育專業「生命教育」兼教方向簡介

小學教師的生命教育意識與能力，必須得從職前培養開始。在目前生命教育還沒有正式納入學校教育體系時，如何開展師範大學的生命教育，培養他們未來在教師崗位上實施生命教育？首都師範大學小學教育專業採取了設置「生命教育與班主任工作」兼教方向的形式。

一、首都師範大學小學教育專業簡介

於 1999 年設立的首都師範大學初等教育學院的「小學教育專業」，是全國最早一批設置的培養本科層次小學教師之專業，2007 年首批入選國家級特色專業，2014 年入選首批教育部卓越教師培養計畫，2017 年獲批北京市重點建設一流專業，2018 年作為「打樣」單位完成教育部師範專業認證（小學教育，二級），2019 年獲評首批國家級一流本科專業建設點，在全國小學教師教育界具有廣泛的影響，被譽為「領頭雁」、「帶頭羊」。

本專業堅持「面向小學、研究小學、服務小學」宗旨，遵從「國際視野、本土實踐、借鑒歷史、面向未來」的辦學理念，立足北京基礎教育改革與未來教育發展的需要，以「一體兩翼一基」為培養機制，以「兒童取向」的卓越小學教師培養模式，培養師德優秀、熱愛小學教育事業，能以兒童為本、全面育人，素養綜合、能夠終身發展，具有國際視野和未來教育家潛質的卓越小學教育人才。

二、「生命教育」兼教方向的設置

　　「兼教方向」是首都師範大學小學教育專業的特色之一。相對於六大「主教方向」（小學語文、數學、科學、英語、資訊、德育），初等教育學院根據小學的學科設置狀況又設置了 13 個兼教方向，這既體現小學教師培養的綜合性、多能性，又滿足師範生及其未來進入教職的需要。其中，「生命教育與班主任工作」（以下簡稱「生命教育」）就是其中一個。此一兼教方向的設立，主要是基於我們對生命教育的意義與價值以及對小學教師培養的意義與價值的認識與理解。班主任工作是小學教育工作的重要組成部分，是促進小學兒童生命健康成長的重要力量。生命教育可以幫助師範生從生命角度理解學生、理解教育、理解教師角色，幫助師範生在未來從事班主任工作時，能從生命教育的角度開展工作，為學生生命成長提供所需的正能量。因此，我在學院 2016 年人才培養方案修訂時，提出了增設「生命教育與班主任工作」兼教方向，經過討論，進入人才培養方案，並從 2016 級學生開始選修。

　　按照兼教方向的運行方式，大學二年級快結束時，學生自主選擇一個非本主教方向的兼教方向，並於三年級開始學習。2018 年秋季學期，迎來了首屆 2016 級選修「生命教育」兼教方向的 54 位學生。之後，2017 級有 16 人選修，2018 級有 31 人選修。後兩屆選修人數的減少，主要是因為選修「生命教育」兼教方向是有「門檻」的，即需先修完三門課程：生命教育課程、小學班級管理課程、兒童需要與表達課程，其中的後兩門是全院必修課，生命教育課程則是全院選修課，因選修課程有人數限制，一些學生未能如願選上，故不能選修「生命教育」兼教方向。

　　「生命教育」兼教方向的教學團隊由 2 位教授，5 位副教授組成，由我負責，成員是張志坤副教授（人類學博士）、夏鵬翔教授（歷史學博士）、劉峻杉副教授（教育學博士）、唐斌副教授（美術教育學博士）、歐璐莎副教授（課程教學論博士）、唐延延老師（教育學原理碩士）。

三、「生命教育」兼教方向的課程設置

　　課程是教師培養的主管道。兼教方向的課程設置是非常重要的，在有限的學分、學時中到底設置哪些課程，才能基本支撐這一兼教方向？我們將全院課程統一考慮，分為三類：一是小學教育專業的通識類課程、專業基礎類必修課程和專業核心類課程；二是選修此方向必修的專業基礎類之選修課，如「生命教育」課程；三是本兼教方向的 10 學分必修課。在 2016 年增設該兼教方向時，根據全院兼教方向課程設置原則，設置了四門必修課，包括：「多視角的生命解讀」（3 學分）和「小學生命教育教師的素養與能力」（2 學分）兩門基礎課，以及「班級管理中的生命教育」（1 學分）和「生命教育課程與教學」（4 學分）兩門核心課。2017 年，根據學校要求進行學時調整，由 10 學分改為 8 學分，這樣將「多視角的生命解讀」課的 3 學分改為 1 學分，其他不變（具體課程資訊如表 1 所示）。

表 1　2016 級「生命教育」兼教方向課程設置（10 學分，必修）

類別及課程代碼			課程名稱	課程英文名稱	學分	總／週學時	開課學期	開課教師
必修	基礎類	3300081	多視角的生命解讀	Life Understanding in Multi-perspectives	3	48/3	5	劉慧 夏鵬翔 唐斌 劉峻杉 歐璐莎
		3300082	小學生命教育教師的素養與能力	Accomplishment and Ability of Primary Life Education Teacher	2	32/2	6	張志坤
	核心類	3300083	班級管理中的生命教育	Life Education in Class Management	1	16/1	6	唐延延
		3300085	生命教育課程與教學	Curriculum and Teaching of Life Education	4	64/4	7	劉慧

在此，簡介一下我所擔任的兩門課之主要內容：

「多視角的生命解讀」是本兼教方向的基礎課，主要從新生物學、中國傳統文化、人類文化學等視角解讀生命，引導學生認識生命、理解生命、關愛生命，為他們日後從事教育工作打下紮實的理論基礎；聚焦小學生、小學教師的生命樣態，從哲學、教育學、生命學的層面探討這兩個教育主體的應然狀態，幫助學生學會觀察生命個體的困惑和需求，進而分析原因所在，思考解決的途徑，為他們日後在教育一線能夠讀懂兒童，發展專業自我打下基礎。本課程教學使用的是自編《多視角的生命解讀》講義，主要參考書為《生命德育論》（劉慧，2005）等。在課程學分減少後，該課程的內容主要保留前半部分。

「生命教育課程與教學」是本兼教方向的核心課，其重點是圍繞生命教育課程與教學，主要透過活動體驗、案例分析等方式展開本課程的教學活動，目的是幫助小學教育專業的學生在學習了生命教育理論的基礎上，能進一步了解、掌握生命教育課程與教學的原則與特點，以及內容與方法等，在其進入小學工作後，能開展生命教育實踐活動。本課程教學使用的是自編《生命教育課程與教學》講義，主要參考書目為《生命教育教學》（紀潔芳、鄭瑋宜、鄭璿宜、曾懷荻，2014）等。

貳、一個凸顯師範性的「生命教育課程與教學」實踐案例

「生命教育課程與教學」課程是「生命教育」兼教方向的最後一門課，著力於為師範生提供更為實用的、有效的生命教育方式和方法，例如：在2020年秋季學期的線下教學中，組織開展了後疫情時代小學生命教育教學設計、「放飛夢想」生命教育主題教學活動、小學語文學科教學中生命教育課例分析、教育實習中生命教育教學實踐探索、生命教育繪本教學課例分析等多種多樣的教學活動。在教學過程中，邀請研究生組成助教團隊協

作完成。

在此，介紹「放飛夢想」生命教育主題教學活動，這是任務導向的系列活動，由大學課堂的示範性體驗教學活動、師範生的小學教學實踐活動、實習後教學評價與反思等三個環節構成「三部曲」，並歸納形成「寫、析、放、思、設、修、行、匯、改、提」之「十字教學法」。

一、示範性體驗教學活動：寫、析、放、思（4節課）

第一部曲主要是在鄭漢文博士的「放飛夢想」活動原型基礎上，經多次教學實踐探索修改而成。教師指導學生在A4紙上相應的區域中寫下自己的夢想，思考實現夢想的助力和阻力，明晰自身所具備的品質和能力；學生透過書寫夢想認識自身的品質和能力，在交流分享的過程中學習規劃自己的人生，肯定自身能力，明晰阻礙夢想實現的具體原因，制定詳細的行動計畫，在豐富的情感體驗基礎上和學生一起總結、提煉、昇華。此環節增加學生互幫互助的機會，進一步促進學生間的溝通與能量傳遞，透過引導學生動手摺飛機、多次放飛機的過程體驗與感悟。在體驗活動結束後，學生分組討論由放飛紙飛機引發的思考，以及對此主題實踐活動的內心感受。

（一）寫：明示夢想

第一步，引導學生按照黑板上的提示將白紙三次折疊，形成六個區域，並在紙上畫出相應圖形。第二步，請學生在A4紙上前三分之一的二個區寫下四個夢想、中三分之一的二個區寫下實現夢想的助力和阻力、後三分之一的二個區寫下自己所擁有的能力和品質。

教學要點：教師將發布的指令傳達到位，做到簡明準確，並親自摺紙一步步示範教學，做好前期準備，為後續活動做準備。

（二）析：分析夢想

第三步，引導學生分析自己所寫實現夢想的助力和阻力、自己所擁有

的能力和品質，是否能支撐自己的夢想實現？幫助學生理性認識自己，找到實現夢想和現實的差距。第四步，學生兩兩交換，了解彼此，交流討論，給對方建議。

教學要點：教師要幾位主動發言的學生進行課堂展示，引導學生區分品質與能力，將這六個部分連結起來，整體考慮。在此過程中，教師要關注學生反應，抓住課堂的教育契機，透過提問、追問等方式，引導學生連結本次主題活動與生命教育目標。

（三）放：放飛夢想

第五步，學生自行摺飛機，不做示範。

第六步，請飛機摺得好且快的學生示範摺飛機的技巧，其他學生們觀摩，並調整完成自己所摺的紙飛機。

教學要點：摺飛機是決定放飛時的高度與距離之重要一環，但在還沒有放飛前，學生並沒有切身體驗。某些學生已經「忘記」怎麼摺飛機，所以需要給學生做示範，提示摺飛機的方法。在示範後，學生是否堅持原來的摺法，還是學習他人的，面臨著選擇。教學中，要引導學生在比較中判斷、選擇，尋找真正適合自己的最佳方案，而不是「一刀切」（編注：比喻用劃一的辦法處理情況或性質不同的事物），學生透過自我探索以及與他人合作的方式解決實際問題。

第七步，學生以小組為單位在教室內進行試飛。從教室前向教室後放飛。

第八步，給學生調整的時間，在學生各自找回自己的紙飛機後，對自己放飛結果不滿意的學生，對紙飛機的摺法、放飛方式或姿勢等進行調整、改進。

第九步，在室內進行第二次試飛，再給學生思考放飛中出現的問題及解決的時間。

第十步，在室內進行第三次試飛。

教學要點：此一過程是體驗與思考、感受與改進並存的過程，學生只有透過摺、放飛紙飛機的實際操作，才能體驗、發現放飛紙飛機過程中存在的問題，因此在此過程中一定要給學生調整放飛紙飛機的時間。

第十一步，帶學生到戶外空曠場地進行連續三次的放飛活動。

教學要點：透過放飛紙飛機的實際活動體驗，引導學生感知其中的成功與失敗、順利與挫折等各種狀態，尤其是經過調整、改進後的變化，因此引導學生進一步正視自己、接納自己，以及相信努力、堅持改進的意義與價值。

在這個過程中，室內、室外放飛的對比是很重要的，引導學生透過活動，感受環境變化所帶來的複雜與不可控因素的影響，體驗自己的技術能力狀況、面對變化的判斷、選擇等心態；這也在提示學生需要做出相應的改變去適應環境，就如同在實現夢想的道路中要不斷地調整與嘗試，才能達成人生目標。

（四）思：反思感悟

第十二步，回到教室，請學生在活動單上寫下放飛過程的感受。

第十三步，學生組內討論、分享活動感受與收穫。

第十四步，小組學生代表全班分享，教師針對不同學生的反應和需要，做出及時恰當的回饋。

第十五步，指定作業，課後每位學生完成本次活動的流程梳理。

教學要點：教師需注意引導學生相信自己，鼓勵嘗試、改進。在活動過程中，教師要注重引導學生體驗在放飛過程中的多重情緒變化，學會正視與化解自己的情緒，以平和釋然的態度接受不完美，感受不同生命的精彩；認清現實與夢想之間的差距，不畏懼失敗，學會調整心態，注重把握每一次機會，在錯誤嘗試中不斷及時調整與改進，發掘潛能，找到適合自己的方法與路徑，認識生命的差異性，悅納自我。

二、師範生的小學教學實踐活動：設、修、行（4 節課）

如果說「三部曲」之一是適用於所有大學生的生命教育活動，那麼「三部曲」之二則是為師範生「量身定做」的生命教育實踐活動，也是「生命教育」兼教方向課程的特色所在。第二部曲是基於第一部曲完成的基礎上，展開的緊緊圍繞小學生命教育主題活動設計與實施之一系列活動，利用學院統一安排的 6 週實習時間，目的是讓兼教方向的學生能「站上」小學生命教育主題活動的「講臺」，體驗小學生命教育，培養其生命教育的意識與能力。

（一）設：設計教學方案

第十六步，每位學生結合自己參與「放飛夢想」主題實踐活動的親身經歷與體驗，仿照與調整老師課上示範的教學流程，初步形成以小學生為對象的「放飛夢想」主題實踐活動設計方案。

第十七步，小組內討論、分享，並形成小組的以小學生為對象之「放飛夢想」主題實踐活動設計方案。

第十八步，以小組為單位在全班報告、分享小組的活動設計方案。

第十九步，師生共同指點和評論，給出建議。

第二十步，課後，以小組為單位，修改完善活動設計方案。

教學要點：此環節旨在引導學生在經歷示範性課堂教學體驗的基礎上，首先是獨立設計活動方案，之後是小組交流、分享、修改，集小組合作學習之力，形成小組成員共同設計的活動方案。在此基礎上，小組在全班分享、探討後，再修改各自活動方案，以備教育實習時，進入小學實踐之用。著重培養學生的生命教育理解、領悟與轉化為教學的能力。

（二）修：修改活動設計方案

第二十一步，進入小學實習後，在熟悉小學實際情況的基礎上，依據所要實施活動的班級學生實際情況，以及請教在教育現場第一線的指導教

師，對已有的活動設計方案進行再調整。

教學要點：要求學生深入教育現場，認識、掌握小學生實際情況，進一步修改與完善活動設計方案，以期達到更好的活動效果。

（三）行：進行教學實踐

第二十二步，參照已形成的活動設計方案，在實習班級進行活動實踐，並錄製影片。

教學要點：透過實際實施活動過程，進一步體驗感受生命教育，初步嘗試將生命教育理論與實踐相結合，以及檢驗在此過程中發現問題、解決問題的能力。

三、實習後教學評價與反思：匯、改、提（4節課）

這是「三部曲」的最後一曲，是師範生生命教育的重要方面。這是總結、反思、提升的階段，是從理論到實踐再到理論的階段，也是檢驗「生命教育」兼教方向實施效果的階段。

（一）匯：匯報實踐活動

第二十三步，學生返校後第一週上課進行全班匯報，匯報在實習學校實施「放飛夢想」生命教育主題活動的情況、存在問題、困惑與感受等。

第二十四步，教師匯總學生們回饋的關鍵性問題，並針對關鍵點進行追問，引導學生針對實習中的問題，進行獨立思考、撰寫個人的理解與收穫，並請部分同學發表心得。

教學要點：學生匯報要有充分準備，教師要引導學生進行理性總結。

（二）改：改善活動方案

第二十五步，學生結合課堂討論、教師提供的教學策略，進一步改進活動方案，形成相對比較成熟的生命教育主題活動方案。

教學要點：教師要引導學生結合生命教育要點進行具體問題的分析，

並將生命教育要點逐步落實在活動方案中，注重強化學生的生命教育意識與能力。

（三）提：提升認識與理解

第二十六步，總結分享活動。學生結合修改後的活動方案，分享這一主題活動的心得感受、對小學生生命教育的認識與理解，以及參加「生命教育」兼教方向學習的感受。

教學要點：教師主要是引導學生站在小學生命教育中的兒童立場，注重小學生命教育活動時的教育性，這也是生命教育的重要體現。

參、「生命教育」兼教方向實踐探索之反思

「生命教育」兼教方向的教學實踐探索已有三年，回顧反思，深切地感受到如何在有限的學時內提高教學品質是至關重要的，而將此得以實現的關鍵是：將生命教育理論學習與生命教育實踐相結合，注重培養師範生的生命教育意識與能力；將大學課堂的生命教育學習與小學生命教育教學實踐相結合，形成一體化的生命教育教學設計與實施。具體而言，主要有以下幾方面。

一、師範生的生命教育及其教學能力培養一體化

（一）注重課堂教學目標的生成性與多樣性

生命教育主題活動是每一個參與其中的鮮活生命之具身活動，而不是為了身外預設的、確定的知識獲得。因此，在課堂教學過程中，隨著活動過程的展開，師生間思考的碰撞、問題解答的分享與追問的深入，會生成一些新的有意義的問題值得我們探討，這樣的問題是來自於學生真正需要解決的「真問題」。這就要求教師能敏銳地意識到，並能及時地抓住、凝練、明晰，使之成為新的課堂教學目標。

不僅如此，又由於問題討論的開放性，以及是多個小組或眾多學生的個性化表達，故生成的新的課堂教學目標不止一個而是多個，且為並存。故生成性的課堂教學目標具有多樣性，這就要求教師要能「兼顧」多方，並能不斷的調整教學組織方式，協調多個教學目標同時展開。

（二）實現課堂教學過程的體驗性與示範性

體驗性，是生命教育教學的基本特性。就一定意義上來講，沒有生命體驗，就沒有生命教育。而體驗，更多是在活動中產生的，故在生命教育課堂教學中，以活動為依託，借助多種資源，為學生生命體驗的發生提供可能。舉例來說，摺放紙飛機活動，不僅將學生帶回到童年，喚醒兒時的美好回憶，而且在室內外各三次的放飛紙飛機過程，充分體驗成功與失敗，感受自己是否能正視、化解個人情緒，調整自己的生命狀態等，在此基礎上，再引導學生從理性上認識生命狀態的不斷變化與改善可能性，以及所具有的個體差異性等。

課堂教學的示範性，是師範生培養的重要特性，也是師範生生命教育的一個重要特性。可以說，師範生受到怎樣的教育教學方式，日後他們就可能採用怎樣的教育教學方式。在示範性體驗式生命教育課程教學活動中，師範生將此作為參考課例，帶入教師角色，發現、研究問題，透過有意識地觀察與反思課堂，並於真實教學環境中開展教學實踐，有針對性地模仿教學，能夠幫助他們快速掌握教學技能，提高處理問題的能力。

（三）實現小學教育現場的實踐性

師範生生命教育的學習，不僅僅是停留在理論層面，更應該在實踐中發揮真正的教育意義與價值。師範生學習生命教育的一個重要目的在於未來在教師工作崗位上，能將生命教育融入教育教學生活中。

師範生的生命教育，不僅是在課堂上的理論學習與問題思考，也不僅是課堂教學活動的參與、體驗與感悟，更為重要的是將所學用於小學教育現場中的實踐。

本課程的設計正好與學生進小學實習相銜接，便於引導他們將課堂學習、實際參與、體驗感悟的活動，透過活動方案的撰寫、分享、修改、完善，進入小學實習後，在適當的主題班會時實施，並以此體驗、檢驗生命教育主題活動的組織實施。

二、學生的回饋與反思

選修「生命教育」兼教方向的學生，在全部課程修完後，到底獲得了什麼？在對所有選修學生進行課堂互動與課後訪談且整理資料後發現，學生的收穫與反思主要集中在以下幾個方面。

（一）透過課程的系統學習，對生命、生命教育有了更準確的認知

選修本兼教方向的學生普遍表示，在接觸生命教育之前，對生命教育的認識非常有限，甚至將其等同於健康教育、心理教育、德育等。透過生命教育兼教方向課程的學習，他們充分地理解了生命的起源、發展乃至終結，從而認識生命、尊重生命，培養良好的生活習慣，進而珍惜有限的生命。學會以充滿關愛的眼光看待世界，樹立樂觀、積極的人生觀，將生命中的亮點全部展現出來，為社會煥發出自己獨有的魅力光彩，實現「我之為我」的生命價值。

孫博（2017 級本科生，小學教育專業科學方向）：在選擇生命教育兼教方向課程後，我收穫了很多，包括知識上、習慣上等等，有幸選擇到了這一門兼教。在沒有上生命教育之前，我認為的生命教育與之前學習的「小學生生理與衛生」課程是相類似的，都是關於生理、生物上對生命的教育，像小學生的青春期性教育等。但在上了生命教育系列課程之後，才發現自己認為的只是生命教育的冰山一角。生命教育不僅僅有生理上的，同時也存在心理上的；不僅僅有面向生命的，同時也有面向死亡的。生命教育的範圍非常之廣，包括有關生命的教育和生命化的教育。在「生命教育課程

與教學」這門課中，我學到了很多非常有意義的活動。放飛紙飛機這個活動，在我的專業課科學中也有體現，但教學目標完全不同。透過上生命教育的課程，在實習中，我更加關注學生的內心，學生犯錯時也不會一直嚴厲的批評，而是平心靜氣地溝通，引導他們了解錯誤。

　　吳楠（2017 級本科生，小學教育專業中文方向）：在接觸生命教育之前，我對生、死以及內在的很多因素沒有做過詳細的思考，體會不大。當我聽到某某跳樓自殺之類的死亡新聞，除了好奇、害怕之外，並沒有更多的情感體會，對待死亡也沒有那麼坦然。在接觸生命教育後，我開始用細緻的眼光與視角來觀察這個世界。2020 年的疫情，讓很多人失去了生命，人們開始惜命，懂得活的可貴、生命的可貴。可有人在後方安然，就肯定有人在前面衝鋒，抗疫第一線的醫護工作者怎會不知道生命的重要，但他們依舊一往無前，為國家為人民挺身而出。生命教育兼教課讓我學到了不同的教學方式，老師和學生們可以圍坐成一圈，共同探討、解讀生命，老師會放有關生命、死亡的電影和短片，讓我們進一步理解、體會生命。老師還將生命教育融入到班級管理與班主任工作中，透過讓我們組織班會，帶領自己班級的學生來體會生命。生命教育課程不僅教會了我如何去認識生命、看待生命、認識死亡、直面死亡等，最重要的是教會了我作為一名教師、作為一個人，如何去發現自己、認識自己、發現別人、認識別人，以善良、溫和的心去對待生命中的每一個人、每一件事，直面生命中的挫折。

（二）對生命教育中的教師角色定位更加清晰

　　選修生透過兼教方向課程學習，比較清楚地意識到了生命教育有效落實的關鍵前提在於教師應充分理解、關懷與尊重學生，只有出於愛的目的，真切關心孩子的成長，才能將生命教育落實有效。作為教育者，需樹立對生命教育的認同感，以積極向上的正能量生命場傳遞和感染學生，注重學生生命發展，激發自身與學生共同發現生命力量的能力，能帶領學生體悟

生命的綻放感，努力成為學生生命中的重要他人。生命教育在教育場域中無處不在，教師應著眼於教學過程中的真實資源和一手資料，注重在生成過程中循循善誘，與學生建立相互信任的生命連結；讓學生在輕鬆、安全的環境之下，自由發表看法，不斷更新對自我的認識，為成就更好的自己打好生命底色。此外，教師在生命教育教學中應理性分析學科資源，挖掘其中的生命教育元素，靈活調整教學策略，保護學生對生命認知的熱情，使學生在感知與理解的基礎上更有針對性地領悟生命。

王豔麗（2017 級本科生，小學教育專業中文方向）：選修了生命教育這門兼教課之後，我覺得我觀察世界的眼光變了，變得更有愛了，而且在教學時也變得更有耐心、更注重學生的身心發展。選修了上學期的「班級管理中的生命教育」這門課後，我明白了要用自己的正能量生命場去感染班上的學生，所以在生活中就要求自己充滿正能量，減少抱怨和負能量。因為人與人的交往就是場與場的吸引，只有你的生命場是正向的，才能擁有良好的人際關係。

（三）掌握多種生命教育教學活動形式，並在實踐中操作與應用

師範生透過生命教育兼教課程的學習，依次掌握了基於後疫情時代小學生命教育教學設計、「放飛夢想」生命教育主題教學活動、小學語文學科教學中生命教育課例分析、教育實習中生命教育教學實踐探索、生命教育繪本教學課例分析等多樣的教學活動形式。在未來的教學中，他們可能會依據實際的學生情況，靈活選擇不同的教學活動方式，設計不同的生命教育主題活動。

齊珊珊（2017 級本科生，小學教育專業中文方向）：經過一個學期生命教育課程的學習，我了解了什麼是生命教育，嘗試設計了一堂與生命教育有關的課，針對生命教育的繪本教學也有一定的認識。生命教育如果用一句話來說就是關愛生命，可是真正實施起來卻包含很多。生命教育的核心目標在於透過生命管理，讓每個人都成為「我自己」，都能最終實現「我

之為我」的生命價值，即把生命中的愛和亮點全部展現出來，為社會、為人間煥發出自己獨有的魅力光彩。當我把所學的生命教育帶入到小學，我發現遇到了很大的困難。學生、教師沒有接觸過生命教育，生命教育在小學還是一片空白。劉慧院長為我們的困惑指明了方向，正是因為生命教育實踐中的空白，才需要我們這些未來的教師學習生命教育的相關知識，用自己的專業知識為學生進行生命教育。

參考文獻

何仁富（主編）（2015）。**大學生命教育的課程與教學**。北京市：中國廣播電視大學出版社。

紀潔芳、鄭瑋宜、鄭璿宜、曾懷荻（2014）。**生命教育教學**。北京市：中國廣播影視出版社。

劉慧（2005）。**生命德育論**。北京市：人民教育出版社。

劉慧（主編）（2015）。**生命教育導論**。北京市：人民教育出版社。

作者介紹

劉慧，首都師範大學兒童生命與道德教育研究中心主任、教授、博士生導師。主要研究方向：生命教育、德育學、小學教師教育、初等教育學、小學兒童研究。

王珊，首都師範大學初等教育學院研究生。主要研究方向：生命教育、課程與教學。

15 生命敘事式生命教育的教學實踐探索

趙丹妮

洛陽師範學院教育科學學院生命教育與教師發展中心副教授／主任

筆者自 2007 年開始致力於醫學生與師範生的生命教育課程開發、生命教育教學方法、生命教育師資培育等方面之研究，14 年來完成政府、省市委託專案「生命教育統領下醫學人文素質教育教學體系的建構與實施」、「生命教育課程設計與教學實踐研究」、「生命教育教師隊伍在職培養模式的研究」、「區域性小學生命安全教育課程的開發與研究」、「基於『師範生生命教育』線上開放課程建設的研究與實踐」等 10 餘項。開發「小學生命教育」（專科必修）、「教師素養與生命教育」（本科必修）、「生命教育與兒童哲學」（研究生必修）系列課程，實現生命教育課程的貫通式發展。「生命教育與生命成長」獲批河南省精品在線課程，以及河南省首批課程思政樣板課程。編寫《大學生生命教育教程》、《醫學生生命教育》、《生命教育十三講》等 6 本教材，其中的《師範生生命教育》（慕課版）獲批河南省「十四五」規劃教材。在《中國高等教育》、《中國教育學刊》等期刊上發表生命教育論文近 20 篇。榮獲國家級、省級生命教育系列獎項 30 餘項，以生命教育課程參加校級、省級教學比賽，於 2019 年、2020 年連續獲得河南省教學技能競賽高校文科一等獎、河南省教育廳「河南省青年教師課堂教學創新大賽一等獎」、榮獲河南省「教學標兵」稱號、河南省教育廳「河南省青年骨幹教師」、河南省首批「基礎教育專家」、洛陽師範學院「教學名師」、洛陽師範學院「河洛教學標兵」稱號。

壹、基於生命敘事理念開發的「師範生生命教育」課程

一、課程簡介

本課程是筆者於 2016 年開始在洛陽師範學院打造的一門全新通識教育校本課程，結合師範生身心發展特徵，選擇生命教育教學內容，是集知識、體驗和訓練為一體的綜合課程。課程注重解決學生生命成長中的困頓，注重培養學生實際解決問題的能力。採用課堂主管道教育、大學團體心理輔導和學生主題班會「三結合」的教育方法。從「生命的起源—生命的誕生—生命的成長—生命的境遇—生命的死亡—生命的意義」等，將人的生命歷程比喻為生命四季，從出生、成長成熟，到衰老死亡，在過程中結合人生的一些重大議題，結合師範生的職業特點進行學習和討論。目的是要喚醒師範生的生命意識，啟發生命的思考，欣賞生命的美好，感悟生命的艱辛，探索生命的意義，建構生命的信仰，實現生命的和諧，保護生命的健康，為學生的終身職業幸福感奠基，讓經師與人師相結合，銘記「德高為師，身正為範」、「德以修己」的訓誡。本課程於 2017 年獲批校級精品在線開放課程，2019 年獲批河南省精品在線開放課程「生命教育與生命成長」（如圖 1 所示），並作為學校首批「課程思政教育教學改革試點」課程。生命教育已成為引領「新師範」、「新文科」課程的「源頭活水」，構建生命教育課程引領其他人文課程，與思想政治教育、心理健康教育、生涯規劃教育、教師倫理教育緊密結合，與學院文化有機融合，並滲透到教師教育專業中的立德樹人長效機制，探索師德養成新方法。

二、教學目標

知識目標：了解生命和死亡對人類的意義和影響；了解生命和死亡與

圖 1　中國大學慕課平臺「生命教育與生命成長」課程

人類創造的關係，促進個人善用生命與死亡體驗，以昇華創造力；掌握人類生命和其他生命存在的權利，學習個人面對死亡的適當態度。

能力目標：逐漸發掘生命的自然本性和生命潛能，讓生命回歸人性的善端，促進生命品質的自我生成；學會理解人類生命和其他生命存在的意義，建構積極適切的人生觀；學會承擔生命中不可迴避的境遇，更加深刻地理解生命的特徵與意義；具有應對生活中生命與死亡情境的技巧和技能；掌握生命教育的核心哲學觀與方法論。

素質目標：有一顆柔軟的心，不做傷害生命的事；有積極的人生觀，終身學習，讓自己活得更有價值；有一顆愛人的心，珍惜自己、尊重別人，並關懷弱勢群體；會思考生死問題，並探討人生終極關懷的課題；能立志做個文化人、道德人，擇善固執，追求生命的理想；具備成為世界公民的素養；培養師範生堅定的職業信仰，高雅的生命文化修養，高尚的職業操守，高度的責任擔當；領悟「有豐厚、有發展、有特色」的學校文化，並弘揚固守，薪火相傳；成為真正的「四有」好老師，做好學生的「四個引路人」。

三、教學內容

在生命教育的內容上，從個體生命的歷程切入：「生命的起源—生命的誕生—生命的成長—生命的境遇—生命的死亡—生命的意義」，隱喻自然四季設計出四個篇章 18 個專題的內容（詳見表 1 所示），每個專題皆關照學生的身心靈，透過認知、實踐、情意三個層次全方位開展，以探討人之生命時空，實現著天、人、物、我的和諧與圓融。

「走進生命」從屬於春季篇章，並與最後一個專題首尾相連，旨在探討什麼是生命？什麼是生命教育？以及介紹生命教育的獨特魅力，教學目標、內容與方法，激發學習興趣與欲望，發掘生命本身的正能量，統合身心靈，實現全人發展，成就幸福人生。

表 1　生命教育課程內容

篇章	課程主題
春之生發	專題一　走進生命
夏之繁茂	專題二　生生不息 專題三　覺知生命 專題四　有志一同 專題五　生涯彩虹
秋之收穫	專題六　談情說愛 專題七　逆風飛揚 專題八　保健自強 專題九　責任擔當
冬之守望	專題十　生命安全 專題十一　生存權利 專題十二　生命老化 專題十三　死亡權利 專題十四　生命歸鄉
春之生發	專題十五　生命列車 專題十六　行知精神 專題十七　術業專攻 專題十八　相約幸福

（一）夏之繁茂──生命成長

因大學生正處於「夏花般絢爛」的年紀，多姿多彩、靈動鮮靓，故生命教育課程從夏季篇切入，主要包括了四個專題的內容。

「生生不息」旨在探索生命的起源。特別是人類生命的產生、發展過程，體悟生命的有限性與崇高性，從而思考個體生命的存在價值，並在人生實踐中實現其生命價值，真正做到欣賞生命、珍惜生命，豐富、發展生命的內蘊。

「覺知生命」旨在探索人與己的關係。探索生命的奧秘，應從認識自己開始，學會與自己相處，學會悅納自我；實事求是地評價自己，積極探索自身潛能；發揮所長，體驗成功，進而延伸自我，超越自我。

「有志一同」旨在探索生命個體與天人物我的關係。理解「生命共同體原理」中，將「競爭的人生」置換為「人生的競爭」之智慧；領悟有效溝通、團隊為贏的道理，以及中國傳統儒家文化「和和相生，和而不同」的真義。

「生涯彩虹」旨在探索生命與生涯的關係。引導學生領悟生命中應承擔的責任與義務，學會處理生命與生活的緊張，找到個人與職業的最佳結合點，體驗生命與使命結伴同行時的愜意與幸福，進而更妥適地規劃自己的人生。

（二）秋之收穫──生命成熟

夏季過後，秋意漸濃，逐漸深入，生命在不同的境遇中，逐漸走向成長與成熟。該篇主要包括四個專題的內容。

「談情說愛」從戀愛的感覺開始，學習愛情三角理論，探討友情與愛情的關係、性與愛情、愛情與婚姻等問題，旨在引導大學生處理好情感與戀愛的關係，處理好從生活感覺之「性愛」到生命安頓之「情愛」的過渡，形成健康積極的愛情觀。

「逆風飛揚」旨在幫助學生理解何為挫折，認識挫折本身往往是一種

生活常態，既然來之，就應面對。正確認識挫折對人生的意義，懂得挫折也是人生的必修課程。勇敢面對挫折，並在逆境中完成羽化和成長，增強生命韌性，促進生命品質的自動生成。

「保健自強」旨在培育學生正確看待生命及健康，培育四維健康思維與生命健康觀。透過汲取中國傳統的養生文化與智慧，引導學生反身而誠與身體對話，在愛惜自己身體的基礎上，更好地幫助周圍的人們養成健康生活的行為方式，積極抵禦疾病的侵襲，為生命帶來無限生機。

「責任擔當」旨在培養學生勇於承擔責任的精神。接納生命中應承擔的角色與責任，理解責任擔當是生命成熟與圓滿的試金石。學會歸因，提高責任的內控點；直面生活，感悟生命責任的價值；積極實踐，培養信守承諾的習慣；勇於擔當，不為自己的過失找藉口。

（三）冬之守望──生命歸鄉

時光荏苒，四季更迭，生命的季節也走向了休眠與終止。討論的話題亦如冬天一樣，莊嚴、肅穆，使人倍感寒意。主要包括五個專題的內容。

「生命安全」旨在培養學生生命安全意識，掌握防災減災、避險逃生、自救互救和預防暴力傷害的相關知識和技能，從根本上提高師範生應對災害和突發事件的能力和水準。在一定程度上，既可以減少意外傷害的發生，降低災難所造成的危害和損失，又能使學生在突發事件發生時，保持清醒的頭腦，及時採取正確、果斷措施，保護自己和他人的生命安全。

「生存權利」旨在探討人類生命和其他生命存在的權利。透過天災人禍、環境與疾病等話題，體驗生命的無常、脆弱與頑強，進而懂得「人類是地球的人類，地球不只是人類的地球」，懂得生命面前，眾生平等；懂得人與人、人與社會、人與自然的平等共生、和諧共存；懂得師範生本應具有的師者愛仁、大愛無疆的生命情懷，方能成為人類靈魂的工程師。

「生命老化」旨在透過角色扮演等教學活動，引導學生主動關注身邊的老人，幫助老人實現最後的生命成長。從生理、心理、社會適應和人生

價值等方面「先行到老，體悟生命意義」，在日常生活中真正做到理解老人、關愛老人、尊重老人，這是現代大學生的責任和美德。

「死亡權利」旨在幫助學生理解死亡是生命的一體兩面，人生最重要的課題就是解決生死大事。明晰死亡的定義與判定標準，能夠關注自己和周圍人們的生命困頓，掌握一定的自殺防禦方法，真正懂得「我們來得不容易，去得也不能太輕易；活得充實，死得其所；生如夏花之燦爛，死如秋葉之靜美」。

「生命歸鄉」旨在幫助學生理解死是生的導師，探索死亡是為了活出生命的意義。提供學習應對死亡情景的適切態度、技巧與方法，了解什麼是尊嚴死、什麼是生前預囑，以及臨終關懷的含義和本質。開啟超越生死的智慧──以死觀生，更好地活出生命的精彩。

（四）春之生發──生生不息

冬季過後，春天還會遠嗎？春季篇滿載著希望和夢想揭開了人生觀、價值觀、職業觀的探索，包括五個專題的內容。

「生命列車」旨在探討人類生命和其他生命存在的意義，建構積極適切的人生觀、價值觀與世界觀。它將人生比作一次旅行，師生一起回顧生命之路走過的點點滴滴，梳理收穫的酸甜苦辣，思考著生命的意義，領悟著生命的真諦，實現著生命的價值，成就著幸福的人生。

「行知精神」旨在探討師範生的職業精神。引導學生理解師範生與生命教育之間的密切關係，注重教育中「人」的價值思考，做「全人型教師」。樹立高尚的職業精神，體悟為人師者的精神、責任與使命，銘記「德高為師，身正為範」、「德以修己」的深刻內涵，努力做一名經師與人師合一的「四有」好老師。

「術業專攻」旨在基於生命教育專題課程的學習經驗，根植生命教育的核心理念，善用教學資源進行課程開發與設計，掌握生命教育的獨特教學方法，並能夠有效評價教學效果。能夠轉變觀念，放下架子，進入新角

色，練就生命教育教學過程中所需的「四者」基本功，做到「術業專攻，尚德篤行」，實現師生共同的生命成長。

「相約幸福」旨在探討生命的終極追求——幸福議題。到底什麼是幸福？如何才能獲得幸福？透過不同角度闡述幸福的本質及獲得幸福的方法，旨在引導和幫助師範生樹立正確的幸福觀，創造更加幸福的人生。

「相約幸福」與「走進生命」首尾相接，形成一個生命的迴環，象徵著人類周而復始，螺旋式上升，進而生生不息。

四、課程特色

（一）按照新型教材的理念設計，建構「立體化」課程

作為慕課資源發布，可用作「小規模限制性在線課程」（small private online course, SPOC），與自編的「師範生生命教育（慕課版）」配套學習，透過現代資訊技術改造課程教學系統，將文本資源、授課影片、課件資源、習題資源與拓展資源有機融合，實現線上線下課程的有效融合。

（二）搭建「四平臺」授課模式，建構「全景化」課程

運用「自建慕課＋自主研發虛擬模擬實驗＋騰訊會議＋微信群」四平臺為學生建構全景化的生命教育課程。透過虛擬模擬實驗平臺參與生命教育實踐活動，身臨其境體驗生死，透過虛擬場景下訓練火災、地震等逃生技能（如圖 2 所示）；透過騰訊會議、微信群平臺深入解答學生的生命疑慮及生命困惑，實現全方位指導。提供「沉浸式」的學習體驗與「泛在化」的學習空間，實現生命教育理念與安全技能訓練的有機整合。

（三）實現「課前—課中—課後」的「全程化」陪伴

課前：發布學習公告，邀請學生自主學習中國大學慕課課程，為直播教學做好「預熱」。課中：善用「課前 10 分鐘」，積極關注學生的思想心理動態，巧妙結合教學內容，進行心理疏導與價值引領。課後：運用微信

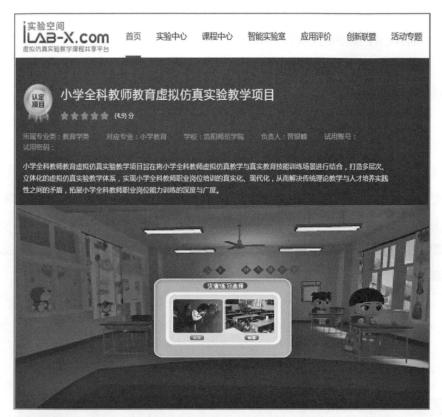

圖2 　自主研發的「小學自然災害應急處理虛擬模擬實驗」

群定期發送豐富的學習資源，針對學生疑問即時解答，用愛陪伴，持續提供支援。

（四）有效運用線上課程數據，持續改進教學效果

　　根據系統記錄學生在討論區發言的情況，給予評分，將其納入到課程成績評量中；根據學生在討論區的發言情況，及時跟進，做好生命價值引領。利用線上課程在運行過程中生成的各種數據進行深入分析，持續對生命教育教學方式等進行迭代升級。

創新與傳承：大學生命教育課程規劃與教學實務

五、課程評量與成績評定

本課程採取多元智能綜合評量方法，在關注學生知識增長的同時，更聚焦學生的生命成長。

線上（中國大學慕課平臺）評量採取兩種形式：形成性評量和課程總結性評量。課程成績為百分制，形成性成績占 35%，總結性成績占 65%。形成性評量：包括影片學習及單元測試（客觀題）占總成績 20%；單元作業（主觀題）占總成績 5%，由學生互評；課堂討論占 10%。總結性評量：期末考試占 65%。第一期採用課程論文評量的形式，由團隊教師批改。第二期及之後採用考試試題形式（客觀題占 80%，主觀題占 20%），主觀題由團隊教師批改，對選修課程的本校學生進行學分認定。

線下評量主要由觀察課堂表現與學生習作、生命成長日記、心得感言（論文）三部分組成，並為每一名學生建立生命教育檔案，記錄其成長的歷程。如表 2 所示。

表 2　生命教育課程成績組成

	評量／評分環節	分數	評量／評定細則
成績組成	觀察課堂表現	10	課堂上發言 3 次以上
	學生習作	10	積極參與慕課討論，上傳習作，完成測試，注意內容完整
	生命成長日記	20	生命成長日記要齊全，不可有漏項
	心得感言（論文）	60	期末評量論文：2,500 字以上，真情實感，拒絕抄襲

貳、生命敘事法在「師範生生命教育」的創新運用

生命教育是教育的生命，要用「生命化」的教育教學方法來進行生命教育，要達到師生共同的「生命在場」，將對生命的尊重與理解、信任與

成全，透過各個具體的教學環節鮮活有力地呈現出來，使生命教育真正成為一種直面人的生命、透過人的生命、為了人的生命品質之提高而進行的教育活動。

一、當生命教育遇上敘事治療

1990 年，澳洲臨床心理學家 Michael White 和紐西蘭心理學家 David Epston 首次提出了敘事心理治療的方法，在其代表性著作《故事・知識・權力：敘事治療的力量》（*Narrative Means to Therapeutic Ends*）一書中，詳細闡述了敘事心理治療的相關觀點與方法。敘事心理治療作為一 種一經提出便受到廣泛關注的後現代心理治療方法，其基本流程和主要技巧是：外化—解構—豐厚—重寫，在治療過程中將問題的故事轉變為較期待的故事，將問題的自我認同轉變為較期待的自我認同。敘事心理治療的哲學觀源於人本主義與建構主義兩種理念，其最大特點是充分尊重人的差異性、獨特性，突出體現對人的充分尊重。

創造性地運用後現代敘事的理念與方法是本門課程的「獨門秘訣」。生命教育所追求的價值、發揮的功能和實質內涵與後現代敘事心理治療的相關觀點與方法之間的結合可謂完美，兩者結合能夠達到事半功倍的良好效果。後現代敘事治療的哲學觀提倡「去權威而有影響力」、「學生自己才是自己問題的主人跟專家」等觀點，主張「多元性」、「異質性」、「自我關切」等，可幫助生命教育充分體現對生命的尊重。以「生命成長日記」作為後現代敘事心理治療的方法，是對「敘事信」這一技巧的引進、移植與改良，是生命教育教學的有效方法之一。

二、基於生命敘事理念的教學方法

生命教育課程運用的教學方法主要有四種：講授與感悟教學法、活動與探究教學法、情境與體驗教學法、生命敘事教學法。

（一）講授與感悟教學法

此教學法旨在避免那些單純知識介紹，而重在讓學生了解、體悟和接受教師傳授的教學內容。比如說，在「生命權利」專題中，教師向學生展示圖片、課件及各類災害和事件的聲音影像資料，讓學生強烈地感受到生命在災害和事故面前的脆弱和無奈，萌生出珍惜生命、保護環境的意念。而後，學生透過上述的學習來暢談感悟，教師適時點撥，形成共識。此一教學法需要教師和學生在課前做大量的準備工作，盡可能地搜集各類資料，形成知識板塊，讓學生在充分體驗的基礎上，自然地領悟生命的內涵。

（二）活動與探究教學法

教學中借用團體心理輔導的方法，在每次教學活動之前，都要安排熱身遊戲和體驗活動，讓許多知識和感悟的形成在活動中實現。大致模式是：教師提出活動方案和要求；組織學生分組討論，每個學生進行探究式的討論，並確定人選，代表小組發言；進行課堂分享報告，成果交流，鼓勵每個人積極參與，教師適時指導和點撥；教師歸納學生分享中的亮點進行總結；最後透過生命成長日記的書寫建立持續的連接。

（三）情境與體驗教學法

體驗教學法主要是藉由創設各種開放情境，讓學生透過自身的體驗去體悟周圍世界，並經由多種體驗管道發揮自己的潛力，以求充分發展。生命教育重視學生的親身經歷，授課教師正是根據這些經歷，結合生命教育內容所創設出形象鮮明的各種場景，輔之生動的文學語言，以及其虛擬模擬實驗平臺的運用，並借助音樂的藝術感染力，再現現實生活中的一些情景畫面，使學生如見其人，仿佛置身其間，如臨其境。設計多元的體驗活動，例如：計算生命時間、護蛋、雪花片片等體驗活動（如圖 3 所示），跨越熒幕的阻隔，開啟師生的對話空間，敞開心扉，讓生命故事流淌。

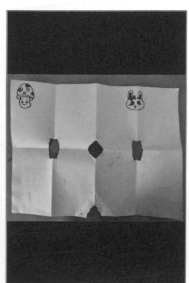

圖 3　多元的生命教育體驗活動

在「生命老化」專題中，教師提前規劃安排採訪幾位65歲以上老人的小組作業，請同學們在訪談中重點注意觀察老人的外表、姿態、心態、語氣等方面，之後以小組為單位創編情景劇，透過角色扮演的方式，「先行到老」體悟生命的冬季，發自內心的換位思考，去採取尊老、愛老、護老的行動，並有勇氣幫助老人完成最後的生命成長。師生就在此情此景之中進行著一種情景交融的教學活動，使學習成為「體驗、認識、再體驗、再認識」，不斷豐厚良性迴環的漸進過程，最終促成學生行為和認知的統一，生命智慧與良知良能的內化。

（四）生命敘事教學法

在生命教育教學中引入敘事方法，不僅能生動有效地呈現師生共同的「生命在場」，取得入耳入腦入心的教學效果，促進師生生命品質的自動生成，更是對敘事治療應用範圍的更新穎、更寬廣之拓展，我們稱之為「1＋2＋3＋4」生命敘事法。

樹立「**1**」個新觀點：生命教育的教師們一定要在心底相信，學生才是自己生命的主人，他們都是面對自己生命挑戰的專家；相信在學生們的生命成長中有無限的可能性。

　　體現「**2**」種新態度：其一，人不是問題，「問題」才是問題；沒有有問題的學生，只有共同面對問題的師生；其二，意義並非事先存在，必須透過心與心的交流與互動才能加以創造。

　　承擔「**3**」種新責任：其一，教師的責任是營造尊重、透明和好奇的環境；其二，教師有責任去嘗試「去中心而有影響力」之引導模式，這樣才有可能為教師帶來更多的活力；其三，教師有責任統合所有的資源（自我、重要他人、團體動力、生命成長日記）來見證學生的生命成長。

　　做好「**4**」個新角色：有了根植於心底而發的「相信」力量，就會在生命教育課堂上認真做好「傾聽者、陪伴者、引導者、催化者」的角色（如圖4所示）。

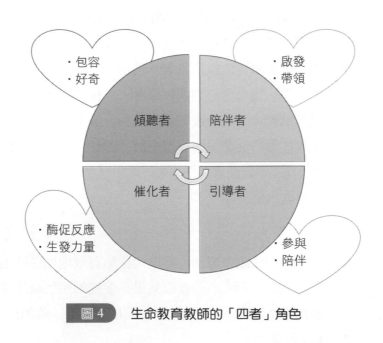

圖4　生命教育教師的「四者」角色

　　具體來說：**傾聽者**就是教師要全身心傾聽，放下教師的架子，走到學生中間，放下自己原有的價值量尺，不忙於評價和為學生貼上各種問題的標籤，而是把自己放空，真誠地去包容學生，好奇地去傾聽他們的心聲。

　　陪伴者就是教師在整個教學過程的細節中，要用欣賞的目光、真誠的語言、包容的態度、真誠的情感去陪伴學生。這種用心的陪伴不僅僅侷限於課堂，也要延伸到課後的時間，讓師生的心貼得更近一些，陪伴學生一起歡笑、一起悲傷、一起成長。

　　引導者就是生命教育教師嘗試改變自我為中心的想法，進而產生更有影響力的課堂行動。教師雖然把更多的話語權交給學生，突出了學生的中心地位，但絕不等於旁觀與放縱，而是透過生命敘事特有的問話，來點撥和引領學生去看到原來所沒有看到的自己，使其在重新講述自己生命故事的過程裡慢慢恢復自信，回歸人性的善端，鼓勵嘗試新的改變和行動。

　　催化者是借用化學反應中「催化劑」的作用，來形容教師在生命教育課堂上的第四個新角色。在生命教育的課堂上，教師不做高人一等的權威，而是像「酶促催化」般地陪伴和加速學生的生命成長，使學生有能力選擇自己的人生之路並對此負責，之後教師自然「脫落」，放手讓其展翅高飛。

　　這「1 ＋ 2 ＋ 3 ＋ 4」生命敘事法，是我們十幾年生命教育教學實踐中總結凝練的成果，經過實踐檢驗：可操作、可複製、可持續、可發展。在陪伴學生成長的同時，也讓我們深深感受到一種對生命的尊重、一種愛的陪伴、一種相信的力量。正是這些信念、決心與幸福感，才讓我們持續保有對生命教育的熱情和活力，去發現、喚醒和激發學生的生命潛能，去展示人格的魅力與人性的光芒！

三、基於生命敘事精神的團隊培育

　　在推進生命教育的課程教學中，尤其注重基於生命敘事精神的「2 ＋ 2 ＋ N」團隊培育（1 名生命教育資深教師和 1 名生命教育新手教師＋ 2 名輔導員＋數名學生志願者）。在課堂教學中相互合作，共同探索和設計獨特

的教學模式，由遊戲活動導入，引發學生思考；採用多元的視聽媒體創設情境，引導學生討論與分享；透過教師的指導和引領，進行理論知識的學習，從感性鋪墊到理性提升；直到最後水到渠成，教師用學生自己的閃光語言去聚焦昇華。「2＋2＋N」的學習團隊透過集體備課、合作授課與課後總結，來不斷改進課程設計、鍛造每一堂課，切磋運用後現代敘事心理治療的理念與技巧，如何外化、解構、豐厚、遷移、見證、重寫，來共同演繹生命的美妙樂章。團隊的成員之間也正是透過不斷相互交流，促進了整個團隊的快速成長。

我們把敘事療法融入生命教育的教學活動，將人生喻為四季，從夏季篇切入，經歷夏、秋、冬季後，回到春天來，引領學生在生命教育的發展性、體驗性課程體系中，透過故事敘說、問題外化，由薄到厚形成積極有力的自我觀念，重新審視和定義生命意義，實現心靈的成長，建立較期待的自我認同。此時，學生們往往會帶給我們意想不到的驚喜，自己有力量來迎接未來的生命挑戰。一位學生曾這樣評價道：「其實我們每顆心都是一座神秘花園，只是裡面的東西各有千秋罷了。有些人的花園芬芳馥鬱，香澤萬里；但有的人的花園還是一片荒蕪，雜草叢生。我很慶幸，在我生命的第十九個年頭裡明白了這一點，讓我還有機會去豐富我那荒蕪已久的花園。」在這種全新的課堂教學模式下，沒有教師和學生，只有朋友和朋友、心與心的交流，只有溝通、傾訴和傾聽。課堂上用遊戲貫穿整個教學過程，讓我們用心去體會每個遊戲背後的深刻道理。因為用「心」，所以在這裡學到的不是單一的專業知識，更多的是關於人文、人性的東西。「生命教育課」教會學生思考，思考「過去、現在、未來」的人生。「生命教育課」將我們遺忘已久的東西拾回。也許從來沒有想過生命盡頭是什麼，但這個課堂讓學生提前做好了準備，讓他們明白生命如此短暫，要真正讓其有意義，就必須抓緊時間去做更多的事。正如學生所說：「如果讓我形容一下『生命教育課』，我會覺得它就像陽光，溫暖而不灼人，輕輕地灑進我們的心田，讓心靈裡的那片花海常開不敗。」

四、「敘事信」技巧在「生命成長日記」中的運用

　　生命教育教師在課堂上需要以解構式的方式聆聽每位學生的發言，真誠地貼近、發現學生主線故事裡的閃光點，進行問題的外化、解構式的提問，豐富學生認為重要的支線故事，並探索使用敘事地圖，陪伴學生在行動藍圖與意義藍圖之間來回穿梭，使他們能在其中看到過去所沒有看到的自己，以喚起其自身改變的內在力量，同時要利用班級的團體動力給予學生支持，鼓勵學生重寫或豐富自己的生命故事。在課後，要藉由「生命成長日記」來持續關注課上需要陪伴的學生。

　　師生共同達成兩點承諾：一是日記書寫要及時，要在下課後的當天完成；二是日記的字數不限，可多可少，但必須是真情實感，不抄襲不寫表面文章。此時，生命成長日記繼續成為師生心與心交流的場所。教師透過「敘事信」技巧在生命成長日記中運用文字，以「鼓勵」、「啟發」、「引導」學生自己發現自我在絕境中的堅持與「生命的閃光點」等，逐漸豐富、重構生命故事，喚醒學生生命力量，正視人生中的挑戰，使生命教育的力量持續發酵並發揮作用。

五、生命敘事式生命教育的教學效果

（一）生命教育課程成為學生最喜愛的課程

　　僅以 2019 至 2020 年 2 月的學期為例（如圖 5 所示），生命教育課程得到學生的好評，課程評價得分為院系最高分 92.66 分。

　　從生命教育課程指標雷達圖來看（如圖 6 所示），學生認為「該門課程目標清晰」、「教師講授清楚，重難點突出，易於理解」、「教師能在疫情環境下透過該門課程幫助我樹立正確的價值觀」、「該門課程中教師透過師生交流引導積極投入思考」等，該門課程的學生滿意度高於全校其他課程平均水準。

圖 5　生命教育課程得分趨勢圖

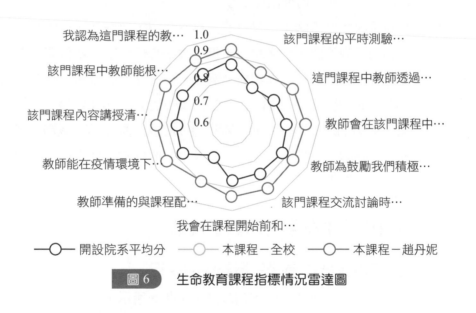

圖 6　生命教育課程指標情況雷達圖

（二）新冠肺炎疫情促發師生生命成長

　　生命教育教學的效果，關鍵在於學生是否「知行合一」，自發地將所學知識轉化成實際行動。課後學生自發成立「生命會心教育實踐協會」社團組織，推動新冠肺炎疫情下的生命教育系列活動，例如：「面對疫情，省思生命」原創繪本徵集、心靈樹洞等，推送充滿正能量的原創美篇十餘

篇，激發大家決勝疫情的信心與決心。如圖 7 所示。

圖 7　生命會心教育實踐協會疫情主題社團活動

　　生命教育創新團隊在抗疫阻擊戰中壯大，團隊通力合作，在共同關注和保障教學的有序高效進行的同時，「把疫情、把災難變成教材，共同完成好這場生命教育、信念教育、科學教育、道德教育」。發揮專業優勢，夜以繼日，僅用一週時間，完成了《共克時艱　健康成長：新冠病毒防控背景下的生命教育》小學低段、高段讀本近 5 萬字的書稿，為小學生提供當下急需的生命教育教材，讓小學生懂得抗疫防控的相關知識，學會如何保護自我，熱愛生命。叢書的編寫得到《河南日報》、「學習強國」等媒體的宣傳報導，產生了廣泛的社會影響。為河南省小學教育專業學生編寫 23 萬字的《師範生生命教育》（慕課版）教材，目前已經入選河南省「十四五」規劃教材，力求服務更多的師範生。如圖 8 所示。

　　生命教育課程團隊在抗擊疫情、服務社會的同時，也讓熱愛生命、敬畏生命、人類命運共同體、家國情懷等生命教育的理念、價值、情感，走進每個生命教育人的心中，並外化為每個人的自覺行動，實現著師生共同的生命成長。

圖 8 生命教育團隊編寫的疫情相關讀本、教材

參、生命敘事式生命教育的教學實踐反思

一、生命教育教師練習「四項基本功」十分必要

生命教育的教學實踐是「慢的藝術」，由不得半點急躁。生命教育不是萬能的，但缺少了卻萬萬不能，教師需要不斷進行生命敘事法的「四項基本功」的修練，否則無法細緻地關照到每一個學生「全人」的生命成長。

二、生命教育需要師生生命互相敞開與成全

若要與學生生命真正產生連接，產生情感共鳴，就需要教師做到「真誠」與「透明」，與學生分享自己的生命故事與情感體驗，用生命去觸動生命，用生命去滋養生命，用生命去引領生命，用生命去成全生命。

三、生命教育應採用「生命化」的方法來進行

生命敘事法在生命教育課程中的運用與嘗試，已取得了良好效果。我們始終相信每個人都有應對自己生命問題的智慧與力量，始終相信人們在講述自己的生命故事時，其實也開啟了與他人對話中的無限可能。在生命教育課程中，教師始終帶著一種身、心、靈統合的全人教育觀和學生們走

在一起，讓教育真正回歸到生命的本質。

四、生命教育中的「敘事信」技巧具有獨到價值

「敘事信」技巧應用於生命教育實踐，能起到事半功倍的效果，值得學習與運用。然而，要掌握「敘事信」的核心技巧，卻需大量的實踐與教學經驗積累，圍繞生命成長日記進行交流時，師生間面對面的談話必不可少。「敘事信」技巧運用於敘事心理治療和生命教育教學均具有激發生命力量的作用。

總之，「生命敘事」的適切應用能夠確保生命教育的實質與內容、功能與價值的有效實施，而在生命教育中運用「敘事」技巧正是敘事療法在生命教育實踐中的移植與改良。與以往所採用的教學方法相比，其最大不同在於充分體現了對人的尊重、信任與成全：始終相信學生才是自己生命的主人，相信學生有自己面對和解決問題的能力，只是他們自己還沒有發現！我們惟願「入靈無痕喚醒生命意識，潤物無聲培植生命情懷，真水無香滋養生命本源，真愛無言成就幸福人生」的生命教育理想更大程度地轉化為現實。

作者介紹

　　趙丹妮（1980 年生），吉林省長春市人，延邊大學博士、河南大學博士後、碩士研究生導師，現任洛陽師範學院教育科學學院副院長、生命教育與教師發展中心主任、副教授、中華青少年組委會特聘生命教育講課專家、中國陶行知研究會生命教育專業委員會常務理事、河南大學生命教育研究中心研究員、吉林省生命安全教育協會常務理事、河南省青年骨幹教師、河南省基礎教育專家，一直從事生命教育理論與實踐研究。主要講授生命教育、教師素養與生命教育、心理健康等課程，期間在《中國高等教育》等期刊發表生命教育系列文章 20 餘篇。主持、參研生命教育系列教研、科研專案 10 餘項。主編《醫學生生命教育》、《師範生生命教育》，副主編《大學生生命教育教程》和《生命教育十三講》等教材 6 部。獲得教學、科研成果獎等個人獎項 30 餘項。

16 國中小生命教育體驗活動的設計與提問技巧

張景媛

慈濟大學教育研究所兼任教授

從目前生命教育的內涵來看，大致來說，包含哲學思考、人學探索、終極關懷、價值思辨與靈性修養等重要概念。但是，生命教育只能運用講述進行教學嗎？我們可以從網路上看到洪蘭教授寫過與生命教育有關的文章，例如：〈生命不一定是直線的〉、〈潛移默化的生命教育〉、〈生命教育是用體會的〉，以及〈最好的生命教育是展現行動力〉等，這些文章用生活中實際的故事舉例說明，有興趣的讀者可以自行上網閱讀，必定有所收穫。現在，我要針對〈生命教育是用體會的〉及〈最好的生命教育是展現行動力〉兩篇文章的重點，舉例說明教學時進行的方法與技巧，以提供大學師資生及現場教師參考。

壹、體驗活動的設計與實施

活動一、繩圈活動（設計與實施的方法）

1. 適用年級：中年級至大學生均可。
2. 參與人數：12～30 人左右，分 2～4 組，每組 8～10 人（各組人數相同，分配不均時，多出來的學生可當觀察員）。
3. 體驗時間：不超過 30 分鐘。（包含活動中討論的時間，但不包含

活動結束後與生命教育結合深度學習的提問時間）。

4. 器材：童軍繩 2～4 條，童軍繩要等長，約 2～3 公尺（童軍繩頭尾相接打結，讓繩子形成繩圈）。

5. 生命教育議題內涵：「生 E7 發展設身處地、感同身受的同理心及主動去愛的能力，察覺自己從他者接受的各種幫助，培養感恩之心」（取自生命教育議題國小階段的實質內涵）。

6. 課堂學習目標（依據生命教育議題國小階段的實質內涵規劃學習目標）：

(1) 體驗團體活動中，個人的行為表現與人際互動情形，察覺自己從他者接受的幫助。

(2) 發展設身處地、感同身受的同理心，培養感恩之心與主動去愛的能力。

7. 體驗活動步驟：

步驟一：

(1) 分組，每 8～10 人一組，每組人數相同，並圍成一個圓圈，手牽著手不能放開。

(2) 每組發一條童軍繩圈，童軍繩圈套在第一、二人的手腕上。

(3) 各組先練習將童軍繩圈設法從第一人一直穿越到最後一人（每次只能穿越一人）。

(4) 進行第一次體驗活動，並計算完成的時間（牽著的手不能放開）。

(5) 告知各組完成的時間，並請各組成員討論活動中遇到的問題及改善的策略（如何讓成員可以順利地通過繩圈）。

步驟二：

(1) 以相同的規則進行第二次體驗，但是，要計算進步時間（請依照原先的規則將繩圈一一穿過每個成員，而非使用其他特殊的方式快速通過繩圈）。

(2) 請各組討論過程中，哪些人曾幫助自己順利穿過繩圈。

(3) 必要時可以進行第三次體驗活動，仍然是相同規則，重點是覺察如何幫助自己左右兩邊的同學可以順利通過繩圈。

圖 1　繩圈活動進行時的照片（體會同儕互相幫助的生命意義）

8. 體驗活動後的提問探究（依據學習目標進行提問探究，這個體驗活動主要是體驗被助與助人的感受）：

(1) 在繩圈活動中，第一次進行時發生哪些事情？──針對體驗活動的情形提問。

(2) 第一次體驗活動進行時，你遇到的困難在體驗前有考慮到哪些？哪些沒有考慮到？──針對體驗活動的情形提問。

(3) 第二次體驗活動做了哪些改變？原因為何？你們想的策略，哪些效果不錯？哪些策略還需要再調整？──針對小組討論的策略進行提問（比如學生說：互相幫忙、專心投入、互相提醒、願意聽別人建議、想策略等）。

(1)至(3)是針對體驗中的情形進行提問。

(4) 生活中我們曾遇到哪些困難？哪些人曾經幫助過我們？──察覺自己從他者處接受到的各種幫助。

(5) 我什麼時候曾經幫助過別人？為什麼那個時候你會想去幫助別人？——針對生活中實際的故事舉例說明。

(6) 當時你是怎麼想？怎麼幫助別人的？幫助別人之後，你感覺到什麼？——發展設身處地、感同身受的同理心。

(7) 我們在幫助他人時，也要注意哪些安全問題？——針對助人時的安全問題進行討論。

(4)至(7)是針對平時生活中會出現的問題，也可設計曼陀羅創意技法進行討論，方式如下：

1. 生活中我們曾遇到哪些困難？	2. 哪些人曾經幫助過我們？	3. 我什麼時候曾經幫助過別人？
8. 自由發表	助人與被助的 事件與感受	4. 為什麼那個時候你會想去幫助別人？
7. 我們在幫助他人時，也要注意哪些安全問題？	6. 幫助別人之後，你感覺到什麼？	5. 當時你是怎麼想？怎麼幫助別人的？

(8) 對於幫助過我的人，我要怎麼表達感恩的心？——針對培養感恩之心進行提問。

(9) 日常生活中有哪些事情是我們可以主動去關懷的？原因為何？助人的方法有哪些？如何注意自身的安全？——針對主動去愛的能力進行提問（生命教育是展現行動力）。

(8)至(9)可以放在後續的課堂中進行討論，不一定在體驗活動中全部進行完畢，因為要朝著課堂學習目標進行規劃，例如：如何表達感恩之心、如何主動去愛、助人有哪些方法、助人時如何注意自身的安全等。

(10)補充說明：每個人規劃表達感恩之心的方法與主動去愛的策略時，要設計學習單，展現生命教育是具有行動力的。在體驗活動設計時，需要視學習目標選擇合適的活動進行體驗，並加以適當的修改。

以下說明不當的活動設計方式。

活動二、繩圈活動（不當的設計與實施）

1. 假設課堂學習目標仍然如下：

(1) 體驗團體活動中，個人的行為表現與人際互動情形，察覺自己從他者接受的幫助。

(2) 發展設身處地、感同身受的同理心，培養感恩之心與主動去愛的能力。

2. 體驗活動步驟（以下說明國中小常見的進行方式）：

(1) 分組，每 8～10 人一組，每組人數相同。

(2) 說明規則：

a. 每組發一條童軍繩圈。

b. 小組圍成圓圈，童軍繩圈套在第一個人手上，每個人手牽著手不能放開。

c. 童軍繩圈從第一人一直穿越到最後一人（每次只能穿越一人），回到原點。

(3) 練習：可先讓體驗者練習一次。

(4) 第一次體驗：計算各組完成的時間。

(5) 第二次體驗：計算各組進步時間。

(6) 小組討論快速達成目標的創意策略。

(7) 第三次體驗：計時並計算完成的時間，看哪一組的速度最快。

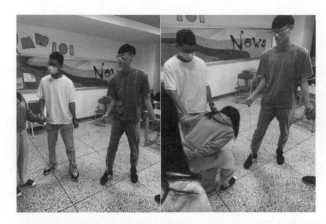

圖2　繩圈活動進行創意設計時的照片（運用創意進行設計與實施）

3. 引導思考（運用 4F 進行提問）：

(1) 剛剛體驗活動中，你印象最深刻的是什麼事？〔事實（facts）〕

(2) 剛剛體驗活動中，你有什麼感覺？〔感覺（feelings）〕

(3) 順利完成後，你有什麼心得？〔啟發（findings）〕

(4) 未來在進行這種體驗活動時，你會怎麼做？〔未來（future）〕

4. 請將活動二體驗活動進行方式，和活動一的進行方式加以比較，發現哪些不同之處？為何同樣的「學習目標」與同樣的「體驗活動」，但是第二個活動並不是生命教育學習目標的體驗活動呢？

5. 補充說明：

(1) 第二個體驗活動不是不能進行，但是第二個活動是針對創新設計進行體驗，而不是針對生命教育進行體驗，如果要針對創新設計進行體驗，學習目標應該要先修改。

(2) 其次，4F 的提問技巧是給不習慣師生對話的教師初步練習的策略。問的是一般性的問題，提問不夠深入，也未與學習目標有所連結。這是教師在進行生命教育體驗活動時應注意的事項。

貳、生命教育體驗活動的選擇與運用

體驗活動有許多種，我現在想要體驗生命教育某個概念，到底該採用哪個體驗活動呢？

一、生命教育體驗活動案例一

1. 生命教育議題內涵：「生 J3 反思生老病死與人生無常的現象，探索人生的目的、價值與意義」（取自生命教育議題國中階段的實質內涵）。

2. 課堂學習目標（依據生命教育議題國中階段的實質內涵規劃學習目標）：

    (1) 分享自己曾經歷過生老病死的事情，探究這些事件對自己產生的影響。

    (2) 反思自己目前的人生目標與自我價值觀，規劃未來生活中想要達到的生命意義。

    說明：由於這個生命教育議題內涵的要素很多，體驗活動是要找出「一個重點」進行活動設計，而非找一個體驗活動要達到整個單元的目標。假設教師已經上完「分享自己曾經歷過生老病死的事情，探究這些事件對自己產生的影響」。接著，體驗不同階段可能的人生目標與自我價值的關係，進行的活動如下。

3. 體驗活動步驟：

    (1) 分組，每組一盒價值卡。

    (2) 第一組思考的是 15～27 歲的人生目標與自我價值，第二組思考的是 28～40 歲的人生目標與自我價值，以此類推。

    (3) 各組依據學習單上設定的年齡，想像這個階段可能的人生目標，

並挑選該階段最重要的 5 張價值卡。學習單如下：

組別	第一組	第二組	第三組	第四組
人生階段	15～27 歲	28～40 歲	41～53 歲	54～66 歲
人生目標				
自我價值（該階段最重要的 5 張價值卡）				
該階段人生目標與價值間的關係				
各階段目標與價值間的不同之處				

(4) 各組分享某階段的人生目標與選擇最重要的 5 張價值卡，說明該階段的目標與價值間的關係。

(5) 全班分析各階段目標與價值間的不同之處及可能的原因。

4. 規劃每個人自己的人生藍圖：經過前面小組共同討論的過程，小組成員要思考自己的人生目標，並且依據這個目標，思考自己未來生涯藍圖中可能具有的價值觀，以及目標與價值間的生命意義。學習單如下：

人生階段	15～27 歲	28～40 歲	41～53 歲	54～66 歲
我的人生目標				
我的價值觀				
我的階段目標與價值間的關係				
我的人生目標與價值間的意義				
在各階段中，我哪些價值觀是沒有改變的？原因為何？				

二、生命教育體驗活動案例二（設計較不適合的體驗活動）

1. 假設教師已經上完「分享自己曾經歷過生老病死的事情，探究這些事件對自己產生的影響」。接著，體驗不同階段可能的人生目標與自我價值的關係，進行的活動如下。

2. 體驗活動（較常進行的活動方式如下）：

   (1) 每位小組成員先寫下自己的人生目標。

   (2) 每位小組成員挑選自己認為最重要的 5 張價值卡。

   (3) 每位小組成員說明自己選擇 5 張卡的原因。

   (4) 假設未來必須捨棄一張價值卡，你會捨棄哪一張？原因為何？

   (5) 假設未來必須再捨棄一張價值卡，你會捨棄哪一張？原因為何？

   (6) 最後的 3 張價值卡和你的人生目標有何關聯性？

   (7) 各組推派一位成員和全班分享自己的想法。

3. 補充說明：

   (1) 本活動設計的目標是「體驗不同階段可能的人生目標與自我價值的關係」，但是活動中僅想像未來必須捨棄某個價值卡時的原因，並未深入探索不同階段為何會有不同的想法與改變。

   (2) 捨棄價值卡是許多活動中常見的方式，但是為何要捨棄呢？它代表工作性質的改變？生活角色與生活型態的變化？或是遭遇了哪些人生轉折？這些都可以深入的探究，而不是玩完就好。

   (3) 各組推派一位成員和全班分享自己的想法，然後呢？這和當初設定的目標「體驗不同階段可能的人生目標與自我價值的關係」有哪些落差？如何加以改善？

這個活動設計是許多課堂教學中會進行的體驗活動，希望未來設計體驗活動時，能先提出體驗活動的目標或學習目標，讓設計者能依據目標進行合宜的規劃。

參、生命教育體驗活動的提問技巧

前面介紹體驗活動時，已經大約談到引導思考的方法。現在說明引導思考可以借助一些方法來進行。過去二十年來，教師已經知道 4F 引導思考技巧，但是只是問：「活動中，你印象最深刻的是什麼事？」（事實）「你有什麼感覺？」（感覺）「你有什麼心得？」（啟發）「未來在進行這種體驗活動時，你會怎麼做？」（未來）這樣的提問並未能針對學習目標進行深入的討論。已下介紹兩種策略，提升自己提問技巧。

一、運用六頂思考帽進行引導

1. 六頂思考帽的內涵：陳龍安（2006）提到六頂思考帽的內涵是用顏色表達意象：
   (1) **白帽**：代表中立、客觀與事實。
   (2) **紅帽**：代表情緒。
   (3) **黑帽**：意謂負面或不恰當的事情。
   (4) **黃帽**：象徵陽光、正面與希望。
   (5) **綠帽**：象徵豐饒、多產與創新點子。
   (6) **藍帽**：是在一切之上，牽涉到思考的過程。
2. 假設國中生命教育在討論議題「生 J5 覺察生活中的各種迷思，在生活作息、健康促進、飲食運動、休閒娛樂、人我關係等課題上進行價值思辨，尋求解決之道」中的人我關係，請各組運用六頂思考帽進行價值思辨並尋求解決之道。
   例如：針對人我之間的衝突事件進行提問：
   (1) 現在戴上白色思考帽，你會想到哪些客觀事實？例如：他說「你有什麼了不起」、「他走過桌邊會撞我桌子」，這些都是以客觀的語言描述當時的事件。

(2) 現在戴上紅色思考帽，你會產生什麼感受？例如：「我聽到時會心裡不舒服」、「他的行為影響到我的情緒」，這時可以說出自己的感受。

(3) 現在戴上黑色思考帽，這樣的關係對你造成什麼負面的影響？例如：「我不喜歡他這個人的行為和講的話」、「看到他會讓我無法專心讀書」、「他的表現也會影響他的人際關係」，這是思考在這件事情中可以產生的負面影響。

(4) 現在戴上黃色思考帽，你覺得他也有哪些好的表現？例如：「他上課時會勇於發表意見」、「他會為別人的事打抱不平」、「我應該學習如何面對這樣的情境」，這時的我是朝向正面與希望去思考。

(5) 現在戴上綠色思考帽，你會想到哪些創新的點子解決你的困擾？例如：「我可以跟他說我的想法和感受或是寫張小小的祝福卡」，這時要發揮創造力想出解決問題的策略。

(6) 現在戴上藍色思考帽，覺得自己為什麼會有這樣的想法？我可能忽略了哪些問題？例如：「我可能常常從自己的想法去思考別人的行為」、「我發現有些人會運用幽默化解衝突」、「我也可以練習幽默的技巧」。

3. 上述的思考，每次只聚焦在一個思考問題上，讓自己的思緒清晰，最後再進行統整思考，面對人我關係的問題，想出解決人際衝突的創意方法。

二、運用提問圈討論

以生命教育議題國中階段的實質內涵「生J4 分析快樂、幸福與生命意義之間的關係」為例。

（一）兩個提問圈的練習

1. 你曾經歷哪些快樂的事件？
2. 你曾經歷哪些幸福的事件？
3. 你是如何舉出快樂和幸福的例子？
4. 快樂和幸福的相似之處或是不同之處為何？

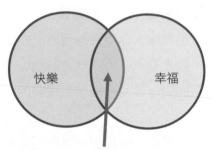

快樂和幸福的相似之處或是不同之處

圖 3　快樂和幸福兩個提問圈的練習

（二）三個提問圈的練習

想想看，從下面的三個提問圈進行提問，你會如何進行思考呢？

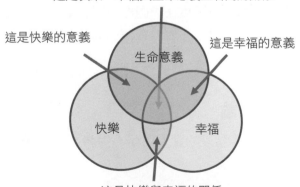

圖 4　快樂、幸福和生命意義三個提問圈的練習

1. 你曾經歷哪些快樂的事件？你曾經歷哪些幸福的事件？
2. 快樂和幸福有什麼相似之處或是不同之處？
3. 這些快樂的事件對你產生哪些意義？
4. 這些有意義的快樂事件讓你產生什麼感覺？它和幸福有什麼關係？
5. 以一段話描述快樂、幸福與生命意義之間的關係為何？

本文僅簡單說明國中小進行生命教育議題融入領域教學時，設計體驗活動與提問的技巧。紀潔芳教授曾以一顆葡萄乾就帶出生命的意義，當下令人十分驚豔，筆者因此開始研究設計體驗活動與提問的方法，供國中小教師參考。

參考文獻

陳龍安（2006）。**創造思考教學的理論與實際**。臺北市：心理。

作者介紹

張景媛，慈濟大學教育研究所兼任教授。

創新與傳承：大學生命教育課程規劃與教學實務

17 生死教育的文本困境及尋解：學生課堂書寫遺囑的思考

胡宜安

廣州大學政治與公民教育學院教授

生死教育必須致力於幫助人們應對並妥善處理個體人生中的生死問題，生死問題又極具個體親歷性，因此我們必然面對並解決這樣一個根本問題：我們了解學生嗎？與之緊密相關的是：學生如何呈現在我們面前？這兩個問題彼此呼應相互影響，每一個問題又內在地表現為：我們如何去了解真實的學生，以及我們如何去真實地了解學生；學生在教育中如何呈現真實自我，以及學生如何真實地呈現自我。這些問題又都表現為一個核心問題，即文本問題：教師透過什麼了解學生，以及學生透過什麼呈現自我。

壹、教育的文本困境：遠離生命

從文本角度來理解，教育的困境是文本自身歷史發展的必然，即文本逐步背離源頭，走向形式化的必然，即呈現文本「文本 I」與教化文本「文本 II」的分離與扞格，從而在教育實踐中無法接觸真實的生命。

一、關於文本的源頭與主體

文本最初本於物自體。文本的英文詞為 text，從詞源上來說，它表示編

織的東西，這與中國「文」的概念頗有類似之處。「文」取象人形，指紋身，指花紋。據東漢許慎在《說文解字敘》中稱：最初倉頡按照物類畫出形體（依類象形），所以叫做「文」，其本義是事物的紋理、花紋，故「文者，物象之本」。就其本源而論，文就是自在之本。據《周易·系辭下》的記述，伏羲氏觀鳥獸之文，鳥獸身上的花紋彩羽是文；該書又稱「物相雜故曰文」，物體的形狀、線條色彩相互交錯，這也是文。顯然，「文」既指涉個體屬性，也指涉交互關係。「觀乎天文以察時變，觀乎人文以化成天下」。無論天文還是人文均有其自在之本，皆是人類順應自然，教化天下的依據。可見，「文」來自於客觀事物本身，自然為「本」。反過來說，唯有來源於事物本身方自為本，這是文本的源頭。

隨著物（本來）到符號的演變，於是便產生了以「任何由書寫所固定下來的任何話語」來界定的文本概念。對語言學家來說，文本指的是作品可見可感的表層結構，是一系列語句串聯而成的連貫序列。文本可能只是一個單句，例如：諺語、格言、招牌等，但比較普遍的是由一系列句子組成的。它是某種意義的載體，反之，任何意義都須借助這一載體表現。文本就是符號和意義的統一，符號包括語言、圖畫與音符，這後兩種總體上還是依賴於語言，語言是人類最基本的符號形式。所以文本是一種語言的存在，這就產生了一種可能，即人們接觸文本而不是接觸事物，或者說，人們不再直接接觸事物本身了。也就是說，由於符號，文本也不再等同始源之物了，於是文與本兩分。

而語言又相對區分為語言和言語，語言為能指，它指稱普遍與一般，其意義為社會所規定，語言是死的，是無主體的；而言語為所指，它指稱特殊與具體，其意義是個體所賦予，言語是對語言的實際應用，是活的語言，有作者、說話者，也有讀者、聽眾。這就涉及文本的主體問題，即有沒有主體，以及誰是主體的問題，也即是誰在說、誰書寫、有沒有讀者和聽眾的問題。文本的主體問題客觀上來說，導致了文本與主體脫離的可能。

從文本的起源與演變過程來看，文本內在地包含著自我分化的趨勢：

一是從物（象）到文本（符號）的過程，就是一個文本脫離物本的過程；二是語言之能指與所指的分化過程，亦即文本與主體相脫離的過程。這一分離過程暗含著何以教學生、何以了解學生兩分。

二、教育與生活的分離

一般而言，我們採用文本或文本選擇有兩種路徑：其一，是因循生活與感性體驗、個體領悟等，涉及特殊性與偶然性方面，文本主體為個人主體、自我主體，不妨稱之為「文本 I」；其二，是因循理論與概念範疇、經典權威等，涉及普遍性與規律性方面，文本主體為社會主體、他我主體，不妨稱之為「文本 II」。前者是多樣的、差異的、個性的；後者是單一的、統一的、共性的。舉例來說，現代教育遵從理性主義和科技主義的教育典範，大多在文本使用上盡可能採取通用文本，如同通用科技標準一樣，這樣既具有高效化，也具有權威性，更為重要的是具有可比性。而涉及社會科學與意識型態方面的教育活動也必須應用統編教材，將文本使用約束到極致，甚至於參考資料都予以規定，目的在於大一統（編注：指在國家政治上的整齊劃一，經濟制度和思想文化上的高度集中）。至於特殊性、個別性的則只能在教學個別環節上體現出來，例如：在教學互動環節裡，可能會引入生活場景及師生對話內容。

教育本是源於生活，「人類教育活動起源於交往，在一定意義上，教育就是一種特殊的交往活動」（葉瀾，1991，頁 32）。在人類早期，生活就是學習，影響就是教育，教育產生並展開於個體間的相互影響。古希臘的 Socrates 和東方的孔子均是以對話方式從事著教育活動，而對話存在於生活之中，沒有教材文本和其他規範化教育形式。比如說，古希臘的雅典學園便是典型，在那裡，學習就是生活，接受教育就是一種享受。許多自由的精神和不朽的靈魂正是在此得以孕育，難怪 G. W. F. Hegel 在治哲學史時稱之為精神家園，其情景令人心馳神往！而在古代中國，素有遊學傳統，學子遊歷山川、遍訪名師的千古傳奇不絕於耳。著名教育家潘光旦曾經指

出：先秦學人論教育，只言學，不大言教，更絕口不言訓。「行萬里路，破萬卷書」，正是在行走與生活中求學得教，可以說，在彼時，文本與生活體驗是融為一體的。

隨著工業革命與生產力的發展，近代教育日益與生命相脫離，逐漸形成了獨特的教育體系和發展典範，從而走上獨立發展的道路。到了現代，由於科技理性的滲透，教育日益走向科技化，與此同時，教育作為一項社會活動也日益發展與完善，其內在的規律性進一步強化，從而教育也就走向自律並遠離生命。走向自律的教育改變了教育與生命之間的本體性關係，教育按照自身邏輯對生活世界進行文本處理從而使之形式化。文本（文本II）成了教育活動的核心，文本自成體系，有其嚴格的邏輯結構。實施教育活動的教師不再是忠實於生活（文本I），而是忠實於教育文本與科技規範；學生進入教育中的目的在於建構知識體系，而不在於建構生命。當今以科技教育為實質的專業教育不單遠離生命而且日益肢解著生命，致使學生生命存在感迷失，這已是不爭的事實。顯然，文本首先是為實施教育教學的依據，於是形成了「文本II」的壟斷局面，「文本I」退居其次，甚至變得可有可無。

擺脫自身的文本困境，生死教育必須回到本源，即生命處，建構一種地平線——無論教師還是學生都是生死問題的親歷者，生死教育課堂成為生命體驗的現場，消除教師與學生身分對立。

貳、一種嘗試：學生課堂書寫遺囑

「語言是存在的家」，這是存在主義哲學家 Martin Heidegger 的一句名言，它既揭示了語言與存在的表裡關係，也揭示了語言本身的本體論意義。生命教育以生命為本，體現生命在場，首先必須是透過語言這一本體存在的方式來建構。其中，書寫便是一種重要方式。

一、課堂預立遺囑是一種生命書寫

預立遺囑就一般意義而言，指遺囑人在生前就自己的死後遺體如何處理、葬儀如何舉辦，乃至遺產如何分配等問題所為的囑咐。老年人預立遺囑能夠使自己在有限時間從容過好每一天，以防生命無常。年輕人預立遺囑則屬於生涯規劃的重要部分，它能使個人清楚意識到生命的短暫，從而做到善待生命、珍惜時間，妥善處理好人生中的各種問題。對大多數人來說，預立遺囑無疑就是直面自己的死亡，這是與迴避死亡的傳統文化心理相衝突的。實際上，別說給自己立遺囑，就是想一想自己會死，也會造成個人心靈上極大的震撼與恐懼。

正是基於社會整體對死亡的一種迴避心理，引導學生預立遺囑和撰寫墓誌銘，直面自己的死亡，這是大學生命教育課程的重要環節和方式。應該說，預立遺囑與撰寫墓誌銘是一種深刻的死亡體驗，雖沒有墓葬器物和相關場地的氣氛烘托，但它有一個自我思考的心靈空間，其體驗效果依然存在。其根本原因就在於，預立遺囑是真正的生命書寫。第一，它是個體自我的凸顯。因為死亡最本質的特性就在於它具有不可替代性，每個人的死都是自我的死，旁人無法替代，世界上只存在「我的」死。預立遺囑是個體對死亡的直視，從而也正在這種直視中呈現出自我。第二，它是個體真實的體驗。如同 Heidegger 所言，畏死是個體最本真的狀態。只有在面對死亡時，個體才無所逃遁，只有接受。此時，他的感受、體驗是最深刻、最真實的。第三，它是個體價值的審視。當一個人將死之際，生命應該如何的價值訴求不是來自外部，而是來自內部，也就是說，平時我們總在強調人的一生應該如何的問題，似乎是在環境中的被問，而當個體站在死亡這一人生終點時，這一問題則是由個體生命內在地匯出的。「人之將死，其言也善」，就在這一刻，個體已然明晰人生的價值是什麼，應該如何過完這一生。顯然，預立遺囑與撰寫墓誌銘正在於置自身於死亡之鏡前對人生的觀照。

二、學生對預立遺囑的理解與體驗

從那些「生死學」選修同學的筆端可以了解到生命書寫的真正內涵和旨趣所在。筆者在每一學期「生死學」課堂上，都要請學生預立遺囑和撰寫墓誌銘，並要求他們記下當時的心情與感想。下面幾點就是從學生所記錄資料中粗略地總結出來的，這些資料無疑地告訴我們：預立遺囑與撰寫墓誌銘的意義是什麼，以及如何看待死亡與生命。

第一，預立遺囑是「關乎人生的大作業」、「曾經存在於世的一個證據」。剛聽到預立遺囑和撰寫墓誌銘是一份作業時，是不是又要跟其他科目那樣只是為了完成任務而去做作業呢。但仔細想想，這並不是一般簡簡單單的作業，而是一份關乎人生的大作業，它絕對不會是交了作業就永遠把它擺在一邊，甚至忘記的無數作業中的一份作業，它可能甚至會是個人曾經存在這個世上的一個證據。

第二，預立遺囑書寫的過程就是思考人生的過程。「這並不是簡單的一個擬寫遺囑的過程，而是讓我們靜靜地、深刻地思考自己人生的過程。當我們切身想像自己到了寫遺囑的那一刻時，或許心裡會有彷徨、害怕，以及對這個世界的無限留戀。但是在那個時候，我們會發現什麼才是生命中最重要的事情。那就是我們的家人，是親情，或許還有友情等，總之，不會是我們平日所追求的物質、虛榮等外在的東西」。

第三，預立遺囑是面對死亡的人生驅動。下面是一個學生真實的思維過程，或許可以代表多數人對這一問題的看法：「老師，為什麼要這樣的作業？為了『預立』遺囑，我想了很多，哭了很多！好痛苦！假如現在自己真的要離開這人世了，怎麼辦？我不甘心！有很多事情沒有做，我還沒有給我爸爸媽媽幸福呢！活了二十多年，爸爸媽媽操勞了二十多年，多不容易啊！就這樣走了，對得起誰呀？幾次寫作業，幾次刪，實在寫不下去。我沒有勇氣面對失敗的自己。是的，從『生死學』這門課開始，我就想了很多。每次都給我一些啟示與感悟。可真要『預立遺囑』，對自己實在是

太殘忍了！終於我還是平靜了下來。預立遺囑不就是為了更好地奮鬥，更精彩地活著嗎？我知道老師您的初衷了！所以我設想了我的未來。上面我寫的遺囑，是為以後 90 歲的自己寫的。裡面有我現在和將來要追求的東西。」

第四，遺書沒有定稿，書寫存在於生命過程之中。由於人現在還活著，也不知道能活到什麼時候，隨著時間的變遷，人的遺書也會有所變動，很多老年人每隔一段時間都會進行一次修改，直到本人離開人世的最後一版才是最終版本。

第五，透過書寫懂得感恩與珍惜。預立遺囑書寫的過程中，和親人朋友的經歷歷歷在目，人會更珍惜與親人、朋友在一起的時光。人之將死，其言也善，預寫遺囑讓人跟懂得感恩，尊重每一個人。其實不知道該怎樣寫才算得上是真正的遺書，但在真正撰寫遺書和墓誌銘的過程中，人卻會忍不住思考許多，深切感受到人之將死的無奈、無助和蒼涼。此時，只希望現在的自己可以好好珍惜當下，下次真正寫遺書、撰寫墓誌銘時，可以做到無憾。

第六，書寫是自我的最後表白，是生命的文字。人生苦短，當短暫的人生即將結束之時，彌留之際的人免不了有話要說。這是人生最後的聲音和文字了，是一個人一生思想的最後凝聚，是一個人一生情感的最後表白。顯然，預立遺囑是生命的覺醒與成長，用哲學家的話來說，就是向死而生。

參、生命在場：呈現自我生命

教育即生命存在的方式，教育的原點是生命，回到生命即教育回到它的內在本質。與專業教育相比，生死教育是「屬我性」教育，專業教育是對象性教育。生死教育的屬我性實質就是帶有主觀精神性，而專業教育的對象性實質就是帶有客觀物質性。

人類是唯一意識到有死的動物，這就為生死教育提供了客觀必然性依

據，同時也就決定了死亡教育的內在本質，即生死教育的可通約性與不可通約性的內在矛盾性。此外，也為教育提出了一個根本性的問題：怎樣才適可而止，教育不至於將死亡的個體親歷性模糊；同時避免教育與個體的不同步性（知識性教育僅僅只是接受但不一定應用，而且甚至一生都不應用；而關於死亡則必須直接能夠融入個體自我，並使之成為當下意識結構）。

Elisabeth Kübler-Ross 在《論死亡和瀕臨死亡》（*On Death and Dying*）一書中指出了死亡教育的個體性，「儘管人人都會以他自己的方式來拖延正視和考慮這些問題（死亡）的時候，直到萬不得已。但是，只有當他能夠想像自己的死亡時，他才有可能真正地作一些改變。這種事無法大規模地進行，也不可能由電腦來完成。它必須由每一個『個體的人』來單獨完成。我們人人都有逃避這個問題的需要，但人人又都必須或遲或早地面對它」（邱謹譯，2005，頁15）。

當關於死亡的各種文本呈現在個體面前時，我們的認知器官部分是被建構的，受制於文本的語言文字組織、文本風格等，你接觸文字、畫面及聲音等都無法由你決定。因文本是以某種普遍共性形式呈現到各別的個人，我們所理解到的是千篇一律的死亡，儘管個人可以進行加工生成自我的死亡，但那是被啟發、後繼的。如果在不同的時空閱讀到類似的文本，我們或許會改變先前所形成的認知，故此時的認知是第二性、受動的。

顯然，現行教育的文本乃傳達教化之本，是對學生進行身分建構之依據，並非我們了解學生之依據。因此在教育活動中，學生是以客體身分出現的，他／她是被給定的、被建構的。這些給定者在教育教學規則中，在學生守則中，在以任何人們習以為常的學生之為學生的規定預設中。它可能是各種各樣的戒律，可能是必須因循的路徑，更是一系列標準答案與價值規範。這樣的話，我們所見到的便是千篇一律的受教育者戴著共性面具，這副面具只出現在課堂、階梯教室、會議室及學生活動中心。不過如果稍有空間場所的變動，只要走出課室、走進生活，這副面具便幻化成鮮活生動的個體存在，他／她跟你先前見到的全然不同，他／她不再屬於給定的，

而是在生活中呈現並變化著的。當然，如果個體被統一面具壓抑太久，以致深入血肉，他／她或許會逐漸遺忘掉那生活中的自我，需要經過很長時間與努力才能恢復常態。

試想，生死教育如果要成就生命、提升生命，必須建構起能夠使生命在場的平臺，在這個平臺上，讓學生得以真實呈現自我，這既是生死命教育的首要課題，也是生死教育得以有效實施的前提。

生死教育必須讓生命在場，這是其本質條件。這要求教師擺脫了課程設計者和目標執行人的角色，創造性地引發學生的生命在場想像；學生則擺脫被先驗給定的身分，以生死體驗者身分進入課堂。讓學生在課堂、在師生關係中得到真實呈現並真實呈現自我，這大概是生死教育本質之所在，否則便難稱得上是「生死教育」了。如此，就其讓學生得以呈現自我而言，生命在場的首要任務是建構「文本I」，而生命在場是生死間性的在場，是基於課堂中師生、生生交往的在場，決非自說自話或自言自語。

一、生命書寫與閱讀

什麼是生命書寫？生命書寫是自我面對生死的真實體驗及其表達，它呈現的是一種如Heidegger所言的存在的本真狀態。涉及生命體驗、死亡體驗、預立遺囑和撰寫墓誌銘等書寫活動，作為死亡練習的一個重要環節，在生死教育課堂中起到非常重要的作用，此外，作為生死教育研究之用的文本還包括有：日記、絕命書，以及其他涉及生死體驗的文字。

生命書寫的本質內含著這樣一種承諾：書寫者能夠保證生命的在場性。生命書寫是生命書寫生命，不假外求；是本然真實，是生命之真實呈現。學生應付式寫作、應景式作文等，只不過是書寫，但絕不是生命書寫（更多的是連書寫都談不上，只是複製貼上而已）。生命書寫不單是對書寫的本質限定，而且它就是一種生命存在的再現形式。

書寫如同言語是生命的本質需要，相對言說，書寫更加凸顯生命的「在思」。言語具有情境性，而書寫則不具有時空約束，因而書寫具有更大的

內在空間，它內在地是主體思考的過程。如同學生預立遺囑，被視為人生的大作業、「曾經在世的一個證據」。顯然，這樣的話在平常的時候、任何其他場合，甚至任何人包括自己父母都不可能說出的，這恰恰是生死教育課程的優勢。在生死教育課堂上，學生才能如此坦然而深沉地思考並書寫這類話題，學生將他人生中最切己、最痛徹心靈的話題書寫呈送給老師看，老師是學生書寫的讀者，這就增添了幾分學生對老師的信任。因此教師的讀者角色便十分重要，教師如果真正能夠做到對學生書寫文本進行深刻思考並對學生進行人生指導，這已經就實現生死教育的真正意義了。

二、生命敘事與聆聽

生死教育意在搭建一個生命平臺，提供一個特設的生命情境供諸多個體進入其中，去聽，去說，去體驗，去領悟。學生進入課堂就是進入到一個特設的生活現場，與他們課堂外的生活沒有兩樣。這種生命化的意義在於在教師與學生之間、課內與課外之間，搭建起一個共生的生命平臺，這個平臺以生命為地平線，任何對立衝突都消融於這一地平線上，從而根本上去掉了教化的色彩，體現為生命與生命之間的交流。

首先就是透過生命敘事消除話語霸權，允許多種聲音說話。生命教育課堂設置必須能夠營造一個氣氛，使每個參與者都能暢所欲言。敘事與聆聽是最重要方式，因敘事與聆聽是生命的內在且基本的需要，人借助言說來表達，既是一種自我存在的顯現與出場，也是生命存在感的自我建構，還是尋求環境理解與支持的途徑。因此讓學生言說，「講述自己的故事，濃縮人生精華」。講述本身就取得了一種現實性，即文本呈現；同時對聽者而言，聆聽也是種內在且基本的需要。每個人都需要從他人那裡獲得生命的相關資訊，這些是他作為個體所不曾有的，但對於他卻有重要意義，這是一種文本解讀。當然，聆聽也是一種姿態，一種對他人的理解與尊重，這是對言說者不可缺少的環境反應。交往是生命社會本質的內在需要，其意義不僅在於它是一種生活而且還在於它是生命完整性不可分割的內容。

以交往來理解教育活動就是消除傳統教育中的師生對立，以生命個體間互動來展開生命教育，這既是生命教育的前提也是生命教育的基本內容，更是生命教育的重要方式，而交往實質就是語言的交流。在此，師生間的劃分因敘述與聆聽而模糊，就是說者與聽者間的互動。不難想像，透過生命敘事，個體人生中的喜怒哀樂有人分享與分擔，生命教育課堂將是一個多麼富有生命氣息的課堂。捨此，還有什麼文本能成為課程核心呢？

顯然，言說的方式是「文本I」最原始的存在型態，是與生命活動直接同一的始源文本。其所呈現的無疑是最真實的生命存在，既是呈現真實的自我，也是最真實地呈現自我。

課堂遺囑書寫的重要環節是當堂分享自己的遺囑和墓誌銘。起初，分享者如同往常唸稿子一般談不上身心投入，但隨著內容進入到與父母告別、懺悔、最後的遺言等時，個體的情感和情緒便漸次濃烈，以致壓抑不住，一邊唸著稿子一邊啜泣；聽者也是漸次進入，從僅僅是聽，到暗嘆對方文筆，到產生情感共鳴，到最後不禁想到「如果我……」。所謂言為心聲，一個面向眾人，包括老師、同學宣讀的遺囑，肯定是自己內心的真實呈現，它令課堂中所有先驗地存在著的身分差異統統消失，只剩下說者與聽者。這大概可稱之為有聲文本吧！

肆、走向生命與文本互構

解決我們面臨的文本困境，並非要消除「文本II」保留「文本I」，而是要回到源頭，使這兩種文本內在統一於生命的當下存在以及個體生命的存在。實際上，我們必須承認，生死教育既不能走科技教育路徑，也無法回到教育的原始狀態。同時，我們也不能迴避，生死教育文本困境的癥結在於文本對生命的疏離，因此要解決文本的困境，必須在文本與生命之間尋求共存互構的關係。即一方面讓文本生命化，另一方面讓生命文本化，這才是「我們如何了解學生」與「學生如何呈現自我」的統一求解。

一、文本生命化

　　「文本Ⅱ」的存在自有其合理性，不可輕易否定。作為一種教育形式，如同任何其他形式一樣，教育的定義就是教育者根據一定的社會要求和受教育者的發展歷程，有目的、有計畫、有組織地對受教育者的身心施加影響，期望受教育者發生預期變化的活動。文本的選擇與取捨、組織與建構、解釋與處理主導權在教師而不在學生。顯然，這就暴露出「文本Ⅱ」存在的內在缺陷。生死教育文本生命化就是走向學生生命，一是建構文本的學生主體，二是文本走向生命。所謂文本的學生主體，指文本的選擇、建構與解釋方面由以教為主導走向以學為主導，真正體驗生本旨趣。所謂走向生命，指文本路徑由以抽象概念為主導走向以感性體驗為主導，由強調一般規律性走向尊重個體差異性。文本生命化就是要對「文本Ⅱ」進行生命化改造，包括兩個方面：

　　一是作為生死教育資源的文本走向生命化，擺脫其外在性。生死教育文本資源非常豐富，大體上包括如下內容：(1)資料文本。大量的資料被引用、解釋，其文本意義在於：陳述某種現實狀況、揭示某種問題的存在，以及闡明事態的發展變化；(2)文學藝術文本。這一部分是透過文學和藝術方式揭示生命與死亡的非理性方面，是生死教育用以體現人文精神的重要文本，包括影視、文學、繪畫等；(3)經典文本。這一部分主要是在哲學、心理學、社會學、倫理學等學科層面對生命與死亡問題的經典理論；(4)民俗文本。風俗習慣、神話傳說、民間故事等。但這些文本的意義只存在於被解釋與被理解之中，它本身並沒有任何意義。因此要強調學生文本主體的建構，使之切合學生生命實際，亦即能夠引起共鳴，否則便毫無意義。舉例來說，當老師在課堂上播放一部教師自認為很感動人的影片時，學生觀看卻沒有什麼反應，這種現象並不鮮見，原因只怕是在於文本與學生生命體驗尚缺乏內在聯繫。只有經由學生的主體轉換，文本才能與現實生命活動相融合，進而引發學生的思考。這包括：重視學生對文本的選擇權，

不只是由老師指定閱讀或觀看；關注學生對文本的解釋權，不要將教師的見解強加於學生等。當然，在這裡，前提是我們相信且依靠學生完全可以透過他們的生命去面對教育文本，實質就是尊重學生的生命體驗。鑒於此，可以判斷文本的外在灌輸既行不通，也無意義。

二是走進學生生命，注重研究學生的個人文本。所謂個人文本，指學生基於自我生命體驗而書寫的文字資料，如學生日記、自殺遺書、預立遺囑等。在以往，這些文本往往被邊緣化，頂多只是作為引文旁注。生死教育就是要走進學生生命，了解他們的所欲、所思、所行、所有，甚至所懼。在現實中，多是透過統計資料、文獻資料，甚至實際調查等文本來了解學生。但不可否認，這都只是本質性的了解，即我們所涉及的學生只不過是樣本化的學生，並非具體真實的學生，對個體而言只是外在性的建構。學生的個人文本顯然由於其屬於隱私性而可以最真實地呈現著生命境況，因此走進學生生命，必須借助學生的個人文本。在某種意義上，生死教育課程要因材施教，就必須涉及並研究這些個人文本，這樣才能避免面面俱到的空洞，從而有針對性和現實性。

二、生命文本化

生死教育畢竟是一種教育活動，不是生活本身，這就內含著建構「文本I」的必然。生死教育必須是有生命的教育，而「有生命的」教育就是營造一種氣氛，使生命在場。當然，生命是不會自在呈現的，生死教育目的就在於使個體生命擺脫自在狀態，進入自覺狀態。生命的自覺在本質上就是自我對象化化關係的展開，通俗地說就是個體與自身的關係，「我的生死」變成了「我的」思考物件。然而，「人同自身的任何關係只有透過他同他人的關係，才成為對他來說是物件性的、現實的關係」（馬克思‧恩格斯，1972，頁24）。在生死教育課堂裡，個體同他人的關係包括師生關係、同學關係，生死教育的實施內容就是展開主體間交往，鼓勵每個學生將生活中的點滴借助言說、書寫表達出來，任何人都是作者、說話者和聽

眾。只有主體，沒有客體，也沒有旁觀、旁聽者，從而形成一種有機的師生、同學關係。這種有機關係既是生命存在的方式也是個體成長的契機，更是生死教育的使命所繫。

　　生死教育始終面臨著兩個問題：生死教育作為一種教育活動，教育如何才能有效實施？生死教育作為一種生命活動，如何使教育成為有生命的活動？這兩個問題是生死教育的一體兩面：生死教育有效實施的核心就是使生命在場，體現生命化，而只有這樣，生死教育才能真正成為學生的一種生命活動。而使生死教育成為一種生命活動，實質上就是使生命由自在走向自覺，體現為生命的成長，這又正是生死教育作為教育活動的根本目的訴求。因此建構生命文本化與文本生命化，使教師真實地了解真實的學生，也能夠使學生真實地呈現真實的自我，從而擺脫生死教育內在的文本困境，是生死教育有效實施的內在依據與基本方向。

參考文獻

邱謹（譯）（2005）。**論死亡和瀕臨死亡**（原作者：E. Kübler-Ross）。廣東省：廣東經濟出版社。

馬克思‧恩格斯（1972）。**馬克思恩格斯選集**（第 1 卷）。北京市：人民出版社。

葉瀾（1991）。**新編教育學教程**。上海市：華東師範大學出版社。

作者介紹

　　胡宜安，1933 年 12 月生，男。1981 至 1985 年入湖南師範大學就讀本科，1996 至 1999 年於華南師範大學攻讀哲學碩士學位，現為廣州大學教授、碩士研究生導師，兼任「北京癌症防治學會生死學與生死教育專業委員會」主任委員。

附錄　向死而教

張紋羽

成都市實驗外國語學校五龍山校區

　　我真正告別學生時代，是在 2019 年 8 月 15 日——我作為班導師上任的第一天，我曾幻想過無數個第一天上任的場景，但萬萬沒想到會接到這樣一通電話。電話是當時負責軍訓的教官打來的：「**張老師，你們班有個孩子不見了。**」我心頭一緊，連忙問發生了什麼，教官說是因為她軍姿沒站好被罰跑，她心生不滿直接跑離了訓練場。我立馬跑向警衛室調取影像監視器，經過了 4 個小時的尋找，終於在教室走廊外發現了她，走廊沒有開燈，我叫她的名字，她站定之後一句話也不說，只是看著我掉眼淚，為了安撫她的情緒，我陪她到光亮處坐著聊天，而後的話題讓我至今難忘，她問我：「**老師，什麼是死亡？**」我清晰地記得她當時看我的眼神，絲毫沒有生氣與希望。

　　幸好我讀研究所期間接觸了「生死學」這門課程，否則面對眼前這個 16 歲的懵懂少女，我還真不知該怎麼回答，我想起當時在課堂上老師播放電影《可可夜總會》（Coco）的片段，我告訴她：「**人的一生，要死去三次。第一次，當你的心跳停止，呼吸消逝，你在生物學上被宣告了死亡；第二次，當你下葬，人們穿著黑衣出席你的葬禮，他們宣告，你在這個社會上不復存在，你悄然離去；第三次死亡，是這個世界上最後一個記得你的人，把你忘記，於是，你就真正的消亡，整個宇宙都不再和你有關。**」她又接著問我：「**那既然人都會死去，為什麼還要活著呢？**」她接著說自己活著很痛苦，她不喜歡自己的室友，也討厭學校生活，每天都處於一種焦慮和暴躁的狀態，她也曾自我傷害過，甚至還上網搜尋了關於「自殺島」的內容，她告訴我日本很流行自殺，方法也有很多，她甚至還加入了一些

「自殺討論群組」。我聽完了她的傾訴，沒有急著否定她這些在旁人看來有些可怕的想法和行為。我告訴她我的導師是廣州大學的胡宜安教授，是專門研究生死學的，他在大學開設了一門叫作「生死學」的課程，很受學生歡迎，所以我肯定了她對生死的思考，但我也指出其中不恰當的地方，緊接著我回答了她的問題：「什麼是死亡」。人生正因為有限，當下的時光才顯得彌足珍貴，因此生老病死是人之常態，如何在有限的時光活出自己的精彩才是真正值得思考的問題。

在之後的工作中，我還遇到過類似情況的孩子，他們大多都不是真的想結束自己的生命，只是生活中的煩惱得不到解決，為了引起重視，他們選擇將自我傷害作為一種表達和發洩方式。透過與這些孩子的交談，我越發覺得急需將「生死學」這門課程引入中小學教育，現在自殺低齡化趨向明顯，不僅學生需要正確地看待生死，廣大一線教師也需要樹立正確的生死觀，這樣才能對學生正確地加以引導。

我意識到，隨著教育職業生涯的深入與延續，我會碰到各式各樣的學生，在他／她成長的過程中，都會遭遇不同的生死困惑與問題，我無法置身事外，必須幫助學生妥善面對並認真處理，為他們的人生發展奠定堅實的生死觀基礎。

我堅信在研究生期間從導師胡宜安教授那裡學習到的生死學知識能夠助我一臂之力，同時面對自己漫長人生中各種未知的生死問題，我也還需繼續學習，生死教育就是生死學習！因此我要與學生們一同成長，與他們生死相伴，向死而教。

作者介紹

張紋羽，女，1995 年生。本科畢業於四川師範大學思想政治教育專業，研究生畢業於廣州大學學科教學（思政）專業，現任成都市實驗外國語學校五龍山校區中學政治教師兼班主任。

18 生死學課程的開創與傳承

郭碧味
桃園市桃園社區大學校長

　　2007 年 6 月，筆者甫從輔仁大學宗教研究所生死學及生命教育組畢業，當年依依不捨地離開任職 30 年的國防大學理工學院。2008 年，由理工學院教務處前處長何台華教授的推薦，進到龍華科技大學通識教育中心開設生死學新課程。陸陸續續也在空中大學擔任殯葬文化學、殯葬與生死、臨終與後續關懷、殯葬倫理與宗教、生死學，以及生死心理學等課程之面授老師。

　　龍華科技大學是臺中以北私立科大第一，辦學績效超越多所公立校院，囊括多項的全國私立科大的第一，《Cheers 雜誌》、《遠見雜誌》等和企業最愛大學生調查，無不創全國綜合型私立科大的第一名。當時筆者懷著戰戰兢兢的心態進到該校開設課程，把每一堂課都當作我的每一場演講來準備，發揮在張老師和生命線的諮商輔導精神關懷來選課的學生，把他們當作自己的孩子一樣的關心、愛護、引導。龍華科技大學生死學課程大綱，包括生命的本質、生死邊緣、生死抉擇、愛情哲學、臨終關懷、悲傷輔導、關懷眾生、最後的尊重、生死禮儀、生死信仰等。課程涵括生命故事分享、影片教學，利用多媒體短片引導學生自我探索個人生命的價值意義，面對人的生、老、病、死的自處之道，以及面對臨終與變故的適應能力，在課堂上筆者擅長與學生雙向互動溝通、實際問題討論，鼓勵學生從龍華的校園網路學習平臺上研讀教材與講義，提供生命對話與機會，進而創造教學相長的學習氛圍。從學生的報告當中了解學生有家庭變故、價值觀偏差、

憂鬱症、情感遭挫等，主動提出關懷與協助，或者引介張老師、生命線、心靈診所等資源運用。在開學的第一週，學生自我介紹時，多數分享對「生死學」課程的期待和選課動機是除了對該課程名稱的好奇心，主要還有「預立生前遺囑」課程和「參訪大體解剖實驗室」，希望知道如何活出生命價值，面對不可預知的死亡做心理準備。筆者設計的 18 週課程教學目標，如附錄所示。

壹、正念呼吸

正念呼吸練習 5 分鐘，係參照李燕蕙教授的指導與練習（雷叔雲譯，2012）。

每一節課開始之際，帶領學生做正念呼吸練習 5 分鐘，讓意念安住在此時此刻，學習在壓力下好好掌控自己的負向情緒，透過練習遠離負面情緒思考，客觀看待自己腦中的想法，並接受這些想法而不加以評判，體會不同的感受而面對。對於這樣的練習，畢業多年的學生回饋筆者，當遇到人生困境和低潮時候，就靜坐做正念呼吸練習，情緒大都可以得到很好的紓解與改善。

貳、課堂上的探索教育

1. 人生三際（或用彩色筆畫我過去、現在、未來）：款款細說人生，檢視自己的一生達到自我探索的目的，調整自己的人生方向。
2. 生命曲線圖（生命卷軸製作）：敘述自己從有記憶以來到現在的所有正、負向情緒事件，檢視自己的過去、現在、未來。我覺得……我是怎樣的一個人？別人如何看待我？我習慣性的思考模式為何？我是否還想做些調整或改變？

參、播放生命的樂章：《人生四季之歌》

《人生四季之歌》影帶係由安寧照顧基金會發行，整支影片觀賞完畢後，再進行討論或每一單元播畢後，停格討論。

討論主題：春──生命是什麼？夏──死亡是什麼？秋──如何說再見？冬──臨終關懷與安寧療護。

肆、校外參訪

在期中考前一週，帶領選課的學生校外參訪大體解剖實驗室，此活動在 2016 年 4 月以前是到輔仁大學醫學院參訪大體解剖實驗室。2016 年 10 月開始轉移到長庚大學醫學大樓大體解剖實驗室參訪。參訪的目的，基於對學生生命教育的啟發，讓學生了解醫學院「大體老師」生命最後捨身奉獻，以及家屬無私的大愛精神，促進學生珍惜生命及了解生命最崇高的意義與價值，進而思考如何活在當下與「面對生命處理死亡」。

當天活動分為兩部分，首先由大體解剖的教授做「大體老師與生命教育之結合」的簡報，介紹醫學系如何將大體老師與生命教育結合，從大體老師捨身的意義，看到家屬無私的大愛、生命最崇高的意義與價值，進而思考個人生命的意義及珍惜生命，實踐對生命的尊重與人文的關懷；接著實地參訪大體解剖實驗室，這氣氛最為緊張，考驗同學直接面對大體老師的勇氣，體驗「面對生命處理死亡」，進一步思考如何珍惜自己周遭擁有的一切而活在當下。

從決定參訪的等待過程中，學生們表示心情是恐懼、期待、害怕、好奇、揣測，甚至有些學生想像成電影裡陰森而恐怖的情節；有位學生闡述參訪當天忐忑不安的心情：「出發當天還問了自己一次，是不是會怕？看了之後會不會吃不下飯？但自己內心馬上有股聲音傳出：有什麼原因要怕？

看了為什麼吃不下？……」到了現場，在教授簡報的內容中，有學生分享：「這一小時的講解當中，我學到了很多，學習到人生不只是那麼的簡單，而是你要創造它的價值，才會顯著有更多的意義」、「大體老師是默默付出，用自己的身體來與學生們溝通，我蠻喜歡這句話，只是對自己的身後事，要做出這樣的決定，即使對大體捐贈有了了解，我想我還是會望之卻步吧」。到解剖實驗室看見大體老師，多位學生分享：「鐵臺上淡黃色的布掀起了，大體老師很平靜地躺在那邊，任由醫學院學生在他身上動刀……，這就是無語良師的精神，情緒交織的我，頭腦出現很多往事……」、「把解剖臺打開的時候，心裡真是一陣糾結，皮膚都變成深褐色，甚至可說殘缺不堪……，大體老師的家人一定都很痛心」、「死亡不代表一個結束，而是另一個開始，我想這就是人生最真實的體會吧！因為人生不只是包涵著自己……，也包涵著很多人」、「不光大體老師很偉大，更有大愛的是那些大體老師的家屬，他們要看著自己的親人先被防腐處理，然後被人解剖，那究竟是何等的折磨，只有他們最清楚」、「人生在世，或許諸多不如意，但每個人的生命是唯一，要懂得珍惜」、「尊重生命是需要被感動的，而不是被教導的。也向自己承諾，倘若我也有這麼一天，我要當個大體老師或是器官捐贈，為社會大眾付出更多」。

參訪後，從學生的心得報告中，得知學生無不帶著一顆尊敬、學習、感恩的心拜訪大體老師，從和大體老師近距離的接觸中感受到大體老師犧牲奉獻的精神。也從學生的心得報告中看出，學生從參訪中學習到如何面對死亡，了解死亡是人生的一部分，是無法逃避的，既然無法逃避那要如何坦然面對，當生命還有無數的明天，如何思考生命的意義與價值，我還能為社會奉獻什麼？當生命走到盡頭，我如何做到臨終四道：道愛、道謝、道歉、道別！

解剖實驗室中的人體塑化標本，呈現出來吸菸的肺和健康的肺，使得學生參訪後加強戒菸的決心。還沒有做好心理準備的學生，可以選擇不參加，而是寫自我生命分析的報告如下：

- 主題:「我的生命經驗」。
- 對象:個人或家人或朋友。
- 呈現方式:個人書面報告（A4 紙張 12 號字體不得少於一張）。
- 報告內容:以個人、家人或朋友,曾經經歷過分離或失去（如搬家、親友逝去或寵物死亡時）的感覺為主題,說明事情發生的經過。
- 如果好友或親人過世了,我們可以為他做哪些事?
- 自我分析:此事件的發生與個人的關聯性,列出所有能導致此事件發生的原因,將原因依「可改變」及「不可改變」分類,針對可改變的因素,說明所有可行的預防或解決方法。

伍、預立生前遺囑

　　誠如 Heidegger 大師所說「人,是朝向死亡的生存著」,每一個人被生下來,就彷彿搭上了一生命列車,朝向生命的終點站,不管你的權位多高,再怎麼有錢,無一例外,都要到達生命的終點站,都會下車。明白「生是偶然,死是必然」的當下,我們無法預知意外和明天哪一個會先到來,「預立生前遺囑」就是有其必要性。筆者自從十幾年前接觸生死學課程後,就有預立遺囑的習慣,每年都會拿出來應時做些修改,家人都知道我放置遺囑的地方,告訴兒子即便是媽媽因故回不來了,所有的交代也都很清楚,讓家人們無後顧之憂,不要為自己的身後事而煩憂。回想 21 年前父親因為罹患肝癌過世,因為家人自做主張選擇不告知老人家罹患癌症的真相,生怕老人家一時無法承受罹患癌症的事實和痛苦。結果,最後只能看著父親在加護病房喘不過氣地在筆者面前斷氣,父親什麼身後事也沒交代。要土葬?火化?是憑藉著大哥用兩枚 10 元硬幣在老人家靈前徵詢父親首肯火化（試圖說服父親要火化,因為土葬土地貴又費事）,經過多次的丟擲終於獲得硬幣一正一反的結果,表示父親答應火化,天曉得真的是我父親所答

應的嗎？所以當我們神智清醒，還可以為自己做決定的當下，為什麼不為自己規劃喪禮流程、交代身後事，告訴身邊的親友我有多愛你們，告訴我的家人我這一生過得多麼有意義、我走了可以了無遺憾，遺物的去向做個清楚交代，器官和大體如何做捐贈等等。很高興筆者也已經決定將最後的禮物（身體）捐獻給慈濟醫學院做教材，筆者撰寫給慈濟醫學院所預立的遺囑上，也註明了想讓醫學院學生可更清楚了解筆者的生平意願，寧可醫學院的在學學生在我捐獻的身體上劃錯十幾刀，也不願他們畢業成了專科醫師後在病人身上劃錯任何一刀。很高興筆者能響應最後一次的助人之舉，相信我是歡喜乘願歸去。

陸、講　座

筆者與龍華科技大學諮商輔導暨職涯發展中心合作，在課堂上邀請多名生命鬥士來講座。

一、「超級雙講師」──林昭坤、張雅如

輪椅上的演說家，用他們的生命故事經驗談如何蛻變，感動多人，讓正在低潮或者面臨失落情緒的大家走出困境。

兩位講者皆是脊髓損傷傷友，兩人分別於 25 歲及 17 歲時，因重大車禍造成脊椎損傷、下肢癱瘓，林昭坤講師當時在下班時遭遇車禍，頸椎六、七節嚴重受創，住院兩年多和持續復健才撿回一條命，當時事出突然讓他的生命發生巨變，甚至交往五年已論及婚嫁的女友也情難圓。雖經歷喪志、自我否定的階段，但他天生開朗力圖振作，並沒有情緒低潮太久，過去也曾是田徑選手的他，也將力量發揮在運動競技場上，擔任桌球國手、田徑選手，亦曾獲得輪椅競速冠軍，並積極為身障朋友的權益發聲，積極在社團學校、部落格分享經驗，並不斷學習了解脊髓損傷、學習如何自我照顧、鍛鍊傷後的肢體動作，甚至克服手指抓握困難，改裝汽車加上適合的輔具，

重新考取汽車駕照，經常開著他這臺車自己趴趴走。

　　而張雅如講師是在 17 歲的青春年華遭逢巨變，脊髓受損情況較林昭坤講師更嚴重，是頸部以下完全癱瘓，可用「零觸感」來形容，當時被宣判一生必須坐輪椅時，內心受到相當大的打擊，每天生活在一、兩坪的小房間中，大部分時間都是看著灰色的天花板，甚至想自我了斷卻發現自己無能為力，在醫院待了四個多月連呼吸都要重新練習，自己和家人都承受著相當大的心理壓力。在傷後一年，機緣之下父母親的友人讓她幫忙顧店，開始與外界有愈來愈多的接觸，她起初開始一遍一遍講述自己的故事，中間也曾感到厭煩難堪，但最終卻發現自己漸漸能夠坦然面對，走出陰霾開啟了生命另一扇窗。她也覺得必須以自身的故事鼓勵更多傷友重建自信，並且迎向陽光，而她自己也在這些年的過程中逐步實現自己的夢想，包含成為廣播節目主持人、生命教育講師，甚至贏得脊髓損傷選美冠軍（《全國旅遊時報》2016/10/22 報導）。學生們在聽完兩位生命鬥士的演講後莫不感動落淚，紛紛要求合影共情。

二、李克翰心理師的心路歷程

　　2000 年 10 月 23 日中午的一場車禍改變了李克翰心理師的一生，讓這個活在天堂中的孩子，一瞬間跌落地獄，開始面對一連串任何人都不想面對的災難與折磨。在課堂上，學生們傾聽著坐在輪椅上、從頸部以下皆已癱瘓的李心理師娓娓道來他生命中的轉折，感動之餘潸然淚下。當時為了讓因這場車禍而重傷的李克翰心理師存活下來，在急救的過程中他體驗了恐怖的止痛針、冰冷的手術檯、令人難堪的醫療人員和無情的體外插管，為了挽救一條即將消失的生命，卻製造了一個將靈魂囚禁的軀體。當他再次醒來之後身邊唯一的人，是那個欲哭無淚、瀕臨崩潰的父親。因為家人的不離不棄，使李克翰心理師從一個非障礙者突然之間被迫接受了一個全新的身分，也用他所有的智慧和能量與身心障礙者這個身分相處了十年，這中間他歷經了許多不同的階段，不但重新走入校園，還去讀了心理諮商

研究所，通過心理諮商師考試，不但自助還能助人，他的故事感動課堂上的每位學生，在學生心得分享報告之際，看出影響他們深遠。

三、張羚蓁同學的生命逆境心路歷程

張同學剛出生的時候就缺少兩根肋骨，脊椎側彎還有黃疸，因為黃疸把膽囊切除了。以下是她的敘述：

「醫生擔心我太早動矯正手術身體會負荷不了，建議要在我 13 到 14 歲的時候開刀最恰當，之後總共開了三次刀。第一次刀只是在頭上釘上頭箍，釘頭箍是為了要做牽引，把脊椎先拉直一點以便往後的開刀。第二次是在左邊腋下開刀，因為我的脊椎壓迫到肺部導致肺活量不足，還有部分肋骨是黏在一起的，所以要先開這次的刀將肋骨分開一點讓肺活量增加。第三次的刀就是在肋骨上釘上鋼釘和鋼條固定脊椎，將脊椎矯正。由於頸椎有動脈，最後一次的開刀是清醒麻醉，就是在過程中醫生會先停下刀來把我叫醒，如果有聽到聲音就要動動四肢，因為醫生擔心釘鋼釘的時候會釘到神經，一開始聽到還以為會感覺到疼痛，但是在進行開刀的時候其實一點感覺都沒有，只有聽到醫生和護理師在叫我的名字，我就輕輕地動動四肢，就繼續睡著了。剛開刀完必須要穿背架還要帶頸圈，所以非常不舒服，生活上也有些不方便，尤其是夏天的時候非常的悶熱，可是為了不要讓脊椎再次變形，我還是穿了一年。還好有家人、老師、朋友、同學、醫生和護理師們給我鼓勵支持。」

雖然羚蓁從出生就歷經了與手術檯、開刀為伍，但是羚蓁同學個性很開朗、步調緩慢、隨和、廣結善緣、與人相處融洽，尤其在好朋友面前更能放得開。遇到挫折當然會感到難過，但是因為樂觀的個性，總是在難過之後就會想到如何去面對並且解決問題，從不怨天尤人地努力向上，考上了屏東科技大學就讀。生命鬥士的現身說法，讓學生們無不感到欽佩和珍惜所擁有的。

四、28 歲罹患乳癌末期的陳泊羽——一個人的婚紗

　　小羽人生成長背景：4 歲沒有父親，過單親生活，沒有兄弟姐妹，小時候輪流暫住親戚朋友家裡，上小學開始過著鑰匙兒童生活，生活瑣事都自行料理解決，大學畢業兩年後在 24 歲時生病，得乳癌二期，經歷開刀、化療、放療後，成功抗癌，過了兩年多的正常生活。2015 年 9 月回診追蹤做骨頭掃描時赫然發現癌細胞轉移到骨頭了。之後仍然持續治療，而且骨轉非常多部位，尤其在髖關骨，有一陣子無法單腳穿脫褲子。小羽因為意志力堅定抗癌，從坐輪椅代步到當時可以從安寧病房自行走路，生活自理。

　　筆者認識陳泊羽是透過在安寧病房擔任志工的朋友引介，適時筆者擔任中華心理健康促進協會理事長，當年華心會辦理了 9 場的公益活動講座，將小羽從安寧病房帶到參與活動中，也出去郊遊、踏青，小羽雖然已經乳癌第四期，但是她具有旺盛的生命力，所有的止痛藥對她已經無效了，可是她依然堅強勇敢地活下去，在 28 歲那年還拍了「一個人的婚紗」沙龍照，受到多方媒體雜誌的爭相報導。她受到關注的不只是勇敢地拍一個人的婚紗照而已，她還在住院的過程中幫癌童講童繪本、做志工，把本身的生病歷程勇敢地披露給大眾周知。筆者在陪伴她的兩、三年間，幫其引介到小學、國中、高中演講自己的抗癌史，也透過龍華科大的諮商輔導暨職涯發展中心，四度邀請小羽來為生死學班上學生們分享生命故事，令學生們非常感動，紛紛加入她的臉書給她加油打氣。在 2020 年度第一學期，小羽完成了她在龍華科大最後的一場講座，於 2020 年 8 月與世長辭。2020 年 9 月 12 日筆者帶著許多學生的哀悼與祝福參加小羽的告別儀式，難捨心中之痛，但是畢竟小羽最後已經無病無痛的去當天使了，她留給學生們無盡的哀思之餘，教會學生們遇到困境如何無畏無懼地面對它、處理它，珍惜擁有的每一天過生活。一個人的婚紗小羽、一位不願向命運低頭的抗癌天使、一位勇敢的生命鬥士、一位得知自己罹癌末期的 28 歲青春少女，如何的不放棄生存意志羅列出生命清單勇敢做志工、她是一位充滿生命正能量

的美麗天使、一位激勵人心令人肅然起敬的陳泊羽……，筆者不禁要問小羽：妳是上帝派來巡視人間的天使嗎？

柒、生命教育電影賞析

藉由電影的播放討論，讓學生領悟生命的真諦，要如何活得有價值。

一、《東大灰姑娘》

敘述 16 歲的中輟少女，遇到了生命只剩一年半的老師，如何激起了生命的延續、找到生命的意義，直到生命的自我實現。人生可以改變，老師教會了我們如何改變，我們必須如何掌握自己的命運？

二、《內衣小舖》（*Die Herbstzeitlosen*）

這部影片闡述可愛的奶奶為了四、五十年前的夢想而發光發亮，那種專注於自己喜歡做的事情上，臉上的神情是多麼的美麗，即使七、八十歲的老奶奶，也是有可能因為興趣而闖出一片天空，又為何我們年輕人不行呢？

捌、體驗教學折愛心

在失落悲傷陪伴的過程中，帶領失落的喪親者，將悲傷、痛苦、難過，甚至憤怒的情緒透過文字，書寫在裁開的雙面色紙上，然後再折成鑽石愛心，透過一些喪親者自己信仰的宗教儀式，將鑽石愛心以火化、水流，或用雙面膠布貼在氫氣球升上天空等方式送達。被陪伴者在折紙的過程中可說是全神貫注，一心一意想著下一步怎麼折，最後會折成什麼？當下沒有什麼雜念。通常一個人當下能專心一件事，很容易將不愉快的情緒轉移，所以折紙也是調和悲傷情緒的方法之一。

玖、期末分組報告

共有 8～10 大議題：憂鬱症議題、兩性議題、墮胎議題、臨終關懷議題、悲傷輔導議題、生死禮儀議題、殯葬議題、自殺議題、安樂死議題、死亡的尊嚴與生命的尊嚴議題。提供學生們抽籤分組，蒐集資料彙整後做成 PPT 上臺做期末報告。

2011 年開始，龍華科大招收對岸的交流學生，再加上原來就有的東南亞各國外籍學生，所以選課的學生來自各個國家。因為大陸和其他國家教育學程尚未有規劃生死學、生命教育類似課程在制式的學程內，因此外國學生和大陸學生對於生死學課程感到好奇，趨之若鶩，紛紛選修，而且一屆屆口耳相傳，「生死學」成為來龍華交流學習必選修的科目之一。本來就熱門的生死學課程再加上陸生，盛況的時候往往一個班級會超過 100 位學生，必須使用到階梯教室才坐得下，往往一開放選修，馬上額滿，造成許多學生向隅而遺憾，事隔多年遇到龍華科大畢業的學生還跟筆者抱怨當時沒能選到郭老師的「生死學」課程。從學生預立遺囑的書寫、生命卷軸的製作、人生三際的分享、參訪大體的心得報告，在在呈現出學生的人生轉折，內心的觸動由選修生死學開始，真正的感悟到以前的虛度光陰，必須珍惜把握當下，返家和親人道愛、道謝、道歉後，到最後才能安心無遺憾的道別。「死亡」一直以來都是華人最禁忌的話題，但是它卻是生命過程中的重要旅程碑，透過「生死學」的研究與運用，從醫學、宗教、社會、心理與倫理等眾多觀點來探討死亡歷程，引導學生們在課堂中公開談生論死，認識生命的意義，減輕因為對死亡無知的焦慮，而更能坦然面對死亡。

筆者在 2020 年度上學期接任桃園市桃園社區大學校長，因當時胸鎖乳突肌肉僵硬引起頭暈嘔吐住院，在住院期間，覺得師承自紀潔芳教授的「生死學」課程，也必須有人接棒，故推薦熟諳輔導諮商技術的碩班湯敬全同學給龍華科大通識中心。整個學期親力親為地帶著他觀看筆者教學，一方

面聽著他講課，將所有課件、教學計畫、影像光碟、講義、校外參訪業務如實交接，完成了「生死學」課程在龍華科大繼續發光發熱的傳承。

參考文獻

雷叔雲（譯）（2012）。減壓，從一粒葡萄乾開始：正念減壓療法練習手冊（原作者：B. Stahl & E. Goldstein）。臺北市：心靈工坊。

作者介紹

郭碧味，華南師範大學心理專業博士、輔仁大學宗教研究所生死學及生命教育組碩士、空中大學社會科學系、生活科學系學士。曾任中華心理健康促進協會理事長。現任桃園市桃園社區大學校長，空中大學、龍華科技大學生死學講師，桃園張老師、生命線志工督導，桃園市中學個輔、團輔老師，臺北監獄家暴課程外聘老師，桃園地檢署榮譽觀護人，中國大陸二級心理諮詢師。專長：生死學及生命教育、臨終關懷及悲傷輔導、殯葬文化、自我探索教育及人際關係、親職教育、情緒管理壓力紓解、性別平等、自殺防治等議題。

註：本篇附錄請於心理出版社網站下載閱讀。

　　網址：https://reurl.cc/a9aag9

　　解壓縮密碼：9789860744170

19

生死教育課程混合式教學：
Yes or No？

王雲嶺

山東大學基礎醫學院教師

　　筆者於山東大學開設生死教育課程迄今十幾年餘，自覺埋頭苦幹，熱情投入，精心施教，雖選課者眾，但課堂亦常見有學生埋首於書桌，而並不能真正跟隨筆者的講課思路去思考生與死的學問，並不能真正領略生死相關的生命智慧。如何吸引學生專注於課程，並提升對生死學問的興趣，是筆者常常思考的問題。自 2017 年始，筆者跟隨教學改革的潮流，開始嘗試使用混合式教學方法，並做了一個小的教學研究，現彙報給諸位師友，以求商榷賜教。

壹、混合式教學的時代背景

　　近些年來，教學改革浪潮此起彼伏。先是有 PBL 教學浪潮襲捲海內外，後是微課程（microlecture）興起，翻轉教室（flipped classroom）上場，然後又是線上課程和混合式教學紛紛登場。在教學指導理論上，從行為主義到認知主義，再到建構主義（constructivism），在不到半個世紀出現了三次理論更迭，社會發展革新與教育界觀念變化之迅速令人驚嘆。

　　然而有趣的是，這種教學改革浪潮多發生在理工醫科領域，而人文學科領域雖然也有類似教學改革，但是數量少，影響小。這背後的原因是什麼呢？人文類課程，比如生死教育，能否進行類似的改革？

各類教學改革顯然都是源於對傳統課堂教學的不滿。這種教學方式的教學目標一致，教學過程統一，以教師為中心，教學方式單一。這種教學方式基於行為主義和認知主義學習理論，強調知識的傳授和遷移，也就是「教」。他們研究如何幫助教師把課備好、教好，而很少考慮學生「如何學」的問題（余勝泉、路秋麗、陳聲健，2005）。新興起的教學方式則基於建構主義學習理論。建構主義，也譯作結構主義，其最早的提出者可追溯至瑞士心理學家 J. Piaget，對此理論有貢獻者還包括 L. Kohlberg、R. J. Sternberg、D. Katz、L. Vygotsky 等心理學家。支持建構主義教學改革的人認為，建構主義能夠較好地說明人類學習過程的認知歷程，即能較好地說明學習如何發生、意義如何建構、概念如何形成，以及理想的學習環境應該包含哪些主要因素等。這樣在建構主義理論引導下就可以形成一套新的、比較有效的認知學習理論，並在此基礎上實現較理想的建構主義學習環境。

　　混合式教學正是基於建構主義理論而逐漸興起的。所謂混合式教學，就是指不同教學方式並用的一種教學模式或策略。當然，是哪些教學方式並用，不同教師、不同專家的實踐策略和看法可能會有不同。有的學者認為，在資訊化條件下，「混合式」應該是課前的線上學習和課堂的面對面學習兩部分的混合；有的學者認為，翻轉教室就是「混合了直接講解與建構主義的學習」的一種混合學習方式（何克杭，2014）。在教育科技領域，有的學者，如張其亮，也把混合式教學稱為混合式學習（blending learning）（張其亮、王愛春，2014），不過也有學者刻意將兩者分開，認為兩者的關注焦點不同。一為教師，一為學生，混合式教學是指在適當的時間，透過應用適當的媒體技術，提供與適當的學習環境相契合的資源和活動，讓適當的學生形成適當的能力，從而取得最優化教學效果的教學方式（李逢慶，2016）。

　　混合式教學模式的興起顯然與微課程和慕課（MOOCs，即大規模開放線上課程）的出現關係密切。2015 年底，筆者在山東大學開設的「死亡文化與生死教育」課程在智慧樹平臺第一次上線運行，2017 年春季學期經過

重新錄製再次上線，並被教育部評為國家級精品線上開放課程。這類線上課程均基於微課程形式，由此可以說筆者的課程已經具備了進行混合式教學的條件。但是人文類課程實施混合式教學，可行嗎？

貳、生死教育課程的混合式教學試驗

　　混合式教學的一種形式是翻轉教室。這是一種線上與線下相結合的混合式教學模式。這種最初由兩名美國化學老師 Aaron Sams 與 Jonathan Bergmann（郭媛媛，2015）使用的教學方法在十幾年裡風靡全球，也受到筆者所在學校教務處負責人的推崇。為了更好地吸引學生投入生死智慧的探討，筆者決定在課堂上引入這種教學方法。但是有一種說法是，翻轉教室更適合理工課程（錢明珠、汪小寶，2016），這是因為，理工類課程需要理論與實作結合，側重於知識技能的傳授，學生的自主學習和老師的指導至關重要。傳統課堂改為翻轉教室對提升理工類課程的教學效果將非常明顯，而人文類課程主要是一種價值觀的傳遞，無需理論與實作結合，課堂的翻轉未必會對這類課程有效。但也有學者認為，「基於文本，自主建構」正是人文社科類學科教學的思路和策略。在網路資訊技術的支援下，翻轉教室教學模式可以更好地提升這類學科的教學效益（田愛麗，2015）。這是因為，人文社科類課程側重價值觀的傳遞和建構，而這一過程需要學習主體的積極建構才能完成。沒有學習者的主動意義建構，價值觀的傳遞和建構就很難真正實現。就此而言，能夠創設特定情境，利用適當媒體技術提供恰當資源，並提供強有力教學指導的混合式教學在人文類課程教學中就應該不但適合，而且可能具有優勢。

　　筆者認為以上兩種說法都有道理，並不矛盾。至少，人文類課程並不排斥翻轉教室教學模式。另外，考慮到生死教育課程的生命教育本質，筆者認為只有課堂教學是不夠的，還應該有課外體驗教學活動。這就是混合式教學的另一種形式，即課堂教學與課外體驗教學活動的混合。為此筆者

接洽了濟南市第二殯儀館（原濟南市蓮花山殯儀館）的蘇建社工，雙方保持了非常好的合作關係，這為筆者的混合式教學奠定了很好的基礎。

於是從 2017 年秋季學期開始，基於在慕課平臺上線的微課程影片，依託一款叫做「藍墨雲班課」的手機 APP，筆者開始了混合式教學的旅程。雲班課是一款優秀的手機軟體，對教師和學生完全免費，可以實現包括影片在內的多種形式課程資源的發送，並能實現課堂簽到、投票／問卷、頭腦風暴、話題討論、學習測試、作業／小組任務等教學功能，學生可以使用這個 APP 進行線上學習。使用藍墨雲班課組織教學，相當於實施移動 SPOC（Small Private Online Course，小規模限制性線上開放課程，一種由加州大學柏克萊分校的 Armando Fox 教授最早提出和使用的概念，請參閱康葉欽，2014）教學。具體作法如下。

首先，透過手機 APP 向學生發送包括微課程影片、網路連結、Word 文檔、PPT 文檔、PDF 文檔、來自網路的影片等課程資源。這些資源中包括筆者的講課影片，以及翻轉教室要求的每章課程任務單。只要在 APP 上開放課程資源，學生就可以在手機上看到並進行學習。

其次，對學生進行線下分組，將全班 120 人分為 12 組，每組 8 到 12 人（實際上每組 6 人左右最好，但是選課學生太多，只好增加小組人數）。課程一共有 32 節課，其中 4 節課為傳統課堂教學，28 節課為翻轉教室教學。在翻轉教室教學的 28 節課中，16 節課為線上學習和小組討論，12 節課為見面課。老師要求學生在線上學習時間透過手機 APP 學習課程資源，並進行線下小組討論。

第三，12 節見面課都包括四個固定模組：

1. 課前測驗，採用選擇題形式，用以了解學生線上學習的知識掌握情況，但主要是為了督促學生的線上學習。

2. 小組展示彙報，用以了解學生在小組學習中自主探究和建構的成果，小組討論題目由學生根據老師提供的教學資源自主選擇。這個模組主要是為了促進學生對生死智慧的自主探究與思考。

3. 教師評論，老師對小組討論展示成果進行評論，並對學生答疑釋惑。這個模組體現了教師在教學中的指導作用。

4. 虛擬體驗與分享活動，為學生創設意義建構的情境，加深學生的感性認識和內心體驗。參考學界同行的作法，筆者設計了六個課堂虛擬體驗教學活動，分別是：(1)書寫告別信；(2)餘生願望；(3)告知壞消息；(4)生命方格；(5)個人死亡意識測試；(6)生命故事寫作。

參觀殯儀館活動是一個非常特殊的教學環節。參觀活動通常占用大約一個上午的時間，以真正落實生死教育中「以死觀生」的教育理念。筆者會帶學生參觀殯儀館的奠禮會場、遺體化妝間、遺體保存間、火化間、骨灰存放處，並和學生一起走生命之路。

透過這種設計，課程就實現了基於微課程影片和可移動終端（mobile terminal）的混合式教學，這種混合式教學包含了線上教學與線下教學的混合；翻轉教室與傳統課堂教學的混合；直接講解（透過微課程影片）與建構主義學習（小組討論和虛擬體驗）的混合；知識傳遞與意義建構的混合；理論傳授與課外實踐的混合。作為選修課，除了一次課外參觀活動，這樣的設計基本上不會占用學生額外的時間來進行課程學習，因此不會增加學生的學習負擔。

那麼，這種教學設計的教學效果如何呢？是否比單純的課堂教學效果更好呢？為了解這一點，筆者做了一個對照試驗設計。將兩個班納入教學研究，每個班都是120人。學生是透過學校選課系統隨機被分到兩個班的。其中一個班是課改班，採用混合式教學模式；另一個班是傳統班，採用傳統的課堂教學模式。兩個班的教學內容完全一致，筆者透過測量學生的死亡應對能力來了解教學效果。這是來自美國學者Bugen的一個研究方法（請參閱 Bugen, 1980），分別對學生在上課前後的死亡應對能力進行測量，以了解死亡教育課程對學生的影響。於本研究而言，則是要了解哪一種生死教育教學模式對學生的死亡應對能力影響更大。

研究結果很耐人尋味。經過測量和比較，筆者發現，兩個班學生的死

亡應對能力差異沒有統計學意義，僅在個別向度方面的差異有統計學意義（相關研究的具體資料請參閱王雲嶺、李雲霞，2020）。這表示混合式教學的教學效果並不比傳統課堂教學效果更好，當然也不更差。兩者並沒有明顯差異。那麼課程本身是否提升了學生的死亡應對能力呢？這一點其實不是本研究的重點，且由於研究需要遵循自願和匿名原則，因此沒有要求學生在填寫問卷時留下可供識別的個人化標誌，故無法對研究結果做嚴格的縱向比較。但從對課改班和傳統班的研究結果中，還是分別能夠發現肉眼可見的資料差異，無論是傳統班還是課改班，無論是總分還是各個具體向度，兩個班的學生在接受課程後都比接受課程前有較為明顯的提升。

參、對生死教育課程混合式教學模式的討論

一、如何看待課改班與傳統班教學效果的比較結果

本研究試驗結果顯示，至少對生死教育課程來說，混合式教學並不優於傳統課堂教學，當然，也不比傳統課堂教學更差，兩者並沒有顯著性差異。這個結論顯然同國內研究混合式教學的主流文獻不同，那應該怎樣看待這個結果呢？

首先，筆者認為，這至少說明，表面繁榮的教學改革，其效果可能並不總是那麼好。儘管主流文獻對混合式教學總是一片讚揚之聲，但並非沒有反面意見。保羅・基爾希納（Paul A. Kirschner）、約翰・斯維勒（John Sweller）、理查德・克拉克（Richard E. Clark）（2015）三位學者就是反面意見的代表人物，他們認為，針對從新手到中等程度學習者的教學而言，從控制性實驗中獲得的資料，幾乎無一例外地支持指導性教學而非基於建構主義的「少教不教」。所謂指導性教學主要指傳統課堂教學，而基於建構主義的「少教不教」則是指發現教學、PBL 教學、翻轉教室教學等。筆者認為，能在教學改革方面保持冷靜和理性的 Paul A. Kirschner 等學者的研

究是值得稱道的。本研究也以實證方法證明，雖然混合式教學兼具建構主義與指導性教學的雙重特性，但至少在生死教育課程中，從短期教學效果來看並不明顯優於傳統課堂教學。這說明，也許應該重新看待傳統課堂教學，那些對傳統課堂教學提出批評的文獻應該被重新審視；應該看到傳統課堂教學是有許多好處的，例如：對教與學的集中統一組織、教師對概念和知識架構的詳細闡釋、教師對學生學業的監督與指導，乃至教師長期面對學生而產生的個人人格魅力對學生個性和人格的影響等。當然，如果教師本人人品低劣或者不負責任，則可能帶來巨大的破壞性影響，所以這是傳統課堂教學特別強調教師人品的重要原因。尤其是在生死教育、生命教育這類塑造學生生死觀、人生觀、價值觀的課程中，更需要強調教師本身必須具有高尚的品格和正確的生死觀，否則可能會將學生引入歧途。

其次，應該理性看待混合式教學之於生死教育課程的意義。本研究顯示，在生死教育課程中，儘管混合式教學的效果並不優於傳統課堂教學，但是也並不比傳統課堂教學效果更差。這說明，混合式教學也是有教學效果的，只是與傳統課堂教學相較來說，並不那麼顯著而已。尤其值得重視的是，本研究中還做了追蹤調查，結果發現，課程結束半年後，傳統班死亡應對能力的總分相比於課程剛結束時，與課改班死亡應對能力的總分相比於課程剛結束時，兩者都有所衰減，但傳統班的衰減幅度更大。同時，在具體向度方面，傳統班除了「生命省察能力」這一個向度略有上升外，其他向度得分都有衰減，而課改班則有三個向度上升，四個向度衰減。這似乎意味著，從對學生的影響來看，加入翻轉教室等建構主義元素並基於資訊化技術的混合式教學可能比傳統課堂教學更為持久。目前，混合式教學的這種優勢還只是被初步觀察到，這種優勢如果能夠被更為長期的追蹤研究所證實，無疑將說明在生死教育中採用什麼樣的教學方式會更好。

二、生死教育課程是否要繼續實施混合式教學

既然混合式教學的效果並不明顯優於傳統課堂教學，是否還要繼續在

生死教育課程中實施混合式教學呢？筆者認為，應該繼續實施混合式教學，這是因為以下三個理由。第一，從短期資料來看，混合式教學效果雖然並不優於傳統課堂教學，但也不更差；第二，追蹤調查研究結果初步發現，生死教育課程的混合式教學對學生的影響比傳統課堂教學更為持久。如果這一點被進一步的研究證實，混合式教學將更為可取；第三，在學期中對課改班學生的調查顯示，與傳統課堂教學方式相較，學生更喜歡混合式教學（如表 1 所示）。

表 1 　學期中調查：關於對混合式教學模式態度的調查 　　　　　　（N = 120）

調查題目	選項	選擇人數	占比
你喜歡目前的教學方式嗎？	A 非常喜歡	37	30.8%
	B 比較喜歡	55	45.8%
	C 一般	21	17.5%
	D 比較不喜歡	6	5%
	E 非常不喜歡	1	0.8%
你感覺在混合式教學模式中有收穫嗎？	A 收穫非常大	26	21.6%
	B 收穫比較大	56	46.7%
	C 一般	36	30%
	D 沒有收穫	0	0%
	E 深受其害	2	1.7%
你是否希望以後的課程內容都開展這樣的教學模式？	A 是的，希望繼續！	83	69.2%
	B 不，還是全部由老師講比較好	15	12.5%
	C 不確定	22	18.3%

這個調查顯示，在嘗試過混合式教學後，有 76.6% 的學生對混合式教學持非常喜歡或喜歡的態度，有 68.3% 的學生表示收穫非常大或比較大，有 69.2% 的學生希望繼續採用混合式教學，這表示混合式教學對學生具有吸引力。當然，這種吸引力可能並非全部來自對教學效果的期待，也許部

分來自此教學方式的其他好處，例如：減輕上課負擔、見面課給了他們表達和釋放天性的機會、課堂虛擬活動令他們有新的學習體驗等。筆者認為，只要混合式教學的效果並不比傳統課堂教學差，如果學生喜歡，就有正當理由繼續實施。畢竟，以學生為中心是當前教學改革的大勢所趨。

三、關於參觀殯儀館的課外教學實踐活動

筆者必須坦白地說，有一個因素可能影響了本項研究的調查資料，那就是「參觀殯儀館」。參觀殯儀館是把「以死觀生」的生死教育理念落實的最重要方法，也是混合式教學的課外體驗教學形式，無論在教學中還是在研究中，筆者認為它都非常重要。但是在本研究中，沒能嚴格地控制此一因素對兩個班學生的死亡應對能力之影響，可由兩個地方看出：第一，課改班的學生並沒有全部參觀殯儀館，參觀的學生大約只有 60% 左右，因為筆者遵循了「自願參加」的原則。這一點至關重要，遵循這樣一個原則，並不僅僅因為涉及到研究倫理，更重要的是考慮到中國傳統文化中對死亡的忌諱，以及學生的心理承受能力、家庭文化背景等不同，因而其對參觀殯儀館活動的接受度不同。畢竟在一般人眼裡，殯儀館乃陰森可怖之地，參觀活動可能給學生帶來巨大心理影響。如果因為參觀活動而給學生帶來心理陰影，則是課程的失敗，筆者也不希望課程引發負面社會影響。2005年，海口中學老師帶學生參觀殯儀館引發爭議（搜狐教育，2005），《中國青年報》則直接發文批評，認為參觀火葬場不是死亡教育（李劲強，2005）。所以，筆者在活動之前反覆向學生強調「自願參加」的原則，甚至要求其與父母溝通，徵得父母的同意。結果真的有一部分學生提出不想參加，當然給出的理由並不是感覺恐怖或者「晦氣」，而是另外的理由，比如與其他個人安排相衝突等。還有學生在臨出發的早晨改變了主意，也都給出了相應的理由，比如起床太晚沒趕上車之類，筆者都表示理解，並予以諒解。如此一來，會有 40% 左右的學生，其死亡應對能力並未受到參觀殯儀館的影響。第二，與此同時，傳統班的學生中也有 50% 至 60% 的學

生參觀了殯儀館。從研究的角度來說，是不應該為他們安排參觀活動的，然而兩個班的教學方式雖然不同，但由於這類特殊教學活動對學生來說具有「福利」性質（學生是不需要為參觀付費的，往返車費也由老師從教學經費中予以支付），有部分學生積極要求參觀，如果不給傳統班學生參觀機會，就有失公允，而且筆者內心也擔心會有學生向校長投訴，這類現象在今日的大專校院裡很常見。考慮到這兩個因素，遵循「自願參加」的原則，筆者也為他們安排了參觀機會，參觀內容完全一樣。這樣一來，傳統班則會有 50%至 60%的學生的死亡應對能力受到了參觀殯儀館的影響。筆者認為，考慮到參觀殯儀館對學生身心影響的深刻性，這應該是影響課程教學效果的一個重要因素。然而，課改班中有一部分學生應該參觀但因為遵循「自願參加」原則沒有參觀而錯失影響，傳統班學生不應參觀但因考慮公平因素和擔心學生投訴，而又有一部分學生獲得了參觀機會，因而受到了影響，這一少一多，可能會中和兩種教學方式的效果差異。這顯然是研究中的巨大不足，也就是說，這是一個不夠嚴謹的研究，結果只具有參考價值。當然也不能說這是一個完全失敗的研究，至少筆者證明了：混合式教學的效果絕不會比傳統課堂教學效果差，而且學生是比較喜歡這種教學方式的，值得學界同仁參考。畢竟，固守一種缺乏變化的教學方式不但會令教學缺乏新意，更會引起學生的厭倦情緒。

肆、結　論

一、關於線上教學

所謂線上教學，主要指的是慕課。筆者任教的課程「死亡文化與生死教育」在智慧樹、超星爾雅，及中國大學慕課三個平臺上線運行，每學期選課人數總計超過二萬人。很多師友據此認為，這會讓生死教育課程影響一大批人，認為筆者對生死教育貢獻良多。但筆者認為其實需要分開來看

問題，事實上線上課程分為封閉型的和開放型的，智慧樹和超星爾雅的慕課就是封閉型的，其免費課程只開放給大專校院選課學生，課程進入選課大專校院的教務課程表，等同於選課大專校院的校內選修課程。在這兩個平臺上的選課學生學習完成率非常高，一般會超過 90%。相信在這樣的平臺上開課，對學生還是有一定影響力的。但是中國大學慕課則為開放型慕課，沒有任何門檻，任何人註冊後都可以選課。但是學生完成率極低，通常不會超過 5%，很多課程的完成率不足 1%。許多人只是憑一時興趣就選了課，但之後卻不去學習。這樣對學生就很難產生影響。

線上課程的學生眾多，如何對學生學業進行評量呢？若學生有問題，老師又如何解答呢？其實，線上課程對學生學業的評量基本上都是依靠人工智慧。在課程中表現為採用選擇題形式，由計算機對學生的作答進行自動判定。但是學生會提出很多開放性問題，大量學生必定會有海量的問題，該怎麼辦？即使有助教協助，也未必能解答海量的問題。其實，線上課程在誕生之初就考慮了這個問題，那就是會在課程中設置討論區，這是個學生互動模組，學生的問題由學生解答，由此形成了學生之間的互動。智慧樹平臺資料顯示，2020 年秋季學期，「死亡文化與生死教育」的學習人數為 15,046 人，學生間互動次數達到 144,765 次，平均每人參與互動接近 10次，這種互動比較類似於在校學生的同儕學習。老師當然也會參與互動，但是受個人時間和精力所限，只能對學生提問中比較有共同點的問題進行統一解釋。此外，多數選課學校會為本校選課學生安排指導老師，部分指導老師也會參與到互動中，去為自己學校的學生答疑釋惑。

有人認為慕課是沒有圍牆的大學，筆者對此並不認同。這是因為，儘管慕課降低了學習門檻，但慕課很難真正代替大學研修，原因無非如下兩點：第一，在慕課學習中，學生與教授及其他學生之間雖有互動，但其數量與品質遠遠低於在校大學生。所謂「獨學而無友，則孤陋而寡聞」（《禮記・學記》），無法體驗真實大學氛圍（朱曉雯、崔延強，2017）的慕課，很難真正讓學生獲得只有在大學中才能獲得的那種淵博學識和學術素養。

第二，學生無法與教授建立具有親和力和影響力的師生關係。「師者，所以傳道授業解惑也」（韓愈《師說》），慕課最多只能起到授業作用，即只能傳遞知識，且這些知識也是些零散的、不成體系的碎片化知識。慕課幾乎談不上對學生傳道，而大學對學生的影響中，最重要的常常是教師自身的人格魅力，以及師生之間那種糅合了個人情感和人格特質的師生關係。教師的人格魅力具有極大教育作用（汪小鳳、馮文全，2006），它和師生關係對學生價值觀念的塑造、對學生行為方式和人生道路的選擇、對學生今後人生的發展具有重要影響。這在慕課中是不可想像的。

二、關於翻轉教室

翻轉教室同樣依賴線上課程。但是翻轉教室教學與慕課有兩點不同：第一，慕課沒有門檻，而翻轉教室發生在大學校園之內，它其實是 SPOC 加傳統課堂練習，是教學方式的變革，而不是教育本身的變革。就此而言，教師和學生都沒有變，變的是教學本身。第二，慕課根本上顛覆了傳統師生關係，而翻轉教室沒有在根本上改變傳統的師生關係。很多人以為翻轉教室把部分教學放到線上，減少了師生見面時間，會影響師生親和力。其實，師生親和力並不取決於師生見面時間，而是取決於師生互動的多少。如果在一個傳統課堂上，教師使用灌輸式的填鴨教學而缺乏與學生的互動交流，師生親和力並不見得有多好。而翻轉教室會安排一定數量的見面課，見面課的主要任務不是老師講課，而是老師與學生互動交流，對學生答疑釋惑。此時可以顯現出老師的學識與人格魅力，令學生受到感染和影響，從而增加師生親和力。

三、關於參觀殯儀館

也許有師友會好奇學生在參觀殯儀館之後會有怎樣的感受。這一點的確很重要，因為這是說明這種教學體驗活動效果的一個重要部分。筆者在參觀殯儀館活動之後，通常會讓學生按照自願原則書寫參觀感受並在教學

APP 上發表。書寫參觀感受並不會計入學業成績，以免學生出於取得好成績的需要而影響了其意見的表達。之所以仍然遵循自願原則，就是希望學生在完全沒有壓力的情況下寫出自己的感受，以保證真實性。下面摘錄幾段以饗讀者：

　周同學：透過參觀殯儀館，我深刻感受到了一個死去的人留給別人的傷痛是多麼嚴重。死亡雖然是自身對生活的一種解脫，但是也給身邊的人帶來了很大的傷痛。這也讓我意識到自殺的行為是多麼的愚蠢，我們應該珍愛生命，因為我們存在的意義不僅在於自己，也在於身邊的人。他們需要我們，我們也需要他們，不能輕易放棄自己的生命，否則就是對自己的不負責，對他人的不負責。

　李同學：對我來說，令我感觸最深的參觀環節是進行的互動，由我們的同學躺進瞻仰棺中，讓我更多的感受到了生命的寶貴，讓我對生命有了更多的敬畏之心。

　孫同學：感觸最深的是工作人員帶我們去參觀骨灰盒寄存區，看到一排排架子上擺著那麼多盒子，每一個裡面曾經都是一個鮮活的人，最終死後只剩下一盒骨灰，讓人感慨生命的可貴、脆弱，要珍惜當下的每一天。

　方同學：生老病死，皆是萬物的輪迴。我們無從避免死亡，死亡也無時無刻不在發生。有時我們會覺得離它遙遠，但是它又近在咫尺。參觀殯儀館的活動就讓我們近距離接觸了死亡，真正去直面死亡。中國人一向忌諱談論死亡，對於人的離世，中國古人還運用古老的漢語言文化進行修飾，如圓寂、駕鶴、薨、崩、隕、卒。從中古人對死亡的敬畏可見一斑。此次活動卻讓我們遠離了課本上的生生死死，遠離了歷史的打打殺殺，近距離的感受生命的離去。在這生命的最後一站，殯儀館裡面安靜的出奇，這是對逝者最後的尊重。讓他們不染這

塵世的喧囂，安靜的離開這個世界。現實世界對他們來說已經變得冰冷，對於我們這些生活在塵世中的人們來說，尊重逝者、感受死亡、珍惜生命、熱愛生活才是我們應該去做的。

李同學：第一次參觀了殯儀館，感受頗多。有許多感受，但我印象最深刻的便是面對躺在花叢中央的「逝者」時的場景。面對逝者，獻上一束白菊花，表示哀悼時，我突然想到如果躺在那裡的不是自願者，而是真實的逝者，可能是我的家人，也可能是我的朋友，我該如何去面對，如何在他／她安然離去後，繼續我自己的生活，那該是怎樣的一種狀態。是，我們和老師在課堂上探討了多次死亡，但是真正面對的時候難免會有恐懼、留戀、遲疑、悲傷……，很多時候，我們只有在真正接近死亡時才能體會到生命的短暫，向死而生，珍惜生命可能是我們對待生命最好的狀態吧。

從事生死教育活動十幾年來，教學活動中發生過許多令人感動的故事，包括了與濟南市第二殯儀館社工蘇建老師的相識與合作。但是最令筆者感動的一個故事發生在參觀殯儀館中的生命體驗過程。參觀前一位看起來瘦瘦的女孩報名要當1號自願者，也就是逝者的角色，筆者當時心中隱隱不安，唯恐她難以勝任這樣具有挑戰性的角色，而且她的名字和照片要懸掛在殯儀館奠禮會場的正中上方，從傳統文化角度來說，這似乎很不吉利。男孩子相對來說比較豁達和大方，應該更容易接受這樣的角色，但筆者不確定作為一個女孩子，她能否完全不介意。但是她堅定的態度令筆者不容置疑。在體驗過程中，劇本故事和現場的氣氛使得另外一位扮演親屬角色的女孩一直在流眼淚，並幾度哽咽。這讓筆者更加擔心扮演逝者的1號自願者，唯恐她會當場崩潰，但是她在整個體驗過程中一直非常平靜，完全沒有出現筆者所擔心的狀況。在從殯儀館返程的車上，筆者問這個女孩，這個體驗活動對她有沒有造成心理負擔或者負面影響，是否需要老師的開導，她說不用，並且表示非常珍惜這次體驗機會，體驗活動讓她更加深刻

地理解了什麼是人生無常，以及為什麼要珍惜生命和活在當下。筆者問她是否可以把包含有她影像的體驗活動影片放在課程中供選課學生學習，她表示沒有問題。現在，這個影片已經放在筆者的線上課程平臺上。女孩的平靜和從容，以及對體驗活動的回饋，真的是出乎筆者的意料。事實證明，大多數學生的心理承受能力比我們想像的要強得多，同時女孩的回饋也讓筆者感受到了體驗教學活動的成就感。

　　雖然不能說參觀殯儀館活動對學生的影響一定完全是正面、積極的，但是從學生所回饋的感受來看，積極影響頗大，消極影響微乎其微，這不失為一種好的生死教育體驗教學活動。如果要從定量的角度來了解這種影響到底是怎樣的，也許以「死亡應對能力量表」（Coping with Death Scale，簡稱 CDS）量表進行測量最能說明問題。這將是筆者下一步需要做的工作。

參考文獻

王雲嶺、李雲霞（2020）。醫學人文類課程也需要混合式教學嗎：以生死教育課程為例。**醫學與哲學**，**41**（14），46-50。

田愛麗（2015）。基於文本，自主建構：人文社科類學科翻轉課堂教學模式分析。**現代教育技術**，**25**（7），56-62。

朱曉雯、崔延強（2017）。大資料背景下 MOOC 模式的資料理性及本土涵化研究。**中國電化教育**，**4**，54-59。

何克杭（2014）。從「翻轉課堂」的本質，看「翻轉課堂」在我國的未來發展。**電化教育研究**，**7**，5-16。

余勝泉、路秋麗、陳聲健（2005）。網路環境下的混合式教學。**中國大學教學**，**10**，50。

李劭強（2005）。**參觀火葬場不是死亡教育**。取自 http://bmw82.cn/AMHFS

李逢慶（2016）。混合式教學的理論基礎與教學設計。**現代教育技術**，**26**（9），18-24。

汪小鳳、馮文全（2006）。論高校和諧師生關係的建構。**揚州大學學報（高教研究版）**，**2**，87-90

保羅・基爾希納、約翰・斯維勒、理查德・克拉克（2015）。為什麼「少教不教」不管用：建構教學、發現教學、問題教學、體驗教學與探究教學失敗析因。**開放教育研究**，**21**（2），16-29。

康葉欽（2014）。線上教育的「後 MOOC 時代」：SPOC 解析。**清華大學教育研究**，**35**（1），85-93。

張其亮、王愛春（2014）。基於「翻轉課堂」的新型混合式教學模式研究。**現代教育技術**，**4**，27-32。

郭媛媛（2015）。淺議翻轉課堂在我國的未來發展。**亞太教育**，**10**，190。

搜狐教育（2005）。**海口中學生參觀火葬場引來爭議聲**。取自 http://bmw82.cn/XpOQA

錢明珠、汪小寶（2016）。基於電腦課程翻轉課堂模式的研究與設計。**電腦知識與技術**，**12**（2），115-117。

Burgen, L. A. (1980). Coping: effects of death education. *Omega: Journal of Death and Dying, 11*(2), 175-183.

作者介紹

　　王雲嶺，服務於山東大學基礎醫學院，講授死亡文化與生死教育、醫學倫理學、人文醫學、生物醫學研究倫理等課程。

　　本人較為內斂，通常略顯嚴肅，但做事認真，腳踏實地，一絲不苟。本人敬畏生命，熱愛生活，喜歡旅遊、交友、美食、花鳥等。也喜歡獨處，或讀書，或賞景，或吟唱，或深思，能自得其樂。

　　本人喜歡思辨，也喜歡與學界師友就學術問題進行商榷討論，不爭一時之功，只為辨識真理。對自己以為的錯誤看法喜歡直言指出，但對事不對人。本人對學生態度溫和，語詞多善意，因此並不為學生所畏懼，而多受學生歡迎，與學生關係亦融洽。

　　座右銘：是金子，在哪裡都會發光。

20 生命教育十載光彩

王朝興

彰化師範大學電機系副教授

壹、總　說

　　一個國家的教育是否成功要看什麼？教育普及率、大專學歷人口比例、就業率、國家的各項經濟發展指標……，在追求這些可量化的指標同時，身為教育工作者的我們是否疏忽更重要的隱藏指標？例如：公民素養、學習力、合作能力、社會和諧等，這些不易量化的指標，常在升學主義掛帥或考試決定論中被犧牲了。大專校院很重視學生的專業技能培訓，短期來看，學生的高就業率代表學校辦學績效好，但長期來看，畢業生進入社會之後是否能成為社會穩定的力量，或是成為社會不安的隱憂，也很值得探討。表 1 是內政部警政署提供的 2006～2015 年各年齡層犯罪率。

　　數據顯示，18～24 歲大多是大專生或研究生，其犯罪率（犯罪人數／十萬人口）與 24 歲以上（成年）之犯罪率極接近，甚至超過，這表示一個國家的社會治安與犯罪率高低在 18～24 歲年齡時已經定型，所以大專校院的教育除了專業養成，另一個重要的任務是在大學生踏出校園進入社會之前的正確價值觀養成與導正。以 2015 年為例，犯罪率 1517/100000 = 1/66，表示校園每 66 人之中，有 1 人可能因錯誤價值觀或其他因素而導致犯罪，而導正學生價值觀的黃金時期正是大一新生階段。

　　有鑒於部分新世代年輕學子生活目標茫然、人格修養被忽略、生活態度偏差、人際關係衝突，追求物質享受與速食文化（沒有耐心）的氛圍充斥校園，可見當今教育問題的嚴重性，而生命教育是教育人心的關鍵。近

表 1　2006～2015 年各年齡層犯罪率

		2006	2007	2008	2009	2010	2011	2012	2013	2014	2015
兒童 ＜ 12 歲	年中人口數	3,235,622	3,117,529	2,997,356	2,872,489	2,759,905	2,670,047	2,592,062	2,528,186	2,484,461	2,462,571
	嫌疑人人數	462	496	472	452	472	537	623	609	579	478
	犯罪人口率 （人／十萬 人口）	14.28	15.91	15.75	15.74	17.1	20.11	24.03	24.09	23.3	19.41
少年 12～18 歲	年中人口數	1,939,433	1,937,123	1,937,858	1,934,243	1,910,558	1,862,512	1,832,715	1,791,109	1,719,628	1,634,004
	嫌疑人人數	10,384	10,881	11,283	10,762	11,102	13,103	15,078	12,038	10,969	11,002
	犯罪人口率 （人／十萬 人口）	535.41	561.71	582.24	556.39	581.09	703.51	822.71	672.1	637.87	673.32
青年 18～24 歲	年中人口數	2,040,542	1,982,590	1,937,022	1,913,784	1,914,419	1,933,011	1,932,830	19,311,040	1,932,514	1,929,215
	嫌疑人人數	24,489	27,440	26,401	25,229	25,213	26,610	28,291	26,469	25,417	29,284
	犯罪人口率 （人／十萬 人口）	1,200.12	1,384.05	1,362.97	1,318.28	1,317.01	1,376.61	1,463.71	1,370.64	1,315.23	1,517.92
成年 ＞ 24 歲	年中人口數	15,607,859	15,880,202	16,125,461	16,357,886	16,556,066	16,727,948	16,912,761	17,094,236	172,367,033	17,437,124
	嫌疑人人數	193,858	227,043	233,030	225,530	232,553	220,106	218,066	216,194	224,638	228,532
	犯罪人口率 （人／十萬 人口）	1,242.05	1,429.72	1,445.11	1,378.72	1,404.64	1,315.80	1,289.36	1,264.72	1,300.96	1,310.31

資料來源：內政部警政署

年，教育部對生命教育日益重視，社會對年輕人待人處事的殷殷期許，都顯示大學的專業教育與生命教育必須比翼齊飛，方能培養出健全人格的大學生，正如中央大學洪蘭教授說的「學會正直，知識才有用」。

有鑑於此，彰師大通識中心自 102 學年度開始規劃擬將生命教育列為全校必修通識課，前後歷經三位主任，終於在 105 學年度列為大一必修通識課，通識中心丘慧瑩主任將服務學習、生涯規劃融入其中並命名為「生命探索發展與實踐」。末學深感此課程對學生價值觀與人格養成之重要，故多年來持續支援開授本課程。

貳、課程內涵

　　末學多年來觀察大學生的生活與學習，並綜合報章雜誌針對大學生諸多調查結果，發現大學生最困擾的是人際關係，其次是時間管理。大學生欠缺生活目標、不懂感恩、以自我為中心、好逸惡勞等，都是社會普遍對這一代年輕人的負面觀感，因此末學參加許多生命教育相關研習營，從中請教諸多專家，再融會自己的經驗，設計出一套可以在大一新生階段導正其人生價值觀的通識課程，這些教材皆針對時下大學生所欠缺而設計的。課程內涵包含四大類：人與自己、人與他人、人與自然、人與環境，課程最後以「期末發願」作為實現自我的展現，如圖 1 所示。

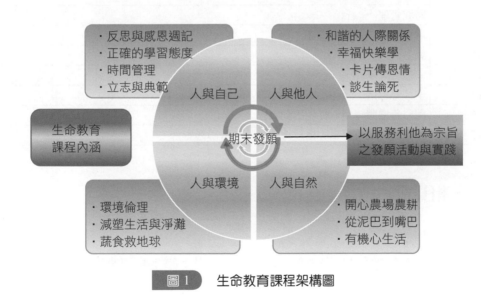

・反思與感恩週記
・正確的學習態度
・時間管理
・立志與典範

人與自己

人與他人

・和諧的人際關係
・幸福快樂學
・卡片傳恩情
・談生論死

生命教育
課程內涵

期末發願

以服務利他為宗旨
之發願活動與實踐

人與環境

人與自然

・環境倫理
・減塑生活與淨灘
・蔬食救地球

・開心農場農耕
・從泥巴到嘴巴
・有機心生活

圖 1　　生命教育課程架構圖

參、各週主題簡介

本課程以 18 週，每週兩堂課來安排授課，各週主題如表 2 所示。

表 2　各週上課主題

週次	教學單元
1	相見歡 1：介紹課程大綱、播放上學期總結影片、生命教育問卷調查填寫
2	相見歡 2：分組、取隊名、如何寫反思心得、各組啦啦隊表演破冰（錄影）、公布問卷調查結果、評量方法
3、4	正確的學習態度
5	開心農場種菜趣
6、7	和諧快樂的人際關係
8	時間管理
9、10	環境倫理：蔬食與淨塑
11、12	談生論死
13、14	幸福快樂學
15	卡片傳恩情
16	開心農場豐年祭：從泥巴到嘴巴
17、18	期末學習成果分享、播放總結影片、啦啦隊影片

一、相見歡

（一）介紹老師

　　生命教育的教學是否成功，有一關鍵因素：學生是否喜歡老師？學生不會從討厭的老師身上學到東西，生命教育課程更是如此。在學生眼中，生命教育比不上專業課程來的重要，因此容易淪為所謂的營養學分，翹課、上課睡覺或做別的事就變成課堂常態，所以學期初老師跟學生建立良好關係是關鍵的第一步，末學第一週課程都會詳細自我介紹，把自己從小到大

有趣的成長過程、小時候照片、大學時代照片、我的孩子、金門當兵史、美國留學史，做成PPT跟學生分享，目的就是跟學生培養亦師亦友的情誼，只要一開始讓學生覺得你是一位很不一樣的老師、沒有距離感的老師、願意分享自己成長經驗的老師，學生就會產生好感，往後課程的進展就會比較順利，也願意聽老師的安排。

（二）介紹課程

讓學生喜歡老師之後，第二步就是讓學生喜歡課程內容，除了介紹課程大綱，還會播放上學期總結影片，此影片是匯集上一學期學長們在這門課的學習過程點滴，有學長們種菜時搞笑的照片、採收玉米的驚喜、認真聽課的神情、寫卡片時的專注、發願活動的喜悅與振奮、各種體驗活動的留影，學生看完這個影片會對這門課有更多的期待。另外，學期初會作問卷調查，調查學生對這門課的期待、想學習的主題、希望上課的方式，隔週會公布問卷調查結果，這個過程可以讓學生知道老師想了解他們的想法與需求，進而可以微調教學方式與內容以呼應他們的需求，學生對此也頗有好感，會覺得老師想靠近他們的心。

（三）同學破冰

這門課是開設在大一上學期，學生彼此之間仍陌生，所以需要破冰，為此末學安排各組發想該組的「隊呼」並演練，類似啦啦隊表演，如圖2所示，隊呼至少20秒，給予半小時自由演練之後，各組輪流上臺表演，老師會錄影，期末時播放給他們回顧。此活動可以促進同學彼此認識，經歷同甘共苦的洗禮，組員之間加溫。學

圖2　　20秒啦啦隊表演

生演練過程中，組員可學習如何婉轉表達自己的意見，也學習寬容接納別人的想法，組長則可以學習整合意見、判斷可行性、溝通協調等領導能力。

組員之間的和諧與否攸關學生在這門課學習成效，如果一組的組員都很融洽，則各組討論、分組作業都會有優質的表現。

二、正確的學習態度

從「學習≠念書」開始談起，「念書」像是把專業知識閱讀理解之後記在大腦的過程，而生命教育的「學習」則是要讓自己了解自己，並吸取別人寶貴的經驗，把自己變成更好、更快樂的人的一個過程，故這樣的學習應避免三種常犯的過失：覆器、汙器、漏器。覆器是指器皿倒置，上課沒有在聽，例如：上課滑手機、打瞌睡、做別的事，皆屬覆器。汙器則指器皿染汙，曲解老師傳授內容，充滿懷疑不信，甚至不尊重相異見解，其實若與老師見解不同，亦可放在心裡，日後慢慢求證，而非一昧否定相異見解。漏器則指器皿裂漏，課堂內容左耳進右耳出，幾天就忘掉了，沒有複習憶持。若能斷除上述三種常見學習過失，來學習生命教育，必有收穫與成長。

三、開心農場種菜趣

這是學生既期待又怕受傷害的戶外課程，學生須戴著斗笠，頂著大太陽，揮著汗水，手握鋤頭或圓鍬，拔雜草、鬆土、挖土或撿石頭，如圖 3 所示。有些來自都市的學生對於土壤有恐懼感，但藉由親近土壤的過程，學生省思自心，發現原本對黑黑土壤的恐懼大都是自己想像出來的，當大家玩土玩得很開心，其實就會覺得沒那麼恐怖了，怕土的「煩惱」也消失了。種菜另一層更重要的內涵，是體驗「從付出引發感恩」的過程，藉由親自勞力付出，汗流浹背之後，體會父母養育我之辛苦，感恩在社會各個角落默默付出的人。累了兩節課之後，學生對「誰知盤中飧，粒粒皆辛苦」更有感覺了。鬆土的過程中，也提醒學生愛護土裡的小生命，若挖到雞屎蟲或蚯蚓請將其移至安全處，我們要以報恩的心看待這些蟲蟻，是因為我們上課而驚擾到牠們。各組都要完成各組的種菜任務，並自行安排澆水輪

圖 3　開心農場大學生農耕

值表，每天都要澆水與除草，學生從中學習團隊合作及責任感。

四、和諧快樂的人際關係

　　人際關係始終是大學生最關心的，圖 4 是某一學期生命教育問卷調查結果，顯示人際關係的重要性。不論是每天要見面的室友，或是同班同學、組員、異性朋友，乃至老師，如果人際關係沒有處理好，生活就不快樂。

　　課堂從播放一個 TED 演講「哈佛研究了 76 年，研究成果告訴你幸福

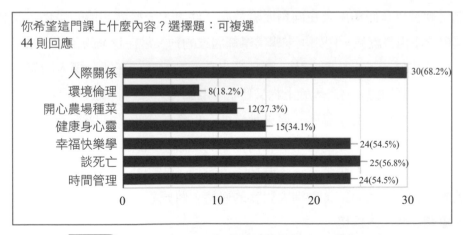

圖 4　學生希望在生命教育課程學習內容調查結果

從何而來？什麼人最可能成為人生贏家？」開始，研究指出幸福美好的人生，關鍵不在名利地位，而在良好的人際關係。接著課堂介紹培養良好人際關係的秘訣有二：(1)感恩的習慣；(2)發現美的眼睛。

（一）感恩的習慣

根據正向心理學的研究：感恩能有效地增加幸福感及正向的情緒，並減少沮喪感。史丹佛大學同情心和利他主義研究與教育中心主任 Emma Seppälä 也表示，生活中許多事情也能帶來一點幸福感或小確幸，如購物、美食，但是這種「即時的滿足感」會很快消失，並使人渴望更多；而感恩所帶來的幸福，是更持久、可延續的。因此本門課以感恩為核心，貫穿整個學期的課程，希望同學一再串習，將感恩練成習慣，從中感受到感恩帶來的內心喜悅。

（二）發現美的眼睛

福智創辦人日常老和尚提到：「每個人都依著自己的習性和觀念去看待事物、去衡準他人，因而產生了恩恩怨怨」（福智之聲出版社，2008）。這說明人際關係問題的解決之道需回歸自身，反求諸己。凡事一體兩面，如果我們能以不同的角度看待事情，或許恩怨情仇就會消弭許多，因此讓學生練習以負面角度及正向角度看待同一件事，去體會心情的變化，老師也會分享自身經驗，例如：末學常舉鄰居家的狗，常在我家的花盆邊尿尿，結果草皮鹹死了，枯黃一片，而且半夜有一點聲響就狂吠，擾人清夢，十足令人討厭的狗。有一天晚上牠又狂吠，老師突然想到，或許是因為這樣，我們社區都沒有遭小偷耶，原來牠發揮了保全的作用，功勞不小，從此不再那麼討厭牠了。如同日常老和尚提倡的「觀功念恩」總攝了「感恩的習慣」與「發現美的眼睛」，「觀功」：看別人的功德，是讓我去練習發現美的眼睛；「念恩」：看別人對我的恩德，將感恩變成習慣。恆常練習，人際關係會漸入佳境。

五、時間管理

　　大學生普遍缺乏自主學習與時間管理的自律能力，主因是高中階段的學習都是按表操課，學校有老師盯著，在家有父母看著，課表安排滿檔，學生少有自主安排學習的機會，所以當進入大學開放自由的學習環境，沒有師長緊迫盯人，加上同儕的影響，打工、社團、課業之間若失去平衡，生活與學習常常一團亂，因此時間管理對於大學生是重要的課題。此主題通常安排在期中考前一、兩週，以發揮最佳效果。

六、環境倫理：蔬食與淨塑

　　為了讓新世代年輕人的觀念從自我為中心轉移到服務利他，視野從自身利益擴大到放眼世界，讓年輕人與社會、環境、大自然有更多的連結，本課程從探討環境倫理的角度切入，以「蔬食與淨塑」兩主軸為實踐，小小的生活習慣改變來培養世界公民的涵養。

（一）蔬食

　　倡導多蔬少肉節能減碳救地球，減緩溫室效應與極端氣候的發生，近幾年蔬食已蔚為風潮，愈來愈多人嘗試素食，不論是出於環保意識、健康原因、愛護動物、宗教因素等而改變飲食習慣，都是將飲食的意義從單純的享樂或果腹提升至另一層更有意義的生活習慣。課堂中會舉許多名人或運動選手茹素的例子，來號召學生一起響應，如劉德華、張學友、好萊塢影星 Bradley Pitt、美國前總統 Bill Clinton 等。更重要的是老師要以身作則，老師也會在課堂分享自己蛋奶素多年的親身體驗。

（二）淨塑

　　希望學生重視塑膠垃圾已嚴重危害海洋生態及人類生存環境，一起響應「塑膠袋 4R 行動」即少用（reduce）、再利用（reuse）、回收（recycle）、拒用（refuse）。塑膠微粒已成為生活環境的賀爾蒙，無所不在，

不論是享受海鮮美食，或平時吃的鹽巴都發現塑膠微粒的蹤跡。2020 年底，英國報導指出科學界在人類胎盤中發現塑膠微粒，非常令人擔憂。老師也會示範自己多年的減塑生活，例如：外帶餐點會自備容器、塑膠袋會重複使用，如圖 5 所示，少用一次性餐具，隨身自備水杯、筷子等，老師會自拍照片跟學生分享。

圖 5　整理重複使用的塑膠袋

　　環境倫理課程目的是希望學生對生活環境多一份警覺與愛護，有意識的生活，雖然犧牲眼前一點點不方便，但這是為美好未來而努力奮鬥的過程，是對自他都有益的事情。

七、談生論死

　　生死議題也是學生很渴望探討的主題，末學從學生較常接觸的「安樂死是否該合法化」的話題切入，再談到臺灣的《安寧緩和醫療條例》及《病人自主權利法》，課堂中也拋出問題讓學生討論，例如：「人有沒有死亡的自主權？如果有，會有何效應？」「為何世界上沒有一個國家承認自殺合法？」「受盡病痛折磨的病人中，有些病人跟疾病搏鬥痛苦難耐，所以想提早死亡來結束痛苦；也有病人一生都在跟疾病搏鬥，痛苦且辛苦卻活得很積極，其對抗病魔的過程很振奮人心。如果是你，你會如何選擇？」

　　生死議題主要是探討如何面對死亡，所以會讓學生討論：「死亡是一道牆？還是一扇窗？」「死亡帶給我的啟發？」「要如何活才能死而無憾？」這堂課應尊重學生不同的想法，老師最終會引導到「要活出有意義、有價值的生命，才能無懼死亡，死而無憾」。

八、幸福快樂學

　　人人都想追求幸福快樂，拚卻一生的努力，但終究能享受幸福快樂人

生的人又有多少？課堂先從分析幸福快樂的來源有二：物質層次、精神層次。物質享樂的確可以很快速帶來滿足感的愉悅，但缺點是有副作用，由於神經系統對新事物才有反應，一旦神經系統習慣某樣事物，它就會快速關閉，因此這種愉悅感來得快去得快，而且物質享受的刺激需要愈來愈強，才能填補內心的缺口。而精神層次所帶來的快樂則較為持久與延續，無副作用，不用花什麼錢就可以得到快樂的簡單方法，例如：助人、多感恩、正向思考的習慣、多肯定自己的善行。也會提醒學生：過度依賴物質享受，會削弱心靈力量，心靈提升是先苦後甘，世俗享樂是先甘後苦。最後，再引用霍華德・金森（Howard Dickinson）的〈幸福的密碼〉（Happy Password）一文的結論做為結語：「所有靠物質支撐的幸福感，都不能持久，都會隨著物質的離去而離去。只有心靈的淡定寧靜，繼而產生的身心愉悅，才是幸福的真正泉源」（All the material support of happiness, can not be sustained, will leave with the departure of the material. Only the soul of calm and quiet, then the physical and mental pleasure, is the real source of happiness.）。

九、卡片傳恩情

延續上一堂課幸福快樂學，這堂課為實際操作課程，讓學生寫感恩卡謝謝老師或父母。課前會先引導為何要感恩的論述，例如：感恩源自於生物演化，Emmons 與 Crumpler（2000）認為，感恩的演化是從動物階層轉變為人類社會的主要重要事件；De Waal 與 Berger（2000）認為，感恩是人類或靈長類的互惠性交換之下的心理機制，感恩行為是物種演化到最佳化的結果。許多研究者發現感恩通常有正向的情緒價量，把自己視為別人善意的受益者，可使個人感到被肯定、被尊重，因而提高自尊和知覺到社會的支持（Lazarus & Lazarus, 1994; Weiner, 1985）。Albert Einstein 說：「過生活有兩種方法：一種是過得好像一切都是平淡無奇、理所當然；另一種是過得好像每樣東西都是奇蹟、恩賜。」課程可以安排在教師節或母親節前一週，以母親節為例，老師先找好一些感人催淚的影片播放給學生觀看，

例如：「愛說謊的媽媽」、「天堂午餐」、「光之塔」、「母親的勇氣」、「爸爸的苦誰知道」，等學生進入情境，紛紛拿衛生紙拭淚，擤鼻涕聲音此起彼落時，就可以準備發感恩卡給學生寫。這個主題是很多學生一開始不太想面對的課，因為沒有寫卡片感恩父母的習慣，覺得彆扭，但在課堂中一步一步引導，寫完一張感恩卡寄回家，看到父母開心的樣子，才明瞭這個活動的意義超乎想像。

肆、教學方法

這門課教學方法大致分為下列三項特質，供讀者參考。

一、六感教學

六感是指：視覺、聽覺、嗅覺、味覺、觸覺、思覺，將其適切地融入應用在 18 週多元的主題中。視覺：課堂常以短片輔助教學。聽覺：課堂以一首歌曲為序幕，例如：《陽光季節》（ *Seasons in the Sun* ）、《如果還有明天》，學生寫感恩卡時會播放《感恩的心》。嗅覺：開心農場農耕課拔草鬆土時，聞著花草與土的味道。味覺：開心農場收成玉米，因為無農藥，所以當場品嚐生鮮玉米，極為甜美。觸覺：農耕課學生戴斗笠頂著大太陽，手拿鋤頭，揮著汗，腳踩鬆軟的土，雙手抓著玉米幼苗，撥開土種下去的整個過程；另外戶外教學帶全班去海邊淨灘撿拾垃圾等，都會留下深刻印象。思覺：課堂中老師會拋出諸多問題，讓學生思考與討論，每週反思心得的作業讓學生每一週都要有一段時間靜下來反思自己一週的學習心得。

二、以身作則

生命教育的課程是用一顆心感動另一顆心的過程，所以老師必須以身作則，少說理論，多做實踐，老師該說、該做的就是「做你所說的，說你所做的」。以卡片傳恩情的課為例，老師也會在課堂中跟學生一起寫感恩

卡謝謝父母親，想要傳達的意思是「卡片傳恩情」不是功課或作業，不是逼同學寫，而且跟分數也無關，純粹就是覺得感恩父母這件事很重要，所以老師也想寫，寫好之後，我會唸一些段落給大家欣賞。環境倫理提倡蔬食，老師也樂將蔬食多年的經驗跟同學分享。提倡淨灘，老師就帶全班去海邊淨灘，一起曬太陽，一起被風吹，一起搬垃圾。農耕課也是親自帶同學下田除草、鬆土、澆水，弄得鞋子與褲管都是泥巴。收成玉米時，學生不敢生吃玉米，老師就先示範吃一小口玉米，然後露出好吃的表情（是真的好吃）來吸引他們也一起嚐鮮。老師以身作則，方能帶動學生向上跨一步。

三、觀功念恩

觀功念恩的概念貫穿整個學期的課程，老師在課堂上不吝給予學生讚美，或給予同學反思心得的正向回饋。在幸福快樂學、和諧快樂的人際關係、卡片傳恩情、開心農場的主題及每週作業反思心得都離不開「感恩」，目的是希望學生將感恩養成習慣，感恩使人有意識的計數自己有多幸運，感恩的人較易回憶過去生命中的美好，而生起感恩之心（Watkins, 2004）。感恩的人不會把得到的好處視為理所當然（McCullough & Emmons, 2002），經常感恩的人有較高的幸福感。這也是生命教育的目的，讓學生成為幸福快樂的人。

伍、五感體驗活動

這門課設計很多體驗活動，藉由這些活動希望能達到五感體驗的目的：感覺、感性、感動、感恩、感語。希望學生對這門課、對老師、對同學有**感覺**，學生多一份**感性**，也感覺到老師的感性，進而觸動學生的內心而**感動**，心軟化之後，更懂得**感恩**，最後說出**感恩的話語**。下列彙整這門課安排的體驗活動。

一、相見歡的破冰之旅：啦啦隊表演

剛開始學生之間還不認識，藉由啦啦隊的演練，溝通互動，同學對彼此開始有感覺。

二、開心農場種菜趣

學生拿圓鍬或鋤頭鋤草、鬆土、搬石頭，頂著大太陽、揮汗，不時有蚊蟲叮咬，學生共同心聲（感覺）就是「好累」，但我更注意到他們臉上都有笑容或是一臉的專注，從這些稍微粗重的勞力付出與每天要澆水照顧玉米，他們內心自然生出要感恩父母的養育辛勞與農夫的辛勤耕種。

三、開心農場豐年祭

經過兩個半月的照顧、澆水、除草，玉米終於採收，我們先備齊大鍋子與卡式爐，帶學生們歡喜採收玉米，如圖6所示，大家一起將玉米去殼、下鍋，等待玉米香氣四溢的那一刻，打開蓋子，香氣撲鼻，垂涎三尺，學生排隊一人拿一支玉米，不顧形象地站著啃食自己辛勤兩個多月換來的香甜玉米，這時候「一分耕耘，一分收穫」就不再只是文字而已，而是非常

圖6　學生歡喜採收自己種的玉米並現煮現吃

真實的感動，甜美無比的玉米現採現煮現吃，從泥巴到嘴巴，實現零碳足跡的飲食，真是環保又富有教育意義。

四、海邊淨灘

響應減塑從行動開始，不論是生活中減少使用塑膠袋或淨灘都是很好的起步。教室投影機投射出來的海洋垃圾不是真垃圾，所以將同學帶去充滿垃圾的海邊一起淨灘，如圖 7 所示，體會人類對海洋的破壞，不用老師多說，親眼看就夠震撼了，再彎腰去撿垃圾，或用力拔除深埋在沙灘

圖 7　全班淨灘

裡的塑膠袋，就更可以體會海洋生物是真的生活在垃圾堆裡，而這是人類造成的，你我都有責任。

五、我的墓誌銘自己寫

在談生論死課程中，有一個體驗活動，老師會給同學一人一張紙，上面印有一個墓碑，碑上面空著姓名欄、年分與四行的空白，如圖 8 所示。引導學生想像如果未來有一天，那一天到來了，不管是可預期或意外無常，他們想留給世人的一段話是什麼？請學生回顧自己過去的生命經驗，釐清生命中最重要的東西是什麼，思考人生究竟要追求什麼？因為明天和死亡哪一個先到來，沒人說得準，唯一能做的就是珍惜每個當下。學生寫完之後回饋說，從來

圖 8　墓誌銘學習單

沒有這麼認真想過自己與死亡的距離，第一次為死亡做準備，不再避談死亡這件事。

六、卡片傳恩情

這是最令學生感動的體驗活動，學生發自內心寫下對父母感恩的話語，老師也會提醒學生別忘了在卡片最後寫下最肉麻的「爸媽，我愛你」，學生將恩情傳遞到父母心中，許多家長會回信感謝老師舉辦這種活動，如圖9所示，這樣的親師互動，可以讓家長覺得學校老師很

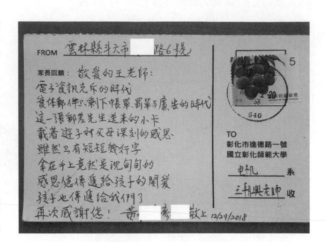

圖9　家長的回函

用心在教導孩子，對學校更為肯定，有家長還說請老師多多舉辦這種活動。

以下分享二位同學的回饋：

張同學說：老師要我們寫感恩卡，我是寄給我最愛的媽媽，在禮拜一下午的時候，媽媽突然打電話給我，並說：「我已經收到信了，謝謝你……。」那時候，我感受得到媽媽才剛哭過，有些許的鼻音，這時我才知道　原來說一句謝謝，可以讓媽媽感到開心與感動，謝謝老師給了我們這一次的機會，讓我們學會向父母說謝謝。

小傑同學說：老師把全班卡片寄出兩天之後，媽媽打電話給我，說「有收到感恩卡了」。因為家裡向來不習慣表達愛，我故作鎮定的說：「有收到就好，那沒什麼啦，是老師要我們寫的啦。」然後就不好意思匆匆掛了電話，過了2分鐘，媽媽又打電話來，跟我說：「媽媽這次有多匯5,000元給你。」

我常舉這個例子跟學生說明，這一張小小薄薄的感恩卡其實CP值超高的，不僅帶給父母開心，可能還有意想不到的禮物呢！

七、一張照片永懷念

　　每學期在開心農場開張的那一天，我會安排全班大合照，如圖10所示。雖然老師跟學生的相聚只有短短一學期一門課的時間，但藉由這張合照的留影，卻可以留下永恆的回憶，這張合照見證難得的因緣讓我們齊聚一堂，也見證開心農場大家又累又開心的一天，是很值得

圖 10　　在開心農場全班大合照

懷念的時光。老師會在期末最後一堂課送給學生一人一張照片，就是這張大合照。

八、期末發願活動

　　期末發願活動是將一學期所學的服務利他精神與幸福快樂學付出行動，將內心的感動轉化成動力，發願去做一件令人感動的善行、有意義且平日不易執行的事情，例如：(1)為父母洗腳報親恩、按摩、做家事、煮一餐；(2)發願在校園或校外撿垃圾、打掃學校廁所或學校餐廳；(3)到醫院或育幼院當義工；(4)減塑行動；(5)蔬食救地球等，學生自行討論決定發願活動的主題，且需提出企劃書，具體執行，並記錄執行過程，最後將成果製成PPT或微紀錄片，與全班分享。

九、期末總結影片

　　期末送給學生大合照之外，另一個禮物就是期末總結影片，將整學期所拍照記錄的課堂或活動點點滴滴，做成總結影片，影片中有學生認真聽

課的眼神、笑開懷的樣子、戴斗笠拿鋤頭的糗樣、淨灘時與垃圾拔河的畫面，短短 10 分鐘影片，把一學期的上課內容速速帶過，重溫一學期很多美好的回憶，影片結尾有老師與助教對學生的祝福與感恩，學生看完之後，都深深感受到老師與助教的用心。學期最後一堂課就在這樣充滿感性、溫馨、感恩的氣氛中謝幕。

陸、作業規劃

本門課最重要的作業就是每週反思心得，杜威（John Dewey）定義反思是一種有目的性的思考方式，檢視過去的經驗並且改善學習行為的一種過程。每週反思心得有四道題目：(1)本週我學到什麼？(2)我想對誰觀功念恩？為什麼？(3)我的善行點滴？(4)我有何困難或問題？

大部分學生原本很排斥寫每週反思心得，但每週持續寫，他們發現自己內心開始轉動，變得比較會觀察別人的功德，也覺察到別人對他的恩德會讓自己愉悅，也發現肯定自己的善行會為自己帶來生活的動力，更加熱情並積極助人。在最後一題——「我有何困難或問題」，有些同學會寫失戀或人際關係衝突的問題，如果是較嚴重的個案，就可以通知該班導師或諮輔中心。所以每週反思心得是師生溝通的橋樑。

柒、當研究生遇上《弟子規》

末學雖在大學部開授生命教育想幫助大學生，但碩士生呢？幾經思考，我抉擇了《弟子規》，我要求我指導的碩士生都要背誦《弟子規》才能畢業，希望藉此幫助他們在往後的生命遇到困難或重大抉擇時有所依循。為什麼抉擇《弟子規》呢？

在我的女兒讀幼稚園時，老師要求全班孩子背誦《弟子規》，我陪著女兒背誦：弟子規，聖人訓，首孝弟，次謹信，汎愛眾，而親仁……，我

反覆唸著、唸著，突然覺得這些文字愈唸愈熟悉，似乎以前曾背過？後來，我才憶起早在我讀國中時就背過了。但那時我就是背而已，並不明白老師為什麼要求我們背。現在長大了，上有父母、下有妻小，工作上還常要與同事、長官往來。再回頭閱讀《弟子規》，我才驚覺其中內涵是多麼深邃、充滿智慧，都是做人做事的道理。

我試著將《弟子規》的道理運用在生活中，竟然對我產生莫大的幫助！什麼話該講不該講？什麼行為該做不該做？漸漸地，《弟子規》成為我行為準則。此時，我想起在實驗室的研究生們，他們都已經二十多歲了，不久後將步入社會，得要具備待人接物的正確概念才行；且他們的年紀也已成熟，足以理解《弟子規》的內涵。所以我規定我的研究生：每個人在畢業前都要將《弟子規》背起來。

雖然我這樣規定，但其實我從未當面強迫他們背《弟子規》，我是讓他們同儕之間互相幫忙，自行互相驗收，盡量不讓學生產生反感。我實驗室的牆壁上高掛著一幅大海報，就是《弟子規》全文，背《弟子規》已經成為我們實驗室特有的文化。

我這個看似另類的想法，最後居然也化為學生生命中重要的養分。

記得有一年教師節前夕，一位已畢業兩、三年的學生突然捎來一張感謝卡，他寫道：「謝謝老師當年的教導之恩，老師當年教我的專業，我大概都忘記了，也用不上。可是您當年叫我背的《弟子規》，我發現在工作場合超好用的。」諾大的卡片上，他只寫了這段文字。

另一名我指導的學生從彰師大碩士班畢業後，考上成大電機博士班，而我也是他博士論文的口試委員之一。在口試完的兩個月後，他寄來一本他的博士論文，起初我不以為意，沒想到翻開論文，這名學生在論文扉頁上頭寫了一封信：「學生特別感謝老師當初堅持要我背誦《弟子規》，《弟子規》的守則讓學生在做人與生活中維持正道，不致產生偏差……。」

我覺得不論是大學生或是研究生，都須要老師教導待人處事的準則，而我所傳遞給學生的，全來自經典。對我而言，經典雖蘊藏著古今聖賢的

智慧，但就經典文字本身並無法展現經典的美妙，**需要透過具體實踐後，才能彰顯其所傳遞的價值。當我看到學生們努力將經典落實在生活中的喜悅，我真的很感動，覺得自己的抉擇是對的。**

〔本段落出自《當冬日來臨，我聽見花開的聲音》（2018）一書，頁250-254〕

捌、教學心得

如果當初我沒有推行《弟子規》、沒有教授生命教育的話，現在的我對於教育的體會還剩下什麼？教育可能只剩下想方設法把專業知識塞進學生的腦裡，與學生當下的生命似乎沒有直接的連結。然而人活著就是要產生力量，對人有溫度。

「經師易得，人師難求」，在專業分系的大專校院任教，末學期許自己，除了經師，更要當人師。除了關心自己電機系的學生其專業知識夠不夠？更想幫助學生從高中填鴨式教育跳脫出來，激發學生獨立思考，思考其生命目標與意義，以建立正確生命價值觀。

引發學生內心潛在的服務利他精神，從別人的需求看到自己的責任；讓學生時時練習感恩的心，從中體會幸福的感覺，進而改善人際關係，學期末看到學生的改變，實在令人感動，這也是末學每學期開授這門課樂此不疲的緣故。深刻體會到當老師的快樂來自看到學生的改變與成長。末學也從授課過程中發現學生充滿無限的可能，端看老師怎麼教。對老師而言，教育，應該是實踐、內化、體現與傳遞的過程，也是生命感動生命的歷程。

投入生命教育近十年，身為老師的自己從教學中受益良多，真實的教學相長。末學於2015年榮獲教育部生命教育績優人員獎，在南華大學受獎時，學生事務及特殊教育司劉仲成司長對末學說：對於一個非人文、學工程的老師而言，這個獎實屬不易。其實，這個獎是集眾人之力而成，感謝

家師日常老和尚的啟發，雲科大周文祥教授的提攜，彰師大陳明飛校長、通識教育中心丘慧瑩主任、師培中心林建隆主任的協助，還有感謝曾經一起授課的張菽萱院長、林美鳳老師、林美純老師、張譽鐘老師、羅家玲主任、湯玉珍老師、謝秋蘭老師、李靜芳老師、林登敏同學，感恩所有幫助過我的人，以及修過我的課的同學。

參考文獻

福智之聲出版社（2008）。**教育・人類升沉的樞紐／日常法師講述**。臺北市：福智文教基金會。

福智文化出版社（2018）。**當冬日來臨，我聽見花開的聲音**。臺北市：福智文教基金會。

De Waal, F. B. M., & Berger, M. L. (2000). Payment for labour in monkeys. *Nature, 404* (6778), 563.

Emmons, R. A., & Crumpler, C. A. (2000). Gratitude as a human strength: Appraising the evidence. *Journal of Social and Clinical Psychology, 19*(1), 56-69.

Lazarus, R. S., & Lazarus, B. N. (1994). *Passion and reason: Making sense of our emotions*. New York, NY: Oxford University Press.

McCullough, M. E., & Emmons, R. A. (2002). The grateful disposition: A conceptual and empirical topography. *Journal of Personality and Social Psychology, 82*(1), 112-127.

Ortony, A. (1988). Are emotion metaphors conceptual or lexical. *Cognition and Emotion, 2*(2), 95-104.

Watkins, P. C. (2004). Gratitude and subjective well-being. In R. A. Emmons & M. E. McCullough (Eds.), *Series in affective science: The psychology of gratitude* (pp. 167-192). New York, NY: Oxford University Press.

Weiner, B. (1985). An attributional theory of achievement motivation and emotion. *Psychological Review, 92*(4), 548-573.

作者介紹

　　王朝興，服務於彰化師範大學電機系，開授課程除了電機專業領域，也在通識教育中心開授「生命教育導論」與「生命探索發展與實踐」。榮獲彰師大兩次特優導師、兩次傑出通識教師、教育部績優生命教育老師的他喜歡在課堂與學生同樂，巧克力是他必備的教具，也是用來促進師生互動的利器。在學生眼中，他是一位親切幽默的老師。在生命教育課堂中，他最開心的就是看到學生的成長與改變，他覺得那是他的生命與學生的生命最靠近的一刻，因此讓他開授生命教育課程樂此不疲，至 2021 年為止，已經連續十年每學期開授生命教育，未曾間斷。

21 向死返生：死亡體驗活動在生命教育的應用與啟示

鄧明宇

仁德醫護管理專科學校生命關懷事業科助理教授

「當你無限接近死亡，才能深切體會生的意義。」

～德國哲學家海德格

仁德醫護管理專科學校生命關懷事業科發展死亡體驗活動，從 2010 年至今已有十年的歷史，以殯葬教育為基底，透過外在死亡體驗活動來探求個人內在對生死的感受，使其產生獨有的特色，獲得不少媒體的報導和關注，特別是在生命教育教學的活動上產生了很大的功效。本文先說明亞洲死亡體驗的發展，介紹韓國、日本、中國大陸和香港的發展情況，再來探討仁德醫護管理專科學校生命關懷事業科所發展出的死亡體驗，其操作和發展的過程，以及其對於生命教育的意義為何。

壹、亞洲死亡體驗活動的發展

以筆者的了解，死亡體驗最早出現在韓國，大約是在 2000 年之後，最早是保險業的訓練課程。沒多久，臺灣、中國大陸、日本、香港等亞洲國家約莫晚一點的時間，也隨著出現類似的死亡體驗活動，其操作的形式或有所不同，但其內容皆是以「模擬臨終到死亡的過程」作為活動精髓，這個共性的重點在透過真實的死亡體驗過程，使參與者有所反思和反省。

韓國在 2004 年開始推出「假死課程」，最初是作為職場的教育訓練之用。創辦人高明書原本是個保險業務員，看到太多人生的生老病死，感嘆善終之不易，於是創辦了韓國生命諮詢公司，推出假死課程，透過死亡的活動使人們思考如何看待這一生。其過程為：拍壽衣、拍遺照、使用生命計時器倒數、寫遺囑、躺棺、蓋棺與撒土。這樣的課程被許多企業作為教育訓練之用，包括保險公司、三星與現代等本土企業，還有外商 ING 安泰人壽和安聯人壽（Allianz），都把員工送去參加他的課程，主要用意是希望員工檢視生命中的優先順序，用來預防企業的自殺問題。後來也變成三星電子和教保生命（Kyobo life）人壽公司員工教育訓練的必修課（尹鳴，2008）。假死課程的成功來自幾個因素：一方面受到企業的支持，成功地建立商業運作模式，使得活動可以成熟地經營下去，不用擔心經營的問題；另一方面南韓自殺問題一直很嚴重，死亡體驗活動部分地作為自殺預防的某種形式，也受到社會和政府相關機構的支持。高明書的成功帶動了其他相關死亡體驗中心在韓國的成立，並推出類似的體驗活動。

殯葬相關業者看到死亡體驗的潛力，開始投入這股熱潮之中。鄭永文（Jeong Yong-mun）原本是殯葬業者，希望結合心理治療，也開始提供「活人葬禮」的活動，他在 2012 年成立孝元治癒中心（Hyowon Healing Centre），並附設死亡體驗學校進行相關活動。他原本從事殯葬禮儀服務業，見到有家人在喪禮上和解，但這樣的和解來得太遲，他希望透過「活人葬禮」來達到類似的作用，活動目的就是「感謝生命、尋求原諒及家族和解」（周辰陽，2019）。活動剛開始的進行是由主持人講述對生命的看法，大意是生活中每天要處理許多事情，而失落只是人生中的一小部分，我們必須學著接受它，並且試著找出其中值得慶幸之處。接著，每位學員都進行遺照拍攝，再進入布置有菊花的告別式會場，換上壽衣，寫下自己最後的遺書。唸完遺書後，躺入棺由「死亡天使」之稱的工作人員協助蓋棺，在躺棺的 10 分鐘裡，沉澱心靈，思考人生的意義（妍蓉，2016）。在兩個半小時的體驗即將結束時，鄭永文會告訴參與者：「現在，你已經不再是以

前的你了。你獲得了重生，有了一個新的開始！」參加者通常會花幾分鐘的時間調整情緒，活動就到此結束。孝元治療中心的運作得到一家殯葬業者的支持，來參加的體驗者是免費參與的，他的治療中心也受到不少媒體的報導，有時也和自殺防治的部門相互合作。

自殺問題一直是韓國社會的嚴重問題，根據OECD的統計，1990年韓國自殺人數8.8人／每10萬人，遠低於當年OECD會員國的平均數值16.17人；爾後隨著經濟的發展，韓國的自殺率也開始狂飆，2000年自殺人數已經攀高到16.6人／每10萬人，超過OECD平均的14.56人；到了2010年，自殺人數為33.5人，已是OECD會員國平均13.29人的兩倍以上（詹玉如，2018）。之後，韓國的自殺率一直高居不下，韓星的自殺更是推波助瀾，使得青少年進行模仿，也推高了青少年的自殺風氣。死亡體驗在韓國的出現，可以說是反映了這個社會現象的結果，人們生活在高度壓力的社會，過度壓抑的生活方式使得生命中的苦悶無法抒解，死亡作為生命的解脫自然成為一些人的選擇。透過死亡體驗的方式，的確可以促使人們思考死亡帶來的意義，特別是青少年階段，韓國青少年階段有很高的自殺死亡率，也反映了其對生死徬徨的態度，來體驗的年齡階層也特別多為這個年齡層。

日本的文化與自殺有很深的解不開的結。由日本著名電影《楢山節考》中為了節省糧食支出的老人家，到第二次世界大戰為了挽救國家無可翻轉命運的神風特攻隊、為了追求死亡美學而切腹自殺的三島由紀夫等可以看出，高自殺死亡率一直是日本社會想要面對又很難面對的社會議題。1993年，鶴見濟（Wataru Tsurumi）寫的《完全自殺手冊》（*The complete manual of suicide*），帶給日本社會很大的震撼，這本從法醫觀點寫的書，鉅細靡遺地描寫各種自殺方法，使日本社會擔心這會對日本青少年造成影響。當日本社會自殺死亡率持續升高，對於自殺問題的處理也開啟了一些新的嘗試，一位佛教僧侶根本一徹（Ittetsu Nemoto）開始嘗試進行辭世的體驗活動。最初是許多有心理困擾的人會到寺廟裡尋求平靜，不少是有自殺意圖的人，他企圖開導他們。後來，他成立了一個名為「給那些不想死去的

人」網站，讓那些有自殺企圖的人可以在網上交流，他們會寫信給根本一徹，他也企圖使用臨濟宗的聆聽方法，為這些想要自殺的人找到生命的出路，但網路上的交流有其負面的影響，其成效也受到限制，並對根本一徹的生活造成影響。最後，根本一徹決定使用面對面接觸的方式，也就是到寺廟裡進行「臨終體驗」活動（MacFarquhar, 2013）。這個體驗活動最剛開始使用「斷捨離」的方式，讓臨終者在面臨死亡時，選擇對其重要的東西，最終在寺廟的大殿上進行臨終的儀式，包括臨終的助念和蓋白布來象徵死亡。後來，日本東京也出現類似的活動，根據日本《Nikkei Trendy》網站報導，在 2013 年開始東京出現了「入棺體驗」的活動，活動內容是辦理生前的追悼會，每次 6 人參加，每個月舉辦一次，每次躺棺的時間為 3 分鐘。來體驗的人往往是經驗了家人的喪事，想要體驗死亡後躺在棺木裡的感受，了解「終活」的相關儀式和過程（林宜靜，2013）。

　　日本這些自殺的人往往是繭居族（cocooning），「繭居族」在日語稱之為「ひきこもり」或者「引き籠もり」，指的是目前日本青少年或中年人逐漸變成孤單而封閉的人，與其他人斷絕了互動，封閉在自己的空間裡。透過體驗的活動，人與人有機會重新產生連結，使得孤單的人來到了寺廟或活動現場，可以把自己的孤單真實地說出來，並在真實的人際關係裡產生互動。另外，日本從佛教發展出來的斷捨離活動，在這幾年於日本的社會也產生很大的迴響，家居物品的斷捨離到人生存有（having）的斷捨離，使得根本一徹的臨終體驗跳脫了只是「躺棺」的活動，甚至活動當中也不需要有棺木的出現，這是屬於禪宗對死亡的觀照。

　　中國大陸最早進行死亡體驗的是湯玉龍，他是瀋陽若水心理中心創辦人，他看到韓國死亡體驗學校所進行的活動，覺得可以運用於心理諮詢當中，當時剛好看到諮詢室裝完冷氣的紙箱，就把紙箱當作棺木，於 2009 年開始進行嘗試，後來就換成真實的棺木，也把個別諮詢室變成個人的死亡體驗室。湯玉龍採取一對一的方式進行，步驟大致如下：第一步，面對鏡子中的自己，寫下自己臨終的「死亡感言」；第二步，在哀樂中躺進棺木

當中，蓋上紗布宣告死亡，並於棺木中體驗死亡 5 分鐘；第三步，體驗者會聽到嬰兒的哭聲，並在《今天是個好日子》的歌聲中，棺木慢慢被打開來，從棺木中起身站起來，這代表新生。根據湯玉龍的說法，這種稱之為「死亡療法」的方式，是使用類似催眠的方法，給予體驗者心理暗示，整個過程最重要是兩個部分的暗示：「放下」與「新生」。透過死亡暗示，使過去的心理創傷可以放下，並透過嬰兒哭聲和歌聲暗示新生，讓體驗者可以克服傷痛而重新生活（吳強，2015）。湯玉龍從韓國死亡體驗學校所受到啟發，和中國大陸正在起步中的心理諮詢結合起來，成為中國大陸最早進行死亡體驗的人。

湯玉龍在瀋陽所宣稱的死亡治療，受到投資人的注意，在中國大陸最創新與最多機會的上海開設了短暫的死亡體驗館。2014 年，湯玉龍受到投資人的邀請，加入上海聆心死亡體驗館的策劃，聆心團隊是以周宜等人所進行死亡體驗的活動。上海的聆心死亡體驗活動脫離了原本心理諮詢的模式，也受到相關媒體的報導，剛開始的確也吸引了對死亡議題有興趣的人，特別是上海匯集著來自中國各地的人，上海的高生活水準，也帶來不少生活上的壓力，而每個來自不同生命議題的人，死亡這個議題必定觸動一些人，但是以營利為導向模式的體驗活動，在場地與人事成本無法下降，又無法像韓國有固定企業訓練教育的結合，成為十里洋場下另一個早夭的嘗試。

儘管有聆心死亡體驗館的失敗案例在前，上海在 2016 年又出現另外一間死亡體驗館──「醒來」。這家體驗館是以生命教育社會企業的模式來運作的，創辦人一位是NGO的理事長，有多年臨終關懷的經驗，另兩位是心理諮詢師，有時要處理自殺和喪親的個案（田耕，2016）。醒來的體驗活動總共 2 個半小時，請體驗者預設今天是活著的最後一天，在體驗館的不同空間裡，用了許多聲光效果的多媒體設備，模擬死亡經歷的過程。體驗館裡共有 10 個空間，在這 10 個空間裡進行 12 輪的遊戲，每個遊戲都牽涉了死亡的價值和倫理的衝突。遊戲進行時要經過探討和辯論，每輪最後都要投票淘汰一位體驗者，代表他的死亡。瀕死者要進入「無常之門」，

並經過一條全暗的通道象徵中陰身的「彼岸」，隨後在模擬焚化爐裡體驗生命「歸零」，然後在模擬子宮的「初心」裡重新降生，最後在純白的空間「醒來」重生，在這裡和之前的淘汰者可以進行交流（作者不詳，2016）。醒來體驗館經營了三年時間，於 2019 年 4 月結束營業，雖然是以社會企業的方式進行營運，但初期投入的成本也不少，444 元人民幣的門票收入，也不是人人都可以負擔的起。對於以「與生命對話，與死亡握手」作為號召，進行的方式為心理遊戲的方式，當中的死亡這個元素未必是與自己有關，而是社會選擇下的結束，過多聲光效果也使得人迷失在外在的世界，而少了與自己生命最真誠的對話機會。

香港於 2009 年在馬灣成立了挪亞方舟的體驗中心，它是聖雅各福群會所設立的方舟生命教育館，曾邀請臺灣生命教育專家紀潔芳老師參與指導和建議。方舟生命教育館主要是以體驗的方式讓一般人也可以了解生命教育的內涵，除了作為教會所用，也和香港的許多學校合作，推動生命教育的活動。其中有設計死亡體驗的部分，是以倒數 30 秒的方式，播放一個地球即將毀滅的影片，讓這個模擬活動裡的參與者寫下最後 30 秒的話。另外，還有一個「感棺之旅」，讓參與者可以親自躺到棺木當中，讓參與者更靠近死亡，了解死亡對自己可能的意義為何。香港的死亡體驗活動主要是以親身經驗的活動為主，這個親身經驗可以破除死亡是可怕的刻板印象，讓學生或一般人用「可親」的方式來接觸死亡或生命，再從當中帶出生命教育的意義。單一活動的時間雖然不長，但是一般大眾都可參與，從「親身玩」的過程來了解一般人很少觸碰的禁忌話題。

韓國、日本、中國大陸、香港不約而同都在 2000 年之後出現死亡體驗的活動，類似的活動所反映出其不同社會脈絡的意義，但時間的接近性也反映出某種時代性的意義。這一波死亡體驗潮流的出現正巧在千禧年之後，原本千禧年之前全球都有種莫名的焦慮，末日之說盛行，新聞也大幅報導電腦千禧蟲的影響，然而最終千禧年輕輕地走過，沒有對人類生活有太大影響，卻使得許多人在面對人類生存危機的關頭，也開始反思自己的生活；

當人類面臨滅亡危機，但最後這個危機沒有發生，反而使人有機會去思考生存對群體的意義。在此同時，亞洲國家更經歷了金融風暴，網路泡沫化造成經濟活動的巨大損失，企業破產和勞工失業，使得個人生存面臨實際的困難，因為失業帶來自殺率上升的社會問題也在一些國家出現，特別是在亞洲金融風暴受傷最重的韓國，自殺率大幅上升。經濟生活的壓力使得人們開始找各種出口，韓國死亡體驗活動的出現，也正是在千禧年和亞洲金融風暴這樣大環境脈絡下的產品。

貳、臺灣死亡體驗發展的脈絡

仁德醫護管理專科學校生命關懷事業科成立於 2009 年，是臺灣最早完全以殯葬專業為發展的技職學校。在設科的初期，於課程的規劃中就融入了生命教育的理念，同時早期臺灣民眾對殯葬人員的印象，常停留在「土公仔」或是有黑道色彩，往往不將其當作是一門專業在看待，為了反轉民眾對於殯葬人員的負面感受，希望培養殯葬人員具有「同理心」的態度，可以尊重亡者也尊重家屬。不過，同理心如果是知識的教導，並沒有效果，而且這群殯葬在職人員也無法採用心理諮商那種同理心的訓練模式，於是在創科邱達能主任和科上老師的腦力激盪下，又受到新聞有關韓國保險業進行死亡體驗報導的啟發，希望讓殯葬人員也能夠「死一回」，以便可以真正了解亡者和家屬的感受，也許就有可能培養殯葬人員的同理心。於是在 2010 年本科獲得教育部特色典範計畫的補助，以科內逐年討論的想法建構了全國第一個以「死亡體驗活動」為主體的專業教室。為了使死亡模擬過程可以細緻地被體驗，使用了科上「風水最好」的位置，將體驗教室放在教學單位的中心點，象徵對生命教育的重視，而殯葬禮儀只是其外在的表現。死亡體驗活動使用的空間包括準備室、臨終關懷教室、死亡體驗教室、奠禮堂教室，還有悲傷輔導教室。死亡體驗進行時要換上正式的壽衣、拍遺照，還有小天使的陪伴，透過這些專業教室的建置營造了擬真的氛圍，

來參加體驗的人往往可以感受到一種沉思的氛圍。

　　活動進行至少2～4個小時，從一開始的噤語，就如打禪七般讓人開始觀照自己的內心和情緒，在每個過程裡帶領者使用設計過的引導語，以團體諮商為體，儀式化的指導語為形，讓體驗者可以順著引導進入內心的實存世界，這個過程是很緩慢而細緻的，透過許多不同設計過的音樂來帶動情緒，在一個個小方格獨處時寫下臨終的遺書和墓誌銘，往往觸動內心最深的感受，並反思在世人與人的關係，透過四道人生的反思，在臨終最後一刻思索死亡對人的意義。在死亡體驗進行時，透過光線的變換和音樂的串場，臨終者透過麥克風公開了內心最真實的情感，這需要勇氣，也需要信任，在這個公開的追悼場，自己和旁人進行告別，也和自己進行告別，在淚水之下是人們隱藏的情感，在這個生死交替的時刻，常就不經意就流露出來。很多人體驗前覺得死亡無可懼怕，面臨臨終時才知道害怕的並不是棺木，害怕的是內心的思念無人可訴，因為棺木是在地底之下，地面之上的是自己未完成的人生。

　　來參加過的學員，往往可以透過親身的體驗，對死亡和生命有更深一層的體悟。本活動希望人們不是僅在知識上理解死亡，還能透過自己真實地體驗活動，看見自己面對死亡的態度，不管是害怕、不捨、難過、遺憾等情緒，對於死亡有更深一層的認識，並從這些心理反應看見自己與自己、自己與他人的關係，最終是希望參與者能從生命的重生當中，賦予自我人生的積極意義，了解生命之可貴，更加珍惜有限生命的把握，以彰顯出生命的價值。從遺書文字的摘要裡，我們可以看到對家人的不捨，也充滿了人生的懊悔，還有對於人生的回顧，這些反思都對他們帶來了一些改變。

　　以下提供參與者的遺書文字摘要。

死亡體驗教室

進行死亡體驗的學員透過遺書來思考生命的意義

遺書文字摘要
・希望我的家人在我死後可以好好照顧自己，健康活下去，阿公阿婆能健康，也不要天天吵架，也希望爸爸不要讓自己太累、喝太多酒，弟弟要乖一點，好好照顧大家。
・人生至今只過了四分之一，現在也是自己人生中最重要的年紀，回想過去，有許多錯誤，也有許多自己不後悔的決定，和家人也有許多回憶，我想我最不後悔的事應該是遇見了現在這些朋友吧，雖然講話有時不那麼中聽，但他們讓我了解不少做人處事的道理，也學會許多事，感謝你們。
・感謝生命中所遇到的每個人，也對於我的母親很抱歉，時常惹妳生氣和讓妳擔心，如果還有下一輩子，希望我還可以當妳的女兒，很抱歉過去對妳做的那麼多事，希望妳可以原諒我，也希望妳可以好好地活著。
・原來生命這麼短暫，這麼快就到了盡頭，我還有許多事還沒完成，好希望還有時間可以去完成我的夢想，看我想看的人，人生有很多執著，但到了末路好像很多事物都不那麼重要了。
・對不起，作為你的女兒我從未好好理解你，這是我最後一次跟你說對不起，對不起曾經對你的傷害。
・謝謝爸媽一直以來包容我的任性，我從來都不是一個好女兒，但你們卻包容我，我走後你們不要太難過，希望你們可以好好照顧自己，我會在遠方守護著你們。
・阿公，我們終於可以相聚了，我真的好想你，好想再見你一面。
・如果還有下輩子，我希望我們可以繼續當家人，這一次我會花更多時間跟你們在一起，陪你們好好一起吃飯，謝謝你們對我的好。

從來參加體驗活動的體驗者所寫的回饋，可以看到他們對於活動產生的想法如下：

1. 對生命重要他人之回應與感謝：

・體驗後我會更珍惜跟父母和朋友相處的時光。

・我希望好好跟家人說我愛他們。

・這次體驗讓我知道原來我是如此放不下我的家人，希望可以多花些時間好好陪伴他們。

2. 更加珍惜活著的時間：

・體驗死亡讓我更加珍惜活著的時刻。

・我想好好珍惜時間，珍惜每個回憶。

・這次活動讓我發現死亡原來離我那麼近，希望可以好好善用這一生剩下的時間。

3. 增進未完成目標之動能：

・面對死亡讓我得更加努力去完成夢想，不然以後沒時間能做到。

・原來我對很多事還有依戀，希望可以好好完成我想做的事，考上執照，當上護理師。生命短暫，我得好好抓緊時間完成夢想。

4. 對於死亡自覺增進理解：

・接近死亡讓我對於死亡有更多了解，並且減低了我對死亡的恐懼。

・體驗死亡讓我更無負擔地往生命前方前進，更積極知道自己該做什麼。

・死來得太快，來得太突然，死時才更認識我自己，但你永遠不知道死的樣子是什麼？只知道珍惜現在才是重點。

　　從這些回饋裡使我們更加了解，大部分成員從這個活動裡是有所學習，也帶來一定的改變。在帶領的過程裡，我們也發現許多參與者也哭了，並不是害怕而哭泣，而是難過和不捨家人，發現自己原來這麼在乎家人或朋友，或是在「生死話別」聽到學員在平常不曾說出口的真心話，真誠地表

達出來，也許就是要面臨這樣的生死關頭，一些我們埋藏在心中的話語，才會真實而不掩藏地表露出來。正是這些真實的情感，使得參與者可能重新選擇自己與別人的關係，選擇用另一種態度來過自己的人生。

　　死亡體驗活動基本上是以體驗式活動為主，並不是走知識式的教導模式，著重個人對於死亡概念的理解。體驗式活動以經驗為主，希望成員透過自我行動的觀察，了解這些情境帶給他們哪些刺激或想法，再進行自我的反思和反映，再進一步應用於未來現實生活裡。這個體驗的過程就像體驗教育學者 Kolb 所提倡的「經驗學習圈」（experiential learning cycle），體驗教育所著重的是「體驗（experiencing/noticing）—反應（interpreting/reflecting）—價值化（generalizing/judging）—應用（applying/testing）」的循環學習（郭託有，2009），這樣的學習使得成員能透過活動來理解自己的機會，而活動帶領者就是協助學員在過程中更有效的學習，而不讓自己有太多主觀的意見去影響學員的反思。透過這樣的經驗學習圈，參與者可以把有效學習的發現，帶到生活經驗當中。

　　這幾年來，「死亡體驗活動」獲得臺灣媒體報導，也有許多的學校和社會團體蒞校進行體驗，從來參與者的回饋裡，我們發現這項活動是有意義的，也希望將這項活動的效益能夠擴大。為了針對對象的不同，我們開始將死亡體驗活動進行「模組化」，將活動流程主要基調進行微調，在原本的基礎上加上不同的單元，使得活動可以產生更大的效益，產生附加的作用，包括：對殯葬人員的同理心訓練／臨終禮儀的訓練；醫療人員的醫療人文培育／安寧照顧／遺體護理；自殺守門員訓練；青少年和非行少年的生命體驗等。透過不同模組化的體驗活動，可以針對不同對象的特殊性，更貼近他們的生命處境，同時作為專業人士的訓練，增加他們對服務對象的同理心及陪伴能力。

參、小　結

　　在新冠病毒疫情的影響下，每個人習以為常的生活多少都受到影響。有時死亡來得太快，以至我們無法思考，只能情緒性地反應。在諮商室裡，筆者常看到個案情緒性地訴說人生的痛苦，好像是說給諮商師聽，其實是說給自己聽，這是種生命的獨白，但什麼時候，我們才有勇氣真誠地說給在意的人聽呢？曾有整個家庭的人來進行死亡體驗，當父親躺在棺材裡時，兒子才有機會明白「沒了爸」是何等的孤單，父親的嘮叨不一定是個人的枷鎖，有時只不過是關係裡的期待；當兒子躺在棺材裡時，父親才真的明白「活著」才是最重要的事，而不是社會的價值。當重生時，父子的擁抱不只是種了解，更是種關係裡的和解。仁德醫專生命關懷事業科的死亡體驗，有一個很大的重點，面對死亡並不是個人式的存在議題，在我們活動中，臨終者都有陪伴者，臨終者是在群我關係中分享個人情感，陪伴者也從臨終者身上有所學習，就像死和生總是相生相伴，我們都真實地在不同的生命和各種關係裡，學習到什麼是愛和倫常。

參考文獻

尹鳴（2008 年 9 月）。韓國職場另類學分：體驗死亡課程大流行。**商業周刊，1087**，164-165。

田耕（2016 年 4 月 19 日）。上海死亡體驗館創辦人：死亡真能體驗嗎？**BBC NEW 中文**。取自 https://reurl.cc/GdM1ep

作者不詳（2016 年 4 月 18 日）。上海首家 4D「醒來死亡體驗館」體驗生命之旅。**臺灣殯葬資訊網**。取自 https://reurl.cc/7y6aR1

吳強（2015 年 5 月 20 日）。瀋陽現「死亡體驗室」模擬死亡為高壓者減壓。**瀋陽日報**。取自 https://reurl.cc/MZneRW

妍蓉（2016 年 12 月 26 日）。南韓「死亡體驗學校」學員要拍遺照、穿壽衣、寫遺書、最後躺進棺材「沉澱心靈」。**商業周刊**。取自 https://reurl.cc/mqeglj

周辰陽（2019 年 11 月 6 日）。活著進棺材！南韓模擬死亡課程教你反思人生。**經濟日報**。取自 https://reurl.cc/raNeLN

林宜靜（2013 年 7 月 10 日）。日推「入棺體驗」讓活人感受死亡瞬間。**中時電子報**。取自 https://reurl.cc/AgG5A8

郭託有（2009）。**體驗教育理論與實務**。臺北市：華都。

詹玉如（2018 年 1 月 25 日）。這點你絕對不想贏韓國！OECD：南韓連續 13 年自殺率第一，貧富不均為最大問題。**風傳媒**。取自 https://reurl.cc/DvW0Am

MacFarquhar, L. (2013, June 17). A Buddhist monk confronts Japan's suicide culture. *The New Yorker*.

作者介紹

鄧明宇，輔仁大學心理學博士，現任仁德醫護管理專科學校生命關懷事業科助理教授暨學生輔導中心主任、臺灣生命敘事與心理傳記學會理事、諮商心理師。教育部 108 年全國大專校院生命教育績優人員。

22 衣帶漸寬終不悔：生死教育教什麼？怎麼教？

紀潔芳

彰化師範大學教授（退休）

壹、前　緣

筆者從小就很害怕死亡，常想這麼美滿的家庭，慈祥的爸媽誰會先走？怎麼走？走去哪裡？失去了他們，我能承受得了嗎？遂立下協助雙親安然往生的大願。父親與母親先後於 1985 年及 1992 年過世，臨終時，非常安詳自在、正念分明，由所呈現的瑞相感覺老人家已經往生極樂淨土，雖不捨，但較沒有遺憾。筆者心中了然，原來安然往生是可以規劃的，唯需投入較多心力！自此後，常參與幫助病人及老人往生的社會服務工作，並和朋友及學生分享臨終關懷經驗。1997 年，因緣際會在彰化師大通識課程講授「生死教育」課程，並在教育學程開授「生死教育教學」選修課。

通常 2 學分的課在 100 分鐘時間裡，筆者的課程內容分為四個部分，即原理原則的講授、視聽媒體賞析、體驗活動及討論等，課後學生的反應還蠻肯定的。「生死教育」及「生死教育教學」這兩門課筆者教了二十多年，課程內容雖然相當熟悉，但針對不同學生的需求（如年齡、年級、學科別，或配合時代變遷及發展的需要等），還是需要備課的，在教學中的契機契理是非常重要。在課程名稱上，筆者通常覺得用「生死教育」及「生死教育教學」的名稱，較為符合實際。但為關注東方人的忌諱，有時也隨順採用「生命教育」及「生命教育教學」的名稱。

貳、「生死教育」課程簡介

本節所提「生死教育」是指大一通識課程，而「生死教育教學」乃指師資培訓課程之教材教法。教學內涵如下：

1. 大一通識課程，此乃讓學生對生與死及人生有基本的認知。

2. 教學內容：

   (1) 探索生命意義並確立自己的生命意義。

   (2) 生之喜悅。

   (3) 了解各宗教、哲學及各專業學門（如心理學、醫學等）之死亡觀，包括死亡的情境、歷程，以及對死後世界的看法。

   (4) 引領學生降低對死亡的害怕、逃避，而能以坦然、積極的態度面對死亡。

   (5) 臨終關懷，引領學生對人生最後旅程能做事前規劃，如預立遺囑等。

   (6) 死亡倫理之探討，包括：安樂死、墮胎合法化、器官捐贈、急救等。

   (7) 死亡倫理之探討，包括：保險、法律、民俗、殯葬等。

   (8) 自殺心理及防範。

   (9) 如何與兒童、病人、老人談死亡。

   (10) 讓學生了解死亡所造成之失落及哀傷，並能自我調適處理，進一步幫助家人、親朋、同事及學生。

   (11) 社會對死亡事件的服務事項及哀傷輔導可提供之資源（如安寧照顧基金會、康泰文教基金會、喜願兒協會、蓮花基金會、生命線、觀音線等）。

有關「生死教育」課程的教學及評量將會於「生死教育教學」課程中一併說明。

參、「生死教育教學」課程規劃

一、教學目標與時數

（知識）1.探討生死教育的原理原則。

（能力）2.熟悉生死教育的教學方法及運用。

（能力）3.熟悉生死教育的教學資源並能靈活運用。

（能力）4.能設計生死教育體驗活動及運用。

（情意）5.培養悲天憫人、熱愛生命、尊重他人及關懷大自然情懷的教師素養。

4學分（計72節，每節50分鐘），必須分二梯次或三梯次上課或進行培訓。

二、教學對象

教學對象可分為三類：

1. 養成教育：在師範大學、教育大學或教育學程的師資培育，主要是學習生命教育的教材教法，計4學分，上學期為教材教法，下學期為教學實習，包括校內實習及校外實習。

2. 在職教育：

   (1) 此主要是指推廣教育，教學對象主要是在大學沒有修過生命教育課程前來加修學分的教師，包括大學教師、中小學及幼兒園教師，通常4學分包括教材教法及教學實習。

   (2) 修生死教育學程的教師，即修以生死教育為第二專長之教師。

3. 其他：包括社會工作者、學校輔導老師、對生命教育有興趣的家長等。

三、教學內容

教學內容有 22 個單元，如表 1 所示。每一單元包括教學主題、原理原則、教學資源及教學活動，請見附錄 1。在大學，課程教學內容乃尊重各開課教師的訂定，所採用的教學資源及體驗活動可隨著時空的變化有所調整。

表 1　「生死教育教學」課程內容

單元	原理原則	單元	原理原則
1. 緒言	推廣生死教育的時代意義 生死教育內涵 有效的教學 *教學方法	12. 生命教育融入特殊教育	同理心之培育
2. 創造力與溝通藝術	培養創造力，能提高抗壓性，有良好溝通才有良好的人際關係	13. 災區學校之生命重建	災區學生之成見及缺乏自信 教學資源的運用
3. 生命的意義	探索生命之意義	14. 品德教育	品德是用教的嗎？ 大部分要靠薰習及生命典範的巡禮
4. 生之喜悅	能體會媽媽真辛苦，能孝順父母，百善孝為先	15. 生命典範	小生命也有不凡的故事，生命典範是品德教育最好的教材
5. 自我探索	你知道自己的潛能嗎？你知道自己生命的極限嗎？	16. 傳統文化融入生命教育	了凡四訓與生命教育教學 護生畫集與生命教育教學
6. 情緒調適	情緒是什麼？ 正向情緒 破壞性情緒	*17. 生命教育融入其他學科的教學	生命教育融入自然學科教學 生命教育融入社會及人文學科教學
7. 臨終關懷	坦然勇敢面對死亡，並做好準備 如何對兒童與老人告知死亡事件	*18. 生命教育繪本教學	繪本的妙用 繪本教學

表 1 「生死教育教學」課程內容（續）

單元	原理原則	單元	原理原則
8. 生死禮俗	喜慶的禮俗 喪葬的禮俗	*19. 生命教育教學 資源的運用	教學資源的類別 教學資源的妙用
9. 悲傷調適		*20. 生命故事分享	高中學生的作品賞析 大學生的作品賞析
10. 防治青少年自 我傷害	治標治本	**21. 空白課程	
11. 防範性侵害	了解危機的存在 培養隨機應變的能力	22. 生命教育發展 趨勢	國際化、科技整合與環 境保護 AI 時代的生命教育
下學期「教學實習」（2 學分計 36 節課）			
1. 教學觀與教學實習			
2. 撰寫教案、試教及檢討			
3. 由教師及學生小組評量			

註：*乃教材教法的領域。

　　**所謂空白課程即預留 5%～10%的時數，不排課程。讓老師針對地方特色或時代的
　　需要增添適當的課程，以符合實際的需要，亦包括觀摩教學。

　　或許會問：在生命教育教學內容中，為何要加上殯葬禮俗、特殊教育
及防止性侵等單元，其原由如下。

（一）生命教育融入生死禮俗（紀潔芳，2014）

　　生死禮俗內容包括出生、成年、婚姻、喪葬等禮儀及風俗，主要是使
大家能在慶賀或追思儀式中了解其含意，不迷信、不迷惘，而且能體會其
意義所在。通常參加喪禮多數人會存著害怕的心理，碰到自家親人去世往
往毫無準備，盲從又茫然地隨著熱心親友或禮儀社的指引辦事，喪事辦得
是否如法？是否經濟實惠？是否有依照往生者的意願，皆不得而知。生死
乃人生大事，宜有基本的認知，方能有尊嚴善終，唯此屬通識課程之「生
死禮俗」，有別於殯葬專業課程之「生死禮俗」。

（二）生命教育談防範性侵害

有關防範性侵害單元非常重要，但很難啟齒，不知怎麼說才好。但透過繪本或影片可以很自然地為孩子作適當的引領，例如：在《家族相簿》繪本中，小老鼠家庭本來很美滿，但是壞叔叔性侵害了小姪女妮絲，並威脅不能講，最後壞叔叔遭到報應被大雄貓叼走。某國小老師為二年級小朋友講這個故事時，聽到一個小女生喃喃自語「我希望我家隔壁的老伯伯也被大雄貓叼走」，老師暗中訪查發現小女生的確被老伯伯性侵，最後將老伯伯繩之以法。通常有關兩性教育是屬於青春期教育的領域，在生命教育範圍中，大多處理防範性侵事件。

（三）生命教育融入特殊教育

特殊教育除了資優、智障、肢障、視障、聽障外，還有情緒障礙、學習障礙等，尤其是學障中的閱讀障礙相當影響孩子的學習，但是家長不了解孩子的學習障礙，總是責怪孩子不專心、不用功等，造成孩子嚴重的負向情緒，也錯失了幫助孩子調適改善的良機。在《謝謝您，福柯老師！》繪本及《心中的小星星》影片中都有很好的啟發。

四、作業規劃

在教學中，適當作業的練習是提高學習成效方法之一，尤其是融入社會經驗、生活經驗及實務經驗的作業設計，學生較受益。考慮學生需要時間熟悉實作，故此培訓宜分兩梯次或三梯次進行，以及為學員提供至少一個月或一個半月的時間去消化與涵融教學內容，有關作業設計如下。

（一）選擇適切的教科書、精讀及作教科書比較之簡報

筆者規定學生：三個人為一個小組選擇喜歡的一本教科書精讀，到學期中時要將此本書的特色優點及未盡之處做成 PPT，向全班同學報告並可互相借閱，如此學生就能接觸到多本教科書。此項作業列入為成績評量項目之一。

　　筆者為因應教學之需要亦編寫了兩本教科書，版權捐給蓮花基金會，由蓮花基金會出版：其一是《打開生命教育百寶箱》，本書主要是介紹生命教育師資培育的教學方法、教學資源、教學活動計畫，此屬生命教育的通論，凡是任教生命教育者或大學老師或中小學老師都需要學習。在教學活動單元中，筆者設計了 21 項活動，每一項活動皆列出活動目的、所需材料、活動步驟、學生學習心得、教師教學心得，此教學活動隨時可以更新，並可另設計新活動取代。其二是《生命教育你我他》，本書是生命教學專論，是針對兒童、中學生、大學生、成人及銀髮族的生命教育，依其特性有不同的教學內容及方法。

（二）撰寫心得

　　繳交學習心得感悟報告。

（三）體驗活動

　　體驗活動的設計與實施是可操作的，藉著體驗活動能觸動學生的心靈深處，讓其有所感悟。

（四）閱讀四本繪本並撰寫感受及運用經驗

　　學生所選的四本繪本可選四本不同主題的書，或同一主題選四本繪本閱讀，以收相輔相成之功效，例如：在悲傷調適主題可選《地球的禱告》（祖父過世）、《小老鼠的拼布被》（外婆過世）、《記憶的項鍊》（母親過世）、《你到哪裡去了？》（弟弟過世）、《化為千風》（太太過世）、《我最好的朋友》（先生過世）、《小魯的池塘》（同學過世）、《我永遠愛你》（寵物過世）等。

（五）製作生命故事

　　學生自訂主題，可寫祖父的故事或媽媽的故事，或在世或過世，也可以寫寵物的故事，依據訂定的主題選 20～40 張照片掃描、加旁白、配上音樂，就是很動人的生命故事。筆者在教學中會提供學長姐的作業，如「阿

公的愛」或「無到有」之生命故事讓學生觀看。通常教師不可以隨便公開學生的作業讓人閱讀，必須先徵求作者的同意，這點是非常重要的。據筆者之教學經驗，此生命故事是學生非常喜歡的作業，並和家人有非常多的回饋交流，頗有意義。

（六）預立遺囑

修「生死教育」的學生，如果沒有預立遺囑，就不算修過這門課。當我們要離開人世間時，要跟哪些人說什麼話？是否需要急救？後事如何處理？物品財產如何分配？寫好「請親筆簽名放入信封繳交」，信封要寫「預立遺囑」四個大字，並用小字註明是生命教育課程作業。以往曾經鬧過一次笑話，學生忘了註明「作業」兩字，把家長嚇壞了，劈頭就罵：「孩子，你是哪裡想不開……」。遺囑可用手寫，亦可用電子檔，但要親自簽名。

（七）助人個案

做一件助人的事，例如：化解親子衝突、與自己的家人進行一次溫馨對話、參加義工公益活動、幫助喪親者走出悲傷、參與臨終關懷活動等，即在別人需要的地方，看見自己的責任。

五、教學評量

教學評量包括：

1. 出席率及上課參與程度。
2. 各項作業除教師評量外也參考學生小組的評量，例如：試教、介紹教科書或繪本單元，甚至有些單元（如預立遺囑等）也參考家長回饋。

六、教師素養

教師是主導教學成效之靈魂人物，無論是大學教師或中小學教師，教授生死學課程的教師素養如下：

1. 對死亡具有正確的知識及態度。

2. 具備傾聽、諮商及溝通之基本能力。

3. 最好能有「臨終關懷」之助人經驗。

4. 有悲天憫人的胸懷及熱愛生命。

猶記得傅偉勳教授所寫的《死亡的尊嚴與生命的尊嚴》一書，非只是知識之匯總，而是融入了作者之慈悲宏願及親身體驗，故能感人至深、動人心弦、啟發心智。教師如能以真性情教書才能感動學生，助益學生知識的內化及涵融。

生命教育培訓的老師要有隨機應變、當機立斷處理問題的能力，真正碰到問題時，要能處理妥當。筆者分享處理學生問題的個案故事，限於篇幅，將所有故事內容放置於附錄 2，僅將目錄列於下文供參考。

個案 1　老師！人死後去哪裡！（這是學生問得最多的問題，也是學生最想知道的答案。或者問：張國榮自殺了，他在哪裡？如何回答呢？）

個案 2　老師！人為什麼會死？

個案 3　老師！你不守信用！（某老師燒炭自殺，如何處理班上學生的情緒反應）

個案 4　老師！我要去旅行！（一位經驗豐富的老師，如何處理要自殺的學生）

個案 5　桌子要搬走嗎？

個案 6　阿健！一路好走！（某大四學生猝死，如何為畢業班學生做悲傷輔導）

個案 7　信哲！我們心好痛！（某大四學生因憂鬱症自殺，如何為其同班學生做悲傷輔導）

個案 8　鴿子的喪禮！（探討老師藉著鴿子死亡的事件，如何為學生講述生死教育，也探討老師如何運用探索教學法教學）

個案 9　千鈞一髮！（某學生要跳樓，校長如何處理校園危機）

肆、教學實施

上一節所擬訂之教學規劃要如何落實？有效的教學必須透過活潑生動的教學方法、運用多媒體教學資源、體驗活動的實施，並配合適當的教科書。詳見下列分析。

一、有效教學

一般有效的學習應包括入、住、出的過程，需要教師與學生全心投入及配合（紀潔芳、鄭瑋宜、鄭璿宜、曾懷荻，2015a，頁27），如圖1所示。

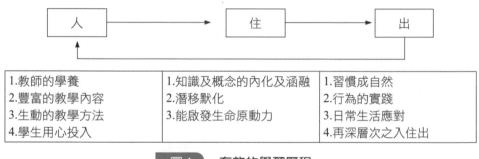

入	→	住	→	出

| 1.教師的學養
2.豐富的教學內容
3.生動的教學方法
4.學生用心投入 | 1.知識及概念的內化及涵融
2.潛移默化
3.能啟發生命原動力 | 1.習慣成自然
2.行為的實踐
3.日常生活應對
4.再深層次之入住出 |

圖 1　有效的學習歷程

生命教育是隨時、隨地、隨機可進行的，只要教師能真誠用心，能用生命力教學，隨時均可見其成效。

二、教學方法

為提升教學成效，在教學中要採用活潑生動的教學方法交互運用。有關教學方法說明如下：

　　1. 講述法：此屬於較傳統的教學方法，優點是能有系統地將知識傳播給學生，但屬單向溝通，較為枯燥。為提升學生的學習興趣及教學

效率，教師可配合問答法、討論法及運用視聽媒體輔助教學。

2. 實作教學法：在教學目標訂定中，常包含知識、技能及情意，有關技能部分常以實作教學法來落實，例如：電腦輸入課程，正確與速度是技能要求，對資料的保密及尊重智慧財產權是情意上的要求；在臨終關懷方面，對死亡告知是屬於實作法；在生命教育「生生不息」的活動中，種植苜蓿芽則屬於實作的活動。

3. 體驗教學法：如用嘴或用腳畫畫，或護蛋活動，藉角色扮演讓學生體驗肢障者或懷孕者的感受，能設身處地為別人著想，有同理心。

4. 批判思考法或價值澄清法：教師可選擇道德兩難的倫理議題，如安樂死合法化、死刑存廢議題，進行討論，澄清其價值。

5. 合作學習法：以團體活動的方式進行，激發學生的群體意識，培養互助合作、互相包容的學習態度，如「飛輪人生」、「畫我大樹畫我家」等體驗活動。

6. 欣賞教學法：通常繪本的閱讀、視聽媒體的觀賞是屬於欣賞教學法，唯在一堂課中以不超過 15 分鐘為原則，觀賞後要有提問或討論，並且要尊重個人之智慧財產權。

7. 參觀教學法：參觀教學是個綜合的學習，可將理論與實務相印證。筆者經常帶學生去參觀的地方有：世界宗教博物館、宜蘭福園（墓園）、生命紀念園區（殯葬所）、醫學院大體解剖室或參觀生命教育辦學成效較好之大中小學、社團機構等。

8. 探索教學法：探索教學法頗能啟發學生的創造力，能引領學生學習如何去學習。即教師對某件事情不斷拋出問題刺激孩子的思考力，培養孩子解決問題及相互合作的能力。

9. 線上教學：科技時代，線上教學很普遍，以往較不易體驗活動的實作，現在已能克服。唯線上教學較缺親和力，乃美中不足。彌補的方式即教師及助教在批改作業中，可以以文字與學生多互動，或用 LINE 以通話的方式多溝通。

以上的教學方法不一定要全用在一堂課中，教師可視需要搭配兩、三種方法，主要是引起學生的學習興趣及提升教學成效。

三、教學資源

所謂教學資源包括教科書、參考書、視聽媒體、繪本及其他。以下介紹視聽媒體及繪本。

（一）視聽媒體

視聽媒體具聲光化，令學生印象深刻，感人至深是很受歡迎的教學資源。死亡要如何解說，是很不容易的事，筆者常用《生命的樂章：人生四季之歌》、《媽媽的臉》、《生死一瞬間》等視聽媒體為敲門磚來介紹死亡。有關臨終關懷視聽媒體，蓮花基金會發行之《最後的禮物》是非常恰當的教材，自修用也不錯。有關憂鬱症的認知及防治，則是董氏基金會發行的《下一次的微笑》、《當旋律再起》，其教學效果相當好。

防治性侵害也是很難啟口解說，筆者偏愛用《壞孩子》影片及繪本《家族相簿》為敲門磚來開啟討論（紀潔芳，2006）。

有關生命典範，筆者常用《心靈好手》（謝坤山的故事）、「與時間競賽的人」（陳俊翰的故事）、「蓮娜瑪莉亞的故事」、「林義傑的故事」。生命典範不全然是殘障者的故事，像繪本《極地重生》敘說薛克頓穿越南極的毅力十足、堅忍不拔，亦令人感動。

又「生之喜悅」單元，筆者常用之視聽媒體有「新生命誕生」、「我從哪裡來」及繪本《我家寶貝要出生》等，學生亦非常感動。

（二）繪本的運用

繪本是結合文學、藝術及哲學的作品，賞心悅目、發人深省，除了非常受幼兒及小學生歡迎以外，適當繪本的選用對大學生、成人、銀髮族及臨終關懷的病人也非常適合，如《再見，愛瑪奶奶》、《媽媽的承諾》、《豬奶奶說再見》。

有關繪本請參閱筆者的文章或自製之PPT：〈協助喪親孩子走出悲傷：兼談繪本的運用〉（紀潔芳，2020）、〈繪本魅力媚無窮：生命教育繪本教學〉PPT（紀潔芳，2007）、〈童繪本在生死教育教學中之運用〉PPT（紀潔芳，2006）、〈地震後的餘響〉（紀潔芳等人，2015a，頁164-174）。

　　有關運用繪本說故事也是一項重要的學習項目，能把故事說得生動有趣、扣人心弦是不容易的事情。講故事的人要自己先感動才能感動聽眾，聲音要有高低起伏、抑揚頓挫及輕重緩急，還要有肢體語言或教學資源相互配合，所以聽會講故事的人講故事是一種享受，也常會被感動及觸動。

　　生命教育生活化也很重要，學生們都知道凡婚喪喜慶、生日、畢業，筆者最喜歡贈送「繪本」。有關結婚之繪本，如《家》、《我家寶貝要出生》、《媽媽的承諾》，都很適切；有關失去祖父母之繪本：《爺爺有沒有穿西裝？》、《豬奶奶說再見》、《地球的禱告》，都能安撫情緒；有關地震災區的生命重建之繪本：《1000 把大提琴的合奏》、《阿讓的氣球》、《希望的翅膀》，都很貼心；有關父母離異之繪本：《媽媽爸爸不住一起了》、《好事成雙》，皆有深刻的啟發；有關不喜歡讀書的孩子之繪本：《我討厭書》，能改變看法。

（三）其他教學資源

　　其實，生命教育的教學資源遍地都是、俯拾可得，如手套偶、民間的紅色訃聞等，凡80歲以上高齡過世者所用的是紅色訃聞、紅色輓聯，屬於喜喪，可見中華民族是個多麼有趣溫馨的民族。

四、教學活動設計與實施

　　通常教學體驗活動最能觸動學生的心靈深處，體驗活動之設計者要非常熟悉生命教育的理論，將之轉化為「活動」，以一種輕鬆有趣的方式達成理念的建立，例如：「飛輪人生」活動之實施，可讓學生對視障者及肢體障礙者培養出同理心。

唯同一體驗活動對不同年齡的學生會有層次深淺的作法，例如：「護蛋」體驗活動，對於高中學生可護蛋三日，而小學三年級的學生則一日即可；「心心相應」體驗活動，大學生可用雙面色紙摺愛心貼在氣球上放飛，而對於銀髮族的朋友則以現成的愛心紙代替之。表2乃筆者對不同年齡層學生設計之體驗活動，請參考。至於每一項體驗活動之設計目的、運用的材料、實施步驟，可參考筆者編寫之《打開生命教育百寶箱》教科書。

　　通常生命教育理論較深奧，要轉化為知識便於吸收，若能透過體驗活動的設計與實施，則更易於體會。以下是學生對實施教學活動之回應：

1. 在上課教室或工作坊的教室旁加放展示桌，展出繪本、教科書、視聽媒體及手套偶等教學資源。如果工作坊為兩天以上，晚間學員可借繪本回家閱覽或和家人共讀，效果相當好。

2. 由於生命教育包含多項可操作之體驗活動，所以準備的教學材料特別多元，通常在學校可設置生命材料室，如臨時之工作坊可設材料區，材料包括：苜蓿種子、正方形紗布、礦泉水瓶、橡皮筋、生雞蛋、夾鏈袋、掛袋、蠟筆、A3紙、A4紙、可吸水圖畫紙、水彩筆、調色盤、水杯、毛線、輪椅、眼罩等琳瑯滿目，學員們都看傻了。

3. 在「生生不息」體驗活動中，學生看到種子的發芽、成長、茁壯、葉子變綠……，非常的驚訝，也很激動並有成就感，深深為生命的奧妙折服，也感念到父母親的養育不易！第二次上課，為學生準備了全麥土司、蔓越莓果醬，請他們品嚐自己的「作業」，有的戰戰兢兢、有的大快朵頤、有的害怕退縮、有的勇於冒險，最後都覺得美味無比，原來這才是健康的飲食。

4. 配合臨終關懷的講授，欣賞《媽媽的臉》影片時，幾乎有三分之二的學生眼眶濕了，引起激烈的討論。唯教師播放此影片要留下充足的時間做情緒調適，才能讓學生下課。

5. 每學期約上3～6次課後，學生的態度改變了，他們知道老師是有料的、玩真的，在內心深處被觸動！於是學生開始與你交心，縱然

表2　體驗活動項目及適用年齡層

適用名稱＼活動＼學習者	幼兒園	小學						國中			高中			大學	成年、銀髮族
	大班	1	2	3	4	5	6	7	8	9	10	11	12		
生生不息	●	●	●	●	●	●	●	●	●	●	●	●	●	●	●
心心相應（包括點心燈）						●	●	●	●	●	●	●	●	●	●
媽媽真辛苦：護蛋	●	●	●	●	●	●	●	●	●	●	●	●	●	●	●
媽媽真辛苦：背背包	●	●	●	●	●	●	●	●	●	●	●	●	●	●	
畫我大樹畫我家					●	●	●	●	●	●	●	●	●	●	●
正念減壓	●	●	●	●	●	●	●	●	●	●	●	●	●	●	
腹式呼吸	●	●	●	●	●	●	●	●	●	●	●	●	●	●	
練字收心	●	●	●	●	●	●	●	●	●	●	●	●	●	●	●
我的小書						●	●	●	●	●	●	●	●	●	●
人生三際						●	●	●	●	●	●	●	●	●	●
畫我一生						●	●	●	●	●	●	●	●	●	●
生命卷軸						●	●	●	●	●	●	●	●	●	●
看照片說故事						●	●	●	●	●	●	●	●	●	●
從小到大，我花了多少錢							●	●	●	●	●	●	●	●	
預立遺囑														●	●
生前告別式														●	●
口足畫家					●	●	●	●	●	●	●	●	●	●	●
飛輪人生						●	●	●	●	●	●	●	●	●	●
鳥與水	●	●	●	●	●	●	●	●	●	●	●	●	●	●	
戲劇表演	●	●	●	●	●	●	●	●	●	●	●	●	●	●	
讀書計畫								●	●	●	●	●	●	●	

註：1. 有關生命意義的活動有：正念減壓、看照片說故事（生命故事）。

　　2. 有關定靜修養的活動有：心心相應、我的小書、正念減壓、點心燈。

　　3. 有關自我探索的活動有：我的小書、人生三際、畫我一生、生命卷軸、預立遺囑。

資料來源：紀潔芳等人（2015a，頁23）

是在早上八點上課，學生也很少遲到。縱然是作業很多，他們都是用心、認真地投入，因為這些作業很生活化、有啟發性，像是：「預立遺囑」的震撼、「生命卷軸」的人生反省、「畫我小書」的自我探索、「畫我大樹畫我家」的創造力與溝通藝術之結合、「飛輪人生」的合作學習之啟示，都讓他們興趣盎然。

6. 在課程中學生最感興趣的作業是，配合感恩及悲傷調適單元所製作的「生命故事」作業。學生選定三、四十多張照片做心愛的人或懷念的人（已去世）的生命故事（請見附錄 3），這份作業帶回家與祖父母或父母親分享，逗得家人哈哈大笑，或淚流滿面，或抒發了失去親人的悲傷，或增進家人的情感，或提升了孝道，這才是真正的學習成效。

通常課程結束後，有些學生與筆者成了好朋友，畢業後還互相聯絡。生命教育所學的種種隨著學生的畢業、走入職場、投入家庭、帶到社會，學生在課堂上所學到的種種在適當時機都能發揮功效。猶記 74 年班畢業的趙君平日較常連絡，有一天突然打電話給筆者：「老師！我媽媽剛從醫院接回來，她希望在家裡過世，我爸爸希望用佛教儀式來辦後事。由於事出突然，全家都手足無措，我該怎麼辦？」所幸筆者剛好有空，趙君家又不遠，遂開車前往幫忙。當筆者到達時，先請趙君為母親蓋上陀羅尼往生被，在胸前放上光明沙，領著家人念佛，助念 2 小時後，趙媽媽平靜安詳且面帶笑容地離開人間，大家鬆了一口氣。又學生阿杰在教學實習結束後，罹患血癌過世，學生阿如在大四下學期發現癌症時已是末期，在他們臨終前三個月，筆者多次陪他們做臨終關懷，他們也非常努力及爭氣，在家人、老師及同學的佛號中告別世間、往生淨土。筆者應家人要求為阿杰、阿如策劃及主持告別式，並協助家人處理遺物。往後的一年中，筆者還多次前往探訪他們的家人，唉！白髮人送黑髮人，要走出傷痛真的很困難，但有人前來談心終究好些。阿杰及阿如班上同學很義氣，常分批去陪老人家聊天。猶記當時系上擔心阿如撐不過畢業典禮，還預先準備一張榮譽畢業證

書，很令人感動。筆者雖然忙得衣帶漸寬但忙碌是有意義的，也現身說法讓其他學生知道所學的臨終關懷是派得上用場的。但是沒想到擔任導師還有這麼多額外的工作，這或許就是師範的精神。

伍、學生學習回饋

在「生死教育」通識課程教學中，筆者請學生填寫聽課意見及寫心得（每學期約 300 人，四學期共約 1,200 人），學生回應的意見統計結果如下（紀潔芳、鄭瑋宜、鄭璿宜、曾懷荻，2015b，頁 117）：在聽講學生中，有 57%學生第一次接觸生死學，相當震撼：有 11%學生曾經有家人或親朋好友去世經驗；而其中 27%學生慶幸家人或親友在安詳中過世；另有 73%學生認為親友去世當時是無知無奈、束手無策的，很遺憾沒有早點接觸生死學知識。在聽講效果方面，有 92%學生肯定此課程是有幫助及非常有幫助，並希望多開類似課程，其中有些學生表示要抽空回家探望祖父母、外祖父母，或是到安養院探望最疼他的伯父，有些學生提及父親或母親正罹患癌症，希望能獲得更多有關安寧照顧或宗教上精神安寧的資料；8%之學生聽講演後認為沒什麼幫助。

在教學中，筆者一向對批改學生的作業及提問是非常用心，認真地回答或口頭或筆談，不但要更正錯字，更重要的是要釐清學生的觀念，並且要解答學生的問題及作適當的回應，如上列 300 位學生的心得感想及提問，筆者都認真地回應並請助教一份份裝入信封，分發學生，你可想像第二次收到作業時，良性循環效應，被學生認真充實的作業感動，這就是善用機會以生命引領生命、以生命感動生命。

有一次，學生拿一份報紙廣告問道：「老師你相信嬰靈嗎？這件事可不可以去做？」廣告上寫著「超渡嬰靈，一個牌位 3,000 元」。請問大家，你要怎麼回答？

筆者問：「先不管有沒有嬰靈，請問誰能超渡別人？」沒有人回答。

筆者告訴同學：「要超渡別人是很不容易的事情，首先要真心誠意，不為名不為利，還要有深厚的修持內功，也許可考慮。」學生又問：「如果我們看不出來他是不是真心誠意及有沒有內功，要怎麼辦？」筆者回答：「那就用你自己喜歡的方式，如做善事、祈禱、誦經念佛迴向較實際些。」

另一個例子是「老師！人死後去哪裡！」，這是許多學生最常問的問題，請見附錄 2 之個案 1。

要恰當回答學生的問題很不容易，老師態度要誠懇認真、要言之有理及沒有負面作用，所給的答覆還要是學生能做得到的。以下是養成教育的學生及在職教育的老師所回應之學習心得，給了筆者不少的肯定與鼓勵：

1. 坦然接受人生：生命教育的內化，使得我重新探索生命的價值，重新思考生前死後的世界，不管人生多麼無常，也要坦然接受、面對。

2. 尊重生命：生命是必須尊重，有時也必須去回顧，因為這一段段的歷程都是得來不易，也都意義非凡，而意義的決定，都在每一個人自己手中。

3. 較不害怕死亡：現在的我在面對死亡時，較不會那麼的懼怕，只是不知道何時會離開而已。所以也要開始學著寫遺囑，將我想說的事情都寫起來，這樣才能將自己的心意表達給家人、朋友知道，這樣對自己也過得去。

4. 有意義的人生：在這幾次課中，幾乎將人生的事情講過一遍了，出生的喜悅、當下的感恩、生活的歡喜、死亡的重視和準備。此外，除了自己也體會到生命是平等的，眾生是一樣的，我們和其他的生命在此共度人生，應該彼此尊重、珍惜。

5. 良好人際關係：生死教育對於許多心靈空虛的現代人是極度需要的，對於我們生病的社會亦是，在這堂課中我得到的是深刻地體察人心，並學會了誠懇地表達自己的心情，這對於拉近人與人的距離非常重要，同時也能讓自己過得更快樂。感謝老師！

6. 有存在的價值：修了這門課，讓我真正了解自己存在的價值，而這

也是我生平第一次預立遺囑。在寫遺囑的過程中，第一次發現原來自己的心中有這麼多深層的地方未曾探視過；也發現，原來我對某些事情的看法可以有這麼多變化。

7. 心靈成長：修這堂課我覺得心智上成長了不少，對人或事都有了不同的感覺，看了許多生命鬥士們努力的故事，讓我覺得自己對於生命要更加熱愛，謝謝老師這學期所給予我們的東西。

8. 在上課中已將創傷抒發及糾結緩和：在生命教育課程培訓中，有關《媽媽的臉》影片的觀看、「心心相應」體驗活動的內心對話及釋放氣球、觀賞「最愛爺爺」或「藍天下貓腳印」的生命故事，甚至聆聽 68 歲董老師自彈自唱之《因為愛情》……，大多數學員都有觸動心房之痛，淚流滿面。但老師說哭一次，就抒發一次、健康一次。

9. 原來課可以上得這麼快樂：當聽到要參加三天的培訓時，心中嘆了一口氣，又要疲勞轟炸了，帶了幾本小說準備打發時間，但一進入課程中，不是哭就是笑，從來不知道課可以上得這麼輕鬆、這麼觸動人心，從來不知道繪本說故事可以這麼有趣、繪本感動人的力量這麼大，真慚愧！在家中跟孩子說故事的功力實在太差了。

10. 學習如何用多媒體教學：最能觸動我的教學活動就是苜蓿種子的發芽和生長過程，尤其是在第二天早上看到種子冒出了白色的小嫩芽以後，我激動地叫了起來！其次就是看了很多的 DVD 影片後，我會去思考生命的意義到底應該怎樣去體現。《搬過來，搬過去》繪本說故事，讓我懂得了人與人之間要相互謙讓、相互體諒、相互包容。《冬冬的第一次飛行》和《謝坤山的故事》讓我知道了無論有多大的困難、多大的阻礙，透過自己的努力一切都是可以實現的。《Doggy Poo》讓我明白了在我的求學生涯中，我應該去發現學生們存在的價值，去看到他們身上的閃光點。「時間會改變一切，對別人好一點」這句話送給自己，也送給所有我的朋友和同學們……。

11. 學習尊重學生：這次培訓讓我對生命教育有了更新的認識，同時讓我對自己的工作重要性及工作的方式（方法）也有了許多的看法。每個人生來就有存在的意義，我們應尊重他們、引導他們、幫助他們，用心去關愛他們，只要我們用心去做、用心去教育，每個孩子都會有閃亮之處的……。

陸、結　語

大學生命教育推動了三十年，從無到有、從不了解到深入、從被家長誤會到肯定支持，雖然工作辛苦，但覺得備受上天的恩寵；擁有有前瞻性眼光的領導，有百分之百支持的主管，且同事知深知淺、同甘共苦、相互打拚，在工作中精神上是愉快的、有困難是可克服的、成效是被看到的、努力的成果是被肯定的，一位有理念熱心想把工作做好的教師，能有周圍上下左右正向因素的配合，這就是幸福！

在生命教育教學及推廣工作中，最受用於明朝蕅益大師的法語「骨宜剛氣宜柔」、「內宜方外宜圓」，待人處事要在堅毅中求寬容、要在原則中求圓融，盡心隨緣，隨遇而安。生命教育除了利益大家外，更需要調適自己，在忙碌中會過日子，讓自己賞心悅目。

記得有次與多位生死之交的好友促膝長談，大家感嘆道，走過生命教育三十載，有辛酸、有甘甜、有美中不足、有值得慶幸、有感慨、有感謝、有感傷、有感佩、有遺憾、有豐收。雖衣帶漸寬，但生命因此三十載而充實，生命因此三十載而有意義，終將愛我所愛，無怨無悔。

後　記

最後要衷心感謝皈依師天乙法師、恩師李炳南教授對潔芳生死觀的啟蒙，感念雙親臨終之安詳自在、正念分明及種種往生瑞相，以圓滿為人子

女之心願，並讓我能充滿信心走在臨終關懷的社會服務大道上。也要感謝伯父、誼母、英姑、余玉賢老師、學生阿杰和阿如，以及筆者參與過其臨終關懷服務的上百位蓮友或不同宗教人士，他們都是筆者力行生死學的老師，以身示教，幫助我成長，教導我如何去服務更多的人，衷心感謝。

參考文獻

紀潔芳（2006）。童繪本在生死教育教學中之運用。載於何福田（策畫主編），**生命教育**（頁 171-199）。臺北市：心理。

紀潔芳（2007）。繪本魅力媚無窮：生命教育繪本教學。載於**繪本說故事融入生命教育教學研討會論文集**（頁 5-11）。

紀潔芳（2014）。生死禮俗與生死教育。載於紀潔芳等（編著），**生死關懷與生命教育**（頁 9-1～9-24）。新北市：新頁。

紀潔芳、鄭瑋宜、鄭璿宜、曾懷荻（2015a）。**打開生命教育百寶箱**。臺北市：蓮花基金會。

紀潔芳、鄭瑋宜、鄭璿宜、曾懷荻（2015b）。**生命教育你我他**。臺北市：蓮花基金會。

紀潔芳（2020）。**如何引領喪親兒童走出悲傷：以繪本運用與可操作型活動範例**。

研讀文獻

張新仁、張淑美、魏慧美、丘愛玲（2006）。大專校院推動生命教育現況及特色之調查研究。**高雄師大學報，21**，1-24。

關婉玲（2021）。**以 Pratt 教學觀點探究大學生命教育教師的教學實踐**（未出版之博士論文）。高雄師範大學，高雄市。

李坤崇、林堂馨（2016）。2015 年臺灣大專校院生命教育內涵調查分析與展望。載於**洛陽師範學院第五屆海峽兩岸大學生命教育高峰論壇文集**（頁 1-11）。

她 的 畫 像

她是彰化師大退休教授

在海峽兩岸四地為生命教育投入不少心力

她珍惜生命中每個當下的機緣

每個生命的際遇都能激起她生命的熱忱

盡心盡力讓每個當下「到位」、「入味」

生命的絢麗　終將寧靜

正在習作生命中的減法

每日虔誠禮拜中　衷心祈求預知時至　往生極樂

在極樂世界大學中當一名園丁是所願也

作者介紹

　　紀潔芳，中興大學農業經濟（應用經濟）碩士，公務人員高考及格，曾任經濟部物價督導會報調研組組長兼一般經濟科科長、臺灣省政府秘書處專門委員、彰化師範大學教授兼圖書館館長。目前已退休，從事生命教育推廣工作、杭州師範大學弘豐中心特約研究員。2014 年榮獲加拿大 The International Network on Personal Meaning 協會頒發終身奉獻獎、2010 年獲宋慶齡基金會生命彩虹獎。

註：本篇附錄請於心理出版社網站下載閱讀。
　　網址：https://reurl.cc/a9aag9
　　解壓縮密碼：9789860744170

23 生命美學與文化創意：
大學生死教育的教學實務

陳運星

屏東大學文化創意產業學系副教授

壹、跨課程及跨文化的設計理念

筆者在本校屏東大學（原屏東教育大學）開設了兩門生死教育課程：在博雅教育中心開設「生死學通論」，以及在文化創意產業學系開設「生命產業與文化創意」。

一、博雅教育中心「生死學通論」課程（選修 2 學分）

生死學是一門探討生命價值與死亡現象的學問。2009 年，筆者在大學開設的「現代生死學」課程，榮獲教育部優質通識教育課程，並進而經教育部評選為績優課程。

「生死學通論」的教學目標，主要是讓修課學生們從死亡反思生命，從家人親戚朋友的死亡經歷反思自己爾後的生命歷程，了解到生命誠可貴，死亡並不足以恐懼，學生在探討及反省自身親朋好友中或社會上新聞報導的「生命感人故事」或「死亡相關事件」中，體會「生」與「死」的意義，並激發對生命的熱愛。課程內容包含：生命品質與死亡尊嚴、生命意義與改造

命運、生死解構與生死教育、預立遺囑與死亡準備、臨終關懷與安寧療護、宗教生死觀與宗教救度、現代生死學議題等課題。本課程以哲學、宗教、心理輔導、生命禮儀的四大向度，對於「死亡」做出跨課程（inter-curriculums）及跨文化（cross-culture）的探討，期能讓學生們獲得全方位的生死教育理念。課程的設計理念，是以生死教育為目標，注重修課學生們對於自身或社會上的「死亡事件與死亡議題」，具有同情的了解與理性的判斷能力，對於人類的「生存價值與生命意義」，具有多元的認識與獨立的思考能力，進而更深入了解自我人生的生命意義與死亡意義。

筆者會在課堂後，建構「數位學習系統」（iLMS）與「創新教學平臺」（e-Class），使用網路化科技與資訊，與選課學生們進行互動式雙向溝通，以達到「數位學習」（E-learning）之教學相長效果。

二、文化創意產業學系「生命產業與文化創意」課程（選修 3 學分）

高齡化與少子女化是 21 世紀當代社會重要的議題之一。根據聯合國世界衛生組織（WHO）的定義，65 歲以上即是所謂的「老人」，一個地區或國家的老人人口占據全社會人口的 7%以上就進入了「高齡化社會」（aging society），老人人口占據全人口超過 14%就進入了「高齡社會」（aged society），超過 20%就進入了「超高齡社會」（super-aged society）。臺灣老年人口在 1993 年時已超過 7%成為高齡化社會，在 2018 年 3 月底 14.05%，達到世界衛生組織定義的「高齡社會」。

筆者認為：「老人教育是一種人性的教育；老人生死教育是一種討論死亡議題的人性教育；老人生死覺醒教育則是一種面對死亡恐懼時或生命瀕臨死亡時的人性覺醒教育」（陳運星，2009，頁 201）。一般來講，就以一個人的身、心、靈發展來看，相較於壯年或中年階段，老年人的身體狀態是虛弱的（weak），就以工作職場之社會條件來論，也是處於弱勢（disadvantaged）的狀態，當一個國家邁向高齡化社會，甚至是超高齡社會的時候，總體的老人社群就像是社會上的弱勢群體（disadvantaged groups），值得大家多加以關注（陳運星，2010）。

「生命產業與文化創意」的教學目標，主要是以從一個人的出生到死亡所牽涉到的生命相關產業如殯葬業與生命禮儀公司，特別是銀髮產業與長照機構，其中所牽涉到足以引發的文化創意、發想點子、業務行銷作法，作為教學課程內容，讓修課學生可以認識到生命相關產業及銀髮產業的商品（goods）與服務（services），將來大學畢業後進入職場就業，可以因應臺灣的自由民主制度與社會變遷，開發出人生不同生命階段的文創商品與行銷服務，從一般人的生、老、病、死，到家族間的婚、喪、喜、慶，與時俱進、求變革新，例如：滿月禮、成年禮、婚禮、葬禮、祭禮、春節、端午節、中秋節等文創商品與服務。

我們若以日本為例，殯葬業已成長為僅次於保險業的第二大服務業，日本的老人福祉機構、老人輔具機構、老人樂活俱樂部、老人養護機構到歿後殯儀館，都是具有現代化設施與友善服務態度的銀髮產業機構。在臺灣，隨著日本 2009 年榮獲奧斯卡金像獎最佳外語片獎《送行者：禮儀師的樂章》的傳播影響，使得納棺師或禮儀師的行業，受到現代年輕人的矚目。

本課程主要是以「死亡學」（thanatology）與「老人學」（gerontology）為主要授課內容，也是一門「跨課程」及「跨文化」探討的課程，更是一門「科際整合」（interdisciplinary）課程，期能讓學生們獲得全方位的生死教育與老人教育理念。本課程可以讓修課學生認識到生命禮俗與文化產業之間的連結及其限制，在學生畢業後的職場選擇上，多一些生命相關產業及銀髮產業的基本素養與知識。thanatology 與 gerontology，這兩詞彙是由 1908 年諾貝爾醫學獎得主、旅居法國的俄國烏克蘭生物學家 Elie Metchnikoff（1845-1916）首創，見於其 1903 年出版的《人的本質》（*The Nature of Man*）一書中。

本課程的基本素養與知識，大約分成兩大部分：

1. 第一部分是生死學的基本素養與知識，例如：生命品質、生命意義、死亡尊嚴、遺囑準備、臨終關懷、宗教救渡。

2. 第二部分是生命產業與文化創意的基本素養與知識，例如：

    (1) 出生階段：坐月子護理機構與文化創意。

    (2) 婚姻階段：婚姻禮俗機構與文化創意。

    (3) 就業階段：工作職場機構與文化創意。

    (4) 老人階段：老人長照機構與文化創意。

    (5) 臨終階段：安寧照顧機構與文化創意。

    (6) 死亡階段：殯葬禮儀機構與文化創意。

本課程的設計理念，是以生死教育與老人教育為目標，注重修課學生們對於社會上的「少子女化與高齡化議題」，具有深刻的認識與客觀理智的分析能力，對於自我的「這一生」該如何創造出生命價值，活出「飛揚的生命」，甚至於自我到了老年時，面對自我的老化現象及其老化過程，應該以「成功老化」（successful aging）作為努力的目標，盡量力求身、心、靈的平衡發展，以達到身體健康、心理快樂、靈性自在的新境界（陳運星，2012；陳燕禎，2007）。

貳、融入文化創意的生死教育實施活動

筆者的生死學教學方法是：課堂講解、體驗活動、演講活動、參訪活動。筆者會在課堂上試圖激發學生的創意發想，根據修課學生的自身家庭環境條件，融入臺灣在地的多元文化內涵與素材，如閩南文化、客家文化、外省文化、原住民族文化等多元族群文化，引發學生的學習動機，進而體會到「生命美學」：生命是一條自我改革的道路。

生死學教學體驗活動實施的教學特色是：(1)「生命尊嚴」：口足畫家的生命體驗；(2)「死亡尊嚴」：醫學中心醫學大學附設醫院安寧病房（校

外參訪）。主要的教學設計與教學活動有生命與死亡兩種面向，以彰顯生命的意義、體認死亡的尊嚴，簡述如下。

一、「生命尊嚴」：口足畫家的生命體驗

教學體驗活動目的：「體會人身可貴！珍惜人生！」

（一）教案活動企劃書

1. 第一部分：（共 30 分鐘）

(1) 詢問三個問題：

a.影響我最深的人（生命的貴人）。

b.影響我最大的事件（生命的轉折）。

c.我的志願（生命的期待）。

(2) 步驟一：用正手書寫。

(3) 步驟二：用反手書寫。

(4) 步驟三：雙手擺後，用口含筆書寫。

(5) 共同討論：討論活動之啟發與心得。

(6) 材料準備：

a. A4 紙。

b. 原子筆或麥克筆，任選一項。

2. 第二部分：分組彩繪（共 30 分鐘）

(1) 5 人一組，一班 45 人，約有 9 組。

(2) 只能用口或足作畫，共同創作！

(3) 紀念畫或紀念卡之創作主題自訂。

(4) 內容：例如設計「母親節或聖誕節之紀念畫或紀念卡」。

(5) 材料準備：

a. 全開（AO）海報紙。

b. 水彩筆和水彩顏料，或麥克筆。

3. 第三部分：分組討論＆分享（共 30 分鐘）

  (1) 各組帶開討論。

  (2) 選任代表，上臺分享該組討論心得。

4. 第四部分：老師與助教予以講評各 10 分鐘（共 20 分鐘）

（二）教案活動實施注意事項

「口足畫家」的生命體驗活動，其生命教育主旨是：(1)體會生命鬥士之辛苦；(2)珍惜自己及體諒他人（紀潔芳、鄭瑋宜、鄭璿宜、曾懷荻，2015，頁 103）。這項體驗教學法之進行，是讓學生口含原子筆、麥克筆或水彩筆寫作或畫畫，體驗活動當下老師要特別呼籲學生注意安全，同學之間不可隨意拍他人的背囊、肩膀，以免插傷喉嚨（紀潔芳，2017，頁 156）。

二、「死亡尊嚴」：醫學中心醫學大學附設醫院安寧病房（校外參訪）

在期末作業方面，筆者要求學生分組撰寫一份「生死機構參訪報告」，若教學經費允許的話，會進行校外教學：緩和醫學科安寧療護（安寧病房）的參訪活動。校外教學規劃如下：

1. 參訪地點：某一醫學中心、區域醫院或醫學大學附屬醫院安寧病房。

2. 參訪目的：對一般大學生而言，如何深刻了解生死學、探討生命價值與死亡現象，除了生死學課程的書本上之教學外，還需搭配生死機構的實務參訪，才能達到感悟體驗的效果。在強調生命價值與生命意義的重要性時，保障病患的生命尊嚴與死亡尊嚴也是很重要的。本次醫學大學附屬醫院之安寧緩和病房參訪活動，希望學生能從安寧緩和病房之設置、功能、照護內容等之認識，增加對死亡與瀕死的認識，並了解已制定通過之《安寧緩和醫療條例》與《病人自主權利法》，建立應有之法治觀念，而能以更實務的態度正視生

死事大之觀念。

3. 參訪內容：參觀安寧病房，實際了解安寧病房之運作情形，並有機會與主任、護理長、個案管理師及護理人員座談，能從專業的照護人員處獲得實務面之解答，讓學生提早了解一生必經之生死問題，同時學生透過親自到安寧病房認識安寧緩和之照護過程，可對安寧療護的「四全」（全人、全家、全隊、全程）照顧理念與實際運作情形更加深刻及了解。學生們真實地去實地參觀，身臨其境，透過親身感受到他人的生死歷程，實際地體驗出生命張力與死亡氛圍，進而探索「人身難得」之人生真諦與生命價值。

參、預立遺囑的法律認知與自書遺囑之撰寫

一、預立遺囑是愛的表現

在臺灣，家族兄弟姐妹之間的遺產糾紛事件，時有所聞，例如：「臺灣經營之神」王永慶生前未立遺囑，衍生二房與三房之間遺產處理爭議，受到社會大眾的關注。所謂「天有不測風雲，人有旦夕禍福」，每個人都無法預知下一秒的安危，而突來急症導致病患危急時，往往讓家屬茫然不知所措，因此若能在平時即預立遺囑，交代好後事，讓家人屆時有依循的方向，病人和家人也能得以安心，也比較沒有遺憾。因此，筆者在課堂上會強調：「預立遺囑是愛的表現！」

許多人以為訂定遺囑是富家望族、大戶人家的事情，跟我們平民老百姓無關。其實不然，筆者在課堂上會強調：「預立遺囑並非有錢人的專利！」基本上，遺囑是人人都可以定的，只要遺囑符合《民法》的規定，即是具有法律效力的書狀，此乃私法自治原則，可以讓法律保障死亡者遺願。所以說，對於年老者或臨終者來講，想要妥善安排自己的後事，遺囑可以說是最強而有力的工具，因為「任何遺囑只有在立遺囑人死亡後才成

立」（Every will is perfected by death.）。

遺囑是我國《民法》第五編繼承編第三章遺囑所規範的法律文件。當然，筆者在課堂上會教導學生我國《民法》繼承編關於遺產繼承與遺囑的相關規定，諸如遺囑能力、遺囑生效時期、遺囑的方式、遺囑見證人、遺囑的撤回、遺囑的執行等。因此為免除日後的糾紛，人們最好能在自己意識清楚時，親筆立下遺產分配的遺囑，才能減少家庭衝突或對簿公堂，使生死兩相安。《民法》第 1138 條規定法定繼承人及其順序：「遺產繼承人，除配偶外依下列順序定之：(1)直系血親卑親屬；(2)父母；(3)兄弟姐妹；(4)祖父母。」

我國《民法》對遺產的分配，除了「應繼分」外，還有「特留分」的規定，因此不能按立囑人隨心所欲分配。於配偶、直系親屬及兄弟姊妹，民法皆有保障的「特留分」。「應繼分」是指繼承人對遺產上之一切權利義務，若繼承人為數人時，各個所得繼承的比例，可分為法定應繼分（《民法》§1141、1144）與指定應繼分（《民法》§1165、1187、1225）。「特留分」乃遺囑人以遺囑無償處分遺產或指定應繼分時，法定繼承人不受到影響而能有所保留之最少部分（《民法》§1223、1224、1225），此為法律上的強制規定，遺囑人亦不得變更之，旨在防止自由處分財產之弊端，同時保障親屬的合法利益。

按臺灣現行法律規定，遺囑依其方式的不同，可分為五種：自書遺囑（testamentum holograha）、公證遺囑、密封遺囑、代筆遺囑、口授遺囑。通常，最為簡便也最常見的是「自書遺囑」，只要立遺囑人「親筆」寫下自書遺囑，記明年、月、日，有增減、塗改的處所及字數，另行簽名，就是有效的遺囑，不像其他四種遺囑依法還需見證人，也不必再經公證程序、訂立程序，最為簡便。假使立遺囑人自己識字並略諳法律，可採「自書遺囑」方式。《民法》規定自書遺囑為「要式行為」，應由立遺囑人自書遺囑全文，記明年、月、日，並親自簽名；如有增減、塗改，應註明增減、塗改的處所及字數，另行簽名（《民法》§1190）。至於立遺囑人不識字或

不諳法律，可用「代筆遺囑」方式。《民法》規定代筆遺囑，應由遺囑人指定三人以上的「見證人」，由遺囑人口述遺囑意旨，使見證人中的一人筆記、宣讀、講解，經遺囑人認可後，記明年、月、日及「代筆人」的姓名，由見證人全體及遺囑人同時簽名，遺囑人不能簽名者，應捺指印代之（《民法》§1194）（李永然、黃振國，1996，頁55）。

二、預立遺囑的撰寫

生、死是人生的兩端，因此生死問題應融入在我們的生涯規劃之內。然而生死學通識課程只是2學分的課程，上課時數當然不足，故可設計一系列與學生自己有切身關係與切身經驗的日常生活作業，並且設計融入學校周遭的生死機構實務參訪經驗之作業，以增進學習效果（紀潔芳，2000）。

胡適先生說過：「生前為死後作準備，乃真豁達也。」筆者認為，每一個人在生前都應該立好遺囑並簽名蓋章，做好死亡準備，以保證接受委託的人不會違背自己的意願而受到沒有人性尊嚴的異常處遇，例如：不當的治療與照顧。

筆者在生死學課程的期中作業方面，就是要求每個學生撰寫一份「預立遺囑」（《民法》上所謂的「自書遺囑」）。「預立遺囑」或稱「生前預囑」（living will），原初在美國是指病患於意識清醒期間，透過文件簽署表達對於自己爾後的醫療（cure）與照顧（care）措施的事前「醫療聲明」或「醫療指示」，這是正向的面對死亡恐懼之積極樂觀的人生態度。這份預立遺囑作業的目的，是為了幫助學生面對「我終有一天會死亡」的事實，及時反省思考自己的生命觀與死亡觀，進而珍惜自己的生命及與家人朋友的相處。

根據趙可式教授（鈕則誠、趙可式、胡文郁，2001，頁147-148）所設計的預立遺囑範例，預立遺囑的內容至少可分為以下幾個部分：

1. 生命回顧法：同時反省過去歲月中的生活意義，對各種人生遭遇的

反省及感受。

2. 預期自己的死亡：想像自己患了末期癌症，身體狀況漸走下坡，自
知來日無多（頭腦仍清醒）。你認為你此時的感受、想法會是如
何？你將如何度過所剩的日子？你將改變你目前的生活方式嗎？為
什麼？若欲改變，如何改變？

3. 預立遺囑內容包括：

(1) 交代遺物、遺產等物質項目，寫出要如何處理。

(2) 交代自己身故後親人的生活。

(3) 交代自己願意要的醫療照顧（「醫療聲明」）。

(4) 交代遺願。

(5) 交代自己的喪葬意願（並表明為什麼想如此做）。

　　a. 交代遺體的處理（是否會器官捐贈）。

　　b. 交代喪禮的儀式（道教、佛教、基督教……或民間信仰儀式）。

　　c. 交代埋葬的方式（土葬、火葬、海葬、樹葬……，為什麼？）

　　d. 交代後人紀念的方式。

　　e. 你的親人會同意嗎？請解釋為什麼會同意或不同意。

4. 後記：寫完預立遺囑後的心得感想。

備註：・以你現在的年齡作死亡準備，而非預想自己將來年老時。

　　　　・每年自己生日時，可拿出先前預立之遺囑修改內容。

　　本課程的教學特色：預立遺囑的撰寫，主要是針對大學部學生的生死
教育，著重在了解自己的生命意義與價值，用健全的心態面對生離死別。
筆者會在課堂上會告訴學生，每年自己生日時，可拿出先前預立之遺囑修
改內容，重溫當時寫作的心情與感動，檢討這一年的生命意義與生活價值
是否有所增進改善，並且有可能因為自己的遺產增加了，或遺願已經完成
了，或者喪葬意願由土葬改為火葬、海葬……，需要再次修改。

　　筆者更是會特別交代與叮嚀學生：「寫完預立遺囑後，自己獲得大啟
發與大感動，是否能與家人分享，須看個人家庭狀況而定，不可貿然強迫

家人接受自己的遺囑作法與寫後心得，應該循次漸進與家人溝通，見機行事」（陳運星，2017，頁122）。因為修課的大學生經過了半學期的知識吸收，漸漸體會到人身難得與人生無常的道理，了解到生死事大與人性尊嚴之重要，再撰寫預立遺囑，自然就比較容易接受；然而選修學生的家長，遠在故鄉，若疏於溝通，一時半刻又不知道撰寫預立遺囑的來龍去脈及其重要意義，可能會為少數學生帶來不必要的困擾。所以筆者才會在課堂上特別交代與叮嚀學生，要循次漸進地與家人分享自己的遺囑作法與寫後心得，不可超之過急。

肆、生死學的教學實錄

筆者授課的「生死學通論」與「生命產業與文化創意」，其課程特色與創新教學，依照教學進度規劃，主要規劃兩場活動主題：

1. 口足畫家的生命體驗之一：個人體驗活動（如圖 1、圖 2 所示）。
2. 口足畫家的生命體驗之二：小組團體體驗活動（如圖 3、圖 4 所示）。

圖 1　口足畫家的生命體驗：個人體驗活動，學生嘴巴含筆寫字（正面照）

圖 2　口足畫家的生命體驗：個人體驗活動，學生嘴巴含筆寫字（側面照）

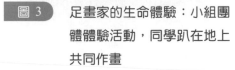

圖3　足畫家的生命體驗：小組團體體驗活動，同學趴在地上共同作畫

圖4　口足畫家的生命體驗：小組團體體驗活動，同學嘴巴含筆作畫

　　「生死學通論」與「生命產業與文化創意」的另一重要的教學特色是：「預立遺囑的撰寫」（如圖5、圖6所示），主要是針對大學部學生的生死教育，著重在了解自己的生命意義與價值，用健全的心態面對生離死別。

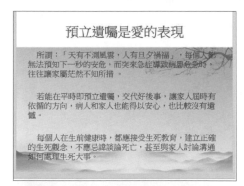

預立遺囑是愛的表現

　　所謂：「天有不測風雲，人有旦夕禍福」，每個人卻無法預知下一秒的安危，而突來急症導致病患危急時，往往讓家屬茫然不知所措。

　　若能在平時即預立遺囑，交代好後事，讓家人屆時有依循的方向，病人和家人也能得以安心，也比較沒有遺憾。

　　每個人在生前健康時，都應接受生死教育，建立正確的生死觀念，不應忌諱談論死亡，甚至與家人討論溝通如何處理生死大事。

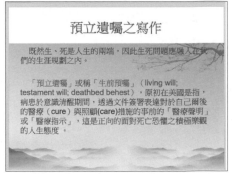

預立遺囑之寫作

　　既然生、死是人生的兩端，因此生死問題應融入我們的生涯規劃之內。

　　「預立遺囑」或稱「生前預囑」（living will; testament will; deathbed behest），原初在美國是指，病患於意識清醒期間，透過文件簽署表達對自己關後的醫療（cure）與照顧(care)措施的事前的「醫療聲明」或「醫療指示」，這是正向的面對死亡恐懼之積極樂觀的人生態度。

圖5　個人生命體驗活動：預立遺囑是愛的表現 PPT（牽涉到個人隱私，無照片佐證）

圖6　個人生命體驗活動：預立遺囑的撰寫 PPT（牽涉到個人隱私，無照片佐證）

　　起初學生在寫遺囑時，大部分人只把它當作是一份作業，但經過思考撰寫一段文字後，卻改變了只是寫作業的心態，認為這是自我反省、自我

交代、自我負責的難得經驗，轉而認真的寫作，尤其是大四生面臨畢業之際，更是體會良多。有些學生在撰寫預立遺囑時，心裡很沉重，因為透過生命的回顧，就必須要讓自己再次回想起從前歡喜或悲傷的回憶，說真的，這麼年輕就死了，還滿不甘心的，因為還有很多事沒有去做啊！尤其是覺得很對不起自己的爸媽，因為都還沒做到一點兒女該盡孝道的責任（有些學生寫完這份預立遺囑時，已淚流滿面了）。也有的學生在寫完預立遺囑後，覺得舒服多了，彷彿有一股如釋重負的輕鬆感覺。大多數的學生都會覺得自己在生之時，都不懂得珍惜家人與好友，總以為情感依靠隨時都在身邊，因此沒能即時體會這些親情與友誼的可貴，等到即將面臨失去時，才感到後悔。也有些學生在寫完遺囑後，才赫然發現虧欠家人實在太多、感到抱歉的人太多、深感遺憾的事情太多。其實有些時候，我們是有能力去改變一些事情的，只是我們從來沒有認真反省並即時做到，還好寫完遺囑後，發現自己原來依然活著，還來得及彌補或補償，此時會情不自禁地說：「活著的感覺真好！」

總而言之，學生們在練習撰寫這份預立遺囑時，不知不覺在撰寫過程中，增加了自我反省的機會，也在撰寫過後增進了自己與父母親人彼此之間的情感與溝通，不再輕易浪費時間，反而會珍惜生命、珍惜家人與朋友。預立遺囑作業間接地闡揚了珍惜生命、惜緣惜福的孝悌之道，這也算是一種生死學教學上額外的收穫。

伍、「生命美學」：生命是一條自我改革的道路

筆者認為：「生死學可說是一個人一生的綜合縮影之學問，既要『學生』又要『學死』，亦既是說，既要生活得有意義又要死亡得有價值，而且生死教育更是活生生的朝氣蓬勃教育，不是死氣沉沉的教育」（陳運星，2017，頁4）。

古人常提到的著名的「人生四大樂事」，其典故出自宋朝汪洙的〈四

喜詩〉：「久旱逢甘雨，他鄉遇故知，洞房花燭夜，金榜題名時。」然而面對 21 世紀的現代科技網路社會，此人生四大樂事：甘雨、故知、洞房、金榜情況已經有所變化，筆者提倡應該加上**「人生第五大樂事」**：**「臨死得善終」**，因為在現代化社會中，雖然醫療科技進步，人類壽命延長，但是人類的生命品質、生命尊嚴與死亡尊嚴不一定提高，大部分的現代人死亡時都是在醫院，病患的身體插滿了各種針管，例如：吊點滴、人工食道、人工尿道、人工肛門、腦波圖、心電圖……，加上手術後的縫補傷口，七孔八竅點點是血、千瘡百孔處處是傷，可說是毫無生命尊嚴與死亡尊嚴，尤其是違反病患個人意願的不當醫療照顧，更是毫無人性尊嚴與人權保障可言。臨終者除了身體的生理、心理等層次，還有精神靈魂層次，臨終之際最容易思考到：「我，生從何來？死從何去？」當人的軀體不存在時，靈魂要去哪裡？臨死之際該如何面對深沉的「死亡恐懼」？所以「臨死得善終」，就顯得相當重要，亦即是說，人在臨終之際，能夠安詳辭世，沒有身體折磨，毫無心理怨尤，也沒精神恐慌，靈魂有所皈依，這是相當難能可貴的。

　　根據傅偉勳（1994）的《死亡的尊嚴與生命的尊嚴：從臨終精神醫學到現代生死學》一書可知，他從美國既有的「死亡學」（thanatology）研究成果，進一步發揮「生死學」（life-and-death studies）的內涵，配合中國心性體認本位的生死智慧，發展形成「現代生死學」，且依「生死是一體兩面」的基本看法，把死亡問題擴充為「生死問題」。

　　因此，生死學三部曲：包含「生」與「死」兩大範疇，連結生、死兩端的是「愛」（love），從男女之間的小愛，到人與人之間的大愛，再到宗教情操的博愛，人的生、老、病、死、喜、怒、哀、樂都包括在內。這是一個人生命的真、善、美、聖的人生範疇。這種面對自我的生命意義與價值，用健全的心態面對自我與親朋好友的生離死別，進而反省自我生命、改造命運，甚至創造生命新價值。

　　人，就其作為一個存有者（a human being）而言，假若從他的生命情

懷與安身立命的發展歷程來看，在面對「瀕臨死亡階段」（at dying period），隨著肉體病痛的增劇、心理的折磨與靈性的掙扎，加上對世間親情的依戀，此時，這一個病人最容易產生身、心、靈波動起伏極大的「死亡恐懼」！然而，也就在這個時候，這位病人最有可能的心靈成長空間，也悄然地發生了，這是因為臨終之際充滿著「愛」：愛與被愛、饒恕與被饒恕。筆者上述的教學設計，試圖運用文化創意產業的創新思維，就是環繞著生死學三部曲：「生—愛—死」，以體現人類的生命尊嚴、博愛精神與死亡尊嚴，這需要用健全的心態來面對生命的生離死別，達到改變命運與改革生命，進而靈命更新。這種生命的自我改革歷程，筆者稱之為「**生命美學**」：生命是一條自我改革的道路。

參考文獻

李永然、黃振國（1996）。**繼承權益與遺囑範例**。臺北市：永然。

紀潔芳（2000）。生死學課程於師範教育及成人教育教學之探討。載於**全國大專校院生死學課程教學研討會論文集**。教育部指導、彰化師範大學通識教育中心主辦，2000 年 1 月 27～28 日。

紀潔芳（2017）。生命教育教學方法之探討。載於楊思偉（主編），**生命教育教材：基礎篇**（頁 153-169）。臺北市：五南。

紀潔芳、鄭瑋宜、鄭璿宜、曾懷荻（2015）。**打開生命教育百寶箱**。臺北市：蓮花基金會。

陳運星（2009）。老人的生死覺醒教育。載於陳清溪（主編），**永續發展教育政策與制度規劃之探索**（頁 169-207）。臺北縣：國家教育研究院籌備處。

陳運星（2010）。臺灣弱勢教育中的高齡教育之推廣願景。**研習資訊雙月刊**，**27**（6），9-17。

陳運星（2012）。老化：身心靈相互關係的思維。**屏東教育大學學報**，**39**，31-56。

陳運星（2017）。**生死學**（第二版）。高雄市：麗文。

陳燕禎（2007）。老人福利理論與實務：本土的觀點。臺北市：雙葉書廊。

傅偉勳（1994）。死亡的尊嚴與生命的尊嚴：從臨終精神醫學到現代生死學。臺北市：正中。

鈕則誠、趙可式、胡文郁（編著）（2001）。生死學。臺北縣：空中大學。

作者介紹

　　陳運星，服務於屏東大學文化創意產業學系，在文創產業領域開設專業課程，生命教育領域開授生命產業與文化創意、生死學通論。

　　紀潔芳老師在陳運星所著的《生死學》一書中，作序〈生命的飛揚〉，形容說：「陳教授多次應邀發表論文，嘹亮的聲音、自信的風采、充滿熱力的生命及精湛的內容，均令人留下深刻印象。今欣見陳教授將多年教學資源及心得彙編出書，特為之序，樂見陳教授飛揚的生命引領學生生命的飛揚！」謝謝紀老師的讚美！

　　陳運星感言：「戰勝別人是英雄；戰勝自己是聖賢。

　　　　　　　　天下英雄何其多！自古聖賢有幾人？」

生命教育特色主題

24 大學生的處世之道：評量工具與現況

蔡明昌

嘉義大學師資培育中心教授

壹、前　言

　　從發展脈絡及課程內涵觀之，生命教育是一門同時兼具時代性及傳統性意義的特殊學科。從時代性意義來看，對臺灣的教育界而言，生命教育一詞的正式出現，應該開始於 1998 年由教育廳所推動的「中等學校生命教育實施計畫」，2001 年進一步由教育部宣布該年為「生命教育年」。在各方學者不斷研究推展之下，生命教育成為九年一貫課程中，綜合活動學習領域十大指定內涵之一。十二年國教政策推動後，108 課綱中，「生命教育」成為高中教育階段的正式課程，從上述這些發展來看，生命教育的從無到有，是非常深具時代性意義的。就傳統性意義而言，引導學生思考生命與存在的價值，使之具備適切的自我觀與人性觀，應該是一個廣義的生命教育目標，此一教育目標，正是自古以來所有教育工作者永恆的鄉愁，是亙古不變的，此即生命教育的傳統性意義所在。

　　筆者自 2001 年進入南華大學生死學系（所）服務，開授大學部及研究所的生死教育課程，後來轉赴嘉義大學師培中心任教，也固定開授師資生的生命教育課程，歷年來的教學及研究方向，一直著重在生命教育議題的探索上，除了開授相關課程之外，也持續以生命教育中的相關議題來進行研究，這些年來陸續探討了大學生的來生信念、死亡焦慮、生命態度、果

報信念、成敗歸因、犬儒態度等議題，這些議題都與大學生的處世之道有關。在教學與研究的過程中，發覺到當教師要和學生一起討論這些安身立命的主題時，應該先要對這些主題有相當程度的涉獵，並透過適當的方式了解學生所抱持的態度，此外一個人的生命態度及人生觀的建立，受到成長環境的影響，因此不應該忽視傳統文化及社會因素。基於此，筆者認為應該以傳統文化為基礎，開發出適用於國內大學生的評量工具，一方面以這些評量工具來了解國內大學生對這些處世議題的普遍態度，一方面也可以幫助生命教育的授課教師了解施教對象的現況，以作為課程設計、學生輔導及教學成效評估的依據。自 2006 年迄今，筆者已陸續開發出「大學生來生信念量表」（蔡明昌、歐慧敏，2008）、「大學生死亡焦慮 Stroop 作業」（蔡明昌，2013）、「大學生死亡焦慮量表」（蔡明昌，2014）、「大學生果報信念量表」（蔡明昌，2018）、「大學生對生命重大事件成敗歸因量表」（蔡明昌、曾素秋，2021）、「大學生犬儒態度量表」（蔡明昌，2020）等大學生命教育相關評量工具，並透過這些評量工具，進行以國內大學生為樣本的調查研究。以下筆者不揣淺陋，以大學生的處世之道為題，擇要簡述上述幾個評量工具之發展與調查研究結果，除了作為大學生命教育之教學參考外，更冀望能拋磚引玉，期能發展出更豐富的研究成果。

貳、死後還有世界嗎？大學生的來生信念

人死後到底會去哪裡呢？還有另一個世界或任何的生命形式存在嗎？當生命教育的課堂中討論到終極關懷的議題時，死後世界與來生應該是難以避免的討論主題，此一議題的特殊之處，在於難以獲得確切的答案，然而此問題雖無標準答案，每個人卻多各有自己的見解或信念，而這些見解或信念，將可能與其安身立命之道有關。一個人相信來生存在與否，其與對於自殺、安樂死、宗教信仰、死亡焦慮、生命意義感的看法，應該會有

所關聯，諸如 Lundh 與 Radon（1998）研究發現，相信來生者有較低的死亡焦慮；Holden（1992）的研究也發現了來生信念與贊成安樂死實施與否的關聯性。此外，應該注意的是個體對於來生的信念，與其所處的社會、文化背景有相當程度的關聯，因此在討論國人的來生信念時，就應該考慮到十殿閻羅、六道輪迴等民間傳統的觀點。

筆者在探討這個議題之初（蔡明昌，2007），即發現國外的現有來生信念相關量表（如 Rose & O'sullivan, 2002），並未包含我國傳統觀點，恐不適用於國內的學生，因此筆者由來生信念的傳統文化觀點、國外相關量表的檢視與評估、實地針對大學生進行訪談歸納所得，發展出「大學生來生信念量表」（蔡明昌、歐慧敏，2008）。該量表的基本架構分成「相信程度」、「決定機制」及「來生境況」等三個不同層次，共包含十二個分量表，其中在「相信程度」層次，係指個體相信是否有來生存在的程度，分為「確信其有」與「確信其無」兩個分量表；「決定機制」層次則是個體相信來生境況的決定係透過某種機制而行的程度，包括「審判」、「救贖」、「因果報應」與「非關道德的自然法則」等四個分量表；「來生境況」層次則是個體認為一個人死後，經過「決定機制」安排後的境遇而言，可歸納為「天堂」、「地獄」、「輪迴投胎」、「另一個人間」、「成神變鬼」及「化成其他能量」等六個分量表（蔡明昌、歐慧敏，2008）。

該量表各分量表的 α 係數介於 .758～.957 之間，間隔四週的重測信度介於 .626～.835 之間。在建構效度方面，因素分析結果各題項均能正確地歸納進入既有的量表架構之中，所抽取的十二個因素可解釋總量表總變異量的 74.651%；三個層次的各別因素分析結果，也發現分別可以解釋所屬層面總變異的 60.494%、72.892%及 74.615%，顯示其信、效度均有相當不錯的水準。

在隨機抽取全國 60 個校系，有效樣本數為 767 位大學生的調查結果方面（蔡明昌、歐慧敏，2008），發現我國大學生傾向相信死後世界的存在，亦即對來生的相信程度顯著高於不相信的程度。在來生「決定機制」的信

念上，最相信因果報應及審判的說法，亦即傾向認為即使人死後仍須為自己生前的行為負責，較不接受救贖及非關道德的自然法則的說法。在「來生境況」層面，「生命將會轉換成其他的能量」是最被我國大學生接受的來生境況信念，其次則為輪迴投胎之說，相對而言，較不被接受的是地獄與天堂之說。此外，一個很容易可以預料到的研究結果是，我國大學生的來生信念，與其宗教信仰的有無、類別，有相當顯著的關聯性。

參、死亡有「什麼」好擔心的？大學生的死亡焦慮

死亡焦慮可以說是生死教育及生命教育課程中最常討論的議題之一，在生死學領域中，也累積了相當豐富的研究成果，筆者亦是在學術先進所累積的基礎上，進行死亡焦慮的探究。首先，筆者認為基於個體求生之本能，對死亡有所焦慮乃是一種東、西方文化皆然的人之常情，然而在死亡此一概念之下，其焦慮來源恐怕會牽涉到傳統文化、社會、宗教信仰，甚至政治、經濟情勢等因素，有鑑於國內的死亡焦慮量表大都翻譯而來，因此應該有以本土化的觀點，對其內涵之構念進行再檢視，甚至重新建構之必要。基於此，筆者透過對大學生進行實地訪談，並參考死亡焦慮的相關量表內涵，藉以發展出適用於我國大學生的死亡焦慮量表，並進行現況調查（蔡明昌，2014），此外在量表建構的過程中，筆者亦以所建構的死亡焦慮內涵，進行了一次死亡焦慮 Stroop [1] 作業的實驗研究（蔡明昌，2013）。

---

1 Stroop 干擾效應係為 John Ridley Stroop 於 1935 年的經典研究中之發現：色字（colored word）的字義與字色不協調時，會干擾個體的反應時間。1980 年代後期開始，學者（諸如 MacLeod, Mathews, & Tata, 1986; Mogg, Mathews, & Weinman, 1989; Richards & Millwood, 1989; Watts, Mckenna, Sharrock, & Tresize, 1986）發現，威脅性的詞彙也會對個體產生干擾效應，逐漸發展出情緒性 Stroop 作業，其主要作法係分別以視覺方式對受試者呈現出威脅性詞彙及中性詞彙，當受試者說出威脅性詞彙顏色的反應時間較中性詞彙的時間慢時，即是所謂的 Stroop 干擾效應。

　　「大學生死亡焦慮量表」主要包括了「自我的喪失」、「未知」、「無助與疼痛」、「來生與審判」、「關係的喪失」、「屍體及其處理」等六個分量表，各分量表的 α 係數介於 .896～.937 之間，總量表的 α 係數則為 .964；各分量表間隔一週的重測信度介於 .750～.880 之間，總量表的重測信度則為 .880。在效度方面，探索性因素分析結果顯示所抽取的六個因素可解釋的部分占總量表總變異的 62.295%，且能符合實地訪談所歸納的死亡焦慮六大層面架構；驗證性因素分析結果亦指出該量表架構的基本適配、整體適配、模式內在品質均佳，顯示「大學生死亡焦慮量表」的信、效度均佳（蔡明昌，2014）。

　　在大學生的死亡焦慮現況方面，筆者發現了幾個有趣的研究結果：首先，國內大學生的死亡焦慮在整體表現上僅為中等程度，但從分量表得分顯示，大學生對於對死亡造成的關係喪失、死亡過程的無助與疼痛感，則感到相當程度的焦慮。此外，在性別差異上，整體而言，女性大學生在「大學生死亡焦慮量表」的總分，是顯著高於男性大學生的；在「無助與疼痛」、「來生與審判」、「關係的喪失」、「屍體及其處理」四個分量表上，亦呈現女高於男的情況（蔡明昌，2014）；然而，在死亡焦慮 Stroop 作業中，卻發現男性大學生對於死亡焦慮全體死亡相關詞彙，以及「未知」和「屍體及其處理」二大層面相關詞彙的反應時間，顯著地慢於女性大學生，顯示男性大學生受到死亡威脅詞彙的情緒干擾較女性大學生更為顯著（蔡明昌，2013）。筆者認為，雖然受試者所展現出來的干擾效應，不見得就是其死亡焦慮的直接展現，但兩者間應該有密切之關聯。如此看來，可能由於傳統社會對於男性有勇敢堅強的角色期待，因此在意識層面（填答紙筆測驗時）刻意壓抑自己的情緒，但卻在死亡相關詞彙的干擾效應展現出來。

肆、善有善報？大學生的果報信念

　　「善有善報，惡有惡報，不是不報，時候未到」，這四句話是國人相當熟悉的俗諺，同時也是影響國人道德行為的重要因素。在生命教育有關於生命倫理議題的討論中，果報信念對學生的道德及價值判斷，扮演著相當重要的角色。果報信念是華人文化脈絡中的重要信念，具有深遠的影響意涵，然而這看似道理簡單、人人能懂的觀點，其內涵卻是相當複雜的。首先，第一個問題是到底有沒有因果報應這回事呢？從華人的傳統「積善之家，必有餘慶，積不善之家，必有餘殃」、佛教的「因果報應」等說法，似乎都相信這世上是有因果報應的，但從經驗法則來看，社會中的「無德而富」現象，卻讓人對於是否真有果報存疑。於是，第二個問題是，如果不是現世報，那麼何時才會有報應呢？關於此，果報信念配合來生的各種觀點，進一步從現世報發展出「死後報應」的說法，其中以佛教「依業輪迴」最為典型，而道教「子孫承負」的說法，也是華人社會的重要觀點。

　　筆者在耙梳了國內外果報信念的相關文獻，歸納出傳統文化中的果報觀點，配合針對大學生的實地訪談，建構出大學生果報信念的主要內涵，並發展成「大學生果報信念量表」（蔡明昌，2018）。該量表包含了「時間形式觀」、「功過相抵觀」、「宗教救贖觀」、「果報宿命觀」等四個向度，其中時間形式觀向度細分為「現世報應」、「死後報應」、「子孫承負」三個層面；果報宿命觀向度分為「接受命運」與「創造命運」二個層面；加上功過相抵觀的「功過相抵」，以及宗教救贖觀的「宗教救贖」，共計有七個分量表。在信度方面，各分量表的α係數介於 .82～.92 之間，分量表間隔一週的重測信度介於 .66～.87 之間。在效度方面，探索性因素分析結果，其累積的總變異量達 77.71％；驗證性因素分析中，亦顯示基本適配指標、整體適配指標、模式內在品質均符標準，顯示其具有良好的建構效度。

　　筆者透過分層多階段抽樣法，抽取 1,158 位大學生進行施測，研究結果顯示（蔡明昌，2018），我國大學生在果報信念量表中的現世報應、死後報應、子孫承負及創造命運等四個分量表的得分相對較高，而在功過相抵、宗教救贖及接受命運三個分量表的得分相對偏低，此結果意味著我國大學生對於因果報應的信念，普遍認為一個人應該自己承擔善、惡行為的福、禍報應，即使報應的時間不在今世，也應該延遲至死後或來生發生，而且不排除報應在子孫身上的可能性。然而，卻對於做好事即可以抵銷惡報、虔誠的宗教信仰可以讓個體免於惡報或得到福報的說法，抱持保留的態度。此外，大學生雖然傾向相信果報，卻不抱持著命運因其業力而很難改變的說法，反倒是認為應該積極行善，以創造未來的美好命運。

伍、該認命嗎？大學生生命重大事件成敗歸因

　　成敗歸因係指一個人對本身成功或失敗的原因所提出的見解，由於人在一生中無可避免的需要不斷面對成敗的情境，基於人性中追求意義的本能，個人對於自己的成功與失敗經驗的原因，會有一種想要自求了解的動力，因而進行成敗歸因。成敗歸因之所以重要，在於個體往後在遇到相同（或相類似）的情境時，其行為傾向將取決於他對於此成敗經驗所做的歸因解釋。在學理上，Weiner 自 1970 年代以來所發展的成敗歸因（attribution of success or failure）理論，以「因素來源」、「穩定性」及「可控制性」等三個向度，包含能力、努力、工作難度、運氣、身心狀況、其他等六大因素，作為解釋成敗的基本歸因架構，具有相當重要且主導性的地位，實證性研究的結果上，也大都支持該理論的基本架構（Weiner, 2010）。筆者在生命教育的教學經驗中，常常與學生討論面對生命中重要事件的成敗時如何自處的問題，因而常引用 Weiner 的成敗歸因理論作為討論的基礎，過程中發現，生命中的重大事件諸如婚姻、事業、健康等，相較於學校課業，在成敗歸因上較為複雜，大學生即使往往尚未有這些人生重大事件的完整

經驗，在探討時有將「命運」的概念加進來解釋的趨勢，因此筆者認為把傳統的命運觀合併既有的成敗歸因理論，作為一種生命重大事件成敗的本土化詮釋基礎，應該有其必要。

基於上述，筆者針對 Weiner 的成敗歸因理論進行本土化調整時，嘗試著在「因素來源」、「穩定性」及「可控制性」三個向度外，加入「可理解性」（understandability）向度來加以擴充，並加入「神佑」、「果報」、「宿命」三個因素，搭配原理論中的「能力」、「努力」與「運氣」因素，形成一個六個因素的本土化修正架構，配合「學業」、「就業」、「擇偶」、「社交」及「健康」等五大生命事件的成敗情境，發展出「大學生對生命重大事件成敗歸因量表」。該量表共有六個分量表，各分量表中包含順、逆境二個向度，分別對「學業」、「就業」、「擇偶」、「社交」及「健康」等五項生命重大事件的歸因進行敘述，在信度方面，各分量表的α係數介於 .837～.924 之間，間隔一週的重測信度介於 .714～.822 之間；在建構效度方面，經因素分析後各因素的累積總變異量達 77.71%，亦顯示建構效度頗佳（蔡明昌、曾素秋，2021）。

筆者以全國 1,222 位大學生為對象進行調查的結果（蔡明昌、曾素秋，2021），發現整體而言，國內大學生對於生命重大事件的成敗歸因，仍以「努力」及「能力」為主要的歸因因素，這或許是大學生的教育經驗或其所感受到的社會價值取向，有將成敗歸因為努力的趨勢，也或許是這些生命重大事件中，有一些是他們尚未經歷只能以想像的方式來歸因。有趣的是，大學生在六項歸因因素的得分與五項生命事件兩者之間，具有顯著的交互作用存在，在學業事件方面，大學生們較願意相信神佑因素而不是果報因素，在擇偶事件方面，努力歸因的重要性則有降低的趨勢。此外，大學生對於擇偶事件的成敗，相較於其他生命事件，更趨向於將其歸因於運氣、宿命、果報、神佑等因素，此與我國傳統中講求緣分的擇偶觀點有所符應。

陸、結　語

　　生命教育的主要目的，在於引導學生對於人生的終極性問題及生命倫理議題進行深入的思考，進而在生活中踐行，以期能使學生確認自己存在的價值與意義，建立自己的安身立命之道。然而生命的議題是如此寬廣，而每個存在的生命的樣貌又如此多元，將近二十年來的生命教育教學經驗，使筆者深刻感受到生命教育實是深具意義卻又充滿挑戰的一門課。由於個人的能力及時間有限，這十幾年來僅能就筆者在教學經驗中認為較重要的議題進行本土化的理論耙梳、發展評量工具，並進行調查研究，希望能帶給大學生命教育授課教師一套探討生命相關議題時的適當評估工具與報導國內大學生的現況，以利教學。除此之外，根據筆者的教學及研究經驗，提出下列的淺見，以供先進參考。

　　首先，終極性問題的探討通常不易迴避死亡的議題，死亡的必然發生是生命意義的前提，試想，如果人可以永遠不死，那麼人生的一切都變得無所謂了！還有什麼意義可言？然而基於人類求生存的本能，必死性與生死無常勢必讓個體感受到相當程度的焦慮與恐懼，因此在生命教學過程中，教師在引領學生進行該議題的探討時，應該要注意到學生的情緒反應，給予適當的慰藉，但筆者認為，對於死亡的適度焦慮並不是一件壞事，因為焦慮有時候反而是個體洞察生命意義與把握時間實踐的契機。此外，透過來生信念的分享與探討，可以幫助學生深入思考自己所抱持的來生信念與其人生價值觀念是否有所關聯或抵觸，進一步釐清並確認自己面對生命中的諸多挑戰與問題時所應抱持的安身立命之道。無論相信是否有來生，生命教育課程中對這個議題的討論可以有助於學生將生命的格局加以開展，用一種更寬廣的視野來思考人生。但值得注意的是，由於來生信念常牽涉到宗教議題的探討，因此生命教育的教學者要注意的是避免不同宗教信仰者之間的情緒性批評，並藉教學活動培養學生尊重他人信仰的態度。另外，

也不宜直接灌輸學生來生信念，否則可能會有文化專斷（culture arbitrary）之嫌。

其次，在有關生命倫理學的諸多內涵中，有關德福一致性的探討是一個頗為重要的議題。這方面的討論除了從西方宗教及哲學，諸如Aristotle、Immanuel Kant等人的觀點探討之外，本土化的果報信念是一個與學生成長經驗息息相關的文化觀點，可以在探討「如果善未有善報，一個人為何要有道德？」的問題上，發揮相當程度的引導作用。然而生命教育的教學者在引領討論此一問題時，應該要特別注意不宜使學生發展出宿命論的消極觀點，致使學生對於社會上許多無德卻無報的行徑，缺乏仗義執言的道德勇氣。其次，生命教育課程中的果報信念的探討，常常會進一步發展至學生對於人生成敗的歸因問題，筆者認為，除了傳統的「努力」歸因之外，由於個體無法完全掌握自己人生中各項重要事件的成敗，因此「上帝自有安排」、「果報」或「承負」等觀點，在某種程度上確實可以發揮遭遇生命苦難時的慰藉作用，然而也宜注意避免讓上述說法成為麻痺人心的安慰劑，轉而形成宿命論的消極觀點，應該培養學生在面對挑戰情境時，理性評估內外在條件以決定進退行止，盡人事、聽天命，這才是真正傳道、授業、解惑的為師之道，也才是生命教育的初衷。

參考文獻

蔡明昌（2007）。 我國大學生來生信念初探。中華心理衛生學刊，**20**（3），235-260。

蔡明昌（2013）。大學生在死亡相關詞彙的Stroop干擾效應之前導性研究。中華輔導與諮商學報，**38**，91-116。

蔡明昌（2014）。大學生死亡焦慮的內涵建構與現況調查之研究。中華輔導與諮商學報，**41**，25-56。

蔡明昌（2018）。大學生果報信念量表的建構與發展之研究。中華輔導與諮商學報，**51**，181-216。

蔡明昌（2020）。**大學生的犬儒態度：內涵建構、研究工具、現況與教育意涵（I）**。科技部研究計畫成果報告（MOST 108-2410-H-415-015 -SSS）。

蔡明昌、曾素秋（2021）。大學生對生命重大事件成敗歸因之研究。**中華輔導與諮商學報，60**，1-36。

蔡明昌、歐慧敏（2008）。本土化大學生來生信念量表的建構與發展。**生死學研究，7**，7-88。

Holden, J. (1992). Demographics, attitudes, and afterlife beliefs of right-to-life and right-to-die organization members. *The Journal of Social Psychology, 133*(4), 521-527.

Lundh, L., & Radon, V. (1998). Death anxiety as a function of belief in an afterlife: A comparison between a questionnaire measure and a Stroop measure of death anxiety. *Personality and Individual Difference, 25*, 487-494.

MacLeod, C., Mathews, A., & Tata, P. (1986). Attentional bias in emotional disorders. *Journal of Abnormal Psychology, 95*, 15-20.

Mogg, K., Mathews, A., & Weinman, J. (1989). Selective processing of threat cues in anxiety states: A replication. *Behavior Research and Therapy, 27*, 317-323.

Richards, A., & Millwood, B. (1989). Colour-identification of differentially valenced words in anxiety. *Cognition and Emotion, 3*, 171-176.

Rose, B. M., & O'sullivan, M. J. (2002). Afterlife beliefs and death anxiety: An exploration of the relationship between afterlife expectations and fear of death in an undergraduate population. *Omega, 45*(3), 229-243.

Watts, F. N., Mckenna, F. P., Sharrock, R., & Tresize, L. (1986). Colour naming of phobia related words. *British Journal of Psychology, 77*, 79-108.

Weiner, B. (2010). The development of an attribution-based theory of motivation: A history of ideas. *Educational Psychologist, 45*(1), 28-36. doi:10.1080/00461520903433596

創新與傳承：大學生命教育課程規劃與教學實務

作者介紹

　　蔡明昌，畢業於高雄師範大學教育系博士班，曾任小學教師，南華大學生死學系（所）助理教授、副教授、系主任，嘉義大學師資培育中心主任，現任嘉義大學師資培育中心教授。年輕時曾誓言自己絕不當老師，掙扎大半生後才領會自己天命如此，目前樂在其中。基於對生死教育的重視與教學工作的熱愛，除了持續進行生命教育評量工具的研發之外，從任教於南華大學期間開始，每學年固定開授生死教育或生命教育課程，與修課學生一起探討生命、死亡、宗教、人生觀等議題。把授課教室比擬為渡船，以擺渡人自居，將渡學生至彼岸視為自己的人生任務。

書目療法運用於大學生命教育課程之教學探討

陳書梅

臺灣大學圖書資訊學系暨研究所兼任教授

壹、前　言

　　相關統計顯示，2020 年 15 至 24 歲青少年自殺人數創近十年來的新高
（吳尚軒，2020；潘乃欣，2020）。該年年底，更發生了一連串的大學生
輕生事件（謝明彧，2020），此現象反映著，如何協助包含大學生在內的
青少年，面對人生的挫折事件，並促進心理健康，亟需吾人關注。然而，
臺灣的大專校院普遍面臨心理輔導人力資源不足的情況，以致較未能在大
學生心靈困頓無助時提供及時的協助（洪欣慈、游昊耘、陳碧珠、潘乃欣，
2021；潘乃欣，2020）。

　　專家學者指出，推動生命教育能讓個體學習面對挫折的正確態度，並
了解生命的意義且愛惜生命，最終能防範自傷傷人之事（何福田，2006）。
而生命教育的範疇，包含「人與宇宙」、「人與自然環境」、「人與他
人」、「人與自己」四個層面的議題（陳復，2017；魏澤民，2020）。透
過生命教育，可讓個體學習如何探索生命的本質與價值，如何與自己、他
人、自然環境、宇宙，維持和諧美好的關係；同時，提升自我覺察、情緒
與壓力管理、思考與判斷、危機處理等能力（何福田，2006；陳復，2017；
魏澤民，2020）；因此，教育部自 2001 年起，即在國小、國中及高中推展
生命教育；而大學的生命教育課程內容，則係近幾年來方才逐漸充實起來

（孫效智，2019；教育部生命教育全球資訊網，2018）。根據過往文獻，大學的生命教育，多係由個別教師開設通識課程，或是由生命教育中心規劃相關主題之電影展、工作坊等活動。其中，一些教師會運用文學作品、電影等，引導學生討論與生命教育相關的議題；對此，學生給予正向回饋（黃瓊慧，2016；韓德彥，2018），其如同學者專家所主張，生命教育適合透過「閱讀—討論」的方式進行（黃瓊慧，2016；鄭石岩，2006）；事實上，此種大學生命教育課程的教學模式，已融入了「書目療法」（biblio-therapy）的理念。

何謂書目療法？由文獻可知，書目療法有不同的中英文名稱，常見者有書目療癒、療癒閱讀（healing reading）、讀書療法、閱讀療法（reading therapy）等（王波，2020；王萬清，1999；陳書梅，2008；Clarke & Bostle, 1988; Jones, 2001）；而書目療法一詞則係臺灣較常採用的中譯名。書目療法是一種以閱讀進行情緒療癒（emotional healing），促進心理健康的心理治療輔助方式，其核心概念在於，藉由適當的圖書、影視作品、音樂歌曲等，可協助個人釐清所遭遇的情緒困擾問題，並使負面情緒獲得舒緩，最終能重啟面對困境的心理韌性與挫折復原力（resilience）（陳書梅，2014；Doll & Doll, 1997）。

何以書目療法能對當事者發揮上述的功用？因為不少古今中外的人們，將自身或他人的生活經驗，撰寫為故事，或拍攝成電影、譜成樂曲等；當中，有許多內容皆與現今吾人所遭遇的問題相呼應。因此若能挑選到適合的素材，則大學生可更加明瞭個人的處境，並能透過觀察角色人物如何面對困境，了解到個人應以何種心態和方式來渡過生命中的艱難時刻，如此一來，素材中的角色便成為大學生無形的心靈導師與生命中的貴人（陳書梅，2020）。

雖然不少教育工作者皆明瞭書目療法的功用，然而，書目療法的理念在臺灣尚未全然普及；因此，許多人並不了解該如何運用書目療法，來為大學生進行生命教育。爰此，本文以失戀情傷的主題為例，列舉多元類型

的素材，如療癒系歌曲、電影、繪本（picture book）、心理自助書（self-help book）等，闡述帶領大學生進行療癒閱讀的教學實務，藉以讓吾人了解，可如何透過書目療法，幫助學生勇敢地面對人生的困境。

貳、書目療法的原理與其類型

書目療法產生情緒療癒的原理為何？詳言之，當閱讀到與自身經歷相似的素材時，讀者會心生共鳴，並覺得自己的遭遇獲得他人的同理，進而將個人的想法投射到角色身上，產生「同溫層」效應；此種心理歷程，即是「認同」（identification）作用（McNicol & Brewster, 2018; Moody & Limper, 1971; Tukhareli, 2014）。其次，在閱讀的過程中，讀者會被角色的情緒感染，且會因彼等的際遇產生情緒起伏。舉例言之，讀者會為角色遭受到打擊，而與之一起感到悲傷、憤怒；如此，心中長久壓抑的負面情緒，可一併釋放出來。而當角色渡過低潮後，讀者亦會為其感到高興；藉此，心情能恢復平靜，終產生情緒「淨化」（catharsis）的作用（Doll & Doll, 1997; McNicol & Brewster, 2018; Moody & Limper, 1971; Tukhareli, 2014）。接著，讀者會省思自身的遭遇，並判斷角色克服困難的方式是否恰當，藉以尋找適合個人的問題因應之道；同時，更會透過觀察學習，仿效角色正向的問題解決方式，此即為「領悟」（insight）的作用（McNicol & Brewster, 2018; Moody & Limper, 1971; Tukhareli, 2014）。

綜而言之，透過與適當的閱讀素材互動，讀者會經歷認同、淨化及領悟的心理狀態，產生情緒療癒之效；而能讓讀者產生上述三階段心理歷程的素材，即稱為「情緒療癒素材」。藉由此過程，不僅能使讀者的負面情緒獲得舒緩，更可提升個人面對不如意事件的心能量，而此正是生命教育裡，教導學生因應人生挫折與困境的方式之一；因此運用書目療法來為大學生進行生命教育，是值得嘗試的作法。

而書目療法可運用的素材類型相當多元，包括繪本、小說、心理自助

書等圖書資料，以及音樂、歌曲、電影等影音資源；其中，素材為繪本者，
亦可專稱為「繪本書目療法」（bibliotherapy with picture book）（陳書梅，
2014）；運用音樂或歌曲來進行者，稱為「音樂療法」（music therapy）
（張乃文，2004）；而透過電影等影視作品來進行者，則可稱為「電影療
法」（movie therapy; cinema therapy）（Solomon, 2001）。

倘若以進行的方式來分類，則書目療法可分為「閱讀式書目療法」
（reading bibliotherapy）和「互 動 式 書 目 療 法」（interactive biblio-
therapy）；其中，由施行者解說素材內容，或引導參與者進行閱讀心得分
享和討論，即稱為「互動式書目療法」；若個人在閱讀過程中並無與他人
討論，則係「閱讀式書目療法」。另外，由施行者與當事者一對一進行者，
稱為「個別式書目療法」（individual bibliotherapy）；而若由一位施行者帶
領群體進行，則稱為「團體式書目療法」（group bibliotherapy）。再者，
若以參與者的特性來區分，則針對心理疾病患者之活動稱為「臨床性書目
療法」（clinical bibliotherapy），其需由專業的臨床心理師、精神科醫師等
施行；若參與者係遭遇情緒困擾而心情低落的一般人，則稱為「發展性書
目療法」（developmental bibliotherapy），其可由教師、圖書館員、助人工
作者等施行，亦可由當事者自己或其親友等為之（McNicol & Brewster,
2018; Moody & Limper, 1971; Tukhareli, 2014）。

參、大學生情緒療癒素材的選擇原則

無論何種類型的書目療法，其關鍵皆在於，以合適的情緒療癒素材為
媒介來進行。而在選擇素材時，需注意當事者的個人背景與素材的特性兩
方面（王萬清，1999；Hynes & Hynes-Berry, 1994）。茲詳述如下。

一、大學生的個人背景方面

在挑選素材時，首先應考慮大學生目前所遭遇的情緒困擾問題為何；倘若素材中角色面臨的挫折事件與大學生相似，則較容易讓當事者產生共鳴感；而若大學生熟悉素材的文化背景，則更易引發認同感。其次，應考量大學生的閱讀興趣，選擇彼等偏好的素材，方能吸引大學生投入其中。

再者，應評估大學生的情緒狀態。學者指出，當個體遭遇失落事件時，會依序經歷否認期、憤怒期、討價還價期、抑鬱期、接受期（Kübler-Ross & Kessler, 2005）；而且每個人由否認到接受所需的時間不同。一般而言，處於極度憤怒、悲傷等情緒狀態的個體，較不易集中精神閱讀文字；此時，音樂與歌曲是較容易被接受的素材。至於文字較多、偏向說理的心理自助書，則較適合處於接受期者閱讀。因此應依大學生的實際情況，挑選內容相應的情緒療癒素材。

二、素材的特性方面

書目療法適用的素材，需是能引發讀者認同、淨化、領悟之心理歷程者；除此之外，亦宜進一步審視不同類型素材的特性。以下舉文學作品、心理自助書、音樂歌曲、影視作品等為例，說明選擇時應關注的面向。

首先，文學作品包括繪本、小說等故事性文本，吾人可從情節（plot）、角色（character）、背景（setting）、主題（theme）、觀點（point of view）、風格（style）等六個要素來挑選（林敏宜，2000；Doll & Doll, 1997）。舉例言之，在情節方面，需注意故事結構的完整性，以及情節鋪陳的合理性；在故事角色方面，應展現正向的人格特質和積極解決問題的態度；背景則宜挑選讀者熟悉者，因為陌生的文化背景易讓讀者產生困惑感；而作品的主題，宜以隱喻（metaphor）的方式，陳述作者欲傳達的想法與價值觀，以避免流於說教，但同時亦應注意內容是否過於隱晦，以免讀者難以理解；另外，敘事觀點方面，採主角第一人稱敘述的作品，

可讓讀者深刻體會主角的心理感受，而第三人稱或全知觀點者，則有助於了解角色的心理狀態；故事的風格則涵括篇幅長短、用詞、圖畫的畫風與色彩等，其可依讀者的個人偏好來挑選。其次，在心理自助書方面，作者宜為特定領域的專家。再者，亦應列出適用對象，且指導方法宜經濟實用，並能說明執行的具體程序，同時舉出科學研究的數據支持（Rosen, Glasgow, & Moore, 2003）。

另一方面，在選擇音樂歌曲時，則宜注意曲名或歌名、歌詞（lyrics）、節奏（rhythm）、旋律（melody）、音色（timbre / tone color）、和聲（harmony）等面向（柴婉玲譯，2018；張乃文，2004）。具體言之，歌名與曲名宜以正向字詞表達歌曲的主題。其次，應注意歌詞能引發共鳴感；而若歌詞中涵括負面與正面情緒的字詞，將使人更易宣洩內心的情緒，增強情緒渲染的效果（柴婉玲譯，2018；蔡振家、陳容姍，2017）。此外，亦應表達正向面對問題的心態或方式，以讓聽者發揮自我應驗預言（self-fulfilling prophecy）的效果。在節奏方面，輕快的節拍，會引起愉悅的心情，慢而平穩的節奏，則有令人情緒緩和之效。旋律方面，可分為平訴式、階梯式、波浪式三種，平訴式旋律能形成平靜、穩定的情緒；波浪式讓人有柔和、順暢的感覺；階梯式則可表現肯定、剛毅等情緒；優質的情緒療癒歌曲，宜包含波浪式或階梯式旋律（陳書梅、梁雲芳，2018）。至於不同音色能讓聆聽者產生種種心理感受，激發人們喜怒哀樂的情緒變化。而和聲則可增加旋律的感染力，和諧的和聲能舒緩緊張不安感，使心情獲得撫慰（林歆敏，2017）。

最後，在影視作品方面，則宜挑選主題明確、情節發展符合邏輯者；角色方面，亦宜呈現出正向解決問題的具體行為，以發揮楷模的效果；同時，若角色的情緒表達外放，更易使觀影者的心情隨之起伏；而隱喻性的場景採不說教的方式表達，能讓觀眾卸下心防；另外，應避免呈現色情、暴力、恐怖畫面的作品，以免讓觀影者產生負面感受（陳書梅、葉瑋妮，2016；Wolz, 2005）。

肆、適用於大學生命教育課程之情緒療癒素材示例

茲以失戀情傷的主題為例，說明在大學生命教育課程中，該如何挑選適合的素材，來引導大學生走出生命中的低潮期。誠如前述，處於情傷初期者，較能接受歌曲、電影等影音資源；而文字多的圖書，則較適合情緒已恢復平穩者。因此本文依情傷者適用之情緒療癒素材類型，分別以歌曲、電影、繪本及心理自助書等為例具體詳述之。

一、歌曲：《我願賭服輸》、《分手快樂》

歌曲《我願賭服輸》與《分手快樂》，皆是優質的情傷療癒素材，其主唱者分別是歌手趙詠華和梁靜茹，兩人的嗓音傳達出堅定正向的力量，在跟著歌曲哼唱時，能讓人撫平煩躁、混亂、鬱結的心緒。而歌曲的速度皆為平穩的行板，能讓人安定心神。

再者，兩首的歌詞，皆能對情傷者具有認同、淨化、領悟的情緒療癒作用。首先，《我願賭服輸》細膩地刻畫分手後的思緒，如「曾握住的，你那溫暖手呢；曾守候我的，那顆心呢」、「不再等，虛無的溫柔；不想看，眼淚濕到顫抖；驀然回首，早已人去樓空」，彷彿替情傷者道出個人的心聲；而聽到「我不哭，我願賭服輸；愛情這場豪賭，落葉飛舞；掙脫愛的束縛，謝謝你讓我清楚；我沒輸，學到放手與祝福」時，聽者會感到情傷所帶來的唏噓感，並體會到歌詞中所說，感情已然結束，若能掙脫這份感情的束縛，便能跳脫出情傷的漩渦。歌詞最後一句「我沒輸，祝我們都幸福」，則可令人感受到此段逝去的感情可轉為正向的力量；如此，情傷者能漸漸接受現實，將傷痛化為對彼此的祝福。

而《分手快樂》的歌詞中，提及許多遭遇情傷者的心聲，宛如歌手對失戀者訴說著同理與安慰，如「我無法幫你預言委曲求全有沒有用，可是我多麼不捨朋友愛得那麼苦痛」、「如果他總為別人撐傘，妳何苦非為他

等在雨中」會使聽者覺得自己的心理感受獲得理解；再如「妳說妳不怕分手，只有點遺憾難過」，有相似經歷的失戀者，亦會跟著一起將難過的情緒釋放出來。而副歌「分手快樂，祝妳快樂，妳可以找到更好的」，能鼓舞失戀者走出情傷的低潮；另外，歌者唱道「揮別錯的才能和對的相逢」、「離開舊愛像坐慢車，看透徹了心就會是晴朗的」，還提到「沒人能把誰的幸福沒收」，也讓聽者明瞭，由情傷恢復的過程是緩慢的，但當個人能放下時，就可以重拾快樂的心情，而且自己擁有找到幸福的能力。

二、影視作品：電影《失戀33天》

　　而在電影方面，有研究指出，《失戀33天》呈現遭遇情傷的主角，經過了一段痛苦的日子，終走出失戀陰霾的過程，能讓有相似遭遇的大學生，產生認同、淨化、領悟的情緒療癒效用（陳書梅、林姿慧，2017）。

　　電影劇情敘述，女主角黃小仙發現男友愛上自己的閨密而分手；她一開始時極為悲痛、沮喪，影響了工作與日常生活，此等行徑和許多失戀者如出一轍，可引起強烈的共鳴感。此外，黃小仙面對前男友時，心中既憤怒又想挽回關係，同時也感到自責和懊悔，讓觀影者的心情也跟著五味雜陳。後來，同事王一揚陪伴女主角渡過悲傷的日子，更使計讓黃小仙前男友當眾難堪，替她出一口氣，此情節讓觀影者一同感到心情暢快，負面情緒因而獲得宣洩；最後，看到女主角走出情傷，並依然對愛情抱持正向的態度，會讓觀影者感到欣慰。另外，王一揚不時以犀利的言語奉勸女主角，亦讓觀影者反思，可如何看待已逝去的愛情關係，並領悟到個人應放下傷痛，迎接新的人生。而電影的結尾收錄了一些情傷者的失戀心聲，能讓觀眾體會到，現實中許多人皆經歷過情傷之苦，從而產生同溫層的心理支持感。

三、文學作品：繪本《遺失了一隻貓》

　　繪本係指以圖畫為主、文字為輔的作品，其常被歸類為兒童文學；但

近年來，以成年人為對象的繪本相繼出版，其中，亦有以失戀為主題者，如幾米（2004）創作的《遺失了一隻貓》。相關研究結果顯示，此繪本能對遭受失戀之苦的成年初期者，發揮情緒療癒的功能（周士茹，2018）。

　　故事敘述，女孩分手那天，與戀人一起飼養的貓咪亦離家出走了。女孩無法接受戀人和貓咪的離去，十分悲傷與消沉；她日夜不停地尋找貓咪，同時反思過去對待戀人和貓咪的方式是否不當。一段時間過後，女孩放下了尋找貓咪的焦急感，更因而覺察到生活周遭的大小事，也願意嘗試以前不敢做的事。當女孩跳脫了失落的心情後，走失的貓咪悄然回到主角身邊。

　　此繪本細膩地刻畫主角失戀後的種種想法，能反映出情傷者的心緒，並引起共鳴；例如：書中女孩在失戀初期，完全無視身邊的事物，也未將他人的關切放在心上，此如同許多失戀者，因太過悲傷而忽略陪伴自己的人們；對此等情節，讀者能感同身受，也會替女孩的境況感到心酸。後來，當女孩放慢腳步，開始留意到周遭環境的變化時，便漸漸有了面對生活的動力，讀者會為她高興；最後，貓咪回到主角身邊時，讀者亦會心生喜悅。雖然書中並未呈現女孩的模樣，但從文字的敘述，讀者可以感受到女孩的情緒變化，心情也跟著起伏，由此釋放出壓抑的心酸難過。藉由本書，讀者會領悟到，時間可以沖淡失戀的悲痛與失落感；個人不妨學習主角，多注意身邊的美好事物，嘗試新的經歷和體驗，以幫助自己重新找到幸福。

四、心理自助書：《暖傷心：失戀癒療的 15 個練習》

　　心理自助書旨在提供問題解決的方式，讓讀者能透過書中的問題解決策略，領悟如何因應個人的情緒困擾問題。而《暖傷心：失戀癒療的 15 個練習》一書，係由科普心理學家程威銓（2015）所撰，書中以專業的角度，依循失戀到走出情傷的過程中可能有的心理狀態來書寫。舉例言之，遭遇情傷者最初可能會否認關係的結束、充滿孤獨感；接著則可能感到內疚、哀傷、憤怒；待情緒恢復平靜後，則能找回自尊，並能接受下一段感情。在每個階段，本書先呈現一段小故事，讓讀者從中思考個人是否有同樣的

心緒；之後，則列出具體實用的指導方式，像是一些自我檢視的題目；如此，讀者得以自我省思，並宣洩出壓抑的負面情緒，讓心情恢復平靜，且可讓思緒更加清明，從而找到因應情傷的適當方式，並重拾自我價值。

伍、如何帶領大學生閱讀與討論情緒療癒素材：團體互動式書目療法的施行

　　在了解大學生命教育課程適用的素材後，便可規劃帶領團體閱讀與討論的課程內容，此乃是團體互動式書目療法的施行。以下茲依相關文獻所提，詳述施行前之準備工作，以及施行的過程（王萬清，1999；Hynes & Hynes-Berry, 1994; Pardeck & Pardeck, 1993）。

一、施行前之準備工作

　　首先，帶領者應了解參與之大學生的個人背景，並和彼等建立認同感與互信的關係。而在課程設計上，帶領者可針對參與成員目前遭遇的煩心之事來決定主題，亦可就一般大學生常見的情緒困擾問題來擬訂，如情緒調適、人際與感情關係等，期能讓學生藉由討論的議題，體會到角色的處境與心理感受。如此，在未來，無論是自己或他人遭遇到相似的困境時，仍能從曾閱讀的素材中，思考適當的問題因應之道。

　　擬訂主題後，吾人可安排課程進行的方式，或是與學生共同決定時間與頻次、擬閱讀的情緒療癒素材等。而素材的選擇，應視大學生的情緒困擾問題、閱讀偏好等作考量；其可以由帶領者指定，或提供素材清單，讓參與者從中挑選。在選定素材後，教師可請學生課前閱讀，或是在課堂上共讀。

二、施行過程

　　在課程開始進行時，帶領者可先簡單介紹素材，以引發學生的參與動

機和興趣；接著，帶領者就素材內容，與學生進行討論，此乃是一種「閱讀─討論」的生命教育課程教學模式。具體言之，帶領者可指引討論的焦點，先由事實型的問題開始，之後再以開放性問題，引導參與者分享心得。過程中，帶領者可運用積極傾聽（active listening）的技巧，透過不同的措辭複述學生的意見，並適時作出歸納，以確認對方表達的內容，同時讓學生釐清個人的想法與心理感受。另外，帶領者需運用同理心（empathy），對學生表達肯定、理解和尊重；同時，亦可善用肢體語言鼓勵參與者發言；尤其，需避免價值判斷的用語（王萬清，1999）。

而在討論的問題方面，專家學者指出（王萬清，1999；Cornett & Cornett, 1980; Stephens, 1981），應依書目療法的認同、淨化、領悟三個心理歷程來設計，以讓學生藉由敘述個人的閱讀心得，經歷此三種心理狀態，從而達致情緒療癒之效。以下歸納各家的意見，詳細敘述之。首先，在開始時，帶領者可詢問素材的主要內容為何，有哪些重要角色，由此，可確定參與者了解故事的全貌。其次，可詢問：「主角遭遇何種情緒困擾問題？哪些角色與主角的困擾問題有關？為什麼？」如此，大學生可釐清素材的內容，甚至能藉此發現隱而不顯的細節，且有機會將個人的想法或經驗投射到角色身上；最終，得以引發參與者產生認同作用。

之後，帶領者可引導學生經歷情緒淨化的心理歷程。具體言之，可依循「主角遭遇何種情緒困擾問題」的討論題項，進一步詢問：「面對情緒困擾問題時，主角有什麼心理感受？為什麼？」、「看到主角的遭遇，你的心情如何？」以及詢問：「主角解決問題的方法為何？在解決問題前後，主角的想法與心情是否有所改變？」、「看到主角的改變，你的心情如何？」，如此，一方面確認大學生了解主角的因應策略，以及在處理問題前後的心理感受，一方面引導學生詮釋主角的感覺、情緒及想法，並使之覺察個人的心情是否受到角色的影響，從而將壓抑的情緒釋放出來。此外，亦可適時提出：「除了素材中所描繪的，你覺得角色還有什麼心情或想法？為什麼？」等問題，鼓勵學生說出個人的看法與心理感受。再者，亦可詢

問：「最喜歡或最討厭素材中哪些角色，或印象最深刻的情節為何？為什麼？」，以引導學生運用個人價值觀、生活經驗等來詮釋素材內容，藉此加強情緒淨化的作用。

　　至於在領悟方面，則可詢問：「如果你面對與主角相似的問題，你是否會採用一樣的解決方式？或是還有其他的解決辦法？為什麼？」，如此，學生得以反思，若相關事件發生在自己身上時可如何因應；同時，也會評估個人和角色的異同之處，並思考是否有更適切的解決方式。另外，帶領者亦可視素材的內容，再設計相關問題，例如：可針對主角以外的角色或特定的情節進行討論。最後，帶領者可提問：「欣賞完素材後，對你有什麼樣的啟發？」作為討論的總結。經過上述討論的過程，大學生可習得角色正向的態度與問題因應之道。

　　而在討論結束後，帶領者可安排延伸活動，以讓學生更深入地思考素材內容的意涵，並能自我覺察個人的認知、價值觀、情感、行為等，從而強化其所獲致的情緒療癒效用。舉例言之，可請大學生將心得化為文字或圖畫；其次，亦可進行創造性寫作（creative writing），例如：寫信給素材中的角色，或是改寫故事的內容與結局等；此外，亦可進行角色扮演、布偶戲、繪畫出素材中的情節與角色等活動。最後，若要了解書目療法的運用，是否在課程中發揮了成效，則可進一步進行相關的評估活動，例如：在每次活動後進行形成性評估，或者也可在整個課程結束後，設計閱讀心得單，或是標準化測驗與自陳量表，供學生填寫，藉以進行總結性評估（王萬清，1999；Pardeck & Pardeck, 1993）。

陸、結　語

　　人生的際遇難免起起伏伏，重要的是吾人應了解，當以正向的態度，面對生命中一切的不順遂，大學生也不例外。而幫助大學生找到生命的意義與價值，並能正向地因應日常的壓力與種種的人生挫折，以維持我我、

人我、物我、天我間的和諧美好關係，皆是為大學生進行生命教育時該關注的面向。

　　針對上述的議題，大學教師可運用書目療法來進行生命教育課程。在教學實務上，可先依大學生的情緒困擾問題及其情緒狀態、閱讀偏好等，挑選情緒療癒素材，讓彼等閱讀；繼而可依書目療法的情緒療癒原理設計問題來帶領討論，並可進行延伸活動與評估，藉以增強素材對大學生的認同、淨化、領悟之情緒療癒效用，並了解課程是否達成了生命教育的目標。藉由本文，期冀能讓大學教師等相關人員更加明瞭，可如何在大學生命教育課程中運用書目療法，來讓大學生了解，當遭逢生命中的磨難時，可與情緒療癒素材中的角色人物交流，並分享喜怒哀樂；藉此，可獲得素材裡無形心靈導師之心理支持，從而能舒緩負面情緒，且可習得面對困境的因應之道。最終，得以渡過人生的艱難時刻與青少年晚期的發展危機。

參考文獻

王波（主編）（2020）。**閱讀與心理健康**。北京市：朝華。

王萬清（1999）。**讀書治療**。臺北市：心理。

何福田（2006）。推動生命教育的必要與認識。載於何福田（主編），**生命教育**（頁 1-8）。臺北市：心理。

吳尚軒（2020 年 12 月 1 日）。誰逼死了臺灣大專生？青少年自殺死亡數、死亡率雙雙創 10 年新高。**風傳媒**。取自 https://www.storm.mg/article/3247062

周士茹（2018）。**成人繪本對成年初期族群之情緒療癒效用研究：以幾米繪本為例**（未出版之碩士論文）。臺灣大學，臺北市。

林敏宜（2000）。**兒童圖畫書的欣賞與應用**。臺北市：心理。

林歆敏（2017）。音樂之所以動人。**科學研習**，**56**（9），5-11。

洪欣慈、游昊耘、陳碧珠、潘乃欣（2021）。**校園心理安全網漏洞全解析**。聯合報新媒體中心、數據中心。取自 https://reurl.cc/v5NrOa

孫效智（2019）。**生命教育的哲學基礎**。取自 https://reurl.cc/L0GYOx

柴婉玲（譯）（2018）。**好音樂的科學 II：從古典旋律到搖滾詩篇──看美妙樂曲如何改寫思維、療癒人心**（原作者：J. Powell）。臺北市：大寫文化。（原著出版年：2017）

張乃文（2004）。**兒童音樂治療：臺灣臨床實作與經驗**。臺北市：心理。

教育部生命教育全球資訊網（2018）。**教育部生命教育中程計畫**。取自 https://life.edu.tw/zhTW2/node/436

陳書梅（2008）。圖書館與書目療法服務。**大學圖書館，12**（2），15-41。

陳書梅（2014）。**從沉鬱到淡定：大學生情緒療癒繪本解題書目**。臺北市：臺灣大學出版中心。

陳書梅（2020 年 11 月 24 日）。運用書目療法 在書中找到心靈捕手。**聯合新聞網**。取自 https://udn.com/news/story/7339/5038682

陳書梅、林姿慧（2017 年 5 月）。失戀大學生情傷療癒素材之探索性研究：以電影《失戀 33 天》為例。**公共圖書館研究，5**，1-1-26。

陳書梅、梁雲芳（2018）。失戀聽錯歌，愈聽愈傷心！專家教你挑對療傷情歌。**大家健康雜誌，370**，22-27。

陳書梅、葉瑋妮（2016）。電影的情緒療癒效用研究：以失戀之大學生為例。**圖書資訊學刊，14**（2），21-57。

陳復（2017）。大學生命教育的課程面向與教學結構。**臺北城市科技大學通識學報，6**，323-345。

幾米（2004）。**遺失了一隻貓**。臺北市：大塊文化。

程威銓（海苔熊）（2015）。**暖傷心：失戀癒療的 15 個練習**。桃園市：大真文化。

黃瓊慧（2016）。生命教育融入國文課程之教學策略：以遠東科大國文課程為例。**遠東通識學報，10**（1），89-110。

潘乃欣（2020 年 11 月 17 日）。今年 76 學生自殺致死 教長：學校輔導人力 明年達標。**聯合新聞網**。取自 https://udn.com/news/story/6928/5020631

蔡振家、陳容姍（2017）。**聽情歌，我們聽的其實是……：從認知心理學出發，探索華語抒情歌曲的結構與情感**。臺北市：臉譜。

鄭石岩（2006）。生命教育的內涵與教學。載於何福田（主編），**生命教育**（頁 23-49）。臺北市：心理。

謝明彧（2020）。【臺大輕生事件】年輕世代心理健康，將是本世紀最大規模心理危機！。**遠見雜誌**。取自 https://www.gvm.com.tw/article/75850

韓德彥（2018）。透過小說推動生命教育：以通識「水滸傳品讀」為例。**通識教育學刊，22**，73-96。

魏澤民（2020）。生命教育翻轉的兩難。人文社會與醫療學刊，7，113-135。

Clarke, J. M., & Bostle, E. (Eds.).(1988). *Reading therapy*. London, UK: The Library Association.

Cornett, C. E., & Cornett, C. F. (1980). *Bibliotherapy: The right book at the right time*. Bloomington, IN: Phi Delta Kappa Educational Foundation.

Doll, B., & Doll, C. (1997). *Bibliotherapy with young people: Librarians and mental health professionals working together*. Englewood, CO: Libraries Unlimited.

Hynes, A. M., & Hynes-Berry, M. (1994). *Biblio/poetry therapy-the interactive process: A handbook*. St. Cloud, MN : North Star.

Jones, E. H. (2001). *Bibliotherapy for bereaved children: Healing reading*. London, UK: Jessica Kingsley.

Kübler-Ross, E., & Kessler, D. (2005). *On grief and grieving: Finding the meaning of grief through the five stages of loss*. London, UK: Simon & Schuster.

McNicol, S., & Brewster, L. (Eds.). (2018). *Bibliotherapy*. London, UK: Facet.

Moody, M. T., & Limper, H. K. (1971). *Bibliotherapy: Methods and materials*. Chicago, IL: American Library Association.

Pardeck, J. A., & Pardeck, J. T. (1993). *Bibliotherapy: A clinical approach for helping children*. Langhorne, PA: Gordon and Breach Science.

Rosen, G. M., Glasgow, R. E., & Moore, T. E. (2003). Self-help therapy: The science and business of giving psychology away. In S. O. Lilienfeld, S. J. Lynn, & J. M. Lohr (Eds.), *Science and pseudoscience in clinical psychology* (pp. 399-424). New York, NY: The Guilford.

Solomon, G. (2001). *Reel therapy: How movies inspire you to overcome life's problems*. New York, NY: Lebhar-Friedman.

Stephens, J. W. (1981). *A practical guide to the use and implementation of bibliotherapy*. Great Neck, NY: Todd & Honeywell.

Tukhareli, N. (2014). *Healing through books: The evolution and diversification of bibliotherapy*. Lewiston, NY: The Edwin Mellen.

Wolz, B. (2005). *E-motion picture magic: A movie lover's guide to healing and transformation*. Centennial, CO: Glenbridge.

作者介紹

　　陳書梅，臺灣大學圖書資訊學系暨研究所兼任教授。她曾擔任該系所之專任教授、副教授及助理教授，多年來引領臺灣各類型圖書館推展書目療法服務。她亦擔任中華民國圖書館學會理事及該會之「閱讀與心理健康委員會」創會主任委員暨顧問、中華心理衛生協會理事、臺中市南區家庭扶助中心專業諮詢委員會委員、臺灣電力公司特約協助員。陳書梅的著作包含《從沉鬱到淡定：大學生情緒療癒繪本解題書目》等六本專書及相關論文 150 餘篇。

26 以生命力帶動生命力：
生命教育教學經驗分享

曾玉芬

南華大學通識教育中心兼任講師
中興大學中國文學系博士候選人

壹、前　緣

　　1999 年臺灣發生 921 大地震，筆者隨著佛教團體僧侶挽起衣袖，為現場幾十具罹難者擦拭遺體、更衣及助念。母親因血糖過低，一夕間變成植物人，歷經臥病在床三年半後往生。據此因緣，2001 年考進生死學研究所到 2005 年畢業後，開始在大專校院、高中、國中教授或推廣生命教育課程，亦曾義務到法務部矯正署某監獄二年，以推動生命教育處遇（感化）課程。十七年來，在不同大專校院及矯正署監獄推廣生命教育。本文將以生命教育教學的正式課程（生死教育）、推廣課程（監獄教學），以及非正式課程（服務學習課程）等三種不同類型教學，分享如下。

貳、生命教育教學正式課程：生死教育

　　期待青年學子選讀生命教育課程之後，在面對自己與「自己、他人、自然、宇宙」四層關係（紀潔芳、張淑美主編，2016，頁 14），抱持敬慎、尊重與陪伴關懷之心；繼而帶動其存好心、說好話、做好事等「三好運動」（星雲大師，2017，頁 8），以延續其生命力；透過生命教育或服務

學習課程活動之交流過程，協助其培養及運用溝通技巧，以建立樂觀進取、欣賞他人及自我反思的胸襟；同時學習「包容與接納」增強世代間的生命厚度與幸福感；得以實現增進社區互動、落實敦親睦鄰，並承擔利他的社會責任。

一、正式課程

生死教育課程是在某科技大學通識教育中心所開的選修課，教學大綱如表1所示。生死教育課程之教學目標、教學內容、教學方法、教學成效，分述如下。

表 1　生死教育課程大綱

預計進度	單元	授課內容	備註
第 1 週	備課	開學準備	無
第 2 週	生死的緣起	課程簡介、人生三大課題「這一生，一閃而過」	欣賞
第 3 週	生命教育	生命教育的源起、內涵與發展（畫／折我一生）	實作
第 4 週	生死教育	生死教育的意義、發展與課程設計	陳述
第 5 週	死亡議題	死亡的本質：死亡的定義	討論
第 6 週	死亡心理學	成年與老人的死亡觀	訪談
第 7 週	生與老	生命的功課：省思與實踐《那山、那人、那狗》	心得
第 8 週	病與死	生命的功課（病與死）省思與實踐《大病人》	分享
第 9 週	期中評量	期中考	報告
第 10 週	宗教生死觀	天主教與佛教跨宗教對話「活出跨界之愛」	討論
第 11 週	社會死亡觀	社會文化：喪葬習俗與改進《楢山節考》	無
第 12 週	悲傷輔導	無常人生的失落與悲傷《媽媽的臉》	分享
第 13 週	臨終關懷	人生的最後一程（臨終的態度與處理）	陪伴
第 14 週	生命失落	喪親與哀慟（墓誌銘或給○○的最後一封信）	實作
第 15 週	自殺防治	尊重生命、墮胎《深夜加油站遇見蘇格拉底》	討論
第 16 週	特殊議題	憂鬱症、環保、飲食、霸凌、性別平等	無
第 17 週	期末報告 1	志工服務：內容與心得（每個人上臺）	分組
第 18 週	期末報告 2	志工服務：內容與心得（每個人上臺）	分組

二、教學目標

　　透過探索對生命教育的意涵與價值，以確立自我的生命意義與覺察生命的價值（知識、情意）（紀潔芳、鄭瑋宜、鄭璿宜、曾懷荻，2015b），了解生老病死、宗教哲學對死亡、悲歡離合終極關懷（釋慧開，2009，頁16）之探索（知識）。引導學生坦然面對失落與死亡，並協助建立和諧人際關係，培養對社會的服務與關懷，是其情意的表現。從生命紀念冊規劃葬禮，以了解臨終關懷與喪親後的自我調適處理，是其知識與能力之呈現。

三、教學內容

　　本課程規劃為一學期18週，每週上課2小時，課程時數共計36小時，內容分為生老病死等四大單元。第一單元介紹「生」，分別介紹生命和生死教育的內涵及發展；第二單元「老」，有預立遺囑、養生等內容；第三單元「病」，介紹憂鬱症、癌症等議題；第四單元「死」，內容有自殺、墮胎、臨終關懷、悲傷輔導等主題。

四、教學方法

　　每堂課除講授簡報、欣賞短片或討論媒體報導，偶而做分組討論或口頭分享，亦或舉行論辯會，分工合作完成策劃學習單，書寫課程筆記的演練方法。期中報告則為個人獨立報告，期末報告是分組做志工服務，共同完成簡報及上臺報告。

五、教學成效

　　每週依照課程單元進行教學，依據主題內容的需要性，平時上課會結合活動設計學習單，偶有家庭作業作為平時成績考核基準，期中考交付個人報告，期末考則為分組做志工服務成果報告。茲列舉第四單元「死」：「葬」禮的設計作業，以及期末志工服務活動後心得回饋單，分述如下。

（一）「葬」禮的學習單

「葬」禮，考量修課生多數來自設計學院的專業背景，擅用多媒體設備及本身具備的特別技能，引導其發揮創意、構思自己獨特的告別式。羅列四位同學作品如下（a、b、c、d 共四圖，如圖1～圖4所示）。

圖1　李同學的作品

圖2　陳同學的作品

圖3　鍾同學的作品

圖4　林同學的作品

上列四位同學針對生死教育課程作業主題「葬」，將課程內容融入生命教育的終極關懷與靈性發展，以開放自由的方式，呈現具有個人特色暨風格的「葬」禮。圖1李同學說：「人難免一死，是非常自然而然的一件事情，就像一片葉子落下，終將回歸於大自然的設計理念。」圖2陳同學的標題寫著：「墓誌銘～我畫故我在」，想將「葬」禮布置成一個自己的作品展，裡面陳列一些設計、繪畫等作品，這是因為陳同學一直很希望在

有生之年舉辦一個個展。圖 3 鍾同學的報告設計理念是想營造一種溫馨氛圍與快樂的感覺，在一個大草原上就像是在辦派對，有氣球、花、自助式的餐點，會場上放著她生前的照片及墓誌銘，參酌課程內容去衍生一個作品，代表她自己的人生最後一站。圖 4 林同學的作業強調告別式鋪排以白色為主色調，展現輕鬆、舒適的獨特風格，她說：「不需要眼淚與哀傷，請以快快樂樂的心情來參加我的『白色歡樂派對』。」綜合上述同學們自己設計的人生告別式，充分運用生命紀念冊的概念，富有創意又兼具溫馨的畫面，採取瀟灑走一回又不失其完成心願的夢想，強調以歡欣、不傷感又不太悲傷的心情，向所有關愛的人說聲永遠再見的生前告白。

（二）期末志工服務活動報告

　　期末志工服務活動，由各組自由選擇服務學習地點，但以非營利單位、機構為原則；全組合作進行志願服務並將服務過程做成簡報（含個人心得），由每個人上臺分享成果；服務時數至少 4 小時，服務對象不限。服務活動成果報告如下四組：第一組，到高雄杉林鄉「八八水災興建永久住屋」協助清理環境、做環保、幫忙準備點心、整理採收的青木瓜。葉同學說：「這次經驗，讓我體會到『孝順』。覺得自己很幸運，這趟志工短短 4 小時卻經歷好多平常不會去做的事。學習到儘管是在災區，但『懷抱著感激』，見識到很多。」第二組，到高雄市創世基金會服務，以植物人、老人及清寒為主要服務對象，學習關懷與被關懷之互助關係，以達成社會服務之目的。第三組，以高雄縣動物收容所為服務地點（如圖 5 所示），服務項目為在小狗區幫小狗洗澡、大狗區清掃環境。學生們說：「看到受虐犬隻大量沒入的情況很鼻酸。」「希望大家不要再棄養，動物是無辜的。」「呼籲全世界以領養代替購買、以結紮代替撲殺。」「我覺得很充實也很開心，希望下次還有機會能做更多的服務。」第四組，是到世界和平會（World Peace League）兒少關懷中心去做愛心義賣公益活動（如圖 6 所示）。學生們說：「為了幫助弱勢小朋友，在聖誕節可以收到禮物，我們

穿上背心、抱起募款箱，從下午的一點到六點，很多小朋友拿發票來捐或購買一枝筆，他們的舉動都讓我們萬分感動。下次有類似活動，還會再參加。」第五組，到高雄仁愛之家去當志工，幫老人拿溫水、熱水、下棋、摺紙、聊天，學生感受到：「笑容，是打開心房的鑰匙。」現代的家庭有老人就往安養院送，卻忽略了人與人之間的互動、對談，他們藉本次活動，讓那些老人再次擁抱年輕與感動。

圖 5　高雄縣動物收容所

圖 6　愛心義賣公益活動

（三）小結

看到「葬」禮的平時作業，同學們設計自己的人生告別式，富有創意又兼具溫馨的畫面，強調以歡欣、不傷感又不太悲傷的心情，向所有關愛的人說永遠再見，這是何其自在又不畏懼死亡的生前告白。學生們在報告期末志工服務的心得與感想時，充分展現大學生對社會弱勢的生命關懷與道德責任。學生能自願付出時間與愛心去服務社會，讓筆者看到我們國家未來的希望與生命力。

參、生命教育教學推廣課程：監獄教學

在法務部矯正署（維基百科，無日期a）（掌理矯正政策之規劃及矯正機關之指揮監督，其所屬之犯罪矯正機關，依性質可分為監獄、看守所、戒治所、技能訓練所、少年輔育院、少年觀護所及少年矯正學校等 7 類）

監獄上教化處遇課程，上課學生很有規律，沒有人滑手機或趴睡桌上，也沒有看到私下交談或聊天，特別的是管理員在教室陪同上課及協助。

一、推廣課程

生命教育推廣課程是在矯正署某監獄所開的教化處遇課程，上課人數為 40 人，教學大綱如表 2 所示。生命教育監獄處遇課程之教學目標、教學內容、教學方法、教學成效，分述如下。

表 2   **生命教育處遇課程 12 週課程大綱**

單元	課程名稱	教學內容	教學目標	學習單
第一單元	相見歡	1.生涯規劃 2.心的改變	引起對課程的興趣與好奇	實作：生命線——折我一生（過去、現在、未來）
第二單元	人生四季	1.介紹一期的生命 2.《生命列車》	認識生命的意義與生命週期	分享：對生老病死的想法
第三單元	生命的第一課	1.《新生命的誕生》	探索生命的喜悅	分享：初為人父的喜悅
第四單元	折翼天使	1.墮胎 2.墮胎的議題	愛惜自己也關懷生命	對兩性的尊重與看法
第五單元	黃昏之病苦	1.《那山、那人、那狗》 2.「給女兒的一封信」	認識責任與承擔	實作：畫～我的父親
第六單元	老人的身心靈	1.《楢山節考》 2.尊嚴	探索靈性安頓的重要性	討論：如何讓孝順兩全
第七單元	護生與志工	1.《春去春又來》 2.潛移默化的生命教育	探討尊重生命志工的快樂	書寫：關懷生命的看法
第八單元	自殺與憂鬱	1.《十七歲的冬天》 2.「讓我承諾愛你一輩子」	認識生命的可貴	討論：自殺的原因與陪伴
第九單元	養生與文化	1.天龍八步與甩手 2.運動的好處——排毒	認識恆常運動的好處	練習：示範動作與練習運動
第十單元	臨終關懷	1.《大病人》 2.《最後 14 堂星期二的課》	討論人生的最後	珍惜生命：生命的最後 30 天

表2		生命教育處遇課程 12 週課程大綱（續）		
單元	課程名稱	教學內容	教學目標	學習單
第十一單元	失落與哀傷	1.《一輪明月》 2.設計回憶光碟	探討死亡的意義	思考：生命紀念冊
第十二單元	快樂的葬禮	1.黑澤明的《夢》 2.生命的尊嚴	分享生命的終極關懷	四最人生：最愛、最感謝、最想原諒、最想道歉

二、教學目標

　　藉由生命教育教學在監獄推廣教化的處遇課程，期待能刺激收容人（泛指收容於監、院、所、校中之各類型犯罪者）上課的動機與興趣，並能認識生命教育的內涵與價值、珍惜自己也關懷別人；藉由課程內容探討社會責任與靈性成長中分享服務利他的志工行，引導做好情緒管理並進行良好的人際溝通，以及思考人性的尊嚴與終極關懷。

三、教學內容

　　設計課程內容從生、老、病、死四個面向架構課綱，分成十二個單元，每週一個主題。生的單元討論生涯規劃、新生命的誕生、護生等，老和病的主題有養生、休閒、憂鬱症、志工及靈性成長，談死的單元則有自殺防治、安寧療護、臨終關懷與葬禮等主題。上課教材則含有：人與自己（自我悅納）、人與他人（欣賞或幫助他人）、人與大自然（人格統整、靈性發展）、人與宇宙（節能減碳、永續經營）四大領域（紀潔芳、鄭瑋宜、鄭璿宜、曾懷荻，2015a）。

四、教學方法

　　規劃 3 小時課程，第一節課，以講述當週主題簡報為主。第二節課，穿插與主題相關的短片、聽聽音樂、唱唱勵志歌曲（皆需先下載），如《心事誰人知》；或做做簡單健康養生操，如十指運動。第三節課，針對上課內容，藉由設計開放性問題，引導他們思考後做口頭表達與分享，或發學

習單讓收容人學生現場抄寫、畫畫，藉以激發其互動與交流的效力。此外，每週都規劃作業，讓收容人學生晚上有事可做——寫功課。

五、教學成效

　　監獄的收容人學生，上課時間的秩序優良、精神專注（唯少數同學的眼神有些渙散），無需做秩序管理，師生對話或課堂互動顯得害羞與嚴謹，對老師的尊重與恭敬心是在其他學校所未見的。茲舉課堂互動作業一份——折我一生（讓學生自由發揮，折出自己不可斷裂的生命線），以及期末（三個月課程）總回饋單，做教學成效之分享。

（一）生涯規劃：折我一生

　　首先，活動主旨：期待能引導收容人學生從過去的經歷、現在的體悟中，能慢慢地靜下心來規劃未來更生後的人生。其次，準備工具與材料：A4 紙一張、毛根（或稱彩色鐵絲）一條。再者，體驗活動是現場實作，所有的工具和材料皆經過安檢無虞才能提供當教材。藉由讓學生將毛根折成象徵人生的三段，即過去、現在、未來，並加以敘述生命的經歷與感受（如圖 7 所示），同時亦是製造機會讓他們有機會去思索問題，提出想法並發表感想來分享經驗。進入感化教育的場域上課，與一般在大學校園授課有些許不同，並有嚴格保護措施的規範，例如：所有上課的教材、媒體影音或其他相關素材都只能放置在隨身碟中，至於個人電腦、手機或光碟等物品皆不能攜帶進入，因此進安檢大門之前，可能需要預留多點的時間，以便處理個人物品暫時寄存，並通過安檢維護設備後順利進入教室。

（二）生命教育教學處遇課程總回饋單

　　授課時間：一期 12 週，每週一個單元，每一單元上 3 小時課程。每班 40 位學生，混齡上課（從 20 歲到 70 幾歲都有），學生來自全國各地的家庭，所犯的偏差行為大多數與菸毒有關，教育程度從國小到大專程度都有。筆者將三個月學生上課心得總回饋的感想整理後，將其內容略作分析如表 3 所示。

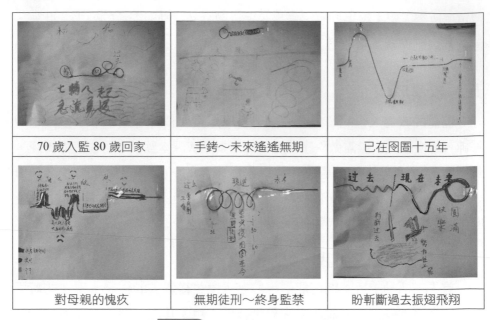

| 70 歲入監 80 歲回家 | 手銬～未來遙遙無期 | 已在圖圖十五年 |
| 對母親的愧疚 | 無期徒刑～終身監禁 | 盼斬斷過去振翅飛翔 |

圖7 「折我一生」的作品

表3 生命教育處遇課程心得回饋單

項　目	回　饋
上課方式	3C 上課時教我們關心自己、不隨便放棄自己，讓我很感動。 4D 上課方式很生動，讓我從中有得到一些啟示。 4E 上課內容很豐富，輕鬆又有趣。
教材內容	1D 影片我看的很有感覺。 4D 教導我們正確的觀念，以及有益大家的影片，讓我們有所省思及應遠離毒品的引誘。 5E 課程充滿心靈上的實質意義，謝謝！
課程安排	3B 如果沒來上戒毒班，就不可能學習這麼多。 3C 這次課程的安排，覺得很好、不錯。 4A 多種類型的影片欣賞和互動讓同學不會感到乏味。 3A 從知道要上戒毒班之後，剛開始不耐煩，現在反而覺得心裡還滿輕鬆。 4E 雖然來到這上課不是我們自願的，但是這三個月來，讓我受益良多，讓我有了正確的目標。

表3　生命教育處遇課程心得回饋單（續）

項　目	回　　　饋
教學態度	1B 在這三個月的課程中，老師很用心、很認真地教導。 5K 關於老師所教的課程因人而異，我感覺很好，有助於我個人感受。
回家作業	1A 從做功課中學習思考和抒發自己的情緒與對事物的看法。
自我反思	1A 可檢視自己的內心。 3E 只要自己不放棄自己，就有成功的時候。 4C 也很覺得抱歉，有時並沒有專心聽課，謝謝老師。 5G 英雄無法發揮雄心壯志，就像：珍珠豈能蔽於塵埃，蛟龍豈能困於淺灘。 4A 待出監後能完全的戒除，才不會辜負老師無怨無悔的付出與用心。
感恩感激	1C 三個月一轉眼就過了，想對老師說聲謝謝！ 1F 謝謝老師辛苦來教我們，阿里阿多（日語）！ 3C 謝謝老師不放棄這些被社會稱為壞蛋的同學。 4A 很感謝老師能不求回饋進來教導我們這群迷失的人。 4B 感謝曾老師不惜舟車勞頓在百忙之中還要抽空前來上課。 5G 我記取老師的教導，不是為了個人也該為了家人著想。 5I 老師對我們的用心，「真心」的謝謝。 5J 大老遠不遲辛勞的來教導我們，非常感恩，我不擅言詞，願您事事順心。
邊緣人	3A 我們是社會邊緣的人，還是不離不棄教導我們。 5G 老師為我們這些社會快將遺棄的人這麼努力。
用心良苦	1D 覺得老師很有心教我們遠離毒品，也教我們做人處事。 4B 您所付出的心血及諄諄教誨，即使只是隻字片語，我會謹記在心，是我展望未來重新再出發的原動力。 5F 老師盡心的教導，希望我們能確實脫離毒品深淵。 5G 我受益良多，不會辜負眾人的期許。
教學評價	1A 您的課真的不錯，同學間的評價也很好，這不是只有我們這期戒毒班的同學講而已。之前還沒來上課時就聽過上期的同學對您的讚許。 1F 剛開始我覺得無聊，後來慢慢就喜歡上這種課，真的很謝謝。 3B 慢慢喜歡來上課了，只是不太會寫字。 3E 其實自己剛來時是被動的，但是上了二、三堂課後，覺得老師親切，使我對自己的未來有了一些希望和信心。 4A 在諸多的課程裡，唯一讓同學不會有打瞌睡的情形，就屬老師你的課了，這不是拍馬屁喔！ 4F 一開始想說什麼戒毒班，那一定很無聊，但在這三個月裡，讓我都改觀了，上課還真的是不會很無聊。 5J 知道要上戒毒班之後，心裡就覺得很不耐煩，因我已上二次戒制班了。但上完一週的課程後，覺得老師的課不會太木訥又有多元化教學，我受益良多。

表3	生命教育處遇課程心得回饋單（續）

項　目	回　饋
收穫	1B 我更了解生命的多元及活潑生動，增加了些知識。 1F 我有學到一點做人處事，還有了解自己。 1G 在老師輔導裡，對於生命的意義有了相當程度的了解。 3E 同時也讓我知道人要做一件成功的事，要有頭有尾，有始有終。老師在課中用心的教導，使我了解人們所擁有的幸福是要靠自己來創造和爭取的。 5E 從7月份參加戒毒至今，我獲益良多。 5II 我學習到使自己更了解生命及多元化學習的重要。
內心改變	3A 只要有改過，那怕只有一點點，老師的辛苦就值得了。 5D 老師的教導，讓我受益良多，會永記心裡。 4B 時光匆匆，歲月如流，轉眼從戒毒班開課至今，隨著課程即將結束，心中那份不捨的心情油然而生。
再見祝福	1F 祝：老師平安、快樂。 4B 祝老師身體健康，事事順心。

六、小結

綜合上述，筆者提出下列建議：

1. 針對授課教師：講述時盡量貼近聽眾或觀眾的喜好，通常穿插閩南語作為交流媒介。

2. 對收容人親友：請常去探望關心或書信鼓勵監所裡的家人，唯有永不放棄的關懷與支持，才是讓浪子早日假釋（維基百科，無日期b）回家的最佳支柱與動力

3. 對矯正機關的建議：針對教化科的情緒處遇課程，可多邀請各行專業分享生命教育相關的議題或素材。針對管理員的訓練教育及相關輔導人員的在職訓練，可延攬生命教育學者專家做相關專題報告或工作坊研習，以增強其輔導能力及開展收容人的視野。

4. 對有志於從事研究監獄收容人的學者專家：如因研究需求要進行訪談或面談，甚至做準實驗測驗，其問卷的發放與回收，可能都需事先經行文核准。

肆、生命教育教學非正式課程：服務學習課程

「服務—學習」曾為筆者帶來許多生命的感動與創造生命中自我的意義與價值（黃玉等人，2013，頁19），其意義與特質符應張淑美對生命教育課程之實踐，而提出「關懷各種經驗活動與服務學習，並促使生命感動生命、生命帶動生命」（紀潔芳、張淑美主編，2014）之看法。期待大手牽小手、大家一起向前走，從服務學習課程中展現生命的意義與價值。

一、非正式課程：服務學習課程

「樂讀伴讀」，這門以服務學習活動為宗旨的課程，是在某普通大學通識教育中心所開的一門選修課，由全校學生自由選修非正式卻隱含生死教育內涵的服務學習課程。教學大綱如表4所示。「樂讀伴讀」服務學習課程之教學目標、教學內容、教學方法、教學目的、教學成效、成果與建議，分述如下。

二、教學目標

非正式課程以服務學習課程為例，本門課程是一門2學分的通識教育中心的選修課，開課對象為全校同學都可以選修。教學目標：(1)能確立基本的服務知能，強化服務相關專業知能（知、情）；(2)能將所學的態度、溝通與技巧，落實運用於提升偏鄉弱勢學童的閱讀能力（能力、情）；(3)能善用團體溝通協調、同心協力達成團隊任務（情、意）；(4)能關心社區、敦親睦鄰，展現對社會的關懷與拓展國際視野；(5)能透過互動與反思，彼此成長與回饋（情、意）；(6)能藉由繪本演說或多媒體運用，培養學生樂讀、共讀，創造非凡生命力（能力、情）。

表 4	「樂讀伴讀」服務學習課程大綱	

週別	單元名稱與內容	備註
1	課程介紹／分組 智慧財產權宣導	準備
2	服務學習的意義與功能	準備
3	服務學習的精神與倫理	準備
4	閱讀的重要與方法	準備
5	從「閱讀」到「悅讀」	準備
6	義工與志工的異同	準備
7	人際關係	準備
8	溝通的意義與重要性	準備
9	期中考	1.朗讀繪本 2.製作學習單
10	溝通技巧與演練	準備
11	關懷偏鄉與尊重弱勢	準備
12	重視性別平等	準備
13	融合多元文化與提升國際視野	服務
14	設計創意教具暨學習單	服務
15	上臺演練繪本與戶外活動設計	服務
16	出隊服務	服務
17	反思與回饋：學習單＋研讀心得＋反思單	反思
18	歡慶與頒獎	慶賀

三、教學內容

教學內容，包含服務學習的意義與功能、服務學習的精神與倫理、閱讀的重要與方法、人際溝通的技巧與演練、志工與義工的意義、關懷與尊重、分享與回饋、反思與慶賀。

四、教學方法

根據課程單元設計所採用的教學方法有：講述討論與分享、問題導向學習、分組合作與學習、實作學習—創作教具、練習製作學習單、上臺發表演練話劇，並在學期末前到校外非營利機構或單位（如監獄）演說繪本，完成出隊服務。

五、教學目的

本課程主要的目的在引導學生提升閱讀興趣與能力、培養大量閱讀的習慣、仿效學者專家和名人俠士的閱讀方法與技巧、介紹服務利他的人生觀，最終引領學生實踐「從做中學」到偏鄉學校陪伴弱勢小朋友閱讀的服務學習活動，期待大學生的愛心、智慧與創意對敦親睦鄰、關懷社會，注入一股暖流，並善盡一份社會責任。

六、教學成效

期末回饋問卷表共有九題，整理統計結果如圖 8 所示。

筆者依據問卷資料，統計結果：問卷「1.課程中教師講解淺顯易懂，讓我能清楚本次服務學習的意義及內容」，統計結果 75%表示非常同意，25%表示同意；問卷「2.上課準備的內容符合這次的服務學習所需」，統計結果 50%表示非常同意，50%表示同意；問卷「3.課堂充分講解服務學習內涵」，統計結果 62.5%表示非常同意，37.5%表示同意；問卷「4.老師的表達能力及授課技巧良好，令我印象深刻且收穫良多」，統計結果 75%表示非常同意，25%表示同意；問卷「5.參與本次服務學習的課程，對於我的專業知識學習有所幫助」，統計結果 50%表示非常同意，50%表示同意；問卷「6.參與本次服務學習的課程，我能跟同儕共同分工合作，並以熱忱、愛心幫助他人」，統計結果 62.5%表示非常同意，37.5%表示同意；問卷「7.我與服務對象交流後能給予自己新的體悟」，統計結果 75%表示非常同意，25%表示同意；問卷「8.藉由這次服務學習，我認為有達到受幫助的人的真實需求」，統計結果 50%表示非常同意，50%表示同意；問卷「9.藉由這次服務學習，在未來生活中也會實踐『服務學習』」，統計結果 50%表示非常同意，50%表示同意。

蒐集期末問卷文字回饋資料，以內容分析法進行分析，羅列如表 5 所示。

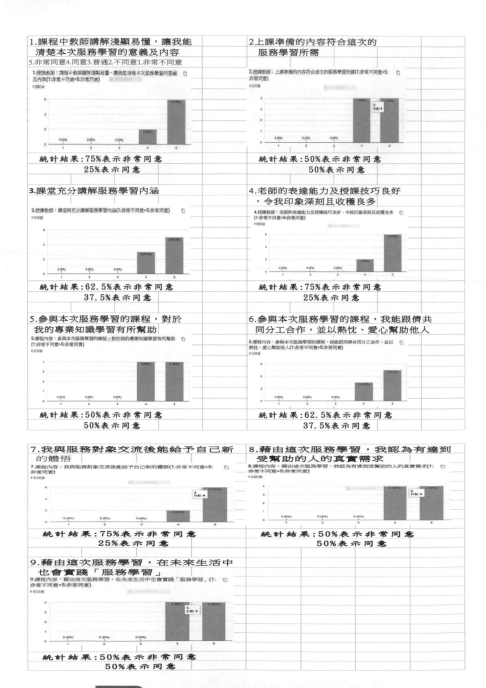

圖 8　境外生參與服務學習課程活動問卷統計圖

| 表 5 | 服務學習課程期末總回饋表 |

一、針對本次服務學習課程，我認為對未來有什麼幫助？為什麼？對於課程，我有話要
　　說：

 1. They getting impressed, so hope all quickly go their home.
 2. 出去服務真好，以後還要參加。
 3. Most impressive part for me is all students sing《媽媽我想你》that song after we sang the environment of the people are getting so smooth and quietly.
 4. 讓他們悲觀到走錯迷路，失去了他們善良。
 5. 一定要做好事，才不會被關在這裡。
 6. 這是我第一次去監獄，一開始我以為監獄都很髒，沒人照顧，啊！竟然我們去的○○監獄很乾淨，有很漂亮的公園，大家也很好。我在那邊表演不覺得我在監獄。
 7. Now my sight of this prisoners changing, one example is when foreign student teach their own language they really interest and this song.
 8. It was a great experience all thanks to Tseng Yufen laoshi.
 9. Really interesting. I want to study this class again.
10. This course is very good.
11. 常常參加這樣的活動。
12. The prison in Chiai, when I first time to go there I little bid worry. But after I see the environment and other students performance to the people I found not very scary.
13. 我們唱老師選的歌，歌詞裡提到母親盼望孩子「好好做人」，我想：「是媽媽想打動孩子的心、改變他們的靈魂」，或多或少讓他們自己想想、回頭做好人，而不是浪費一輩子在監獄。

七、成果與建議

　　「望你早歸～感恩奉茶」國際文化交流服務學習活動之成果讓「收容人」接觸多元文化的刺激與薰習，拓展其國際視野（如圖 9 所示）。就學校本國生方面，服務學習不只幫助別人，提供服務者也從中獲得難能可貴的經驗。藉由服務過程，培養大學生對社會的責任與關懷弱勢的熱忱。就國際生方面參與服務學習活動，能增強口語表達及主動溝通的人際能力，並能了解不同族群間的文化差異與民情風俗。就地球村跨文化方面，能促進國際交流、多元文化融合與推廣。此次活動提供一個「拋磚引玉」，期待更多元、創意的華語文教學實務工作者，戮力同心為宣揚中華文化勇於嘗試，投入不同的感化、收容機構，創造更多元的國際文化交流活動。

印度、尼泊爾、斯里蘭卡境外生

全體合唱：《媽媽我想你》

3百多位收容人互動

37位師生同臺演說

圖9 本國生和境外生到某監所服務學習活動照片

伍、結論與建議

　　十幾年來歷經諸多困難與挑戰，能恆常堅持做對的事，去服務並學習讓人生有意義的事，即便再多的付出與辛苦都是值得。

　　能看見收容人些許的歡欣、開口笑的情景，內心著實有點小激動。承接國際交流活動後，希望能向全球展現本土化的軟實力，期待培養大學生能主動關懷社會、服務社區與永續經營環保的愛心活動，同時協助社會上行為偏差的人重整道德，繼續付出心力幫助、支持並關懷需要被幫助的人，讓暢懷的笑聲獻上關懷與祝福。

　　期待國際生學成返鄉後，能「接力」將「生命教育」和諧、互助、利

他的精神，從「嘉義」出發，開枝散葉到「全球」，讓以生命力帶動生命力、服務利他的無私精神傳遍全世界。

　　建議女性教師如計畫到監所授課，小型上課教室在人多窗少、走道空間窄小情況下，為戒護安全，盡量避免到講臺下與學員近距離的接觸，一切遵守監所的規範與安排。再者，在服裝儀容上以穿著素樸整齊的套裝或褲裝較為舒適，不宜穿著太時尚或暴露裝扮。同時考量持久站立授課，穿方便走動的低跟包鞋或休閒鞋為優先考量。以上個人淺見謹供參考，拙作初探尚有不足，敬請不吝指正。

參考文獻

星雲大師（2017）。**三好一生**。臺北市：遠見天下。

紀潔芳、鄭瑋宜、鄭璿宜、曾懷荻（2015a）。**打開生命教育百寶箱**。臺北市：蓮花基金會。

紀潔芳、鄭瑋宜、鄭璿宜、曾懷荻（2015b）。**生命教育你我他**。臺北市：蓮花基金會。

紀潔芳、張淑美（主編）（2014）。**生死關懷與生命教育**。新北市：新頁。

紀潔芳、張淑美（主編）（2016）。**生命教育**（再版）。臺北市：泰宇。

黃玉等人（2013）。**從服務中學習：跨領域服務學習理論與實務**。臺北市：洪葉。

維基百科（無日期a）。**法務部矯正署**。取自 https://zh.wikipedia.org/wiki/法務部矯正署

維基百科（無日期b）。**假釋**。取自 https://zh.wikipedia.org/wiki/假釋

釋慧開（2009）。東、西方宗教觀的對比與會通。**生命教育研究**，**1**（1），1-26。

作者介紹

　　曾玉芬，南華大學生死研究所畢業、國民小學師資職前教育 40 學分班、中興大學中文系博士候選人，現任南華大學兼任講師（2006/2 迄今）。曾任空中大學、樹德科大、環球科大、長庚科大、臺南護專等大專校院兼任講師（2005/09～2017/01），道明中學（國／高中部）教師，佛光大學／南華大學華語文教師，臺中義務張老師 2 年、南華大學輔導中心兼任輔導員 2 年、矯正署假釋審查委員非當然委員 2 年、矯正署毒品犯受刑人處遇課程講師 2 年。擁有講師證書：教育部頒專科以上學校教師資格審定（2006/02）、NPG（催眠師）Certified Hypnotist（Nov 2004）。

27 不知死，焉知生：淺談解剖學與生命教育的結合

王嘉銓

輔仁大學醫學系教授兼副系主任

壹、緣　起

　　3 月不僅是春暖花開的時節，更是全國醫學院師生向那些捐獻自己身體作為解剖教學的大體老師表達感恩的時刻。因為他們的捨身大愛，讓醫學院學生在他們身上解剖學習，才能成就未來優良的醫事人員，提升社會大眾的健康福祉。他們除了成為醫學生的老師之外，也是第三期（2005 年）至第八期（2018 年）高中教師在職進修生命教育類課程教學學分班「生死關懷」課程的「另類老師」，筆者帶領學員們至大體解剖實驗室親身體驗大體老師如何地「捨身大愛」，完完全全地奉獻、不求回報地給社會使用。

貳、過往的解剖學課程

　　「醫學教育始於身體，臨床案例定於病理解剖」（Leder, 1990, 1992）。Drew Leder 認為，現代西方醫學科學與醫療實踐奠基於 Descartes 的身心二元論，即病人的疾病徵狀是肉體和疾病的關聯，不是病人的切身感受，亦即病人的感覺與人格特質並不受重視（林雅萍，2017）。在回顧臺灣解剖學歷史研究可以發現，由最早期的日式教學演變到後來的美式教學，大體解剖學課程在醫學教育當中扮演關鍵性的角色（張淑卿，2015）。

醫學生由此踏入醫學殿堂的第一步，除了從中獲得醫學專業知識之外，同時也對於醫師身分角色的認同，具有巨大的形塑力量。這門課讓醫學生不再只是從教科書上認識人體，或對於死亡僅僅只是有著遙遠、敬畏的想像，而是真實地讓醫學生親自幫大體理髮、剝皮、去除脂肪，並且分離神經肌肉血管（張淑卿，2015）。

在這樣的時空背景之下，造就了以下主要幾個學習解剖學的感受：(1)課業繁重且進度相當緊湊，期初尚未上課前雖然滿腔熱血、興致勃勃，但是學期開始之後，「熱血」便被沉重的課業壓力消耗殆盡；(2)解剖人體構造的動作久而久之成為一種習慣，感覺麻痺；(3)過去課程老師著重於人體知識的傳授，希望學生只需專注於人體結構的學習與操作技巧的熟練。對於當時那位躺在解剖臺上被學生研究的「大體」，將其視為「實驗教材」、「教材的身體」，從外觀上只知道性別及約略年齡，但沒有人告知任何相關訊息，包括姓名、生前職業、經歷、來自何處、家人在哪裡。上課就只是拿著刀剪按照解剖課本上的標示去尋找人體中的肌肉神經血管，課程結束後便從此與大體斷了關係。另外，令人難以忍受的是實驗室的硬體設備，只有簡陋的空調系統，解剖臺蓋子一打開，迎面襲來濃濃的福馬林刺鼻味，薰到眼睛睜不開，眼淚與鼻涕直流（張淑卿，2015）。綜合以上所述可知，醫學生在某種程度上以不帶感情的方式被迫完成此課程。

隨著時代演進，解剖學課程在教學方法、課程時數及規劃、教學工具等方面不斷改變（陳榮邦、馮琮涵、謝銘勳、曾啟瑞，2008），但不論如何改進，對於醫學教育而言，最重要的是解剖課程結合生命教育，讓醫學生首次面對死亡和正面思考死亡的意義。解剖實驗課程設計可以擴展到人性關懷與利他精神。

參、現代解剖學課程與生命教育

慈濟大學於 1994 年成立之後，率先將解剖實驗室內不會說話、以自己

的身體作為教材、造就下一代良醫的「無語良師」尊稱為「大體老師」。自此在國內醫學教育界掀起一股浪潮，醫學生不只把這些大體老師視為學習的道具，而是一個曾經有喜怒哀樂的人，這某種程度地影響了學生對於大體捐贈者的觀感，對於其捨身的偉大情操表達尊敬與感謝（林雅萍，2017）。輔仁大學是一所天主教大學，2000 年醫學系成立時，秉持學校「真、善、美、聖」全人格教育理念，希望能培育具有「人性關懷、奉獻精神及術德兼備」的醫學生。教學空間如何設計得不讓人感到陰暗、潮濕？如何讓學生不再視「進解剖實驗室」為畏途？課程規劃除了傳統的課程之外，還可以加入哪些元素，以培育具備有人性關懷的醫學生呢？

一、空間美化與硬體

在規劃解剖實驗室時，校內行政單位邀集解剖學教師、空間設計專家及宗教輔導老師一同參與實驗室空間規劃與設計。由於優質的教學環境營造，除了能提升學習效果之外，更能涵育學生的人文美學素養，所以在參訪國內幾所醫學院之後，便決定解剖實驗室的空間營造必須功能與美感兼具。實驗室內不僅空間寬敞、通風、光線充足、色調溫暖，牆面上還多了幾幅一般實驗室所沒有的壁畫（如圖 1 所示），企圖改變多數人對於解剖室黑暗、潮濕、陰森的刻板印象。換氣系統引用最新穎的負壓空調設計，讓實驗室中的福馬林濃度低於國家規定的容許標準並減少氣味，上課不再一把鼻涕一把眼淚，學生在實驗室內更能舒適、專心於專業知識的學習。另外，與一般醫學院不同的人性化設計是設置一間寬敞（20 坪）、專供家屬悼念的祈禱室（如圖 2 所示）。

二、家屬訪視與學習承諾書

解剖課前會舉行課程說明會，由授課老師向學生說明這門課的學習內容、課程目標及意義。課程內容除了學習人體結構知識之外，學生還必須訪視大體老師家屬、參與大體老師禮儀。大體老師對於醫學教育的犧牲奉

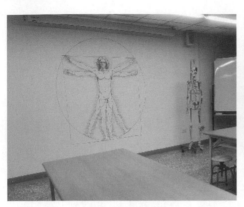

圖1　實驗室　　　　　　　　　圖2　祈禱室

獻有重大意義，醫學生藉由訪視家屬可以了解大體老師的生平事蹟、捐贈
動機、當決定捐贈大體時家屬的感受、大體老師或家屬對醫學生的期望等。
透過與家屬面對面的訪談，醫學生可以更深刻體驗家屬對於大體老師要被
解剖一事非常的不捨。訪談完畢後撰寫大體老師的生平事蹟之外，每位醫
學生須完成對此課程的「學習承諾書」，其中：

　　在經歷過家屬訪談後，我們對老師有更深一層的認識，這層
認識似乎比朋友還要多些，這讓我意識到，這將是我的第一位病
人。而這樣的情緒，可能會對我在操刀時候有很大的影響，我覺
得我會變得不敢下刀，就好像要切你一塊肉，或許你覺得沒什麼，
但是今天這樣的任務，卻是要你在朋友身上劃下不止一刀，人家
常說道：「子女如同父母身上的肉。」每個人都有他的父母，在
認識了對方的家屬、家庭之後，卻要在他身上劃下那一刀，心中
的障礙絕對大於解剖技術上的難度。

　　　　　　　　　——摘錄自輔仁大學醫學院（編著）（2020，頁 61-64）

三、大體老師禮儀

為了感念他們的犧牲奉獻，宗教輔導室設計發展了具有天主教特色的「大體老師禮儀」，包括：迎接禮、啟用禮、火化禮、慰靈公祭感恩追思禮及骨灰奉厝禮。這些禮儀的設計是依循著大體老師在醫學院的教學過程而規劃的（如表 1 所示）：

1. 當大體老師送至醫學院之後，在祈禱室內舉行簡短的迎接禮，表達對大體老師的敬意。更重要的是，希望能撫慰大體老師家屬哀傷的心情，讓家屬在大體老師剛過世還處於哀傷的時刻，可以安心地把大體老師交給學校。

2. 經過至少一年以上的防腐保存之後，大體老師才能作為解剖實驗之用。每年 9 月開學前舉行大體老師啟用禮，邀請家屬與學生一同參加，讓醫學生許下以一顆虔敬、感恩的心，努力向大體老師學習。

3. 每一次上、下課，醫學生必須跟大體老師鞠躬敬禮並分別問候「老師好」及「謝謝老師」，目的在讓同學體會實驗室內上課不同於一般，心態要平穩、態度要尊重、精神要集中。經過一學期匆促又忙

表 1　**教學時程表與大體老師禮儀**

時間	過程	目的
6 月上旬	課程說明會	說明大體老師的意義
7～8 月	醫學生暑期訪視家屬	了解大體老師的生平事蹟及捐贈動機
9 月上旬	撰寫大體老師生平及學習承諾	反思、增加學習動機
9 月中旬	大體老師啟用禮（第一次接觸）	減少緊張情緒
9～1 月	大體解剖實驗課程	
1 月下旬	大體老師縫合	恢復完整外型
2～3 月	撰寫感謝信、錄製追思影片及紀念冊	自我覺察與省思
3 月下旬	入殮、火化、慰靈公祭感恩追思禮、奉厝禮儀	實踐對生命的尊重

碌的課程之後，學生會在學期末將解剖過程中移出的臟器復位，並將大體老師的皮膚做縫合。

4. 3 月下旬，醫學生會以紗布包紮大體老師並穿上壽衣，與家屬一起參與大體老師的入殮禮儀。火化之後，骨灰迎回至學校莊嚴肅穆的淨心堂二樓聖堂舉行慰靈公祭感恩追思禮儀，最後將骨灰奉厝於天主教公墓的「大體老師英靈祠」。

四、感謝信

解剖實驗課結束之後，學生在寒假期間須完成一篇「對大體老師的感謝信」的寫作。其目的在於利用課餘經過內心自我覺察與反省過程之後，透過文字的表達幫助學生審視自己的生命及對於生命有哪些不同的思考。少數學生願意將來捨身成為大體老師，但多數則持保留態度，甚至不願意將來成為大體老師，原因包含考慮到親人的感受，以及了解實驗過程，不希望將來的身體被解剖。然而，這也凸顯出大體老師及其家屬的偉大情操，尤其是家屬為了完成大體老師生前的遺願，背負了其他親人的不諒解、好管閒事友人或鄰居的指指點點，而內疚自責。

肆、結　論

醫學生參與上述禮儀、家屬接待，甚至擔任其中的禮生、司儀等重要工作，有人不禁會問：這些工作讓有經驗的教職員來擔任較為熟稔，為何讓沒有經驗、容易犯錯的學生參與呢？為何實驗課開始前、結束後還要撰寫書信，增加原本課業繁重醫學生的負擔呢？另外，近年來醫學影像如 CT、MRI 等技術的突飛猛進，可以提供人體內在解剖構造的高解析度圖像，甚至國內外一些學者倡議以放射影像來取代傳統的大體解剖課程（陳榮邦等人，2008）。國內「入土為安」的傳統觀念使得大體老師來源十分稀少，為何還要持續此課程？

　　現代的大體解剖課，除了讓學生透過雙手接觸真實的人體構造外，加入大體老師禮儀、家屬陪伴及反思書信撰寫等元素，使得大體解剖課程不單單只是學習人體構造，還能培養醫學生尊重生命、人性關懷、利他精神等其他醫學專業素養（medical professionalism）。近期，國內一篇對於參與大體解剖課程醫學生所做的研究顯示，安排醫學生訪談大體捐贈者家屬足以提升醫學生自身「愛與關懷」的實踐，以及對於死亡的成熟態度，甚至可以促進學生在醫學專業與同理心的同步增長（邱瑞珍、韓德彥、蔡博方，2019）。這符合現代醫學教育的優良課程設計「F-A-I-R」四大原則：反思回饋（feedback）、活動搭配（activity）、個別化（individualization）及關聯性（relevance）（Harden & Laidlaw, 2013）。

　　子曰：「未知生，焉知死」，然而就醫學生學習的過程而言是「未知死，焉知生」，先學習認識「死」的軀體器官，再學習如何實踐自身的愛與關懷，成為為「活」的病人記錄病史、檢查與治療病人身心靈的好醫師。透過大體老師，筆者可以結合其他的課程活動，引導醫學生這群非常優秀的孩子之外，還能與高中教育的生命教育種子教師結緣，個人深感榮幸，一切要非常感恩上天的恩寵。僅在此寫下這些年來的個人經驗，並對於無數願意犧牲奉獻身體作為醫學與生命教育的大體老師與其家屬表達萬分的尊敬與感謝。

謝　誌

　　感謝輔仁大學江漢聲校長、醫學院葉炳強院長的大力支持，醫學系解剖學科夥伴們蔡怡汝老師、鍾敦輝老師、王霈老師、梁坤義技士一起努力推動課程，醫學院宗教輔導室王文芳老師籌備大體老師禮儀，應用美術系劉虔辰老師協助空間美化設計。

參考文獻

林雅萍（2017）。現代醫學的生命與身體觀：醫學生在大體解剖課程中的感知游移／猶疑。**生命教育研究**，**9**（1），71-103。

邱瑞珍、韓德彥、蔡博方（2019）。大體解剖課的醫學人文意涵：以大體老師家屬訪問為例。**人文社會與醫療學刊**，**6**，1-26。doi:10.6279/jhssm.201905_(6).0001

張淑卿（2015）。解剖學知識傳授與實作的初步觀察：以1900～1980年代的臺灣醫學教育現場為分析對象。**科技醫療與社會**，**20**，75-128。

陳榮邦、馮琼涵、謝銘勳、曾啟瑞（2008）。大體解剖學教學的發展與演變。**醫學教育**，**12**（2），59-69。

輔仁大學醫學院（編著）（2020）。**大愛永存：104～106紀念文集**。新北市：輔仁大學出版社。

Harden, R. M., & Laidlaw, J. M. (2013). Be FAIR to students: Four principles that lead to more effective learning. *Med Teach, 35*(1), 27-31. doi:10.3109/0142159x.2012.732717

Leder, D. (1990). *The absent body.* Chicago, IL: University of Chicago Press.

Leder, D. (1992). A tale of two bodies: The Cartesian corpse and the lived body. In *The body in medical thought and practice* (pp. 17-35). New York, NY: Springer.

作者介紹

王嘉銓，美國德州大學Galveston分校細胞生物學博士、陽明大學解剖科學研究所碩士、成功大學生物學系學士。現任輔仁大學醫學系教授兼副系主任，曾任輔仁大學醫學系助理教授、副教授、學生事務處主任導師；第九屆中華民國解剖學會秘書長；第十一、十四、十五、十六屆中華民國解剖學學會理事；美國德州休士頓貝勒醫學院博士後研究。

28 佛教生死兩安關懷課程·
種子教師培訓計畫：
工作坊「此岸&彼岸」

陳劍鍠

香港中文大學人間佛教研究中心主任

壹、前　言

　　根據報導，香港在 2016 年 3 月期間，九天之內發生了 7 件 11 至 21 歲的學生自殺事件，而從 2015 年 9 月的新學期起算，累積超過 24 件。「香港學生怎麼了？」成為社會關注的議題。這個現象不僅震驚香港社會，也讓人憂心「香港學生怎麼了」？英國廣播公司（BBC）中文網引述專家的分析，認為除了沉重的課業壓力之外，社交媒體驚人的「傳染效應」，可能也是主因（陶國璋，2016）。

　　從 2015 年 9 月 1 日至 2016 年 3 月 17 日的統計數據顯示，自殺的學生中有 11 名為大學生，13 名為中學或中學以下學生。香港媒體報導的自殺原因，有超過 20 人為「學業壓力」，而「情緒病」（心理疾病）有四例以上，為第二多數的原因（劉子維，2016）。對這些不幸事例的發生，我們深感惋惜。生命何其寶貴，如何教導學生保養精神、自全生命，應是香港當今教育界須面對的重要課題。

依星雲大師所云，人間佛教之要旨乃「佛說的，人要的，淨化的，善美的」，此要旨也可作為「生命教育」之通說。「生命教育」簡言之，人為何而活？應如何生活？此涉及人生終極目標的確立，與智慧內化到生命的「靈性發展」過程有關；而此過程須延續到「臨終關懷」，才能算是完全落實下來。

　　香港中文大學人間佛教研究中心曾經依此理念，關懷香港大專青年的自殺事件，而與香港佛光道場合作舉辦兩場香港大專青年禪修營，與香港佛香講堂合作舉辦茶禪研習體驗營（香港中文大學人間佛教研究中心網站，無日期），讓有需要的學生可以藉由禪修來舒緩個人的學業壓力及各種情緒。另外，中心也與香港凌雲寺[1]合辦「佛教生死兩安關懷課程・種子教師培訓計畫」，針對中、小學老師及醫護人員進行培訓。自 2020 年 10 月至 2021 年 5 月，透過七日工作坊、四場講座、六次念佛禪修、六次讀書會等一系列課程，讓學員了解人間佛教的義理思想、生活實踐、生命修持等要義，進而學習佛教的臨終關懷、身心安寧、臨終助念等方法，期望透過此培訓計畫，以福利社會，淑善人心。這是在中心開設的「佛學研究碩士」課程之外，所舉辦的非正式學分課程，讓有興趣的教師及醫護人員得以透過佛學義理的學習，在不斷熏習的過程中，將佛法的生死觀念內化到自己的生命情境裡，使佛法對個人產生實際效用，進而推動佛法的生命教育，讓學生、病人了解生死兩安的真實意義。

　　以下分享這次種子教師課程當中一場工作坊的教學內容及上課情況。

1　凌雲寺初創於 1426～1435 年間（明宣德年間），迄今已近六百年歷史，是香港三大古剎之一，現為出家僧人所管理之女眾道場。凌雲寺是香港地區首先舉辦三壇大戒、開設尼眾佛學社之道場，享譽香港及東南亞。現任住持衍悌法師是香港寶林禪寺聖一老和尚座下弟子，以彌陀淨土為主要修持法門，秉持悲智雙運、行願齊周之精神，定期舉辦共修法會，例如：禮懺、誦經、佛學講經及念佛禪修等，為社會各階層人士提供淨化心靈的正信佛教道場。

貳、工作坊教學內容及上課情況

一、序幕

2020 年 10 月 3 日，筆者帶領近 40 名學員，在香港凌雲寺舉辦「極樂世界：此岸 vs. 彼案」工作坊，拉開了為期 6 個月「佛教生死兩安關懷課程‧種子教師培訓計畫」課程的序幕。該工作坊在活動設

計上，以學員的體驗投入為重心，從學員生活中所關心的問題切入，借用科學等現代人較易接納理解的方式，繼而導入佛教思想理論，環環相扣、由淺入深，旨在觸發學員對生命教育的思考與內省，並帶領學員走近、了解阿彌陀佛的極樂淨土，引發大家對彼岸——極樂世界的嚮往。再透過對淨土教理教義的進一步學習，領悟淨土法門的深刻內涵——淨土法門的往生極樂，與此岸的現世生活並非割裂的關係，而是「此即彼，彼即此」的相容相即關係。趨向彼岸淨土，需藉由此岸穢土的淨化與建設；而此岸淨土的建設，亦是我們不斷趨向彼岸的過程。

該課程學員主要有小學、中學和退休老師，以及社工、醫院義工及法師等。處於教育事業及醫療行業最前線的他們，對未來生死學在香港的傳播與發展，起著至關重要的作用，因此本課程對學員寄予厚望與勉勵，希望他們能先關照好自己的生命，繼而把生命教育的種子傳播出去，帶動香港的生死學教育發展。相信在大家的共同努力下，這顆種子很快會長成參天大樹，未來可期！

工作坊預先將學員分成六個小組，並以佛教的「慈悲」、「喜捨」、「般若」、「菩提」、「正念」、「正見」命名各小組，希望學員在整個課程中，懷著佛教慈悲喜捨的精神，互相關懷，彼此勉勵進步。

二、工作坊進行內容

在工作坊正式開始前，先為大家介紹課程重點、工作坊形式及注意事項等，讓學員對整個課程的設計安排有全面的理解。

繼而帶領大家進行「身體掃描」[2]，幫助學員放鬆身心、放下萬緣，投入學習；鼓勵大家抱著開放、積極、包容的態度認識生死課題，學習面對死亡的態度和處理方法，積極提升對生命的認知。

（一）自我介紹

首先邀請小組成員透過畫畫的形式，畫出代表自己身分的元素，據此作自我介紹。經過這個輕鬆有趣的破冰環節，有著相似背景且都對生死課題懷有深切關懷的學員，很快便彼此熟悉，建立起了同學友誼。

2　所謂的「身體掃描」是指帶領學員進行簡單的觀呼吸，此種禪修的練習現已被廣泛地運用在心理治療方面，能夠讓人減壓，放鬆心情。學員透過這個活動也能學習到相應的技巧，日後在帶領學生或病人時也可以適當地運用。

（二）單元一：宇宙之旅

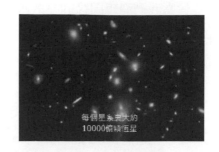

在此活動環節裡，帶領學員觀看介紹宇宙的影片：我們所生活的地球是一顆圍繞太陽的尋常行星，而太陽本身也只不過是太陽系中一顆普通的恆星，太陽系又是銀河系中的一部分。太陽只不過是宇宙中一顆很普通的恆星，但即使這樣，它也比地球大一百萬倍。太陽系又是銀河系中的一部分，銀河系直徑巨大（大約 621,000,000,000,000,000 英里），如果以光速來測量的話，大約要用十萬光年才能橫穿銀河系；相對而言，我們地球的赤道直徑只有 7,926 英里（BBC NEWS 中文網站，2018）。

人們很容易執著於自己所處的地區、國家，以為這就是世界的全部，因此希望學員透過此環節，加深對宇宙的了解，打破對時空固有的認知侷限，借助這種現代科學的方式，幫助學員更好地理解佛教無窮無盡的宇宙觀。

另一方面，由於執著於眼前所處的小環境，人們很容易被周遭的人事物所擾，而陷入到無盡煩惱之中。實則相較於宇宙之浩瀚，人類不過如微塵一粒，藉此認知希望學員能拓寬自己的心量，從眼前個人的煩惱中跳脫出來，以更大的心量與格局來看待自己的生命。

1.慈悲組分享

宇宙無限，無始無終，不分先後。究竟是誰創造宇宙呢？其實是因緣和合，重複不斷輪迴，因果關係循環不息。既然宇宙如此廣闊，人類那麼渺小，日常生活中，角度不同、地點不同、體會不同，一切事物唯心所不同，心量有多大，就能心包太虛。我們要破除我執、擴大心量，才

能活得自在心安。

　　當我們發現因緣的離散跟因緣的聚合時，不管新因緣的聚合或是舊因緣的離散，我們終將明白這個世界是「必然」會發生變化。強調「必然」，就是佛法所強調的「無常」，換言之，這宇宙間必然是無常的，沒有任何事物是常住的。那麼在此情境下，就會漸漸地趨近無為法，不會一直在有為法上面執取不捨。漸漸了解到緣起緣滅的情況，漸漸趨近、漸漸去接受真理，在這個緣起緣滅的當下，才能夠進入空性。空性其實就是一種智慧，是對於世間無常變化的洞悉了解。

2.正念組分享

　　我們對宇宙究竟有多大，一無所知，不過我們認為宇宙是心念變化而來。這個影片啟發自己重新思考生命的意義和價值，讓人想起蘇東坡曾有名偈云：「溪聲便是廣長舌，山色豈非清淨身」，讓我們領會到「有情說

法」與「無情說法」無二無別。因此，我們須放寬心量，面對宇宙間的任何人、事、物，十方法界的一切存在莫非法的顯現，它們經常而無間斷地說法。能否體會，端看個人的悟性。

　　針對學員的分享，筆者作了「點睛」之評：我們要明白緣起的觀念，在佛教的教理，宇宙的一切是由因緣聚合、離散的關係而形成，無始無終、無生無滅，沒有常住相，佛法

講的是當下。不執著、放下執見，才能保持開放的心態接納知識，乃至坦然面對一切境緣的升起，打破時空的規範。緣起緣滅、自性自度，覺察自己和觀照自心，去除貢高我慢心，活得便有意義。宇宙是因緣而生、因緣而滅，因緣具足而出現，不必執著從何而來！

在每期生命終結時，信念很重要，超越生死。宗教信仰就是幫助提升生命終結的品質，藥物並非臨終患者的精神支柱，藥物雖能減緩病者的肉身疼痛，可以適當使用，然而是信仰的力量、信念來舒緩心靈、超脫痛苦。人生到了生命的盡頭，臨終關懷比藥物舒緩更重要，這就是心念的力量。一如星雲大師所言：「用寬容的鑰匙，打開偏狹的心扉，用智慧的寶劍，斬斷煩惱的情執，用愛心的藥石，修補創傷的痛楚，用歡喜的法水，滋潤煩憂的人生」（釋星雲，無日期 a）。

（三）單元二：佛教的宇宙觀

對學員關於「宇宙之旅」的分享進行點評之後，進一步帶出佛教的宇宙觀。依據佛教之宇宙觀，謂其為聳立於一小世界中央之高山。以此山為中心，周圍有八山、八海環繞，而形成一世界（須彌世界）。

佛教主張，宇宙係由無數個世界所構成：

1. 一千個一世界稱為一小千世界，一千個小千世界稱為一中千世界（即一百萬個一世界）。

2. 一千個中千世界為一大千世界（即十億個一世界）。

3. 合小千、中千、大千總稱為三千大千世界，此即一佛之化境[3]。

因為三個一千連乘，所以又叫「三千大千世界」。「一佛剎土」（「一佛剎」、「一佛土」）是指一尊佛所教化的國土，含括一個或數個「三千大千世界」（「銀河系」）。這在長阿含《起世經》、《俱舍論》與《瑜伽師地論》中都有提及。若以現代天文學的宇宙觀來做一個浪漫想像與比

3　參閱隋・闍那崛多等譯：《起世經》卷 1〈閻浮洲品 1〉，CBETA, T01, no. 24, p. 310, a6-c4、b8-c4。

較的話，這或許可說接近於現代天文學的一個「銀河系」（趙東明，2014）。

佛教的宇宙觀與現今天文科學所發現的宇宙星辰之知識相侔，哈伯太空望遠鏡（Hubble Space Telescope, HST）去探索宇宙的深處，結果看到了億萬個形狀不同與大小互異的星系，而每個星系都包含上億顆恆星，其中許多都有行星圍繞（葉李華譯，2012）。

整個活動在不斷強化、擴展學員的心量，用心擁有全宇宙。宇宙合乎自然，人心合乎自然，萬物合乎自然，世事合乎自然，便能觀見生命的成長，生命的善美。

佛教的宇宙觀，雖不易被現代人的思維所理解，但透過上一環節，學員們更容易理解佛教所描述的宇宙觀，對於固有的世界觀有所鬆動，能以更開放的心態接納一切的人事物，乃至於面對生死課題。

（四）單元三：此岸 vs.彼岸

工作坊第三部分，是帶領學員觀賞介紹西方極樂世界的動畫影片。影片將《阿彌陀經》中經文所描述的「從是西方過十萬億佛土」的「極樂世界」，形象地展現在大家眼前，並為學員一一講解極樂世界的殊勝之處，以及往生到極樂世界的意義所在。

「有世界名曰極樂」

- 「極」：頂點；最高地位。引申為達到頂點、最高限度。
- 英文使用 highest、ultimate，「極樂」翻為 "Ultimate bliss"。
- 經文：國中人天，一切萬物，嚴淨光麗，形色殊特，窮微極妙，無能稱量。
- 它，並非說讓眾生去那兒「享樂」，享受極度的快樂。
- 從精神的層面，或是修行獲得證驗的角度來看，那種平靜、安穩，沒有鬥爭，沒有人我是非的地方，的確是一種「享受」。
- 跟一般享受五欲之樂，極為不同。

如此殊勝絕妙的極樂世
界，乃由法藏比丘為救度五
濁惡世的娑婆眾生，攝取二
百一十億佛土，思維五劫，
發四十八大願，而最終得以
建立的[4]。

對於「有世界名曰極
樂」的表意，除了顯示國名
之外；這個世界為何稱為

「但受諸樂」

- 「諸樂」：諸，眾也；即各種各樣的快樂、歡樂。
- 這種歡樂不同於世間的五欲樂。由色、聲、香、味、觸等所引起之五種情欲，並非真實樂，因為它們無法引領眾生解脫生死。
- 在極樂世界的諸種歡樂，卻是指引眾生趨向涅槃的良藥。
- 「要在快樂中修行，才不會退失道心。進兩步退一步，才是善巧的修行。」
- 我常常遇到困難，遇到阻礙，要快樂也快樂不起來。煩惱心過重的時候，是無法修行的。

「極樂」？經文說：「其國眾生，無有眾苦，但受諸樂，故名極樂。[5]」又
說：「極樂國土，七重欄楯，七重羅網，七重行樹，皆是四寶，周匝圍繞，
是故彼國，名為極樂。[6]」如此殊勝的環境，是修行的絕佳處所。

「極樂」，顧名思義，「極」的意思是：頂點；最高地位。引申為達
到頂點、最高限度。英文使用 highest、ultimate ，故將「極樂」譯為 Ultimate bliss（a description of the Pure Land of Amitābha Buddha），用來形容阿
彌陀佛的淨土情況。那裡的人事物，都是極為殊勝，六塵會說法，而且往
生的眾生，容貌都極為殊勝，例如：第二十七願云：「設我得佛，國中人
天，一切萬物，嚴淨光麗，形色殊特，窮微極妙，無能稱量。其諸眾生，
乃至逮得天眼，有能明了辨其名數者，不取正覺。」所以用「極」來形容，
是為了表示殊勝，無與倫比的境界。但這並非說讓眾生去那兒「享樂」，
享受極度的快樂。

當然，從精神的層面，或是修行獲得證驗的角度來看，那種平靜、安
穩、沒有鬥爭、沒有人我是非的地方，的確是一種「享受」。

4　曹魏‧康僧鎧譯：《佛說無量壽經》卷 1，CBETA, T12, no. 360, p. 267, b23-c8。
5　姚秦‧鳩摩羅什譯：《佛說阿彌陀經》卷 1，CBETA, T12, no. 366, p. 346, c13-14。
6　姚秦‧鳩摩羅什譯：《佛說阿彌陀經》卷 1，CBETA, T12, no. 366, p. 346, c14-16。

但不能忘記的是，這是因透過修行而獲得的解脫之境，跟一般享受五欲之樂，極為不同。

此外，《阿彌陀經》裡提及往生的眾生「無有眾苦，但受諸樂，故名極樂」[7]，「諸樂」的「諸」是指「眾」的意思，即各種各樣的快樂、歡樂。這句經文主要強調極樂世界有各種各樣的歡樂，這種歡樂不同於世間的五欲樂。由色、聲、香、味、觸等所引起之五種情欲，並非真實樂，因為它們無法引領眾生解脫生死。反之，在極樂世界的諸種歡樂，卻是指引眾生趨向涅槃的良藥。

我們在修行過程中應了解的是，「要在快樂中修行，才不會退失道心。進兩步退一步，才是善巧的修行」。我們在娑婆修行，常常退轉，動不動就退轉，為什麼？因為我們常常遇到困難、遇到阻礙，要快樂也快樂不起來。煩惱心過重的時候，是無法修行的。而且我們還有與生俱來的「根本無明惑」，它能出生一切煩惱。

「一念無明」如何升起，大菩薩也不能夠明了，只有佛能夠了知（陳劍鍠，2015；釋恆清，1997）。因此，我們何時升起煩惱，無端端的、剛才還好好的，怎麼現在忽然感到煩躁、不順心，這種無明所升起的煩惱，我們凡夫根本很難去面對它。

在這一環節，有學員表示，自己被法藏比丘的大悲心所深深感動；也有學員表示，因為對極樂世界的了解加深，而開始對它產生了嚮往之心。

接下來的活動是請學員就生活環境、人際關係、自然環境、科技與醫學等各面向，交流探討對「此岸」的體會、看法，以及對「彼岸」的暢想。結合當今新冠病毒肺炎對生活所造成的嚴重影響，學員展開了激烈、深入的探討，在腦力激盪中，擦出各式想法的火花，也引發了更深層的反思。小組在交流討論的同時，也用圖畫與文字記錄下來。

7　姚秦·鳩摩羅什譯：《佛說阿彌陀經》卷 1，CBETA, T12, no. 366, p. 346, c13-14。

有學員提問：到了理想世界（即彼岸）後，是否需要繼續爭執呢？此岸和彼岸是否對立？此岸環境真的那麼惡劣？彼岸真的那麼美好嗎？

對此，凌雲寺住持衍悌法師肯定道：到了理想世界（即彼岸）仍需要繼續學習。我們去到自己的理想世界應該要繼續努力學習，希望再回來幫助他人，這就是無始無終。

念佛行者在此娑婆世界，應當跟隨佛陀的教示來學習，捨棄惡緣，循行善業。因而往生極樂世界的眾生，皆是聽從佛陀的教法而獲生極樂世界，並繼續在極樂世界跟隨阿彌陀佛參學。在這個國度的眾生皆是上善者，跟他們成為良友，平時俱會在這裡，以佛為師，親近慈容，聞第一義，速證無生法忍。然後成就一切法門，遊戲神通各各佛土，乃至迴入三途六道，舒光破暗，救度苦惱眾生。

此外，如以特別法門的淨土教學而觀，一旦往生西方極樂世界，便不再輪迴，已脫離分段生死，進入變易生死。在欲界、色界、無色界的三界裡生死輪迴，稱為分段生死；跳脫輪迴的聖者，能依自己的大悲願力，轉變分段生死的粗報身為變易身，這類聖者常迴入三界，長時間地修持菩薩行，以證入無上菩提。

　　筆者對學員分享做進一步的點評：極樂世界不是自私鬼的避難所，而是提供一個良好的修學環境，給予發菩提心的淨土行人繼續修行，往生淨土之後還要回返娑婆，繼續度眾！對於「此岸」和「彼岸」須具有事相和理

體上的分別，在事相上，一切在於心念，心念如何，此岸就如何！一念淨土，念念淨土，一念惡生，念念相續，自作自受。其實「此岸」、「彼岸」只是比喻，借假修真。沒有緣起緣滅，不能煉心。只要心念此岸的美好，淨化心靈，此岸就是極樂世界！

　　在「此岸」修行，最終目標是成佛，以不離人間的方式回歸佛陀本懷，這是必然具有的「神聖性」。我們常常認為在人倫日用之間沒有「神聖性」可言，忘失了古德教誨我們「神聖性」在日常生活中呈現。儒家教導的下學而上達，也是這個道理，下學即涵蓋所有人世間的事務，亦即人倫日用之常事。佛家也有「神通並妙用，運水與搬柴[8]」的教誡，運水與搬柴即是非常平實的人間事務，也是生存所必須面對的日用事。我們應當明瞭在生活日用之中，頭頭是道。

8　清‧釋超永編輯：《五燈全書》（第 34 卷～第 120 卷），卷 105，CBETA, X82, no. 1571, p. 634, c20-21。

　　因為眼見色是日用事，耳聞聲是日用事，鼻嗅香是日用事，舌嚐味是日用事，以至身覺、觸意、雜思是日用事，乃至八萬四千諸塵勞應用等皆是日用事。在「日用事」中體悟真常，證悟真如佛性。

　　在世俗中如何透過感性而融入神聖，這是一個主體自覺的問題。理性的神聖必然涵攝感性的世俗，另一方面，唯有在感性的世俗中才能體證理性的神聖。一如緣起性空的道理，沒有緣起，必然沒有性空，性空是建基於緣起、緣滅的當下，這中間沒有界限，是無窮的重疊，如同彼岸與此岸，亦是在相互不斷生滅的過程，同處於「當下」。

　　人類為了便於講述的方便，令人易於理解這層道理，而把感性與理性作出兩截的說明，在世界以外還有一個世界，甚至在以外的世界還有一個以外的世界，形成無盡的世界。就事相的世界觀來看，這是佛教十方諸佛國土的宇宙觀，但是十方諸佛國土仍然處於心內，心能包太虛、周沙界。因此，即使是傳統佛教以阿彌陀佛世界為彼岸的成說，此「過十萬億佛土」的極樂世界，仍然涵攝在心中，故古德曾告訴我們：「**生則決定生，去則實不去**」，道理在此。職是，約理相論，到達彼岸之時，自己仍在此岸，能到「彼岸」的人，不否定「此岸」，亦不離開「此岸」。他安然地處於「此岸」，又不被「此岸」周遭的一切所僵固，因為他的「彼岸」是無限的精神，展現在宇宙之中。這樣所呈顯出來的神聖性，即在「此岸」體證「彼岸」，真理無所不在，充塞在這宇宙中，而且「法法平等」，達到和諧。

　　學員紛紛表示受益良多，原有的思維模式以及對極樂世界的粗淺認知有所轉變，除了加深對極樂淨土的理解之外，更重要的是領悟到，欣求極樂的同時，也要立足於現世當下，淨化自己的心念。

（五）單元四：疑難雜症 vs.良藥一劑

首先，以學員關切的現實生活中各種疑難、煩惱作為切入點，邀請學員分享自己在現實生活中所遇到的各種「疑難雜症」。

1. 學員分享一

自己是中學教師，上課時學生不認真聽講，也不認同佛教的因果教說。有位學生曾說：「好人是沒有好報的，因為母親是個好人，但母親的上司常欺負她。如果老師能解釋好人為什麼沒有好報？他就會好好地學習，甚至相信佛教所說的。」學員向筆者與同學請教，面對學生這類的問題，該如何去面對，並且有效地回答他的問題？

筆者對此進行了解答：16、17 歲正處於叛逆的時候，學生提出問題挑戰老師是件很正常的事情；學生有難題、有懷

疑，也是可以理解的。對於「好人有好報」的觀念，年輕人可能不易接受。我們應該理解到重要的問題點，很多事情不是在世間相能說得明白、說得清楚的，甚至也無法圓滿解決。從因果的角度來看，沒有任何一個好人一定不會有好報（好人會有好報，或說善業得樂報）。

　　反過來說，沒有任何一個惡人一定不受苦報，這是佛教講的真理，也是宇宙的真理。作為佛教徒是應該以感謝的心去接受過去的因緣，以及珍惜現世的果報，並且進一步廣結現世的因緣，培植未來的果報。這樣一來，可以看到佛教的積極面，不會使得因緣果報的法則陷入「宿命論」，造成極大誤解。《佛說天王太子辟羅經》說：「凡人作行，譬若影之隨身，響之應聲，無不報答矣。[9]」《阿難問事佛吉凶經》亦云：「道之含覆，包弘天地，不達之人，自作罣礙。善惡之事，由人心作，禍福由人，如影追形，響之應聲。[10]」這是因果不爽的道理，種瓜得瓜、種豆得豆的道理，也是不變的真理。

　　我們在跟年輕朋友談因果觀念時，有時要小心「報應」的觀點，避免令人有種「懲罰」或是「詛咒」的意味，可能造成當事者（對機者）的心理壓力或是產生反感。否則，原本是一種美善，教導真理，卻變成了焦慮或厭煩的因素，便是適得其反。

　　身為人師，可以善巧方便地嘗試與年輕人以朋友的關係，以及同理心來了解年輕人的想法，慢慢地使其接受因果、布施、慈悲的佛理。當然，以佛教的因果關係而論，有可能這位同學的母親與她的上司在過去世結了惡緣，因而受到上司的刁難。因而可以勸導以善良、善良、再善良的心態去對待，令上司慢慢改變過來。星雲大師曾開示：「慈悲是大乘佛法的主要精神之一。有人說慈悲就是愛，其實，世間的愛是有染汙的，處理不當就會變成痛苦的深淵及煩惱的來源。而慈悲則是昇華、淨化的愛，是無私而充滿智慧的濟助，是成就對方的願心，是不求回報的奉獻」（釋星雲，無日期b）。這樣的理念，可以與同學分享。慢慢誘導，可以讓年輕人聽得進去，進而受益。日久見人心，終有一天對方會明白，善良比聰明更難，畢竟聰明是一種天賦，而善良是一種選擇。

9　失譯：《佛說天王太子辟羅經》卷1，CBETA, T15, no. 596, p. 131, a3-4。

10　東漢・安世高譯：《阿難問事佛吉凶經》卷1，CBETA, T14, no. 492b, p. 755, c21-23。

2. 學員分享二

一位在安寧病房工作的學員，則與大家
分享了自己是如何面對及幫助他人面對死亡
的。今年他已經遇到 17 位朋友過世，並幫忙
處理他們的身後事，其中有一位朋友的太太
起初不能接受丈夫即將死亡的事實，堅持要
繼續採用醫學上的治療來挽救丈夫的生命。
但在經過心理輔導之後，終於同意不再為丈

夫進行醫療救治，以減少丈夫死前的痛苦。夫婦兩人皆是基督徒，在這位
朋友彌留之際，大家一起祈禱，並協助太太辦理身後事及喪禮。

筆者對此進行了點評：這位學員做得非常好，懂得當下該如何盡量善
巧地協助臨終者家人處理好臨終事宜。尊重亡者的基督信仰，不執著於自
己的信仰，不堅持誦念阿彌陀佛或做任何佛教法事是對的。取信當事人、
隨順當事人的意願，祈禱使他放下煩惱。

佛家講求善巧方便，當年佛陀在教導眾生、說法時，善巧無比，因而
我們在推動佛教的生死觀念時，也要講求善巧方便，例如：印光大師在〈臨
終三大要〉裡提及，「第一，善巧開導安慰」（陳劍鍠，2002，頁
207-213；陳劍鍠，2020），作為一位善知識，在遇到緣起時而能不驚不
懼、不疾不徐，使用種種善巧方便來處理所遇之緣，在適當的時機，說適
當的法。

另外，我們學員大抵上也都有這樣的觀念，不能採取「消滅疾病」的
「對抗」方式來治療疾病，現代人想方設法、殫精竭慮地想要消滅病毒、
克制疾病，雖然有一時的成效或短暫的緩解，但整體而言，人類的疾病從
未隨著醫療科技的進步而減輕或減少，反而是愈來愈多，而且以更多不同
的形式展現出來（釋慧開，2020）。在醫療體系裡工作的人常常有一些習
氣，這些習氣在處理日常事務時非常有用，但是在面對臨終病人之際卻成

為很大的障礙（余德慧、石佳儀，2003，頁 93-109）。有關這方面的嚴肅問題，我在另一場工作坊會進行專門的探討，我們有設計一個活動，進行角色扮演，讓大家來思考及推演這個問題、面對這個問題。

再者，從佛教的緣起觀點來說，我們必須尊重個人的宗教信仰，每個人有不同的因緣，以及不同的種性（根性），這是必然的個別差異，所以在面對不同的宗教信仰時要深觀緣起，並且升起無緣大慈、同體大悲的精神，尊重各自的文化差異、信仰差異，進而達到尊重生命、關懷生命的原則。

作為宗教師或臨終關懷者的角色，須面對病人的臨終情境與死亡事實，因而自身的修行課程是必須予以嚴肅對待，如何修練到自在面對死亡宿命的事實，在面對死亡處境時，能夠游刃有餘，提供有效的善巧方法供臨終者及其家屬使用。可見在臨終陪伴過程裡，宗教師或臨終關懷者必須修練自身心靈，成長到足以面對任何的壓力，這樣才不會產生疲憊；換言之，能夠做到慈悲而不疲憊，如同佛教所提出的，須避免「愛見大悲」，這是虛妄不淨的，會令人生起疲厭想，故應當捨離。

參、結　語

如同前言所述，開設「佛教生死兩安關懷課程‧種子教師培訓計畫」是因為香港地區的學生自殺情況居高不下，而希望培育中、小學教師成為生命教育的領航員，帶領學生走上健康大道。

從佛教的解脫論來看，自殺不是解脫辦法，鬧自殺的人也是犯殺戒[11]。況且心靈境界的提升不須等到死後，星雲大師認為：「**生命的解脫，當下**

11　參閱姚秦‧鳩摩羅什譯：《梵網經》卷 2，CBETA, T24, no. 1484, p.1004b；北涼‧曇無讖譯：《優婆塞戒經》卷 3，〈受戒品十四〉，CBETA, T24, no. 1488, p.1049a；東漢‧安世高譯：《佛說舍利弗悔過經》卷 1，CBETA, T24, no. 1492, p.1090a。可見，大乘經典時時教誡，除了不可殺他之外，亦不可殺自。殺自亦屬親自動手殺害有情生命，故亦是犯殺戒。

就可以獲得」（釋星雲，2006，頁 230），其覺受是：(1)沒有憂悲苦惱的情緒；(2)沒有有無得失的念頭；(3)沒有拘束障礙的困難；(4)沒有生老病死的感受（釋星雲，2006，頁 230-231；釋星雲，2008）。依據星雲大師的見解，精神心靈的提升不再是遙不可及的事，當下的自在解脫是現代人可以現身體驗的。

香港是高度商業化的社會，香港人的生活步調極快、生活壓力極大，整個社會處於一個不太友善、不太和諧的氛圍之下，尤其生活在中、低層社會的人士及其家庭，所遭遇到的苦悶、無奈與無助，非筆墨所能形容。這個課程自 2020 年 10 月至 2021 年 5 月，透過七日工作坊、四場講座、六次念佛禪修、六次讀書會等一系列課程，讓學員了解人間佛教的義理思想、生活實踐、生命修持等要義，進而學習佛教的臨終關懷、身心安寧、臨終助念等方法，期望透過此培訓計畫，以福利社會，淑善人心。

未來將繼續開辦第二期，期望以佛教思想義理來耕耘香港這塊處女地，在九十九年的英國殖民統治之下，香港是個西化的地區，相關教育、思潮皆以基督宗教的教法為依歸，因而此地區對於生命教育的推展以及生死學的視域，大抵以基督宗教為主，進行施化。佛教在香港是一弱勢族群，1997年回歸之後，佛教地位漸有好轉，並且藉由臺灣佛教的參與，以及中國大陸佛教亦如火如荼地復興的情況，在香港以佛教教理為訴求的生命教育是可以發揮相應的輔助作用。畢竟在中國人聚集的社會，居住其上的中國人身上所流的血液是具有中國傳統文化的基因，因而以佛教的方式介入生命教育的推動，必能對香港社會及其居民具有極大的貢獻。

本文所介紹及呈現的內容，僅是一日的工作坊，其他活動如講座、讀書會、念佛禪修的進行情況也極為精彩，整體課程的設計結合了知識取向與實踐取向，讓學員得以結合理論與實踐，達到種子教師培訓的成效。俟日後機緣再一一介紹課程計畫的其他部分，以饗讀者。

參 考 文 獻

一、古籍・佛典（依譯者年代）

東漢・安世高譯：《阿難問事佛吉凶經》，CBETA, T14, no. 492b。

東漢・安世高譯：《佛說舍利弗悔過經》，CBETA, T24, no. 1492。

曹魏・康僧鎧譯：《佛說無量壽經》，CBETA, T12, no. 360。

姚秦・鳩摩羅什譯：《佛說阿彌陀經》，CBETA, T12, no. 366。

姚秦・鳩摩羅什譯：《梵網經》，CBETA, T24, no. 1484。

北涼・曇無讖譯：《優婆塞戒經》，CBETA, T24, no. 1488。

隋・闍那崛多等譯：《起世經》，CBETA, T01, no. 24。

清・釋超永編輯：《五燈全書》（第 34 卷～第 120 卷），CBETA, X82, no. 1571。

失譯：《佛說天王太子辟羅經》，CBETA, T15, no. 596。

二、近人著作及網站

BBC NEWS 中文網站（2018 年 11 月 27 日）。**宇宙奧秘知多少：一組數字讓你腦洞大開**。2020 年 10 月 10 日，取自 https://reurl.cc/jqb9Rn

余德慧、石佳儀（2003）。**生死學十四講**。臺北市：心靈工坊。

香港中文大學人間佛教研究中心網站（無日期）。**實踐體驗**。取自 https://reurl.cc/3NdK38

陳劍鍠（2002）。**圓通證道：印光的淨土啟化**。臺北市：東大圖書。

陳劍鍠（2015）。徹悟「般若淨土兩門大義」發隱。載於陳劍鍠著，**無上方便與現行法樂：彌陀淨土與人間淨土的周邊關係**（頁 67-82）。臺北市：香海文化。

陳劍鍠（2020）。**淨土法門的臨終助念與臨終關懷**。發表於廣州市佛教協會、嶺南佛教研究院、華南農業大學宗教與文化交流研究中心主辦，「嶺南佛教與宗教中國化學交流會」，2020 年 12 月 20 日。

陶國璋（2016 年 3 月 17 日）。為何尋死？從涂爾幹到 90 後的詮釋。**端傳媒**。取自 https://reurl.cc/pmQ9Ol

葉李華（譯）（2012）。**胡桃裡的宇宙**（原作者：S. Hawking）。臺北市：大塊文化。

趙東明（2014）。重重無盡與一即一切：古老佛經與現代天文學宇宙觀的浪漫相遇：長阿含《起世經》與《華嚴經》宇宙結構觀的科學想像圖景。**普陀學刊**，

　　陳教授著有《星雲大師的人間佛教性格與實踐範型》（2021）、《禪淨何爭？——聖嚴法師的禪淨思想與體證》（2017）、《禪淨修持與靜坐體認》（2017）、《無上方便與現行法樂：彌陀淨土與人間淨土的周邊關係》（2015）、《走過妙雲蘭若五十年：慧理、常光妙雲弘法記》（2015，合著）、《佛教經典 100 句：淨土三部經》（2010）、《行腳走過淨土法門：曇鸞、道綽與善導開展彌陀淨土教門之軌轍》（2009）、《淨土或問‧導讀》（2004）、《圓通證道：印光的淨土啟化》（2002）等著作，以及學術論文八十餘篇。

29 堅毅生命課程在大學實施之重要性

李昱平

高雄師範大學教育學系兼任助理教授

壹、前　言

　　現代大學生的壓力源似乎愈來愈多樣化及愈來愈複雜，除了常見的課業學習壓力外，家庭關係、親密關係、生涯規劃及外在各式各樣吸引力易引起所謂的「上癮」行為等，都可能成為現代大學生的壓力源，而壓力對個體之危害小自感冒、躁鬱，大至癌症、暴力或自殺。根據衛生福利部統計處 2020 年 6 月提供之統計資料發現，近五年（2015～2019 年）15～24 歲人口中的自殺死亡人數累計 1,052 人，且與 2018 年相較，當其他年齡層自殺通報人次占率均呈現下降時，15～24 歲之自殺通報人次占率卻呈現上升趨勢，自殺死亡人數增加了 47 人，成長率約 22.4%。雖然造成自殺之原因多重，然各種生理、心理、社會及經濟文化因素互動中所產生的壓力愈多時，自殺之意圖與行為便可能愈高（葉在庭，2001）。

　　一般適應症候群（general adaptation syndrome, GAS）提及，個體在面對壓力情境時的適應階段，其中抗拒期（resistence stage）是個體面對該壓力情境時的因應階段，此時期若非壓力消失，或有因應此壓力之策略與方式，當使個體消耗大量生理抗壓之能量，導致腦下垂體與腎上腺素無法再分泌激素抗壓，因此造成個體能量消耗殆盡，抗壓程度再下降至正常功能以下即不再恢復，最終陷入崩潰、耗竭狀態。因此，如何透過培養協助處

於大學階段的青少年具有堅毅特質（hardiness），以維持第二階段之生理抗壓能量，免於因壓力產生無助感、無能感而以解脫的方式結束生命，是相當重要之課題。

貳、堅毅特質的意涵

在壓力與健康關係的研究中發現，壓力與身心疾病間有正相關存在，然而壓力本身並不會帶來疾病，而是由個人對壓力的反應來決定生、心理健康的程度（Lazarus & Folkman, 1984）。其中，認知、情緒與因應三者調適的歷程是關鍵之因素。不論壓力是好的、中性的或不好的，個體面對壓力的結果，將視其對情境的評價而定，如果個體將壓力評價為具挑戰性，則有較高的心理鬥志、較少情緒困擾、在壓力情境中的功能也較好，而影響其評價的兩個主要因素分別是包括動機在內的心理結構，以及個體對環境中可用資源的了解。

除此之外，Lazarus 與 Folkman（1980）認為個體覺得可以掌控壓力的範圍，亦將決定其面臨壓力情境時感受威脅的程度。Engel（1974）主張，當個體失去其面對環境的預測力與掌控力時，則容易罹患疾病，而沒有任何足以應付環境的可用資源，則是造成罹病的顯著變項。在此種情況下，個體會在「主動與被動」間作選擇，若選擇前者表示要維持或是重建掌控感，選擇後者則表示傾向放棄或是等待。掌控感是一個人選擇如何面對不愉快刺激時的首要決定因素，其受到個體對所處環境中的資源或是因應技巧的評價之影響。因此，一個處在壓力情境中的人卻仍表現泰然自若時，表示他具有不一樣的觀點及心理狀態，也有能力在變動的環境中面對挑戰。

一、堅毅特質的定義

美國伊利諾電話公司（Illinous Bell Telephone, IBT）在 1975～1987 年間進行一項為期十二年的實驗計畫（Maddi & Kobasa, 1984），過程中公司

出現前所未有的動盪，該研究對 450 名主管進行調查，結果顯示有三分之二的受試者在此動盪環境中感到痛苦，同時出現暴力、曠職、離婚及健康上的問題，但有三分之一的受試者卻能在動盪中成長，感覺是更有活力且較少出現疾病症狀。Kobasa（1979a, 1979b）發現，這些能在動盪環境中繼續成長的人具有承諾、挑戰與掌控的特性，並認為在高度壓力的環境中仍不會陷入疾病痛苦的人，其人格結構一定與那些處於壓力中容易生病的人不一樣，她將此關鍵因素稱之為「堅毅特質」。堅毅特質（hardiness）一詞最早是來自於法語的「Hardir」，意為「製造堅硬」（Lang, Goulet, Aita, Giguere, Lamarre, & Perreault, 2001），在英漢字典中的意義為「耐久、耐性、耐勞性或抗性」，是一種處於習慣勞累或艱苦狀態中，仍具有忍耐、接受或抵抗的心理調適能力。換句話說，堅毅特質乃是一種特質，它能協助個體在壓力、危機或逆境的環境中，突破逆境、化解壓力，以及願意正向面對壓力事件、積極因應並相信自己的努力可以改變壓力事件的結果，而成功適應並繼續成長。

二、堅毅特質的內涵

Maddi 與 Kobasa（1984）在上述實驗計畫中亦發現，具高度承諾性（commitment）的人不會讓自己孤立、與他人疏離，而且不論在什麼情況下，都不會脫離周圍的人們或逃離從事的事件，因為那是浪費時間的表現；具高掌控性（control）的人不會表現出被動或是無助感、無力感等浪費天賦的徵象，而是相信主動、努力對最終結果是有影響的；高度挑戰性（challenge）的人則無法認同生活中只追求簡單的舒適與安全感，反而能將改變視為生活中的常態，不論是正向的改變或負向的改變，都能將其視為一種磨練、學習的機會。

Maddi（2006）更以相對性的概念重新定義承諾性、掌控性與挑戰性。他認為承諾性是一種相對於疏離感的態度，是指個體能夠承擔並且感到投入其生活中的活動；掌控性則相對於無力感，是指個體反應出渴望能夠影

響發生在自己周遭事件的結果，無論事件的困難度與否；挑戰性則相對於安全感，是指個體能預期生活具有不斷變化的特性，且認為變化可以促使個體改變而不會將因改變而起的壓力視為威脅，反而將其視為是一種令人興奮的刺激。

Kobasa（1979a）指出，此三項特質必須同時具備，方能具有堅毅特質。若一個人僅具備掌控性，而缺乏承諾性與挑戰性時，個體重視的僅是結果，而較不在乎從經驗或與周遭人事物互動中的學習，故可能出現沒耐性、易怒、疏離、傾向自我中心，其行為表現很類似 A 型性格的人；若僅具備承諾性，而掌控性與挑戰性都很低時，則易受周遭人事物的糾纏、無法從人我的互動經驗中進行反思，其個人意義感大多來自於他人的給予，因此很容易迷失自己；若只擁有挑戰性，但掌控性與承諾性不足時，便容易被一些新奇的事物吸引，而忽略周遭人事物，此堅毅特質和Duckworth、Peterson、Matthews 與 Kelly（2007）所提之恆毅力（grit）相似。

由此可知，堅毅特質中的承諾性、掌控性、挑戰性等三項特質與「增強個體面對外在環境挑戰的能力」及「將壓力事件視為是一種有利於自我成長機會的態度」具相關性，且「堅毅特質」與「壓力」之間的互動亦能降低生活壓力事件所造成的衝擊與影響，兼具這三種元素，個體才能具有堅毅特質或是才具備有效因應壓力情境的存在性勇氣（existential courage）與動機，也才可以促進個體的表現並提升健康狀況（Bonanno, 2004; Maddi, 2006, 2012）。

參、堅毅特質的運作模式

堅毅特質強調壓力的情境是生活中不可避免的部分，因此個體的成長與發展需要有面對壓力的「勇氣」，而不是否認與逃避。Maddi（1987）認為，堅毅特質是構成勇氣的一種成分，而由承諾、掌控與挑戰所組成的堅毅特質亦正是存在性勇氣的最佳解釋（Tillich, 1952）。

　　對個體來說，面對改變是一種不可預期的、具破壞性的壓力，此壓力將引發個體出現生理學家 Walter Cannon 所提之「打或逃反應」（fight-or-flight reaction），在生理上會出現大量的內分泌、神經或是免疫系統的反應，在心理上則會出現焦慮反應（潘正德譯，1995）。Selye（1976）指出，如果個體打或逃反應的症狀太強或是持續太久，健康耗竭的危險性將會增加。Maddi（1994, 1998）的研究顯示，健康耗竭包括了與壓力有關的或是退化性的疾病（如心臟病、癌症、中風）、心理疾病（如恐懼症、憂鬱症）、行為表現不佳（如無法專心、遺忘）。因此，當人們為了存在性發展的理由而試著面對生活中的改變時，亟需可協助其度過壓力風暴的能力，方能避免受到傷害。

　　Maddi（2012）認為，堅毅特質在調節壓力情境與健康保護的系統中，扮演一個關鍵性角色。這個系統可以透過兩種方式降低壓力與煩心對健康耗竭的作用：第一種方法是實踐有益健康的作為，像是平日就維持良好的生活作息及飲食、運動習慣，面對突發事件或遭遇非常變故時，身心靈的反應便會以已經建立的健康習慣，舒緩焦慮、降低壓力；另一種方法稱為「轉化性因應」（transformational coping），亦即藉著降低對壓力情境的感受方式，來面對重大的生活改變與困難挫折，例如：想像所面對困難可能產生的最糟情況，並為每個情況找出可能的應對或解決方針，然後選擇自己最能夠掌握的方式，讓整體情境不再那麼棘手艱難（Maddi, 1987, 1990）。無論建立運動習慣或是轉化性因應，均需要投入長期的時間、大量的努力、不懈的堅持，但這對大多數人而言，不容易維持，也容易半途而廢，此時除了社會性支持的資源外，堅毅特質亦是影響健康習慣與轉化性因應能否持續運作的重要機制（Maddi, 2012）。

　　由此可知，堅毅特質可以使個體持續地投入健康實踐以及擁有轉化性因應的能力，並且與社會性支持形成一種使個體免於焦慮與耗竭的保護系統，以降低壓力的負面影響。堅毅特質的作用與反應機制，如圖 1 所示。

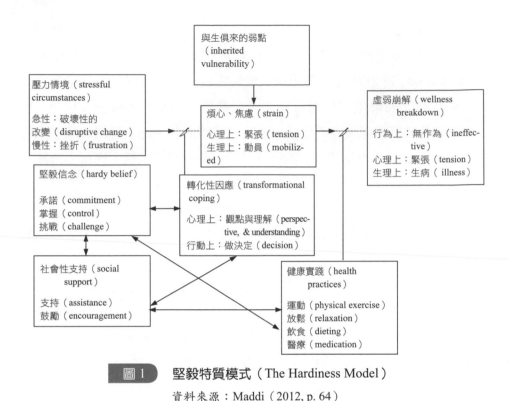

圖1　　**堅毅特質模式（The Hardiness Model）**

資料來源：Maddi（2012, p. 64）

肆、堅毅特質的重要性

　　每一個個體的「現在」都是周圍人事物互動交雜後的結果，而個體的「未來」則多取決於面對現在的「勇氣」（李昱平，2020）。

一、勇氣的類型

　　Peterson 與 Seligman（2004）認為，勇氣是一種重要的人類美德，包括了有智慧、理性面對危險的膽識（valor）、真誠表現自己的真實性（authenticity）、面對挑戰情境的熱情（enthusiasm），以及持續不斷地完成的毅力（perseverance）。

　　O'Brien、Lopez與Petersen（2000）則提出勇氣的三種類型：「生理勇氣」（physical courage）、「道德勇氣」（moral courage）、「生命勇氣」（vital courage）。生理勇氣是指不論身體會遭受多大的傷害，都願意採取行動的一種勇氣，也是一般人最常認為的勇氣，例如：跳入河中救溺水的人；道德勇氣則是為了維護道德或是社會正義而採取的行為；生命勇氣則是一種超越嚴重疾病威脅，而活出生命意義的一種態度。

　　Puttman（1997）提出一種與生命勇氣類似的勇氣，稱之為「心理勇氣」（psychological courage）。每一個人在生活中或多或少都會經歷壓力，壓力來源可能是急性且具破壞性的重大生活變化（disruptive change）、慢性且持續的挫折感，或是與生俱來的弱點（inherited vulnerabilitiy）或自卑感，藉由重建信念（restructured belief）來克服阻礙個人意義與目標發展的壓力或心理及情緒困擾，心理勇氣可說是因應這些壓力的最佳良藥。

　　這些關於勇氣的詮釋與Cicero將勇氣視為「高尚的（magnificence）、充滿信心的（confidence）、耐力足（patience）、有毅力（perseverance），也就是願意以歡喜心進行偉大計畫的設計與執行，且願意長期面對艱困的事不放棄，對未來充滿希望」的觀點似乎沒有太大的差異（Snyder, Lopez, & Pedrotti, 2010）。因此，從歷史與文化的角度觀之，勇氣讓個體可以面對痛苦與危險，在如此複雜和危險的情況下，依然可以意識到內在的力量，保持自信，因而一直被視為是一種偉大的情操（great virtue）。

二、堅毅特質是一種存在性勇氣的表徵

　　存在主義認為人需要另一種形式的生命勇氣，稱之為「存在性勇氣」（Tillich, 1952）。人活著最主要的動機是對生命意義與目的之尋求，而心理學上大多以滿足基本的生物性與社會性需求為主要動機，但此兩類需求之滿足並無法達到存在主義所稱之生命意義，頂多僅能達到重視自身快樂與舒適，屬於關注自我（self-preoccupation）層次的生命意義（Reker & Wong, 1988）。因此，還有一種需求必須被滿足——心理性需求，此種需

求包含了人與動物之所以有差異的三種能力，也是人類與生俱來的認知功能（Maddi, 2012）：

1. 符號（symbolization）：透過對特殊經驗的特徵，進行分類或解釋心理運作。
2. 想像（imagination）：將經驗類別予以連結或再連結的心理運作。
3. 判斷（judgment）：對文字或想像的經驗賦予評價。

Nietzsche 說：「我們的決定，決定了我們。」生活中無時無刻都在接收新的刺激，前述這三種認知功能讓人們可以不斷地對所接收到的新刺激進行解釋、思考、檢視，並做出行動上的決定，又因為「決定」反映出一個人的生命態度是朝向未來的積極取向或是安於現狀的消極傾向，因此個體每天在日常生活中所做的決定都會影響其意義感（Baumeister, Reis, & Delespaul, 1995; Frankl, 1963; Maddi, 1970; May, 1967; Ryff & Keyes, 1995）。

當個體採取消極傾向的決定時，表示其透過符號、想像的過程將新經驗刺激視為與過去的經驗相同，因此做出無須再多做些新反應的決定；而當其採取積極傾向的決定時，因常常引起新的內在觀察、領悟、行為反應及外界的新回饋，因此容易沉浸於新經驗帶來的正向感受而身心充滿活力。又為何會出現此種差異呢？關鍵在於是否有足夠的能力因應「本體焦慮」（ontological anxiety）（Maddi, 2012）。本體焦慮係指當個體做出跳脫過去習慣的行為模式時，意味著即將進入一個未知的、不可預測的領域所產生的焦慮感（Maddi, 1970; May, 1960; Tillich, 1952）。為了降低焦慮，人可以安於現狀也可以選擇突破，選擇安於現狀的當下雖然暫除焦慮，但長期卻會累積成為一種罪惡感，此罪惡感源自於個體一直反芻著過去的事，而當此罪惡感逐漸累積時，個體便容易出現停滯與無聊的現象，接著就會有一種失去生命色彩的感受，最後則相信存在是沒有意義的（Fry, 1998; Maddi, 1970; Ryff, Lee, Essex, & Schmutte, 1994）。

個體做決定時，在選擇突破的當下，雖然略顯對未來不確定性的不安，但在因突破而解決困境，更往人心趨於向上的、向善的方向邁進時，所獲

得的正向回饋，則會增強繼續突破的傾向，不斷循環的結果，讓生命更具活力（Maddi, 1970, 1997）。

存在主義哲學家 Kierkegaard（1954）認為，要具備這種積極性決定的傾向，最好的方式是擁有「宗教信仰」，因為宗教信仰總是將人帶往向上、向善的方向發展。然而 Tillich（1952）認為，「存在性勇氣」可以替代「宗教信仰」成為一般人因應本體焦慮的能力，因為此種勇氣是一種自信以及對生命的接納（life acceptance），當個體有了此種勇氣，在面對各項問題之解決策略選擇時，則易傾向於採取積極的傾向，並且不怕面對改變、願意接受挑戰。

存在性勇氣與宗教信仰的作用都是讓人「具突破現狀、往未來更好方向」發展的能力，而如何發展此種存在性勇氣呢？Maddi（2002）認為，由承諾、掌控與挑戰所組成的堅毅特質正是發展存在性勇氣的最佳方式，因為「堅毅」讓人願意在「突破」的路上堅持。

三、堅毅特質影響個人意義與死亡態度

（一）堅毅特質與個人意義

Antonovsky（1979）觀察到，為什麼有些人在壓力之下能健康地活下去，但有些人則不能忍受而病倒乃至死亡。他發現那些能活下去的人，都有一些共同的特點，就是有很強的「條理感」（sense of coherence）。條理感是指一個人能否從生命中體會到一整體性的定位和方向，繼而對世事的發生都感覺到是有條理和可理解的，也就是擁有理解能力、處理能力和意義感（Antonovsky, 1994）。

條理感包含三種成分：一是「理解能力」，意指當一個人觸及內在或外來的事物時，能夠領會到這些事物的發生是有條不紊，可以清晰和明確地認知和理解，而並非雜亂無章、意想不到及混沌不可解。對於一個有高度理解能力的人而言，未來所發生的事情都是可以預料得到，就算有出乎

意料之外的事故發生，也會被視為是有條理和可解釋的現象，例如：死亡、戰爭、失敗等不如意的事情會隨時發生，一個有高度理解能力的人會明白其所以然，甚至於其中有所領會。二是「處理能力」，是指一個人感受到自己手上擁有足夠的資源，來應付外來的各種挑戰的感覺，這些資源包括相信自己可以面對，或是身邊足以信賴的人，如配偶、朋友、同事，甚或是信仰上的神明、上帝等。一個擁有高度處理能力的人，通常不會覺得自己是受害者，或認為生命是不公平的；反之，當不稱心的事情發生時，他們都能夠應付自如。三則是「意義感」，是指一個人能感覺到生命是有意義，或覺得生活上所遇到許多的問題和索求，都是值得去努力、參與和承擔，繼而對所有的挑戰都會欣然接受，而不會視之為一種可免則免的負擔。

條理感與堅毅特質間雖然存有少部分之差異，但在理論概念上有部分是類似的，例如：Kravetz、Drory 與 Florian（1993）指出，兩者均和生理與心理健康之指標存在著正相關，且兩者對情緒、健康之影響亦類似。Sullivan（1993）也指出，不論是否為運動員的大學生，其在「堅毅特質量表」上的得分與在「條理感量表」上的得分有顯著正相關。而條理感正是個人意義系統形成的因素之一，因此一個人若具有高度堅毅特質，亦將擁有較高之條理感，也有助於建立個人的意義系統。李昱平（2014）以高中學生為對象進行堅毅特質、個人意義與死亡態度之關聯性研究亦發現，堅毅特質對個人意義有直接的影響效果，亦即具有高堅毅特質的人之個人意義感亦會較高。

（二）堅毅特質與死亡態度

死亡態度（death attitude）是指個體面對死亡時，在感情、行為和認知上穩定一致的、具有傾向性的評價系統。Wong、Reker 與 Gesser（1994）指出，死亡態度應包括死亡恐懼、死亡逃避、中立型接受、解脫型接受、趨近型接受等五個面向。李昱平（2014）的研究中發現，臺灣高中學生的死亡態度除了死亡恐懼、死亡逃避、中立型接受、解脫型接受、趨近型接

受外，尚有另一面向，稱之為坦然型接受（tranquil acceptance）。其中，趨近型接受係指個體將死亡視為通往快樂來生的通道，相信有幸福的死後生命存在，因此對死亡的接受是基於「死亡的美好」（goodness of death），所以不害怕死亡，願意面對自己最終會死亡的結局且對此有正面情緒反應；而解脫型接受為個體因無法有效應對生活中痛苦或不幸的問題，出現「活著是痛苦」（badness of living）的想法，使其對生活痛苦的恐懼更甚於對死亡的恐懼，而將死亡視為痛苦的解脫之道。以上兩種死亡態度稱為條件性的接受（李昱平，2014）。根據許淑瑛、張素凰（2005）的研究可知，大學生的生死態度與無望感為憂鬱至自殺意念之中介歷程變項，在自殺歷程中扮演著重要的角色，且大學生問題解決能力與憂鬱症狀存在共變關係。其中，條件性接受的死亡態度有極大可能是面臨壓力的個體，在無法有效因應壓力且長期承受壓力的情況下，選擇自殺的原因。李昱平（2014）以高中學生為對象進行堅毅特質、個人意義與死亡態度之關聯性研究，研究結果顯示堅毅特質對條件性接受之死亡態度有負面的影響，顯見個體覺得活著比死亡痛苦之想法會因堅毅特質之提升而降低。

因此，透過培養堅毅特質，能增強個體因應本體焦慮的存在性勇氣，而做出積極的未來性決定，為生命帶來活力與生氣，正向經驗的日月積累逐漸提升生命意義的層次，減少其以死亡解決生活困境之可能性。

伍、堅毅生命課程規劃

基於前述堅毅特質的運作機制，吾人將其規劃為適合青少年階段學生（13～23歲）學習的堅毅生命課程，該課程目前僅在高中實施二年，課程對學生之影響仍需長期之觀察與實徵之研究。該課程之學習目標、課程架構如下。

一、學習目標

本課程之學習目標包括：

1. 肯定個人生命意義，建立積極生命觀：透過堅毅特質之涵養，促使學生勇於接受新經驗之刺激、活化其認知能力，以及與世界互動之方式，使能不受生物性與社會性因素之影響，建立積極的生命觀。

2. 培養存在性勇氣，提升個人適應環境之能力：透過堅毅特質的培養，強化學生存在性勇氣，涵養學生堅毅特質的習慣與行動力，並能以「積極性未來取向」的方式做決定。

3. 擴大生命視野，發展獨特的生命個體：引導學生了解堅毅特質的意涵與重要性，協助其發展對各項事物可能性的想像能力，使其具備生命之獨特性。

二、課程架構

週次	進度內容	教學注意事項
1	為什麼需要培養堅毅特質： 堅毅特質與生命意義（個人意義）的關係	1. 堅毅特質的培養重視情意教育，除課程的擬定與實施外，教學宜強化體驗、省思、實踐，兼顧活動課程與學理課程 2. 活動課程部分，教師可採用座談、參觀、訪問、服務學習、演練、競賽、分組討論、角色扮演等教學方法來進行，並透過日常生活中隨時進行機會教育，落實所學 3. 教師教學時應多運用各種多媒體教材，以提高學生興趣
2	為什麼需要培養堅毅特質： 青少年心理特質與發展堅毅特質之重要性	
3	認識堅毅特質： 堅毅特質的內涵	
4	認識堅毅特質： 堅毅特質的重要性	
5	探索堅毅生命的力量： 突破逆境，超越自我	
6	探索堅毅生命的力量： 培養堅毅生命之道	

週次	進度內容	教學注意事項
7	邁向堅毅生命（一）：面對壓力：認識壓力	
8	邁向堅毅生命（一）：面對壓力：正向思考與轉換性思考	
9	邁向堅毅生命（一）：面對壓力：從正向心理學發展堅毅生命力	
10	實踐活動（一）：轉換性思考	
11	邁向堅毅生命（二）：建立社會性支持：人活在關係中	
12	邁向堅毅生命（二）：建立社會性支持：社會性支持對個人生命發展的重要性	
13	邁向堅毅生命（二）：建立社會性支持：建立有利的社會性支持	
14	實踐活動（二）：建立支持系統	
15	邁向堅毅生命（三）：實踐健康生活：我們的決定，決定了我們	
16	邁向堅毅生命（三）：實踐健康生活：實踐健康生活之道	
17	實踐活動（三）：實踐健康生活	
18	期末回饋	

陸、結　論

　　大學教育除了透過專業教育獲得生存能力、經由均衡多元的學習活得快樂、透過生命教育啟發目的感外，重要的是能生成精進不退、遇難不畏的意志堅毅力。在目前大學教育專業分化愈來愈細緻、專門的情況下，加上要使學生跟上全球化浪潮與科技進步的績效壓力下，大學教育如何幫助學生內在心靈覺醒、提升人文思維、強化其因應與處理生活問題的能力，便愈顯其重要性。

堅毅生命的課程以堅毅特質之理論與運作機制為基礎進行課程內容之建構，透過理論與實踐，引導學生認識壓力、了解壓力與生命意義之關係，進而學習能提升面對壓力時的心理資本，對於面對愈來愈多樣及複雜壓力源的大學生而言，不啻為一種撥開雲霧、看見光明之途徑。

參考文獻

李昱平（2014）。**高級中等學校學生堅毅特質、個人意義與死亡態度關聯性之研究：模式建構與驗證**（未出版之博士論文）。高雄師範大學，高雄市。

李昱平（2020）。成為美味蘿蔔的勇氣。**生如夏花，死如秋葉，1**，13-18。

許淑瑛、張素凰（2005）。大學生自殺歷程模式之驗證：生死態度與無望感為中介。**教育與心理研究，28**（4），721-744。

葉在庭（2001）。青少年情緒調適、焦慮、社會支持及生活事件與自殺意念的關係。**中華輔導學報，10**，151-178。

潘正德（譯）（1995）。**壓力管理**（原作者：J. S. Greenberg）。臺北市：心理。（原著出版年：1983）

Antonovsky, A. (1979). *Health, stress and coping*. San Francisco, CA: Jossey-Bass.

Antonovsky, A. (1994). The sense of coherence: An historical and future perspective. In H. I. McCubbin, E. A. Thompson, A. I. Thompson, & J. E. Fromer (Eds.), *Sense of coherence and resiliency* (pp. 3-20). Madison, WI: University of Wisconsin.

Baumeister, R. F., Reis, H. T., & Delespaul, P. A. (1995). Subjective and experiential correlates of guilt in daily life. *Personality and Social Psychology Bulletin, 21*(12), 1256-1268.

Bonanno, G. A. (2004). Loss, trauma, and human resilience: Have we underestimated the human capacity to thrive after extremely aversive events? *American Psychologist, 59*(1), 20-28.

Duckworth, A. L., Peterson, C., Matthews, M. D., & Kelly, D. R. (2007). Grit: Perseverance and passion for long-term goals. *Journal of Personality and Social Psychology, 92*(6), 1087-1101.

Engel, G. L. (1974). Memorial lecture: The psychosomatic approach to individual suscep-
tibility to disease. *Gastroenierology, 67*, 1085-1093.

Frankl, V. E. (1963). *Man's search for meaning: An introduction to logotherapy*. New
York, NY: Souvenir Press.

Fry, P. S. (1998). The development of personal meaning and wisdom in adolescence: A re-
examination of moderating and consolidating factors and influences. In P. T. P. Wong
& P. S. Fry (Eds.), *The human quest for meaning* (pp. 91-110). Mahwah, NJ: Law-
rence Erlbaum Associates.

Kierkegaard, S. (1954). *Fear and trembling and the sickness unto death*. Garden City, NY:
Doubleday Anchor.

Kobasa, S. C. (1979a). Personality and resistance to illness. *American Journal of Com-
munity Psychology, 7*, 413-423.

Kobasa, S. C. (1979b). Stressful life events, personality, and health: An inquiry into hardi-
ness. *Journal of Personality and Social Psychology, 37*, 1-11.

Kravetz, S., Drory, Y., & Florian, V. (1993). Hardiness and sense of coherence and their
relation to negative affect. *European Journal of Personality, 7*, 233-244.

Lang, A., Goulet, C., Aita, M., Giguere, V., Lamarre, H., & Perreault, E. (2001). Weather-
ing the storm of perinatal bereavement via hardiness. *Death Studies, 25*(6), 497-512.

Lazarus, R. S., & Folkman, S. (1980). Psychological stress and adaptation: Some under
solved issue. In H. Selye (Ed.), *Selye's guide to stress research* (Vol. 1) (pp. 90-117).
New York, NY: Van Nostrand Reinhold.

Lazarus, R. S., & Folkman, S. (1984). *Stress, appraisal, and coping*. New York, NY:
Springer.

Maddi, S. R. (1970). The search for meaning. In W. J. Arnold & M. M. Page (Eds.), *The
Nebraska Symposium on Motivation* (pp. 134-183). Lincoln, NE: University of Neb-
raska Press.

Maddi, S. R. (1987). Hardiness training at Illinois Bell Telephone. In J. P. Opatz (Ed.),
Health promotion evaluation (pp. 101-115). Stephens Point, WI: National Wellness
Institute.

Maddi, S. R. (1990). Issues and interventions in stress mastery. In H. S. Friedman (Ed.),
Personality and disease (pp. 121-154). New York, NY: John Wiley & Sons.

Maddi, S. R. (1994). The Hardiness Enhancing Lifestyle Program (HELP) for improving physical, mental, and social wellness. In C. Hooper (Ed.), *Wellness lecture series* (pp. 1-16). Oakland, CA: University of California/HealthNet.

Maddi, S. R. (1997). Personal Views Survey II: A measure of dispositional hardiness. In C. P. Zalaquett & R. J. Wood (Eds.), *Evaluating stress: A book of resources* (pp. 293-310). New York, NY: Scarecrow Press.

Maddi, S. R. (1998). Dispositional hardiness in health and effectiveness. In H. S. Friedman (Ed.), *Encyclopedia of mental health*. San Diego, CA: Academic Press.

Maddi, S. R. (2002). The story of hardiness: Twenty years of theorizing, research, and practice. *Consulting Psychology Journal, 54*, 173-185.

Maddi, S. R. (2006). Hardiness: The courage to grow from stresses. *The Journal of Positive Psychology, 1*(3), 160-168.

Maddi, S. R. (2012). Creating meaning through making decision. In P. T. P. Wong & P. S. Fry (Eds.), *The human quest for meaning: Theories, research, and applications* (pp. 57-80). Mahwah, NJ: Lawrence Erlbaum Associates.

Maddi, S. R., & Kobasa, S. C. (1984). *The hardy executive: Health under stress*. Homewood, IL: Dow Jones-Irwin.

May, R. (1960). Existential bases of psychotherapy. In R. May (Ed.), *Existential psychology* (pp. 58-71). New York, NY: Random House.

May, R. (1967). *Psychology and the human dilemma*. New York, NY: W. W. Norton.

O'Brien, K. K., Lopez, S. J., & Petersen, S. (2000). *Building a theory of courage: A precursor to change?* Paper presented at the 108th Annual Convention of the American Psychological Association, Washington, DC.

Peterson, C., & Seligman, M. E. P. (2004). *Character strengths and virtues: A handbook and classification*. Washington, DC: American Psychological Association.

Puttman, D. (1997). Psychology courage. *Philosophy, Psychiatry, & Psychology, 4*(1), 1-11.

Reker, G. T., & Wong, P. T. P. (1988). Aging as an individual process: Toward a theory of personal meaning. In J. E. Birren & V. L. Bengston (Eds.), *Emergent theories of aging* (pp. 214-246). New York, NY: Springer.

Ryff, C., & Keyes, C. L. M. (1995). The structure of psychological well-being revisited. *Journal of Personality and Social Psychology, 69*, 719-727.

Ryff, C., Lee, Y. H., Essex, M. J., & Schmutte, P. S. (1994). My children and me: Midlife evaluations of grown children and of self. *Psychology & Aging, 9*, 195-205.

Selye, H. (1976). *The stress of life* (Rev. ed.). New York, NY: McGraw-Hill.

Snyder, C. R., Lopez, S. J., & Pedrotti, J. T. (2010). *Positive psychology: The scientific and practical explorations of human strengths*. Thousand Oaks, CA: Sage.

Sullivan, G. C. (1993). Towards clarification of convergent concepts: Sense of coherence, will to meaning, locus of control, learned helplessness and hardiness. *Journal of Advanced Nursing, 18*, 1772-1778.

Tillich, P. (1952). *The courage to be*. New Haven, CT: Yale University Press.

Wong, P. T. P., Reker, G. T., & Gesser, G. (1994). Death Attitude Profile-Revised: A multidimensional measure of attitudes toward death. In R. A. Neimeyer (Ed.), *Death anxiety handbook: Research, instrumentation, and application* (pp. 121-148). New York, NY: Taylor & Francis.

作者介紹

李昱平，高雄師範大學教育博士，現任高雄師範大學教育學系兼任助理教授。曾參與教育部委託規劃民國 99～102 年度生命教育中程計畫、民國 103～106 年度生命教育中程計畫研究團隊、教育部十二年國教配套計畫分科教材教法子計畫三之《高中生命教育教材教法》多章作者、教育部推動生命教育之動、靜態成果彙整計畫協同主持人。譯作有《如何成為全人教師》（與張淑美合譯）。

30 心靈彩繪之藝術療法的陪伴

郭育誠、莫淑蘭
藝術治療師

壹、概　說

一、從繪畫表現到陪伴病人的機緣

　　在臨床陪伴病人進行心靈彩繪時，病人就是我們的導師，當與他們分享生命中酸甜苦辣的內心世界時，如同一起扶持如何面對困境的過程，並學習如何提升自我的力量和心靈的成長，能夠與病人互動交流，是我們的福分。我們喜歡畫畫也受到東西方生命圖觀的啟發，進而探索及臨床陪伴病人做心靈彩繪的作品。安寧病房的病人願意將自己作品留下來分享，也許是一首詩、幾筆線條、幾抹色彩，這些作品都是他們用著微弱的雙手、專注的神情、有時像孩童般重拾畫筆的喜悅，一筆一畫地塗鴉出來的。陪伴時，作品裡面訴說著對生命的熱愛與掙扎，病人與作品產生共鳴，是很感動的過程。每一個作品都蘊藏著他們心中的無價寶藏，都是獨一無二的珍貴創作，由衷感謝安寧病房的病人與家屬親友及醫療團隊所給予我們的陪伴機緣。

二、心靈照顧連結藝術療法的美好輔助

　　緩和醫療照顧下提出安寧病房的病人需要得到身心靈的照顧，因此藝

術療法的輔助可行性是值得我們認識與了解的。藝術療法的過程適時地陪伴病人，期許能提升生活品質與獲得心靈放鬆，所以在緩和醫療照顧下接受藝術治療，協助病人運用美術療育的抒發和轉移，能得到自發性的力量及身心症狀的緩解，以維持心靈的穩定提升，對照護是有正面顯著效果的，值得進一步的探討研究其在應用上的成效（莫淑蘭、郭育誠、邱泰源、蔡兆勳、陳慶餘、姚建安，2008；郭育誠等人，2001；陳慶餘，1998）。我們在安寧病房進行美術療育的目標，包括有促進個人特質和美感經驗的整理、生命回顧與意義的肯定、感恩及生活信念的支持、對生死看法與心願的分享等，病人甚至會向親朋好友表達祝福或告別，並留下珍貴的生前作品，成為家人永恆的紀念（郭育誠等人，2002；Jones, 2000）。

　　1990 年，世界衛生組織（WHO）更明確揭示安寧緩和醫療的原則為：它重視生命，並認為死亡是一種正常的過程，而安寧療護追求的目標是：病人得到身心靈的整體照顧，生活品質與靈性境界提升而得以善終；家屬哀傷得以輔導，家庭功能得以重建，盡快重新面對未來的生活（蔡兆勳，搜尋時間 2015）。而末期醫療照顧的模式，除了原有的西醫治療外，病人或家屬常會尋求其他另類治療；臺灣有研究指出，國人於罹病期間，至少會使用其中一種另類治療者，占 81.9%，較歐美國家高出許多（胡文郁，2005）；美國癌症中心的研究指出，末期病人醫療照顧的需求之生活品質，有 13% 者會使用非正統治療；英國倫敦教學醫院則指出，16% 患者會使用輔助治療（如代謝治療、飲食治療、心靈想像、維他命、草藥、音樂及美術治療）。在多樣化的輔助療法探討中，我們期許美好的力量能減輕病人的痛苦。

貳、理　念

一、藝術治療的關聯

　　談起藝術治療的相關事蹟，可推溯到史前的洞窟壁畫，壁畫內容表現人類與當時環境的關係和生命的紀錄；相傳古埃及時代也用過藝術活動治療精神病患；戰國時代的莊子也主張透過藝術的省思，可超越自我；1880年左右，義大利人記載在醫院應用藝術活動抒解病人的身心障礙。近代研究發現，精神病患的藝術傾向，能夠揭示其心理活動的奧秘，因而獲得醫學界的重視。

　　由上可知，為了健康的緣由而運用藝術活動的方式可能起源於很早的年代，而有關藝術治療的研究文獻，雖然始於第二次世界大戰前不久的大不列顛，但是對公眾制定一些重要社會公益服務的藝術治療，則可追溯於1930年至1940年的精神治療運動，此運動主要受到 Freud 和 Jung 兩位心理學家的影響。而藝術治療成為被認可的心理衛生專業則是在 1970 年時的英國，後續相繼有許多國家在心智障礙和特殊的醫療教育上發展藝術治療。

　　如今我們知道的藝術治療形式，包括以個別、團體、伴侶和家庭來進行的視覺藝術、音樂、舞蹈、戲劇和詩歌等方式，形式上鼓勵治療師能靈活運用不同的有效方式開拓藝術治療的領域。

二、轉化、創造、美感的理論

　　藝術治療對有心理情緒問題的人，或想更了解自己的人都有益處，特別是難以運用語言表達的時候，藝術能以非語言的表達方式，透過轉化作用、創造能力與美感經驗的連結得到良好的調適。分享說明如下：

　　1. 轉化作用：係指事件與物體發生在人的交流與交換之中，是一種再生的發展階段，也是運用溝通與整合了解過程，以便使它成為心靈

中有意識且受自我控制的一部分，尤其作品是容易產生轉化作用的對象。

2. 創造能力：創新的重組建造能力，可以提出解決問題的途徑，如同完成一項整治的方法或新的設計，或是創造一種有效的運作形式。

3. 美感經驗：美的感動，讓我們對生活有了廣度與深度的認識交流，由美的經驗形成的學科——「美學」，是對美的研究，也包括對醜的研究，有一般藝能及相關經驗形式的理論研究，如美術鑑賞、藝術心理學等。美感經驗正是生命的收穫與延伸（陳鳴譯，1995）。

藝術治療提供非語言的表達和溝通機會，轉化或移情的運作往往超乎原有的想像，當創作時我們的意念集中在美好經驗或回憶之際，傷痛的注意力會自然地減緩，無形中讓心靈多出放鬆的空間。

三、發現美術中自療與培育的價值

在光影入眼至腦有心意用手傳到作品，可說是身心靈作用的藝術過程，我們常常試圖鼓勵受治療者做內在經驗的圖像表達，同時治療關係中，我們引領病人塗鴉，使樂趣成為病人的本能表現。陪伴病人的過程中，我們發現美感與健康的生命是多數人的幸福體會，如同世界衛生組織（WHO）提出：「健康是身體、心理和社會三方面都能夠處在一種幸福美好狀態，而不單獨指明沒有疾病而已。」如今藝術療法趨向於精神分析及藝術過程即為治療的相互影響，而連結與延伸中我們發現美術活動的自發取向可以緩和調適對外的關係，在進行藝術活動如同是一種幸福的探索，美的知覺能讓病人正向察覺達到自我療養並培育心靈的成長。因此，我們在臨床陪伴病人畫畫時都用「美術療育」一詞來稱呼，在這裡一併整理也分享美國藝術治療學會曾提出相關「美術療育」的一些功能價值給大家。

（一）美感經驗再度發揮

美的經驗並不侷限於美的技術上，更重要的是美感的分享。塗鴉將美

感經驗再度發揮出來,也許從一朵花、家中的光形、生活中點點滴滴的回憶,到對大自然的感受,就在自己動手之間表達出來,並不是畫的好,而是感動的自然流露。同時,塗鴉律動的痕跡能讓人欣賞到不同的自己或家人,也與環境產生微妙的關係。

(二)情緒抒解

不同的圖像有其情感文化的背景,就視覺心理學來說,圖像造形可以使接觸的對象有所感受,不同的感受實際上也反映各個體的心理狀態。以藝術心理學的角度而言,從觀賞到進行繪畫的過程,圖像常與描繪者的身心呼應,塗鴉就是一種抒發其中美感的交互活動,更能達到情緒的抒解作用。

(三)察覺到非語言世界的美妙

畫的好或不好不要太在乎,而是把握多樣化的美術媒介與工具使用的機會,在自發練習中維持肯定的態度,經歷察覺內在可伸展的心靈空間,而使得身心放鬆。因為世界不是由語言所組成的,當察覺到無數的回憶、情感、夢幻和傷痛,投入超越語言的繪畫創作能為生命添上愛和希望而更美妙。

(四)培養個人成長

藝術的力量在於參與的過程,具有培養個人成長的動力,也能延伸生命的極限,其中,欣賞與動手練習對身心也具微妙的變化,對某些人而言是一種深刻明顯的經驗與生命意義。投入時能有效地去培育感覺、用理智去融合語言與非語言的意義,有助建立起潛意識的自然對話,使生理、心理、社會與心靈層面邁向良性的溝通。

(五)維持內在與外在世界的平衡

在陪伴繪畫的過程中,美感往往自然地推動受治療者自發的療養放鬆。這是在了解受治療者的意願和問題,然後經由適當的媒介來供欣賞與創造,

過程中整理自我及生命意義的肯定，對維持內在與外在世界的平衡有很大的幫助（朱惠瓊譯，2012；陳鳴譯，1995）。

參、臨床實務與繪畫的探訪

一、美感表現的臨床探討

1997 年起，我們的臨床實務在安寧病房，探討著面臨死亡問題與失能心情的末期病人，在病人接受藝術輔助療法下協助進行美感表現的察覺、欣賞、創意、親手繪畫或長期創作，從中見習體驗到能舒展心情的美感支持及心靈展現。

在臨床研究統計中發現到，安寧病房的病人接受藝術治療時，傾向採用視覺欣賞與親手繪畫的方式。在某醫院安寧病房研究中，我們根據病人的感受、認知與行為來評估藝術治療的效果。參與研究的對象總共有 177 名病患（105 名男性，72 名女性，平均年齡 65.4±15.8 歲）。

研究結果顯示，每位病人平均接受 2.9±2.0 次的藝術治療，創作了 1.8±2.6 件作品。大部分病人的感受良好，專注地參與創作過程。病人藉由影像欣賞與親手繪畫來表達內心感受，其中以風景畫最為常見。病人們在接受治療後的美感表現分數（每個項目可得 1 分，包括美感察覺、欣賞、創意、親手繪畫、常期創作）平均為 4.0±0.7 分，顯著高於治療前的分數 2.2±1.4 分（$p < .05$）。在治療期間，70%的病人感受到心理上放鬆了許多，53.1%的病人亦覺得生理上改善許多（Lin et al., 2012）。

在緩和醫療照顧下接受藝術治療，對照護是有正面顯著效果的，值得進一步的探討研究其在應用上之成效（莫淑蘭等人，2008；郭育誠等人，2001；陳慶餘，1998）。

二、繪畫的探訪過程

我們進行美術療育探訪之前，在病房例行的病案討論中，經由醫療團隊人員轉介，了解個案照顧的需求與意願。先訪談與病人建立關係後，依據初訪資料進行綜合評估以設定療育方向，如果需影音紀錄要先徵得病人和家屬的同意。

在陪伴當時，如果病人透過察覺、欣賞、創意、親手繪畫之後，我們常常鼓勵他們觀賞自己的作品，想一想，並促請表達聯想的感受。圖畫能做成影音存檔紀錄也是很好的，此外我們在接下來的探訪中鼓勵病人再看看這些畫，單張看或一系列地看皆可。病房是一個安全的環境，治療師陪伴療育時必須引導喚起溫馨的氣氛。將融合自由寬容的心理，以正向關懷、溫暖、真誠與正確的同理心（Corey, 1996），使病人有機會展現創造力和延伸心靈的成長。

我們很注重繪畫陪伴時的態度，一般最好保持當一個客觀的觀察者且適時地協助繪畫，在探訪中較期待個案對自己繪畫的感覺和訊息可以加以表達，時時保有耐心等待他們敘述。我們避免介入繪圖或做太多闡釋，因為必須等到個案完成一定程度的繪畫，足以揭露重複的議題、象徵、療育型態等，才開始對話。過早的繪圖對話，可能導致作品的主題和內容較為防衛和刻板化，因而錯失了繪畫帶來的一些好處。以下簡短的描述我們美術療育的過程，期許除了提供病痛時照顧的觀點，也在教學上能連結應用。下面單元分享陪伴的案例都是病人的心靈彩繪，其中有對家人「道謝、道愛、道歉、道別」四道人生的表達（趙可式，2020），有彩色筆、色鉛筆的作品，意念長遠用情感穿越時空，成為家人的撫慰，更散發無限的懷念。

肆、陪伴案例分享

一、幼兒的小玲：每一天只想用心做

美術療育師每次探望小玲時，雖然病情的發展使她的身體漸漸虛弱，但全心全意做作品的小玲，卻不曾因身體的病痛有所懈怠，這樣的心靈動力，讓小玲對生命無限的延續得到了希望的出口。細心照顧的父親也隨時幫忙著小玲捏著黏土，爸爸看似粗壯的雙手，竟然能做出如同小拇指般大的可愛吉祥物造形作品。小玲常說謝謝爸爸，在美術活動中，大手與小手相互扶持溫暖著，不僅畫出自己的創意，設計出燒焦飯糰（如下圖）、包子和便便家族的卡通圖案，也捏出許多令他們歡喜的賤兔、Qoo、Pucca、小沙彌、趴趴熊等黏土作品，父女之間流露的親情融化了無言的離愁，同時每分每秒相處的甜蜜像是停頓一般，彼此心底是那麼的珍惜。小玲清醒的最後一刻，她告訴大家：「這時候的她，每一天只想用心做。」如此的精神深深感動了我們，也讓我們每次在孩子的塗鴉過程中非常呵護與那純真的心靈相遇。

二、青少年的廖小弟：畫畫是生命最重要的一刻

廖小弟就讀高中電機班，私下很喜歡畫畫，來到病房沒想到居然有美術療育師探訪，之後畫畫是他期待的時光，因為可以做他最感興趣的事。開始以為要畫實物素描，沒想到可以隨心所欲，第一次畫了「自己有感觸的小手」（如下左圖），當時寫下了心情——畫畫是生命最重要的一刻。第二次畫了「心中的我」之後分享，不要只看到他外表受到病痛折磨的樣

子，這一張他想畫出自己內心英姿煥發的姿態。病情使他吃飯時會邊吃邊睡，母親很不捨想幫忙，但他都安慰母親不要擔心，他要靠自己把飯吃光。第三次畫出「想像中的女友」，他說雖然已經沒有機會談戀愛，但心中仍有虛擬的美女陪伴。我們每每看見他愈來愈虛弱、呼吸更喘，但他仍勇敢地畫至第四幅畫——「空出的椅子」（如下右圖），並說未來想賺錢盡孝心，不過自己人生的位子就要留空了，但想想對父母的愛不能空白，一定要說出口。後來，他請我們將作品集結成冊送給父母，表示這是自己唯一能留下的寶藏。

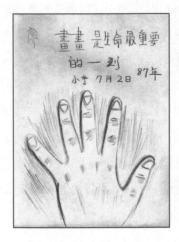

三、中年的林先生：古墓在風中飄蕩著慈悲

林先生是位文學家非常才華洋溢，也精通詩詞押韻的趣味，發表過許多意境深遠的文章作品，在病房中他也分享幾篇文章給大家，內容很講究，而且他能以古音的文字解說著。其中這篇「尾站」在他吟唱後，將心裡的意境轉化創作成畫面，一開始他很有感觸地用綠色線條描繪出圖畫景象，將其中一句「化作千風飄慈悲」，寫在樹林上隨著風的線條律動，而畫面旁邊有彎月，左下有古墓，在清風中飄著落葉的痕跡，表示自己了解生命

有限而歉意的傳達就如落葉，但慈悲
的力量是不受時空限制，足以感恩
（如右圖）。

四、老年的沈奶奶：心中一片廣闊林地

　　沈奶奶說心裡最懷念的，是在馬來西亞與先生打拼三十多年的日子，
當時是做木材生意相當辛苦。她拿起藍色與綠色的筆，畫出抽象的色塊，
因為筆停在紙上的時間相當久，顏色就暈染開來，而寫字有重疊，最後寫
下「大作」二字時，我們才明白奶奶畫的是心中一片廣闊林地，好似回顧
看到兩夫妻共同努力的血汗（如下左圖）。沈奶奶的病情後來嗜睡，但爺
爺平靜地一直陪在身旁，當時我們指向奶奶抽象的作品鼓勵爺爺表達出自
己的心疼或不捨，但爺爺用紅色的筆以圈著繞著變成熱情的玫瑰花，畫面
上的激動有如華爾茲般的舞曲，原來是爺爺用來道別，他慢慢地寫上「永
懷」，代表不忘太太的深厚情意（如下右圖）。

伍、授課方法與感念心得

一、授課與學習方式

　　陪伴末期病人的緣分，讓我們在生命教育的領域有機會分享經驗，這次將以往授課內容及簡要方法做整理並述說心得，也是一種回顧與省思吧！課程的內容以認知的、心理的、表現的三項訴求為主，提出視覺心理與藝術治療的關聯。我們授課的方法與學習方式如下：

　　1. 察覺主題與講授問答。

　　2. 欣賞藝術與個案報告。

　　3. 創意應用與作品練習。

　　4. 動手體驗與討論分享。

　　課程以察覺、欣賞、創意、親手繪畫來進行。察覺主要是連結本文「壹、概說」和「貳、理念」小節。欣賞是課程中，有名畫家生命圖觀作品的觀賞，並講解「參、臨床實務與繪畫的探訪」及分享「肆、陪伴案例分享」。創意的部分是延伸如何思索繪畫與非語言表達方式，在輔導照顧上提升對藝術作品的自身感受，以對應集體潛意識的自然對話。而親手繪畫則是聯想塗鴉練習，心靈彩繪主題有對家人道謝、道愛、道歉、道別四道人生的圖像表達，以彩色筆、色鉛筆的畫材描繪圖案，再鼓勵其情感的表達，以促使生理、心理、社會與心靈層面邁向良性的溝通。課程設計同時著重自發取向的學習及創意與陪伴生命問題的能力。其教學目標有：

　　1. 說明藝術與健康的關係。

　　2. 了解藝術治療的理念與功能。

　　3. 探討藝術治療在臨床實務的應用。

　　4. 參與藝術創作並分享對作品的想法與感受。

二、感念與心得

在藝術彩繪的陪伴或授課時，常思索如何讓藝術療法的精神注入教學活動，雖然藝術無法幫助人們起死回生，但它卻能開拓我們對生命不同的看法。許多探索生命意義的作品，不管畫家是因本身所要面臨的死亡、親人的去世、社會上的一些不幸，甚至國家的存亡，既然知道死亡和疾病是人生無法避免的過程，也是生命必然的歸宿，畫家們反而將這生命的衝擊和深刻的體驗，轉化成創作的力量，有的用唯美的風格，有的用象徵的意義，有的用宗教的寄託，有的用血淋淋的手法，有的用內心的抽象表現等等也好，他們都希望在有生之年，將他們短暫而熱烈的生命，盡情地揮灑在畫作上，而這不僅讓我們感受到畫畫的人們對生命的熱愛與珍惜，這種執著的精神更深深地感動著我們。

多年來，安寧病房的先驅持續指導我們，其中陳慶餘教授的臨床美術療育觀點，對我們是重要的啟發，他指出一開始要給予病人「娛樂」，在欣賞之中暫時忘記身體的痛苦，這是「樂」的階段；接著跟藝術治療師建立關係後，可從創作進行的生命回顧中獲得啟示，進而了解生命意義及死亡感受，這是「覺」的階段；最後，病人主動做作品或作畫，對自我的肯定可以超越死亡的恐懼，這是「喜」的階段。在緩和醫療照顧下接受美術療育，讓病人運用美術療育的抒發和轉移，得到自發性的力量及身心症狀的緩解，對心靈的提升更加顯著（陳慶餘，1998）。這詮釋讓我們清晰學習到臨床病人的身體至心靈轉化是很重要的照顧。

文獻上藝術療法之所以被認為是一種「自然保健療法」，是因為它結合了繪畫與相關媒材中許多形象化的藝術與心理療法，雖然在醫學上仍屬輔助方法，不過西醫已承認藝術療法是有效的治療方法，許多患者雖然對傳統的精神或心理治療沒有什麼反應，但亦可藉藝術療法獲益（樂為良，2007）。我們的經驗感念的是從許多臨床上的病人接受美術療育，在陪伴的個案中看到作品而心生感動，連結美的知覺照顧病人，是生命探索與關

懷心靈的良好發展。病人的醫療照顧對生活品質及尊嚴的維護，不只涵蓋病人也包括親友，一同運作美感表達能完成一種心靈的對話，讓用心的療護歷程中有藝術的生命關懷，以增添美好（莫淑蘭、郭育誠，2016）。

　　記得在教授生命教育的課程時，有人問我們投入藝術療法的感觸，我們常回應「病人是我們生命學習的導師」。看到許多病人將情緒起伏轉換或塗鴉成有含義的圖像，不僅是為了自己，有時是為了生命的有限或發現無限的延續。而能貼近且深刻地體會受治療者的生命態度與信念，是我們的福氣，我們很珍惜，或許未來，會有更多照顧者分享美感經驗，無論是在學校及社會的教育上，期望陪伴病苦的同時，也能有「美」的氣息相隨。

參考文獻

朱惠瓊（譯）（2012）。**藝術治療：自我工作手冊**（原作者：C. A. Malchiodi）。臺北市：心理。（原著出版年：2006）

胡文郁（2005）。**臨終關懷與實務**。臺北縣：空中大學。

莫淑蘭、郭育誠（2016）。末期病人照顧之藝術輔助療法的美感支持。**腫瘤護理雜誌，16**（2），15-28。

莫淑蘭、郭育誠、邱泰源、蔡兆勳、陳慶餘、姚建安（2008）。藝術治療：透過視覺心象的療法。**臺灣醫學雜誌，12**（2），200-208。

郭育誠、莫淑蘭、陳慶餘、邱泰源、姚建安、胡文郁、…周玲玲（2002）。癌末病人之美術療育。**臺灣醫學雜誌，6**（6），839-847。

郭育誠、莫淑蘭、陳慶餘、邱泰源、姚建安、胡文郁、釋惠敏（2001）。癌末病人接受美術療育之前驅性研究。**安寧療護雜誌，6**（1），14-24。

陳鳴（譯）（1995）。**藝術治療的理論與實務**（原作者：T. Dalley）。臺北市：遠流。

陳慶餘（1998）。癌症病人靈性照顧模式之研究。**中華家醫誌，3**，20-30。

趙可式（2020）。安寧緩和療護中的心理護理。**志為護理，19**（1），30-33。

樂為良（2007）。**自然保健療法大全**。香港：讀者文摘。

蔡兆勳（搜尋時間 2015）。**安寧療護基本概念**。取自 https://www.ntuh.gov.tw/nurse/

Corey, G. (1996). *Therapy and practice of counseling and psychotherapy* (5th ed.). CA: Brooks/Cole.

Jones, G. (2000). An art therapy group in palliative caner care. *Nursing Times, 96*(10), 42-43.

Lin, M. H., Moh, S. L., Kuo, Y. C., Wu, P. Y., Lin, C. L., Tsai, M. H., ...Hwang, S. J. (2012). Art therapy for terminal cancer patients in a hospice palliative care unit in Taiwan. *Palliative and Supportive Care, 10*(1), 51-57.

作者介紹

　　郭育誠，臺大醫院、三軍總醫院、臺北榮民總醫院安寧緩和醫療病房美術療育師；臺北榮民總醫院精神科青少年學園美術療育師；蓮花基金會生命教育諮詢委員；臺北教育大學心理與諮商學系／臺北護理健康大學護理系藝術治療概論兼任講師；華梵大學藝術治療、美術療育、美感與健康兼任講師；臺灣藝術教育館美術與療育老師；臺灣藝術治療學會專業認證會員；臺灣大學生命教育中心課程兼任講師；臺灣大學輔助暨整合醫學中心藝術療法諮詢老師

　　莫淑蘭，臺大醫院、三軍總醫院、臺北榮民總醫院安寧緩和醫療病房美術療育師；臺北榮民總醫院精神科青少年學園美術療育師；蓮花基金會生命教育諮詢委員；臺北教育大學心理與諮商學系／臺中教育大學美術學系／臺北護理健康大學護理系藝術治療概論兼任講師；亞東技術學院兼任講師；臺灣藝術治療學會專業認證會員；臺灣大學輔助暨整合醫學中心藝術療法諮詢老師

動物生命教育在大學校園的實踐：二十年的衝突、共榮與蛻變之路

葉明理

臺北護理健康大學生死與健康心理諮商系助理教授

壹、楔子：校園內師生與流浪動物的衝突

筆者是在 1997 年到北護任教的，在來北護之前，筆者已經從事臺灣動物保護運動十年之久，包括參與成立臺灣第一個私立流浪動物收容所以及倡議動物權的非營利組織。大約在 1999 年間，某個午後，工讀生很著急地來找筆者，他說校園內有一隻狗被鐵絲綑綁在樹上哀號，怎麼辦？我們前往察看才發現，有一隻狗狗全身布滿了不知如何纏繞的鐵絲，困在樹下，血跡斑斑……。當時，《動物保護法》已經立法通過（1998 年 10 月 13 日立院院三讀通過，同年 11 月 4 日公告實施），於是筆者拍照通報了臺北市動物衛生檢驗所（今日動物保護處的前身），向動物保護員舉報這項犯行，同時也請求校警的協助，費了好大的工夫才一一剪斷狗狗身上的鐵絲，但狗狗一脫困就一溜煙地逃走了，因此當時沒能送醫治療。我們仔細檢查了犯案的凶器，才發現那是由一小段一小段的鐵絲相互扭結所串成的鐵鍊，狗狗被這樣的鐵鍊套住捕捉後，因為驚恐就不斷扭轉掙扎，而這樣的工具只會愈掙扎愈縮緊，於是全身被鐵絲鍊纏繞到完全無法動彈，而鍊子上每隔 3 公分一個扭結尖刺，就彷彿是耶穌上十字架時被戴上的荊棘冠冕一樣，

根根深深刺入狗狗的肉體中。這是怎樣的仇恨，要對一條無辜的小生命做出這樣的虐待行為呢？後來，耳聞這件事是某大醫院外包捕捉流浪犬做實驗用犬的人做的。

2002 年以前，北護與其他學校一樣，校園內一向也有據地為王的流浪犬，學校的處理方式也同其他學校一樣，就是若學生投訴狗狗肆虐到長官無法應付時，就通知捕犬隊來捕捉，然而通常的結果有三：(1)校園內短時間內暫時舒緩流浪犬的壓力，但幾個月後，新的流浪犬取代被捕捉的空缺，就繼續騷擾師生；(2)被捕捉的流浪犬通常較為親人，無法捕捉的也常是被通報行凶的狗兒，於是劣幣驅逐良幣，在校園內肆虐的只剩下無法親近人、甚至無法捕捉的狗兒；(3)校園內對生命教育的矛盾，以及愛護與討厭動物兩派師生間的衝突。

北護的虐狗事件激發起筆者將過去十年參與動物保護的經驗移植於工作職場的動機，同時由於《動物保護法》立法的落實以及政府推動「校園守護犬計畫」的社會氛圍，提供了在校園中倡議動物保護的立基，加上筆者承接政府的教育行動研究方案所累積之跨校系跨專業的動保技術動能。讓北護在看似貧瘠險峻的惡土中，竟然開啟了至今長達二十年獨具特色的「北護校犬隊」之歷史扉頁。

貳、萌芽：仁慈的園主與勇敢的園丁

一、2002～2003 年試辦計畫篳路藍縷

2002 年年中，在甫接任校長的鍾聿琳教授的鼓勵下，筆者完成整個建置北護校園守護犬的規劃評估，並和幾位關鍵性處室長官進行溝通。初期的規劃案有幾個特色：

　　1. 校園不是收容所，校犬必須要有功能。
　　2. 由上而下的運作方式。

3. 強調協助校犬以校為家，自然而然守護校園。

4. 選擇適合的流浪犬。

5. 組織學生團隊。

6. 接受政府補助。

鍾校長上任之初，即以「天人合一、尊重生命」為治校理念之一，本計畫提供一個無須捕捉撲殺、可以解除校內人犬衝突，又能彰顯治校理念的可能性，因而能獲得校長的支持。然而因為史無前例，執行起來牽涉的相關處室頗多，因此仍需經過校務會議的討論審查。於是筆者在 2002 年 9 月，開學第一次的校務會議上進行提案，果如預期的，在會議中遭遇許多質疑。最後在校長獨排眾議下，以「試辦一年」的折衷方式通過。校方同意授權筆者挑選校內適合場地作為犬舍用地，總務處協助進行犬隻住宿與照顧設備的基礎建置（如遮雨棚、活動狗屋、簡易給水與排水設備等），會計單位編列第一年飼養經費，學務處協助招募學生志工以及各種獎勵措施，葉賢忠主祕與曾育裕總務長則一直擔任折衝協調的工作等。

二、2002 年 10 月北護校犬歡喜開張了……

初期僅有筆者、研究助理及四位護理系學生一起輪流照顧「小黑」及「優漢」（小黑是收編自校園的流浪犬，優漢是收編自筆者執行教育部計畫下在收容所進行親和訓練的幼犬）。當時，學生牽校犬在校園中散步巡視校園時，還會招致校內師生的指點與質疑。偶爾，狗兒的友善互動方式也會驚嚇到師生，甚至原先選定的犬舍區也遭到當地科系處室職員的排斥，而不得不遷徙到現今的前門警衛室後方。這些挫折時常打擊我們的士氣，不過每次遭遇挫折我們便相互打氣，一起討論來找到解決方法。後來，我們發現看似挫折的挑戰，卻帶來出乎意料的效果：走出去讓人指指點點，反而增加了教育宣導的機會；有困難時開口求援，總會有人及時幫忙解困；人們會因為多一分了解而多一分的支持；遛狗時的特殊隊伍讓愛護生命反而成了大家願意討論的話題。

沒多久，喜愛動物的師生慢慢浮現出來，愈來愈多學生對這一份有趣又可愛的志工工作產生興趣。原以為學生會覺得照顧動物會浪費時間而拒絕參加，但我們卻發現，投入心力愈多的學生，反而時間管理能力愈好，成績也都能名列前茅。校犬隊學生不僅樂於學習與照顧動物相關的知能，而且每天面對複雜的排班協調、生活管理問題、人犬衝突，也讓他們的問題解決能力大大提升。此外，每日朝夕相處，學生之間以及學生和狗兒之間，慢慢形成了生命共同體的革命情感，成了校園生活中不可或缺的好友。

參、成長：化了妝的祝福

一、校犬志工隊的更迭

　　動物的照顧雖然工作項目不多，就是吃喝拉撒灑掃互動而已，但主要的挑戰是：牠們是校內真正的居民與員工，一天 24 小時，全年無休，從進入校園到老死都在校園之中。因此，在完全仰賴學生志工的政策下，人力的組織與排班便成為除了經費與設施之外，最主要的議題。

　　校犬志工的招募一直是不容易的，不僅僅是照顧人數的缺乏，更面臨的是照顧人力的變動，無論是橫向的聯繫，或是縱向的傳承，一直都是校犬照顧的挑戰。即便有學校特許，照顧校犬可以列入服務時數，但大多數學生在時數拿到之後還是都跑光光。此外，還有學期中排班的人多，但寒暑假、例假日及過年卻無人照顧；每位排班學生做的事情不一致，有時狗狗被重複餵食；有時卻一整天沒有散步巡視；對於遇到外犬時的處理方式各不相同；牽狗巡視校園時驚嚇到師生，不知如何處理……等問題層出不窮。因此，這個學生團隊比較無法以一般學校社團的方式來運作，比較像是一個學校常態業務的執行團隊。

　　剛開始的前幾年，志工隊都是少少的十多人，而且很多是只有期初期末聚餐時才到，會留下來深度參與的學生多半是有同班同學做後盾，一起

參與狗狗的照顧工作，例如：第一屆的陳宜萩等四位護理系同學、第二屆黃建儒等三位運保系同學、第三屆張遠珹等二位護理系同學、第四屆曾瑞瓊等三位護理系同學、第五屆黃詩芳等三位護理系同學、第六屆林姿好等三位護理系同學。以上各屆跨越了 2002～2011 年間，每位隊長幾乎都是從入隊一直做到畢業才卸任。這段時期，雖然人手很少，但卻很少聽到這些核心隊員的抱怨，反而見到學生們在過程中累積了兼顧學業、實習、打工與校犬照護等各項生活焦點的時間管理能力，在面對各種棘手問題時共同商討解決問題的強大韌性，還有以狗狗生活品質為己任所展現的團隊合作、互助友愛的生命品質。

2011 年起，在新任隊長運保系吳善禾同學以及之後的幼保系黃雅蘭同學之領導下，致力於宣傳招募新隊員，開始確立「北護校犬志工隊」的正式名稱，建立照顧工作分組，每隻狗狗都有專屬的團隊負責照顧和訓練，另外也有隊務的分工，如總務組、採購組、醫療組、宣傳組等。在工作上也建立了嚴謹的交班制度，早先沒有臉書的時期，用紙本記錄常有疏漏，導致狗狗一日多餐或是多日一餐的狀況，後來學生開始利用臉書平臺，作為填寫排班表，以及照顧後立即將工作紀錄及狗狗狀況拍照上傳，讓所有人共同監督照顧狀況之用。一日 2～3 班的照顧報導不僅達到監控基本照護品質的功能，更強化了隊員間彼此的情感交流，以及加深學生愛護校犬之心。管理制度的建構，讓校犬隊從過去以隊長為核心，必須仰賴自家同學義氣相挺獨撐大局的窘境，邁向分權共治的系統化管理新境界。

然而，徒有制度，若所託非人，則系統依然可能瓦解。校犬隊也曾遇過選出的隊長沒有班底，也欠缺責任心，遇到壓力落跑的狀況。曾在某個長假中，因為管理失當，狗狗曾有連續五餐（相當 2.5 日）沒有人排班，狗狗因為飢餓自行出外覓食，吃壞肚子就醫。所幸，這樣的人力窘境倒也激發了校內師長及學校附近社區居民的關注，主動前來協助照顧狗狗，從而讓北護校犬隊又增加了「後援會」的助力！這些叔伯阿姨們不僅主動協助照顧，還願意接受校犬隊的教導，在照顧規則上與隊員合作，也一起排班，

從此校犬成為校內外愛犬人士的焦點，甚至跑在國家教育政策之前，呼應了之後教育部所推動的「在地連結」口號。這是一個生命感召生命的活生生見證啊！

二、戰爭與榮耀

　　二十年來，我們不斷遇到不同的考驗，每個困境都提供給我們養分，讓我們得以成長。其中大致可以分為二種類型的問題。

（一）來自不喜歡動物的師長同學及鄰居之投訴

　　這些年曾遇到學生帶狗狗巡視校園時，驚嚇到怕狗的師長；也遇過鄰居長輩大清早拿長傘私自開啟校門進入，被忠心的校犬驅趕咬傷；還有鄰近的豪宅居民抱怨校犬整晚吠叫而來投訴；也有誤闖校園被咬傷的家犬，主人因此提出控訴的……，這些在在考驗筆者及學生的危機處理能力。面對這些危機卻讓我們學會：

1. 勇敢面對人們的質疑與憤怒。衝突往往是開啟對話的良方，我們學會承接對方的怒氣，並把握機會解釋北護校犬的目的與教養方式、解釋動物行為，並藉機宣導如何跟陌生狗狗互動的技巧。
2. 不卑不亢、冷靜以對。例如：整晚吠叫的問題，就在我們鍥而不捨的追蹤下，證明不是我們校犬所為，並婉轉誠意回應鄰居的抱怨。

（二）校犬的行為與疾病所增加之照顧負荷

　　集體圈養的狗兒總是不時有些行為問題，例如：亂吃雞骨零食鬧肚子、爬牆掙脫牽繩出車禍、人力缺乏時導致外犬勢力增長的校園維護問題、老校犬重病時的密集就醫和給藥所產生的人力與技術負荷等。這些照顧需求也讓我們一點一滴地學會將行為訓練及醫療照護列為校犬志工隊的常規訓練項目中，而連帶所衍生額外的經費需求，也使我們必須正視成立醫療基金專戶來募款的重要性。

　　「收養校園流浪犬，給予照顧與管理，利用犬隻天生的領域性，來驅

趕外犬，達到不須捕捉撲殺，也可以維護校園安全」的措施，在 2003 年試辦之初就已經達到令人刮目相看的成效。自此後，北護就再也沒有請過捕犬隊來校捕捉的狀況，也沒有據地為王的凶猛浪犬驚嚇師生的情事發生，而逐漸增加的是校園內師生學習到更多正確對待動物之知識與技能，以及願意突破禁忌展現愛護動物的勇氣。北護校犬更是經常受到媒體的關注，接受許多次的採訪報導，成為網路平臺的熱門關鍵字搜尋項目。校方師長也經常受到他校的請益，希望可以學習這樣人道處理校園流浪動物所造成的困擾。逐漸地，北護校犬成為學校的亮點、學生引以為傲的話題，以及校友回校巡禮的景點。

肆、離別：世代交替

一、新血輪加入

2008 年左右，一位職員將自家收養的年輕流浪犬及其所生的幼犬帶來學校，我們依照訓犬師的指導，加以訓練挑選，最後有其中一對母「討厭」及子「襪子」通過考驗。此外，當時校內另有一隻無法趕走的流浪犬「咖啡」，經過師生的努力，也將其收編。這三隻成為北護第二代的接班犬（俗稱三劍客），與小黑、優漢一起守衛校園。

幾次老犬的不適就醫，讓細心的志工隊員們開始思考到牠們的老化問題。有學生自主地在校慶活動中發起為牠們尋找「退休終老的家」活動，包括了海報宣傳、傳單發送、發電子郵件等，甚至在校內進行問卷調查，希望知道校內師生對於老校犬終老問題的看法。這次就如預期地並未能找到收養人，讓牠們可以如導盲犬般除役，回歸安逸的家庭生活。但是，我們從問卷調查的結果得知，絕大多數的師生都認同校犬是北護的老家人，應該要讓牠們在校內終老。這項結果也確定了校犬隊與校方在面對老犬終老問題的基本方針。

二、驟逝與殞落

離別的一刻終於還是來臨了。

2011 年 11 月 19 日，校犬隊長發現老校犬小黑身體不適，在帶去醫院就醫後，發現腹中已滿是腫瘤，無法救治，短短的一天後就在醫院中病逝。當我們知道小黑的時間不多時，我們盡可能通知小黑的老友們來見牠最後一面，原本以為這不過是一隻狗而已，應該沒有什麼人會來看牠。沒想到，在短短的半天裡，醫院中來探望小黑的人絡繹不絕，幾乎擠爆了小小的獸醫院，那時我們才驚覺，原來小小一隻狗狗，竟然影響了整整十年的北護學生。這是我們第一次面臨寵物的死亡，而我們發現必須為小黑辦一個告別追思，不僅是為了讓所有牠的好友能來緬懷牠，更藉此將「北護校犬」由 2002 年創立到 2011 年第一隻成員的殞落做一個完整回顧整理。所幸，時任人類發展與健康學院院長的林綺雲教授全力支持，協助遊說校長支持，以學院的經費支持活動進行，排除行政與法律的障礙，促成小黑可以在本校「悲傷療癒花園」的「追思丘」下灑葬等。此外，校犬隊也傾全隊之力，在追思活動前以短短兩週時間，在校內發起「為小黑書寫祝福的話」活動，還有學生不眠不休整理小黑過去十年的影像與事蹟，製作成回顧影片和紀念文集。終於在 2011 年 12 月 6 日，在北護演講廳舉行了「再見了小黑：北護校犬小黑追思活動」，會後移至療癒花園進行「灑葬儀式」，多達 150 多人與會，時任校長的黃秀梨教授親臨致詞，2002～2011 年橫跨近十年間每一屆校犬隊員均有代表與會，有的還手抱幼兒一起來悼念學生時代的老友。這項創舉也吸引國內各重要媒體的爭相採訪報導，並且披露在《中國時報》、《自由時報》、《蘋果日報》等三報的頭版新聞。

第一代校犬小黑短短十年的生命，全然奉獻給北護，相同地，北護也回報以無上的殊榮。小黑的離去帶給我們的學習貢獻有：

1. 他提醒我們愛護動物不是三餐溫飽、活著就好，照顧者的專業知能更為重要。如果我們提早注意應為狗狗做年度健康檢查，也許小黑

可以多活幾年。

2. 原來校犬早已連結了歷屆校犬隊員的情感，也是畢業隊員回校探望的主要對象，學子們與小黑情牽的十年，更是隊員們難以抹滅的青春回憶。

3. 因著小黑告別儀式的披露，大大激發社會重視毛孩子的臨終關懷，也帶動了國內寵物殯葬行業的興起。在我們後續的努力奔走與擘劃下，國內第一張「寵物臨終服務師」證照終於在 2017 年正式由勞動部頒發，扭轉了過去視毛小孩的死亡為「廢棄物處理」的範疇，而被認可為一項正式的專業工作。

三、重病與告別

（一）優漢

隨著時光的推移，這支老邁的隊伍也陸陸續續的凋零了⋯⋯

2015 年春天，高齡 14 歲的第一代校犬優漢被診斷出罹患慢性心衰竭，初期症狀是喘、腹瀉、無力，之後開始有胸積水和腹積水。定期就醫、三餐灌藥、抽腹水成了我們照顧的日常，面對一個心衰竭的老爺爺，校犬隊面臨從未有過的挑戰：

1. 因為牠嚴謹的服藥時間，學生必須要更負責任的排班，更有耐心與技巧地「說服」老爺爺吃藥。

2. 每隔幾週要設法搬移一隻走不動的大狗狗到醫院，是一件很艱辛的工作。還好有位善心的寵物友善計程車司機杜錫琨先生願意免費載送我們就醫，後來我們募得一臺大型推車後，才能夠自己送去就醫。

3. 因為腹水導致蛋白質與電解質的不平衡，使得優漢常常屎尿無法自我控制，把牠常去的健康中心弄得髒臭不堪，學生和教職員都以最大的愛心與耐心幫忙處理善後，甚至教會牠穿尿褲。

4. 梅雨季來臨，優漢無處可以躲雨，只能在學校的穿堂歇息，晚上無意間驚嚇到老師而被投訴，學生們也只得到處賠不是。

5. 緊接著暑假來臨，原本就排班吃緊，要如何維持一日三次有人可以餵藥？而且高溫 35 度的酷暑，心衰竭的老狗要如何撐過？

6. 優漢的心衰竭需要每日服用強心藥物來維持其生理功能，一個月的醫療、藥費及處方飼料就高達 30,000 元，經費要從哪裡來？要放棄支持性療法嗎？實在不忍心。

第一個暑假，由筆者個人以工讀金方式拜託願意留下照顧的隊員於暑假輪流照顧，也幸好有善心的同仁願意讓牠進入一樓的冷氣辦公室休息，也有同仁以個人關係募得強心藥物，有人每日自製營養食物給牠吃，更有人主動捐款贊助。

就這樣，優漢在幾次鬼門關前進出後，也撐過了一個暑假與寒冬。

到了 2015 年冬天，我們終於爭取到犬舍旁的空地，學校幫我們整地，我們也勸募到產學合作廠商捐贈一間重症動物照顧屋以及冷氣廠商贊助一臺二手冷氣，從此優漢有了一間專屬的「加護病房」，學生也能比較方便照顧牠。

這樣堅強的狗狗又撐過了一個春天與夏天，終於 2016 年 8 月 5 日晚上，在餵下最後一餐食物後安詳地在學生懷中離去了。我們依照牠的遺願一樣幫牠也辦了一個名為「優漢的畢業典禮」追思會與灑葬，同樣有上百位師生及畢業校友為牠送行，一樣有專屬的紀念影片與文集……。

每一隻動物都有來世上的目的。回顧優漢的一生，尤其是生命的最後一程，我們見到了一個剛毅不屈且認真活著的生命典範：無論藥有多難吃、上醫院有多難過，但牠知道做了這些身體會舒服一些，牠就順服了；即便包著尿褲，牠還是要支撐著病體到戶外的草叢站著「上廁所」；每天無論多難受，一定要哥哥姐姐帶著牠在校園中到處走走。

而牠帶給北護的貢獻更多：牠的重病促成了北護設置了全國非獸醫學校中第一個「寵物照顧陪伴學分學程」，讓愛護動物的工作可以從愛心志

工服務提升為具有專業知能的正式課程；牠讓北護擁有第一座「高齡動物照護教育犬舍」，讓高齡動物照顧的課程得以有實作的場域；牠也激勵筆者成功推動「寵物照顧員」職能認證標準與培訓（由華岡興業基金會承辦）。

（二）襪子

母子檔「襪子」、「討厭」和獨行俠「咖啡」，年齡相仿、感情融洽，並稱北護三劍客。討厭古靈精怪又愛撒嬌，是人氣社交女王；有犬界洪金寶美譽的襪子，雖然長得圓滾卻是越獄高手；而看似整天昏睡一臉憂鬱的咖啡，卻是驅趕外來生物毫不手軟的英勇老兵。

2018 年年中，在例行的健康檢查中，我們發現襪子罹患淋巴瘤。雖然牠們是公共犬，我們也沒有多餘的經費可以給予完善的醫療，但是「安樂死」始終不曾是我們的首選，只要有機會，我們都願意給自己和狗狗一次機會。於是，我們展開了八個月的抗癌之路。襪子對抗癌藥物的反應並不很顯著，終於在 2019 年 5 月，我們還是失去了牠。這一次，由筆者、北護研究所畢業生且也是「寵物臨終服務師」認證課程講師的游益航心理師與范班超老師，透過舉辦臨終關懷談心會，引導隊員及畢業學長姐一起分享襪子的生命歷程，共同發想襪子的告別活動內涵。這次我們定調為「小太陽襪子的旅程」，這些元素來自於學生對襪子的生命經驗感受，例如：襪子常常越獄出校園遛達所展現的愛旅行事蹟、開朗貼心笑口常開的個性，以及帶給學生小太陽般溫暖的陪伴等。

襪子帶給我們的禮物如下：這次的告別儀式從發想到執行，80%由學生完成，包括主題訂定、紀念冊文章邀稿與編輯、儀式流程分工、資源協調與運用等，此外學生還製作了一首《小太陽》歌曲送給襪子。整個送別的過程將所有的不捨與哀傷完全宣洩與醫治，我們也看到大學生在處理集體哀傷經驗與執行大型活動的無限潛能。

（三）咖啡

　　據學生描述，忠誠憂鬱的咖啡其實是個很照顧討厭母子的暖男，常常默默被其他兩隻爭寵擠走的牠，其實也是很需要關愛的，原來憂鬱酷酷的外表下卻有一份炙熱的心情。喜歡咖啡的學生會說「感覺自己跟咖啡很像」，因此常常會來犬舍找咖啡談心！

　　由於自 104 學年度起筆者在校內開設「寵物照護陪伴學程」，這批學生幾乎都有受過疾病與高齡動物照護的基本技巧訓練，因此咖啡健康狀況的問題也是由學生發現的。學生在 2020 年發現咖啡的異狀，主動帶去就醫，診斷有慢性發炎及貧血問題（典型的老化問題），接著學生主動與筆者及醫師商量醫療照護方案，並且向後援會師長求援。於是，我們又開始啟動長期照護的系列行動，包括後援會製作營養補充食物，學生分工定時參與餵食，定期就醫、餵藥等，與之前相較也更為熟稔了。

　　咖啡的病情進展比預期快，2021 年 1 月狀況急轉直下，在一次例行散步中，突然昏倒，緊急送醫後，醫生建議轉送至 24 小時急重症醫院，學生們接力辦理轉院及所有醫療決策，輪流到醫院參與看顧，彼此加油打氣，甚至還考慮到咖啡對老伴討厭的掛念，想將討厭帶至醫院探病。筆者從整個就醫過程裡，看到孩子們承擔責任的勇氣、處理問題的能力、彼此互助合作與關愛的美德，以及展現對動物像對人類長輩的溫暖。咖啡沒有在病榻上受苦多久，住院不到兩天就在 1 月 23 日清晨離開我們。同樣經過舉辦數場的談心會，帶領參與的學生與學長姐一起回顧咖啡的一生，透過不同世代學生的分享，一起勾勒出沉默寡言的咖啡之獨特圖像。最後，學生決定用「咖啡」的名字為牠辦理一個溫馨的「咖啡星球主題咖啡館」告別儀式，他們期待老朋友會在咖啡星球繼續看顧著北護……。

　　咖啡給北護的禮物，是溫柔而有力的。這次學生們幾乎 90%主導與執行自己的毛小孩老友之告別、火化與送別會，筆者僅僅扮演在旁支持與跑腿的角色。就醫、火化、送別等過程，對大多數學生可能都是生平第一次

失去摯愛的經驗，他們勇敢面對並讓經驗流過，在送別會中他們自己述說自己與咖啡的生命故事，也引導前來參與的校內師長再一次看見校犬在北護的生命教育影響力。

伍、未完的尾聲：意義重建與永續經營

一、冬冬

至此，北護的校犬隊即將凋零殆盡，然而學生對毛小孩的熱愛未減。在 2017 年立冬那天，校犬隊決定要再領養一隻流浪犬，筆者和學生與名訓犬師熊爸一起到臺北市動物之家，領養一隻 2 個月大的幼犬，成為我們第三代校犬接班狗，名叫「冬冬」。飼養可愛的幼犬讓學生們興奮不已，然而歡喜不到半年，小狗狗像吹氣球般長成了大狗狗，青少年的頑皮傷透了學生的腦筋，也讓當時還在世的老三劍客避之唯恐不及。2020 年初，幾次咬破照顧學生衣褲的事情發生，令整個志工隊不得不面對冬冬的去留問題。幾經跟學生的深入討論，大家還是不忍心將冬冬送回收容所（如同安樂死，棄養也從不是我們考慮的選項），於是「搶救冬冬大行動」在大家的痛定思痛下產生了。學生自己研讀資料、請教專家、深入討論，最後決定在名訓犬師熊爸的協助下，重新修改照顧模式。他們勇敢承擔冬冬的教育問題，以辦理密集訓犬課程、由訓犬師考核甄選的方式，明訂只有通過考核者才能參與照顧冬冬，務求以一致的教養方式，改善冬冬的行為。這樣的變奏曲，似乎也呈顯出北護校犬們就是提供了牠們活生生的生命個體，讓孩子們真實經歷生命的循環；冬冬的存在似乎也提供給大學生一個模擬為人父母的快樂與困難。有學生就曾分享，參加了冬冬照顧組後，才理解以前的自己是個多麼讓父母傷腦筋的孩子！

二、討厭

　　很多年前，當我們發現第二代校犬「討厭」、「襪子」、「咖啡」逐漸老邁時，我們就開始思考很多議題：當三劍客都凋零後，我們應該就此結束校犬隊嗎？還是應該繼續這個好不容易建置起來的傳統？就算可以繼續下去，那未來的狗兒是否只有終老校園一途，還是有機會可以在退役後老死前，有著不寂寞的老年生活呢？

　　於是自 2018 年起，校犬隊嘗試幫助老犬進行轉業的蛻變之路。我們挑選合適的隊員帶領年紀最長的「討厭」參與「動物輔助治療犬」的訓練，並於同年年底通過認證，2019 年討厭又帶領另一名隊員也通過認證。自此開啟國內第一宗校犬與學生一同服務需要「動物輔助治療」的弱勢族群之先例。不僅具有「守護犬」轉職為「治療犬」的意義重建意涵，更是成為北護莘莘學子的生命導師，帶領學生走出象牙塔，從事別具意義的生命教育工作。而從 2020 年起，一位北護附近社區的居民，開始帶著他重度自閉症的孩子加入校犬隊，每週一次母子二人一起排班照顧老校犬討厭，不僅孩子的進步斐然，也開啟了校犬隊社區共融的扉頁。由守護犬轉職治療犬，由解決校內流浪犬問題轉型為服務校內師生與社區共融，或許是校犬生命教育的另一次翻轉與延續。

　　永續經營的另一項亟待突破的高牆是校犬管理人的傳承。筆者推動北護校犬至今即將踏入第二十個年頭，雖然蒙獲許多同仁的支持，但始終沒有人願意承接這個角色。學生畢業會離校，教師屆齡也須退休，沒有人能夠永久守護這個校園與團隊。校犬隊運作得愈久，就愈沒有人記得當年的篳路藍縷，過去師生飽受流浪犬騷擾的困境也就愈沒有人知道，我們對於解散校犬隊回到每年捕捉流浪犬的日子，準備好了嗎？眾所周知，教育是百年樹人的大業，然而有多少生命教育的計畫案，能夠持續二十年，影響超過萬人以上的學生？

　　也許，應該思考的是，生命教育是一種文化的建構、一種實踐的美學、

一種教育理念的選擇，也是一種生命影響生命的歷程。它不應該由某個教師、處室、科系、院所來主責，因為一旦納入活物作為教育的素材，它就有重量、有負擔，絕不容許因為個人去留、政策改變、經費不足而被犧牲。我們從二十年的北護校犬歷史脈絡裡，可以發現到校犬不僅僅有陪伴、活化、輔助教育的功能，牠們更是提供生老病死的生命歷程中，許許多多直接撞擊生命經驗的課題，而這些課題考驗教學者的智慧，也考驗學習者的勇氣，但也就是因為能產生這麼多課本知識所無法提供的教育效益，才會讓一屆屆的校犬志工隊員，因著狗兒串起與學校、與老師、與狗兒不曾中斷的情誼。

因此，唯有將校犬制度內化到學校的行政體系中才能永續經營。透過制度，將校犬隊的管理變成跨部會處室的共同領導方式，定期開會檢討，挑選適合的教職員擔任管理人並定期輪替，讓校犬的照顧真正成為北護大家庭共同的責任，才是這個以「人與動物關係」（human-animal bonding）所串起的生命教育模式最完美之呈現！

作者介紹

葉明理博士，臺北護理健康大學生死與健康心理諮商系助理教授、北護校犬志工隊指導老師、臺灣動物輔助治療專業發展協會創會理事長暨資深高級動物輔助治療師。

e-mail：mingleeyeh@gmail.com

32 生命教育融入營養專業課程與班級輔導活動

鄭瑋宜

義守大學營養學系助理教授

壹、前 言

　　「You are what you eat.」這是一句讓筆者震撼的西方諺語,翻成中文為「人如其食」。在現代老年化的社會,慢性病愈來愈多,罹病的人常常怨天尤人,覺得是因為自己運氣不好而導致疾病找上自己。殊不知此為自己從小到大、從年輕到年長的飲食與生活型態,導致自己現在的狀況。這是一個多麼強烈的因果關係呀!筆者自 1995 年進入營養領域至今,已 26 年的光景,致力將營養教育推廣普及至社會大眾,期望藉由生活中小小的思維轉變,讓每個人的後半輩子能健康快樂。

　　筆者在多年的教學生涯中,觀察到一屆一屆學生對生活愈來愈冷漠以待,讀書學習這件事,似乎變成一個社會趨勢所造成不得不做的事,久而久之,學習動機下降導致學習效果不佳。因營養系學生於大三升大四暑假,必須到醫院進行 432 小時的營養實習,學生的學習地點由學校突然轉成醫院職場,有許多學生面對生死一瞬間的衝擊,心中調適出現很大的障礙,進而有自責的狀況或憂鬱情緒的產生。當一個人對生活沒有熱情、沒有目標,吸收外在的知識對他來說,就只是為了應付考試。又因在大學端,生命教育之推動不似中小學之整體規劃,大多交由各大專校院分別規劃,有些學校成立生命教育中心負責統籌,有些則交由通識教育中心規劃相關課

程，因大專校院不同領域、不同科系各有專攻，且有專業課程規劃之考量，於執行面無法於每個科系額外規劃生命教育課程，故如何將生命教育融入大專校院各領域的專業課程中，著實為一重要的課題。

在營養系正規的課程規劃中，著重專業的傳授，但生命教育才是最重要的根基，尤其是畢業後會在醫院工作的醫事人員，在面對生老病死的狀態，如何強化自己的信念，是非常重要的一個課題，故筆者希望在不影響專業課程的進度下，將生命教育精神融入專業課程中，期望提升學生對生命的感動及認知。

本篇文章將分成三大部分，第一部分以筆者教授之「生命期營養」課程為例，介紹如何將生命教育融入課程；第二部分敘述生命教育活動在服務學習課程中之應用；第三部分則為生命教育與班級輔導活動之連結，期望經由筆者拋磚引玉，能讓生命教育精神融入各行各業的專業領域中。

貳、生命教育融入營養專業課程（以「生命期營養」課程為例）

每個人都在生命的轉軸上努力地滾動著，每一次的滾動，每一次的蛻變，都需要很多因素的存在，其中營養素絕對是必要的能量來源。人在懷孕期、哺乳期、嬰兒期、幼兒期、學齡期、青春期、成人期及老人期不同的生理狀況下，都需要不同的營養支持。尤其已有愈來愈多的研究顯示，懷孕期的營養狀況，會影響小孩一輩子，所以如何從小扎根，讓營養知識落實於生活中，是件非常重要的事。

本課程（如表1、圖1所示）以生命期營養為主軸，在每一個生命期，由基本的生理變化開始討論每個生命期的營養需求，進一步探討各生命期常見的疾病與營養之相關性，並教導預防疾病之方法。課程設計上，將生命教育的活動與精髓融入各個生命期營養中，藉由小活動的體驗，讓學生更能感受該生命期的心理特質，從而發現其可能存在的營養問題，進一步

找出預防或解決的方法。上課的內容，除了基礎理論外，還會帶入許多生活實例，讓學生的學習能更貼近生活，提升學習動機。

表 1 「生命期營養」各週課程內容與生命教育活動之搭配規劃

週次	課程主題	內容簡要說明	執行重點
1	課程簡介、基礎營養知識及營養評估	課程簡介及基礎營養知識複習	營養專業教育扎根
2	孕前營養（狀況及處置）	介紹孕前營養之基本知識，並且探討營養與不孕症之間的關係	營養專業教育扎根
3	懷孕期營養 I	主要介紹懷孕期的生理變化及營養需求	學習成效： 1. 學生可學會懷孕期之營養需求 2. 藉由影片及活動能讓學生珍惜自己的生命
4	懷孕期營養 II	影片欣賞～「新生命誕生」：用實際的科學證據證明胎教的重要性	
5	懷孕期營養：狀況及處置	體驗活動～護蛋、背背包：可以讓學生體會懷孕的辛勞，更能激發創造力，並且學會珍惜生命	
6	坐月子之營養需求與飲食調理	本課程將教導月子期間的正確飲食原則，並且由六大類食物分析月子飲食的食材該如何挑選 課堂討論～請同學蒐集坊間坐月子的禁忌並進行討論 ＊串起理論知識與生活之連結	學習成效： 1. 學生可學會坐月子的食材挑選原則 2. 藉由討論破解坐月子的迷思
7	哺乳期營養	課程針對哺乳需要注意的事項作一全面的介紹，說明母乳的營養成分跟牛乳之差異 課堂討論～哺乳媽媽的迷思 ＊串起理論知識與生活之連結	學習成效： 1. 學生可了解增加乳汁分泌的食材 2. 區別母乳與牛乳差異
8	哺乳期營養：狀況及處置		
9	期中考		
10	嬰兒期營養	介紹嬰兒期營養與副食品添加之注意事項 課堂活動～副食品調理介紹與品嚐	學習成效： 1. 學生可學會副食品添加的重要性 2. 藉由品評了解副食品口味與設計原則
11	學齡前期與學齡期營養	本課程用繪本帶入營養議題，尤其針對在此時期學童普遍不愛吃蔬菜、愛吃甜食加工品等飲食習慣 體驗活動～生生不息—— 一顆小種子	學習成效： 1. 藉由繪本的導入，可以學習如何讓營養均衡的方法

表 1 「生命期營養」各週課程內容與生命教育活動之搭配規劃（續）

週次	課程主題	內容簡要說明	執行重點
11	學齡前期與學齡期營養	成長的奧秘：讓學生體會植物的生命力，學生可學習到如何照顧及負責任 繪本融入～《頭好壯壯食育系列》繪本叢書 影片欣賞～「我絕對絕對不吃番茄（查理和蘿拉）」 課堂分享與角色扮演	2. 藉由觀察與紀錄，發現植物的生命力 3. 健康飲食之分享
12	青春期營養	課程介紹青春期的營養成分及外食注意事項，將談論如何正確減肥及憂鬱症主題	學習成效： 1. 學習在速食店如何正確地選擇食物 2. 了解憂鬱症與憂鬱情緒的分別 3. 藉由活動學習如何釋放壓力
13	青春期營養：狀況及處置	課堂活動～正念減壓——從品嚐一粒葡萄乾開始：讓學生學習專注，靜下心來學習情緒調和與壓力處理 影片欣賞～「憂鬱防治短片—楊丞琳：下一次的微笑／十七歲的冬天」	
14	各生命期餐點設計與製作	運用營養專業設計每個生命期餐點，並進行實作 實作教學～創新餐點設計與實作 結合營養專業與創造力	透過實作課程讓創意餐點得以呈現，將針對所設計之餐點進行討論與修正
15	老年期營養	變老真的是一件可怕的事情嗎？漫談老年期營養 繪本導入～	學習成效： 1. 學生可學會老化的生理變化 2. 學習如何因應生理而調整營養素的攝取 3. 藉由繪本了解生命的價值與意義，進而學習把握生命的每一刻
16	老年期營養：狀況及處置	《爺爺有沒有穿西裝》：以一個小男孩的角度來討論人死了之後靈魂去了哪裡 《謝謝你，生命》：說明生命傳承，了解生命代代綿延下去的重要性，進而了解生命的意義 《爺爺的天堂筆記本》：用創造力將死亡議題轉變成暖心的小品 分組討論～生命故事的分享	
17	期末考		
18	期末報告	期末成果展現 每個生命期找出一個自己最想知道的問題，尋找相關資料進行期末展演與報告，另外分享在這門課的收穫、感動與成長	課程成果之產出與評量機制

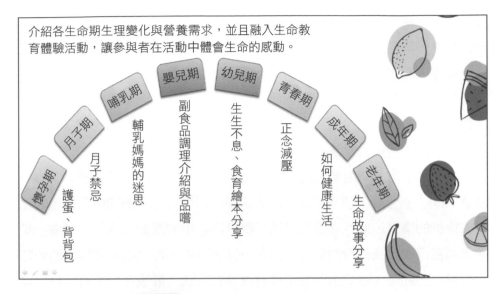

介紹各生命期生理變化與營養需求，並且融入生命教育體驗活動，讓參與者在活動中體會生命的感動。

懷孕期　護蛋、背背包

月子期　月子禁忌

哺乳期　輔乳媽媽的迷思

嬰兒期　副食品調理介紹與品嚐

幼兒期　生生不息、食育繪本分享

青春期　正念減壓

成年期　如何健康生活

老年期　生命故事分享

圖 1　本課程核心主軸及配合活動

註：本圖的彩色版請見附錄 1。

參、生命教育融入服務學習課程

一、課程背景

「服務與知識實踐」課程為營養系學生的通識必修課程，此課程主要目標在於教導學生參與社區服務及社區關懷，營造校園社工文化。師生藉由營養專長與專業知識，主動參與服務工作。可健全學生品格發展與對生命的關懷，讓學生與教師同在服務中學習成長，達成學生、學校、社會三贏的服務學習。

本課程規劃分成四大部分，分別為準備、服務、反思與發表。最主要的特色為學生不但需要強化自身的營養專業知識，還需要學習如何將營養知識正確傳遞出去。在準備階段的九週中，必須讓學生充分了解服務學習的內涵，在此門課程中，學生並不是單純的服務者，希望學生知道真正的

服務學習，應是服務與學習並重，設計具有服務意涵的目標，注重學生的熱情和參與興趣，學生也會從中獲得專業的發展。

在進入營養衛教設計與規劃階段，學生必須發現服務對象的營養問題或衛教需求，自行設計規劃整個營養教育活動，包括企劃書的撰寫、活動流程規劃、人員配置、道具製作及經費掌控。之後經由數次的行前訓練及預演，才能順利完成營養教育。

在反思階段，則由學生以三種方式來進行：(1)填寫服務日誌；(2)小組討論；(3)上臺分享。填寫服務日誌可讓學生回想自己在服務中所獲得的開心或挫折的事情，並且從這些事情反觀自己心中的感動或感想，更進一步深化為自己成長或改變的動力。而在小組討論中，可以由其他同學的觀點正視自己的問題，並且由討論中找到改善的方法。最後在期末時，每一位學生必須上臺分享整學期的經驗與成長。

二、生命教育視聽媒體與體驗活動導入服務學習課程之規劃

在準備階段除了介紹何謂服務學習之外，還可融入生命教育視聽媒體、繪本與體驗活動，讓學生在課程中有所感動及觸動，而將積極的作為發揮於服務中，如表 2 所示。

三、執行成效分析

本課程主要是要透過引導，讓每一位學生了解自己在團體中能扮演的角色，並且在服務過程中全心投入，所以在評量上不採用紙筆測驗，而是以多元評量的方式進行。在整學期課程的配分方面，包括課堂討論（包含課堂與網路平臺的討論）30%、書面（包含服務日誌的撰寫）及口頭報告35%、學習態度（包含出席率、服務行動參與度、自我評估與同儕互評）35%等三部分，在評分標準上採用評量尺規的方式。另外在期末時，利用線上教學平臺問卷模式，讓修課學生填寫授課目標達成率意見調查。

表 2　服務學習課程生命教育視聽媒體與體驗活動導入規劃

視聽媒體／繪本／體驗活動		課程目的
「心靈好手～謝坤山」生命中最可怕的不是跌倒而是放棄，當你不再為自己設限，世界也跟著無限寬廣	讓學生用嘴巴咬著筆寫下自己的名字	1. 藉由體驗活動讓學生知道雙手的重要性 2. 學習謝坤山的創造力與不服輸的樂觀態度
「Doggy Poo」一個人活在世上是為了什麼？真的有人需要自己嗎？Doggy Poo 一直懷疑自己存在的價值……	優點大轟炸 兩兩一組，說出對方的五個優點	1. 藉由 Doggy Poo 的故事讓學生了解天生我材必有用的道理 2. 教導學生在團隊的合作中，每一位同學都是無可取代的，強化合作的重要
「這一生，一閃而過」29 秒的動畫短片，用詼諧的手法敘述了人的一生	讓學生學習規劃自己個人的時間表	1. 讓學生了解時間稍縱即逝，應該要趁自己有能力時多多幫助人 2. 把握當下，對自己的生活做好時間管理
《我的幸運日》（三之三文化出版）繪本中以小豬敲錯狐狸家的門拉開序幕，而開始了一連串有趣的故事	角色扮演	1. 讓學生由繪本中了解遇到任何困難都要定下心來尋求解決方法 2. 訓練學生看繪本說故事的能力
毛線拓印體驗（6 人一組）準備道具：一條毛線（打結成一個圈）、一盒蠟筆、白紙 1. 用毛線擺出一棵樹，用白紙拓印下來 2. 用毛線擺出一間房子，用白紙拓印下來（過程中不可說話） 3. 用毛線隨意擺出一個圖案，用白紙拓印下來（過程中不可說話） 4. 利用三張圖編一個故事（不用按照順序，不可說話討論故事）		1. 訓練學生溝通的藝術並不是只有靠說話 2. 培養學生間的向心力 3. 激發學生的創造力與創意

四、學生心得節錄

「經過本學期各項的服務經驗後，發現實際走出戶外，真真切切的接觸人群，與服務對象有最直接的對應，那種最自然的回饋感就在交談中來回投射，讓我覺得這是種特別的感觸，好像書中原先那假惺惺的心情描述，正實實在在地在我身上演繹，確實有種光榮的成就感，很喜歡服務別人的時光，每一次的活動，碰到不一樣的人，都像是玉露甘霖般澆灌在我的心田，非常謝謝老師為我們接洽這麼多的團體供我們實地走訪，也謝謝組員同學們的相互照應，是一堂受益匪淺的課程。」（A同學）

「自己的心態很重要，不要認為服務社會會得到什麼樣的回應，而是必須以『謙卑』的態度服務。對我而言，在服務學習課程中，我們所需要學習的，並非服務內容本身，而是『謙卑』二字。」（B同學）

「本學期的課程，有許多都是要由大家共同努力才會有結果的！或許是分工，也或許是合作！團結的感覺真的很好！喜歡大家一起共同努力完成一件事的感覺，也希望未來班上能夠更團結。」（C同學）

「在這次的服務課程中，學習到很多各種活動的技巧、如何承辦一個完整的活動，從對象、人事時地物的了解以及準備，到撰寫企劃書，再到最後實際操作。在這些活動中，有很多歡樂，和原本較不熟悉的人也拉近了距離，使班上有了更團結的感覺，雖然在準備期間可能會有些小爭執、意見不同、淚流滿面、絞盡腦汁地思考，但依然覺得滿足有收穫。」（D同學）

「這個課程讓我們不再只是從課本理論中學習東西，而是身體力行，直接去接觸人、事、物。服務實踐的過程中我們相互合作、積極討論、彼此磨合，學習人與人之間的溝通方式，找到對大家最有利的方法去完成每次的活動。活動能圓滿落幕，看到大家都很開心，對我而言是一件很有成就感的事！」（E同學）

「這學期志工服務最讓我有感觸的是，在南區兒童之家的活動。在陪

伴幼童們的過程中，他們的純真可愛、童言童語，在在讓我內心感到溫暖。尤其是當一位小妹妹在我牽著她的手時，她注意到了我手上的傷，便以充滿關心的語氣問我怎麼有那道傷。那一天真的是令我非常感動的一天。」（F 同學）

肆、生命教育融入班級輔導活動（ISU 同感心計畫）

一、活動緣起

在現今社會中，人人以自我為中心，往往忽略了旁人的感覺，尤其對於醫事人員來說，同感心之建立非常重要。同感／同理心，就是站在他人的立場來思考，但同理心的基礎則建立在「自我覺察與覺察他人」之上。於是筆者在大學一年級上學期申請「ISU 同感心計畫」，希望透過活動的安排能讓學生先覺察自己的內心、覺察自己的優勢與劣勢，進而學習如何去同理他人、欣賞他人之優點。另在活動的設計上，除了同理外，還包括認識自我內心的情緒、抒發心中感念與傷痛、學習如何釋放自己的壓力，如此可減少自我的焦慮，進而能關懷別人。另外，也希望學生將同理心運用於營養專業，利用簡單的繪本進行導入，引導學生設計簡單的小繪本，此部分於往後營養教育上非常有幫助。

二、活動執行規劃

班級活動執行規劃上，需考量學生人數及執行層面，為避免讓學生覺得活動太多而失去動機，本活動執行安排將全班約 60 人分成兩大組，以隔週的方式進行活動，每次活動時間約 40 分鐘，詳細的執行規劃如表 3 所示。

創新與傳承：大學生命教育課程規劃與教學實務

表3　生命教育融入班級輔導活動執行規劃表

週次	活動規劃
第一週	破冰之旅啟程 本次活動在於增加學生之間的認識，將於課程中設計規劃破冰小遊戲，加速建立班上學生之向心力與凝聚力，並且進行活動介紹與分組
第二週	同感心之定義與介紹 介紹同感心之定義與重要性，並且分組進行討論與發表
第三週	心心相應 運用色紙遊戲，培養專注力，協助抒發心中之感念及傷痛，並養成主動幫助別人之習慣
第四週	影片欣賞與活動～「幾米的逆向思考」 觀賞「幾米的逆向思考」短片，並且討論過往的經驗如何讓自己能轉念，進而成功解決問題
第五週	影片欣賞～「希望樹」 此微電影講到偏鄉地區的小孩與老師之間的情誼，教導學生能更珍惜周圍的一切資源
第六週	我的小書 用蠟筆配合歌曲畫出屬於自己的小書，此活動可協助自我探索、檢討過去、探討未來
第七週	繪本討論與製作
第八週	將同感心與營養結合，製作小繪本
第九週	成果發表 各組學生上臺分享參與之心得，並且分享小影片

三、學生成果

　　記得播放「希望樹」時，本以為大學生對於這類以偏鄉地區為主題的微電影會興致缺缺，但非常訝異地發現，大一的導生在電影播放後，有深深的感觸。在希望樹的學習單中，希望學生繪製出自己的希望樹，並且在樹上寫上自己的目標或希望改變的事，發現學生對於自己的缺點及未來的期許，都非常的有想法，能用蠟筆畫出一棵棵充滿生命力的希望樹（如圖2所示）。

樂觀茁壯，積極進取，是這個學生心中的希望，在樹上有滿滿的果實，配上樹旁邊繽紛的小花，可以看出這是一個快樂充滿希望的孩子。

利用樹上不同顏色的愛心，寫出我的目標即希望改變的事，有反省也有夢想，是一棵充滿愛的希望樹。

在希望樹上寫上兩個人生最重要的事：
1. 好好的活著。
2. 孝順父母。
樹根往下延伸，感覺牢牢地扎著根，配上太陽從雲朵中冒出頭來，整個意象簡單明確又充滿希望，讓人很感動。

圖 2 學生心中的希望樹

	在希望樹上寫下自己的願望，可以感受到這位學生對生活中的人際關係非常在意，其中最讓人震撼的一件事就是：**去世後不會被遺忘**。在大一的年紀，能有這樣的希望，非常的正向也非常難得。
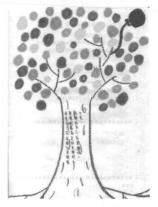	繽紛的樹葉配上紅色的氣球，在樹幹上寫下這一段話： **希望自己在每個方面都能勇敢的成為更好更棒的人，能帶給自己或身邊的人力量。** 非常正能量的思維，不但自己要好，更推己及人，超棒。

圖 2　學生心中的希望樹（續）

註：本圖的彩色版請見附錄 2。

四、成效分析

　　經由生命教育活動規劃融入班級輔導活動，發現大學生在活動中能獲得滿滿的感動，活動結束的總回饋呈現如圖 3 所示，可知在所規劃的活動中，學生最喜歡「我的小書」這個活動，因為藉由活動進行隨著音樂的播放，一邊畫出內心的東西，真的有紓壓的效果。其次是「希望樹」這個活動，因為看了很感人的影片，畫了屬於自己的希望樹，可以更了解自己。另外，超過九成的學生覺得，透過活動的進行，能靜下心來察覺自己的優勢與劣勢，並且能抒發壓力，減少自我焦慮，進一步可以確認未來的目標與希望。

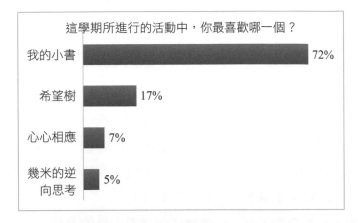

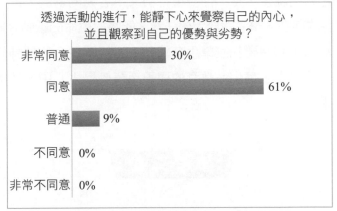

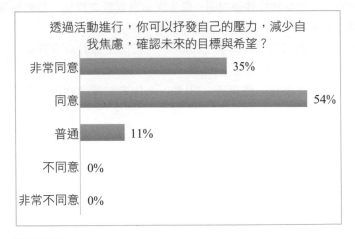

图 3　**生命教育活動融入班級輔導活動之成效分析**

伍、結　語

　　經由筆者致力將生命教育精神融入各種專業課程與活動中的成果，發現大學生並不似外表看到的冷漠，而是礙於面子或個人因素，而無法盡情抒發自己的感受，累積而變成對生活失去動力與希望。壓力是需要宣洩的出口，生命教育活動設計，可提供學生一個自然而然抒發的管道，每每經由學生正面的回饋，讓筆者更有動力持續下去。

　　生命的起源到誕生，是一件多麼特別又不容易的事啊，每一個人在這世上都是獨特的存在，筆者幸於大學任教，能將對生命的感動介紹給學生，在樹的源頭澆水，必須要先讓學生有感動，才能讓生命的精神傳承，期望透過筆者的棉薄之力，讓生命教育的種子深植於學生心中，待機緣成熟之時，開花結果。

參考文獻

林鋒信（2009）。**生命教育教學對國一學生生命意義感之探討：以體驗課程教學活動為例**（未出版之碩士論文）。南華大學，嘉義縣。

紀潔芳、鄭瑋宜、鄭璿宜、曾懷萩（2015a）。**打開生命教育百寶箱**。臺北市：蓮花基金會

紀潔芳、鄭瑋宜、鄭璿宜、曾懷萩（2015b）。**生命教育你我他**。臺北市：蓮花基金會

張婉如（2015）。**生命教育融入國小自然與生活科技學習領域之行動研究**。（未出版之碩士論文）。臺南大學，臺南市。

教育部生命教育全球資訊網（https://life.edu.tw/zhTW2/）

蕭寧馨、葉松鈴、蔡秀玲、林義福、李恒夫（譯）（2016）。**生命期營養**（第二版）（原作者：J. E. Brown 等人）。新北市：藝軒圖書。

作者介紹

鄭瑋宜，臺灣大學微生物與生化學所營養科學組博士，目前任教於義守大學營養學系，多年來除了營養專業傳授外，亦積極投入生命教育中，本身亦為生命教育種子教師。課堂中進行跨域創新設計，將生命教育主題活動融入營養專業課程與班級輔導中，曾榮獲義守大學優良導師及傑出教學的殊榮。近年活躍於偏鄉學校的營養教育，帶領著營養系學生，用生動活潑的方法推廣營養知識，多年來獲得廣大的迴響。最大的希望就是每個人都能有健康的身體，活出屬於自己精彩豐富的生命。

註：本篇附錄請於心理出版社網站下載閱讀。
　　網址：https://reurl.cc/a9aag9
　　解壓縮密碼：9789860744170

臨終關懷與安寧療護

創新與傳承：大學生命教育課程規劃與教學實務

33 藏行顯光、幽谷伴行：
敘事醫療於安寧緩和療護之
教育實踐

賴維淑

成功大學醫學院護理學系助理教授

前　言

　　「藏行」是修己之道，專注本分；「顯光」是成人之美，幽谷伴行，
點亮生命的微光，成就共好，此與安寧緩和療護理念與人文涵養不謀而合。
安寧緩和療護為針對各年齡層因罹患嚴重疾病而導致健康方面出現嚴重受
苦的個人，提供積極性、整體性的照護，尤其是當病人接近其生命終點的
時候。安寧緩和療護的目標旨在提高病人、家屬及其照顧者的生活品質，
協助病人善終、家屬善別、生者善生，在現代醫療中展現人性照護的極致。
醫療照護者之自我觀照，讓自己有機會成為他人的重要他人（significant
others），展現「人對人」、「生命對生命」的高品質陪伴，讓照護場域中
的存在（presence）更為深刻、有意義。

　　末學在教學過程中，也不斷反思個人過去在學習歷程中的成長與所得
到的滋養，希冀將養分化為力量，將生命對生命的照護魅力綿延，影響更
多生命。在分享教學經驗之前，以下是教學者個人的反思。

一、教學是一時的，但影響卻是長久的

回想過去在碩博學習養成階段，末學有幸受教於有「臺灣安寧療護之母」美稱的恩師趙可式名譽教授門下，老師的言教身教、對安寧療護的熱忱與實踐、展現學者的社會責任風範，為我開啟生命之鑰，帶我領略護理之美，引領我思索護理該有的專業使命、社會責任與價值觀形塑，為日後的護理教學與專業發展之路奠定了深厚基礎。這樣的師徒制學習至今已達22年，有幸近身學習浸淫在典範學習的境教之中，深深感受到教育不僅是探索知識與技能的途徑，也是塑造人格、追尋自我生命意義的過程，因而深感教學是一時的，但影響卻是長久的。我從恩師身上學習到「人是安寧緩和療護品質的成敗關鍵」，如何將這般的人文底蘊和有溫度的照護傳承給新血輪？如何協助學生在探索將成為什麼之前，**先學習成為對的人（right person）**？深深影響末學的教學觀與教學實踐。

二、在別人的需要上看見自己的責任

老師是為學生而存在的，在護理教學歷程中，需深刻反思教學中「什麼才是帶得走的能力」。一個人如何在角色形塑的過程中，從觀察別人、看見自己、為想成為怎樣的自己做出抉擇，在護理教學與安寧緩和療護臨床照護的過程中，不正是如此！如何培養學生的照護敏感度，貼近病人的受苦，在別人的需要上看見自己的責任，不只是了解疾病，也能看見生病的「人」，洞悉疾病對病人生命歷程的衝擊與影響，將照護視野定錨在「人—情境—脈絡」的整體脈絡中，有助於貼近理解，不致淪為匠氣例行常規工作，而失去人味。**教學者本身就是教材，學生會從老師身上看到想成為的自己！**課程的本身是沒有生命力的，唯有讓課程中的護理魅力顯現出來，課程才能活起來，而賦予課程生命力，身為教師責無旁貸。教育者透過教學修練自己、昇華自己、完善自己，教育最大的受益者也是自己。

壹、敘事醫療教學的緣起與動機

在臨床照護中，有關高品質的醫療照顧最常被提及的是：整體性、持續性與個別性，這並非是口號，而是一種以「人」為本之照護實踐。反觀臨床照護中，值得醫療照護者深思的是：我們所提供的真的是「持續性」照護嗎？當我們照顧一個人的「病」時，是否有看到生病的這個「人」？當我們看到病人的「病史」（history）時，是否同時也關注到此人疾病背後的「生命史」（his/her-story）。對病人而言，「生病＝在病中也要生活」，只要病人活著他就要過 24 小時，陪伴者應試著去了解：病人是如何走到現在？病人的 24 小時是怎麼過的？病人未來有可能面對什麼問題？與生命脈絡失聯的照護，易致使照護冰冷失溫並失去著力點。在安寧實務中，病人在得知壞消息後的反應，是其過去面對人生逆境的縮影，一本由 DeSpelder 與 Strickland（2019）所著的安寧實務經典書籍《最後一舞：面對死亡與臨終》（*The Last Dance: Encountering Death and Dying*）（目前已出版至第 11 版），當中提及「傾聽病人的生命故事遠比病歷上所記載的更為重要」，而敘事醫療（narrative medicine）即是最常被運用的方式，亦是深入身心靈全人照護之重要媒介。

一、是病人沒有需求？還是他／她的需求未曾被傾聽？

厚厚的病史也是病人的生命史，病人的發病過程並非流水帳，其中可能隱含疾病對病人所造成的影響與衝擊，以及罹病與抗病之艱辛心路歷程。生病敘事（illness narratives）和疾病病史（physical histories of disease）一樣重要，傾聽生命故事是醫療教育「以人為中心」及敘事醫療的人文實踐，應受到醫療教育者關注。

生命可以不完美，但要完整。醫療照護中常只治療「痛」，卻忽略「苦」，撥開心靈的帷幕回顧生命能使被囚禁的能量自由，將失落整合於

生命之中，生命中的喜怒哀樂五味雜陳滋養了人生，汗淚參雜、喜怒交織，不但造就了生命，也豐富了生命。或許病人的故事中隱藏著許多無解的難題，失敗與成功，快樂或痛苦，這是一般表象價值的度量，但若能在當中找到意義，這些事件就能賦予生命能量，成為生命的動能，超越受苦，在不完美當中找到完整感。傾聽者尊重與接納的態度非常重要，而非以解決問題為導向的霸權橫亙在病人的故事中，蛻去盤踞在傾聽者身上的助人糖衣，謙卑以對每個生命與苦難，尊重每個人的脆弱性與獨特的內在復原彈性，「在」比「做」更為重要（being more than doing），尊重每一個人的故事都是獨一無二、無可取代，不能被比較。

二、我們做好聽故事的準備了嗎？

說故事需要勇氣，聽故事需要被信任。時常聽到有人說「有聽沒有懂、雞同鴨講、有陪沒有伴、乾脆不講」，傾聽技巧與準備度攸關訴說者生命故事軸線的開展。說故事是每個人與生俱來的能力，英文的「勇氣」（courage），"cor"的拉丁字義為「真心地敘述一個故事，告訴大家你是誰」（to tell the story of who you are with your whole heart），無論好壞，坦陳內心的想法、感受以及經歷，敢於面對那個脆弱而不完美的自己需要勇氣。而被邀請聽故事，則是一種信任與恩寵，唯有了解故事在生命中的分量，方能了解這個人，有時，我們會在別人的故事中，找到自己的故事。在故事述說中，述說者與傾聽者貼近彼此相濡以沫，生命裡感受到的再次洗滌，療癒就在「在」（being with）中發酵醞釀能量，重要的不是以問題為導向式的解決受苦，因為大部分的人生疾苦並非可立竿見影的被解決，而是已然成為生命的一部分，重要的是讓受苦有機會被看見、被共情同感、被了解，具品質的傾聽亦是幽谷伴行的重要展現。傾聽者在與病人生命交會的一隅裡，尋回自己遺失許久的柔軟，單純到工作時也用「人」的樣態自然出現，在忙碌的臨床情境裡或停滯凍結的生命處遇中，依然保有柔軟之心，學會在無用與無助下依然能堅定地存在，專注聆聽，等待可以滲入力量的縫隙，

感受能量的流動，在光影交疊中看見生命甘苦交織的層次與韌性。

三、從資料蒐集者轉換成生命故事的聽眾

敘事醫療在培養醫療人員的同感心及提升臨床情境的理解能力上，已經逐漸在世界各國得到肯定。Milota、van Thiel 與 van Delden（2019）以實證為基礎針對 36 篇高品質文章進行系統性文獻回顧探討敘事醫療的教學成效，顯示敘事醫療是一種有效的教學工具，具有清晰且可複製的結構和方法，對於參與者的態度、知識和技能的修練具有正面的影響。在臺灣，將敘事醫療應用在目前的醫學教育中仍為之有限，林慧如、王心運、賴春生、林育志（2010）曾以醫學院低年級學生為對象，由醫學人文教師與臨床醫師共同合作開設敘事醫學倫理課程，導入包括敘事知識及技巧的教學與實作，以及訪談真實病人故事的團體敘事活動於課程中，教學成效顯示敘事醫療導入醫學教育有助於培養敘事技巧、觀點取替、主觀性覺察等能力。

敘事醫療有助於使醫護人員從資料盤問、蒐集的角色，轉換為病人生命故事的聽眾，促使醫護人員面對病人時，將「病人」回歸到「人」。醫護人員透過被照顧者的生命敘事，也能更加了解病人的生命經歷、需求以及行為背後的潛藏意義，因而更能共情同感病人處遇，從而激發他們的專業發展（Dose, Hubbard, Mansfield, McCabe, Krecke, & Sloan, 2017; Kreitzer & Dose, 2009）。在信任與親善關係的建立基礎下，將生命敘事整合於醫療照護之中，協助病人透過敘說整合生命，探詢或重新詮釋意義並將故事中的精神傳承給親屬，貼近理解並傾聽病人的生命故事，可賦予醫療照護者滿足感與意義感。

許多先進國家的醫學院都將敘事醫療作為醫療人文、同感心教育課程的一部分（Chiavaroli, Huang, & Monrouxe, 2018; Wieżel, Horodeńska, Domańska-Glonek, & Torres, 2017）。將理論與實踐結合的敘事醫療教育能夠有效提高醫療照護者的同感心能力（Yang, Xiao, Cao, Li, Yan, & Wang, 2018），Adamson、Sengsavang、Charise、Wall、Kinross 與 Balkaran（2018）

的研究顯示，透過敘事訓練，能夠提升護理師對病人及其家屬之同感、對
護理團隊及自身的同感，以及對病人及其家屬之背景故事的重視。

　　基於上述，生命敘事可協助學生對於病人生命事件發生的背景、角色
和情節有更充分的理解，故將敘事醫療融入醫護學生的養成教育，培訓其
安寧緩和療護之照護能力與準備度有其必要性。具備對人的受苦敏感度並
融入病人的生命經驗，可促進護病之間的溝通與理解，提升醫護學生人際
互動、自我反思、人文關切的能力，進而從照護中找到意義感與滿足感，
促進自我與專業成長。

貳、敘事醫療之意涵及其在教學研究上的啟示

　　敘事理念起源於心理學、社會科學和人文科學，敘事醫療意指具有敘
事力涵養的臨床實踐，能夠聆聽、了解、詮釋及回應自我和他人的故事，
以病人為中心，透過深切地傾聽病人的需求和情感以了解病人，敘事醫療
之基本原則為「**意義源於我們講述的故事**」（Zaharias, 2018）。

　　在醫護教育中，於醫學知識的客觀「邏輯科學知識」（logical-scientific
knowledge）之外，輔以由醫療人員與病人共同編寫、探索的主觀「敘事知
識」（narrative knowledge），了解在病人的理解與故事中，疾病或生命事
件所扮演的角色及其所象徵的意義，所帶來的變化、所隱含的意義與心路
歷程，將病人視為「人」，而非只是病人，這樣的觀點能促使醫護人員與
病人連結，共同應對疾病，並能依照病人之敘事採取行動。

　　敘事醫療重視人與人的連結，著重在故事的分享，培養敘事能力，醫
護人員需具備反思與自我覺察之能力，聆聽病人的疾病故事時，與病人同
感共情共在，在開放、雙向的交流中，透過意義建構的過程，醫護人員與
病人能夠互惠互利，且病人的敘事有觸動醫護人員的力量，使醫護人員深
刻關懷病人（Charon, 2001; Weiss & Swede, 2019）。病人訪談、文本分析、
反思寫作等都是合適的教學方法，研究顯示敘事醫療可以提升同感心、觀

察力、情緒覺察（emotional awareness）、溝通技巧、批判性思考和反思能力，有助於培養學生敘事的能力，成為更好的幽谷伴行者。

參、課程與適用對象

1. 課程名稱：服務學習（大二）、成人護理學實習（大三）。
2. 教學內涵：高齡長者生命敘事、末期病人疾病敘事。
3. 教學時數：服務學習（1 學分）、成人護理學實習（3 學分，共 120 小時）。
4. 授課對象：護理學系大二、大三學生。

肆、教學進行方法

　　敘事能力並非一蹴可幾，可由淺入深、從一般到特殊，漸進融滲於醫護學生養成教育中。本教學介入進行縱貫性追蹤歷時兩年，分成兩大階段，針對護理系學生，銜接大二「代間對話：高齡長者生命敘事於服務學習之應用與教學實踐」服務學習課程，隔年該年級學生升至三年級時，於成人護理學臨床實習階段，實際應用所學於病人照護中，並追蹤學生敘事能力於臨床實踐之教學成效。以下逐一說明兩階段進行方式。

一、階段一：大二服務學習「代間對話：高齡長者生命敘事」培訓奠定基礎

（一）發展生命敘事之教學內涵提升傾聽者自我準備度

　　首先，發展生命敘事之教學內涵提升傾聽者的自我準備度，在實際應用於臨床病人照護之前，學習與高齡長者之互動對話，傾聽高齡長者之生命故事。臺灣人口呈現少子女化及高齡化趨勢，老少世代間的接觸機會比

以前大為減少，國內外研究大多顯示大學生對老人的整體看法略呈負面，尤其是在生理與心理的評價。不同世代間共同的學習活動能促進世代間的溝通與了解、減緩世代的緊張，不只豐富生命教育題材、擴大學生的視野，也活化社區長者的社交生活，肯定其貢獻，形成互助、互學、互惠網絡，並讓精神與個人價值得以傳承，創造多贏效應。透過高齡長者生命敘事培訓奠定基礎，提升傾聽者的自我準備度。

　　本教學方案以敘事醫療為基礎，融合高齡長者生命敘事於護理學生服務學習之中，教學內容與策略包含四大部分：「尊嚴覺知與反思」（1 小時）、「敘事醫療實務運用」（1 小時）、「讓生命說話」（1 小時）、「敘說與傳承」（1 小時）（如圖 1 所示），融入學生服務學習行前訓練之中，提升生命敘事傾聽者之自我準備度。

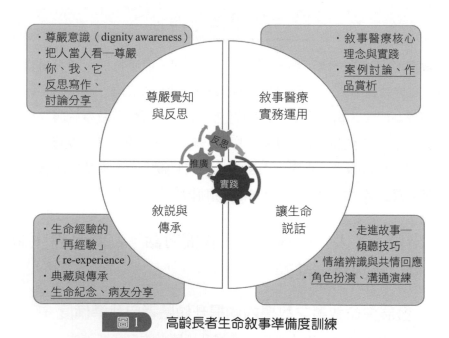

圖 1　高齡長者生命敘事準備度訓練

（二）課程進行方式

考量大二護理系學生尚未接觸專業護理臨床實習，尚屬初學者，故規劃採小組共同合作方式，2 人一組，陪伴長照機構高齡長者並傾聽其生命故事。圖 2 呈現生命敘事提問設計，透過訪談促發受訪者回顧、反思生命重要議題與表達想法，並且為生命故事命名。傾聽者與訴說者合力完成製作生命傳承紀念物（如圖 3 所示），有助於受訪者自我整合與傳承。

本課程另安排在學期末進行成果發表，邀請服務學習場所長照機構之負責人與照護同仁，以及學生於服務學習過程中陪伴的長輩共同參與，聆聽生命敘事學生作品（如圖 4 所示），以及從長者故事之所學所思，並邀請長者給予學生回饋。

（三）學習成效：學生結構式反思回饋

引導學生把握經驗學習週期：What？（我學習到什麼？印象深刻的是什麼？）；So What？（這樣的教學模式帶給我的意義與學習？）；Now What？（未來我將如何運用所學？）；對此教學方式的建議為何？如圖 5 所示。學生回饋內容，係以內容分析法（content analysis）進行教學回饋分析，分析結果共歸納為四大主題：「理解共容」、「傳承共榮」、「聆聽共融」、「代間共好」，以下輔以呈現學生回饋之引證述說（如表 1 所示）。學生透過高齡長者生命敘事的傾聽過程，相濡以沫、內化成長，於服務學習結束時，自發性鞠躬致意高齡長者的生命智慧帶領（如圖 6 所示）。

二、階段二：大三成人護理臨床實習——敘事能力臨床照護實踐

（一）舒適護理建立信任與親善關係

舒適是人的基本需求，亦是護病信任關係建立之重要基礎，可作為傾

1. ・人生中，你記憶最深刻或最重要的事情是什麼？人生活得最精采的時刻在何時？

2. ・關於你個人，有無特別想讓重要的人了解或回憶的事情呢？

3. ・（家人、職業或地區的活動上）在你人生所達成的任務中，所學到最重要的事是什麼？
   ・為何它是最重要的呢？完成那件任務的原因是？

4. ・對你而言，生命中達成最重要的任務是什麼？感到最驕傲的又是什麼？

5. ・哪些話若沒對重要的人說出來，會感到遺憾？或想再對他們說一次的又是什麼？

6. ・對於重要的人，你有什麼希望或夢想？

7. ・從人生中所學習到、想傳達給他人的是什麼？想留給後世的建議或格言是什麼？

8. ・你有想要寫下來可以幫助家人為未來做準備的話或指示嗎？

9. ・還有沒有其他想留在這個永久紀錄裡的呢？

圖2　生命敘事進行流程之設計

取得長者同意　　與長者訪談、互動　　製作紀念物　　紀念物交付長者

生命紀念冊

訪談
故事撰寫
初次校稿
照片素材蒐集、整理、掃描
設計、美編成書
針對受訪者意見進行修改
精裝印製生命紀念冊

生命紀錄片

訪談拍攝
影音素材蒐集、拍攝
初次剪輯
設計過場效果與字幕
設計片頭、片尾
針對受訪者意見進行修改
精彩3-5分鐘生命紀錄片

圖3　生命敘事傳承紀念物

圖 4　生命敘事學生作品

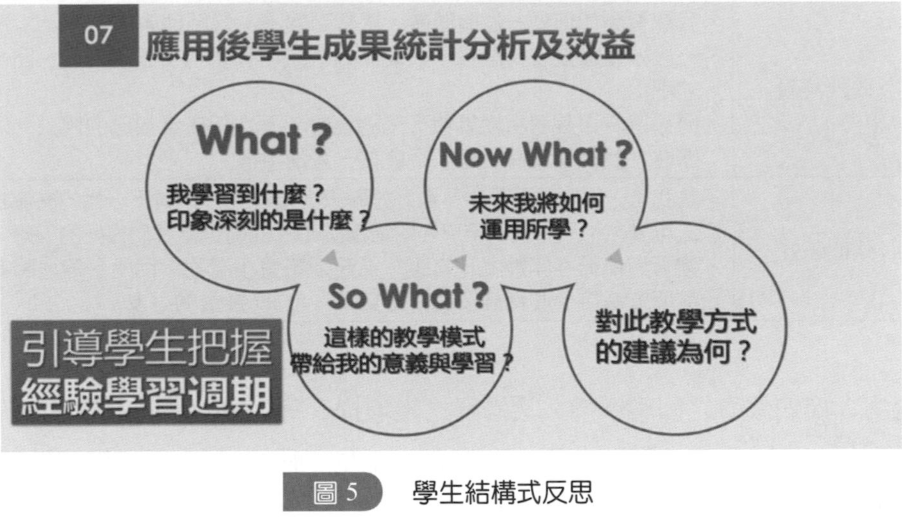

圖 5　學生結構式反思

表 1　　學生回饋表 1

分析結果	學生回饋
理解共容	・長輩們其實並不如醫院的印象中看起來那麼悶悶不樂，只要你願意敞開心房與他們互動，他們都會樂意與你們講述他們的人生故事，毫無保留地給予建議與對後輩的啟發。 ・在充滿皺紋的雙頰暗藏著被歲月所層層覆蓋的童心，對許多事物還是充滿著關心、朝氣蓬勃與樂觀的心。外貌或許是衰老的，內心卻是藏不住對生命的熱情。
傳承共榮	・一開始其實抱著覺得麻煩的心態前往，因為來回過程很長，覺得很浪費時間，但經幾次的服務，反而內心有種被療癒的感覺。 ・每位長輩都像一部活歷史，當中蘊含的人生哲理都有它的價值所在，從長輩的身上也學會了豐富的社會經驗。 ・爺爺教會了我們愛一個人並不是給她多少，而是記得她多少。 ・這樣與長輩們非制式化的近距離交流活動，讓我們能更加進入長者的內心世界與認識他們的生長背景，聆聽與互相給予似乎能更加使長者們敞開心房接納著我們，不是我印象中在醫院詢問病史般的冰冷感覺。 ・回想自己過去的人生經驗，體會到自己有多幸福還有人生的無常，也敬佩他們堅強不屈的精神。
聆聽共融	・我學習到如何做一個聆聽者，學習到關懷、體貼他人。 ・一段過往會呈現什麼樣子，端看人們是用什麼角度去解釋它、回憶它吧！ ・經過這次與長者相處累積下來的經驗，下次回去看自己的阿公、阿嬤時，我不會沒有話題，不會在一旁滑手機。
代間共好	・是我第一次與跨兩代的長輩好好聊天，這樣上一代與下一代的交流相當可貴，不只是我們帶東西給爺爺奶奶，他們也給我們很好的回應。 ・儘管與爺爺在年齡上有差距，爺爺卻不會小看我，而是平等地將我當朋友看待。收穫最多的就是交了一位 90 幾歲的好友。

聽病人疾病敘事之照護準備。透過舒適護理提升病人的生活品質，可緩解病人的不適症狀及長期背負的身心壓力，而在互動的過程中扮演傾聽、陪伴的角色，引導病人表達心中的想法，將使照護者更加理解病人的情感、需求及行為背後的意義，進一步得到病人信任，建立良好的護病關係。

　　護理系學生於大三成人護理臨床實習中，應用所學到的舒適護理（如圖 7 所示），在別人的需要上看見自己的責任，學生在執行過程中感受舒

圖 6　　學生的成長：百鍊鋼化為繞指柔——

圖 7　　透過舒適護理與病人及其家屬建立關係

適護理之目的與意義，以及與病人建立信任與親善關係，有助於病人願意
敞開分享生命故事，對於臨床實踐有所助益。

（二）病人疾病敘事進行流程

詮釋病人對生病（illness）經驗的敘述是醫療照護者的核心工作。在客觀醫學知識下，講求效率、去脈絡的病史中，可能隱藏影響病人人生或身心的重大事件，而這正是敘事醫療存在的必要。在進行生命敘事的過程中，照護者可透過傾聽與分享了解病人的想法，焦點不是為了「解決」問題，而是**將注意力從「發生什麼事？」轉向「他對此事的反應？如何看待這件事？」**，探究疾病或生命事件所象徵的意義、帶來的影響、罹病心路歷程等，並**激發不同的詮釋找意義**，例如：「經歷這件事對你日後的影響？」，將重心由「病人」回歸到「人」身上。敘說的同時，可邀請家屬及其重要他人一起聆聽，同時協助哀傷撫慰，相互肯定彼此的價值與意義。

病人生命敘事提問流程之設計如下：

1. 一路走來，在這個經歷中，發生了什麼事？

2. 如何影響病人的心情？

3. 這樣的心情如何影響他／她的生活／生命／平安？

4. 什麼力量讓他／她走到今天？力量從何而來？

5. 病人／家屬的餘生期待為何？

（三）學習成果：病人生命敘事作品

學生陪伴病人逐步地敘說生命故事，透過陪伴病人所掌握的生命敘事，進而從故事中覺察、反思、對話，並為故事命名。學生各自以不同的觀點及敘事手法，完成敘事寫作。圖8擷取部分學生所完成的代表性敘事作品，包含：

1. 邀請病人自己或協助為病人的人生路命名。

2. 辨識疾病敘事中的情緒。

3. 如果眼淚／故事可以說話，你覺得它想跟你說什麼？

今生的牽心　讓我獻給來世

我不是想要死　只是不想要這樣活著

但是，我還是想要活下去

由主欽點的球場巨擘

面對疾病　依然優雅

我，值得更好的人生

內斂的畫家醫師

所向無敵勇士　X！我的病要還給我

圖 8　病人疾病敘事學生成果作品

（四）學習成效

　　本教學以結構式反思回饋單，幫助學習者反思的深化，提供明確且結構式指引，幫助學生循序漸進地深化反思能力。

　　以內容分析法進行教學回饋之分析，強調填答目的為幫助教學品質提升與促進學習反思，無關個人學科成績考核，讓學生能放心填答。此方法針對所獲得的資料，將有意義的文句先編碼、再歸納，進一步建立類別主題。結構式反思回饋單，能引導學生把握經驗學習週期：

　　1. What？（我學習到什麼？印象深刻的是什麼？）

　　2. So What？（這樣的教學模式帶給我的意義與學習？）

　　3. Now What？（未來我將如何運用所學？）

　　4. 對此教學方式的建議為何？

　　學生的教學回饋分析結果共歸納為四大主題：「相濡以沫」、「幽谷伴行」、「聆聽共融」、「醫療人味」，如表 2 所示。

表2 學生回饋表2

分析結果	學生回饋
相濡以沫	每位病人背後都有故事，病人教會了我們體會到自己現在有多幸福，反而內心有種被療癒的感覺。
幽谷伴行	透過舒適護理與傾聽，感覺到跟病人比較靠近些，漸漸能了解病人所承載的情緒……，這麼辛苦的歷程，到底是怎麼走過來的？
聆聽共融	學習如何做一個聆聽者，以前很害怕不知道跟病人說什麼？現在漸漸知道，重要的不是我要說什麼，而是病人要告訴我們什麼。
醫療人味	病歷紀錄也是病人的心路歷程，不能只是為了寫作業而蒐集資料……，不然，「人」就不見了……

（五）優點和實施困難點

優點如下：

1. 可培養學生自我反思、敘事的能力，以及了解互為主體（inter-subjectivity）的概念，建構臨床經驗中的人文感受。

2. 彰顯「以病人為師」之核心精神與具體實踐。

3. 共情同感貼近病人需求，更加了解病人行為背後之意義。

4. 教師是教學資源的連結者，教學相長。

實施困難點如下：

1. 臺語溝通對部分學生有困難，需事先媒合語言可溝通者。

2. 需要時間建立信任與親善關係。

3. 同感心、溝通能力攸關敘事軸線之開展。

（六）建議應用層面

在進行生命敘事的過程中，透過對話可促發受訪者反思生命重要議題，從生命中找到力量。而生命敘事不只對病人有所助益，學生本身亦可透過互動覺察人與人之間的連結、愛與關懷，從中得到滋養與成長，進一步反思自己的生命。敘事醫療之課程有助於強化護理系學生於臨床實踐人文關切的能力，而教師本身就是教材，學生會從指導者身上看到自己想成為的

樣子，教師也可從教學過程中獲得啟發，形成互助、互學、互惠的網絡，創造多贏效應。建議未來可由病人及家屬共同參與教學回饋，有助於了解敘事醫療對病人照護所產生的影響，多面向評核教學成效，此將有助於改善與精進敘事醫療教學策略。

後 記

　　成功大學醫學院創院院長黃崑巖教授曾提及：「醫學人文精神與素養為對人類的受苦保有敏感性。」敘事醫療有助於提升醫護學生人際溝通互動、促發個人內化反思、尊重生命與人文關切的能力，從照護中發現意義，促進自我與專業成長。

　　贈人玫瑰，手有餘香，藏行顯光，幽谷伴行。

參考文獻

林慧如、王心運、賴春生、林育志（2010）。「敘事醫學倫理」之課程建構及教學經驗。**醫學教育，14**（4），272-281。

Adamson, K., Sengsavang, S., Charise, A., Wall, S., Kinross, L., & Balkaran, M. (2018). Narrative training as a method to promote nursing empathy within a pediatric rehabilitation setting. *Journal of Pediatric Nursing, 42*, e2-e9.

Charon, R. (2001). Narrative medicine: A model for empathy, reflection, profession, and trust. *JAMA, 286*(15), 1897-1902.

Chiavaroli, N., Huang, C., & Monrouxe, L. (2018). Learning medicine with, from, and through the humanities. In T. Swanwick, K. Forrest, B. C. O'Brien (Eds.), *Understanding medical education evidence: Theory, and practice* (pp. 223-237). UK: Wiley Blackwell.

DeSpelder, L. A., & Strickland, A. L. (2019). *Last dance: Encountering death and dying* (11th ed.). New York, NY: McGraw-Hill.

Dose, A. M., Hubbard, J. M., Mansfield, A. S., McCabe, P. J., Krecke, C. A., & Sloan, J. A. (2017). Feasibility and acceptability of a dignity therapy/life plan intervention for patients with advanced cancer. *Oncology Nursing Forum, 44*(5), E194-E202.

Kreitzer, M. J., & Dose, A. M. (2009). The role of spirituality. In D. Abrams & A. Weil (Eds.), *Integrative oncology* (pp. 385-95). New York, NY: Oxford University Press.

Milota, M. M., van Thiel, J. G. M. W., & van Delden, J. J. M. (2019). Narrative medicine as a medical education tool: A systematic review. *Medical Teacher, 41*(7), 802-810.

Weiss, T., & Swede, M. J. (2019). Transforming preprofessional health education through relationship-centered care and narrative medicine. *Teaching and Learning in Medicine, 31*(2), 222-233.

Wieżel, I., Horodeńska, M., Domańska-Glonek, E., & Torres, K. (2017). Is there a need for narrative medicine in medical students' education? A literature review. *Medical Science Educator, 27*(3), 559-565.

Yang, N., Xiao, H., Cao, Y., Li, S., Yan, H., & Wang, Y. (2018). Does narrative medicine education improve nursing students' empathic abilities and academic achievement? A randomised controlled trial. *Journal of International Medical Research, 46*(8), 3306-3317.

Zaharias, G. (2018). What is narrative-based medicine? *Canadian Family Physician, 64*, 176-180.

作者介紹

　　賴維淑，專長於安寧緩和療護、哀傷撫慰、敘事醫療、生命倫理與舒適護理，在陪伴臨終病人的歷程中，深深體悟到「由死亡往前看，生命會不一樣」，有感於國內護理養成教育在此面向的不足，而教育為人才培育之基礎，人的形塑與深化是高品質照護之重要關鍵，因此多年來投入創新教學研究之領域，期能以敘事醫療為根基，融貫舒適護理、安寧療護與哀傷撫慰，並開啟倫理對話。透過課程活化、教材編纂、教學實踐、教學研究與融滲實務等創新教學，教育與推展高品質照護理念與醫療人文，傳承安寧理念，讓生命影響生命。

34 安寧療護課程教學歷程與迴響

魏書娥
南華大學生死學系副教授

黃麗續
南華大學生死學系兼任講師

壹、前　言

　　死亡是生命旅途的大事，無人享有豁免權，善終則是最高的期盼。當因重病而瀕臨生命的盡頭，死亡已無法避免時，不論東西方的病人或家屬都期望病人可以有尊嚴地度過人生的最後旅途，達到「善終」[1]。

　　近代，隨著醫療型態的改變，人的生命可以藉由醫療技術而被無限期的延長，然而生命的品質卻逐步在下滑。善終的具體實踐和社會意義受生物醫療體系的影響產生許多新現象，例如：善終隨西方生物醫學體系的內部改革，已緊密地與安寧緩和醫療以及安寧療護結合在一起（Masson, 2002）。與此同時，善終還是承繼著過去世代的社會期望，在自身熟悉的地方（通常是指自己家中）走向生命終點。現代醫療和社會生活交織出許多不同以往的末期生命樣態，使得人們對善終抱持諸多似是而非的想法，例如：安寧病房是等死的地方、簽署「不施行心肺復甦術或維生醫療同意

---

[1] 《書經·洪範》所載的「五福」：「一曰壽、二曰富、三曰康寧、四曰攸好德、五曰考終命。」其中，「考終命」即為「善終」，指自然死亡，不會遭遇天災橫禍，能安祥離世。

書」（DNR）和「預立醫療決定」（AD）是放棄生命末期醫療的選擇等。自 1983 年臺灣引入安寧療護的理念開始，1990 年 2 月馬偕紀念醫院開設了全國第一間安寧病房，安寧療護理念與實踐如火如荼地展開。2000 年，《安寧緩和醫療條例》通過，正式開始建立安寧療護制度，讓臺灣的安寧療護邁進新的里程碑。但要破除前述臺灣社會的安寧療護迷思，其理念不應只是醫療專業人員應具有的專業素養，它應該也是全民需要學習的安寧認知，以及建立的安寧態度。當醫療專業與一般民眾都具有相同理念時，才能促使安寧療護走出病房，達到不需要特別成立安寧病房的最終目標；也唯有將安寧療護提前導入得知「壞消息」的病人照護階段，才可能使照護跳脫生物醫療的身體界線，顧及到心理、社會、文化，甚至靈性等整體生活面向（魏書娥、許煌汶、林姿妙，2004）。

南華大學生死學系是全國高等教育體系中，唯一一所基於跨領域觀點進行生死學研究所創建的科系[2]，為建立學生對安寧療護理念的認知與理解，擴大安寧療護理念在校園札根，從 2001 年大學部成立時，即開設「安寧療護」課程，同時列為必修課程。2011 年更於人文學院開設選修課「向生命告別的美好方式：安寧療護引介」，拓展成院級通識課程；2014 年，因應學生未來多元就業的需求，在生死學系內開設安寧療護跨領域學程[3]，此學程共計九門課，在課程設計上相互關聯，讓學生由基礎概念至進階應用依序選修。筆者在此跨領域學程中合作擔任安寧療護導論、臨終發展歷程及臨終醫療照顧倫理等三門課的授課教師[4]，學生修課順序依次為安寧療護導論、臨終發展歷程及臨終醫療照顧倫理，主要是針對臨終整體面向變化、臨終整體照護理念與方式，還有對於生命末期病人、家屬及醫療團隊

2　系所簡介請見網址 http://lads3.nhu.edu.tw/Web/Pages?mid=3102&n=系所簡介。

3　安寧療護跨領域學程包括：安寧療護導論、自我探索與同理心、臨終發展歷程、生理症狀評估、臨終諮商技巧、悲傷輔導、安寧療護臨床作業模式、臨終醫療照顧倫理、宗教生死觀等九門課程。

4　安寧療護導論、臨終發展歷程及臨終醫療照顧倫理三門課均由魏書娥副教授與黃麗續兼任講師共同教學。

可能遭遇到的倫理問題進行思辨與探討。基於篇幅限制，本文只針對安寧療護單門課程的相關規劃設計、授課經驗內容、反思進行分享。

貳、安寧療護導論課程設計理念與執行

安寧療護課程設計，主要目的是希望給初學生死學領域的學生具備現代臨終關懷基本觀念與知識，以及建立安寧療護觀念與態度。過程中我們一直在思考，該怎麼去談論這樣的生命議題，才能讓學生不害怕死亡、不排斥面對生命末期，願意認識安寧療護，並能引發他們的興趣，理解安寧療護[5]的照顧品質，進而將安寧療護理念傳達給周遭的親友。因此課程設計時，盡量避免使用醫療場域艱深難懂的專業術語，也不以醫療專業訓練為主軸，而是強調從「全人」的角度討論安寧療護議題。

上課方式除了課堂講授外，還包括業師演講、分組討論、角色扮演、影片欣賞、校外參訪等。此外，為了了解學生參與這門課程前後，對於安寧療護知識、態度的改變，同時了解學生對各個課程單元之接受情況及意見，每年度在第一週上課時除了課程簡介，同時做「安寧療護知識、態度問卷」[6]前測，學期倒數第二週（第十七週）做後測，進行兩次問卷結果及前後測差異比較，在最後一次上課時和學生分享並討論。學期中為增加學習的深度，在每一次參訪或業師上課後讓學生撰寫心得報告，並在課堂上分享。

5　2010 年首次在人文學院開設安寧療護課程，課程名稱為「安寧療護」，當時選課學生只有個位數，該門課因此未開成，探討原因時發現，對生死系以外的學生而言，安寧療護是一個很陌生的名詞，更談不上引發興趣。隔年將課程名稱改為「向生命告別的美好方式：安寧療護引介」，這樣的課程名稱淺顯易懂，開始有生死學系以外的文學系、哲學系及幼教系學生選修這門課。

6　本問卷經李佩倩同意，修改自其碩士級畢業論文中使用的「大學生對安寧療護的知識與態度」調查問卷。

參、課程單元簡介

以下針對各單元授課內容及方式做一簡介。

週別	課程單元	授課方式（講述以外）
1	課程說明	安寧療護問卷前測
2	現代社會的死亡迷思	短片觀賞與小組討論
3～4	醫療極限與無效醫療	短片觀賞與討論、醫療用品及工具實物
5～6	在宅醫療與整合醫療	短片觀賞與討論
7～9	安寧療護理念	業師演講（醫師）
10～14	安寧療護服務模式	業師演講（安寧共照師、宗教師）、小組討論與發表、校外參訪
15～17	期末分組報告	第十七週（安寧療護問卷後測）
18	總結討論	安寧療護問卷前後測結果比較與期末討論

一、課程說明

1. 課程說明：學期開始的第一堂課，針對選這門課或打算選這門課的學生做課程概述，包括課程大綱、教學方式、評量方式。學生可依據課程內容是否符合需求加退選，考慮到部分教學活動人數太多會影響學習效果，限制選修人數上限為 30 人。課程評量方式，在首次上課時和學生討論後確認[7]。

2. 選課學生分組：對學生而言，第一堂課除了了解上課內容外，重要的還有課程分組，約 5～6 人一組。學生在選擇組員時，習慣選擇自己熟悉或喜歡的人當夥伴，因為熟識，所以小組活動更順暢。然而本課程設計時，希望能打破學生這樣的「習慣」，學習和不熟悉的人合作、溝通，共同完成任務，因此採用隨機分組（抽籤或報

---

7 主要的評量方式包括三部分：平時成績（出席率、分組合作討論）、期中成績（演講及參訪心得）、期末成績（期末小組報告、分組訪談紀錄）。

數）。這樣的分組方式，學生的回應各異，但從一些小組所表現的成果與分享內容，我們知道這是一個學習與成長的正向歷程。

二、現代社會的死亡迷思（2 小時）

這個單元，我們從「影響現代人面對死亡與瀕死態度的因素」談起，多數人都有親人過世的經驗，見過大體者不多，在醫療化的死亡中，親眼見過嚥下最後一口氣者少之又少，真正認識臨終徵狀者更是少數，所以人們很難從親人死亡過程中學到死亡教育。加上媒體傳遞的片段死亡意象，扭曲隱晦的死亡態度，喪葬文化的現代化轉型不完整。Puckle（1926）提到，喪葬習俗反映出心理、社會及靈性等層面的死亡態度，若是表現出對死亡及亡者害怕的迷信態度，就會造成不合理性，或過分鋪張的喪葬儀式（轉引自趙可式，2008）。這個單元利用實例的分享與討論[8]，例如：「逃避父親亡魂的博士」，讓學生了解臺灣社會多數人面對死亡的文化態度與認知。特別是生死學系中殯葬組的學生，未來服務的對象大部分是臨終與死亡的病人及家屬，如何建立自己正確的觀念及態度尤為重要。

三、醫療極限與無效醫療（4 小時）

「很多疾病無法單靠醫學來控制或者治癒，倘若一味仰賴醫學來處置所有疾病，恐怕會蒙蔽我們看待生老病死的正確觀念，迷失在永生不朽的想望中」（王念慈譯，2018）。現代社會面對的最大危機，即是「死亡醫療化」下所產生的「壓抑」與「隔離」（鄭義愷譯，2008），在醫院死亡帶來過度醫療和無效醫療；生病的人在缺乏家人的陪伴下單獨面對死亡（特別是加護病房病人）；加護病房的照護模式下，缺乏自主與尊嚴等問題。課程中除了講述醫療極限與無效醫療概念，也讓學生們看到加護病房使用

8　採用「不讓病人死的醫師」、「死不瞑目的老教授」、「逃避父親亡魂的博士」等故事，引自：趙可式（2008）。**安寧伴行**，頁 25-27。

創新與傳承：大學生命教育課程規劃與教學實務

的插管工具與管路實物[9]，引導學生們思考與想像，當這些管路插在自己身上，會是什麼樣的感覺。配合單元內容，我們也播放「The Lady And The Reaper (La Dama Y La Muerte) de Javier Recio Gracia」[10]影片，這是一部西班牙動畫短片，以詼諧誇張的方式，呈現出在高科技的醫療下，人們的死亡權與尊嚴議題。另一部片子則是由國健署所製作的「急救不急救？我要善終」[11]，影片以易懂的方式介紹心肺復甦術，也說明急救不急救如何選擇，更難得的是，讓學生看到實際的急救現況；同時對照式的呈現，如果沒有急救時，安寧醫療團隊並不是什麼都沒做，對於病人和家屬，安寧團隊用不一樣的照護方式幫助病人及家屬善終、善別與善生。兩部片子播放後均做分組討論。最後提供選擇安寧療護的條件與方式，以及安寧相關表單[12]的介紹。

四、在宅醫療與整合醫療（4小時）

臺灣在宅醫療概念的發展，由余尚儒醫師於2015年積極引介至今。在宅醫療的議題也帶起改善社區醫療的討論風潮，以及政策性討論。在宅醫療是連結照顧與醫療照護之間的重要橋梁，能減輕超高齡社會的負擔，減少醫療保險的給付，無疑是面對超高齡社會沉重醫療負擔的新解方（劉懿德、余尚儒，2021）。配合這樣醫療照護模式的改變，我們在2015年課程中加入此單元。課程中我們以「回家～在宅醫療 連結社區的好夥伴～（ピア～まちをつなぐもの～）中文預告」[13]這部電影預告片為開始，介紹了在

---

9 加護病房常見工具與管路，包括喉頭鏡（插氣管內管用）、氣管內管、氣切套管、鼻胃管、導尿管。

10 「The Lady And The Reaper (La Dama Y La Muerte) de Javier Recio Gracia」，網址：https://vimeo.com/35846655。

11 「急救不急救？我要善終」，網址：https://www.youtube.com/watch?v=Mtw8jnXW4qA。

12 安寧療護相關表單：預立安寧緩和醫療暨維生醫療抉擇意願書、不施行心肺復甦術同意書、不施行維生醫療同意書、醫療委任代理人委任書、撤回預立安寧緩和醫療暨維生醫療抉擇意願聲明書。

13 「回家～在宅醫療 連結社區的好夥伴～（ピア～まちをつなぐもの～）中文預告」，網址：https://www.youtube.com/watch?v=oFIbnjxFD4U。

530

宅醫療和醫院診間醫療的不同，當醫療團隊走進病人家中，他們看到的不只是病人，他們可以了解病人所居住的環境、所吃的食物、所接觸的人……，他們可以完整的看到一個生活中的「人」，而因為醫療團隊到家中，讓一些無法出門（長期臥床）、不方便出門（缺乏交通工具、需要人陪伴協助、活動不方便）的病人能方便地受到醫療照顧，讓需要長期照護的人可以在自己習慣的地方，持續生活，直到人生的終點。大家一直認為，多數末期臨終病人都希望「落葉歸根」，寧可選擇回家善終，但實際上，很多研究證實，愈來愈多末期病人選擇在醫院走完人生最後一哩路（邱玉珍，2016）。這些結論從課程的前後測結果也有這樣的傾向。最後以「翻轉病房在宅醫療」[14]短片做結，這是講述余尚儒醫師在臺東縣東河鄉都蘭村開設都蘭診所，這臺灣第一個以「在宅醫療」為服務的診所，除了門診之外，也在部落進行巡迴醫療，或是去病人家看診，透過影片讓學生理解在宅醫療的現場實務。

五、安寧療護理念（6 小時）

這個單元，分為三個部分介紹，採用課堂教學、短片介紹、業師分享、小組討論、課後反思心得寫作等方式教學。第一部分我們從安寧照顧基金會「人生如戲，終有落幕的時候」[15]短片開始，透過吳念真父子的對話「任何事情都有他固定的週期，就如一朵花，它會開、它會謝，也有它結束的時候……」引導學生思考，人生無常，面對人生終點時怎麼想？聽到「安寧」，想到……？關於安寧緩和醫療的迷思？運用臨床實例穿插說明。第二部分邀請安寧療護醫師到課堂上和學生分享醫師在安寧療護團隊的角色與經驗分享，多年來先後邀請黃醫師、兩位許醫師和朱醫師到班上和學生互動，與第一線安寧醫師的交流，讓學生對安寧療護有整體性的了解，也

---

14 「翻轉病房 在宅醫療」，網址：https://www.youtube.com/watch?v=qCy7H89nBDc。

15 「人生如戲，終有落幕的時候」，網址：https://www.youtube.com/watch?v=-GXE6--NmS8。

獲得學生很多的迴響。第三部分以趙可式老師《安寧伴行》一書第二章為主軸，進一步說明安寧療護五全照顧的內涵，課程中播放一則由安寧照顧協會所製作的「安寧療護_最後的路」[16]影片，片中強調五全照顧中的「全人」照顧，理解病人所表達的言語和行為背後的含義，才能真正處理病人的問題。

六、安寧療護服務模式（12 小時）

這個單元我們設計成五個部分，分別介紹安寧病房、安寧共照、安寧居家三個安寧療護照護模式，也安排安寧團隊成員到課堂上分享。邀請的人員包括安寧護理師、安寧共照護理師、社工師、宗教師、藝術治療師、音樂治療師等，這些來自醫療場域的專業臨床工作者的經驗分享，讓學生了解安寧團隊中不同專業的角色與職責，對於安寧療護有不同面向的認識。另一個單元是安排校外參訪，地點的選擇以雲嘉南地區設有安寧病房的醫院為主，這個單元最受學生歡迎，因為實地接觸安寧病房；也讓學生印象最深刻。

肆、安寧療護導論課程活動設計

本課程教學活動包括五部分，說明如下。

一、課堂講授

除了使用 PPT，配合課程內容展示實物（如醫療器材）、短片觀賞，也利用 Kahoo 做線上互動教學，對於喜歡線上遊戲及 3C 的現代學生，用 Kahoo 作為教學輔助方式，因具有即時性回饋及競賽性的趣味，能引發學生的參與度，提升學習效果。

---

16 「安寧療護_最後的路」，網址：https://www.youtube.com/watch?v=l1NYvIl4qQk。

二、影片欣賞與討論

課程上觀賞的影片有《心靈病房》（*Wit*）、《在那之前我愛你》、《多桑的待辦事項》等，其中《心靈病房》是一部談論生死議題極經典的電影，即使年代已久，但每年度的觀賞仍引發學生許多深刻感想，可從很多面向看這部片子，包括觀賞前的簡單導覽與觀賞後的討論與心得書寫。

三、臨床安寧團隊經驗分享

邀請安寧團隊實務工作者到課堂上，學生們透過與安寧團隊成員面對面互動的經驗，了解緩和醫療與安寧療護的觀念及運作模式。

四、校外參訪

主要目的是希望藉由參訪過程，協助修課學生認識安寧療護臨床服務現場實況，作為未來職場體驗。藉由帶領修習「安寧療護導論」課程學生參訪安寧病房，讓學生理解安寧療護理念在臨床病房實踐。參訪地點以嘉義地區設有安寧病房之醫院為主。參訪內容，包括機構整體服務設施的參觀、安寧團隊成員（病房護理長、安寧共照師、安寧居家護理師、社工師、心理師……）現場解說與座談、醫療設備的體驗與操作（參訪內容會依機構當天業務狀況做彈性調整）。

五、分組討論與報告

配合課程進度，於課堂上分組討論，例如：在「醫療極限與無效醫療」單元，看完「The Lady And The Reaper (La Dama Y La Muerte) de Javier Recio Gracia」短片，討論現代醫療的特徵、現代醫療體系面對死亡與臨終的方式。看完紀錄片《一念》，討論如果花 100 萬可以讓病人多活一天，這個治療有效或無效？在安寧療護理念最後一堂課，如果你知道你的生命只剩下六個月，你會怎麼做？為什麼？

伍、學生回饋與迴響

一、業師教學

安寧護理師分享中提到，一位病人的小孩因為工作忙，不常回家，病人也怕子女擔心而沒告知病情，等到病況一發不可收拾，病人的小孩痛哭不已。學生在心得中寫道：

> 「講師講這個案例，讓我想到我的外公，高中畢業上大學前，我因為打工很少回家，更沒有回去看外公，那時候只知道外公生病，卻不知道是癌症（爸媽沒說，我也沒問）……，一直到開學前，接到舅舅的電話說阿公走了，……阿公最疼我，我卻沒有好好陪伴他……面對這樣的後悔跟自責，只能記取這次的經驗，下一次面對家人生病時，更用心去了解家人的身體狀況，更用心陪伴。」（105 年學生，業師演講心得）

宗教師在課堂上分享照護過程中幫病人留下了許多影像紀錄，在病人過世後還製作成光碟，送給家屬，讓喪親的家屬在悲傷之餘感動萬分。學生有著這樣的回饋：

> 「在講師分享的過程中，讓我好想回家一趟，覺得生命真的很無常。每分每秒都要好好把握，還要不吝嗇地拍個照留下紀念，當哪天回憶起時，哪怕只是照片上的笑容，都會覺得很欣慰、很滿足。」（105 年學生，業師演講心得）

聽完了安寧醫師以「生命、死亡與預立醫療決定」的演講，學生的回饋是：

> 「聽完這堂課，我決定要提前預立醫療決定，我真的不知道我什麼時候會以什麼方式離開，為了不造成家人、社會的困擾，我決定在我快歸天之時，可以不用遭受多餘的急救造成的痛苦，

這堂課讓我學到，為自己做決定，是對家人最深的愛，讓家人不用為你是否要拔管而感到苦惱，覺得哀傷。所以我覺得自己做好決定就可以讓家人不用掙扎，因為這是自己想要的方式。」（106年學生，業師演講心得）

二、校外教學與參訪

校外參訪一直是學生期末回饋時反應最喜歡的單元。

安寧病房在醫院中屬於一個很特別的地方，但不是每個人都有機會進到這個環境，對它也有很多想像空間，藉由實地參訪，學生看到安寧病房各項設施，也感受到它的氛圍，經由和現場專業人員的互動，對於安寧病房，學生有這樣的描述：

> 「隔了一道門就好像到了另一個世界一樣，很溫馨。各種家具、廚具、開放式的交誼廳（客廳）擺設等，真的讓人無法相信那裡是醫院裡的病房，它完整呈現『家』溫暖的感覺。」（106 陳○○）

> 「洗澡室，讓病人可以舒服洗澡的地方備有特殊的浴池。祈禱室，讓病人或家屬尋求慰藉的地方。大廳，讓病人或家屬可以轉換心情的天地，備有沙發及鋼琴。」（106 朱○○）

> 「安寧病房較一般病房安靜，且大多以暖色調為主，也不像一般病房的走廊上，有很多的醫療車、飛快奔走的護理師。在安寧病房感覺一切都慢慢的，時間就向遲滯了一般。而安寧病房中的洗澡間，為避免患者著涼，設有暖氣，患者可以放鬆、舒服地享受洗澡的樂趣。可升降的洗澡床及浴缸，讓行動不便的患者也可以輕鬆的移動身體。」（106 黃○○）

> 「我從未想過，最接近死亡的地方，卻相反地成為了整個醫院最溫馨的地方。」（106 柳○○）

透過參訪，反思自己的生活型態：參訪癌症治療中心時，透過專業人

員解說癌症治療的歷程，以及過程中可能遭遇的身、心磨難，還有經濟考量，學生們寫下一段話：

> 「對癌症治療中心特別有感觸，有好多要自費的，而且感覺很痛、病人沒尊嚴。不太敢一直熬夜，真的怕身體出毛病，況且身為一位助人工作者，我想照顧好身體才能面對個案。」（106邱○○）

我們經常提醒學生要正常作息，但言者諄諄、聽者藐藐，然而一次的參訪能讓學生感受到生病的辛苦。

重新思考，如果時光可以倒流，我會怎麼做？對於有家人死亡經驗的學生而言，透過病房參訪也讓他們再次思考，如果在安寧病房往生會有什麼樣的不同？

> 「我想，那時爸爸得鼻咽癌時，如果醫院有安寧病房，會不會有什麼不同？想到爸爸的病情，家中氣氛低迷，每到醫院看爸爸總是愁眉苦臉，而媽媽則是壓抑悲傷情緒，只為了不影響爸爸情緒，增加爸爸的壓力，而我們到醫院時，對於向爸爸表達情緒關懷較害羞，所以只在旁邊坐著。……如果有人引導我們，這樣和爸爸之間會不會少些遺憾？」（105陳○○）

安寧病房不總是美好溫馨的：雖然大多數的人覺得安寧病房溫馨、人性化，但是每家醫院的環境不同，照護方式也有差異，帶給人的感覺也不一樣，還是有學生曾經質疑的經驗出現：

> 「我曾在安寧病房（四人房）陪伴家人，一直很疑惑，不是叫安寧病房嗎，為什麼還這麼不安寧？尤其到了晚上，夜深人靜時更明顯，這會對病情較輕的病人及家屬，除了同情外還有折磨，這些問題只有轉到單人房或回家靜養才能解決。安寧療護只是種種醫療處置的其中一種，但更重要的是讓人們願意討論死亡，進一步規劃自己對於臨終醫療的態度，使生命無悔。」（105林○○）

三、期末報告

在學生回饋中,這也是學生成長收穫很多的單元,期末小組報告主題:「向家人和親友介紹安寧療護的經驗分享」,報告主題在開學第一週即向學生說明,由各組學生依小組成員的時間自行設計報告進行的方式和內容。由於小組成員的組成是抽籤決定,組員間不一定熟悉,因此組員的分工合作格外重要,從學生的回饋中,也讓我們有意外的驚喜。

「訪談作業不只讓我們能更了解安寧的知識,也讓我們和同學或訪談對象增進情感與交流。」(106 期末回饋)

「我和家人聊到安寧這一塊,也說過放棄急救,我比較訝異的是,我媽說,其實她有考慮要不要做器官捐贈,我蠻意外的,因為我們從來沒有談過類似的問題,我以為他們會避諱的。」(106 楊○○期末報告)

「需要改進的地方是和組員間的溝通,雖然最後有完成報告,但因為組員都是不太熟或不同班的,所以很難湊在一起,製作部分覺得是新的體驗和以往報告的內容不一樣,是個挑戰。」(107 期末回饋)

「期末訪談報告讓我收穫最多的部分,出乎意料是在受訪者提出詢問的地方,因為上課中都有上過安寧療護基本的內容,而且也有實際參訪過安寧病房,所以很有信心可以回答,但信心太過,結果就是,回答很多問題時只記得片面或大概的印象。因此藉由之後重新跟受訪者介紹,自己又再重新學習了一遍安寧療護。第二次補充介紹時剛好爸媽也在旁邊,之前他們覺得談這個不太吉利,不接受採訪,聽到我的補充資訊後,開始對安寧療護產生興趣,我也開始解說,我想,我能改變他們兩個人的一些想法,就是我從這個報告獲得的最大收穫吧。」(108 吳○○期末報告)

「這次訪問,從受訪者的回饋中得到力量,受訪者非常感謝

我能找他參與這次的訪談，讓他有機會了解安寧療護，同時也讓他知道我們擁有選擇安寧療護的模式，也期許自己可以循序漸進地告訴家人安寧的資訊，像是老師在課堂上分享的故事就可以是個很好的切入方式，希望家人在人生最後階段能得到安適的照護。」（108○○期末報告）

「對於期末報告，學到了如何合作，一起去完成一份不太了解的事。很有意義。」（109 年期末回饋）

「期末報告讓我了解到媽媽對安寧療護的想法，也知道來自不同家庭不同人的看法與感受。」（109 年期末回饋）

「透過期末報告採訪的機會，能夠與家人做交流，了解家人的想法。」（109 年期末回饋）

「我喜歡報告，因為有一種成就感，從訪談身邊的人、向他們介紹安寧療護，到最後將所有資料給老師、同學都有難度，但我完成了。」（109 年期末回饋）

四、對於課程的回饋

「從安寧課程中感受到病人的想法往往是被忽略的，而要改變就要從自己做起，能儘早理解家人的想法，也希望他們能預立醫療遺囑，為自身多一份保障。」（107 年期末回饋）

「如果可以，願意和親朋好友一起去預立醫療遺囑。」（107 年期末回饋）

「上完這學期的課後，改變了原本覺得不想聽也不想提的想法，現在的我認為，這麼做或許才是真的為了大家好吧！」（107 年期末回饋）

「這堂課我讓收穫最大的是開始思考如何面對臨終，我可以用什麼態度過完人生最後階段，也讓我看到我如果接受安寧療護，會得到什麼樣的照顧，可能會有什麼感觸。雖然面對死亡是一件

很難的事，但這堂課消除了我一點恐懼，好像對死亡有一點畫面和概念。」（109 葉○○期末報告）

陸、本課程對修課學生「生命意義」與「生命態度」之影響

本課程於第一週上課時會針對選課學生做安寧療護知識與態度前測，於第十七週以同樣的題目做後測，以下例舉 2016 至 2020 年間所做問卷的結果，分知識層面及態度層面，分別敘述如下。

一、安寧知識部分

安寧知識部分總計 37 題的是非題，結果如表 1 所示。

表 1　2016 至 2020 年安寧療護問卷知識部分前後測結果

學年度	105	106	107	108	109	平均
前測	86.1	88.8	88.8	87.3	87.9	87.8
後測	90.6	93.3	93.3	91.5	95.9	93.0
差異	4.5	4.5	4.5	4.2	8.0	5.2

就安寧知識層面，從問卷結果發現，部分學生於上課前從媒體、親友或是生活經驗，初步具備安寧相關知識，經過一學期的課程，一如預期都有相當程度的成長。

二、安寧態度部分

安寧態度部分總計 25 題，採李克特氏五點量表（Likert Scale），統計非常同意及同意人數百分比，結果如下。

（一）對預立醫療的態度

　　如圖 1 所示，學生對於預立醫療遺囑的態度，大致是持肯定的態度（81.8%～96%），甚至有學生在課堂心得分享時表示，當他 20 歲生日時，要做的第一件事就是填寫「預立安寧緩和醫療暨維生醫療抉擇意願書」。同樣地，如果家人要填寫「醫療委任代理人委任書」時，願意擔任委任代理人者（84%～93.4%）也有增加的情形（如圖 2 所示）；但在另一個問題「擔任家人的預立醫療委任代理人時，我不會覺得不自在」，能夠自在擔任醫療委任代理人者卻只有 56.8%～73.4%（如圖 3 所示）。

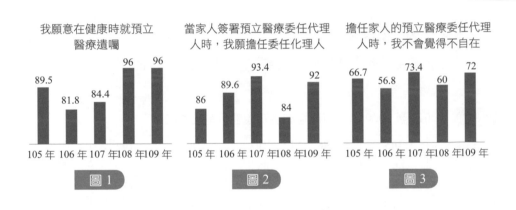

圖1　我願意在健康時就預立醫療遺囑

圖2　當家人簽署預立醫療委任代理人時，我願擔任委任化理人

圖3　擔任家人的預立醫療委任代理人時，我不會覺得不自在

（二）當面臨生命末期時的選擇

　　如下圖所示，若家人面臨生命末期的選擇時，有 84.1%～96%的學生願意幫家人選擇安寧療護，且有逐年增加的趨勢（如圖 4 所示）。當自己面臨生命末期時，有 80%～92%的學生會選擇安寧居家照護（如圖 5 所示），有 63.3%～76%會選擇安寧病房（如圖 6 所示）。選擇安寧居家的比率略多於安寧病房。選擇安寧居家的理由，主要為可以在自己熟悉的地方，由熟悉的人照顧。選擇安寧病房的原因是怕麻煩家人、擔心不舒服的症狀家人沒有辦法處理，也有人考慮到在醫院往生，後續處理較方便。

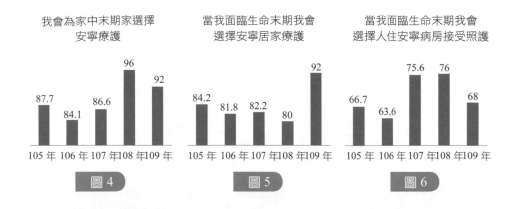

我會為家中末期家選擇
安寧療護

圖 4

當我面臨生命末期我會
選擇安寧居家療護

圖 5

當我面臨生命末期我會
選擇入住安寧病房接受照護

圖 6

（三）對於病情告知的態度

如圖 7 所示，關於病情告知，在安寧知識層面上，學生們一致認為醫師有義務要告訴病人或家屬病情（98.2%～100%），但在病情告知態度上，對於自己和家人則有不同。當自己罹患不治重症，幾乎所有學生（91.3%～100%）希望能被告知病情（如圖 8 所示），但如果是家人面臨同樣狀況，只有 77.3%～92%的人會告知家人病情（如圖 9 所示）。

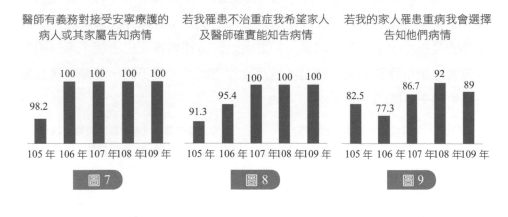

醫師有義務對接受安寧療護的
病人或其家屬告知病情

圖 7

若我罹患不治重症我希望家人
及醫師確實能知告病情

圖 8

若我的家人罹患重病我會選擇
告知他們病情

圖 9

（四）對於生命末期的治療選擇

如圖 10 所示，雖然醫療科技進步，但是當醫療無效發生的時候，有93%～100%的學生同意放棄治癒性的治療，改以舒緩痛苦為目標。也就是說，面對生命末期的治療，願意選擇「安寧療護」。

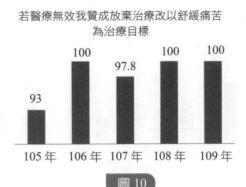

若醫療無效我贊成放棄治療改以舒緩痛苦
為治療目標

圖 10

（五）對於臨終地點的選擇

　　如圖 11 所示，從問卷結果顯示，如果可以選擇臨終地點，較多的學生
（77.2%～92%）會選擇在家中往生，部分學生選擇以醫院為臨終地點
（18.2%～26.7%）（如圖 12 所示）。依據五年來的問卷發現，雖然選擇在
家中往生占多數，但是考慮選擇醫院作為往生地點者，也有逐年上升的趨
勢（如圖 13 所示）。在最後一週的課堂上，向班級進一步詢問獲得的回
應，主要集中在思考處置身後事的方便性，例如：會選擇在醫院往生，最
重要的是避免給家人帶來困擾，二來可以較方便取得死亡證明，第三則是
考慮到住家環境及結構，往生後遺體放置空間或搬運不便，都是選擇在醫
院往生的主要原因。

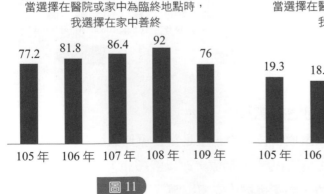

當選擇在醫院或家中為臨終地點時，
我選擇在家中善終

圖 11

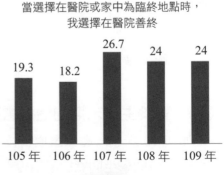

當選擇在醫院或家中為臨終地點時，
我選擇在醫院善終

圖 12

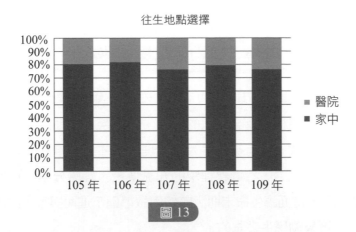

往生地點選擇

圖 13

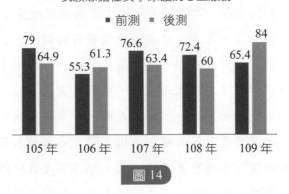

我願意擔任安寧療護的志工服務

圖 14

　　另外值得一提的是，在安寧態度上，對於安寧療護的接受度大致都是正向反應，唯有「我願意擔任安寧療護的志工服務」（如圖 14 所示），五年統計中有四年是下降的，與學生討論時他們的回應是，上課前覺得可以擔任志工是很好的，上課後才了解安寧志工和一般志工不同，想擔任安寧志工，不只需要具備熱情，還要經過特別培訓才可以。

柒、課程反思與結論

依據世界衛生組織（WHO）的定義，安寧療護是針對治癒性治療無反應之末期病人提供積極性及全人化的照顧。這對疾病末期病人仍提供緩和醫療支持的照護模式，唯有被社會大眾所理解，才能被推展開來，而大學生正是未來國家的主力，透過課程中的知識傳授、經驗分享與實地參訪，讓他們審慎思考，當面臨生命末期，該如何做準備？進而與家人討論分享，都是課程中一再鼓勵學生嘗試的。

然而安寧療護不盡然是全然美好的，每個人經歷不同，在教學上或許可以更廣泛地來討論。在一次課程中，學生課後激動地說：

「在課程中，我看見安寧病房中很美好的部分。家人間都有很完美的道別，但對我而言，這只是其中的一部分，安寧病房的極限是需要被完整呈現出來的。……並非所有人都可以體會到安寧病房中美好的一面，……，每個人對同一事件的感受及賦予的意義不同，若只偏重美好的部分講述，對有痛苦的人而言是受傷的，儘管知道安寧療護有美好的一面，但這不是我所體會到的，因這不是安寧病房的全貌。」（一位家人曾接受安寧照顧學生的回應）

隨著學生個人經驗的不同，在上這樣的課程時，容易引發學生過去的生活經驗連結，或許是美好的，或許是悲傷的，又或許是愧疚的。上課的同時，提醒自己更要關注學生們的情緒流動，即時回應與疏導。

安寧療護導論開課至今，幾年來隨著《安寧緩和醫療條例》修訂、《病人自主權利法》通過、長期照護與在宅醫療需求的增加，我們的課程內容一直跟著制度法規修訂在微幅調整，授課的方式也不斷增加多樣化方式，我們希望帶給學生的，不只是知識的傳授，而是一種面對生命的態度和對生命歷程的重新思考，更希望這樣的反思結果，學生能與家人、朋友分享

和討論，從學生的期末報告與期末回饋中，我們知道，我們做到了。但從教學的過程中我們也體驗到，生命不盡然都是美好的，如何引導學生在不完美的現實生活中，懂得轉化思考、把握當下，好好學習、好好生活，是我們要再努力的。

參考文獻

王念慈（譯）（2018）。**優雅的告別：現代醫療隊我們是恩惠還是折磨**（原作者：Ken Hillman）。新北市：臺灣商務印書館。（原著出版年：2017）

邱玉珍（採訪、報導）（2016）。**檢視臺灣「死亡品質」排行榜背後**。取自 https://www.hospice.org.tw/content/1277

趙可式（2008）。**安寧伴行**。臺北市：天下文化。

劉懿德、余尚儒（2021）。在宅醫療的資源分佈現況及其發展與趨勢。**澄清醫護管理雜誌，17**（1），4-7。

鄭義愷（譯）（2008）。**臨終者的孤寂**（原作者：N. Elias）。臺北市：群學。（原著出版年：1985）

魏書娥、許煌汶、林姿妙（2004）。安寧緩和療護理念與醫療根源。**安寧療護雜誌，9**（4），409-416。

Masson, J. D. (2002). Non-professional perceptions of 'good death': A study of the views of hospice care patients and relatives of deceased hospice care patients. *Mortality, 7 (2), 191-209.*

Puckle, B. S. (1926). *Funeral customs: Their origin and development. London, UK: T. W. Laurie.*

作者介紹

　　魏書娥，服務於南華大學生死學系，開授死亡社會學、老年社會學、安寧療護、臨終發展歷程、與臨終醫療照顧倫理……等課程。歷來執行的研究計畫聚焦在安寧療護運動、死亡醫療化、死亡系統建構、退休人力的社會參與策略、社會照顧與醫療照護整合、長期照顧政策等等。現任《生死學研究》期刊主編，致力提升生死學研究的影響力。藉由協助學生自主學習，試圖翻轉單向教學歷程，也經由擔任活化歷史帶領人方案，將社區長輩媒介引進大學課程，促進青銀相互學習。喜歡植物，借助園藝紓解身心，也推動正念助人理念。

　　黃麗續，我是一名護理師，也是呼吸治療師，職涯中有大半的時間照顧重症及呼吸器依賴病人，對於病人身心的磨難更感同身受，因此致力推展安寧療護理念。我喜愛大自然，在邁入人生第二階段，我選擇與植物為伍，希望以植物為媒介，藉由植物帶給人們幸福和療癒，我正往園藝治療師之路前進中。

35 生命如歌　攜手走過

朱明霞、黎　想

澳門鏡湖護理學院生死教育團隊

時光如梭似瞬間；轉眼十載過半世；

心中熱情仍當年；投入其中充滿愛。

壹、我的「生死教育」歷程

從接手「生死教育」課程，透過嘗試實踐，不斷反思，我深信每個人都有第三種愛（愛社會、愛他人、愛自己），似乎找到自己從事「生死教育」的目的是喚起大眾的「第三種愛」。多次問自己，是什麼讓我願意繼續開拓生死教育事業的衝動？也開始有很多人問我為何會對生死這樣沉重的話題感興趣。透過這些年的省思，那些多次出現的清晰畫面是我在臨床護理工作中獨自夜班經歷尿毒症病人的自殺過程；白血病陽光少年併發肺結核及消化道大出血死亡前的印象；我自己 20 歲青黴素過敏，25 歲高山反應加食物中毒兩次與死亡擦肩而過的瞬間……，最令我終身遺憾的是沒有滿足父親離世前想來澳門看看我辦公室的小小心願，直到 2015 年主編的《生命如歌》一書出版，我便把從事生死教育定為自己後半生的使命。

一、臨危受命：從零開始設計生死教育課

在設置課程時，一定要緊密結合學生需求和時代變遷所帶來的社會文化環境，在多年護理學本科教育（BSN）課程的管理過程中，我發現「生

死教育」一直是澳門教育中缺失的環節。死亡是生命歷程中自然的一環，每個人都要面對，尤其是護理學院的學生，畢業後多從事臨床護理工作，更需要以接納死亡、尊重生命的態度來直面生命的終點。經過努力，護理學院於 2012 年 5 月開設「生死教育」選修課，特意從英國請來專家學者為學生授課。正在一切準備就緒，等待開學上課的時候，英國老師卻臨時有事離開澳門。我作為課程負責人臨危受命，成為澳門鏡湖護理學院第一位負責「生死教育」科目的教師。

從接受任務到開課只有短短三個月時間。我雖然有 18 年醫院臨床護理師經歷，也見過不少疾病死亡的過程，但對於生死教育領域沒有任何經驗，一切從零開始。我沒有選擇也沒有退路，必須在上課的第一天站上講臺。學院協助我和相關教師先後到香港中文大學參與相關課程的學習；前往「生死教育」起步較早的臺灣拜訪專家、宗教團體，查閱相關資料、備課；邀請趙可式教授來澳門指導授課，為臨床醫護人員開設工作坊，在大家的努力下終於完成第一輪「生死教育」選修課的教學。現在想起來那個暑假是如此的充實、豐富。在之後每年的開課中，選課學生逐年踴躍，課堂上每個獨一無二的生命故事全是同學們與父母及長輩之間的愛與伴，深深吸引並感動著我，每次上完課就想著下一年的調整計畫。在不斷學習和鑽研中，感受到這門課的意義所在。我希望透過自己的努力引發人們對自我的內省，從而更加尊重生命，理解愛！2015 年初，充滿活力與創意的年輕教師黎想老師加入「生死教育」科目授課團隊，我們一起前行、探索，經歷共同成長，投身澳門的生死教育事業。

二、尋找生命意義：第三種愛

生死教育的本質是愛的教育。我的理解是「好好活著有意義，安詳死去無遺憾」。生死教育是從生命出生成長就已開始的不同階段的愛的教育，例如：關於死亡不是等到死亡臨近時才去了解死亡，人人都清楚人來到世上就會走向死亡，我們所有的生命意義都是「以終而始，向死而生」。生

死教育的目的是為了活好當下，懂得珍惜擁有的幸福，接納死亡是生命的一部分，在學習愛他人的行動中敬畏生命，健康地、坦然地面對生離死別，有尊嚴地愛惜生命。

希望每個人都能成為善待自己、孝敬父母和尊重他人的有尊嚴的生命擁有者，能有準備地陪伴生命末期的他人，平靜地面對死亡。我們每個人都可以駕馭自己的愛，讓生命在愛中更有意義。在編寫教材整理生命故事的過程中，提出「第三種愛」的想法。在 2015 年出版的澳門第一本講述生死故事的讀物《生命如歌》一書中，我提出了「第三種愛」，這也是我生命中的重要歷程。

貳、「第三種愛」的建構

每個人的愛是一個整體，用一個圓（虛線）表示（如圖 1 所示），具有一定彈性；中心點是生命—愛的起源，用同心圓表示我和我的愛；由中心向三個不同方向發出愛，包括愛自己、愛父母、愛他人，形成平衡而穩定的愛的架構，用等邊三角形表示支撐和維護整體愛。第一種愛，愛自己，人性使然最容易做到，屬於自愛。第二種愛，愛家庭，具備這種愛需要有良好的家庭教育和父母的榜樣作用，屬於摯愛；**第三種愛，愛社會、愛他人（大眾）**，這種愛的行動體現了我們對社會和他人的尊重程度，而尊重生命源自於這種愛的基石和境界，即是無私又有熱忱的心去幫助有需要關心的人，屬於博愛。第三種愛的建構設想基於：愛是生命的本質，愛是快樂的、有意義的，愛是一個整體包括愛自己、愛父母和愛他人（朱明霞，2018，頁 351-352）。

說到愛自己、愛父母和愛子女，大家都能夠明白和理解，但要說愛社會、愛他人，就覺得是太大、太高、太空泛，不切合實際的口號，不是作秀就是為了政績。也有人認為這種愛離自己很遠，與自身無關。那為什麼還是有人願意去做義工、賑災、照顧孤寡老人和兒童？陪伴臨終病人？這

種愛要基於對生命的尊重，表現為包容社會環境，以及接納和幫助他人。也有人認為，這三種愛是有層次的，與馬斯洛的需要層次理論一樣：第一種愛，愛自己是基本需要；在滿足之後，才會有第二種愛，愛家庭；針對第三種愛，認為應該是在自己有能力（財力）時才可能去愛他人。不過，這很難解釋那些貧窮的、維持自己溫飽都有困難的人們仍樂意幫助關愛別人的行為。當然，我們不否認有那些漠視社會和他人生命，甚至不顧親情的現象存在，但我深信每個人的愛都有愛社會／愛他人（沒有血緣關係）的部分，只是這種愛的多寡反映在現實的社會現象。為了證明自己的想法，我不斷地反思，探討和歸納解釋我和我的愛。對於每個人三種愛的平衡是相對的，維持在最佳狀態時為等邊三角形，三種愛體現出善待自己、孝敬父母、尊重他人，表示充滿愛的健康我（如圖 1 所示）。當失去平衡時，我們的性格、情緒、人際關係等身心健康就會出現三種失衡狀態（朱明霞，2015，2018）（如圖 2 至圖 4 所示）。

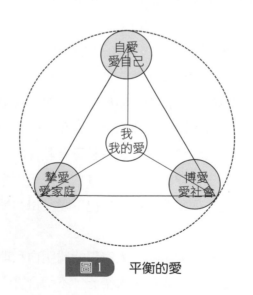

圖 1　平衡的愛

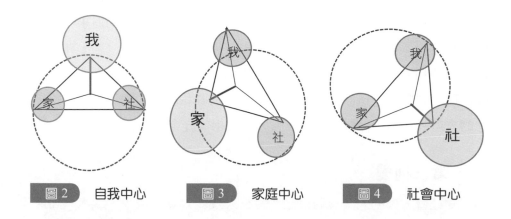

圖2　自我中心　　圖3　家庭中心　　圖4　社會中心

一、第一種愛

愛自己太多，就使自己走向自私，相反就克己，如圖 2 所示。

愛自己是非常重要的，我們每個人都希望愛自己多一些，這也是無可非議的，在生活中有很多這樣的情況，為自己多爭取利益和福利，特別在利益衝突時合理爭取，適當謙讓，互相包容等這都是平衡的。但總有時會得理不饒人，是我的一分不讓，慢慢在不知不覺中變得自我中心，只考慮自己的利益，不顧及周圍和他人的感受而變得自私。雖然也沒有什麼錯，但會變得很難相處，同事不願意與其合作。其實可怕的是自私的人自己不知道也不覺得有問題，同事和朋友慢慢會疏遠你，也不指望你能幫助別人。但如果意識到，是可以調整的，其實當你在幫助別人的時候，是會收穫快樂的！當然，相反地愛自己太少的人可以愛自己多一點點，這會使你自己和他人都開心快樂。

二、第二種愛

愛家庭太多，忽略社會，遠離他人，走向「只掃自家門前雪，哪管他人瓦上霜」的孤立家庭，相反則是沒有家庭責任感，如圖 3 所示。

隨著社會的發展，全球化、科技物質發達、資訊瞬間互通，但多元文化的碰撞、融合，都會使人們在價值觀的影響、磨合適應的過程中，迷失、

模糊、梳理、重整。當今多樣複雜且缺乏信任的社會，人們追求物質，教育子女自我保護，避開危難情境（老人跌倒、看見小偷……），非常愛自己的孩子和家人，但基本不關心任何政治社會議題，不在機構或公共場所表達任何觀點，下班回家基本不參與公司聚會和社會活動等。持有這種觀念的人自我防衛（保護）意識較強，不太相信社會和朋友。

三、第三種愛

愛社會太多的人，忽略自己，對家人及親人關心較少，或者只希望家人及親人理解他／她，如圖 4 所示。

他們會以選擇堅持工作或參與活動為由而不願回家探望病重／病危的父母等，甚至錯過與親人的最後一面也有足夠理由解釋而不覺得遺憾，只在乎工作及社會對自己的認可和評價，並以此為榮。而那些愛社會太少的人，不太關心社會話題和國家大事，相對缺乏朋友，較多消極負面的思考，只希望索取社會資源，不願承擔社會責任。

參、推動澳門地區生死教育

一、校內課程設置架構與特點

課程設置的核心理念在於讓學生從自身的經歷中思考建立對死亡的認知，而後面對他人和自己的死亡。青少年群體生死教育重在思考生的意義，以及自己與親人、朋友和周圍社會的關聯。將自身連接家庭、機構和社會，並遵從「教學—科研—社會服務」的原則，形成三結合及四維一體模式（如圖 5 所示）來設計相關的內容及教學方式。

我們的「生死課」是秉承學院「從人到仁」的教育思想，在教育實踐中始終貫穿對生命的愛與關懷。為了幫助未來要成為護理師的學生做好心理建設，引導他們順利面對臨床實習中經歷死亡事件帶來的衝擊，2012／

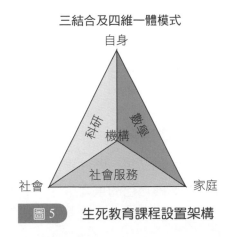

圖 5　生死教育課程設置架構

2013年度對大三學生正式開設「生死教育」這門選修課，2學分，30學時。希望學生在科目結束時，能夠表述對死亡的看法及死亡相關議題；反思自己生命價值；促使自己及早做臨終規劃。科目評核是透過海報設計、實施健康促進計畫、參與社區生死教育活動來進行。同時拓展相關的研究，以及走進社區推動對不同群體的生死教育實踐活動。

　　課程內容除了從哲學、倫理、社會等方面講授死亡的概念和相關議題以外，還規劃了大量時間做小組討論和分享活動。教學主題包括生命意義、死亡焦慮、孝道與生命末期、安樂死、預防自殺及預立醫療指示等，採用授課與工作坊、集中上課與小組指導、實際考察與體驗學習相結合。從自我介紹讓學生對我有更多的了解，到破冰冥想讓他們放鬆進入（check-in）狀態，從分享「你希望活到多少歲？」到「你想在哪裡接受死亡的來臨？」在相互尊重和信任中開啟談生論死的話題，活動結束時，我們會與學生一起靜思調整心情（check-out）下課。

　　生死教育作為大學生價值教育的重要內容，目的是讓他們從多元角度思考生命和死亡的含義，並探尋且珍惜自身獨特的生命價值。由於個體生命的獨特性，以及個體價值觀的多樣性，教學形式有別於一般知識教育，重在激發個體的思考而非資訊的傳達。切合生死教育的不同教學主題而設

計的活動式教學，能讓學習者在活動中體驗模擬過程，對相應主題展開反思，最終形成自己獨有的見解，達到生死教育構建生死觀的教學目標。我們希望將開展生死教育實踐中所積累到的經驗和心得與大家分享。在此具體分享幾項活動式教學設計：

（一）反思性活動

此處運用了經驗性反思，以文字、圖片等作為媒材，引導學習者回顧過往經歷，梳理生命歷程中影響自己的重要事件，重塑或明確自我的生死觀。

1. 生命軸

「生命軸」由橫縱座標組成，橫座標的單向軸為時間軸，代表參與者從記事到現在的時間走向，縱座標的雙向軸代表生命中經歷的正向和負向體驗。生命軸的繪製可選用座標紙或空白紙，時間軸劃分時間間隔的區格，以及正負向體驗的程度，均由參與者自行決定，橫、縱軸每次交點代表一次事件或一段經歷，需要在旁簡要標明。最後將所有事件的點按時間軸走向連成線，便形成了參與者獨有的生命曲線，最好能提供彩色筆進行繪製。

正向情緒體驗

時間軸

負向情緒體驗

　　繪製完成後進行小組分享。小組以 8 至 10 名參與者為宜，最多不超過 15 人，由一位具備生死教育教學經驗的老師引導分享。參與者圍坐成一圈，以自願或一定的順序輪流分享，讓每位都有表達的機會。分享內容是參與者在生命歷程中具有重要意義或影響的事件，引導的老師需留意曲線低谷，適當鼓勵參與者回顧人生遭遇低谷或者與死亡相關的經歷。之後由參與者為自己過往的生命曲線命名而結束活動。

2. 我的生命相冊

　　講述生命相冊是藉由圖片擴展學習者想像和表達的過程，同樣是以小組形式進行，以每組不超過 10 人為宜。相比文字來講，圖片的表達具有模糊性和不確定性，因此能擴展學生們的想像力，看圖說話也是投射出學生們真實觀點的過程。我們在活動中選用了「Points of You®教練遊戲」圖卡工具，該套工具有 65 張包含了「機遇」、「目標」、「困境」等主題的真

實照片。活動開始時，設定分享主題為「我的生命故事」，請每位參與者選取 3 至 5 張圖卡並排序，形成具敘事含義的生命相冊。

　　活動重點仍是參與者的分享過程。此處我們沿用了該圖卡工具的遊戲規則，即：每位參與者講述故事之前，僅透露事件背景和主題，先聆聽其他參與的觀察者依次看圖講述故事，最後再由相冊主人進行講述。這樣安排的巧妙之處就在於，每位參與者都從舊的經歷裡面聽到了許多新的觀點和看法，從小組動力中體驗到了嶄新的視角，也擁有了對回憶重構意義的可能性。除了由老師選用的圖卡工具，生命相冊也可由參與者自備，唯要求不出現參與者本人樣貌的照片，以免限制觀察者想像力。該活動還可以以線上形式進行，我們在新冠疫情期間曾試行過，取得了不錯的效果。在後疫情期間，線上活動形式或許是更值得推廣、能讓更多人受益的方式。

（二）體驗式活動

　　藉由主題、場景的模擬設置，引導青少年經歷接近真實而無害的虛擬過程，以較真實的身心體驗激發參與者對生死的思考，而後制定在現實中的人生目標和行動計畫。「死亡體驗」在我們的教學經歷中，無疑是生死教育課程的重頭戲，也是課程設置中的「壓軸戲」。「死亡體驗」活動分為：前期準備、過程體驗、小組分享三個階段。前期準備包括生死教育理論知識的學習，讓參與者在認知層面擴展了對生死議題的理解，也進一步構建其自身的生死觀；另一方面，循序漸進的教育內容設置和課堂分享，都有助於學生逐步做好談論生死議題和參與體驗活動的心理準備。完成了前期的學習後便可以自由選擇是否參與第二階段的過程體驗，體驗過程約 40 分鐘，可細分為「平靜身心—情景體驗—甦醒重生」三個步驟。場地設置選取較大的室內空間，參與者可選擇自帶被子或使用老師準備的睡袋，來到現場後自由選擇一處作為稍後自己的「安息之地」。經過約 10 分鐘的音樂和語言指引後，參與者逐漸安靜下來躺好，準備好進入「體驗死亡」的環節。隨著音樂的響起，引導老師開始緩緩描述當事人突然離世的情景，

從事發到家人趕來再到送別的場景，都一一刻畫，與此同時老師會逐一在
參與者的臉上蓋上小毛巾；引導老師繼而描述隨著時間推移，親友去墓地
祭奠當事人，時間流逝親友老去，漸漸再也無法去祭拜；這一切都假設當
事人能透過上帝視角看到和聽到。在短暫的停頓之後，音樂從悠揚曲風轉
換為激昂輕快的進行曲，引導老師宣布，當事人重生回到現實世界，參與
者隨之掀開小毛巾「甦醒」過來，體驗到此結束。緊接著參與者分成 8 至
10 人一組圍坐成一圈，由引導老師帶領分享。

二、課程開展的成效

　　每屆學生最深刻的印象都是「死亡體驗」。學生美如說，在大三時好
奇地選修了這門課，想知道死亡到底是什麼？課堂上老師先用影片或照片
引導同學們思考，例如：假如你的生命只剩下一個月你會做什麼？她說最
深刻是體驗死亡那一堂課。當天同學們要自帶被子（2016 年購置了統一睡
袋），選擇一個自己喜歡的位置躺下，被白布蓋頭。在冷氣和音樂中，「被
宣布死亡」的她跟隨老師的引導，第一時間便想起了家人，自己是愛在心
裡口難開，好多心裡話很少對家人說出來（戴祖惠，2017，頁 51-53）。佳
佳說：「我帶上自己的被子，選好位置躺下，用被子蓋好自己的頭，靜待
老師的指示……聽著有點悲傷的音樂，我闔上雙眼，慢慢進入『死亡』狀
態，聽著指示去幻想死後世界。」她還說：「這次體驗讓我體會到我比其
他人幸福。我可以及時跟媽媽說句謝謝，即使上天帶走了媽媽，那時還有
外公照顧和疼愛我；幾年後上天又帶走了外公，起初我很憤怒，不再信上

帝，但深思後知道這只是對我的考驗，我學會獨立，照顧妹妹，協助照顧外婆。一路上都有親朋摯友的幫助和支持，這都是我的福氣。」

思穎說：「原來死亡是可以超越的，談論死亡會令我們變得積極。」完成這門課程的學生覺得自己更能正面看待生命、客觀面對死亡。有學生（燕兒）表達：「當我們體驗過死亡的感覺，我們會比以往更懂得把握眼前的機會，更懂得珍惜身邊的人，更努力地活著，只要我們知道每個生命都有期限，我們會變得更勇敢，努力去做想做的事，努力去愛想愛的人。這一切是『死亡』教會我們的道理，死亡不可怕，有它生活才顯得更美麗。」（朱明霞，2015，頁 10-12）

在 2016 ／ 2017 年度的教學中，我們進行了「生死教育對學生生命意義及死亡態度的影響」的研究項目，結果顯示多數學生有接觸死亡的經歷，但家庭中缺乏有關「死亡」的教育，可能使得護生未做好在臨床情境面對死亡的準備；課程結束後學生「死亡應對能力」得以提升。課後學生表達「課堂啟發了自己從多元角度看待死亡」、「切身體會到要珍惜身邊人，相信對家人最好的愛就是陪伴」、「自己竟然能夠打破家庭禁忌與家人談論生死議題，甚至深入討論死後安排」、「這個特別的課堂為我提供了宣洩的機會和空間，感到被療癒」……。學生在課堂活動中分享的個人經歷，在小組作業中展現出的創意和創造力，都為我們提供了相當豐富的教學素材和啟發。

在教學與社會實踐的結合方面，從 2014 年至今，學生們已經實施完成約 10 個生死相關的健康促進計畫，教育對象涉及住在老人院的長者、居家的長者和家屬、獨居長者、智能障礙人士家長、中學生、大學生等；題目包括善生善死、長者家庭  式生死教育活動，以及針對智障人士家長「智‧愛同行」生命教育計畫等。學生們有投稿參加研討會及發表，其中〈善生善死：長者家庭生死教育〉

發表於《澳門鏡湖護理雜誌》（15 卷 2 期，2016 年）。

三、校園之外：社區推廣大眾生死教育

　　澳門社團文化豐富活躍，我們透過與社團機構的合作推動社區大眾的生死教育，對象主要涵蓋了兒童、青少年、社區長者、健康照護專業人士。並總結出在澳門社區向不同對象推行生死教育的經驗體會〔以下內容摘自期刊文章〈在澳門地區推行生死教育的實踐與反思〉（黎想、朱明霞，2019）〕。

（一）「珍愛生命，勿言輕生」：兒童、青少年

　　青春期的煩惱和時代發展的衝擊，讓社會上時有發生青少年自殺的悲劇。因此對於青少年，採用直面成長的逆境，珍視生命作為對其開展生死教育的重點目標。2015 年與澳門教青局德育中心合作舉行「生命四季」系列入校講座「聽護士講故事」共有 13 所中小學約 4,700 餘名師生參與。2018年為澳門大學附屬應用中學的師生開展「探索生命意義：直面青春」系列課程，其中一部分內容專門針對中學老師進行。從活動中我們了解到學生煩惱的來源及自身應對策略，透過互動引導青少年自己探索對學業、家庭、社交、感情等方面困境的解惑策略。運用群體和同儕的力量，鼓勵青少年適時求助，及早察覺自身和他人的負面情緒，對避免悲劇發生至關重要。透過講述和傾聽、團體解難遊戲，鼓勵青少年走出孤獨。

同時在針對兒童進行生死教育時，側重在釐清死亡的概念，即「生命的唯一性，死亡的必然性」。採用講故事與活動結合的方式，從兒童熟悉的日常事物著手，帶出生命的概念。2018 年 10 月我們首次與澳門科學館合作舉行「傳遞恩悅」親子生命教育系列活動，希望在澳門社會進一步實踐我們對於兒童生命教育的構想。

（二）「善備人生，善生善死」：長者

在中國傳統文化氛圍濃厚的澳門，人們普遍忌諱談「死」，對老人家說起死亡相關字眼更常被認為是不吉利和不禮貌的。而透過我們與澳門長者的接觸中發現，「如何死」恰恰是長者最迫切想要談論的話題，但往往苦於無人傾聽和回應。想要「死得好」無疑需要大量的預先準備，並且每個人都必然有自己獨特的期望。對於長者而言，推動生死教育活動的側重點就在於傾聽他們對死亡的看法和身後事的準備。從 2015 年起，我們與澳門街坊聯合總會合作進行的長者生死教育活動「圓滿人生：樂在晚霞，後顧無憂」中，之後亦規劃安排長者參觀墓地、殯儀館，過程中，長者們大多表現得非常積極踴躍。長者們表達很希望按照自己的意願來辦理後事，但又擔心家人的不理解會遭到反對等顧慮，往往選擇了沉默。也有不少長者表示，自己害怕的不是「死」，而是怕死得痛苦，怕自己死後牽掛的人和物不能得到妥善的安排。所以我們認為在長者生死教育方面，必須將其家人納入其中，最理想的是以家庭形式個案化進行。

（三）「活好當下，樂己助人」：專業人員

生死教育是醫護人員的迫切需求，因為「見慣生死」不一定「善待生死」。當患者、家屬、醫療機構三方能充分溝通共識，提前準備善終的治療方案，能最大程度降低患者所受的痛苦，也避免了過度醫療到來的惡果。

針對醫護專業人士進行的生死教育，包括「準備自我，活好當下」，旨在回顧自身生命以及接納生命與醫療的侷限性。

　　開辦的相關課程有「生命的領航者」、「與生命同行」、「談生論死」、「點亮生命」及「陪著您走」，均是為了社區健康從業者準備自身，他們自身的生命觀和對死亡的準備對其開展有關服務至關重要。

在上述推行實踐過程中，同時進行了相關的研究項目（如圖6所示），有護生參與的社區生死教育健康促進計畫，服務對象長者、長者家庭、特殊兒童家長、護理師學生等。

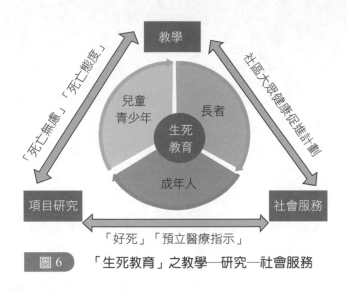

圖6　「生死教育」之教學—研究—社會服務

肆、收穫與啟思

一、創新課堂與教學相長

　　無數次與20歲的生命碰撞，讓我們保持青春的活力；每個生命故事都讓我們思考自己的生命意義。作為教師，我們有機會經歷教學相長過程，嘗試開啟不同年代的生命對話，搭建代際間溝通平臺。

　　生死教育旨在引導參與者以正向積極的態度面對生命和死亡，態度可細分為認知、情感及行動意向三個面向，其中情感面向的改變尤其需要參與者投入其中才能有所感悟。我們重點運用活動式教學的優勢就在於能有助觸發參與者的真實情感，在活動設計中為參與者提供安全感、給予自主性是很重要的。

二、建立心靈契約，觸發深度分享

　　回顧過往的經歷和梳理與他人的關係可能涉及當事人平時不願或不敢談及的內容，觸發敏感情緒反應，故營造一個安全的分享環境很有必要。於是我們設計了心靈契約，即「我會用心聆聽你的故事，並對此保密，不帶出分享空間；我也會坦誠分享我的故事」。在每次分享前後，我們會帶領學生一同講出心靈契約。這個小小的儀式，讓參與者對分享的環節更有邊界感，能夠隨之進入也能夠在結束時較好的抽離。分享的過程中，引導老師抱持開放不評判的態度去聆聽也至關重要，同時要注意順著分享者講述的脈絡，透過開放式提問發掘更真實深入的分享內容。對於分享的深度，引導老師也需細心覺察，如果涉及當事人的創傷性體驗，或不確定能否在分享環節適當地關閉話題，則不要貿然深入，如有需要還應該為參與者提供可及的心理輔導資源。

三、給予自主性，釋放團體動力

　　在體驗活動的設計上，最好只設置大體脈絡及主題要點，在細節上保留靈活性讓參與者自行選擇，例如：「死亡體驗」中被子、位置的選擇；生命軸繪製的風格方式等。擁有自主選擇能提升參與者的掌控感，讓其更願意參與到體驗和分享活動中去。小組形式的活動還有另一重要元素，即參與者之間的團體動力。在體驗式活動中，引導老師應該扮演的是穿針引線、拋磚引玉的作用，讓參與者的表達和互動成為主角。

四、踐行思考成果，強化行動迴路

　　生命教育的預期成效除了改變態度中的行動意願，也期待參與者在現實層面能有所行動，故我們亦會運用活動式教學設置具體的任務，促使學生做出行動。比如在「死亡體驗」中分享到的改善家庭關係、珍惜身邊親友的想法，我們會進一步要求學生將其具化為行動計畫，實踐於日常生活

中。如墓地參觀後，會讓學生寫下自己的「墓誌銘」；在臨終關懷和預立醫療指示的課題之後，學生會模擬寫下自己的生前預囑。透過付諸實際行動回應思考的閉合迴路，讓思考與行動螺旋式生長，或許能讓生死教育突破課堂的界限，成為參與者人生的修煉。

最後，審視我們對未來的規劃，從基於課程教學、組織推動社區大眾生死活動、開展相關研究項目三個層面進行，希望能引發社會熱議及政府關注，啟動對預設醫療指示立法探討；在澳門將安寧療護推至社區與家庭。在此，表達我們對生死教育的使命之心：

教育依於仁，付於愛；研究遵於則，循於證；

服務用於心，助於人；管理據於道，行於德。

參考文獻

朱明霞（2015）。**生命如歌**。澳門：澳門鏡湖護理學院。

朱明霞（2018）。**第三種愛，生命文化核心概念解析**。北京市：中國華僑出版社。

黎想、朱明霞（2019）。在澳門地區推行生死教育的實踐與反思。**澳門護理雜誌，18**（1-2），30-33。

戴祖惠（主編）（2017）。**生於斯，死於斯**。澳門：澳門大學傳播系。

Clemen-Stone, S., McGuire, S. L., & Eigsti, D. G. (2002). *Comprehensive community health nursing: Family, aggregate & community practice* (6th ed.). MD: Mosby.

Friedman, M. M. (2003). *Family nursing: Research, theory & practice* (5th ed.). NJ: Prentice-Hall

Watson, J. (1988). Human caring as moral context for nursing education. *Nursing and Health Care, 9*(8), 422-425.

作者介紹

　　朱明霞教授，護理教育碩士，管理學博士，碩士／博士導師。澳門鏡湖護理學院護理碩士課程負責人。本人熱衷於長者健康及慢性病護理的教育，特別對中國傳統仁愛文化和關懷護理有深入的探討，對生命關懷、臨終護理、生死教育有相關研究。在多年的臨床護理及教學工作中，重視關懷實踐，多次帶領學生到愛滋病盛行區及貧困山區探訪交流，傳遞關懷；從 2012 年開始在澳門大力推動善生善死等大眾生死教育及相關研究，探討死亡焦慮、醫務人員的死亡態度及預立生前醫療指示、生死教育對護理師學生的影響等相關研究；2015 年主編出版了澳門首本生死話題讀物《生命如歌》。目前在澳門組織開辦多種生死教育課程及活動，承擔世界衛生組織（World Health Organization, WHO）失智症照顧者線上教學及支持平臺（iSupport）：澳洲和大中華地區多中心合作研究澳門項目負責人。

　　黎想講師，護理學學士，應用心理學碩士，曾擔任兒科護理師，現任教於澳門鏡湖護理學院。主要教授科目包括兒童青少年健康護理、心理學、生死教育等。於 2015 年加入鏡湖護理學院生死教育團隊至今，參與負責「生死教育」選修課的教學。除課堂教學以外，還多次參與社區生死教育活動的設計和教學，主要以兒童、青少年以及學童家長為對象，擅長以活動教學的方式及工作坊進行大眾生死教育。

創新與傳承：大學生命教育課程規劃與教學實務

你要抱著必死的決心來選修這門課：高雄醫學大學「生死學與生命關懷」教學經驗

許禮安

高雄市張啓華文化藝術基金會執行長
衛生福利部屏東醫院家醫科兼任主治醫師
高雄醫學大學「生死學與生命關懷」兼任講師
臺灣安寧緩和醫學學會理事
臺灣安寧照顧協會理事

壹、從安寧專科醫師到生死學兼任講師

以前有位學員對我說：「我已經上到第三回合的生死學，之前的老師都只會講理論的東西，你講的生死學完全不一樣。」我是從「安寧療護」開始，在生死交關的醫療現場，照顧陪伴末期病人與家屬的過程中學習，延伸到「生死學」，最後到「生命教育」。因此，我的「生死學」教學經驗，除了有自己的生命經驗，更伴隨著末期病人透過身教或言教，我在現場學習臨終者的生命經驗而累積。我有很多生命故事可以分享，當然不是只能講理論，而且講道理很無聊、很快就忘記，講故事才會記憶深刻。

1984年～1991年，我就讀高雄醫學院醫學系，1993年到花蓮慈濟醫院家醫科接受訓練。我1996年8月開辦花蓮慈濟醫院「心蓮病房」，並帶領

「心蓮病房」榮獲1999年「全國醫療品質金獎」。我當醫師已將滿30年，從事「安寧療護」26年，開辦過兩個「安寧病房」。1999年～2005年，我在花蓮的東華大學族群關係與文化研究所碩士在職專班，「全工全讀」跟隨恩師余德慧教授學了6年，取得社會科學碩士學位，我的學位跨界，工作因此而跨界。2008年2月，我擔任高雄市張啓華文化藝術基金會執行長至今，全心投入「預防保健、身心健康、安寧療護、生死學與生命教育」等主題的社會教育。

我到大學校院開課當兼任講師，是在2007年9月～2010年6月期間，屏東美和技術學院（現為科技大學）的鍾蝶起副校長邀約我在護理系開「生命末期療護」課程，以及「健康人生」、「生死學」、「生命教育」通識課程。同時也在高雄市張啓華文化藝術基金會教室和高雄市社區大學共同開設「生死學」。當時我還在花蓮某聯合診所工作，每週三從「花蓮—高雄—屏東—花蓮」一趟來回，因開課需要而整理生死學相關資料，從此由「安寧療護」臨床醫療跨入「生死學與生命教育」領域。後來我在高雄市社區大學（當時唯一，後改稱「高雄市第一社區大學」）開課，也陸續受邀在高雄醫學大學、大仁科技大學、中華醫事科技大學、育英醫專、南臺科技大學、長榮大學、成大醫學院等校擔任業界協同教學講師。我也曾先後或同時在美和技術學院、高雄醫學大學、長榮大學、大仁科技大學擔任兼任講師。

貳、技術學院、社區大學、醫學大學與佛教道場的生死學

2007年，我到美和技術學院開設「生死學」課程，選修學生才18、20歲，正是「青春少年時」。有位選修學生某天在每週必寫的「隨堂心得」分享說：「老師，我發現生死學真的很重要！」原來她前幾天開車差點撞死人。「生死學」在青春正盛時當然覺得「無用」，一旦面臨生死交關就

會忽然「有用」。我當時同步在高雄市社區大學開課，很明顯發現這兩群學生的不同。社區大學來聽課的學員多是退休人士，有一定的年紀，而且要面對父母親的老與死，因此比較有切身相關的感受。

恩師余德慧教授在《生死學十四講》〈第一講：生死學將引領我們走向何方？〉說：「可是，生死學並不妨礙你眼前如春花的時光，因為生死學的基本態度之一是：人本來就應該活在『世界』裡。生死學只是告訴我們一種準備的狀態，萬一面臨一些沒有辦法被期待、突然斷裂的事情，當人跌落深淵的時候，生死學的知識就發生作用了，而且，在那一刻開始，生死學開始對你產生幫助。」我這一代據說是奉養父母的最後一代，也是孝順子女的第一代，也許在面臨父母及自身的「老、病、死」時，「生死學」可能會比較「有用」吧！

2014 年春天經高雄醫學大學成令方教授邀約，我在 102 學年度第二學期（2 月～6 月）回到母校開設通識選修課程「生死學與生命關懷」，時段排在週二下午三點到五點。我的「生死學」完整課程，從 2007 年起至 2013 年高醫開課前已經講過六回合：美和技術學院（2007 年）、張啓華文化藝術基金會（2007 年、2012 年）、高雄市淨心文教基金會（2008 年）、千佛山高雄左營般若寺（2010 年）等。學員對象從大學生、社會民眾到佛教徒等，不同學員有不同反應，因此課程內容與重點需要部分調整。

回母校對不同世代的學弟妹講「生死學」，讓我更感恩與思念恩師余德慧教授。我在花蓮東華大學跟著余老師學習，是我非常重要的人生經驗。臺灣當年臺大首開「生死學」課程，開課老師就是余德慧教授和其恩師楊國樞教授。「生死學」和世間其他眾多學問不太一樣，一般希望「學以致用」，甚至學了要馬上有用的「現學現賣」。「生死學」則是：你學了最好沒用，這樣表示你闔家「永保安康」；但是有朝一日「生離死別」之時，希望能派得上用場！

恩師余德慧教授在《臨終心理與陪伴研究》前言〈死亡的啟蒙〉說：「臨終是個一無所有的地方，甚至也不斷顯露語言的智障。臨終處境只能

用『無能』來感受，任何能力在場都會使得怪異。」醫學大學是強調「有用」的專業學校，醫護人員的教育訓練一向注重「治病救命」，卻忽略更重要的「解除痛苦」，特別是束手無策的疾病末期與臨終死亡。如何讓這些將來進入「生死交關」現場的學生，在還沒進入社會被「白色巨塔」汙染前，先打一劑「心靈的預防針」，是我開課以來念茲在茲的重點。

參、為何是「生命關懷」？誰需要「臨終關懷」？

我在張啓華文化藝術基金會開辦「預防保健講座」，吸引到一批沒參加過「安寧療護」課程的學員，我都說：「題目僅供參考」，就算講「預防保健」，還是有辦法談到「安寧療護」，變成一種「置入行銷」。假如我只有開辦「安寧療護」和「生死學」課程，這批「預防保健講座」學員，就沒機會接觸「安寧療護」與「生死學」。我到高雄醫學大學開「生死學與生命關懷」課程時，成令方教授曾經建議我應該改稱為「生死學與『臨終』關懷」，但我認為，如果叫「臨終關懷」，多數大學生會覺得與「我」無關，更不可能來選修。

會死的是「人」，不只是「老人、病人和別人」，但畢竟大學生青春健康，「基本人性」一定是排斥和抗拒選修「臨終」關懷。既然我們還活著，就需要廣義的「生命關懷」，就算遭遇至親好友的死別，然而逝者已矣，生者「暫時還沒死」，就需要「生命關懷」。先用名稱把學生「引進門」選修聽課，才有機會「修行在個人」。我演講時問大家：「誰需要臨終關懷？」多半回答是「末期病人」或「臨終者」。我接著問：「誰是臨終者？」進一步再問：「你看得出來誰現在是臨終者嗎？你知道自己什麼時候會變成臨終者嗎？」

我從事安寧療護有個覺悟：「人不一定要生病才會死掉。」經常有末期病人或家屬問我：「我（親人）還可以活多久？」或「我（親人）什麼時候會走？」我回答：「人不是身體垮掉才會死。有時摩天大樓會先倒下

來，像美國 911 事件；有時地球會先垮掉，像臺灣 921 地震。片刻或一夜之間，兩、三千人罹難死亡，絕大多數死者身體都還好好的。」2011 年，日本 311 地震海嘯的前一天 3 月 10 日，日本人如往常般在街上走來走去，當中有近兩萬人不知道隔天就會沒命，更不知道自己今天已是「臨終者」！還活著的人隨時可能變成「臨終者」，因此所有人都需要「臨終關懷」。

恩師余德慧教授在《生命詩情》〈人如何盤算他的最後時刻〉說：「一張醫院的病床，可能有上百上千的人死在上面。當護士匆匆地將病床的人送走，另一個人就躺在上面。我們每個人都前仆後繼的往最後一張床躺上去」（頁 110）。以前安寧病房有待床名單，通知家屬幫病人辦住院時，有些家屬會偷問：「那一床前一個病人是走著出去還是抬著出去的？」如果是「抬著出去」，家屬會要求：「我們可不可以等另外一床？」真正算起來，大多數人註定死在床上，不管是醫院或安養中心的病床，還是自己家裡平時睡覺的床，每個人總有一天要躺在最後一張床上死去！

肆、生死學是「通識教育」的「思考推論」課程

我現在主業是「安寧療護與生死學的社會教育」。2014 年 2 月開始在母校高雄醫學大學講授「生死學與生命關懷」課程，現已滿 7 年，上下學期都有開課，共完成 13 回合。這是全校各系、各年級（包括樂齡大學）都可選修的「通識教育」課程，原先分在「思考推論」類，現在稱「思考」類。開學前面兩週還可加退選，我都會鼓勵或恐嚇學生退選這門課。我說：這門課一點都不「營養」，如果你是想要「營養學分」，最好趕快退選。我強調：你要抱著「必死的決心」來選修，不過就算你沒有必死的決心，反正我們每個人都是「必死的命運」！

課程除了期中考和期末考週要繳交書面報告至少 5,000 字之外，每週都要手寫「前測」和「後測」。這門課不點名，只是我比較辛苦，每週要批改前後測作為平時分數。我常說：「你不會有這麼要好的同學幫你寫，他

自己的就寫不完！」「前測」是一開場就「強迫思考」與生死有關的問答題，讓學生在上課後十分鐘內被迫思考書寫，快速進入課程學習狀態。「後測」就是當次聽課的心得，大學生就算用「睡眠學習法」或當「人形立牌」，總要想辦法在下課前的十分鐘內，擠出一些想法（思考）當作心得。

我說「強迫思考」，是因為正常人平時沒事不會去想這種問題，可能死到臨頭都還沒想過，題目與當週主題相關。當學生寫不出來，發現腦袋一片空白時，就是《論語》所謂的「困而學之」，這是引發「學習動機」，學生才聽得進去老師講課的內容。我發現：如今大學生多數不是自願讀這個科系，除了父母決定，還有更多是「電腦選的」（電腦分發）。學生沒有「學習動機」，老師的教學就變成「填鴨」和「灌食」，食不下嚥和消化不良是必然的結果。經常有學生說：「第一次遇到竟然有選修課的老師叫學生退選的。」他就偏要選修，我笑說：「你怎麼還在叛逆期啊！」

現在「大學生」最大的問題在於「缺乏學習動機」。我不客氣的說：「假如你一點學習動機都沒有，憑什麼自認為是學生？我覺得我才算是學生，因為我一直都還在學習！」過去「填鴨式教育」只給學生死背必考的知識，真正的教育必須給學生能受用一輩子的「解決問題的能力」和「自學能力」。我說：「在這個網路爆炸的時代，你一點好奇心和學習動機都沒有，小學生至少還會乖乖來上課，大學生應該要大大的學習，如果讀大學卻經常翹課，就連小學生都不如，你真的夠資格算是大學生嗎？」

伍、思考素養與價值思辨要從平日開始訓練

以下附上該課程各週（扣除期中、期末）主題和前測題目，歡迎參考。

週次主題	前測題目（不只一題，可擇用）
1. 生死學概念與理論	1. 你為何來聽這門課？你來聽生死學的動機是什麼？你對這門課的期望是什麼？請簡單寫下來。 2. 你是誰？請用最簡單扼要的話語來描述。 3. 你最重要的東西是什麼？

週次主題	前測題目（不只一題，可擇用）
2. 生命教育與死亡教育	如果你的生命只剩下三個月，你會去做哪三件事？（死亡演習或練習）
3. 社會學觀點談生死	如果你「不幸」中了樂透 10 億元，除了購物和環遊世界之外，你還想要做什麼？
4. 死亡心理學	聽到近親好友死亡，你會有什麼情緒（心理反應）？
5. 哲學、宗教與生死	依照你的宗教或信仰，你覺得你死後會去哪裡？以你的認知，那個世界是什麼樣子？（假如無死後世界，那死後又是什麼呢？空，那請描述一下何謂空。）
6. 基因、天擇與生死	你有什麼專長或基因，在大環境改變時，可以贏過別人，讓你自己不會死，而能成為倖存者？
7. 公共衛生與生死	1. 你覺得環境汙染對你的影響或傷害有多大？你的保護措施？ 【註】環境汙染包括食物、水、空氣（沙塵暴）、陽光（紫外線）等。 2. 站在公共衛生的立場，你可以為世界做些什麼？
8. 安寧療護影片欣賞討論	1. 假如人生可以重來一次，而且可以由你選擇決定，請問你想要做什麼樣的事情？或變成什麼樣的人？（你！） 2. 請寫下看完影片的心得？（後測） 【影片播映】 1. 曾晴教我的八堂課（歌曲影片） 2. LOVE LIFE 公益影片（富邦基金會） 3. 1999 年大愛電視臺「文化印象」（專訪許禮安） 4. 2013 年 1 月 23 日大愛電視臺二臺「真情映臺灣」（專訪許禮安）
10. 醫護專業與生死	在高雄「醫學大學」裡，你覺得「生死學與生命關懷」這門課程和你的專業（科系）或生活有何關聯？想像描述你將來的工作會遇到什麼樣的生死情況？
11. 安寧療護與緩和醫療	安寧療護是什麼東西？請説明。
12. 如何面對生離死別	請寫下你最近的（或生命中最深刻的）生離死別的經驗，包括此事對你的影響。 【註】分手、被劈腿也是一種死亡，你心目中的那個人「死」到別人（另一個世界）那裡去了！
13. 病情世界與帶病生活	請描述你到今天為止最嚴重的生病或「陪病」經驗，以及當時的所見與所想（這將是你未來從事醫療照護工作最大的資產）。
14. 悲傷關懷與靈性陪伴	你最常用來安慰悲傷者的話語或行為是什麼？

週次主題	前測題目（不只一題，可擇用）
15. 殯葬管理與遺囑	1. 請描述你參加過的葬禮——你看到什麼？（或是你想像中的葬禮——你希望有什麼？）或是：如果可以選擇，你想要怎樣的死法？ 2. 假如現在就是你的死期，請寫出三件目前你生命中最大的成就。PS 別讓高醫的畢業證書成為你今生到死的最大成就！
16. 朝死而生的生死學	鄭捷說他要做一件大事，造成臺北捷運瘋狂殺人事件；中國北京六四天安門事件，當年有個年輕人王維林用肉身去阻擋戰車；退休體育主播傅達仁上書蔡英文總統，要求通過安樂死合法，他願以身試法。這三個人同樣都是不要命，卻有不同的作法，可能造成不同的結果，請用生死學觀點評論此事。
17. 臨終病人影片欣賞討論	1. 這學期你選修這門「生死學與生命關懷」課程，是不幸或是好在？你的理由是什麼？（好壞都可以寫，管它分數會怎樣。學了一學期的生死學，還不敢講真話，那就白來了。） 2. 假如今生不再相見，你想要對眼前這個許禮安（老師）說些什麼？（這份心得我會保留）（後測） 【補充演講】安寧田園社區的夢想 【影片播映】 1. 小朋友助念（私藏版，家屬同意安寧療護宣導使用） 2. 鍾閣明的 142 天（同上） 3. 大愛電視臺「人文講堂」：2017 年 2 月 26 日非死不可——安寧療護與生死學（專訪許禮安醫師） https://www.youtube.com/watch?v=XKxtHIc4BF4 4. 蓮花基金會 2000 年「最後的禮物」公播版：No.4 往彼岸的路——生命回顧（許禮安紀錄片）

　　第三週前測題目：「如果你『不幸』中了樂透 10 億元，除了購物和環遊世界之外，你還想要做什麼？」通常學生有錢就只想到要買東西和環遊世界，因此先堵住平常的思考方向，強迫他們往其他方向思考。一般人認為中樂透是天大的幸運，因此才會去買樂透，為何我會匡列為「不幸」呢？學生通常沒想到這點。第一個「不幸」是從沒想過會中獎，一時片刻還真不知道 10 億元能用來幹嘛！學生交卷後，我會問：「你知道為什麼中樂透對我而言是『不幸』嗎？」

　　第一，有史以來，樂透得主的下場和結局都是「膨肚短命」（臺語）、死於非命！第二，中樂透之後，你就必須孤單的活在世界上！你不敢告訴

親朋好友，怕他們來借錢；不敢告訴鄰居、同事、老闆等，怕壞人來搶劫。從來沒看過這麼多錢，不知道能用在何處，或用起來毫無節制，「不義之財」來得快，去得更快。因為我知道中樂透是「不幸」的開始，所以我絕對不會去買，這是我對中樂透的「思考推論」。哲學家說：「未經思考檢驗的人生，不值得活著。」我希望破解多數人認定的「理所當然」，幫學生「把腦袋打開」。

胡適說：「從前禪宗和尚曾說：『菩提達摩東來，只要尋一個不受人惑的人。』我這裡千言萬語，也只是要教人一個不受人惑的方法。被孔丘、朱熹牽著鼻子走，固然不算高明；被馬克思、列寧、斯大林牽著鼻子走，也算不得好漢。我自己決不想牽著誰的鼻子走。我只希望盡我的微薄的能力，教我的少年朋友們學一點防身的本領，努力做一個不受人惑的人。」他當年敢用這段話，對國民黨和共產黨各打一巴掌。我覺得：臺灣各級學校教育最缺少的是，獨立思考、邏輯推理和自主判斷能力。

陸、刺激思考「假如人生可以重來」的分析

第八週是期中考前，學生沒有心情聽課，所以放影片寫心得，前測題目為：「假如人生可以重來一次，而且可以由你選擇決定，請問你想要做什麼樣的事情？或變成什麼樣的人？」我在第 11 回合授課時，把 54 位選修學生所寫的答案大致分類如下。首先，大多數學生都想和現在不一樣，應該是被我講課給洗腦：「一個能做真正自己的人」、「勇敢去追求、不在意別人眼光的人」、「自信又外向的人」、「主動與人互動、想法積極的人」、「做個溫柔的人」、「思考彈性的人」、「有主見、能自己解決問題的人」、「不要當乖乖牌學生」、「體驗不同性別的人生」、「更有自己的想法」、「更勇敢的人」、「為人著想、心胸寬大」。

其次，許多學生後悔以前沒有堅持做某些事：「繼續游泳（國三被迫放棄校隊）」、「認真念書」、「訓練獨立思考能力」、「繼續學街舞（國

中去舞蹈教室）」、「離家讀書（跳出舒適圈）」、「多參加活動」、「早一點弄清目標，不要荒廢、浪費時間」、「多看經典讀物（多看書）」、「學習樂器、控制體重」、「選擇真正喜歡的科系」、「與朋友和好」、「多花時間陪家人」。我說：「只要你願意，現在開始就一定來得及！如果不趕快從現在開始，就永遠都來不及！」過去沒有堅持去做的事，如今再後悔都回不來，但如果你願意從現在開始，立定志向堅持走下去，就算再慢，至少能像我「還堅持走在朝向夢想的路上」。

第三，有些學生後悔當初沒有學習才藝：「學畫畫、美術、勞作」、「好好學寫字（字有點醜）」、「成為藝術家、畫畫、攝影、玩樂器」、「學鋼琴和吉他」、「多學才藝（多才多藝）」、「學習英語（多國語言）」。在全球老化、AI 快速發展的時代，講求「終身學習」，網路有各種學習資源，差別在於是否開始下定決心去學。但是如果你光用想的，只是「虛擬實境」，到不了現實的風景。人生每天都可以重來，只要你下定決心、認真執行，就進入全新的人生旅程。很多人總是期待下輩子要如何，卻從沒警覺到：可能今晚入睡，就會直接睡到下輩子去。

最後，少數學生幻想有富爸爸和美好人生：「沙烏地阿拉伯的王子」、「出生在有錢人家」、「住豪宅、開名車、在全世界飛來飛去」、「當歌星」、「當外科醫師」、「當大帥哥」、「成為舞者」。以前有位女大生寫道：「希望從小出生富貴人家，長大以後嫁入豪門。」可我問的是：你想做什麼事，或成為什麼樣的人？而不是問家世背景和家境如何，何況「富貴人家」和「豪門」不等於幸福，「靠爸族」和「以夫為貴」並不等於能活出有意義、有價值的人生。我強調：「真心想做的事，不用等到下輩子！」

2020 年 6 月第 12 回合第十七週，有位女大生下課很開心要求合照，說：「老師，我要畢業了！」這位心理系大四生的後測心得寫進我心裡，經她同意署名（蔣采慈）分享：「想說什麼？起初一直覺得有點失調，老師看起來好嚴肅，講話也有點兇？後來來回和老師通信幾次，發現老師其實很和善、溫柔，用自己的方式在愛這個世界，原來這樣兩面是可以並存

的啊！這個模樣給了我一個模範，不被世界綁架，又愛著世界，活出自己的精采。很高興自己沒有因為大四就停止學習，反而踏進這裡，這一學期很值得。祝福老師：平安健康、快樂！」

柒、凡事思考和注意事項：期中、期末報告檢討

以下附上該課程某學期的期中、期末報告題目與配分，歡迎參考。

期中報告：第三週印發	1. 寫出選修本課程的動機與學習計畫。（500 字以上）（10 分） 2. 假如我的生命只剩下三個月，我想要如何安排過生活？（請注意：最後三個月不一定能行動自如！）（1,500 字以上）（30 分） 3. 我的生死觀念與思考練習的心得。我如何在日常生活與生命態度中展現（或與親朋好友分享）？（1,000 字以上）（20 分） （以上 2.和 3.，請運用你學到的生死學觀點） 4. 閱讀《愛・無聲》，寫下讀書心得。（1,000 字以上）（20 分） 【註】張啓華文化藝術基金會出版，第三週贈送給學生。 5. 閱讀「本土生命繪本」：《阿公打暗號》、《今生與來世之間》、《再見，環環！》、《紅豆牛奶冰棒》的心得。（1,000 字以上）（20 分） 【註】張啓華文化藝術基金會出版，每週帶一本贈送給學生。 【加分題】：字數不限，依比例計算，多餘分數加入平時分數 1. 閱讀「張啓華文化藝術基金會 98～108 年生死安寧余德慧讀書會總書目」任一或幾本書的讀書心得。 2. 閱讀了許禮安部落格「許禮安的安寧療護與家醫專欄」（http://blog.xuite.net/an0955784748/twblog） 哪幾篇生死學與安寧療護相關文章？請寫下你閱讀的篇名與心得。
期末報告：第十週印發	1. 請寫下自己的墓誌銘、葬禮彩排及預立遺囑。（1,000 字以上）（20 分） 2. 面對生命中的生離死別與悲傷，我如何從過去走到現在與走向未來？（1,000 字以上）（20 分） 3. 選修「生死學與生命關懷」課程，請寫下「你自己」的收穫與改變。（1,000 字以上）（20 分） （以上題目請運用你學到的生死學觀點） 4. 閱讀許禮安醫師著作：《人生，求個安寧並不難》、《那些菩薩給我們的故事》、《安寧療護的 100 個小故事》、《生死關懷的 100 個小故事》、《許禮安談生說死》、《我對安寧療護的顛覆思考與經驗談》、《許醫師，有沒有可以學習怎樣活得健康的書》、《我們只是暫時還沒死》等，任一本書的讀書心得。（1,000 字以上）（20 分） 【註】帶書去借學生閱讀，每人限借一本，期末歸還。

期末報告：第十週	5. 閱讀「本土生命繪本」系列的《生之鑰》、《山魂》和《禮物，給我愛的你》的心得。（1,000 字以上）（20 分） 【註】張啓華文化藝術基金會出版，一套共 7 本，每週帶 1 本贈送給學生。 【加分題】： 1. 和 2. 同期中報告。 3. 新聞的生死事件，你有任何感想與心得？（請附新聞出處） 【不計分】：生命中許多有義意的事無法計分，感謝你願意寫！ 假如今生不再相見，你有什麼想告訴許禮安、非講不可的話？

　　用 e-mail 繳交期中、期末報告檔案，截止時間是第九週和第十八週的下課時間點。「生死學」思考之外，我更關心「生命關懷」與「生活教育」，因此我會在第十週告知檢討事項。首先，很多同學寫 e-mail 交報告沒有標題或抬頭，這是臉書分類標籤的概念，讓人看到開頭就知道這是什麼，也為將來查詢方便。其次，很多同學寫 e-mail 交報告，沒頭沒尾、沒名沒姓，像在丟垃圾！現在對老師和將來對主管，都不能「沒大沒小」，寫信必須有稱謂、內容和署名，我認為這是基本禮節！

　　第三，叫你寫「心得」，你把書和繪本的內容寫下來幹什麼？這是我送的書和繪本，我比你更熟悉這些文章和故事內容呀！如果你只會轉述故事內容，沒有自己的心得和想法，將來就會被專家和政府矇騙。第四，請你再讀一遍注意事項，包括行距、行高、頁碼等。你是醫學大學的學生，將來在醫療照護體系工作，稍有疏忽或閃失，都會造成「人命關天」的後果！第五，你的專業不論是醫師、護理師、社工師和心理師等，都強調「同理心」，也就是「設身處地」的能力，因此我的習慣是：增加我的工作量，我就會扣分數。

　　第六，凡事不要趕末班車！不論是火車、高鐵和飛機，都不會等你。你到最後一分鐘才寄出檔案，萬一電腦或網路剛好故障呢？醫療照護體系「分秒必爭」，搶救生命在分秒之間。截止期限的英文是「dead line」，中文直譯是「死線」，意思是「超過線就死了」！我第三週就給你題目，6 週時間共一個半月，你硬是要拖到最後還寫不完，到底是誰的問題呢？第七，

有寫「加分題」的只有兩、三位，明明有額外努力的機會，你卻棄之不顧！將來進入職場，當別人都比你更努力，你就會被比下去。

捌、生死學的兩個練習：拉近死亡終點線和活得目中無人

　　恩師余德慧教授曾跟研究生說：「學術界應該要『雜交』，才會有發展、有前途。」余老師的用字遣詞總是一鳴驚人。產業界叫做「異業結盟」，為避免大家對於「學術雜交」有負面意見，我改稱「學術跨界」。醫療體系過度分科而導致「頭痛醫頭，腳痛醫腳」，之後出現可以跨科整合、全人醫療的全科（家醫科）醫師。學術專業在過度分科導致支離破碎後，現在需要能「學術跨界」的「通才」，就是「通識教育」的「人才」。

　　我發現臺灣教育的最大缺失：「過去教育只教你如何學以致用、進入社會，卻沒教你如何退出社會、安老善終！」日據時代臺灣人的平均餘命還不到40歲，能活到退休年紀的不多。全球快速老化時代，多數人退休後還能活很久，「第三人生」成為必要歷程。進入社會要有足夠學歷，新進員工也有三個月「試用期」，但人工作到一定年齡就退休，完全不需要接受「樂齡新生訓練」，更沒有退休「試用期」。有些人退休後無所事事，人生沒有目標，很快就死掉。

　　我在「生死學」的課程希望大家做兩個練習：第一，練習時常把「死亡的終點線」拉到眼前來！我常說：「對於死亡的基本人性反應，是轉身、背對和逃離。」德國哲學家海德格（Martin Heidegger）說：「人是被拋擲在人世間。」我們來到人間都是被拋擲進來的，假如可以選擇，你或許不希望生在這個家庭與國度，不願意長成現在這樣的你。多數人熟悉海德格另一句：「人是向死的存在。」我用霹靂布袋戲的名言來說明更貼切：「一步一步踏入死亡的界線」（用臺語念比較有味道）。每個人一出生就應驗了這句話，就算向後轉還是一樣，死亡從四面八方包圍著你，所有人終究

無所逃於天地之間。

生死學有句名言：「多數人總是活著好像自己永遠不會死，但是死的時候卻又好像不曾活過一樣。」誤以為「平均餘命」是80歲，就覺得應該還可以活好幾十年，不急著去做生命中最重要的事情。如果願意經常練習把「死亡的終點線」拉到眼前來，世俗的名利、權勢、地位就不再是我看待事物的標準。孔子說：「不義而富且貴，於我如浮雲。」護理界祖師奶奶南丁格爾說：「在我當護士的第一天，我已不在乎地面上的冠冕，只在乎我是不是全力以赴。」

第二，練習如何活得「目中無人」！人們常說：「人要活得有尊嚴，也要死得有尊嚴。」可是「尊嚴」是什麼？要活得有尊嚴就已經很困難，更別提想要死得有尊嚴。假如「尊嚴」是建立在別人的眼光和標準之中，你時時刻刻都要在意別人的臉色和評斷，辛苦的活著，這樣真算是有尊嚴嗎？一般人以為的「自尊」其實多半都是「他尊」，多數人都是活在別人的標準和眼光之中，為他人而活。小時候為滿足父母和老師的期望而活，長大後為家庭和社會的期待而活，老後為孫子女而活，請問：「你這輩子曾經為自己活過嗎？」要活出自己的樣子，真正的「自尊」是建立在「內心的標準」，管別人要怎麼講或想，我就是要活得「目中無人」！

許禮安 2021-03-12（五）國父孫中山醫師忌日辰時／第一版／高雄安居
許禮安 2021-03-21（日）午時／修訂版／高雄安居

這篇文章主要根據我以下著作重新編寫：

1. 《生死關懷的100個小故事》，2015年3月初版，海鴿文化。

2. 〈從家庭醫學觀點探討生命關懷與生死教育：以余德慧教授著作及個人生死教育教學經驗為例〉，樹德科技大學通識教育學院「生命教育學術研討會」2015-09-26會議論文。

3. 〈大學通識教育與生死教育〉，樹德科技大學「2016通識教育研討

會」2016-05-27 專題演講論文。

4.《許禮安談生說死》，2016 年 10 月初版，海鴿文化。

5.〈從「無效醫療」與「健康食品」談起：安寧療護與生死學的思考推論〉投稿審查未通過，2018-06-05 部落格自行發表。

6.《我們只是暫時還沒死》，2021 年 2 月初版，海鴿文化。

7.「許禮安醫師的安寧療護與家醫專欄」部落格文章。

作者介紹

我當醫師今年滿三十年，從事安寧療護二十六年，立志要推動醫療照護體系的人性化改革。曾在花蓮間隔十年開辦過兩個安寧病房，1999 年就帶領花蓮慈濟醫院心蓮病房榮獲全國醫療品質金獎。我目前主要工作是「安寧療護與生死學」的社會教育，每年演講超過兩百場，副業當醫師和講師十二年，已經出版安寧療護與生死學相關書籍十多本，仍持續閱讀、寫作和演講。。

我的手機是 0955-784-748（24 小時開機的安寧諮詢專線）。

我的 e-mail 是 an0955784748@yahoo.com.tw。

祝大家永保安康！永遠不需要安寧諮詢，歡迎邀我演講和寫文章。

37 與時俱進善終文化：
從理念的更新到實踐的嘗試

路桂軍

清華長庚醫院疼痛科主任、安寧療護中心主任
廈門長庚醫院疼痛科主任

　　社會文明催生生命盡頭安寧善終理念，並一致認為善終涵蓋：逝者安祥、親屬安寧、逝者人際認知平安順遂；前兩項安祥、安寧有賴於安寧療護病房日漸普及，而第三項的「人際認知平安順遂」總顯空洞且憾於沒有抓手呈現，偶然閱讀網路短文：一購屋者發現原房東剛過世不久，子女就賣了房子，但屋裡還有很多老人留下的東西沒收拾，聯絡上賣房子的人，他說人已經出國，處理不了，你們扔掉吧。仔細翻了翻這些東西，大概都是老人一生的回憶，保存的很仔細。從這些東西裡，大概勾勒出老人的一生軌跡，承載了老人一生的美好與辛酸，子女卻棄之若敝屣。哎，人生再精彩，走了可能連子女都記不住了，你所有的珍藏珍愛或許在別人眼裡已經沒有任何意義，不禁感到一陣心酸。其中涉及「逝者遺物處理細節」，看後久久不能釋懷，考量再三深感「平安順遂」之重要，撰文研討以期促進善終文化之完善。感慨於「如何讓往生者遺物妥善安置」，關乎靈性平安、人際順遂。由此撰文再談：生命盡頭，人性層面要愛有所依、情有所靠，身無病痛、心無掛礙；物性方面要歸之方寸，妥善安頓，以彰表物主孜孜一生，如此方能實現靈性方面慎終追遠，也方能民德歸厚。

壹、醫療視野下的安寧不只是「裝在瓶子裡的藥」

　　作為疼痛專科醫生和患者的常態互動總是這樣開始：您哪疼？怎麼個疼法？疼了多久？範圍多大……，我們要了解必要資訊，務必使每一個鎮痛方案依據充分、行之有效。但是，也正是因為專注於疼痛症狀的管理，只要從業時間夠長、看的病人夠多，就會發現「再好的鎮痛藥、再新的鎮痛技術都解決不了所有的疼痛」，總有一些難治病痛挑戰我們的執業自信，那麼問題出在哪裡呢？重新審視 1976 年國際疼痛研究會關於「疼痛」的定義：「疼痛是一種與實際或潛在的組織損傷，或與損傷相關的不愉快軀體感覺和情感體驗」，可知疼痛涵蓋身、心向度的體驗與評價，「疼」更傾向於描述軀體的惡性刺激，「痛」更多描述內心的不愉快感受。回顧臨床工作此觀點也總能得到印證，2010 年我的一位男性 36 歲肝癌晚期患者，因腫瘤生長迅速導致肝區疼痛住進疼痛病房，檢診時問及疼痛情況，他告訴我：「醫生我非常痛苦，肝臟這兒脹痛難忍，我已半月無法入睡，進食後更嚴重，沒有一個姿勢能讓我安靜休息 10 分鐘，醫生我還年輕，我的女兒才 8 歲，她很漂亮，原來每晚都要躺在我懷裡才肯睡覺，現在我病了沒辦法，現在她寄住在同學家，然而這還不是最糟糕的！我總是在想，如果我走了，她將成為孤兒，這一切我無法接受！醫生你一定要幫我……」，這樣的主訴使我的心情異常沉重，軀體的疼我們確實可以用藥物控制的不錯，但內心的這種痛讓我感到蒼白局促！我是疼痛專科醫生，我們常自信、自詡最懂疼痛，最擅長治療疼痛，是離痛苦最近的人；但每每患者的痛苦訴求讓我們清楚意識到：疼痛它是一種更為複雜的感受。2016 年 11 月，*Pain* 雜誌在經歷數十年對疼痛深入研究後建議了新的疼痛定義：「疼痛是一種與實際或潛在組織損傷相關，包括了感覺、情感、認知和社會成分的痛苦體驗。」之前對疼痛的理解僅停留在患者自身的軀體、心理感受，忽略了身為生物體，疼痛事件背後的成長經歷和家庭因素的影響，應當把對疼痛

的理解從以往感覺、情緒二向度增至感覺、情感、認知和社會成分痛苦體驗的四個向度。

知識的更新引領觀念轉變，在新理念宣導下以生命中末期疼痛管理，我們要透過充分互動、準確的表達、多層次關注、深入交流，才能更清晰了解到病人的痛苦原貌，發現病人所面對的困境不僅是疾病導致的軀體疼痛，還有疾病進展引發對未知的恐懼、患病生活內容的改變、社會角色的改變、社會功能的喪失、即將與現實告別的不捨。疼痛是多向度的、痛苦是持久的，促成因素既有源於患者本身，也有來自家庭事件、關係的改變、醫生與照顧者的職業耗竭和愛心疲乏。人為萬物之靈，人生應該是一個充滿智慧的過程，當身體遭遇病痛，痛苦深卻不知欲何往，病痛重卻不被關注，醫患互動中冷漠、抱怨、麻木、逃避和對抗一定無益於醫療人文和諧社會的發展。醫患之間身、心、社、靈多向度互動才是我們醫學發展之需，醫療科技不是萬能的，身為醫務工作者，身為從業安寧療護症狀管理的醫生，我們不僅要善於用手中的藥物和醫療科技解除患者軀體的疼，還要有情懷、用愛心關愛患者內心的痛，當疾病無法治癒，我們要用科技緩解軀體疼痛、用愛心融化恐懼，讓每一個生命泊於安寧。

貳、善終不能只存在於文化和理念中

生命有始有終，生和死一直都是頭等大事。2019 年末的全國總人口為140,005 萬人，該年的出生人口為 1,465 萬人，出生率為 10.48‰；死亡人口為 998 萬人，死亡率為 7.14‰；自然增長率為 3.34‰。一年 365 天，中國有接近千萬的人走向死亡，平均每天有 27,000 多人告別此生，這是真實確切的數據，而且就發生在我們身邊，死亡隨時可能發生，無論是誰、什麼年紀、什麼種族，都難以逃脫「死亡」這件事，醒目的數字背後是一個又一個鮮活的個體。傳統觀念下，我們總是對「生」賦予美好的期許，而對於生命盡頭的「死」只有當自己處於漩渦之中時，觸摸到的冰冷才會遍布全身。在現實

生活中，國人避諱談死亡，但生離死別每天都在發生，這是不爭的事實。死亡的討論中對「好死」和「壞死」的評判貫穿始終，其好壞之分，並非簡單固化在心臟停止跳動那一刻「是否存在痛苦」這種表象含義上，而是基於逝者的經歷、信仰、文化習俗綜合評判——逝者是否走的平安順遂，也就是東方文化所說的「善終」。我們的教育從啟蒙就教我們認識生命的美好，卻從不提該如何面對死亡，所以大家對新生命總是熱情期待，而面對行將就木的臨終，卻瞬間變得死寂。就這樣在不知不覺中，我們的文化給死亡貼上了恐怖標籤。通常來說伴隨死亡的恐懼源於逝後的未知，親人離世的悲痛源於不捨，在充斥著未知、不捨卻又無法挽回的死亡事件面前，大多數人變得手足無措，這導致了整個社會對死亡事件的恐懼和焦慮。

善終是我們中華文化的精粹，它是民眾口中的五福之一。最早關於善終的紀錄見於《尚書‧洪範》：「五福：一曰壽，二曰富，三曰康寧，四曰攸好德，五曰考終命。」傳統文化下善終的基本含義包括：當生命走向終結，(1)沒有遭遇橫禍；(2)能預先知道死亡時間；(3)身體沒有疼痛；(4)心中了無掛礙、安詳離世。西方文化對於死亡同樣期許能有一個好的離世，美國醫學會指出，好的離世是在不違反臨床、文化及倫理標準前提下，讓患者、家屬和照護者免於痛苦折磨，整體上符合患者及家屬的意願。可見世界文明雖有東西之分，時代更迭雖有古今之變，但人們對於生命盡頭「好的離世」，是亙古不變的追求。那麼基於快節奏生活的 21 世紀，實現善終又有哪些要件呢？最主要有兩個：一是要「死得像個樣子」，就是一種坦然的、平靜的死亡；二是逝者死前的意志選擇受到尊重。然而，這種貌似簡單的訴求，匹配於我們的生活卻還有很遠的路要走。2015 年經濟學人智庫（Economist Intelligence Unit, EIU）發布的《2015 年度死亡品質指數》報告中顯示：中國人的死亡品質處於世界底部水準，這份報告對全世界 80 個國家的人口死亡品質做了詳細的研究調查，最終得出了一份排名表。在這個排名表裡，中國排在第 71 位，處於倒數第十的位置，這使得我們汗顏於擔綱中華文化的接續。在新時代背景下，我們的經濟突飛猛進，富足後自

豪感溢於言表，而面對死亡品質這一不可忽視的人權，卻如鯁在喉。死亡指數的高低雖然受國家保障政策、醫療手段、社會參與度的影響，但教育體制中「死亡教育」長期缺位卻是無法迴避的硬傷。我國正在邁入人口高齡化的階段，在預期死亡率必然增加的未來日子，如何才能讓人不再那麼痛苦地離去呢？

1. 普及死亡教育，引導人們樹立正確的死亡價值觀，打破有關死亡的資訊壁壘，瓦解誇張扭曲的社會事實所建構出的錯誤死亡認知、態度及情緒，指引人們思考「何以生、以何生」的問題。

2. 大力推動安寧療護。安寧療護（hospice care）也稱「臨終關懷」，是指對預期生存期有限的嚴重疾病患者，既不加速死亡，也不延緩死亡，重點處理不適症狀的舒適醫療照護，致力於解除患者身體與心靈的痛苦，幫助完成其願望，達到患者善終、善別，家屬善生的目的。2020 年，隨著政府「兩會」的進行，推進「臨終關懷」的提案，再次受到大眾的關注。隨著社會的進步，「臨終關懷」、「安寧療護」、「尊嚴死」等辭彙，愈來愈常被人們所提及。早在 2017 年，國家衛計委（現衛健委）就發布了《安寧療護實踐指南（試行）》、《安寧療護中心基本標準（試行）》、《安寧療護中心管理規範（試行）》，並開始以試點（編注：正式進行某項工作之前，先做小型試驗的地方）的形式，推展安寧療護的工作。即便這樣，我國的安寧療護事業依然任重而道遠。就世界層面來看：美國有近 45% 的人是在安寧療護機構中去世的，美國的安寧療護專案達到了 5,300 多個，遍布美國全部 50 個州。而在中國本土興起的安寧療護機構僅僅 200 餘家，這對於中國人口基數和死亡人數的比例無疑是「杯水車薪」。現實反映出來的是，我國的安寧療護事業無論從政策、制度、保障、實行、認可度、從業人員等方面，全都遠遠不夠，所以當前的我們「離死亡很近，但離善終很遠」。我們不能讓善終理念脫離生活，只存在於字裡行間。

參、踐行安寧於生活是時代賦予我們的責任

安寧療護是我的工作，所以每天都在和生命盡頭的患者與家屬打交道，常態的人生談的最多的是遠方有詩、有明天、有希望！但我們每天要面對的多數是窮途末路的沮喪、心有不甘的告別、對生命意義的拷問！所見所聞，鮮有「了卻生死」坦然從容離世。安寧療護的工作內容是讓患者無痛苦、有尊嚴、平靜、安詳轉身；讓直系血親釋懷、安寧、坦然應對；讓親朋好友感覺即便離去，逝者整個人生是平安順遂的。而以上這三個目標實現無一例外，都歸諸於「對死亡的認知」，所以生死教育是安寧療護工作的核心內容。說到醫學臨床的死亡教育卻是一件極為尷尬的事：首先，我國現階段的醫學教育缺乏生死教育這一部分的內容；其次，即便從生死哲學體系和人類學體系借鑒一部分知識過來，在生命盡頭喘息間危在旦夕的患者，又哪裡有時間和精力去聽你冗長的教導！死亡教育的缺失註定了現階段的患者和家屬就是生死理念的白板，而他們需要的卻是有溫度、懂生死、會引導、有方法、頷首慈眉的白衣天使，在他們生命盡頭彷徨無助、痛苦糾結時，給予安全的撫慰和生命的安頓。所以有生命教育知識儲備、有生命文化正向引導能力、懂溝通技巧並有能力談生死，是安寧療護從業者的基本技能。而作為先行者必要的探索是少不了的，所以希望自己有機會大尺度親歷生死，面對生死自己掌握一些話語權，這使我有了為自己辦「葬禮」的初衷。

「言必信，行必果」就這樣，我的生前葬禮在何仁富老師寫的輓聯：「道謝道歉道愛道別，一生體道尊嚴謝幕。行醫行文行仁行義，如今遠行溫情相送」下開啟了帷幕。為讓這次的體會更真實，我體驗了「故人沐浴和儀容裝束」，真實體驗讓我感慨萬千，當我躺在冰冷的遺體處理臺上，當入殮師柔和地放鬆我四肢的關節、修剪我的指甲、按摩我的面部肌肉，我的內心充滿了自責，我想這個軀體跟了我四、五十年太虧了，這麼多年

　　我一直在無休止的透支自己的身體，從來沒有用心內觀過自身，從沒想過我的身體也需要愛撫，更沒想到此生唯一的一次「對身體的撫觸」是在告別這個世界的儀式環節。還有，就是我特別希望最後的身體撫觸是由「愛的父母或者我的伴侶參與」，希望能在無限被珍視與感恩中接受生命的洗禮。葬禮儀式進展的一如計畫中的順利，儀式尾聲，血親告別，我太太因入戲太深導致畫風急轉，當她雙手捧我面頰涕淚交加，那一刻我繃著的心瞬間崩潰，其實早在葬禮開始之初說到：路桂軍的一生獲獎無數……，曾說他最榮耀的獎項是一雙兒女！我躺在棺木中內心就已經誠惶誠恐、淚目氣促，貌似此刻我真的要走，而我還未見證我孩子人生精彩的開啟！此刻湧上心頭的盡是對兒女的放不下、難釋懷、怎捨棄、後悔做的太少（這是我任何用心準備都始料未及的人設坍塌）……，我當時就好想聽到我一雙兒女的聲音，我確信我的孩子不管上臺說聲什麼，我都會淚如泉湧，稍後事實證實情況也確實如此。我沒想到，我一個自詡為從事生命教育的專家明知是預演的生命盡頭，卻「也無法做到淡定從容」！那一刻我叫停了現場，我發現我不能再消費家人的痛苦，雖然我知道這種痛苦的消費會有親情的成長，但是彼時彼刻我就是再無能力坦然面對。所以接下來整個活動的旋律不再由我操控而是任由真實情感彌漫開來……，實事求是的講，那天的活動結束後，我的第一感覺就是「人格被抽離」，面對生死我沒有自己想像中的「淡定從容」！孩子、家庭的資訊一出現……，我的淡定全線崩潰，瞬間理性蕩然無存，存續的盡是各種放不下和無法釋懷！而這一切「還都是我父母沒出現……」，我原本是想辦一場引領風尚「生死高峰論壇」，沒想到最後收尾於「我的個人和家庭的成長」。所以靜心反思我的經歷，「一場演練醍醐灌頂，兩世離捨皆因情，奈河橋上思奈何，三生石畔問三生」。同時，也明白面對善終、生死都需要一點成長的勇氣，敬畏生命在每個人的路上，我們誰都不是成熟的安寧療護專家，要呈現善終的和諧都在路上。

　　從業安寧療護，談論踐行生死、善終是我們的常態。工作中時有感覺覺得「生命教育」和「死亡教育」不應該是同一個話題的不同表達，但又

一直找不到它們兩者之間的區別。東方文化背景的我們，接觸死亡最多的機會就是自己親朋好友的離去，但這個過程裡因為缺少後續的昇華而對死亡產生焦慮和恐懼，更多的是感受到了失落和肉體的毀滅，這種感受最終映射到自己面臨生命威脅時的不平安，這種感覺是個體自己對死亡的感受。真正面對死亡時，人沒有想像中的那麼從容，也沒有設想中的樂觀，在死亡即刻到來之際，被迫回歸個體本原的精神狀態，這是迴避死亡、隱藏死亡、他者化死亡都解除以後的正常反應。在這種情形下，即便有死亡準備的人，死亡心理防線鬆動甚至崩潰幾乎是必然的，也許這正是死亡教育價值存在的節點。我們共識於處理好對死亡的認知是踐行善終必由之路，認可於同步生死教育的善終文化演進中的生死安頓無止境之觀點，我們認為死亡教育的靈性照顧是需要針對他本人現時的靈性困擾，這與靈性需求是不斷超越的觀念是一致的，目標是如何緩解死亡焦慮和死亡恐懼，最終和諧生命盡頭接納自己的身體、心理、社會和大自然，最終的目標是生死兩相安的境界。我們從不質疑每一個人的心靈成長能力，哪怕是在生命最後一刻！平凡和非凡其實也是一體兩面，內心乾淨，非凡就是非常平凡，聖業就是凡業，非凡即為超越世俗的非常的平凡。我們希望在我們華夏文明的滋養下，生命盡頭每一個生命都能回歸的是生命本源，不用大腦、不用知識、不用邏輯，而是用心……，深度的同見同行，安詳、安寧、平安順遂一生圓滿。

撰文研討以期促進善終文化之完善。

作者介紹

路桂軍，男，清華長庚醫院疼痛科主任、安寧療護中心主任，廈門長庚醫院疼痛科主任。長期從事安寧療護、生死教育的實踐與推廣，曾出版《見證生命，見證愛》一書。

38 社會工作學系臨終關懷課程：灌溉準助人工作者的養分

李閏華

輔仁大學社會工作學系助理教授

前　言

　　「臨終關懷」在社會工作學系開設十分有價值，在學生成為社會工作者前的養成教育中，培育他們面對生死大事的能力，讓他們提早認識死亡與悲傷的議題，不僅為職場所遇見的處境作準備，也為個人生命中經歷的事作回顧與展望，兼具專業與個人素質的增進。以下是課程觸及的特色與重點，企盼死亡與悲傷議題的討論成為學生成長的養分，透過課程促發學生豐富而有創意的生命力。

壹、臨終關懷社會工作的脈絡

　　1990 年臺灣的安寧療護開始發展，馬偕紀念醫院為臺灣第一家設有安寧病房的醫院，社會工作人員在安寧療護團隊中為必要的成員之一，一同照護病人及其家屬各個層面的需要，達成全人、全家、全隊、全程照護的宗旨。其後，有許多學校設立臨終關懷社會工作的選修課程，讓社會工作學系的學生可以從中了解社會工作者在醫務領域觸及病人與家屬面對末期

疾病時所需提供的服務。課程彙集所有安寧療護臨床工作會遇到的主題，如身體照護、社會心理靈性照護、法律與倫理、溝通與同理心、跨專業團隊合作、悲傷失落與喪親、照顧者自我照顧、志願服務管理、安寧療護行政與管理、相關政策推動等，教材多來自聚集不同的臨床實務文獻。

社會工作者的專業服務對象十分廣泛，可能處在生命各階段的過程中，經驗生、老、病、死的重要事件，社會工作學系會開設各個領域的課程，便於讓學生認識不同人生階段不同面向的需求，促進他們投身社會福利系統時對服務對象族群的處境更能掌握。然而，不論是兒童、青少年、成人、老年人面對死亡均在所難免，如何讓社會工作學系的學生體悟生命的深度與廣度，認識社會工作者能運用的自我能力不只有福利資源的提供，還有與服務對象面對生死時的伴行力量，增加他們未來個人修養與專業技能，成為臨終關懷社會工作重要的課程目標。

社會工作是一門透過助人者運用自我與服務對象建立關係，和服務對象一同面對人生課題找出因應之道的助人專業。社會工作學系臨終關懷的課程儘管一開始建立在安寧療護社會工作的醫療實務基礎上，卻深具人文精神與社會性。社會工作專業在社會面向有影響他人改變的功能，社會工作者本身素質是重要的管道。希望社會工作學系學生透過臨終關懷社會工作的課程，可以促發他們對於服務對象需要的敏感度，面對死亡議題雖不致無懼，但可有意識地覺察個人自我的存在與提升專業自我的潛能，繼而發揮助人的功能，淬鍊出勇於面對他人死亡以及他人悲傷時還可以陪伴的可能。

貳、規劃以人為本的學習歷程

面臨死亡的臨終或瀕死時刻是人獨一無二的邊界經驗，在課程中總是會不斷地被提及。在課程裡不諱言死亡二字，不用其他諸如「過世」、「往生」、「過往」、「走了」、「逝去」等名詞取代，學生在課程中逐漸熟

悉死亡相關的文化，經常有學生表示在課堂中發現死亡如此靠近，卻沒有想像中的可怕。以人為本、以學生的經驗為本，讓臨終與死亡的經驗和學生們上課的此時此刻同在，是課程設計的理念。

對於尚未有親人死亡經驗的學生們，和他們一起體認到有一天身邊的人或自己死亡不可避免，省思著未來當面對死亡的到來，自己和家人有著如何的心情，有哪些事務可能需要處理，人生中有沒有不捨、擔憂、放不開的心事，自己所擁有的價值和意義會如何產生、到哪裡去。對於已經有親友死亡的學生們，經由課堂的分享，和他們一同回想當時親人的死亡，有些是美好圓滿的經驗，有些是心願未了的遺憾。整理他們的經驗，就像是引導他們一起探尋生命回顧的巡禮，透過分享敘說與整理讓學生們發掘自我的深度，在美好的經驗中增強滿足感，在遺憾的經驗中轉化思念親人的角度。

課程中時常設計一些小小的練習，花個 20 分鐘，讓學生的自我操練更有務實性。其中之一的練習是：「我現在的五個社會性角色」，用五張紙分別寫下來。社會性的角色，例如：兒子或女兒、兄弟或姐妹、學生、打工仔、社友、男或女朋友等，然後請問學生們：「這些角色中，如果面臨到重病快要死亡了，自己最先會拋棄哪種角色？」可以猜想到，最不想失去的多跟親人有關，雖然也有些例外。學生的心情是需要被重視的，他們在抉擇的過程中，正與他們自我的身分認同奮戰著，他們的生命議題會被看見，不論是過去的糾葛或現在的難處，都需要被支持，因此請學生們思考：如因課堂討論觸及個人的內在，願意或有需要時可以找老師傾談。

另一個有意思的課堂討論是：「我的靈性在哪裡？我是個什麼樣子的人？」請學生用天人物我的四個面向，寫下形容自己的三至五個詞句，看看自己在哪部分的靈性較少提及，且願意多挖掘，藉以激發潛能，開展對靈性的認識和自我意義價值的探尋。還有一個小活動是：「我覺得身邊最重要的五個人」，請學生們用字條寫下來認為重要的人名，每張字條寫一個名字，將他們排優先順位，再討論「當我死時我最捨不得的人是誰」。

有些學生回應最放不下的是自己，代表著他們眼中人際關係以自己為核心的價值觀，看重自己的尊嚴與存在，進一步討論犧牲與利他的界限，在自己與他人的分化過程中，提供省思自我和他人關係的機會。

曾經課堂活動設計過讓學生們練習寫遺囑或假設生命僅剩三個月時的心願，有些學生會認真思考有哪些事需要交代，但有些學生會認為死亡仍然遙遠，寫下的心願跟生活重心相距甚遠，有些想像太過天馬行空與夢幻浪漫，失去學習面對死亡的現實面貌，因而後續課程適時減少此類想像自己死亡的相關討論。

參、發揮關懷的專業助人工作

社會工作專業養成中，同理心的訓練極為重要，讓學生們體會助人者面對死亡的病人與悲傷的家屬時助人歷程的深度，是課堂上不可缺少的環節。同理心的練習立基於助人專業關係的助人者與受助者，看似不平等的施與受，在死亡面前可以展現你我都是人的人性關懷。練習同理心的精神在於：「你（受助者／病人或家屬）就是你，不論疾病、悲傷、死亡，你都是重要的，而我（助人者）不是你，但我願意盡我所能看重你的需要，我會盡可能以你的眼光看世界，企圖接近你、體會你、了解你，直到我可以貼近你的經驗世界，好讓你能從我對你的覺察中表達出你內在深處的感受與想法，如同一面鏡子映照出你的世界，我是如此看重獨一無二的你，讓你也有機會發現自己的世界是如此無可取代。」這是多麼有價值的經驗。

在課堂的練習中，隨著案例的角色扮演，讓學生們體會瀕死的病人和面對親人死亡的家屬心情，同時讓學生模擬助人的社會工作者，和病人或家屬對話，角色扮演過程僅設計最初的幾句話，當學生進入角色以後，便以他們自發的話語繼續對談大約幾分鐘。角色扮演後，請角色扮演的學生分享心得與感受，現場觀察的學生亦可以提出回應與反饋。重要的是，讓學生討論能不能感受與覺察自己是否能與當事人同步，對於自己的內在情

緒能否覺察與表達，若有任何心情變化都鼓勵其說出來，強化他們對於同理心的感知。

面對死亡與悲傷，助人者關懷的態度比任何都優先重要，助人者練習的另一個重點在於深入與他人同在的訓練，助人者真誠一致的內在感受的表達可以令對方感受到被接納，即使受助者的處境正在經驗死亡的靠近。助人者的表達包括：「感謝你給我機會讓我進到你的世界接近你、體會你、了解你」、「我聽到你無可取代的生命歷程，謝謝你讓我成為你生命的見證人」、「不論你的世界是美麗或醜惡、冒險或安穩，我看重你和你所經驗的」、「在你面對死亡與悲傷的此時此刻，我都同在」、「現在，我聽見、看見，用我的心與你在一起，感受到你是如此完整的人」。病人或家屬也許分享的過去經驗是破碎的，但助人者聆聽時與他們同在的態度，病人與家屬的經驗便有機會透過敘說重現，而重新在助人者面前被接納，成為經驗完整的傳承者，經驗再次統整形成自己此時此刻的存在感，這是活著的重要記號，亦是身為人的身分認同。

肆、臨床案例為輔的課堂討論

臨終關懷課程是學生連結臨床工作的機會，運用案例的討論讓學生可以更明白實務領域會遇到的挑戰與激盪。預先讓學生認識未來職業生涯中的情境，對於服務對象的需求內容、專業人員的評估、擬定處遇計畫、輸送服務等有實際的認識，幫助學生提前練習專業技能，同時培養自己面對挑戰的因應。四大類的臨床案例，以臨終時全人的需求面向作為基礎，闡述病人與家屬的各面向需要，讓學生們一同探討如何評估和處遇，增加他們的知識和技巧。

身體上破損與疼痛的案例，包括腫瘤傷口、疼痛、呼吸困難、惡病質等常見的病人生理需求議題也會被提出討論。對於社會工作學系的學生而言，沒有醫療的背景學理支撐，在醫療現場有時是難以想像病人與家屬經

驗的處境。此時文獻中的圖片或病例描述，會是可行的教材。此外，請學生查閱某類有致命威脅的疾病資訊，也是能讓學生了解醫療系統的方法。

臨終病人心理上承受的壓力因人而異，情緒的面向亦很多樣，為了增加學生理解情緒需求有其個別性，以避免他們先入為主的刻板印象，產生對情緒理解的偏誤，課程藉由案例的分析，以情緒的多樣性作為參考資料。特別須提及不宜用固定的框架或階段論斷病人的心情，擴充學生對末期病人的心理需求認識，希望讓學生體悟面對人的工作中更須小心、謹言慎行，提醒他們應減少因助人者無心造成病人更多心理的距離。

人際上的離別之苦是末期病人與家人間經歷的處境，人生中兩件與死亡相關的事：一是親人的死亡，另一就是面對自己的死亡。死亡造成人際關係的失落是社會性的永久分離，體悟人與人之間的孤獨與親密是世間必經的歷程，也是愛人與被愛的力量來源。舉例來說，在臨終照護時和病人一起進行的「四道人生」：道愛、道謝、道歉、道別，大都跟家人有關，彰顯人生結束時親情的光輝與延伸。此時學生對於悲傷概念理解的深度必然需要強化，探索有關虧欠、愧疚，甚至罪惡感，須有不同的詮釋，方能轉化成為思念與愛的力道。

靈性上的探索是學習中較為抽象的概念，面對既生又死的邊界經驗，到底「人從哪裡來，要往哪裡去」的深奧提問，可能在課堂中也難以覓得答案。若能讓學生透過末期病人對死亡感知的案例，描繪出自己心中對他人靈性的認識，為可行的操作管道。課堂中需要特別提到「宗教不等於靈性」的立論，讓學生對靈性的認識可以更廣泛的涉獵；「文化儀式」是否必要的討論，讓學生敏察文化信念到生活儀式的關聯，在廣大的社會脈動到個人的身分認同之間，人們時而融合、時而保有個別性，從以引導學生從事專業工作時如何尊重病人與家屬的信仰，在學生討論難免於工作中會經驗到專業價值與個人價值觀衝突時，能懂得找尋處理之道，以取得病人與家屬最佳利益的可能。

伍、個人失落與死亡經驗統整

由於課程觸及面對親人死亡經驗，有系統地協助學生統整自己的生命經驗是重要的，這讓他們將來成為助人者時較有能力覺察自己的經驗如何涉入專業關係，並且進一步認識自己、照顧自己，或適時尋求他人協助。社會工作學系的臨終關懷課程兼具訓練助人者投入專業關係與助人者自我照顧雙面向，企圖不只讓學生了解自己的經驗，也了解自己經驗如何影響了助人工作。

小時候首次面對他人死亡或自己曾經很靠近死亡的經驗分享，是整學期課程前半段的重要討論；而個人成長經驗中失落史的整理，則是課程後半段的經典功課。對於那些正在經驗親人生病或自己悲傷的學生們來說，這兩個練習可以幫助他們以漸進的方式由淺到深探索自己的經驗，他們可以說出自己的擔憂，也可以表達自己的心情。

哭泣有時會在課堂上發生，趁此機會和學生一起討論面對情緒的適當對待，讓悲傷成為生活中自然力量，擴大學生對情緒的敏感度與包容力。有時分享會停不下來，情到深處難以在短時間平復，需要課後輔導的提供。當然也可以將失落史的整理納為個人作業，減少課堂分享時間不足的壓力。不管是作業或是課堂分享，失落史屬於比較深的經驗揭露，它需要事先提醒個人有其療癒能力和控制力，大多的人都可以有因應的機制，一旦發掘自己觸及情緒漩渦或過往未了心願，導致陷落情緒深淵無法自拔，須知道自己能善用的支持資源在哪裡，而且須鼓勵自己勇於求助。社會工作學系教師多會提供學生相當的學習輔導，學生在臨終關懷課堂中因討論個人議題而有會談需求時，提供額外的個別輔導有其必要性。

在課堂中認識複雜的悲傷，討論如何評估自己的悲傷與身邊他人的悲傷，同樣重要。加上大學生罹患精神疾病的風險有時會在經驗悲傷失落事件時觸發，此時引導學生觀察自己與他人，懂得在有需要時主動就醫或找

專業人員協助，讓學生明白悲傷議題是生命中珍貴的寶藏，遇到時知道人有能力應對與適時地處理，學生便可以對悲傷更深厚地學習。

　　喪禮是文化的一部分，也是悲傷表達的場合，和學生討論喪禮的參加經驗，會增加他們對儀式中個人悲傷感受的理解。喪禮中在精神層次裡與死亡親人的連結，個體在故人閱歷中增加對親人的思念，緬懷親人的生命價值，彷彿連結的延續傳承，在個人的經驗世界中保有永遠存在的價值，直到自我死亡為止，經驗又可以再傳續下去。還有，和學生討論自己想要的喪禮形式，可以增加學生對於現代喪禮流程的認識，建立起提早規劃親人與自己後事的想法。討論喪禮的形式也讓學生重視人類與環境和諧的價值觀，了解自然的殮葬方式，如樹葬、花葬等，促使學生有機會提升環保意識。

陸、發展學校模式的關懷社區

　　過去臨終關懷似乎僅在醫療場所實施，然而多數人的生活卻不在醫院中。人們生活的場域是社區，死亡與悲傷的議題在社區中若可以有人提供情感和社會支持，且運用不同的方式，使人們可以公開討論臨終和死亡議題，讓談論死亡成為一個普通和日常的話題，人們在社區中彼此陪伴和支持，形成社會關懷氛圍，達到人人面對失落與死亡能友善以對，為臨終關懷無所不在的理想情境。

　　學校也是一種形式的社區，學生便是這個社區的居民，學生群中有處於失落悲傷的人，若學生們能培養互助的精神，每位學生都有責任與願意參與，實踐樂於支持這些失落悲傷的人，發揮互相愛護的模式，關懷社區的實現將不難見。有了關懷社區實踐的理念介紹，再經由課程設計將學生分組，每組大約 3～4 人，練習在整學期中組內成員互相關懷，亦組成關懷隊伍主動去關懷另一組，即每位學生除了組內有人關懷自己，也接受其他組成員關懷，自己也有責任關懷組內他人及關懷他組成員，從中學習如何

與他人建立關係後關懷他人、如何接受他人關懷，這一系列的關懷活動會在期末作業發表關懷計畫、執行狀況與心得。

發表關懷計畫與執行心得很有特色。有些學生為自己大學生的身分做總整理，藉由和組內成員與他組成員一起述說自己的成長故事，讓大家見證了悲傷與失落的整理過程，述說的人與傾聽的人都感到極有價值。有些學生巡禮了一趟自己想要的尋根之旅，一天內去了彼此想要去的地方，到了當地就停下來說說自己的心願，和自己安靜對話的過程中，同時有他人安靜地或走或坐陪伴在旁，內心有了更大的支持與勇氣，以面對未來的生活。更有學生安排了自己與他人的學習讀書與健身計畫，提醒起床後一起上圖書館為考試一同努力，或提醒運動與喝水為身體健康加把勁，充分展現臨終關懷的生命力量，人間情義處處都有，實現活著的力量，日常生活更增添許多關懷色彩。

結　語

「臨終關懷」課程將生死大事提前操練，透過學生的生命經驗統整，連接了過去、體驗了現在、展望了未來，企盼其人文精神深植學生心中，在他們成為社會工作者時能發出新芽，點燃助人的火花，傳遞支持與溫暖，嘉惠需要協助與關懷的人們。

作者介紹

李閏華，香港中文大學社會福利哲學博士，現任輔仁大學社會工作學系助理教授，曾為馬偕紀念醫院擔任安寧療護社會工作師。

殯葬文化

39 殯葬教育在生命教育之重要性

譚維信

南華大學生死學研究所
新竹殯葬管理所所長
空中大學生活科學系兼任講師

　　華人社會長期以來，對於人生科學研究和對人的生命教育大多侷限在研究及談論「生」的問題上，對於「死」的問題則較少接觸與研究，以致於在大學的生命教育課程上略顯不足。增加探索死亡議題及與死亡相關（臨終關懷、殯葬禮俗、悲傷輔導等）的教育是現階段生命教育中亟待充實的部分。無論從任何角度來看，生與死的教育是同等重要的。本文試著淺談「死亡」的我觀與「殯葬教育」相關之教學內容，以及與生命教育的互補關係與重要性。

壹、淺談「生、死」觀：生、老、病、死是每個人必須經歷的生命週期

一、生、老、病、死的不可逆

　　醫學已證實，當生命在母體內孕育初期，母親的喜、怒、哀、樂等情緒會對胎兒產生影響。當胎兒呱呱落地時就開始面臨漫漫的人生路途，人生初期尚有家人的扶助，得以面對各種問題，及長，就必須自己面對，並接受各種挑戰，解決所有困境，終其一生。

在「老」的過程之間會有各種問題得面對，例如：「人生的理想與目標為何？」「人生追求的幸福是什麼？」「人生奮鬥的成果為何？」「人際關係應如何聯繫？」「如何達成知識、職能的鑽研？」「宗教信仰的選擇」、「家庭婚姻的維持」等。

至於「病」這件事，則是促成人走向死亡的絕對因素，絕大多數人只要活著，就會遭受病痛的打擊，病痛大致上可分為心理上的疾病與生理上的疾病。因著現代醫學科技的發達，生理上的疾病較易治療解決，毋庸煩惱。較為麻煩的則是心理及精神上的疾病，一般青春期的學生尚未踏入社會，沒有職場上的問題，大部分是求學過程與兩性感情的問題居多，若從生命教育的觀點來看，將之定位為初階的預防治療，則可說生命教育的教學內容在此時期是極為重要的。從生、老、病到死的過程，每個人都無法逃避，探索這些問題而提出解決之道，無疑是生命教育教學工作的重要課題。

二、淺談「傳統死亡觀」

華人受傳統歷史文化的影響，各個民族多不談「死」，也從不深思「死」，更不願面對死亡。即使到臨終，死亡事實已不可逆之時，仍然會用各種宗教、文化、禮俗等方式來淡化死亡所帶來的恐懼、不安及悲哀。孔老夫子就說過：「未知生，焉知死？」對「死」採取一種存而不論的態度，強烈地影響華人在生死問題上的看法，至今仍為討論生死問題上的一個癥結點。筆者在就讀生死學研究所時，授業老師對這一段有不同的見解，在此與大家分享心得。《論語・先進》中有季路問事鬼神（奉侍鬼神之道）時，子曰：「未能事人，焉能事鬼？」子路再問：「敢問死？」子曰：「未知生，焉知死？」孔子的弟子中子路屬中才，孔子可能不願對子路回答死亡這項較深奧的問題，就以些微不悅的語氣告訴子路，對於人都沒有侍奉處理好，還談什麼侍奉鬼神啊！至於死亡的問題，子路啊！你對「生」都未弄清楚，又怎麼搞的懂「死」的問題，頗有教訓子路的意思。孔子的本

意應是連「生」都沒有徹底了解，就輕談「死」，是對生命的無知，而並非孔子對死採取一種存而不論的態度。所以生命教育中不應再以孔子說的「未知生，焉知死」這句話誤導學子。

三、死亡的現代觀

孔子的「未知生，焉知死」被後人誤解，以致強烈影響華人對生死問題的看法。但是在目前醫學科技發達，中西哲學思想交匯的互動影響下，對生死問題的看法是否可以採「未知死，焉知生」的反向思考，或許反而可以增加自我在死亡過程中和面對死亡時的心理調適能力。一個人只有經常思索「死亡」的問題，感受到死亡腳步的逼近，才能把握每天，熱愛生活，珍惜生命，從而不斷補充人生的動能和衝力，使生命時刻充滿奮鬥精神。故當今的生命教育主軸，應該是增加有關「死亡」相關問題的研究，藉由實證科學的方法，探討死亡並不是未知的恐懼，從而建立現代科學的死亡觀，進而落實到生命教育。

貳、死亡教育應建構理論基礎

筆者並未在大學開授生命教育課程，亦無接受過生命教育的理論基礎訓練，只因工作關係接觸殯葬管理及殯葬教育。為了充實本身的知能而逐步探討與死亡相關的議題。在殯葬教育過程中，學生經常會問的問題有：「老師，你會看到鬼魂嗎？」「老師，你是否能看到死後的世界？」「老師，人除了形體外，還有靈魂存在嗎？」「老師，人死後七天，魂魄會回來嗎？」「老師，道長引魂、招魄有效嗎？」以上問題凸顯死後的一切，對世人來說是完全無知的。在目前科技發達、一切講求實證的科學理論學術上是採取否定的態度。但是我們知道，實證科學並非能解決一切問題。舉例來說，「愛情」的濃度有多少？並無儀器可以測試出一個數據，只有當事人可以感知，但我們不能說無法實證的愛情是不存在的，其他像親情、

友情都是生命中每個人所具有的。生命消逝後，其精神、意識是否也跟著消逝了？這種死亡後的議題是千古難釋之謎，只能藉著儒學、宗教、文化試著說明如何面對死亡、接受死亡、解決死亡及放下死亡。具體的作法就是安寧療護、臨終關懷、殯葬服務、宗教科儀、悲傷輔導及後續關懷等來處理死亡的表面問題。但是每個人在死亡前仍會思考死後的世界，為此我們若以人類累積的智慧加上宗教信仰的力量，或許可以建立一套符合科學邏輯的死亡觀，生命教育才能有完整的論述。至於先人的智慧包含哪些層面，簡單地說，儒、釋、道的死亡觀就是華人的智慧遺產。從事生命教育的學者不妨以此為基礎，建構符合科學且合時宜的生命教育課程。

參、《殯葬管理條例》對殯葬教育的功能

當了一個人死亡後，所帶來的後續處理方法，目前我們所知的：臨終關懷、殯葬服務、悲傷輔導、後續關懷等是較具體有效的作法。筆者以多年從事殯葬管理及殯葬教育的經驗說明之。

一、《殯葬管理條例》施行前

《殯葬管理條例》（內政部，2017）在 2003 年 7 月 1 日施行前，處理遺體的相關法規為《墳墓設置管理條例》，主要的規範是以土葬為主。至於殯儀館、納骨設施、火化場應如何興建、管理及使用，並未立法規定，以致殯葬亂象叢生，殯葬服務業在社會上是不被認同的，衍生出社會大眾對死亡後的殯葬處理產生不安及不信任的心理，並憂慮死亡後遺體、魂魄是否能得到安寧的歸宿？在這種心態下，死亡的議題無人能談，甚至是避而不談的，至於學術研究更是遑論。故此時的生命教育是不完整的，並未有完整的論述。

二、《殯葬管理條例》施行後

　　《殯葬管理條例》第 1 條規定：「為促進殯葬設施符合環保並永續經營；殯葬服務業創新升級，提供優質服務；殯葬行為切合現代需求，兼顧個人尊嚴及公眾利益，以提升國民生活品質，特制定本條例」（內政部，2017）。明確規定殯葬政策的施政方向，對於殯葬設施的興建須符合環保規定，建築不得以臨時短暫使用的方式興建，應以永續經營的理念規劃興建殯葬設施。至於殯葬禮儀服務業則要求要創新升級，提供更優質的服務。對於民眾的要求則為殯葬行為（道路搭棚治喪、法事噪音、焚化紙錢等）應結合現代需求，兼顧個人尊嚴及公眾利益。茲以《殯葬管理條例》的相關規定，來說明目前殯葬教育的教學內容，以及其與生命教育間之關聯性。

肆、《殯葬管理條例》對殯葬禮儀服務的規範

　　傳統的葬儀社工作人員（俗稱土公仔）大部分是家傳事業，並以師徒制的訓練方式傳承殯葬禮儀服務工作。這個時期殯葬服務的主要工作只是學習如何處理屍體。所謂的遺體處理程序大致上是：(1)準備水鋪；(2)乞水淨身；(3)壽衣套衫；(4)化妝；(5)入殮。至於喪禮的程序大致上是：(1)報喪；(2)舉哀；(3)遮神；(4)腳尾物；(5)乞米；(6)哭路頭（出嫁女兒）；(7)接外祖；(8)示喪；(9)鬥制；(10)出殯告示；(11)做七；(12)放手尾；(13)封柩；(14)安靈；(15)出殯；(16)安葬等。葬禮的內容較繁複且費時，對喪親者來說，在精神上、體力上、經濟上都是很大的負擔。葬禮過後，喪親者總會有若有所失的感覺，就像電影《父後七日》的情節一樣，喪親者內心的悲傷並未在喪禮中得到釋放，二十年前的殯葬禮儀服務並不能給大家在人生最後旅程上得到完美的句點。

　　《殯葬管理條例》施行後，特別著重在殯葬禮儀服務業的廣度及深度。而殯葬服務從業人員條件，於《殯葬管理條例》第 45 條中規定：「殯葬禮

儀服務業具一定規模者，應置專任禮儀師，始得申請許可及營業」（內政部，2017）。第46條為：「具有禮儀師資格者，得執行下列業務：(1)殯葬禮儀之規劃及諮詢；(2)殮殯葬會場之規劃及設計；(3)指導喪葬文書之設計及撰寫；(4)指導或擔任出殯奠儀會場司儀；(5)臨終關懷及悲傷輔導；(6)其他經中央主管機關核定之業務項目。未取得禮儀師資格者，不得以禮儀師名義執行前項各款業務」（內政部，2017）。上述兩項條文明白規定殯葬禮儀服務必須走向專業化、人性化，服務的對象已擴及喪親家屬。至於在殯葬禮儀服務的事務上，第42條規定：「經營殯葬服務業，應向所在地直轄市、縣（市）主管機關申請經營許可後，依法辦理公司或商業登記，並加入殯葬服務業之公會，始得營業。」第48條規定：「殯葬服務業應將相關證照、商品或服務項目、價金或收費基準表公開展示於營業處所明顯處，並備置收費基準表。」第49條為：「殯葬服務業就其提供之商品或服務，應與消費者訂定書面契約。書面契約未載明之費用，無請求權；並不得於契約簽訂後，巧立名目，強索增加費用。」第50條：「非依第四十二條規定經直轄市、縣（市）主管機關許可經營殯葬禮儀服務業之公司，不得與消費者簽訂生前殯葬服務契約。」第58條：「直轄市、縣（市）主管機關對殯葬服務業應定期實施評鑑，經評鑑成績優良者，應予獎勵。」第59條：「殯葬服務業之公會每年應自行或委託學校、機構、學術社團，舉辦殯葬服務業務觀摩交流及教育訓練課程」（內政部，2017）。由上述條文所述，殯葬禮儀服務業必須合法專業及公開透明化，得到消費者的信任，不至於有被欺騙的觀感。上列條文規定，都是生命教育中應當包含的教育內容。

伍、《殯葬管理條例》對殯葬行為的規範

《殯葬管理條例》對殯葬行為的規範，對在殯葬行為方面有相關條文規定導正一些舊有的殯葬不當操作，例如：第61條規定：「成年人且有行

為能力者，得於生前就其死亡後之殯葬事宜，預立遺囑或以填具意願書之形式表示之。死者生前曾為前項之遺囑或意願書者，其家屬或承辦其殯葬事宜者應予尊重」（內政部，2017），此項條文對於生命教育是很重要的。第 62 條規定：「辦理殯葬事宜，如因殯儀館設施不足需使用道路搭棚者，應擬具使用計畫報經當地警察機關核准，並以二日為限」（內政部，2017），此項條文係為尊重他人用路安全、尊重他人生命而予以立法規範。第 63 條規定：「殯葬服務業不得提供或媒介非法殯葬設施供消費者使用。殯葬服務業不得擅自進入醫院招攬業務；未經醫院或家屬同意，不得搬移屍體」（內政部，2017），此項條文係為保障消費者的自主權益。第 64 條規定：「醫院依法設太平間者，對於在醫院死亡者之屍體，應負責安置。醫院得劃設適當空間，暫時停放屍體，供家屬助念或悲傷撫慰之用。醫院不得拒絕死亡者之家屬或其委託之殯葬禮儀服務業領回屍體；並不得拒絕使用前項劃設之空間」（內政部，2017），此項條文規範醫院的太平間應提升遺體處理服務的有效管理，讓喪親者得到一個沉澱心情處理喪事的溫馨關懷空間。第 67 條規定：「殯葬禮儀服務業就其承攬之殯葬服務至遲應於出殯前一日，將出殯行經路線報請辦理殯葬事宜所在地警察機關備查」（內政部，2017），此項條文意旨在保障人車使用道路的生命安全。第 68 條規定：「殯葬禮儀服務業提供之殯葬服務，不得有製造噪音、深夜喧嘩或其他妨礙公眾安寧、善良風俗之情事，且不得於晚間九時至翌日上午七時間使用擴音設備」（內政部，2017），此項條文旨在規範處理喪事時應注意噪音產生的環保問題，並以公眾利益為優先考量。至於因意外死亡之屍體處理，第 69 條中有明文規範，杜絕過去殯葬業者搶遺體之歪風，進而保障喪親者處理喪事之自主權。上述條文規範的內容，都可以作為生命教育的題材。

陸、殯葬設施在生命教育中可發揮的實質功能

一、認識殯儀館在生命教育中發揮之功能與效益

殯儀館發展至今，其作為治喪的場所是現階段社會處理殯葬事宜必然的趨勢。殯儀館在現今殯葬禮儀服務中可以呈現的功能如下。

（一）舉辦喪禮的場所

人生的最後一程必須在合乎禮俗的規範下辦理，亦就是依據「喪禮」禮儀進行各項活動。「喪禮」是人類對於死亡的認知，歷經各種生活環境、社會型態、宗教信仰、風俗習慣、語言文字歷經千年醞釀出的喪葬禮俗。喪葬禮俗是文化現象中較不為學術界所重視探究的。喪禮自周代以來，歷代均有改變，其儀式規模隨著君王的喜惡、統治民族與國勢強弱而致使儀式繁簡有所不同，大體上均是以中原漢民族為主。臺閩地區現在的喪禮也延續了漢民族的文化加上西方宗教的影響，形成了內容極為豐富、複雜且多變化的喪禮儀俗。殯儀館內之各項殮殯設施，可以規劃一個客製化的奠禮，讓喪親家屬盡孝道，了無遺憾。這符合《殯葬管理條例》第 1 條，殯葬服務業創新升級，提供優質服務的政策要求。

（二）完成安靈送終的功能

人活在世上要歷經各種波折，但最後不可免的還是會走到終站，接受「千山萬水我獨行不必相送」的境遇，但是世間的親友不可能毫不留情的不理不睬，必定會好好的替死亡者「送行」。送行必須藉著殯儀儀式、殯奠設施及親友的共同參與才能完成莊嚴的最後告別奠禮，殯奠禮在殯葬過程中是參與人數最多，且儀式是最莊重嚴謹的，不能有任何的差錯。必須有適合殯奠功能的場所才能完成一般民俗以招魂、入殮、超渡亡靈等儀式，使人的生命從「生」順利渡過到「死」的階段，使死者的靈魂順利進入另

一個世界，也就是「引魂歸陰」的宗教操作，如此才可以避免死亡者成為孤魂野鬼。在殯儀館內的各項設施可以提供助念、做七、功德法事及奠禮需求，所以在殯儀館治喪才能發揮其作為安靈送終及悲傷撫慰的功能。這符合《殯葬管理條例》第 1 條，殯葬行為切合現代需求，兼顧個人尊嚴的政策目標。

（三）親友對喪家表達關懷的功能

舉行奠禮在現今的社會狀況下，還有其另一層的意義與功能，在世的子孫在喪禮中可得知其人際關係的網脈，參加喪禮的人數多寡可顯示子孫的政經地位，以大的排場呈現子孫的孝思，於是廣發訃文、廣邀親友參加告別奠禮，這種情形下，在路邊搭棚舉行告別奠禮略顯草率，已無法滿足實際需求，尤其臺閩地區是一個文明富裕的社會，告別奠禮舉行的場所當然無法因陋就簡。使用殯儀館內的靈堂、禮廳、停車場及公共衛生設施可完全提供治喪期間，親朋好友弔喪所需的空間，使喪親者得到親友的關懷支撐，早日走出悲傷，投入社會。

（四）依法設置的設施、設備達到環境保護功能

喪禮過程中，殮殯奠的操作會對周遭的環境產生空氣汙染、病源感染、噪音汙染、視覺汙染等。所謂的空氣汙染是指焚燒香、紙錢、紙紮、遺物等產生的黑煙及懸浮粉塵灰燼等，都會汙染周遭的環境，對人體產生危害。所謂的病源感染是指處理遺體的過程中，因為遺體腐敗滋生病菌後，如未經控管會透過空氣、水及操作者將感染病菌散布至外部環境，影響人體健康與周遭環境的空氣及水質、水源。所謂的噪音汙染是指做法事超渡亡靈時及告別奠禮儀式進行時，各種陣頭表演使用擴音設備，所產生的音量超過人體所能承受的 70 分貝標準，影響人們聽覺，導致情緒的不穩定與焦躁。所謂的視覺汙染大致是指靈堂、奠禮廳內外部布置時，將一些奢華不實的東西陳列出來，破壞整體莊嚴氣氛，例如：過多制式的輓聯、花圈，不符衛生標準的罐頭祭品等，再加上一些形形色色的陣頭，無形中都會讓

人們產生視覺上的不舒適。綜合以上可能產生的各種汙染，目前最有效的作法就是規範喪禮必須在殯儀館內進行，以專業的人員及方式操作喪禮的各項流程，才不致對環境產生衝擊，達到環境保護的功能。這符合《殯葬管理條例》第 1 條，殯葬行為切合現代需求，兼顧公眾利益的規定。

（五）管理機關依法管理達到端正禮俗的功能

殯儀館內的各項殮殯奠等設施係依據《殯葬管理條例》之規定設置，足以提供治喪需求，至於殯儀館的經營管理、殯葬禮儀服務業的管理及殯葬行為的限制，都必須受據《殯葬管理條例》、殯葬管理自治條例相關法規規範，違法脫序的殯葬服務及行為無法在殯儀館內操作。殯儀館管理單位亦可利用各種資訊工具將合乎禮儀規範的資訊宣導給喪親者，達到端正禮俗的功能。這符合《殯葬管理條例》第 1 條，殯葬服務業創新升級，提升國民生活品質的政策目標。

（六）經濟效益的功能

殯儀館內的各項設施設備都訂定有收費基準表，並報請民意機關審議。行政機關訂定使用規費標準，都會考量二項原則：第一項為殯葬設施屬於社會福利公共設施，第二項為使用者付費的原則。在以上二項原則的基礎上所訂定的使用規費必定符合經濟效益，可以得到消費的認可，讓喪家不會因治喪費用的問題造成困擾。

（七）作為生命教育的功能

在殯儀館內治喪，喪親者在守靈期間，每日可以感受到其他死者進出殯儀館，亦可以間接得知各項死因，亦可以觀察到每個喪親者的失落，種種因著一個生命的失去所帶給親友的衝擊。在守靈期間更可以觀察到人性真實的一面，在殯儀館內可感受到生命的價值更是書本上所無法描繪的。目前殯儀館內大多數有成立志工服務隊，都有志工及宗教人員陪伴喪親者，提供正面能量走出悲傷。另外各級團體、學校人員參訪殯儀館，了解殯葬

服務流程，是特殊的生命教育體驗。所以殯儀館是作為生命教育的最佳場所，大學生命教育實習課程應安排至殯葬設施參觀。

二、殯儀館哪些設施可以做悲傷撫慰

（一）靈堂

靈堂，係指供喪親家屬守靈期間從事各項殯奠儀式之場所。在過去，未有殯儀館設施前，遇有親人死亡，子孫會在自宅客廳布置靈幃守靈，並向前來弔唁之親友答謝。惟近年來住宅多為公寓大廈，居住密集公共空間不足，在自宅內守靈會影響鄰居作息，實際上已不可行，故大部分喪家會將遺體及靈位牌移至殯儀館安奉。為了配合實際需求，《殯葬管理條例》乃規範殯儀館需要設置靈堂。靈堂最主要的功能是：(1)讓喪親家屬仍可晨昏定省以盡孝思，緬懷養育之恩；(2)守靈期間，喪親家屬聚集靈堂與殯葬服務人員做治喪協助的工作，如禮儀諮詢、擇日、祭文撰寫、代辦申請事項；(3)靈堂可提供親友拈香、弔唁及宗教師做功德法事；(4)志工至靈堂陪伴喪親家屬，對於喪親者的悲傷撫慰可發揮很大的功能。靈堂是初喪時期安頓喪家情緒的最佳殯儀設施，故生命教育課程中應提及靈堂的功能。

（二）悲傷輔導室可發揮的功能

悲傷輔導室，係指專供作「悲傷撫慰」、「輔導諮詢」、「宗教科儀」使用之場所。2002 年 7 月 17 日公布之《殯葬管理條例》」（內政部，2017）。明訂殯儀館內必須設置悲傷輔導室，提供殯葬服務業禮儀師得執行臨終關懷及悲傷輔導業務，使我國的殯葬服務由過去以遺體處理為主要服務的範圍，擴展為喪親者的悲傷撫慰服務。殯葬服務的悲傷輔導方式應考量喪親者的宗教信仰、性別、年齡、教育程度、社經地位、文化素質，以及喪親者與亡者的關係等，才能提供適宜的悲傷輔導服務。故為了配合其特殊性，悲傷輔導室的型態相對的需多元化，依功能性分類大致有四種：

(1)悲傷輔導室可以供初終之遺體在未進入遺體處理室（遺體冷凍室）前暫置於此，讓喪親家屬在此場所與死者做最後告別及助念之使用；(2)悲傷輔導室亦可以布置為佛堂、祈禱室等方式呈現，供喪親信徒在此禮佛、祈禱及誦經之使用；(3)供喪親者聘請宗教師、作宗教儀式的場所功能；(4)殯葬服務志工可以在悲傷輔導室內提供陪伴、傾聽等悲傷輔導的情緒性支持功能。

柒、綜　論

一、生命教育應具備的殯葬觀

　　現代國民對殯葬應具備的觀念，在內政部民政司（2016）編輯的《平等自主・慎終追遠：現代國民喪禮》一書有詳盡的說明。我們都知道死亡是人生最後的歷程，任誰都無法逃避。雖知生命終有期，但面對至親、好友、同學逝世時，大部分的人都不知如何面對並處理。我國是一個重視孝道的國家，為了安頓亡者的遺體與魂魄並撫慰生者，儒、釋、道教很早便提出一套殯葬禮俗供治喪者遵循。透過殯葬禮的儀軌，使個人情感得以抒發，達到慎終追遠、養生送死、有節的目的。

　　農業社會時期的傳統喪禮，仍存有封建社會的思維，是以男性為中心所衍生出來的一套喪禮規範，不過近年來由於性別平等意識覺醒、多元種族婚姻的普遍、工商社會型態轉變、宗教信仰自由，人們對生死觀念的認知加深，導致傳統喪禮中有許多禮俗已不符合時代需求，必須重新建構殯葬教育的合宜性及殯葬觀念的時宜性。

　　現代人很多都是醫院病死壽終，所以善終不應再以壽終正寢作為解釋，善終觀念必須有新解。如何能尊嚴死亡、如何能殯葬自主、如何能在性別平等觀念下處理殯葬事宜，是往後生命教育必須探討的課題。

二、生命教育與殯葬教育的競合

　　生命教育的理論基礎與學理是目前學界開始正視的課題。在建構生命教育教學內容上，殯葬教育可以提供的教學素材是不可忽視的。目前國內已有多所大專校院開設殯葬教育系所，從事生命教育的學者專家與教授殯葬教育的學者專家互相分享教學經驗，必能讓生命教育更有深度及廣度。當然生命教育並不是以學子為限，生命教育應該深入社會各個年齡層、性別層及職業層，並做相關合宜的生命教學。所以目前從事生命教育的老師們的責任是重大的。

參考文獻

內政部（2017）。**殯葬管理條例**。臺北市：作者。
內政部民政司（2016）。**平等自主・慎終追遠：現代國民喪禮**。臺北市：作者。

作者介紹

　　譚維信，南華大學生死學研究所、新竹殯葬管理所所長、空中大學生活科學系兼任講師。從事公職將近 30 年，其中擔任殯葬管理業務 22 年，致力於殯葬改革及殯葬設施規劃興建工程，退休後擔任殯葬服務業相關之評鑑工作，著作有《殯葬設施》一書。

　　本人服務於空中大學生活科學系並擔任殯葬設施學科召集人，開授殯葬設施課程。本人具有創新特質，不願因循苟且，公職生涯中遇有瓶頸之處，一定會克服法規、人事、環境之阻礙，完成使命。尤其在殯葬管理工作上，政府一向不重視，以致法令不周全，人員非專業，殯葬設施簡陋，

造成民眾對殯葬服務業鄙視。經過 22 年的殯葬管理，新竹市的殯葬設施已能滿足需求。殯葬禮儀服務業也都朝向專業化、人性化、科技化、公開透明化的目標努力。自公職退休後，除了接受各級政府邀請，擔任殯葬服務業的評審工作外，亦致力於環保自然葬的推廣及改善。

40 殯葬角度下的生命教育

邱達能

仁德醫護管理專科學校生命關懷事業科副教授兼科主任

壹、前　言

　　通常,我們在討論生命教育的時候,在不知不覺當中對殯葬往往會採取兩種截然不同的態度:一種是認為生命教育討論的課題是生的課題,對於處理死亡的殯葬就沒什麼好討論的(何福田主編,2006,頁13,23);另一種是認為生命教育討論的課題雖然是生的部分,但是生與死是有相關聯的,如果沒有把死也納進來討論,似乎這樣的討論即不完整,而在死的討論中還包括死亡的處理在內,所以殯葬的部分也需要納進來討論(尉遲淦、邱達能、張孟桃,2020,頁141)。

　　那麼,上述對殯葬的不同態度究竟哪一種較為合理?表面看來,基於學術分工的原則,不同學術討論不同主題似乎是合理的。換言之,把殯葬和生命教育切割開來討論似乎也是合理的,但是在這樣的切割中我們也發現一些問題,亦即是這樣的切割其實隱藏著一個前提,彷彿生命和死亡並不相干。既然不相干,那麼在討論生命教育的時候不討論與死亡處理有關的殯葬也是合理的。

　　問題是,這樣的認知是否合理呢?就我們所知,人的生命理當是包含死亡在內,當時間到臨之刻,人即不得不死。更何況,生命教育最早所要解決的問題也是和死亡有關的自殺(何福田主編,2006,頁67)。既然如此,在生命教育當中若不去討論死亡,也不免讓人覺得奇怪,更會讓人覺得不完整。為了讓生命教育得以完整化,在解決問題時能夠更聚焦,我們

還是需要把死亡納進生命教育的討論當中。如此一來，為了讓死亡討論更加貼合生命實況，我們確實有必要將殯葬納進生命教育的討論當中。

不過，只是把殯葬納進生命教育的討論當中成為一個討論的主題，是否就足以協助生命教育解決自殺的問題，其實是需要加以斟酌的。那麼為什麼我們會提出這樣的質疑呢？這是因為如果我們只把殯葬單純看成是一種死亡的處理，那麼這樣的處理會讓我們覺得它和生命教育到底有何關聯？如果勉強要說有關聯，那也只能說它是生命教育失敗後自殺所遺留下來的死亡善後處理。對生命教育而言，這樣的處理並不會帶來正面的意義。

可是對我們而言，之所以要在生命教育當中帶進殯葬的討論，主要的目的不在自殺之後的死亡善後處理，而在完整整個生命教育的正面意義，使之從生到死，從死到死亡處理，都能一貫地從正面的意義來看待。一旦我們如此看待生命教育與殯葬的關聯時，殯葬才能產生它應有的正面意義，也才能成為我們解決死亡問題的正面資糧。否則，只是把殯葬看成死亡的善後處理，是不能正視殯葬在生命教育當中的成全意義。為了如實理解這裡所說的成全意義，我們從生命教育最初誕生時所要針對的問題談起。

貳、生命教育誕生時所要針對的問題

那麼，生命教育誕生時所要針對的問題究竟是什麼呢？如果從今天對生命教育的理解來看，我們會以為生命教育所要針對的問題就是生命的問題，那麼生命為什麼會有問題？這是因為學生對生命缺乏正確的認識，所以在不認識或認識不清的情況下必然會為生命帶來困擾。為了化解這樣的困擾，讓學生的生命能恢復正常，我們需要透過生命教育來教導學生，讓學生了解什麼才是正確的生命意義。

不過，這樣的理解是否就是正確的呢？生命教育所要針對的問題真的是生命的問題嗎？其實，對於這樣的理解我們既不能說它完全不對，也不能說它完全都對。實際上，這樣的說法有它對的地方，也有它不對的地方。

就它對的地方來看，生命教育所要針對的問題的確是與生命有關的問題，今天如果不是生命出了問題，那麼就不會有生命教育的提出。

　　表面看來，這樣的說法似乎很有道理。的確，生命教育的提出確實是因應生命出現問題才有的教育想法，可是生命之所以出現問題不見得只和生命有關，如果只和生命有關，嚴格說來，我們在問題的解決上也可以透過人生哲學而不見得非得提出一個新的生命教育不可，現在之所以提出一個新的生命教育，顯然表示原先的人生哲學並不足夠。

　　由此可見，生命教育的提出正足以凸顯原先人生哲學的不足。正如在生命教育提出之前，學生在學習中曾經學過公民與道德，依理言之，學生既然都學過公民與道德，那麼對生命應該也會形成正面的見解。既然有了正面的見解，那麼在生命上就不應該有問題。然而現在學生的生命出了問題，此即表示原先的公民與道德並不足，否則學生生命即不該有其問題的出現（尉遲淦等人，2020，頁 5-7）。

　　經由上述的反思，我們隱約得以明瞭生命教育的提出應該有其針對的問題，不只是和生命有關而已，那麼它最初誕生之時所要針對的問題是什麼呢？對於這個問題的回答讓我們回到 1997 年的過去。當時，社會上發生了一件女高中生自殺的事件。本來從今時的角度來看此事件也是一件極為正常的事，可是當時事件的主角女高中生並非一般的女高中生，而是品學兼優的女資優生。由於她的資優生身分，讓當時的社會認為是一個很大的事件，所以引起當時省議員的注意，要求省教育廳必須提出因應的對策。

　　面對質詢，當時的省教育廳廳長承諾要提出一個新的教育課程來化解這個問題，那麼廳長為什麼承諾要提出一個新的教育課程，而不要用舊的教育課程？這是因為如果他還是強調用舊的教育課程來解決問題，那麼當時的省議員必然會質疑舊有的教育課程的效果，認為如果課程有效，今天就不會發生女高中資優生自殺的事件。因此基於解決問題的考量，也為了取得省議員的信任，他只好承諾提出一個新的教育課程（尉遲淦等人，2020，頁 2-3）。

但是，在提出新的教育課程之前，必須先了解女高中資優生的生命到底哪裡出了問題？何以該名女高中資優生要選擇用自殺的方式來結束自己的生命？對此，我們有必要深入了解事情發生的來龍去脈。首先，我們要知道女高中資優生為什麼要自殺？簡單來說，她的自殺不是她想自殺，而是受到社會輿論逼迫的結果。如果不是社會輿論的逼迫，那麼她很有可能不會選擇用自殺來結束自己的生命。

　　其次，我們要知道社會輿論為什麼要逼迫她？這是因為社會輿論認為她做了一件違反社會規範的事情，也就是做了不該做的事情，那麼她做了什麼不該做的事情？就我們所知，就是與有婦之夫產生了戀情。本來男歡女愛也是極為稀鬆正常的事，可是千不該萬不該就是不能與有婦之夫產生戀情。如果出現這樣的戀情，亦即是所謂的不倫之戀，在違反社會道德的情況下，也就因此而遭受社會的譴責。

　　可是為什麼她會出現此不倫之戀呢？難道這純粹只是一種男女之間的感情？其實不然。原先他們彼此之間也並未出現這樣的感情，但是當這位女高中資優生遭遇喪母事件的打擊而需要他人關懷時，家中的人卻又各自忙著處理各自的悲傷無暇去關懷她，此時她常去購買東西的超商店長看到她的悶悶不樂就予以關懷，在得知她難過的原因之後就給予安慰。久而久之，這種安慰即成為女高中資優生的精神寄託，在不知不覺當中發展成一段不倫的戀情。所以這種戀情是一種感情移轉的結果。

　　根據上述的說明，我們已經了解女高中資優生之所以自殺的來龍去脈。從這樣的敘述來看，我們可以找到幾個重點：第一，女高中資優生之所以要自殺，主要是受到社會輿論逼迫的結果；第二，社會輿論之所以會逼迫，主要是因為女高中資優生出現了不倫之戀；第三，女高中資優生之所以會出現不倫之戀，主要是來自喪母的影響。以下，我們進一步討論。

　　就第一點而言，對於這樣的問題其實會有不同的答案。一個人如果沒有道德是非觀念，那麼面對社會輿論逼迫可以不理不睬。可是對女高中資優生來說，或許是沒有膽量反抗，也可能是道德觀念的作用，所以面對社

會輿論的逼迫她選擇屈服。不僅如此,在羞恥觀念的影響下,她認為應該對這個錯誤負責,因此在承認錯誤的情況下,她選擇自殺謝罪,認為只要她死了,社會輿論的壓力即會自然消失。

就第二點而言,社會輿論何以認為不倫之戀必須受到譴責?這是因為不倫之戀違反社會的規範。一個社會如果對於感情一點規範都沒有,那麼這個社會必然會處於感情混亂的狀態。然而本來感情混亂也無可厚非,如同動物一般,不過對社會而言,這樣的感情混亂會影響到社會的繁衍秩序。一旦社會繁衍出了問題,那麼社會要正常運作下去即不可能,為了避免這種不好的後果出現,社會必須禁止不倫之戀。對於那些違反規範的人,必須給予相對的社會懲罰。

就第三點而言,女高中資優生為什麼會出現不倫之戀?對此情況,我們可以有一些假設:第一,如果她沒有遭逢母喪,很有可能不會出現不倫之戀;第二,縱使她喪母,如果家人可以及時給予安慰,她可能也不會出現不倫之戀;第三,即使家人沒有及時給予安慰,只要她對感情能夠擁有正常觀念,那麼她也可能不會出現不倫之戀。由此可知,她之所以會出現不倫之戀,一方面固然是受到喪母的影響,更重要的是,她對感情沒有正確的認識。

經由上述的反省,我們得以知道女高中資優生之所以會自殺,主要的問題有幾個:第一個就是女高中資優生對於感情的認識不正確,如果正確,就不會有不倫之戀發生;第二個就是女高中資優生對感情的把持不足,明明知道不倫之戀是不對的,卻又沒有充分的自制力加以節制;第三個就是女高中資優生的生命不夠獨立自主,如果夠獨立自主,那麼就算遭遇喪母之痛,也能成熟地走過來,不至於出現不倫之戀的感情依賴。

參、現有生命教育的解答

在了解問題為何之後,省教育廳試圖去解決問題。但是問題要如何解

決呢？對此，它從同類思考切入。既然不倫與自殺的高中女學生是資優生，那麼要解決這類問題就必須從同類著手。於是省教育廳就在臺中找了一個同類的學校，也是以培養女高中資優生的學校曉明女中，該校治校極為成功，從過去到現在都沒有出現過類似的問題。省教育廳認為這樣的學校應該有能力可以找出解決問題的答案。

那麼這個答案會是什麼呢？從臺中曉明女中的角度來看，一般學校在培養學生的道德觀念時重點皆放在觀念的灌輸。可是觀念的灌輸仍是有其缺點，亦即是在一切都正常的情況下，學生的行為的確不會違反課堂中所灌輸的道德觀念；但是在情況開始異常的時候，此時學生不一定仍會按照課堂所灌輸的道德觀念來行為。因此我們不能再從灌輸道德觀念的角度來解決問題。

如果解決問題的方法不能再從灌輸觀念的角度來尋找，那麼還可以從什麼角度來尋找？從臺中曉明女中的經驗來看，發現該校和一般學校的培養方式不同，對臺中曉明女中而言，在培養學生的道德觀念時，與其用灌輸的作法倒不如用人格養成的方式（尉遲淦等人，2020，頁7-8）。因為灌輸的作法只會讓學生知其然，但不知其所以然，而人格的養成方式卻截然不同，它不單要讓學生知道要怎麼做，更要讓學生知道為什麼要這樣做？

經由這樣的培養方式，學生在平常行為時就會知道什麼事情要怎麼做才不會違反道德的規範。不僅如此，當情況不在平常的範圍內時，學生也不會因此就驚慌失措而不知如何是好，相反地，學生會對這樣的情況做出判斷，看面對這樣的情況應當如何反應才不會做出違反道德要求的行為。一旦學生有能力對這些不屬於平常的情況做出正確的判斷時，那麼自然不會出現上述的不倫與自殺問題。

不過只有認知的正確仍猶不足，因為我們在行為時還有意志的部分。如果只從認知來處理，那麼在行為時不一定可以保證這樣的認知就會貫徹到底。萬一這樣的認知無法貫徹到底，那麼在行為上就會出現說一套做一套的問題。所以如果我們不希望犯了和上述學生一樣的錯誤，就必須從鍛

鍊著手，使我們的意志足以控制行為，避免說一套做一套的後果發生。

　　問題是，要怎麼鍛鍊才能達到效果？在此，體驗是一個很好的鍛鍊方法。對一般人而言，對於所認知的規矩之所以難以堅持，並非規矩本身難以堅持，而是意志力太過薄弱的結果。如果要強化意志力，那麼就要讓他實際有所體驗，在經過這樣的體驗之後，他對於所理解與接受的道德即會產生實感。一旦有了實感，在行為時即不會一下子被感情沖昏了頭，對不該做的事情自然也就出現節制的效用，使這些不該發生的事情不會發生。

　　表面看來，有關不倫的道德問題可以在上述的回應中得到合宜的解決，但是在這個事件中所牽扯的不只是不倫的道德問題，還牽扯到自殺的生命問題。如果我們在處理時只處理了不倫的問題而忽略了自殺的問題，那麼未來有人在碰到類似的問題時還是有可能會走上相同的老路。所以為了避免類似結果的發生，我們還是要進一步深入生命本身，看生命為什麼會選擇自殺作為結局？

　　那麼生命何以要選擇自殺作為結局？表面看來，這樣的結局似乎是女資優生為了表示她的負責。如果她不負責，她也可以選擇不要自殺，但問題是，這樣的負責方式有沒有問題？自殺之後是否就一了百了？如果自殺之後就一了百了，那麼這樣的自殺也算是解決了問題。可是如果自殺之後並沒有一了百了，後續還出現一堆問題需要處理，那麼這樣的自殺就是一種不負責任的自殺。因此自殺是否解決一切問題，不能從自殺本身來看，而要從自殺所產生的後果來看。

　　為了更清楚了解這個問題，我們可以試著想像一下自殺之後的問題。比如對她的家人而言，她的自殺並沒有讓家人釋懷，相反地，更讓家人傷痛。因為不倫的行為已經讓家人受了一次傷害，自殺的行為更讓家人受第二次的傷害，而這種傷害是沒有辦法彌補的。既然不能彌補，那麼這種行為就會造成家人一輩子的陰影。對一個負責任的人而言，這樣的作為是不可取的，也是一種逃避的作為。

　　由此可知，她對生命的認知可能真有其問題，因為她以為只要自殺就

可以結束整個事件。實際上，真正可以結束事件的不是自殺，而是活著面對。只要好好面對，結束這段不倫之戀，那麼她還是可以有一個充滿希望的未來。可是現在在錯誤的生命認知下選擇了自殺，那麼她不只扼殺了自己的未來，也為社會豎立一個不好的榜樣。對於這種不能面對生命的作為，我們需要予以導正，也就是喚醒一般人正視生命可貴的價值。

從這一點來看，我們得以知道生命教育何以要叫做生命教育。因為，要改正生命所犯的錯誤，只能從生命本身出發，絕對不能錯誤地以為沒有了生命，生命所犯的錯誤還有導正的機會。因此，生命教育的目的就在於喚醒我們正視生命的價值、珍惜生命，不要讓錯誤的生命認知誤導我們，以至於犯下無法彌補的錯誤，到時後悔也來不及了（何福田主編，2006，頁 99-100）。

肆、死亡的納入與省思

由此觀之，生命教育的重點似乎就在於生命本身，只要我們對生命擁有正確的觀念，那麼上述的不倫之戀和自殺的問題都可以獲得徹底的解決。表面看來，確實如此。可是，再深入反省卻會發現問題並沒有如此簡單。實際上，和自殺有關的部分是與死亡相關。如果我們只知道生命，而對死亡完全沒有概念，那麼就不會清楚生命為什麼是可貴的、需要加以珍惜。為了清楚這一點，我們需要進一步把死亡的課題也納進來討論（尉遲淦等人，2020，頁 112）。

那麼，在這裡所納進來的死亡要怎麼理解才合適？如果從傳統的觀點來看，死亡所代表的不見得就是一切的結束，也可以是輪迴的下一世或永恆的生命。可是，哪一種理解最能凸顯生命的可貴？就我們所知，把死亡看成一切的結束會是一種不錯的認知。因為，當死亡代表一切的結束時，此即表示生命結束之後也就不會再有生命。對一個人而言，她能夠有所作為是因為她還有生命，如果她連生命都沒有了，那麼她還能有什麼作為。

所以，從能不能有所作為來看，生命是值得珍惜的。一旦沒有了生命，其他一切皆是空談。

　　就這一點而言，我們就很清楚為什麼在生命教育的教材中，一般都會把科學對死亡的認知當成有關死亡的標準認知。問題是，生命教育把死亡看成是一切的結束有沒有問題？如果從表面來看，科學已經清楚告訴我們不僅死後的世界不存在，死後的生命也不可能（尉遲淦，2017，頁78-79），既然都不存在也不可能，那麼我們自然就只有接受這樣的答案，而不能有其他的想法。

　　不過如果死亡代表一切都結束了，死後什麼都沒有，那麼我們是否就一定要珍惜生命？或許，也可以不珍惜生命？因為既然死後什麼都沒有，那麼珍惜生命也不見得有其必要，相反地，不珍惜生命可能還過得自在一些。其中，最關鍵的部分是怎麼過有關係嗎？無論珍惜的過或不珍惜的過，不都是過？最終怎麼過都會化為虛無，對虛無而言，它是怎麼來的都沒有意義。由此可知，我們很難從科學的死亡認知推出生命是可貴的結論。

　　既然如此，我們有必要另尋答案，不過在另尋答案之前，我們需要對上述的科學認知進行反省。只要深入科學的認知特質即可明瞭，這樣的答案其實是有問題的。因為科學是以經驗作為判斷的標準，它適用的範圍是在經驗的領域內，對於經驗以外的範圍，嚴格說來，它並沒有能力去判斷。既然沒有能力去判斷，那麼它最好保持沉默，誠實地自認無知（尉遲淦，2017，頁80-82）。否則，在妄加判斷時，它就逾越了經驗的範圍，也讓自身不再科學。對一個不再科學的科學判斷，我們又何必去遵從它，彷彿它就是真理的化身。

　　根據這樣的反省，我們要對上述的科學認知提出質疑。由於死亡不在經驗範圍以內，所以我們不該認為死亡代表的就是一切的結束，而應保持沉默、自認無知。當然，在此有人會提出反駁，強調科學所做的只是經驗判斷，它只是就經驗所呈現出來的部分做描述，並沒有下本質判斷。但是只要回到上述的死亡認知，就會發現這樣的認知其實超出經驗的範疇，進

入了本質的領域，才會說死亡代表一切的結束，死後即什麼都沒有了。

　　如果上述的反省是正確的，那麼對於死亡的認知我們必須另尋他途。從過去的經驗來看，宗教對死亡是另外一種看法。雖然我們無法用經驗去證明，卻也無法用經驗去否證，既然都不能證明或否證，那麼只要可能，我們原則上都可以納入考慮。在此，我們以基督教為例說明。對基督教而言，死後不是生命一切的結束，而是永恆生命的開始。因此如何把這一生過好極為重要，如果這一生沒有過好，也就是信仰信得不夠虔誠，那麼死後的永恆生命必然會有問題，無法進入永恆的賞報，即天國或天堂，而只能進入永罰的地獄（尉遲淦，2017，頁99-100）。

　　那麼這樣的宗教認知可以成全上述生命是可貴的想法嗎？從死後擁有生命來看，由於生命不只有現世，它還有死後的未來，因此它的意義不會止於現世。在生命延伸到未來的情況下，我們怎麼知道哪一種生命是有意義的、哪一種生命是沒有意義的呢？在此，現世的生命是否有意義其實是要看未來死後的生命是賞報還是懲罰？如果是賞報，那麼這樣的生命必然是值得的、可貴的。如果是懲罰，那麼這樣的生命即不值得也不可貴。可見人的生命是否值得、可貴，端視此人這一生是怎麼過的、是如何虔誠的信仰？

　　不僅如此，基督教提供更深入的思考。對基督教而言，生命並非如同科學所說是自然演化而來，而是天主或上帝創造的結果。那麼天主或上帝是如何創造生命的？對祂而言，祂創造人的生命和一般的生命不一樣。在創造一般的生命時，祂就像創造萬物一樣；在創造人的生命時，祂特別強調人是祂的肖像。就是這一點，使得人有別於其他萬物，擁有獨特的神聖性、珍貴性。基於這樣的神聖性和珍貴性，我們才能肯定人的生命是值得的、可貴的（尉遲淦，2017，頁96）。

　　經由這樣的探討與反省，我們即能清楚生命教育探討的課題不只是生命，也探討死亡。只是在探討死亡時，過去都太強調死亡代表的是生命一切的結束這一面，忽略了這樣的強調會讓生命陷入虛無之中，以至於人活

著的時候怎麼過都可以，造成生命本身只是一種無根的浮萍的想法。如果我們希望強調生命是值得的、可貴的，那麼就不能從這樣的死亡認知著手，而必須轉從宗教的認知著手，只有宗教的認知才有可能肯定生命的價值。

伍、殯葬的納入與省思

　　當我們把死亡納入生命教育當中時，這樣的納入不只是把死亡納入，同時也把殯葬納入。何以言此？這是因為死亡只是一個觀念、一個事實，人在面對死亡時不只把死亡看成是一個觀念、一個事實，還把死亡看成是一個需要處理的問題。話雖如此，但對於所謂的需要處理的問題到底要如何理解才對，對此我們可以有不同的解答。

　　對人類而言，最初在面對死亡時和動物並沒有兩樣，人和動物一樣都把死亡看成是一個事實加以接受。可是當人類理智開始運作以後，對死亡的看法就和動物有所不同。對人類而言，死亡不只是一個事實，它還是一個問題，如果人沒有去解決這樣的問題，那麼就會活得不安。因為這樣的問題不只會困擾人本身，還會為人帶來死亡，為了避免死亡降臨自己身上，所以人非得解決這樣的問題不可。由此，人類開始有了殯葬。

　　既然殯葬是處理死亡的作為，那麼這樣的作為到了今天有了什麼樣的面貌？本來，過去都把死後生命看成是一種真實，所以在處理死亡時就會把死後生命的想法帶進來。可是到了現代，受到科學的影響，認為人死後無知，既然無知，也沒有必要去處理死後生命的問題。如果真要處理，只要處理死後的遺體也就足夠了，如此一來，現代的殯葬處理也就成為亡者遺體的處理。

　　照理來講，人死即化為虛無，既然是虛無，那麼所剩下來的遺體等同是無用之物，亦即是所謂的廢棄物（郭國賢，2020，頁 39）。對於廢棄物，我們一般的處理方式就是丟棄。可是人的遺體不一樣，不能單純丟棄，如果單純丟棄，由於它是有機物，必然會為環境帶來汙染，影響人們的身

體健康。因此站在遺體處理的角度而言，我們不能把亡者的遺體單純看成廢棄物，而要看成是會影響環境衛生的有機物。不過這樣的說法只是遺體處理的一個角度，它還有另外一個角度。對我們而言，這個角度就是親人的角度。

那麼親人的角度和上述的角度有何不同？就親人的角度而言，亡者的遺體絕不是單純的廢棄物，而是可以讓我們撫慰傷痛的存在。對我們而言，親人和我們相處一輩子，或多或少總是會有一些感情。現在，這樣的親密關係隨著死亡的來臨而終止，對我們而言，這樣的終止是會帶來感情的傷痛。為了讓我們的傷痛不要太過傷痛，瞻仰遺容也就成為我們療傷止痛的一個方法，於是在西方遺體處理就成為殯葬處理的一種重點（尉遲淦，2017，頁 69-70）。

雖然如此，我們不要誤以為人死後還會有什麼？實際上，這樣的處理純粹是為了生者的需要，與亡者無關。既然無關，那麼亡者的遺體就變成撫慰生者傷痛的工具，它本身並沒有任何的意義。因此當我們在瞻仰遺容時好像是生者在向亡者道別，其實剛好相反，是生者在向自己的感情道別，表示自己與親人的感情隨著死亡的來臨而終止，從此一切只能成為回憶。

問題是，這樣的殯葬處理和生命教育到底有何關聯？是摧毀生命教育還是成全生命教育？過去，我們只是不知而行的加以接受，並沒有經過進一步的反省和批判；現在，當是反省與批判之時了。因為如果這樣的殯葬處理可以成全生命教育，那麼把這樣的殯葬處理納入生命教育才有意義，否則沒有納入還沒事，一經納入反而破壞了生命教育，使生命教育失去原先肯定生命價值的意義。

那麼這樣的殯葬處理是成全生命教育還是破壞生命教育？從這樣的殯葬處理把遺體視為是沒用的存在或工具來看，它是違反生命教育肯定生命價值意義的看法。因為一個存在之所以有意義，不在於它對其他人有用，更在於它自身就有價值。根據上述的看法，一個人有價值是因為他活著，一旦他死了，那麼他就失去自身的存在價值。如此一來，把亡者看成是沒

有用的遺體或療傷止痛的工具，都是在破壞亡者的存在價值。換言之，這樣的殯葬認知不單不能成全生命教育，還會破壞生命教育。

果真如此，我們要如何理解殯葬才能成全生命教育呢？對此，我們以儒家處理為例說明。對儒家而言，親人的遺體不只是沒有用的遺體或可以療傷止痛的工具，而是我們的親人生命所在。所以在殯葬處理時，我們處理的不是遺體，而是我們和親人的關係。當我們把親人的遺體處理好之際，也就是我們和親人因死亡所中斷的關係得以回復的時刻。這時，我們和親人的現世人間家人感情就可以化為天上永恆的家人感情（尉遲淦，2020，頁9-10）。

當我們這樣理解殯葬時，不僅肯定了我們的親人在世時的生命價值，也肯定了我們的親人在死後的生命價值，表示親人的生命不單是值得的，也是可貴的。同樣地，對我們而言，我們一樣可以在這樣的殯葬處理中發現自己的生命價值，表示生命的價值不只具有現世的意義，還可以具有永恆的意義，關鍵就在於這樣的感情能否超越現世進入永恆。

陸、結　語

經過上述的探討，我們知道殯葬不只是一般所謂的殯葬。如果殯葬只是一般所謂的殯葬，那麼這樣的殯葬和生命教育也就完全沒有關係。縱使我們不去討論它，嚴格來說，對生命教育也不會產生什麼負面的影響。因此當我們在討論殯葬時即不能只停留在一般的認知上，而要深入地反省這樣的認知。

那麼我們要如何反省這樣的認知呢？最直接的方式就是從生命教育所由來的問題著手。就我們所知，生命教育的誕生是為了解決一個女高中資優生因不倫之戀與自殺所帶來的問題。對當時的省教育廳而言，這樣的不倫之戀與自殺事件表示過去的道德教育是失敗的，為了不再失敗，也為了真的解決女高中資優生所帶來的不倫之戀與自殺問題，因此而提出了生命

教育作為因應的策略。

顧名思義，所謂的生命教育就是教育生命，表示生命如果沒有經過教育，那麼生命將難以形成正確的認知，也很難出現正確的行為。為了讓學生擁有正確的生命認知與行為，我們需要透過生命教育來教導他們。經由這樣的教導，那麼他們不只會體會到生命是值得的和可貴的，也會知道不倫之戀與自殺是錯誤的，不值得效法。

不過生命教育不只討論生命，也要討論死亡。因為生命是否值得、是否可貴，重點不只在生命本身，也在我們對於死亡的認知上。如果我們把死亡看成是生命一切的結束，那麼這樣的生命就很難圓滿說明它本身的價值。如果我們希望能夠圓滿說明它本身的價值，那麼就不能從科學的認知著手，而要轉從宗教的角度。只有在承認死後還有，人的生命才不會化為虛無，而可以在延伸當中找到它的存在價值。

同樣地，在殯葬處理上亦同。當我們將殯葬理解成現有的殯葬認知，那麼在親人的遺體變成無用之物或療傷止痛的工具時，親人的存在價值就消失了，因為親人不再具有自身的價值。如果親人要保有他自身的價值，那麼他就不能只是無用之物或工具，而只能是他自己。為了達成這個目的，我們在殯葬處理時就要把親情關係作為是處理的重點和內涵，由之恢復因死亡所中斷的親情關係。如此一來，生命教育才能在殯葬的成全下徹頭徹尾地肯定生命的存在價值。

參考文獻

何福田（主編）（2006）。**生命教育**。臺北市：心理。

尉遲淦（2017）。**殯葬生死觀**。新北市：揚智。

尉遲淦（2020）。傳統禮俗角度下的生死圓滿。載於**第十六屆現代生死學理論建構學術研討會會議手冊**。嘉義縣：教育部生命教育中心主辦，南華大學生死學系（所）、南華大學生命禮儀研究中心承辦。

尉遲淦、邱達能、張孟桃（2020）。**生命教育研習手冊**。新北市：揚智。

郭國賢（編撰）（2020）。**道教太乙淨土東方長樂世界與臨終助禱**。高雄市：九陽
　　道善堂。

作者介紹

　　邱達能，1960 年生，2010 年畢業於華梵大學東方人文思想研究所博士班。

　　目前為仁德醫護管理專科學校生命關懷事業科副教授兼科主任。自 2009 年起，即參與仁德醫護管理專科學校生命教育相關課程的推動與實施，2010 年獲得教育部建立特色典範計畫補助建構完成生命禮儀中心與地區生命教育中心，2014 年兼任學務處主任進一步將生命教育融入本校學生事務活動，近年來以該科所建構的死亡體驗活動與國內外各學術、社福、宗教等團體多有交流。

41 關於生命文化教育興起與實踐的報告

孫樹仁

中國殯葬協會秘書長

北京社會管理職業學院生命文化學院教授兼榮譽院長

引 言

在新世紀的第二個十年裡，隨著生活條件不斷改善，生活品質不斷提升，人們不只關注現實生活的品質，而更關注生命全過程的品質；不只關注一代人的生命品質，還在關注整個族類生命生生不息，代際傳承的品質。由此，生命教育、生死學等學科在學術界日益成為顯學。十餘年來，服務於生命死亡的殯葬業界，在殯葬教育教學中發起了生命文化教育，並在殯葬業界逐漸得到了認可與推廣。承蒙臺灣學者紀潔芳教授指導，撰寫本報告以感恩對生命教育支持與幫助的各位學者和業界先進，並請不吝賜教，以推動殯葬業界視角的生命文化教育不斷完善與進步發展。

壹、生命文化教育的內涵與教學

一、生命文化的內涵

（一）生命文化概念

站在服務生命死亡的殯葬的視角，所謂生命文化就是「在吸收中國優

秀傳統文化和世界其他優秀生命理念的基礎上，透過生命的死亡，研究生命存在、生命死亡與生命傳承不同生命階段，研究生命的物緣生命、親緣生命、社緣生命、靈緣生命四維度生命，人性、理性與超越性上認知生命，促進服務生命死亡的殯葬事業健康發展，服務人類生命實現生命價值和創造生活意義的學問」（鄒文開、趙紅崗、孫樹仁、陳洪濤，2014）。

殯葬重要的功能就是社會教化。曾子曰：「慎終追遠，民德歸厚矣」，可見中華優秀文化賦予了殯葬一個重要的功能，就是透過殯葬事業達到以文化人的目的。「化」字，具有五重含義：一是「教行也」（思履主編，2014，頁225）；二是「變化；使變化」（中國社會科學院語言研究所詞典編輯室編，2005，頁587）；三是「過」（薛培武，2013）；四是「化生長育」（聞一多，1956，頁211）；五是「化，猶死也」（鮑延毅，2007，頁142）。以上五重含義，寓意著「化」字是透過由生到死的變化過程，使人得到教化。基於以上理解，殯葬業界概念為生命文化教育，而不是生命教育。殯葬行業透過生命文化教育，以服務生命死亡，啟迪生命智慧，教化人們「尊重生命，止於至善」。

（二）生命文化的基本結構

生命文化的基本結構，可以概括為「一體兩面、三段三善、四維度生命、六個層面的服務」，具體蘊含著以下幾個生命文化觀點。一是「生命一體觀」，是指人類的生命是天地人一體的生命。透過「生命一體觀」，使得學生理解服務生命死亡的殯葬事業，是服務「天地人以及其天地人之間所有生命的事業。二是「生命兩面觀」，是指人類生命具有自然屬性與社會屬性兩各層次，同時又具有生與死的兩端和善與惡的兩個方面。透過對「生命兩面觀」的教學，使得學生理解殯葬事業即服務生命的自然屬性，又服務生命的社會屬性；即服務生命死亡，也服務生命的生存；透過對生命死亡的服務即要揚生命之善，又要抑生命之惡。三是「生命三段三善觀」，是指人類生命在生命存在階段裡生命的善生，生命死亡階段裡生命

的善終，生命傳承階段裡生命的善傳。四是「四維度生命觀」，是指生命分為物緣生命、親緣生命、社緣生命、靈緣生命等四個維度。其中物緣生命是指人類生命的生物性生命；親緣生命是指因為血緣（包括非血緣關係）關係，結成血緣與親情的生命；社緣生命是指生命融入社會，在社會活動中的社會關係的生命；靈緣生命是指生命的精神性生命。五是「六個層面的服務」，即服務生命的「生、終、殯、葬、祭、傳」，就是指生命文化視角的殯葬事業，要服務生命的善生、善終、出殯、安葬、祭祀、生命文化傳承等六個方面。

二、殯葬專業教學中創建生命文化教育體系

（一）創建生命文化教育的殯葬專業課程體系

1. 創建生命文化教育課程體系

在整合以殯葬文化為理論基礎的殯葬專業課程體系的基礎上，筆者帶領北京社會管理職業學院殯儀系教師，以生命文化、人文殯葬為基礎理論，提出了「優死、哀美、人文」等生命文化殯葬專業基本教育教學理念，開設了「中華優秀文化經典精粹」、「西方生命哲學經典精粹」、「生死學」、「生命文化概論」、「生命優死」、「殯葬哀美」、「臨終關懷」、「悲傷輔導」、「死亡教育」，以及「生死契約」等課程。創建了以生命文化為理論基礎的殯葬專業課程體系。

2. 生命文化教育課程的主要教學內容

十餘年來，「生命文化」課程的主要教學內容，分為以下四個單元。第一單元：生命文化基礎理論部分，主要是介紹和講授中華優秀傳統文化、國外優秀生命文化思想代表性的人物與相關生命文化的經典論述，以及生死學、殯葬學等基礎理論。使得學生把握生命文化是對中國優秀傳統文化的傳承與創新，教導學生學習和研究生命文化需要向孔孟老莊等優秀傳統

文化汲取養分。同時，教導學生生命文化是一個開放的知識體系，學習和研究生命文化還要向西方先哲優秀文化吸取養分。第二單元：生命文化元理論部分，主要是透過講授生命家園與生命屬性。生命家園旨在讓學生從唯物論和自然辯證法的視角，認知生命從哪裡來，人類生命與天地，與其他生命結成共同體及其生命共同體的關係。感悟人類生命如何能在日月星三光下與天地合為三傑。生命屬性旨在讓學生知道生命是什麼，人類生命與其他生命相同和不同之處，人類生命與不同於其他生命的社會屬性和靈性生命。感悟生命可貴，人類生命更珍貴，珍貴的是所特有的血脈親情的生生不息，齊家治國平天下的生命擔當，以及生命精神與信仰的生命文化。第三單元：生命文化的基本結構部分，講述生命文化對人類生命「一體兩面、三段三善、四維度生命」的認知。感悟生命如何善生，即物緣生命的健康快樂、親緣生命的親情齊家、社緣生命的實現治國平天下的抱負、靈緣生命的達觀通透。感悟生命如何善終，即物緣生命的無痛而終、親緣生命相伴溫情而終、社緣生命的無憾而終、靈緣生命的坦然而終。第四單元：生命文化理念的應用部分，主要是指將生命文化理念，運用到生命的「生、終、殯、葬、祭、傳」全過程中，使得生命達到善生、善終、善傳，優死哀美，止於至善。理解透過生命文化教育，提升殯葬事業的社會美譽。

3. 形成了「三業三夢四有四會生命導師制」生命文化教育的教學模式

在生命文化課程體系教學實踐中，形成了「三業三夢四有四會生命導師制」，是依據北京社會管理職業學院高職高專三年學制而設計的。所謂「三業」是指「始業—專業—就業」，始業就是大學一年級開始用生命文化理念引領學生進入殯葬業界，專業就是大學二年級透過核心專業技術技能課程的學習，成為具有生命文化理念的現代殯葬專業人，就業就是在大學三年級裡透過現代學徒制，讓學生向業界師傅拜師做學徒，透過一年學徒制走向就業職場。所謂「三夢」就是「築夢—追夢—圓夢」，築夢就是大學一年級裡，與學生一起構建在殯葬行業發展的夢想與藍圖。追夢就是

在大學二年級裡，透過指導學生學習專業知識與技能去追逐自己將來在殯葬事業的夢想。圓夢就是在大學三年級幫助學生找到適合自己在殯葬事業裡發展的工作領域。所謂「四有」就是要求教師要做「有理想信念、有道德情操、有紮實知識、有仁愛之心」的四有好教師。所謂「四會」就是所培養的學生「會做人、會生活、會學習、會做事」。所謂「生命導師制」就是透過在校學生與學校老師建立一對一的師生關係，他們之間的師生關係是終身的，不只是負責在學校三年指導學生的「始業—專業—就業」與「築夢—追夢—圓夢」，還負責指導學生畢業後適應工作環境，在就業職場上獲得成長。

（二）生命文化教育課程體系教學成果的價值

1. 促進了殯葬專業教育從殯葬文化階段進入到了生命文化新階段

殯葬專業教育創建以來，就是以殯葬文化為基礎理論，以從業「殮、殯、葬、祭」技術技能為基本教學內容的殯葬教育。獲得國家級教學成果的《創建生命文化課程體系，提升殯葬專業人才培養質量》，對原殯葬專業教學課程進行了全面改造，注入了「優死、哀美、人文」等生命文化理念，代表著中國大陸殯葬教育進入到生命文化教育的新階段。

2. 促進了殯葬價值觀的轉變，提升了殯葬專業人才培養素質

殯葬專業教育最根本的問題是專業價值觀教育問題。長期以來多數畢業生從業殯葬基本上是「物本」層面的價值取向，即是為了一份「穩定且收入不菲」的工作。透過生命文化殯葬專業價值觀教學，學生從對生命「知情意」中領悟生命的本真，從對生命「身心靈」中覺悟生命的價值和意義，形成殯葬事業是族類生死和諧，進而推動社會可持續發展和不斷文明的事業的人本價值觀。在生命文化價值觀下從教的教師，不是在為了個人道德行為層面上的「做功德」，而是致力於生命的善始善終與社會的和諧而從教殯葬。從業殯葬的學生不再單單是為了「穩定且收入不菲」的工作，還

在於對殯葬事業強烈使命感的內心驅動。這一成果在全國殯葬專業推廣應用，促進了中國大陸殯葬專業教育的科學發展，提升了殯葬專業人才培養素質。培養出了以獲得民政部最高獎——孺子牛獎的辛沙沙為代表的一批優秀生命文化素質的專業人才。

3. 生命文化教育課程體系及其教學模式的創新成果，獲得國家級教學成果獎

2014 年在教育部組織的國家級教學成果獎評審中，生命文化課程體系因提出生命文化理論，解決了傳統殯葬教育十七年來缺失生命文化的問題；提出生命文化專業價值觀，解決了殯葬專業價值觀教育的問題；職業論建構的人才培養模式，解決了對傳統殯葬專業的深度整合改造問題；生命文化課程，解決了非殯葬專業素質教育中缺失死亡教育的問題，為此，這一生命文化教學成果，獲得國家級教學成果一等獎（教育部，2014）。

貳、生命文化教育興起的文化環境與理論支撐

一、臺灣生命教育對生命文化教育的積極影響

臺灣對生命教育的研究成果可謂碩果纍纍，對生命文化教育產生了積極的影響。其中，直接作用於生命文化教育創建的主要學者與研究成果有：一是傅偉勳（2006）的《死亡的尊嚴與生命的尊嚴》一書，最早成為殯葬專業教師的教學參考書和學生的課外讀物，啟發著殯葬教育向生命文化教育的轉變。二是鈕則誠教授將自己編著的《殯葬生命教育》等十餘冊教材送給了北京社會管理職業學院殯儀系，豐富了殯葬專業生命教育的內涵。鈕則誠（2007）「把殯葬教育當作生命教育的一環來推廣：無論有關殯葬的專業或通識教育，都看成生命教育」的教導，鼓舞著我們堅持不懈地在殯葬業界創建與發展生命文化教育。

2011 年 7 月鈕則誠教授、尉遲淦教授、王士峰教授等臺灣殯葬教育專家來到北京，與北京社會管理職業學院殯儀系聯合舉辦了「生命文化與生命事業發展研討會」。會議上針對殯葬領域開展生命文化教育路徑、模式，以及如何在殯葬業界推廣與實踐，做了較為深入的研討。這次研討會，對創建生命文化教育具有奠基性的意義。

在創建生命文化教育的過程中，不少臺灣學者來學院或北京講學，如：2012 年邱達能先生做「臺灣殯葬與生命教育」講學，2014 年王淑媛博士做「悲傷心理輔導」講學，同年，釋慧能先生做「生命意義的探索與安頓」講學，並贈《生命是一種連續函數》（釋慧開，2014）一書予筆者，2018 年紀潔芳教授也受邀來學院講學。這些講學和著作都給予生命文化教育的興起與發展，莫大的鼓勵和理論的支持。

二、生命文化教育形成的文化背景與理論支撐

（一）生命教育的興起為生命文化教育提供了文化背景

2004 至 2007 年，遼寧、上海、湖南、湖北等省市就開始啟動了生命教育，剛剛起步的生命教育由於當時缺少生死學理論的相關知識素養，主要是對學生自然生命的安全保護教育。汶川地震等自然災害的頻發，使得教育界開始思考，如何對人們實施生命、生存、生活教育，這就催生了 2008 年 2 月雲南省開始實施以生命教育、生存教育、生活教育為內容的「三生」教育。

在「三生」教育的基礎上，已故鄭曉江教授開始宣導「生命教育」，何仁富教授在浙江傳媒學院開展了身心靈全人生命教育的探索。生命教育受到社會各界的積極參與，也得到了政府的高度關注，生命教育寫進了《國家中長期教育改革和發展規劃綱要》（2010～2020 年）之中。

（二）生死學研究為生命文化教育提供理論支撐

1. 生死學研究的興起

在生命教育不斷興起的同時，「生死學」也相伴而生。2000 年，廣州大學胡宜安教授開設了國內第一門生死學課程。2009年，胡宜安編著了《現代生死學導論》，成為高等學校第一本生死學的教材。2016 年 11 月 12 日「第一屆中國當代死亡問題研討會暨華人死亡研究所籌建倡議會議」，在北京清華大學人文學院召開。本次研討會由北京清華大學哲學系博士後雷愛民博士和鄭州大學哲學系副教授張永超博士發起（張永超，2020，頁350）。以本次研討會為始端，開啟了有組織的生死學研究。至 2020 年已經連年舉辦了五次生死學研討會。生死學日益成為一門備受關注的顯學。

2. 生死學研究為生命文化教育提供了理論支撐

2019 年 10 月在上海師範大學召開的「第四屆中國當代生死學研討會」上，確定了「生死學學科構建與生命文化教育師資培養」的主題，讓生命文化成為生死學研究的重要議題。廣州大學胡宜安教授表示：「中國當代生死學的發展尚處在起步階段，客觀上都有待我們從兩個路向上做進一步提升與普及。一是學科路向：將生死相關議題納入到生死學學科體系研究，以建構體系化的知識框架，此為學理提升。二是文化路向將生死問題拓展到生命文化層面，以推動大眾化的生命實踐，此為文化涵育」（胡宜安，2020，頁 1）。就這樣，中國大陸的生死學研究為殯葬業界的生命文化研究提供了寶貴的理論支援，同時也鼓舞著中國大陸殯葬業界積極踐行著生命文化。

參、生命文化教育的興起與推廣

一、生命文化教育的準備、形成與傳播

（一）生命文化教育的準備

　　民政部責成原民政部濟南民政學校負責論證和申辦殯葬專業。1993 年孫樹仁發表了「論殯儀技術與管理專業必要性」（孫樹仁，1993，頁 32）一文，得到了教育部、民政部的關注。1995 年，教育部、民政部批准原民政部濟南民政學校，開辦「現代殯儀技術與管理專業」。「中國殯葬報」以「我國殯葬管理專業教育實現零的突破」（鮑元，1995）為題做了報導。隨後長沙民政學校、重慶民政學校以及地方的民政學校來到濟南學習殯葬專業教學，緊隨其後的長沙等學校也陸續開設了殯葬專業。透過舉辦殯葬專業教學，殯葬業界漸漸認識到，殯葬是透過服務死亡而服務整個生命，殯葬事業不只是使得死亡的生命逝有所安，更在於使鮮活的生命向陽而活。這些思考就為生命文化教育的出現，做了重要的鋪墊與準備。

（二）生命文化教育的形成

　　進入新世紀的第二個十年裡，中國大陸的殯葬教育進入到高等職業技術教育層面。培養高素質的殯葬行業人才的關鍵，就在於培養學生對殯葬事業的熱愛之心，對生命的敬畏之情。在創建生命文化教育的初期，已故鄭曉江教授、北京大學王一方教授、浙江傳媒大學何仁富教授、人民大學韓星教授、陸曉婭教授、陸麗娜教授、路桂軍教授、雷愛民博士，都曾先後到學院或者在中國殯葬協會年會上講學，很大程度上提升了殯葬業界對生命尊嚴的認識，推動了殯葬業界生命文化教育活動的開展。

　　筆者於 2011 年發表了「生命文化與優死」（孫樹仁，2011）一文，初步提出殯葬視角的「生命文化」與「優死」的概念。殯葬專業教育中開始

增設了「優死」教學內容，邁出了生命文化教育的第一步。同年筆者發表了「哀美與殯葬哀美初探」（孫樹仁，2011）一文，在「優死」教育的基礎上，又增加了「殯葬哀美」的教育，旨在為生命死亡後，得到殯葬業界「哀美」的服務，「哀美」的安頓，使得生命「止於至善」。2012 年筆者發表了「論人文殯葬」（孫樹仁，2012）一文，旨在為生命文化教育穩固理論根基。此外筆者「生命哀美教育的探討：現代殯葬生命教育的視角」（孫樹仁，2013）一文，獲得民政部組織的第四屆清明論壇二等獎。以上生命文化的研究與生命文化教育的實踐，形成了「創建生命文化課程體系，提升殯葬專業人才培養質量」的教育教學成果，在 2014 年，獲得了國家級教育教學成果一等獎。2015 年，民政部批准北京社會管理職業學院殯儀系更名為「生命文化學院」（包穎，2015），代表著生命文化教育的誕生。在生命文化學院成立之初，筆者作為首屆生命文化學院院長，提出了「道可道非常道，道生命文化之真篤初誠美尊重生命；術可術專攻術，術生命事業之好仁慈隱惻止於至善」的院訓，簡而言之就是「尊重生命，止於至善」。生命文化學院這一院訓，廣州大學胡宜安教授撰文稱：**「生命文化本質屬性就是尊重生命，止於至善」**（胡宜安，2020）

（三）生命文化教育的傳播

為了在殯葬行業界應用和推廣生命文化，北京社會管理職業學院每年在殯儀系成立紀念日的 12 月 3 日舉辦生命文化節。生命文化節旨在透過生命文化學術講堂，不斷吸收學界、業界、國內外優秀生命文化要素，豐富發展生命文化教育理論，推廣生命文化教育理念，促進殯葬業界實踐生命文化教育。截止 2020 年 12 曰 3 日，已經連年舉辦了十屆生命文化節。生命文化節已成為殯葬業界研究、傳播與實踐生命文化教育的重要平臺。

二、生命文化教育在殯葬業界的應用與推廣

（一）政府出臺策和制定標準以實施生命文化教育

1. 政府出臺政策宣導生命文化教育

　　2016 年 2 月 19 日，民政部、國家發展改革委等九部委聯合頒布實施的《關於推行節地生態安葬的指導意見》中要求：「充分依託現有殯葬設施資源，建設一批生命文化教育基地，打造優秀殯葬文化傳承平臺。」這是政府第一次以政策的形式，在殯葬業界宣導「生命文化教育」。2018 年 1 月 10 日，民政部、中央文明辦等十六家部委，聯合頒布的《關於進一步推動殯葬改革，促進殯葬事業發展的指導意見》中，又一次強調要「充分依託殯葬服務紀念設施，建設生命文化教育基地」。這一檔聯合了中央文明辦、文化部等部委，就使得殯葬領域宣導的生命文化教育，已經成為文化部所宣導的一種文化現象。這些政策的推行實施，鼓舞了生命文化教育者的熱情，也推動了殯葬業界觀念更新和在生命文化教育上的積極行動。

2. 制定殯葬行業標準以推廣生命文化教育

　　由民政部主管的全國殯葬標準化技術委員會，積極協助生命文化教育理念的推廣與實踐。2018 年全國殯葬標準化技術委員會，向民政部申報立項殯葬行業標準《殯葬服務機構生命文化教育指南》。該標準由鄭曉江教授生前的生命教育試驗田眉山殯儀館與北京社會管理職業學院生命文化學院聯合研製，將在 2021 年實施。該標準給出了殯葬服務機構研究、宣傳、教育、傳授生命文化知識，使人們透過在殯葬服務場所的自我感官（聽覺、視覺等）與體驗，得到生命教育，並透過殯葬活動的感受來體悟生命的價值和生命的意義。通常殯儀場所圍繞生、終、殯等活動，安葬場所圍繞葬、祭、傳等活動開展生命文化教育。可以預期，該殯葬行業標準實施後，將會有助於生命文化教育在殯葬服務機構的推廣與發展。

（二）生命文化教育理念在殯葬業界的積極回應與上海實踐

1. 生命文化教育理念在殯葬業界的積極回應

　　隨著 2015 年殯儀系更名為生命文化學院，以及連年舉辦的生命文化節，特別是 2016 年，政府推行政策宣導生命文化教育，得到了殯葬業界的積極回應。殯葬界著名殯葬專家朱金龍先生就發聲予以肯定，他講到：「我希望透過生命文化的深入研討，推動我國殯葬文明的進程。認真地實行符合國情和人民文化認同的殯葬改革，使殯葬行業獲得更多的理解和尊重」（朱金龍，2020，頁 135）。孫樹仁也在「中國社會報」上撰文「培養具有生命文化理念的殯葬人才」（孫樹仁，2015）。2016 年，日本葬送協會會長長江曜子和日籍華裔安健星先生到北京社會管理職業學院生命文化學院訪問，看到中國大陸殯葬教育開展的是生命文化教育，給予高度評價，他們回到日本成立了東京生命文化學院。生命文化教育的理念得到了殯葬業界正面的回應。

2. 上海殯葬業界取得了實施生命文化教育的寶貴經驗

　　在踐行生命文化教育的活動中，上海一馬當先，積極投入到生命文化研究與生命文化教育的實踐中來。上海殯葬將生命文化教育貫穿於殯葬服務中心的殯葬服務業務之中，貫穿於殯葬文化中心的殯葬文化研究之中，貫穿於殯葬創新中心的殯葬業務與技術的創新之中。

　　上海各殯葬服務單位，高度重視生命文化研究與生命文化教育的實踐。在生命文化研究上，楊曉勇博士的「關於生命文化與殯葬業發展研究」（楊曉勇，2019，頁 117）一文獲得第七屆清明論壇二等獎，對殯葬業界產生了積極的影響。在生命文化教育的研究與實踐上，更是碩果纍纍，主要有〈開展生命文化教育的上海經驗：以上海市殯葬服務中心為例〉（餘忠明，2019）、〈上海殯葬行業生命文化教育實踐與思考〉（魯虹，2020）、〈殯葬行業開展生命文化教育的三重維度〉（錢天才，2019）、〈殯儀館

生命文化教育基地建設進行時〉（林鳳，2020）、〈立足行業實際，搭建殯葬業生命文化教育框架：以「愛・龍華」生命文化教育基地為例〉（張麗芬，2019）、〈讓「逝如秋葉」成就「生如夏花」：殯儀館生命文化教育立體化構建的實踐與探索〉（魏超，2020）、〈殯儀館生命文化教育的「三個融入」新模式：上海市寶興殯儀館生命文化教育概述〉（李軍，2020）、〈墓園裡的生命文化教育課：上海濱海古園開展生命文化教育工作初探〉（李忠玉，2020）。這些成果彰顯了上海殯葬踐行生命文化教育的系統性和生命文化教育。上海殯葬實現了由以傳統殯葬文化為基礎的殯葬事業，向以生命文化為基礎的生命服務事業的質的跨越。

　　隨著上海殯葬業界生命文化教育的全面推展，生命文化教育必將星星之火，可以燎原於整個殯葬業界。我們可以預期，當著生命文化教育理念成為殯葬行業共識，殯葬服務機構儼然成為生命文化教育聖殿，殯葬事業將再也不會陰冷可怕，而是以生命文化教育的溫情與智慧受到人們的敬仰。

參考文獻

中國社會科學院語言研究所詞典編輯室（編）（2005）。**現代漢語詞典**（第五版）。

包穎（2015）。全程記錄殯葬教育史上的一件大事：全國首家生命文化學院掛牌成立了。**中國社會報**。

朱金龍（2020）。**生命文化與殯葬制度安排**。上海市：上海三聯出版社。

李忠玉（2020）。**墓園裡的生命文化教育課：上海濱海古園開展生命文化教育工作初探**。載於**中國當代生死學研究**（頁218）。上海市：上海三聯出版社。

李軍（2020）。**殯儀館生命文化教育的「三個融入」新模式：上海市寶興殯儀館生命文化教育概述**。載於**中國當代生死學研究**（頁212）。上海市：上海三聯出版社。

餘忠明（2019）。**開展生命文化教育的上海經驗：以上海市殯葬服務中心為例**。載

於中國當代生死學研究（頁 161）。上海市：上海三聯出版社。

林鳳（2020）。殯儀館生命文化教育基地建設進行時。載於中國當代生死學研究
　　（頁 183）。上海市：上海三聯出版社。

胡宜安（2020）。學科建構與生命文化教育：中國當代生死學發展的兩個基本路
　　向。載於中國當代生死學研究（頁 4）上海市：上海三聯出版社。

思履（主編）（2014）。說文解字（原作者：許慎）。北京市：北京聯合出版公
　　司。

孫樹仁（1993）。論殯儀技術與管理專業必要性。民政論壇，6，32。

孫樹仁（2011）。生命文化與優死。載於 2011 年生命教育學術研討會論文集（頁
　　447）。臺北市：臺北教育大學。

孫樹仁（2011）。哀美與殯葬哀美初探。前沿，24，178。

孫樹仁（2012）。論人文殯葬。載於清明論壇優秀論文集（頁 131）。北京市：中
　　國社會出版社。

孫樹仁（2013）。生命哀美教育的探討：現代殯葬生命教育的視角。載於清明論壇
　　優秀論文集（頁 137）。北京市：中國社會出版社。

孫樹仁（2015）。培養具有生命文化理念的殯葬人才。中國社會報。

張永超（2020）。「第一屆中國當代死亡問題研討會」會議綜述。載於中國當代生
　　死學研究（頁 350）。上海市：上海三聯出版社。

張麗芬（2019）。立足行業實際，搭建殯葬業生命文化教育框架：以「愛·龍華」
　　生命文化教育基地為例。載於中國當代生死學研究（頁 391）。上海市：上海
　　三聯出版社。

傅偉勳（2006）。死亡的尊嚴與生命的尊嚴。北京市：北京大學出版社。

鈕則誠（2007）。殯葬生命教育。臺北市：揚智文化。

鄒文開、趙紅崗、孫樹仁、陳洪濤（2014）。人才培養拓新徑，殯葬教改結碩果：
　　北京社會管理職業學院榮獲國家級教學成果一等獎。中國民政，10，30。

楊曉勇（2019）。關於生命文化與殯葬事業發展研究。載於李建華（主編），第七
　　屆清明論壇優秀論文集（上下卷）（頁 117）。北京市：中國社會出版社。

聞一多（1956）。神話與詩。上海市：上海古籍出版社。

魯虹（2020）。上海殯葬行業生命文化教育實踐與思考。載於中國當代生死學研究
　　（頁 169）。上海市：上海三聯出版社。

薛培武（2013）。**試說甲骨文中「化」字為「過」的初文**。取自 http://m.bsm.org.cn

錢天才（2019）。**殯葬行業開展生命文化教育的三重維度**。載於**中國當代生死學研究**（頁 177）。上海市：上海三聯出版社。

鮑元（1995）。我國殯葬管理專業教育實現零的突破：國家民政部濟南民政學校殯葬管理專業近日開學。**中國殯葬報**。

鮑延毅（2007）。**死雅**。北京市：中國大百科全書出版社。

魏超（2020）。**讓「逝如秋葉」成就「生如夏花」：殯儀館生命文化教育立體化構建的實踐與探索**。載於**中國當代生死學研究**（頁 204）。上海市：上海三聯出版社。

釋慧開（2014）。**生命是一種連續函數**。新北市：香海文化。

作者介紹

孫樹仁，1957 年出生，男，教授，現任中國殯葬協會秘書長、北京社會管理職業學院生命文化學院教授兼榮譽院長。

特約稿

42 大學生命教育的教與學：
慧開法師專訪

訪談者：關婉玲

福智佛教學院籌備處教育組副組長

　　來到南華大學學慧樓二樓，看到許多袈裟飄逸的法師，時而聽到英語、日語等多國外籍生的話語在耳畔響起，頓時感受到人文學院、宗教學研究所、生死學系、文學系、哲學與生命教育系——這個師生齊聚的大殿堂充滿了國際交融與人文薈萃的氛圍。在此，慧開法師笑容可掬地接受專訪，分享其多年任教生死學研究所，帶領研究生學會如何學習的歷程，字字珠璣，都是教學經驗的精華，值得大學生命教育教師的參考。

> ## 大疑大悟，小疑小悟，現代學生最需要的是學會問問題

　　慧開法師以其多年在大學任教的經驗指出：現在學生最大的問題在於急著要去找答案，但是不會問問題。一般大眾當然是希望直接有一個答案，這樣會比較安心。但實際上，答案是基於很多前提，而那些前提不見得完全是正確的，甚至有一些是錯誤的，這需要我們勇於去探索。禪宗講：大疑大悟，小疑小悟，不疑不悟。沒有疑點，就不會開悟！

特別是研究生，一定要有創造性，探索未知的學問

慧開法師在之前跟研究生上課時，常常用中央研究院王汎森院士的文章和李遠哲院士的講稿。一般來說，研究生跟大學部學生學習的差異在於：大學生是學已知的學問，作為研究生則是要去探索未知的學問，要有一些創造性，要走出可能前人沒有走過的路。這個有點像是一個登山者剛開始學時，都是走人家走過的路，到了某一個程度後，就要去探險，走一條別人沒有走過的路。

生老病死的問題還有很多需要去開拓的部分

面對生老病死，我們現在還有很多需要開拓的部分。我們現在做悲傷輔導、自殺防治、臨終關懷，其實還有很多我們不知道的，例如：關於死後生命的問題，科學雖無法證明死後一定有生命，但科學也無法證明死後一定沒有生命。又如：死亡到底是什麼狀態？死亡會痛苦嗎？會陰暗恐怖嗎？……，過去從我們父母長輩，或是文化傳統背景給我們的一些死亡認知，其實都是有盲點的。

自然死是現代醫學值得研究的新課題

二十多年來，慧開法師應邀到各個醫院演講，大概將全臺灣各大醫院都跑遍了，也請教過醫師和一些院長：為什麼死亡證書上的死亡原因不能寫「自然死」？人為什麼有病才能死？沒病為什麼不能死？死亡不是疾病，花開花謝，花不是因為生病才要謝，葉子也不是因為生病了才要落，健康的葉子一樣會落下來。慧開法師認為，現在醫學最大的問題就是沒有人研究自然死啊！佛教認為死亡是時間到了，就往生，從一個生命延續發展過

程來講，能夠自然地謝幕，在一個很安詳的狀態下，展開另外的旅程，這是好事。探討生命的未來，這是一個非關宗教迷信問題，而是生命本質的問題。

一個人是可以意識很清楚地銜接到下一生

一個人如果希望對下一生有一個很好的銜接，最好就是不要衰竭，當然這算是一個比較大膽的一個理論，這是可以證明的，可以做質性研究，其實有很多研究，而且這些研究往往都不是宗教徒做的。美國有一位名叫詹姆斯的小男孩，他有前世記憶，2 歲時就常做惡夢，夢到他前世是在美國開戰鬥機的軍人，之後在太平洋戰爭出任務時飛機被日軍炮火擊中，他不是在衰竭情況下，也不是在昏迷情況下死掉，而是在意識很清楚的情況下陣亡，這就是一個例子。

許多安寧照顧經驗與醫學研究支持我們放棄成見，重新思考生命的自然機制

其實醫學已經有研究，臨終的人是不需要吃東西的，可是這個觀念並沒有普及。2018 年，有一個洛杉磯的師姊，她同修是美國人，走的時候年紀很大了，96 歲，他在往生前大概六天左右開始不吃不喝。當時，剛好他們有一個居家護理的美國護士來幫忙照顧，給了她一本 *Gone from My Sight* 的小冊子，上面寫道：臨終的人是不需要吃東西的，吃東西反而是對他們不好，他不需要這個世界的養分跟能量。那時候他會冷，也不要給他蓋很厚的被子，會很重……。這是一個美國專門從事臨終關懷安寧照顧的資深護士，就她的臨床經驗加上醫學研究而寫的小冊子。我的母親臨終前 43 天主動拒絕進食，就靠打點滴維持生命，並且請醫生和護士協助，如其所願地在這段期間陸陸續續將胃腸裡的廢物排泄得乾乾淨淨，身心清

爽地在兒孫的佛號聲中含笑正念、捨報往生，能夠幫助母親順利往生是我最大的安慰[1]。慧開法師認為，我們應該要放棄原來的成見，要重新去思考生命的自然機制。

生死課題必須由學生去探索，師生共同探討、互相學習

慧開法師以畢生的教學及研究心得，為生死學釐定出以下五個發展課題與方向：第一、生死哲學與生死文化課題；第二、生死關懷課題；第三、生死教育課題；第四、生死公共政策、法規及制度課題；第五、生死服務事業課題，這些在其著作的《生命是一種連續函數》一書中有很精闢的論述。雖然如此，法師仍認為每個學生的研究方向，必須是他們自己去想、去探索，大學教師引導學生只能提供一些原則。

在大學教生命教育的老師應該具備哪些素養？慧開法師謙虛地說：這個很難有一個標準，我提供粗淺的看法，孔子講的「三人行，必有我師焉」，韓愈也說「聞道有先後，術業有專攻。弟子不必不如師，師不必賢於弟子」。其實，我們不是要教給學生什麼東西，而是師生共同探討。每個人其實都有生命的歷程與經驗可以互相學習。

培養學生獨立思考是大學老師的挑戰，一定要會在生活經驗裡發掘問題

慧開法師繼續娓娓道來：教學對我而言，一點也不構成困擾，只是覺

1　研究發現，一旦飲食停止，身體會進入輕度脫水狀態，大腦就會釋放出內生性止痛物質，阿片類物質的內啡肽，不僅可以減輕痛苦，還會刺激獎賞系統多巴胺神經元釋放多巴胺，因而不但不會感覺到痛苦，反而有可能產生欣快感。這也是很多人對有些人「帶著安詳的微笑」死亡百思不得其解的道理（原文網址：https://kknews.cc/health/eylkyrz.html）。

得要費很多心思，要有耐心、要慢慢地引導學生，方能突破傳統教育從小學開始就是背多分、講光抄，缺乏人文方面獨立思考的訓練。學生最常就是拿一個題目來問：「老師，我寫這個好不好？」沒有講一個來龍去脈，為什麼要寫這個東西，動機和靈感從哪來？到底要探討什麼問題？都沒有交待。這一點對我來講是一個考驗，怎樣幫助學生學會找到問題點，我認為這個是比較需要去挑戰的。

如何能找到一個問題，這個問題可以去探究，學生需要努力，教師也需要努力。慧開法師強調，一定要在生活經驗裡面、周遭環境裡面去發掘問題，怎麼思考、怎麼去找答案。慧開法師語氣堅定地說：我覺得這個非常重要。

訪談者簡介

關婉玲，高雄師範大學成人教育研究所博士，論文題目為〈以 Pratt 教學觀點探究大學教師生命教育課程的教學實踐〉，為教育部「生命教育學習網」建置團隊軟體部分負責人。現任福智佛教學院籌備處教育組副組長。

生命教育的教學相長：生命意義的自我探索與啟發之旅[1]

釋慧開

南華大學宗教研究所／生死學系講座教授

壹、前　言

　　很多人都感到非常好奇與疑惑，當年以第一志願考入臺灣大學數學系就讀的我，為什麼後來要出家為僧呢？又是什麼特殊的因緣會從事「生死學」、「生命教育」與「臨終關懷」的研究、教學與服務？認為這背後一定有特別的「故事」。其實，每一個人都有他自己的生命故事，所以我的故事也不特別稀奇。不過，如今早已年過一甲子而邁向七十，確實是有不少生命故事可以講了。

　　現在回顧自己的大半生，都是與教育及教學有不解之緣，而且幾乎都是圍繞著生命與生死的課題，然而奇妙且弔詭的是，這些生命歷程其實都不是我最初的人生構想與生涯規劃，而是在種種人生際遇與因緣變化的過程當中，不期然而然地開展出來。現在回想起來，彷彿有一種不可思議的

1　主編按：在生命教育課程中，生命的自我探索、生命故事、生命敘事等都是很重要的教學單元。在此感謝慧開法師講述他在生命教育碩博士班教學中如何引領學生做研究，並分享他的生命故事。令人感動的是，在生命中遇到困頓、挫折、山窮水盡時，也正是生命轉折突破時，如能把持正見、提升心力，則又是海闊天空。

因緣，引導或者驅使我去思維及探索生命的課題與生死的玄機，也確實讓我在這一路走來的過程當中，尋尋覓覓地找到得以安身立命之處。

現代社會的職場上有一句俗諺：「計畫趕不上變化，變化不及長官的一通電話！」這也是「人生無常」的最佳寫照。這麼說來，那不是人生就都不用規劃了嗎？當然不是！《中庸》云：「凡事豫則立，不豫則廢。」凡事預先規劃還是有其必要性，然而人生的各種變數太多，不可能一成不變地完全按照有限的計畫走，而必須不斷地有所應變與調整，這也是人生的奧秘之所在。此外，「人生無常」並不必然就是負面消極的意涵，也包含有正面積極的意義，表示事物可能變壞，但也可能變好。因此，如何在人生種種變化的過程當中，在探索「生命」的課題乃至「生死」的玄機之同時，讓事物朝向變好的方向發展，就成了我們不得不面對與思維的功課，以下就是我回顧自己生命與生死探索之旅的一點心得分享。

貳、童年與少年時期的生活經驗與自我探索

1954 年，我出生在臺中市，父親是軍人，母親是家庭主婦，小時候在臺中市東區的眷村裡面長大。當時，雖然物質條件很差，但簡簡單單的生活克服了時代的匱乏，倒使得精神上非常愉快。

一、一場白喉，成了耳不聰、目不明的人

在臺中的生活及學習很自然，沒什麼壓力，讀書沒有壓力，生活也簡單沒有壓力，非常自在愉快。從讀幼稚園開始，我就喜歡畫畫，課餘還參加畫畫班。後來，學校要籌組交響樂團，從全校 3,000 多名學生中挑了 4 位音感特別好的同學作為種子團員，我是其中之一，由校內音樂老師免費指導我們拉小提琴。但是上了四年級之後，因為父親調職到陸軍總部，舉家搬到臺北，也就中斷了小提琴的學習。

這件事說起來頗為弔詭，其實我是在「耳不聰、目不明」的情況下成

長，但是在幼年時自己從未意識到聽力有問題，更未察覺到問題的嚴重性。我在 1 歲多的時候得了「白喉」，這是一種急性呼吸道傳染病，就像當今的 SARS 和新冠病毒疫情爆發時一樣的嚴重，左鄰右舍都避之唯恐不及。幸而剛好有新藥（治療白喉的抗生素）問世，才得以撿回一條小命。然而當時的醫療不發達，又因為是新藥，醫師用藥的劑量無前例可循，我就成了第一批服藥的「白老鼠」，不幸聽覺傳導神經燒壞了，致使我在病癒後聽力嚴重受損，對於高頻率的聲音沒有反應，當然也就聽不到許多尖銳吵雜的聲音，這大概是唯一的好處。

　　早年的生活環境非常單純，物質條件也很匱乏，沒有電話、電視、音響之類的電子產品，所以也就沒有機會察覺聽力異常，當時完全不知道自己的兩耳聽不到高頻率的聲音；所幸中低頻率的聲音在近距離還是可以聽得清楚，所以日常家居生活以及在學校的學習並沒有太大的問題及障礙。一直到 1966 年上了初中以後才察覺異常，但仍然不明瞭問題之所在。

　　到了 45 歲以後，先後到慈濟和臺大醫院徹底檢查聽力，經過耳鼻喉科醫師與聽力師的診斷，才真正了解到問題之所在與其嚴重性。兩家醫院最後的檢查結果與結論一致，總平均聽力近 70 分貝，屬於極重度聽障。一般人正常的聽力可以聽到 20,000 赫茲（Hz），我的兩耳最多只能聽到 1,200 赫茲，之後的頻率就完全沒有反應，從具體的數字就可以了解我聽力受損的嚴重性。

二、國小升學補習，促發思考生命的意義

　　小學四年級時，因為父親調職到陸軍總部而舉家搬到臺北，生活瀰漫著不一樣的氣氛，在升學壓力吹襲下，學校的教學方式與氛圍也大異其趣。在臺中成功國小的教育是五育並重的，學習也非常自然、愉快，在校園裡也從未聽過「補習」二字。但是，到了臺北就籠罩在補習的壓力之下，即使自己覺得沒必要補習，但整個大環境就是如此。

　　國小六年級時，要升學的同學都參加了補習，我當然也不能例外。每

天放學後先回家吃晚飯，然後就匆匆趕回學校補習。記得有一天傍晚背著沉重的書包去學校補習時，一邊走路、一邊思考生命的意義到底何在？當時年幼，也思索不出個所以然，是一種無解的生命獨白。但我一直堅信補習無助於真正的學習，所以後來考高中及考大學都沒有補習。

三、值得慶幸的初中生活，享受正常教學，確定未來的求學方向

國小畢業後，考上省立板橋中學（1966年初中部，是初中制的倒數第二屆，1968年實施九年國教，廢除初中升學考試），有一個值得慶幸的初中生活。因為學校已經面臨改制，二年後將專辦高中、停招初中部，對於初中部頗有點放牛吃草的意味，但是有個好處，教學完全正常，沒有以升學為導向的偏頗，該上的課都上，除了國文、英文、數學、理化之外，公民、美術、音樂、體育、工藝、童軍等課程，通通都按照課表正常教學，當然也就沒有惡性補習的事情。

記得某天有位同學帶了一支梆笛來班上表演，我們覺得好聽又好玩，大夥兒也就一起去買笛子來練習，可是沒多久同學們大都放棄了，只有我一直保持這個興趣，直到二十年前因工作太忙才沒時間練習。

從小學四年級開始，我就對數學產生極大的興趣，初二時就已經確定將來學習的方向為數理科學。當時有個今日出版社，出了許多有關地球科學、古今天文的書籍，引起我高度的興致，我讀了從古希臘以來及至西歐數學家、物理學家與天文學家的宇宙觀思想，傳達一個重要的觀念，認為整個宇宙就是數學的結構，因此欲了解宇宙的奧秘，就要先掌握數學的語言，所以數學對我而言，充滿著解讀宇宙奧秘的美感，有著非常強烈的吸引力。

在板中求學期間，還培養出另外一個生活樂趣——逛舊書攤，尋幽訪勝，對古今中外書籍展開涉獵，上至天文，下至地理，中通文哲歷史。

參、面對生死情境的生命思考

一、面對死亡的思考

回溯我對於死亡最早的印象是在 4 歲的時候，遭逢外曾祖母去世，當時整個喪禮是在臺中太平鄉間的農村裡辦理，母親帶著我去參加。我還記得在出殯的前一天晚上，道士在打穀場上誦經、作法，我很好奇想去看個究竟，母親卻堅持不讓我看，怕我晚上睡覺會作惡夢；事實上母親並不了解，當時我的好奇心遠甚過恐懼感。第二天早上，在起靈出殯前，看見平日堅強的外公伏在棺木上號啕痛哭，至今仍然印象非常深刻。

小學六年級時，班上好友的父親突然壯年過世，第二天我們去他家裡探望，全家人都在那兒哭泣。另外，在初中畢業時，有一件印象極為深刻的事件，一位小學六年級的同班同學，他在參加完初中畢業典禮的當天到新店碧潭游泳，不幸溺斃，之後葬在通往中和圓通寺的路旁公墓邊上；只要去圓通寺，每次路過總會看見刻著他名字的墓碑，心中充滿不勝唏噓之感。

在高中三年級之前，我的人生基本上非常平實一般，從高三開始到上了大學之後才起了波瀾變化。在考上大學以前，我對於宗教也沒有任何實質的接觸，家裡僅有供奉祖先，父母親也沒有任何特定的宗教信仰，即便父親對基督教比較有興趣，亦只是單純認為可以有機會跟外國傳教士學習英文而已；母親則偶爾會去拜拜，或者和左鄰右舍的婆婆媽媽們一起去參加廟會，祈求神明保平安之類的活動。

直到高三上學期，父親因為去視察部隊演習，不幸跌斷了左大腿骨而住進三軍總醫院，從此徹底改變了全家人的生活情境，也促使我對於生死問題有了全面且深刻的思維，有別於一般的看法。

二、父親的生命際遇啟發我的生死探索與思維

父親從南部調職北上後，在陸軍總部情報署擔任參謀官，期間曾調派到金門兩年，擔任兩棲部隊的情報作戰訓練參謀官，因為居住在太武山下的隧道窯洞中歷時兩年，一向健康的身體出現異常——左腿經常痠痛；任滿調回臺灣後，也因公務繁忙而疏忽沒有去看診。一直拖到某次大型軍事演習的前一天，在視察場地結束之後，不幸跌斷左大腿骨，被送到臺北三軍總醫院，沒想到在醫院裡整整臥床五年有餘，從此改變了他的後半生，也改變了我的一生。

從高三上學期時父親住院，到我考上大學從成功嶺暑訓回來已經一年了，情況沒有改善，反而更加不樂觀——白血球升高，醫生束手無策，檢查不出原因。當時，有一位大鵬國劇學校畢業生蔣桂琴小姐罹患骨癌，左腿因而截肢，為了籌募母校校友會基金及防癌基金，扶病裝著義肢登臺，飾演「紅樓二尤」的尤二姐，轟動臺灣社會，後來癌細胞又轉移蔓延至肺部，不幸於 1972 年底往生。父親的病況與蔣桂琴相當類似，所以就被當成類似骨癌病患來看待，但醫師不敢冒然建議截肢。

在住院期間，父親前後動過四次大手術，然後釘鋼板、打石膏等，後來發現身體有嚴重排斥現象，只好把石膏拆掉，再動手術取出鋼板，重新固定。左大腿經過幾番折磨，形同廢掉，根本無法動彈。剛住進醫院時，父親體重 70 公斤，到後來只剩 38 公斤，左腿骨和髖骨之間的手術傷口長出一顆巨型腫瘤，後來長到像人頭一般大，病情就這樣一直拖著。情況最糟糕的時候，白天昏昏沉沉、意識不清，晚上則徹夜夢見大陸的親人、朋友來找他，那時他感覺自己似乎來日無多，快撐不下去了。有一天早上我去看他時，他很清楚地交代我，家譜中取名字的輩分字排、祖父母和曾祖父母的名諱、江西零都老家的地址等事項，似乎是一種訣別的預言。我的心情愈加鬱抑，肩頭擔子更是無比沉重。

三、力勸父親截肢，挽回一命

父親住院住到心情很鬱悶，有好幾次靠在窗旁想要跳下樓結束生命。同時，在三總住得實在太久了，因而得到一個綽號——「副院長」。我們全家人在三軍總醫院度過了四個舊曆新年，這中間三總有個規定——不管病好了沒有，住滿一年就必須轉出去，然後再申請轉進來。1975 年 7 月初最後一次轉院，和一位士官長一同來到臺大農場旁邊的八二九醫院，其中有幢「博愛大樓」，住著全是「治也治不好、一時也死不了」的老兵病患，有眼睛瞎的、手腳截肢的等等，不一而足。父親剛好被分配到這幢病房，想到院方將自己歸類到這些沒有治癒希望的病患大樓，心情非常惡劣，一時脾氣發作，拒絕進住。我只好安慰他暫時忍耐個幾天，並且力勸他乾脆下定決心把腿鋸掉。

第二天早上，父親告訴我隔壁病房的士官長當晚就走了，他的妻子哭了一整夜。我聽了心中非常難過，父親心裡也很鬱卒，彼此情緒都落到谷底。後來，我請他靜下心來誦念佛經，他只對《金剛經》契合，往後每天早上起床就誦念《金剛經》，從此持誦不輟。

1975 年 9 月初申請回到三軍總醫院接受截肢手術，動手術當天從早上六點開始到下午二點，足足進行了八個小時，總共輸血了 11,500cc，等於全身整整換了二次血。父親原本身高 165 公分，手術前被病魔折騰四年多的體重僅剩 38 公斤，整個人有如皮包骨的模樣跟非洲難民差不多，而鋸掉的左腿和腫瘤重達 18 公斤，所以手術後的體重只剩下 20 公斤。但是手術情況非常順利，其中很不尋常的是，之前每一次開刀後均持續幾天高燒至攝氏 40 度上下，而這次鋸掉整條左腿的大手術，竟然體溫都控制在 39 度以下，父親覺得這是誦讀《金剛經》的不可思議之處。更令人欣喜的是，動完手術大約一個多月後就回到八二九醫院休養，再隔兩個月就回家準備過農曆年了。

四、看盡人生無常，陷入思考人生意義的長河

我的整個大學生活就在醫院和學校之間穿梭奔波而度過，每一、兩天就要去一趟醫院，陪伴照顧父親，而有不少在醫院裡的見聞令我感觸很深。父親自從黃埔軍校畢業之後，只回過江西雩都老家省親一次，而後就從北平、青島到了臺灣。當年初中、高中、軍校時期的同學，大都失聯了將近二、三十年以上，但竟然三不五時地在醫院裡不期而遇；多年音訊全無，卻在醫院裡意外相逢，如此造化弄人，豈是幾許人生無奈的字句所能刻劃！如此情境也透露出人們最忌諱的醫院已然成為人生的歸宿之一——不管曾經是多麼英勇的戰士、威武的將軍……。

父親鋸腿手術後，我留在醫院過夜以照顧他，有一天半夜我上洗手間時，經過加護病房看見求助的紅燈在閃，有一位病患輾轉反側難眠，而護理站的護士們卻毫無反應（不知她們是否已經習以為常），隔天我看了這位病患的簡歷，過往的事蹟與今日之身不由己有天壤之別，內心油然升起一種淒涼的感嘆。再看看其他病患的簡歷，有一位醫院院長，趕著去救人卻離奇的在半路上發生車禍，而被送到醫院來；還有許多想像不到的情況，都在醫院中發生，耳聞目睹這許許多多的人生無常，令我陷入思考人生意義的長河。

肆、峰迴路轉的生命機緣與教學生涯

一、解脫門開誰肯入，浮生夢覺自知歸

大二時，在父親病況非常危急嚴重之際，我覺得人的生命至此似乎沒有一個出路，也找不到任何解答，世間所學的東西全都派不上任何用處，就算讀破萬卷書，信著亦全無是處，面對的仍是一個莫可奈何的生死情境。於是我決心一定要探索到一個答案，而有了出世求道的念頭產生，不是為

了逃避，而是為了求解，並且將此想法透露予母親，當時她的反應非常激烈，之後我就把這個念頭放在心裡，從此不再提了。

1975 年春假期間，一位學長要準備考預官，邀我一起到臺北縣山佳吉祥寺讀書，我也正想清靜下來看幾本書。到了吉祥寺，首先映入眼簾的是山門兩旁的楹聯：「解脫門開誰肯入，浮生夢覺自知歸」，十四字一一滑落心田，說也奇怪，來到這兒竟有一種回家的感覺。我在吉祥寺掛單了約十天左右，按照寺裡的鐘板作息，每天參加早晚課誦，和寺裡的法師們一起用齋，幫忙打掃環境，其餘時間就在寮房裡讀我的書，一直到先總統蔣公逝世那一天才向住持師父告辭下山。從此以後，「解脫門開誰肯入，浮生夢覺自知歸」就不斷地在腦海中浮現。

二、放棄留學印度的機會，展開教學生涯

大三時，哲學系葉阿月教授首度開設為期兩年的梵文課程，我基於對印度哲學與佛教思想的高度研究興趣而選修。一開始有三、四十人上課，第一年結束時只剩下 3 人，第二年就只有我一個學生——有始有終地上完兩年的梵文課。葉阿月教授鼓勵我去日本留學，但是日本生活費太高，不是軍眷子弟所能負擔，於是葉老師又建議及推薦我去印度普納大學（University of Poona）留學。所以大學畢業後，我一方面準備考哲研所，另一方面也申請到印度留學。

1977 年，在佛光山開山十週年的時候，星雲大師開辦普門中學。普門中學的前身是位於岡山的正氣中學，原先是蔣經國先生在江西南部貢水邊的虎崗辦的學校，1963 年在高雄縣岡山鎮設址復校，後來學校無力續辦，商之於星雲大師，就將正氣中學接辦下來，遷到佛光山，更名為「普門中學」，取意「觀世音菩薩普度眾生之門」。

1977 年 7 月，正當普門中學開始招生的時候，一邊加緊興建校舍，一邊先行借用大慈育幼院的教室，不巧遇到百年罕見的超級強烈颱風賽洛瑪來襲。普門中學就在風雨中開辦，可說是「接受於風雨之際，承辦於倉促

之間」。校舍的問題雖然暫時解決了，師資的問題卻一時還沒有著落定案，特別是數學老師一直不穩定，從 9 月開學不到兩個月的時間，就一連換了 4 位。

當年 10 月下旬，我接到臺大晨曦學社曾斐卿學長的一通電話，說明星雲大師剛開辦普門中學，正面臨數學老師懸缺的問題，問我有沒有意願前往任教。一開始，我沒有立即答應，因為根本不在我的人生規劃之內；但是一轉念又想，佛教辦學遇到困難，身為皈依三寶的佛弟子，怎麼能夠袖手旁觀而不護持呢？於是跟學長說，我需要先到學校看一下，了解實際狀況，然後再做決定，此外我也需要徵得父母親的同意。講完電話後，我向母親報告這件事，果不出所料，她堅決反對，擔心我因此走上出家之路。我就安慰她說：「佛教要辦學校是一件好事，現在師資上有一些困難，我能夠幫忙卻不幫忙，實在說不過去，我先去了解一下情況再說，而且只是去當老師，與出家無關。」她也只好勉強同意。

10 月底，我到佛光山和星雲大師面談，他才想起我曾經擔任過臺大晨曦學社社長，並且在 1974 年暑假帶領 30 多位晨曦學社同學來山上辦夏令營，而且皈依三寶，大師還特別為我們上課，講授《般若心經》。

星雲大師就對我說，要研究佛學和梵文並不一定要去印度，而此時佛教興學辦教育亟需人才，這對於佛教的未來發展和現代化是有非常重大的意義。在和大師一席話之後，我就決定到普中任教，而放棄了去印度留學的機會，而於 11 月初赴學校報到，學校開學才兩個月，我已經是第五位數學老師。

三、安定學生的承諾：我留下來陪你們

到普中上課的第一天，我剛走上講臺還沒有開始講話，就有學生猛然舉手發問：「請問老師！你什麼時候要走？」可見在頻頻更換老師之後，學生們已經「軍心動搖」了。為了穩定學生焦慮不安的心情，我拍著胸脯說：「老師不走了，留下來陪你們！」這一陪就陪了整整十年，對於普中

的穩定及後續的發展，有很大的作用，所以當時大師就用諸葛亮〈出師表〉中的兩句話「受任於敗軍之際，奉命於危難之間」來勉勵我。

當時放眼望去，天主教、基督新教都辦了許多不錯的學校，從幼稚園、小學、中學到大學，相較之下，佛教在這方面所做的貢獻相對弱了許多，屈指可數的有：泰北中學、慈航中學、智光商工、慈明商工、能仁家商、東山中學等。因此，有機會為佛教在中等教育這方面盡點心力，有一種義不容辭的使命感。

剛到普中時，草創階段一切維艱，基於相同的教育理念，老師們同心協力，校務逐步上了軌道，學生不斷增加，師生之間互動良好，也達到當初星雲大師建校的理念——以觀世音菩薩普度眾生的慈悲精神來啟發引導學生，使孩子的人格氣質不斷進步增上。

然而，在普中三年之後，我開始面臨一個人生的抉擇：「要繼續教下去呢？還是要轉換跑道？」這當中包括有父母給我的壓力，以及臺大數學系同班同學們給我的意見。每一年父母親都要問我：「什麼時候要離開？」在校園裡也有學生關心我的未來發展，記得有一年國三學生即將畢業，我在課堂上勉勵、叮嚀他們時，突然有位同學問說：「老師，你不走啊？你還要留在這裡啊！」我回問他：「那麼你要我去哪裡？」他說：「我們覺得你留在這裡，大材小用耶！」我聽到這句話感觸良多，一方面感謝他們的關心，另一方面也感慨他們小小年紀，也懂得人情世故。我就對著全班同學說：「教育也需要人才，雖然我未必是一流人才，但如果老師都覺得當老師是大材小用，教書沒有出息，那麼教出來的學生怎麼會有出息呢？當老師的角色，就像是努力扎根培育幼苗的園丁，而讓同學們學業有成，到社會上開花結果。」

四、峰迴路轉的教學機緣：一棵樹、一片葉的啟發

不過，真正讓我徹底轉變的是與二弟開憲的一場對話，我們兄弟感情深厚，無話不談。二弟臺大研究所畢業後服預備軍官役，在鳳山步兵學校

受訓，有一天假日到佛光山來找我，兄弟倆從閒話家常聊到未來人生的規劃，聊著、聊著，他問了我一句話：「大哥，你甘不甘願一輩子當個老師？」我聽了直覺地說：「內心深處的感覺是還不甘願！」但話講出來之後，心中旋即思維：「我為什麼不甘願？」那時候教學已經三年多了，自覺在教學上頗有心得與收穫，與同事們和學生都相處融洽，互動良好，其實是滿適合教學的工作與環境，所以內心是有一種深刻的矛盾與衝突。

在人生的歷程中，機緣非常玄妙，也非常重要，禪門古德曾說：「從門入者非寶，從『緣』悟入，永無退失。」教學的機緣隨著與二弟的對話而峰迴路轉，臺大園藝系出身的二弟說著說著，就講了兩個植物生理學的小故事。

第一個故事：一棵樹（以喬木而言）種下去後，成長之後如果樹冠（樹蔭）的範圍有方圓 10 公尺寬廣，前題是它的樹根必須在土地裡匍匐生長這麼寬廣；樹高若有 10 公尺高，前題是它的樹根要向下扎 10 公尺深；所以，要移植一棵大樹的工程是相當浩大的。這個大樹的故事給我一個很深刻的啟示：我到底要做根部的角色，還是要做樹冠或枝葉的角色？引申到教育領域，總是需要有人心甘情願地做最基礎的扎根工作，才會促成我們的子弟能夠枝葉茂盛、果實豐碩。

第二個故事：根據植物學的研究，常綠樹木的一片樹葉，其平均壽命是四年，四年到了之後，樹葉的內部會分泌一種酵素，將自身的養分分解，然後輸送回樹枝及樹幹，這片樹葉才會翩然而落。這個大自然的奧秘與生命機制，讓我不禁反思：連一片樹葉的生命都是在鞠躬盡瘁之後，方終而歸落塵土，如此無私地回饋，我到底在冀求什麼？

二弟在無意間講了這兩個小故事，卻帶給我極大的震撼與啟發，對我往後的人生產生巨大而深遠的影響。我開始深切地反思：「我為何不甘願當個老師？」這其中有主觀與客觀因素存在：主觀的因素是自己最初就沒有想過要當老師；客觀因素是，大多數人對於當老師並沒有很明確或者優越的社會角色定位，遠不如醫師、工程師、建築師、律師等。回憶在建中

高二下學期時，有一天教化學的女老師（師大化學系畢業）在課程進度結束後，利用剩下幾分鐘的課堂時間給我們一些勉勵的話，其中說道：「你們將來考大學填志願的時候，記得都不要填師大喔！男兒志在四方，當老師的人生發展有限。」老師的這番話當然是好意，為我們著想，全班後來只有一位同學考入師大，因為其家境清寒的緣故。這也印證了多數人對於當老師的刻板印象，也大都不會將老師這一行業作為第一志願，在主、客觀及社會因素的互相激盪下，形成女生當老師很適合，男生當老師沒什麼發展的成見。而我自己也不知不覺地陷入這樣的窠臼當中，在與二弟的一席話後，才有了逆向思考——我要重新省思老師的角色。經過一番滌心濾塵，我決定要好好當一位老師，扮演一個扎根工作的角色，讓我的學生未來到社會上去開花結果。

伍、後續生命航程：美國留學、南華任教、生死學與生命教育

就如同普中的教學生涯原本不在我的人生規劃之中，卻因緣際會而在生命中開展，赴美留學更是不在我的預想之中，卻也是奇妙的因緣而開展出後續的另一階段人生航程。

一、世界顯密佛學會議促成赴美留學因緣

1986 年，星雲大師接受蒙藏委員會委員長董樹藩先生在其癌症末期於臨終病榻之託付，接辦了「世界顯密佛學會議」，從海外邀請藏傳佛教四大教派與四大法王，以及歐、美、日、韓等國的學者來佛光山，探討顯密交流的佛學課題。大師請游祥洲博士擔任會議總召集人，統籌規劃調度指揮，游博士找我擔任會議組召集人。佛光山動員了全山的人力、物力籌辦這次會議，終於順利圓滿地完成。

非常感謝這次會議的諸般因緣，讓我有機會認識許多國際學者，包括

傅偉勳、成中英、鄭學禮、霍韜晦、恰波（David W. Chappell）、卡魯帕哈那（David Kalupahana）等人。在會議結束後的參訪行程當中，游祥洲教授與好幾位學者都對我說：將來星雲大師一定會辦大學，你應該出國進修博士學位，將來才好幫助大師辦大學。之後，我向師父報告這些學者們的建議，師父聽了之後，欣然同意我出國進修。

因為佛光山承辦這個會議，而促成我到美國賓州費城天普大學（Temple University）攻讀博士學位的機緣，而於 1987 年 8 月，遠赴費城，進入天普大學宗教研究所博士班，請傅偉勳教授擔任指導教授，展開另一階段在異鄉求學的生涯。在美國的那段時間，除了修課、讀書、寫論文之外，因為出家人的身分，也同時做了不少弘法度眾的工作，包括中英語的佛學講座、禪淨共修、臨終關懷、往生助念、告別奠禮、佛化婚禮等。除此之外，也利用課餘時間幫助佛光山開闢常住在美東的道場，紐約道場與紐約鹿野苑（Deerpark）就是這樣的因緣而設立開啟的。

二、南華大學因緣：生死學的教學、研究與著述

1996 年秋，我在傅偉勳教授的指導下獲得博士學位。當時，在費城和紐約有很多人都希望我能夠繼續留在美國，他們認為我能夠用英語弘法又非常了解美國，應該留在美國。但是我說當初我來美國進修的目的，就是要在臺灣幫星雲大師實現辦大學的理想，所以不可能留在美國，一定要回臺灣幫師父辦教育、辦好大學。

南華管理學院（南華大學的前身）在 1996 年 9 月開校啟教，我剛好趕上。不過，師父先任命我擔任叢林學院院長，同時也在南華哲學研究所兼課。也就是在這一年的 10 月 15 日，現代生死學的實際開創者傅偉勳教授，因為手術後的感染引起併發症，不幸在美國加州聖地牙哥醫院病逝。我得知噩耗後，立即趕赴聖地牙哥，為恩師主持告別奠禮，然後護送遺體至墓園火化場，在佛號聲中按下火化電鈕，送別朝夕相處九年的恩師。

一年之後（1997 年 8 月），南華的生死學研究所成立，我經由正式的

聘任程序，進入南華任教。我在南華大學生死學系及研究所任教多年，又擔任過生死學系系主任、所長和人文學院院長，對於現代生死學的教學與研究，有深入的思維與探索。在整個系所全體老師的共同努力下，南華大學「生死學系」享譽各界，也帶動了臺灣社會破除生死禁忌、探討生死課題的風潮，讓「現代生死學」蔚為臺灣當代的顯學。

南華大學生死學系博士班在 2019 年奉教育部核准設立，於 2020 學年度開始招生。這不僅是南華大學及生死學系的喜訊，也是臺灣高等教育的重大里程碑。希望經由生死學系博士班的成立，讓現代生死學的教學、研究與社會實踐，以及整個臺灣社會的生命教育與生死關懷，根扎得更深，樹長得更高，枝葉更茂盛，果實更豐碩，影響更深遠。

除了教學與研究之外，我應《人間福報》的邀請，從 2011 年 4 月開始在「生命書寫」版開闢了「生死自在」專欄。我盡量將大眾都避諱的各項生死問題，以深入淺出、平易近人的方式來談論，而且盡量融合佛法的義理與現代的數理科學、東西方哲學、心理學等內涵，並且結合「人間佛教」的理念，持續將生死學的哲理與生死關懷的理論和實務介紹給一般社會大眾。2014 年，我將已經刊出的一百五十餘篇系列文章集結成書，題名為《生命是一種連續函數》。

在《生命是一種連續函數》一書出版以後，仍然筆耕不斷，持續在「生死自在」專欄撰文，探討現代社會中有關生死大事的各方面課題，諸如臨終關懷的心路歷程、喪葬禮俗的基本認知、生死輪迴的現代探索與解讀、解讀「生、老、病、死」的自然機制與奧秘、大家來關心《病人自主權利法》、從佛教觀點談「器官移植」與「器官捐贈」、關於「器官移植」與「器官捐贈」的觀念釐清、末期絕症要不要治療、「安樂死」的迷思與解套之方、您所不知道的「安樂死」真相、從生死關懷觀點對臺灣死刑存廢問題的反思、一期生命自然謝幕的歷程、「植物人」困境的佛法解套之方、兒童的生死探索與自覺以及其象徵性的語言等，都是現代社會所關心的重大議題，累積了將近五十萬言，再次集結成書，分為上、中、下三冊，題

名為《生命的永續經營》。

在過去這十年當中，我遭逢了生命中的重大變故——母親於 2012 年 11 月往生，享壽 85 歲；父親於 2014 年 8 月往生，享壽 90 歲。喪親的親身經歷對於我在生死課題的探索及生死關懷的實踐上，有了更深一層的體會與領悟。如今回憶雙親都能夠年享高壽，也都是預知時至，在我的堅持下，沒有遭受現代醫療的不當干預，身上沒有插入任何一根管子。在我帶領弟弟、弟妹、姪兒、姪女們的陪伴與照顧下，雙親都是在意識清楚的情況下，正念現前、含笑安詳地捨報往生。我們四兄弟心中雖然難過與不捨，但是內心覺得十分安慰，因為父母親都沒有遭受現代醫療的不當干預及摧殘，這一生圓滿地謝幕，所以我們兄弟覺得沒有遺憾。這也是我幾十年來探索生死課題、推廣臨終關懷及靈性照顧的最大回報。

三、從普中到南華的生命教育：以生命力帶動生命力

回顧於普門中學任教期間，我在教學上的另一個重大啟發與收穫，是來自張毅超副校長（1928-2014，任期為 1980～1983 年）也就是後來的慧天法師（於 1983 年出家受戒）。他曾經對我說：「教師對於自己所任教的課程專業，要有一種發自內心的熱情與感動，這樣才能啟發帶動學生學習的熱情與動力，如果老師自身對自己所教學的專業都沒有熱忱，只是冷漠地照本宣科，學生怎麼會有學習的興趣呢？」這一番話給我極大的啟發，對於我的教學起了翻轉的作用，也促發我後來在南華大學提出「以生命力帶動生命力」的生命教育核心理念，來推動卓越教學與生命教育。

「以生命力帶動生命力」的具體內涵為：「教師以其生命力貫注於教育歷程與教學活動之中，啟發並帶動學生亦以其生命力融入己身的成長歷程與學習活動之中。」我們期許南華大學培養出來的學生，於己能夠安身立命，成為社會安定的基石；於人能夠關懷世界，並且具備專業能力及熱忱以服務大眾，成為社會的中流砥柱。

身為教師，有關「生命」與「生死」的課題，我們究竟能夠教給學生

什麼東西？又應該如何來教？嚴格地說，在「生命」與「生死」的領域裡，我們實際能夠教給學生的東西其實是很有限的，但我們可以引導及啟發學生主動探索的熱情與能力，一旦學生具備了自我主動探索的熱情與能力，那麼他們所能夠學習到的內容就無可限量了。唐代韓愈在其〈師說〉一文中說道：「弟子不必不如師，師不必賢於弟子。聞道有先後，術業有專攻，如是而已。」因此，在「生命」與「生死」的課題上，老師與學生之間可以共同探索，相互啟發，教學相長。

　　從佛教禪宗的修學與生命探索的觀點來看，生命的玄機本身就是一則「現成公案」。所謂「現成公案」，借用禪門的說法，就是「答在問處」，也就是禪宗所倡導的「大疑大悟，小疑小悟，不疑不悟」。此處的「疑」字，絕不是「懷疑不信」，也不是「疑惑不安」之意，而是一種亟欲探究事物真相與奧秘的「疑情」，一種基於「好奇、驚嘆與關懷」而欲「一探究竟」之情，透過「疑情」而與宇宙人生展開對話。

　　如果能夠透過個人內在的生命經驗與生命主體性自覺，深入地做哲理性的反思與禪觀式的內省，直接與生命本身展開對話，運用禪宗的「參究」法門，就能醞釀出悟道的契機，而另有一番光景，其心路歷程可比擬如「山窮水盡疑無路，柳暗花明又一村」，對生命的意義會有更上一層樓的觀照、體會與領悟。

四、生死學的研究、生命教育與生死關懷的未來展望

　　自古以來，無論東、西方文化，對於「生命」與「死亡」的看法原本就不只是侷限於肉體的層次來界定，還有精神與靈性的層次與向度。因此，幾乎在東、西方各個文化傳統中都有「死後生命」與「死後世界」的說法與描述，在那樣的意味下，「死亡」不是「生命」的斷滅、消失與對立，而是「生命」的延續。然而弔詭的是，及至科學昌盛而又醫學進步的現代文明，我們對於「生命」與「死亡」的看法反而愈來愈窄化，只是侷限在肉體軀殼來定義，靈性的層面幾乎都被忽略、排除甚至抹煞了。也因此造

成現代社會的許多難題與困局，諸如過度醫療、不得善終、末期絕症是否要治療、安樂死的兩難、如何健康養老、如何善終、如何防治自殺、如何安身立命等。換言之，我們對於「生命」與「死亡」的見解，抹煞了精神與靈性的向度，過度侷限與窄化，直接或間接地造成了現代社會裡的「生命」與「死亡」困局與難題。因此，要求以上這些問題的解決，就必須修正及擴大我們對於「生命」與「死亡」的錯誤及狹隘見解，像古人一樣回復我們對於生命內在的「心靈、靈性、心性」層面之終極關懷。

其實，從東、西方各大傳統文化的觀點與立場來看，有情眾生的生命本來就是永續的，然而很弔詭的是，我們對於生命的經營卻沒有永續。因此，我們需要重新認識生命的內在本質，以及十方三世的宇宙人生，同時擴展對於生命的永續經營與世界的永續經營。我們需要以生命永續經營的宏觀思維脈絡與視野，來建構一種生命永續經營的支持團隊與關懷模式，照顧到「生、老、病、死」的各個面向。

2009 年 6 月，我開始公開提倡「生命的永續經營觀」，以化解社會大眾面對生死議題的避諱態度與恐懼心理，後來還作了二首四句偈。

其一：

活得充實而精彩，老得成熟而睿智，

病得深思而豁達，走得瀟灑而無憾。

其二：

真誠擁抱生命，坦然面對老病，

自在迎接死亡，永續經營來生。

我雖然提出了「生命的永續經營」這樣一個理念，但是仍然需要有針對「生、老、病、死」各項議題的進一步相關研究，才有可能落實「生命的永續經營」之具體實踐。在我的新書《生命的永續經營》裡有幾篇文章，例如：〈生死輪迴的現代探索與解讀〉、〈解讀「生、老、病、死」的自然機制與奧秘〉、〈一期生命自然謝幕的歷程〉、〈「安樂死」的迷思與解套之方〉，等於是初步的探索嘗試，希望能拋磚引玉，寄望未來各界有

更進一步的研究。

　　多年來，我一直呼籲「死亡」不是「疾病」，尤其是「自然死」更不是疾病，而是大自然的生命機制，然而弔詭的是，現代醫療體系幾乎一律將「死亡」當成「疾病」來處理，所以我特別希望醫學界能有系統地研究「自然死」的機制與奧秘，還它一個本來面目，讓現代人能夠真正享有「自然死」的尊嚴與品質。

　　總之，「生命的永續經營」不單單只是一個抽象理念，而是生命的終極本然實相，也是生命的終極可行目標，需要我們從科際整合的角度多方面不斷地探索。我們研究生死的各項議題，推動生命教育與生死關懷，其終極目標在於圓滿生命的品質與尊嚴，同時也安頓死亡的品質與尊嚴。

陸、代結語：學習「慈悲」與「包容」的菩薩道精神

　　從過去普中的教學與輔導經驗中，我有一個很深刻的啟發及領悟：有一位學生非常調皮搗蛋，讓老師們傷透腦筋，好不容易把他教到畢業了，以為可以喘口氣了，不料隔年又來了一位跟他一樣調皮的學生，而且搗蛋的習性簡直是一個模樣，但是身為老師不能拒絕或排斥這樣的學生，還是要好好地教育輔導他。就像這樣子，每一年送走了一批舊學生，也迎來了一批新學生，年復一年，教的課程雖然是一樣，但學生卻有千百種。因此，身為老師最重要的修練課題，就是要培養「慈悲」與「包容」的菩薩道精神；同時還要能夠認知到教育的意義與教學的目標，其實不在於達成什麼制式的結果，而在於如何帶領與引導學生，於學習的過程當中好好去探索與體會，讓學生能夠主動自發地學習，並將所學的內容貢獻發揮出來，以及讓學生與教師自己的內在生命都可以不斷地成長。

　　教與學四十多年來，我還有一個深刻的感受與心得——老師的角色與生命教育的工作就像是當家庭主婦一樣，有三大特徵：一是「做了看不見」；二是「不做就被看見」；三是「永遠都做不完」。譬如一位家庭主

婦非常盡責，每天煮飯、燒菜、洗衣、打掃、做家事、照顧小孩等，從早忙到晚，今天做了，明天還是要做，天天在做，大家看不出她做了些什麼大事，也不覺得她有什麼偉大的貢獻；但要是有一天沒做，家裡面亂七八糟、杯盤狼藉，大家都看到她沒有做。這就好比一位平日認真負責的老師，大家已經習慣了他的認真負責，有一天偷個懶，恰好學生發生問題，大家都會把焦點放在他的失誤上面，而忽略了平日盡責認真的過往。再者，教學的工作是經年累月的，一屆學生畢業了，下一屆的新生又入學了，永遠都做不完，只能用「任重道遠」來形容。

　　教育與輔導工作就如同菩薩普度眾生一般，是任重道遠的，而且不易立即見到成效的，因此菩薩的發心不但是無量無邊，而且要久遠久遠。菩薩道的另一偉大精神在於，不求自己一人的解脫，而是普願法界所有眾生同證菩提的圓滿無礙境界。若是只有少數的個人解脫，而絕大多數的眾生仍舊沉淪於苦海，那麼個人解脫的意義則有缺憾而無法彰顯。因此，大乘佛教菩薩道的圓滿境界，不是自求了生脫死，而是法界一切有情同證圓滿佛果。

　　現代教育身負造福社會與淨化心靈之重責大任，亟需藉助星雲大師人間佛教之教育理念以為導航，並以菩薩教育之方法、精神與精髓充實其內涵，以期安和樂利之人間淨土能實現於世，願以此與天下從事教育與輔導工作者共勉。

作者介紹

釋慧開，1954 年生於臺灣臺中，祖籍江西雩都，臺灣大學數學系畢業，美國賓州費城天普大學宗教哲學博士。1982年，禮星雲大師披剃出家，同年受具足戒。現任佛光山寺副主持、南華大學講座教授、《人間福報》「生死自在」專欄作家、綠色公益基金會董事長。

曾任南華大學代理校長、副校長、教務長、學務長、研發長、人文學院院長、生死學系（所）主任、宗教學研究所所長、教育部生命教育中心副主任委員兼執行長、佛光大學佛教學院院長、佛光山叢林學院院長、美國西來大學兼任教授、香港中文大學兼任教授、普門中學校長。在多所大學以中、英文授課。對佛教哲學、宗教哲學、儒家哲學、天台宗教義、教相判釋有深入研究。

從學於傅偉勳教授，開啟了臺灣「現代生死學」之高等教育、學術研究與實務應用，在意義治療學（Logotherapy）、東西方宗教傳統與生死探索、死後生命的現代探索、臨終靈性關懷等學術研究方向開風氣之先，創辦《生死學研究》學術期刊。

1987 年獲社會優秀青年代表，2001 年受教育部聘請為推動生命教育委員，2006 年獲教育部社會教育有功個人獎，在 2015 年至 2017 年間擔任教育部生命教育中心副主任兼執行長，2016 年獲教育部生命教育「特殊貢獻獎」。

44 螢火微光、點亮世界：教育部「生命教育學習網」建置歷程紀實

關婉玲

福智佛教學院籌備處教育組副組長

國內生命教育的起源與 1997 年、1998 年臺灣社會發生多起校園暴力及自殺事件，包含不尊重與傷害他人生命的暴力及青少年的自我傷害或自殺（孫效智，2000）有密切關係。1997 年，前教育廳長陳英豪率先推展「生命教育」，提出必須以積極「生命」的教育，引導學子正面的生命觀和價值觀，並由天主教曉明女中為總推動學校，著手設計生命教育課程，推動到全國各國中、高中職（張淑美，2006）。精省之後，生命教育轉由教育部接管，教育部於 2000 年 8 月 2 日成立「推動生命教育委員會」，研訂「教育部推動生命教育中程計畫」，展開從小學到大學十六年一貫的生命教育（吳榮鎮，2006）。2000 年，生命教育正式進入教育體制的課程內，教育部公布「國民中小學九年一貫課程綱要」，在「綜合活動學習領域」中「促進自我發展」主題軸的目標明定「尊重自己與他人生命進而體會生命的價值」（教育部，2000）。2001 年，曾志朗部長更提出「生命教育年」，並特別提到了解生命意義才會尊重別人，必須要教導學生對自己尊重與尊重別人（曾志朗，1999）。

配合教育部「生命教育年」，中正大學電信研究中心與福智文教基金會共同承辦教育部「生命教育學習網」（http://life.edu.tw）計畫，自 2001

年 9 月初計畫通過至 12 月底網站架設完成，在短短四個月之內完成，任務雖然艱巨，意義卻是非常深遠。2002 年 1 月 15 日，「生命教育學習網」正式啟用，教育部曾志朗部長親臨主持記者會，呼籲大眾重視生命教育，讓我們的社會更祥和。

「生命教育學習網」計畫由歐陽教、紀潔芳教授指導，主要工作項目統攝為四大範疇，分別為「網站建置」、「網頁內容充實」、「師資培訓」及「活動推廣」等。中正大學電機研究所朱元三教授率領研究生蘇暉凱、陳明仁、陳昱仁撰寫硬體程式，以配置一臺備份伺服器與三臺主機伺服器加速網路速度建置互動式學習平臺；福智文教基金會、荒野保護協會、慈濟基金會等民間單位無私地提供各種彰顯生命教育正向力量的影片、動畫、教材、遊戲等，充實網頁內容，成就了這個豐富又有活力的學習網站；而最具特色的教學資源庫乃依據教育部制訂的「國民中小學九年一貫課程暫行綱要」，召集五十多位幼教、國小、國中、高中等各學程的現職教師，他們除了具有多年的德育教學經驗，更富有一份關懷生命的使命感，將自己對生命的體會受用及教學經驗，結合當時九年一貫課程的能力指標，轉化成「生命教育」融入式活教材。「生命教育學習網」教材資源庫的架構、主題內涵如表 1 所示，總共有幼教 50 篇、國小 196 篇、國中 162 篇、高中 198 篇教案，606 篇教案篇篇都是教案撰寫教師透過團隊合作、共同討論出來的心血結晶，對於教學現場教師將生命教育融入各領域教學幫助很大，用心深刻，影響深遠。

表 1　教育部「生命教育學習網」教材資源庫的架構、主題內涵

	人與自己	認識生命的本質，楷定生命的目標
01	生命是什麼	生命是包含身體和心靈的個體，以心靈為主。
02	無常人生	認識萬世萬物分分秒秒都在改變。變化即是轉機，以樂觀的態度面對人生，並關懷他人。
03	面對死亡	認識生命歷程有生、老、病、死。死亡不是生命的結束，而是另一個開始。

表 1　**教育部「生命教育學習網」教材資源庫的架構、主題內涵（續）**

04	因與果	因果是宇宙自然運行的法則，種善因得樂果，種惡因得苦果。
05	快樂的泉源	認識苦樂的真相，讓生命提升，無私奉獻的快樂，會讓生命提升。沉迷在物欲中雖然快樂，但會讓生命沉淪。
06	珍惜人身	學習面對生命的不圓滿，感恩父母賜予寶貴的生命，珍惜生命，發揮生命的意義與價值。
07	生命典範	以古今中外的生命典範的行誼為榜樣，啟發對其崇高人格仰望效學之心。
08	立志	人無遠慮必有近憂，志不立天下無可成之事。
09	生涯規劃	認識人生不同階段的角色有不同的學習課題，學習計畫未來。
10	超越自己	生命的過程必有順境與逆境，遇難不退的精神幫助我們面對種種考驗，成就更超越的生命。
	人與社會	**學習真誠的群己互動，建立良善的倫理社會**
01	孝悌之道	認識體會父母恩如天高，並懂得對父母念恩報恩，而兄弟姐妹互相友愛是父母高興的事。
02	慈愛子女	認識體會父母身教，引導子女正確的生命觀及人生方向的重要性。
03	親族和睦	認識親族和睦是社會穩定的力量。體會親族之間休戚與共的親密關係。
04	尊敬長上	了解長輩的智慧與經驗值得我虛心學習。能對長輩心存敬意，真誠關懷，和顏悅色，說柔軟語。
05	尊師重道	體會老師對我生命成長的重要性。能恭敬師長，感念師恩。
06	交友之道	能夠分辨益友與損友。建立正確交友態度方法，培養友愛行為。
07	守法自律	認識法律是為了保護我們，了解守法自律的重要性，養成守法自律的習慣。
08	敬業樂群	體認敬業樂群的態度關係著我生活中的痛苦與快樂。養成敬業樂群的工作態度。
09	互助合作	認識幫助他人就是幫助自己。思維把握當下及時行善是快樂之鑰。
10	愛護鄉土	體認鄉土是生養我的地方，能夠關懷及回饋鄉土。
11	族群融合	能夠尊重及包容相異的族群文化，體認族群和諧相處才能共存共榮。
12	誠信不欺	了解誠信對人我關係的重要性，培養以誠信的態度待人接物。
13	人道關懷	體認我們是地球村的一分子，彼此息息相關，發揮人飢己飢，人溺己溺的精神。

表 1　教育部「生命教育學習網」教材資源庫的架構、主題內涵（續）

14	和平共存	認識一個念頭可以影響全世界。省思大愛與仇恨帶給世界截然不同的影響。
15	兩性尊重	反省現代社會的兩性觀。建立正確兩性觀。養成兩性各盡本分，互補成長的生活態度。
16	觀功念恩	體會萬事萬物與我們息息相關，學習對身邊的人事物感恩與回饋，以改善生命。
人與自然		**尊重生命、關愛大地，創造美好的生存環境**
01	親近大自然	親近自然、擁抱自然、向自然學習，嘗試領會大自然是人類的心靈導師並有心回饋。
02	萬事萬物息息相關	認識生命彼此息息相關。了解自己的一個小小行為，對整個環境都造成影響。
03	生病的地球	認識當前環境現況──水汙染、森林消失、氣候災變，共同思考環境超載的危機。
04	價值觀的省思	體驗「物美價廉」、「用後即丟」的觀念所造成的環境負擔，並省思其與糟蹋生命的關係。
05	飲食與健康	認識食品中食品添加物、肉蛋奶對健康的傷害。
06	飲食與環境	認識飲食與表土流失的關係、飲食與物種消失的關係、飲食與能源危機的關係、飲食與全球暖化及氣候災變的關係，建立永續經營的飲食觀。
07	尊重生命	體會人類對待經濟動物的不仁道，認識我的飲食對其他生命的影響。
08	人養地地養人	認識大地的生機即是我們的生機，有機栽培是最有利於大自然生生不息的最好方式。
09	古人的智慧	從古人的智慧中，生起對大自然的愛護之心，進而不濫取濫用。
10	簡單的生活	了解什麼是需要、想要或重要，了解過度追求物欲的害處，從內心降低物欲，讓生活簡單，將提升生命內涵。
11	生活環保	認識垃圾減量 5R 原則（reduce、reuse、repair、refuse、recycle），簡單過生活，學習如何落實綠色生活。

　　透過生命教育教學活動，使學生能認識生命的真相，了解生命的意義，確立生命的目的是在不斷學習心靈永無止盡的提升。並藉由人我、群己良性互動，激發善良心性，彼此互助互信，建構祥和社會。學習「尊重生命、關懷大地」的理念，降低物欲，實踐簡樸生活，達成人類與自然和諧共存

的理想境界（關婉玲、黃俊昌、蘇暉凱、陳明仁、陳昱仁、朱元三，2005）。誠如當時參與幼教人與自然教案編寫的臺中市大勇國小附設幼兒園陳彩鳳老師所說：「在初任教職前幾年，有幸參與了教育部『生命教育學習網』人與自然的教案開發，我特別喜歡與幼小中高開發團隊共同研討教案內涵年段間的界線，讓學生的學習能有銜接且不重複，這是很難得的經驗。也因為每一篇教案都是集合很多人的力量再加上是自己親自寫，這樣的基礎大大豐富了我的教學底蘊，我將這些內涵融入目前幼教課程大綱仍然是非常地適用。」顯示出「生命教育學習網」教案的時代性與實用性。

配合「網站建置」進行「網頁內容充實」，並為使網站教育功能發揮極致，協助教師能進一步深入網上所提供之生命教育教材，故辦理「師資培訓」，使得教師自己的生命成長，更有動力推動生命教育。以 2004 年為例，全臺暑期生命教育研習會暨生命教育工作坊受益之幼小中高教師高達 1,700 人，另外辦理各式少年、青少年、大專青年暑期生命教育營隊參與人數也有 1,425 人，教師及行政人員的生命成長營隊更是吸引約 1,450 名學員參與，「活動推廣」成果豐碩。

從 1997 年到現在，生命教育在眾人的努力之下從體制外進入體制內正式課程：2006 年公布「普通高級中學課程暫行綱要」（簡稱「九五暫綱」），開設選修生命教育類課程（教育部，2006）；2010 年教育部修訂「九五暫綱」而公布「普通高級中學課程綱要」（簡稱「九九課綱」），學生必須必選生命教育類課程 1 學分（教育部，2019）；2019 年十二年國民基本教育上路，「十二年國民基本教育課程綱要」將生命教育列為普通高中階段綜合活動領域之必修科（1 學分）以及技術型高中之選修科目（2 學分），採分科教學方式，在國中小階段則是以議題融入各領域課程之方式實施。在高中端，從選修、必選終而到必修，以素養導向教學為核心之 108 課綱已經確立生命教育各階段的學習重點（國家教育研究院，2017）。2002 年，「生命教育學習網」透過科技之進步建構優質的生命教育網路學習環境，奠定全面推動生命教育的基礎，實功不可沒。

回顧教育部「生命教育學習網」的建置歷程，是令人非常歡喜與幸福的記憶。「生命教育學習網」永遠是網路界的燈塔，其榮耀屬於每位貢獻時間、心力、智慧的「網站建置」者、「網頁內容充實」者、「師資培訓」和「活動推廣」的帶動者，以及所有在教學現場誨人不倦、關懷學生、引領學生生命方向的教師們——僅以這句「即使我只有螢火微光，我也要捧出來點亮這個世界」來禮讚「生命教育學習網」默默耕耘者的高潔心志。

參考文獻

吳榮鎮（2006）。推動生命教育的現況與展望。載於何福田（策畫主編），**生命教育**（頁 9-21）。臺北市：心理。

孫效智（2000）。生命教育的內涵與哲學基礎。載於林思伶（主編），**生命教育的理論與實務**（頁 1-22）。臺北市：寰宇。

國家教育研究院（2017）。**十二年國民基本教育課程綱要國民中小學暨普通型高級中等學校：綜合活動領域**。臺北市：作者。

張淑美（2006）。**生命教育研究論述與實踐：生死教育取向**。高雄市：復文。

教育部（2000）。**國民中小學九年一貫課程綱要綜合活動學習領域**。取自 https://reurl.cc/bzKLly

教育部（2006）。**普通高級中學課程暫行綱要**。取自 https://reurl.cc/Dval76

教育部（2019）。**普通高級中學課程綱要**。取自 https://reurl.cc/pmezrx

曾志朗（1999 年 1 月 3 日）。生命教育：教改不能遺漏的一環。**聯合報**，4 版。

關婉玲、黃俊昌、蘇暉凱、陳明仁、陳昱仁、朱元三（2005）。生命教育學習網站之介紹與運用。載於蘇肖妤（主編），**生命教育：推行現況、課程及防治自殺**（頁 171-179）。澳門：澳門大學教育學院。

作者介紹

　　關婉玲，高雄師範大學成人教育研究所博士，論文題目為〈以 Pratt 教學觀點探究大學教師生命教育課程的教學實踐〉，為教育部「生命教育學習網」建置團隊軟體部分負責人。現任福智佛教學院籌備處教育組副組長。

45 臺灣大專校院生命教育推動三十年之回顧與展望

紀潔芳
彰化師範大學教授（退休）

謝依樺
高雄師範大學教育研究所博士生

李泓穎
中正大學教育學研究所碩士生

壹、前　言

　　生命教育是每一個人必備的基本知識，如能從兒童時期就接受生命教育，即自小建立良好的生命理念、培養正向的生命態度、把握積極的人生意義，這是最理想不過。若從小就希望接受良好的生命教育，則必須先建立大學生命教育良好之根基，裨能培養優良師資，以克竟全功。

　　或許有些人認為，今日高中學校大力推展生命教育，乃促進大學生命教育之快速發展，殊不知教育主管機關將 2001 年訂為生命教育年之時，大學生命教育早已努力耕耘了十年。

　　在大時代變遷中，自有先知先覺之人士，具前瞻性眼光、敏銳的直覺感，洞燭機先，並參考西方文化文明之進步，推展種種活動，引領時代進步。在 1990 年代，醫護界趙可式教授、賴明亮醫師、賴允亮醫師、陳榮基醫師等即推動安寧照護臨終關懷。2020 年是安寧照顧基金會成立之三十週年，蓮花基金會也快過 30 歲生日。1988 年，陽明醫學院黃天中教授即為醫

學系學生開授死亡心理學的課程（黃天中，1991）；1993 年，臺灣大學哲學系傅偉勳教授出版《死亡的尊嚴與生命的尊嚴》一書，引領社會大眾重視生命品質之尊嚴；同年，臺灣大學心理學系楊國樞教授及余德慧教授聯合開授生死學通識課程，有將近 200 人選修，造成轟動（臺灣大學歷年課表數位典藏，2012）。1990 年代初，彰化師範大學多位畢業校友回校反應，心痛學生自殺未能防範未然，事後又缺乏悲傷輔導之經驗，有力不從心、束手無策之憾。故彰化師範大學於 1997 年首先在通識課程中增加自殺防治及臨終關懷之單元，亦在教育學程中開授生死教育教學之選修課。而南華大學及臺北護理健康大學也先後於 1997 年及 2001 年創設相關研究所，其他各大學亦開始推動各項活動，前前後後努力了三十年。

因此，可以說有大學生命教育三十年的推動，方有高中生命教育二十年的發展；大學由上往下推展至中小學，上下交融匯成一股生命教育的巨流，本文將一一探討。

貳、臺灣大專校院生命教育推展三十年之回顧

生命教育是一門新興的學科，乃以哲學、心理學、社會學、倫理學、宗教學、生死學與教育學為基礎。在生命教育推廣早期，教師們有時會辯論生命教育所涵括的內容，有些教師主張「生命教育包括生死教育」，另一批老師則主張「生死教育包括生命教育」。許多學生和家長較忌諱「死亡」兩個字，就算學生不忌諱，家長也會叮嚀：「可以選生命教育的課，不要給我選生死教育的課，還有書架上那本《短小輕薄》的書給我拿下來。」殊不知，生命教育是人生的大學問，短小輕薄是行銷學產品設計的新趨勢。時至今日，生命教育一詞亦包括生死教育在內。大專校院生命教育的發展可從四方面探討：中高階人力資源的培育、學術與研究活動的推展、網站設置推廣與高中課程修訂、特色及社會服務。說明如下。

一、中高階人力資源的培育

（一）高階人力資源培育

　　有關第一批生命教育種子教師之培訓要特別感念當時臺灣省教育廳陳英豪廳長，由於陳廳長的高瞻遠矚、真知灼見，於 1998 年遴選臺灣地區 30 位中小學校長及教師，由輔仁大學林思伶教授帶隊前往美國考察與學習一個月，奠下推動生命教育之基石；在往後生命教育之推動中，不論是政策的參與、課程的擬定、教學的推動、教材的編審，都發揮了很大的功能。至今由林教授領導的這支精銳團隊，仍不改初衷，每年聚會一次，相互充電交流，且隨著歲月增長，經驗閱歷的累積，奉獻更豐碩的生命經驗，助益生命教育之推動，故生命教育之投資是增值的。

（二）創設生命教育研究所，培育中階人力資源

1. 研究所的設立

(1) 南華大學生死學系（含）研究所（一般生與在職生）

　　於 1997 年創所，有一般生和在職生，2001 年設學士班，還設立進修學士班，2020 年設立博士班。南華大學生死學系所組織龐大，學制多元，雖在設立系所之初，擔心招生不足，但時代的進步還是帶動了國民的成長，二十多年來招生額滿，尤其研究所僧多粥少，競爭激烈。

(2) 臺北護理健康大學生死與健康心理諮商系（含）研究所（一般生與在職生）

　　於 2001 年創所，2012 年設系。該所非常重視國際化，除經常聘請國外學者專家來開課，教師也經常帶領研究生參加國際生死教育相關研討會並發表論文。另學校設有悲傷療癒之「癒花園」，遠近馳名，配合悲傷輔導理論，具體化悲傷情緒，在降低焦慮感的壓力調適上，學習效果良好。

(3) 臺北教育大學教育學系生命教育研究所（一般生）

於 2004 年創所，重視生命教育與健康的關係，以中小學教師前來進修較多。2012 年併入教育系所，重視融入教學，碩博士論文較多以行動研究法進行。

(4) 高雄師範大學進修部生命教育研究所（在職生）

於 2003 年創立，目前提供具中小學教師等相關工作經驗之人士進修機會。學術研究風氣濃厚，論文成果嚴謹。

(5) 輔仁大學宗教學系研究所生死學與生命教育組（在職生）

於 2002 年創立碩士在職專班，招收「生死學與生命教育組」與「宗教學組」在職生，重視各宗教與生命教育的融合，以哲學角度探討其中的精華道理。

(6) 東海大學教育研究所（一般生與在職生）

該所畢業的碩士學生在工作場域中相當受到肯定。目前設有「樂齡生命教育學群」，其學生大都來自中小學在職教師。學生論文也相當有可讀性。

2. 促進理論與實務的結合

在職生進修通常會把業界的實務問題帶到所裡請教或討論，增加系所對實務的認知，對教授也是相當的挑戰，對學生而言則是非常受益。因為今天在學校學到的知識，明天就可用之於職場，故有人戲說「一人進修相當於全辦公室同仁進修」。又在職研究生之碩士論文主題多半是從職場中發現生命議題或職場未來發展趨勢，研究生用一至二年的時間透過嚴謹的研究方法或質性或量化進行探討及分析，這些實證性的研究是非常寶貴的智慧結晶。

3. 碩博士論文的貢獻

　　由表1可知，以南華大學生死學系研究所為例，1999～2020年共有796篇碩士論文，研究人員多半來自心理輔導、宗教、哲學與殯葬背景；以論文關鍵字分析，研究生命教育（56篇）、生命意義（42篇）、莊子（39篇）為多；其餘學校類之。

表 1　大學校院生命教育相關研究所碩博士論文篇數及研究主題概況

學校系所名稱	創所～目前	論文篇數	論文出現最多的關鍵字（研究主題）
南華大學生死學系	1999～2020	796	生命教育（56篇） 生命意義（42篇） 莊子（39篇）
臺北護理健康大學生死與健康心理諮商系	2001～2020	233	自我敘說（20篇） 憂鬱（13篇） 失志（9篇）
高雄師範大學進修部生命教育研究所	2003～2020	189	生命教育（44篇） 態度（44篇） 意義（35篇）
臺北教育大學教育學系生命教育研究所	2004～2020	320	生命教育（84篇） 行動研究（23篇） 死亡教育（20篇）
輔仁大學宗教學系研究所	2002～2020	151	生命教育（14篇） 天主教（9篇） 佛教（6篇）
東海大學教育研究所	2003～2020	13	生命教育（8篇） 生命態度（5篇）

資料來源：根據「臺灣碩博士論文知識加值系統」（https://reurl.cc/R0rXjz）、「高雄師範大學生命教育碩士論文目錄」（https://reurl.cc/YOvXjo）統計。

　　有關生命教育或生死教育的碩博士論文數目還不止此數，因為教育、心理、輔導諮商、宗教、文學、美術、音樂、醫護、殯葬等研究所的學生也會撰寫相關主題的論文，故實際的論文數更多。

論文較多屬實證性論文，正是社會所需。論文的研究發現及建議對社會實際問題的解決有所助益，列舉下列論文為例：羅光欣（2018）《山野教育融入生命教育教學對高中生生命態度影響之探討：以南投縣弘明實驗高中為例》、施昀廷（2010）《了凡四訓融入生命教育教學對國小學生生命態度之探討：以六年級學生為例》、張愛佳（2009）《大學生來生信念與自殺傾向之探討：以嘉義地區為例》、陳峰瑛（2003）《獨居老人的社會支持與生活適應之探究：以高雄都會區的獨居老人為例》。

　　從以上的研究主題，對防治自我傷害、對老人身心的安頓、對中小學的教學方法等，都有很大的參考價值。這些獲得碩士學位的畢業生有部分進入博士班深造，未來將成為大學生命教育的教師或研究人員，或在職生回到原單位服務，或有部分加修教育學分到中小學教生命教育課程，或從事生命教育社會服務的工作，均是生命教育優秀的中高階人力資源。

　　以下摘錄兩位博士生的論文簡介供參考：

　　博士論文 1：陳慧姿（2013）《高中教師靈性健康、寬恕與主觀幸福感量表的編製及其預測模式之研究》，高雄師範大學教育學系博士論文。該研究旨在編製靈性健康、寬恕與主觀幸福感量表及建立全國性常模，並探討高中教師靈性健康、寬恕與主觀幸福感的狀況、差異及預測模式。生命教育相關論文被引用次數（323 次）最多者（資料檢索日期：2021 年 6 月 1 日）。

　　博士論文 2：羅耀明（2017）《喪親成人之悲傷調適與復原力增長之研究：以參與社區大學體驗式生死教育活動者為例》，臺灣師範大學社會教育學系博士論文。該研究結合實證研究與質性訪談，因有感於喪親者對體驗教育之輔導益處，羅老師自行設計 8 週（每週 3 小時）的體驗式生死教育活動（體驗臨終關懷活動、體驗向此生告別活動、體驗與逝者對話活動），於終身學習機構向喪親者介入本活動。

（三）生命教育第二專長教師培育

生命教育目前在高中是必修課，教育部委託臺灣大學、輔仁大學及東海大學規劃生命教育學程（26 學分），培育生命教育第二專長教師，教師不斷加修學分，更重要的是，增加教師的體驗經驗、內涵的深度和教化的影響力（紀潔芳、鄭瑋宜、鄭璿宜、曾懷荻，2015a，頁 46）。目前已培訓約 620 多位教師，供不應求。為因應十二年國教新課綱推動，還需培訓更多教師。

生命教育不只是知識性的課程且還是一門應用學科，當學生面臨死亡或瀕死的情境尋求協助時，教師要能有獨當一面的能力，能給予學生及時適當的協助與諮商，幫助學生度過難關。以下舉兩則範例。

個案 1：在生命教育課堂上談到自我探索時，筆者（紀潔芳）發給每個學生一支 30 公分長的鐵絲，請他們折出生命的「過去、現在、未來」。小恩很快折出三角形、圓形與愛心，他說：「我過去有稜有角，很容易戳傷別人及自己，現在學會圓融，未來我要用愛心來面對世界。」信昌折得很奇怪，過去是高低起伏的波浪，中間絞成一團，未來是一個大問號，他說：「我生長在暴力家庭，隨時處於不穩定情況中。我現在的功課、經濟與交女友都攪成一團，我不知未來何去何從。麻煩可大了。」後來他跟老師說經過折鐵絲，反省自己的問題後：「我想通了，我先顧好課業，我相信經濟與感情問題會隨之而解。」

個案 2：士榮和媽媽冷戰，已經七天沒跟媽媽講話。生命教育課上到「生之喜悅」單元時，觀看《新生命誕生》影片，士榮流下眼淚。他說：「當我看到胎兒在 2 小時的時間才在產道走了 7 公分，我覺得媽媽生我實在是太辛苦了」，下課後隨即打電話回家……

由以上兩個個案知道，當學生心中有問題時，老師能觀察到並用適當的言語，在適當的時空點醒他，就能四兩撥千金雨過天晴，老師的熱心、關注及經驗都非常重要。另有三個個案及七張圖片限於篇幅請參閱附錄 1，

均有詳細的教學導引。

二、學術與研究活動的推展

（一）開授生命教育相關課程

此部分整理次級資料與現況數據統計，分析 2006 年、2013 年與 2020 年臺灣大專校院開設生命教育相關課程之資料（李泓穎，2021；紀潔芳，2007；紀潔芳、鄭瑋宜、鄭璿宜、曾懷荻，2015b）。結果發現，2006 年在 167 所大專校院中，有 59 所學校共開授 167 門生命教育相關課程；2013 年在 166 所大專校院中，有 152 所學校共開授 1914 門課程；2020 年在 160 所大專校院中，有 128 所學校共開授 1563 門課程。其次，以關鍵字「生命教育、生死教育、生命倫理、生命關懷、生命意義、安寧療護、臨終關懷、悲傷輔導、靈性、殯葬」調查大專校院開設課程之名稱，並依照開課方式、必選修分類、師資結構等三部分說明開課概況。

1. 開課方式

大專校院生命教育相關的課程包含通識教育（課程）及專業教育（課程）。所謂專業課程有兩種取向：一種是學術取向，另一種是實務取向。學術取向指心理、哲學或教育學程之理論課程；實務取向則指醫護及殯葬科系所修之課程，必須有技能的培訓及證照的取得。通識課程乃指每位大學生對生命應具備的基本認知。以李泓穎（2021）研究臺灣大專校院生命教育 2020 年開課為例：在 128 所學校中，有 15 所學校將生命教育列為校必修課，可見學校對生命教育的重視，另有 32 所學校沒有開授生命教育相關課程。唯未開授生命教育課程不代表不重視生命教育，例如：東華大學雖未開授生命教育課程，但舉辦生命教育系列講座，在教學中對生命教育知識可透過正式課程、非正式課程及潛在課程傳播，可由多元管道學習生命教育知能。

2. 必選修分類

在 2006、2013、2020 年中，均在通識教育領域開最多課程數，多半開 2 學分之選修課程，其次為醫護及殯葬科系之專業課程，再者是師範學校的師資培育課程。大專校院開授生命教育通常分為三種類別：通識、師培、專業課程。以「臨終關懷」為例，在通識課程之臨終關懷主要是讓大學生具備生命教育基本知識並了解臨終者的情況，做好心理準備及為臨終者做生命回饋，並了解悲傷輔導之重要性。但在醫護科系屬於專業課程，必須學習安寧療護之技能與取得證照。以 2020 年為例，1563 門課中有 816 門必修課（52.2%）、722 門選修課（46.2%）、25 門必選修課（1.6%）。

3. 師資結構

以 2020 年為例，開設生命教育相關課程的教師共有 711 位，專任師資 415 位占了近六成（58.4%），兼任教師 296 位（41.6%）多屬於職場業師，例如：教授殯葬類課程的禮儀師，安寧療護的護理師、醫師或社工師，這些老師提供現場實務的資訊與資源，以供修課學生對於生命教育於職場中的認識與運用，將學術知識轉化為職場能力兩者相互搭配與結合。以 2020 年教師職級為例，教授 80 位（11.3%）、副教授 155 位（21.8%）、助理教授 200 位（28.1%）、講師 272 位（38.3%）、其他 4 位（0.6%，教官、護理師、實習督導等）。

（二）學報發行及教科書出版

1. 學報

學報的出版能助益建立生命教育理論架構、學術與實務現場經驗之探討。臺灣有關生命教育學報的出版有《生命教育研究》（2009 年創刊，半年刊，臺灣大學生命教育研發育成中心與社團法人臺灣生命教育學會聯合發行）及《生死學研究》（2005 年創刊，一年刊，南華大學生死學系發行）。此兩種學報均採雙盲審稿而且非常嚴謹，深受學界重視，頗有學術

地位。

《生命教育研究》的主題領域包含：終極關懷領域、倫理思考領域、人格與靈性發展領域、生命教育理論與實踐等，學術「含金量」高！《生死學研究》早期以生死學、哲學、宗教學、倫理學等理論導向為主，近年則以殯葬學、社會工作、臨終關懷、安寧療護、悲傷輔導等主題為主，採理論與實務兼具方向發展。

2. 教科書

在大學生命教育推動初期教科書很少，多半採用教師自編講義、西文教科書或西文教科書翻譯本。任課教授慢慢累積多年教學經驗自編並出版教科書，內容深富可觀性。經查詢後精選 60 本教科書提供參考，詳細請見附錄 2。

各版本的教科書均有其特點，針對開課學分數的不同可選擇不同分量的教科書。甚至相同課程名稱及相同學分，如「臨終關懷」課程為通識課程與殯葬或護理的專業課程宜有三種版本，以適應學習者的需要。

（三）舉辦生命教育學術研討會

生命教育學術研討會之舉辦，助益於海內外學者專家集思廣益，交流心得。尤其歐美國家自 1950 年代即於大學開授「死亡學」和「生死教育」相關課程，亦出版了許多教科書及專題研究，值得借鏡。有關邀請歐美學者前來發表論文及專題演講，鐘點費及交通費都相當可觀，但為因應時代需要、助益於臺灣生命教育的快速推動，是值回票價。筆者（紀潔芳）於 2000 年至 2008 年接受教育部委辦計畫於彰化師範大學及吳鳳科技大學，舉辦 17 次生死教育教學研討會。

三十年來，臺灣大專校院舉辦學術研討會的次數相當多，其中較有系統接續舉辦的有彰化師範大學、吳鳳科技大學、南華大學、臺北教育大學、臺北護理健康大學及臺灣大學。限於篇幅，僅介紹彰化師範大學及臺灣大學舉辦研討會的特色。前述六校所舉辦的研討會請參考附錄 3。

彰化師範大學主辦研討會的特色：

1. 令大家印象最深刻的是 2000 年 1 月 27 日和 28 日舉行的大專校院生死教育研討會，這幾乎是全臺灣各大學教生命教育的老師第一次聚會，大家相見非常投緣，交流不少生命教育教學經驗，並商訂以後每半年聚會一次，帶著彼此的成果互相分享。之後，遂展開五年 10 次的生命教育研討會，每次聚會會訂定下一次研討會的主題。一年辦 2 次的研討會，相當吃重，唯一鼓作氣的研討下來，成效特別好。經過五年 10 次的交流、研討、熏習，生死教育的研究已成氣候，而且受到廣大社會的重視。

2. 彰化師範大學主辦之研討會，會議舉行前已經把論文集放在網站上，讓大家可以先行閱讀，又在研討會會場布置生命教育教學資源，展出有關生命教育的書籍、繪本、視聽媒體、教具、老師製作的教案及學生作業等。研討會兩天的中餐及茶敘，請李秋涼女士（抗癌鬥士）準備天然健康飲食，並贈送環保筷，是全方位的生命教育聚會。

3. 在此特別感謝中正大學張真誠教授（時兼教育部科技顧問室主任）對在彰化師範大學舉辦之研討會給予最大的鼓勵和支持。在吳鳳科技大學舉辦一系列研討會時，陳金燕教授（時任訓委會主委）亦給予最大的輔導與支持。

4. 2008 年汶川大地震，筆者（紀潔芳）應宋慶齡基金會及北京中科院心理所之邀請，全心投入災區學校生命重建之工作，三年間赴四川 10 次，有關學術研討會的工作由臺北護理健康大學、臺北教育大學、臺灣大學接續辦理。

臺灣大學主辦研討會的特色：

1. 最難能可貴的是臺灣大學生命教育研發育成中心及臺灣生命教育學會，從 2004 年至 2020 年十六年來從未間斷地舉行研討會。每次會議主題都非常契合社會需要，亦邀請香港、大陸及歐美的學者專家

參與，因此能引起廣大的共鳴。

2. 論文發表及討論非常嚴肅但氣氛活潑生動，幾乎每一次的研討會開場或中場休息都會安排賞心悅目的藝術表演，如擊鼓、樂器演奏，有學術討論的陽剛之美，也有藝術表演的陰柔之妙，這就是生命教育的本質。

3. 無論哪一所學校主辦研討會，會中的每篇論文都是學者專家多年研究的心血結晶，宜彙整、妥善保存與推廣運用，相信對生命教育的教學功效有所幫助。

（四）生命教育國際學術交流

本文前面提及歐美生命教育的發展較早，有許多值得我們學習的地方，故赴國外參加生命教育學術研討會是非常重要的。目前在國際學術團體中有關生命教育的團體有四個，簡介如下。

1. 加拿大國際個人意義網絡組織（INPM）

加拿大國際個人意義網絡組織（International Network on Personal Meaning, INPM）是由華人 Paul Wong 與其夫人 Lilian Wong 一手創辦，結合各種領域的專家學者，以「個人意義」作為學術議題，建構互動研習網絡，每兩年召開一次研討會。Paul Wong 是一位讓人尊敬的學者，他開發的「生命意義量表」普遍受到各學者專家的肯定，他也十分慷慨地將該量表提供給世界各地的學者專家及研究生免費使用。2008 年，臺灣一群生命教育學者專家，包括趙可式、林綺雲、吳慧敏、周守民、李玉嬋、張利中、許鳳珠、紀潔芳組團第一次出席加拿大 INPM 組織舉辦的「意義研討會」並發表論文，會中紀潔芳教授榮獲頒發「終身成就獎」。近十年來，Paul Wong 亦應邀來臺數次，2003 年間亦參加由教育部舉辦的「生命教育國際學術研討會」，擔任主題演講者，與臺灣互動頻繁；Paul Wong 夫婦也曾在 2013 及 2017 年參加林綺雲教授主辦的生命教育研討會。2019 年，張淑美教授、吳慧敏教授帶領研究生赴加拿大參與年會，林綺雲教授與張淑美教授亦先後

獲頒 INPM 的「終身成就獎」。得到大獎的肯定是殊榮，對該組織的經營方式亦是大開眼界，值得效法學習。目前，臺灣的學者專家正籌備組織「生命意義學會」，並已翻譯 Paul Wong 的傳記且準備出版中。

2. 美國死亡、臨終和喪親國際工作團隊（IWG）

多年來，臺灣生命教育的學術發展受到國際的重視，美國死亡教育與輔導協會（ADEC）的理事長見到此努力，大力邀請臺灣的學者專家加入生死教育與悲傷輔導領域最頂級的學術組織：美國死亡、臨終和喪親國際工作團隊（International Working Group on Death, Dying and Bereavement, IWG），每二年舉辦一次學術會議，成員都是應邀才能參加。馬偕醫院精神科主任方俊凱醫師已經是該組織的會員，林綺雲教授亦於 2005、2011、2015 年參加IWG會議，使臺灣的學術水準跟得上世界水準，與國際同步。

3. 美國死亡教育與輔導協會（ADEC）

美國死亡教育與輔導協會（Association on Death Education and Counseling, ADEC）是國際知名的生命教育組織，每年選擇不同的地點召開年會，不但美國各地都有學者參加，另歐洲、亞洲、澳洲也有學者將近千人參加，慣例是在大會的前兩、三天會舉行各式各樣的工作坊，便於與會者充實新知。大會期間，除了精彩的專題演講外，每段時間均同時舉辦十多場的主題講演，令與會者有多元的選擇。配合會議的進行，會場還有展出許多書籍及設計精美、富創造力且實用的教具，琳瑯滿目，創造力令人歎為觀止。筆者（紀潔芳）帶研究生參加及發表論文有 5 次之多，結交了多位外國的學者專家並邀請來臺講學，例如：知名的兒童生死教育專家 Linda Goldlman、澳洲的自殺防治專家 Diego De Leo，都先後來臺教學及講演。

4. 美國自殺學協會（AAS）

自殺是讓全世界各國都很頭痛的問題，尤其是青少年自我傷害更令人心疼，故防治自我傷害是各國共同要解決的問題。美國自殺學協會（Association of American Suicidology, AAS）每年選擇不同的城市舉行年會，有時年會時間與 ADEC 年會時間相近，臺灣的學者都可以一趟行程參加兩個年會，與各地的精英交流心得，互換經驗，收穫滿滿。

三、網站設置推廣與高中課程修訂

（一）生命教育網站之建置與推廣

網站設置是推廣生命教育普及率強、效率高之有效方式，臺灣教育主管機關從 2002 年持續編列預算設置「生命教育學習網」，為全球華人包括教師、家長、學生及一般人士提供生命教育專業知識、學術論文、教案及多媒體教學資源。筆者（紀潔芳）曾應邀在中國大陸各地區培訓生命教育種子教師，包括內蒙、赤峰、西寧、昆明、長春、石家莊、濟南、廣州、成都、思茅、杭州、紹興、溫州、常熟、上海等地區，都遇到許多網站使用者，倍感親切，他們亦感念在中國大陸生命教育推廣初期，教學資源較缺乏的情況下，在生命教育學習網下載了許多珍貴資料，尤以成都小薇老師下載了多本「繪本說故事」教學資料，用得得心應手。

在此特別要感念計畫總主持人中正大學朱元三教授及陳錦章教授。在網站設立之初的設計規劃，在網站設立後，不遺餘力充實內容，從人與自己、人與他人、人與社會、人與自然的角度，充實各學科、各版本、各年級的許多精彩教案、生命故事等。平均每日之點擊率將近有 2,000 人，有時甚至多達 5,000 人（中正大學電機研究中心，2013）。網站設置最初以中小學教師為服務對象，爾後亦將研討會論文放入，許多學者專家亦成為使用者。另外，朱老師的團隊包括助理等非常用心，由於有生命教學經驗，以網站為己任，對網站資料如數家珍，並針對使用者需要充實資源，另為查詢使用方便亦改進作業方式，運作得很好。

為因應九年一貫國教改為十二年國教的推動，教育部於 2014 年將生命教育學習網改設為「教育部生命教育全球資訊網」（https://life.edu.tw/

zhTW2/），為目前主要資源整合網站。該網站整合相關單位之即時訊息，包含教育部生命教育中心（設置於南華大學）、國教署生命教育專業發展中心、國教署生命教育學科中心等相關單位之資源整合功能，可看見單位發布之最新訊息，以利教育專業人員、學生、家長與研究人員的資訊接收。此外，也介紹世界各國有關生命教育議題的最新發展或新聞，如「近期英國政府強化學生心理健康之作為」、「首爾市中區針對青少年實施自殺預防教育」、「對抗校園霸凌：法國教育界的反思」（教育部生命教育全球資訊網，2021），整合各國生命教育最新資訊。電子教材也依中小學學習階段提供親師生下載教學與學習；學術研究論文整合提供研究人員引用參考；「網網相連」則以系統連結方式結合其他部門之生命教育相關網站。此網站功能繁多，提供多元連結，使「秀才不出門，一指可知天下事」！

（二）擔當及引領高中生命教育課程修訂

臺灣的高中生人人都能接受生命教育的薰陶與啟迪，為身心靈注入豐沛的希望能量，其背後有著一群辛勤的大學教授與實務工作者，已辛勤耕耘二十餘年。一門課程的誕生到列為高中必修課程，課程位階等同於學科（國文、英文、數學等），過程是篳路藍縷，其中最艱辛之處除了成立行政組織與課程綱要的修訂外（在臺灣的中小學，每一門教學課程都需要教育部制定的課程綱要來參照），「生命教育」名詞的界定要建立共識就很不容易，後由教育部統合之。除了上述提及每三年設立主題要點、滾動式修正與省思生命教育的實施現況，還委託大專校院的教授們集思廣益，思考生命教育的多元探討面向，並組成教學資源教授團。筆者（紀潔芳）有幸擔任其中一項工作，為生命教育資源建構略盡棉薄之力。

由參考教育部（2018）、孫效智（2015），以及李泓穎、吳善揮（2021）等三篇文章可知，高中生命教育的內涵分為五大核心素養（學習重點），分別是：(1)「哲學思考」：有關思考的知識情意技能素養和後設思考，兩者相互為用、相互因果；(2)「人學探索」：了解「我是誰？」關

於自身生命主體的想像與發現；(3)「終極關懷」：生命意義與人生目標的確立；(4)「價值思辨」：道德與美感經驗的統合思辨；(5)「靈性修養」：幸福與至善的精神省思與落實方法。

　　大學教授們除了為生命教育資源建構與理論基礎盡心盡力外，亦與有志深入發展生命教育教學實務的中小學教師組成生命教育輔導團，定期舉辦各類研習活動，並到中小學校園中宣導與輔導更多教師充實生命教育的理論與實務。

　　在未來充滿變革的社會中，隨著國際交流、資訊科技、教育政策的變化，臺灣的高中生亦面臨「我是誰？我自何處來？我往哪裡去？」的自我角色認同問題。生命教育的課程實施有助於學生思辨問題，透過思考認識自己的興趣、專長與價值觀，建立自我風格，成為獨立的個體，繼續接受高等教育學習階段的挑戰和任務，以成為未來社會的主人翁。

四、特色及社會服務

（一）臺灣生命教育推動累積多項特殊經驗與特色

1. 累積受災地區學校生命關懷之寶貴經驗

　　臺灣生命教育推動三十年，其貴經驗是累積了災區學校生命關懷之實作經驗。1999 年，臺灣歷經了空前之九二一大地震，2,000 多人死亡，數十萬人家園毀損、身心受創，彰化師範大學就近南投縣、臺中縣，乃義不容辭，全校師生總動員，承擔了多項生命重建的工作，前後共三年累積寶貴經驗。往後在八八風災、高雄氣爆、臺南地震等災難中，能即時展開災區學校親、師、生的心靈撫慰工作，甚至契機契理適用之繪本，或是視聽媒體都能派上用場。爾後，2008 年汶川大地震、2009 年玉樹地震、2010 年舟曲土石流等，臺灣朋友二話不說，帶著累積的經驗及輔助資源，盡心去了！

2. 重視特殊教育及生病學童之生命關懷

臺灣非常重視特殊教育之實施，因應實際需要在 1980、1990 年代有大量特殊學門的人才，赴歐美深造，並獲得碩博士學位，回臺灣服務。在特殊教育的人力資源中，也分為許多專業項目，如資賦優異、視障、聽障、肢障、學障（細分閱讀障礙、注意力障礙等）、自閉症、多重障礙及情障等，有配合特殊人士之社會福利法，令特殊學生受到更多、更適切之生命關懷。

另外，有關癌症病童在化療期間可申請床邊教學，老師可依據病童的實際需要及心理需求做適當的教導及實際的安撫與鼓勵，對病童的身心安泰有很大的幫助。

3. 專業課程融入生命關懷

技職教育培育之人才應為具有生命關懷的「人」，才能真正成為企業所需要的人才。生命教育的核心價值之一，是每個孩子都有一片藍天，讓孩子多元適性發展。有些學生的書不是讀得很好，但手非常巧，自可從技職教育著手。臺灣的技職教育體系非常完整，從高職、大學、碩士及技職博士之培育有完整的體系，而其中之生命教育如職業專業、服務態度、企業倫理、職業道德亦融入專業課程中。

技職教育通常有工業學群、商業學群、觀光學群、幼教學群、美容美髮及廣告視覺等學群。在各系中融入生命教育，例如：在國企系開授「關愛生命與企業之社會責任」，在幼保系開授「生命教育與幼兒教育」，在消防系、保全系亦可開授「消防人員和保全人員之生命觀與關愛生命」等。畢竟關愛生命是要落實於各行各業中，方能提升社會福利與國民之生活品質。

在筆者（紀潔芳）以往服務之吳鳳科技大學，曾於 2005 年 12 月舉辦「臺灣地區生命教育融入技職教育教學研討會」，邀請各學者專家分別對生命教育融入美容、餐飲、觀光、工業、科技、商業、保險、交通管理、

消防、幼兒教育、護理及工程規劃等專業領域，將生命教育與專業領域的結合，深獲肯定。

4. 校園特色之建立及校園文化塑造

　　生命教育推動多年，欣見各校校園特色之建立、校園文化之塑造，例如：中原大學以校園內師生不吸菸為校園文化，全校師生不但珍惜自己健康，也尊重別人，更關懷大自然；南華大學全校推動生命教育，建立三好之校園文化，即存好心、說好話、做好事。又近年來縣市文化局亦將當地人文特色與生命教育相結合，例如：花蓮縣文化局委託東華大學徐秀菊院長（現任澳門理工大學美術學校校長）製作一系列花蓮特色繪本，如老樹、石實之有趣繪本，以及原住民快失傳之故事，恬淡的文字，色彩豐富的插畫，充滿神奇的故事，令人愛不釋手，其他縣市如臺南市等亦有成效。

　　另在中小學亦效法之，例如：臺南市協進國小，不但有生命教育特色，也塑造閱讀古都文化、億載小學，以綠建築環保為特色；高雄市道明中學，以品格教育塑造校園文化，由全班同學自訂「品格」項目，如負責、誠實、和諧等，並立下實施細則，國中三年或高中三年全心全力，以班級自訂的品格項目為行為舉止的依歸，一個項目做得好，則可收觸類旁通之效。在臺灣地區建立特色的學校為數頗多，宜有專題研究將落實之情況分享之。

5. 生命教育是大家的，有志一同

　　生命教育的推動由於推動的單位不同，輔導的單位也不同，臺灣的大中小學無論是技職教育、特殊教育都由教育部輔導。矯正教育如誠正中學、少輔院、受刑人、受刑人家屬等之生命關懷屬法務部輔導。另外，社會工作者及員警學校之生命教育由內政部輔導。軍事學校之生命教育工作坊，或軍人自我傷害之心理輔導，由國防部處理。國稅局、稅捐稽徵處推動之生命教育，由財政部輔導。海外僑民之生命教育由僑委會輔導。雖殊途但大家有志一同，亦是特色之一。

（二）在生命教育體制外相關機構相輔相成之配合

1. 各民間相關機構踴躍主辦生命教育活動

臺灣有許多生命教育相關民間社團，如社團法人臺灣生命教育學會、點亮生命教育基金會（由民間中小學教師發起，提供入校宣導生命教育的資訊連結）、自殺防治協會、董氏基金會（菸害防治與憂鬱症防治）、臺灣失落關懷與諮商協會、周大觀文教基金會（幫助弱勢朋友及發揚善行）、張老師基金會、生命線（生命關懷熱線電話）、安寧照護基金會、康泰醫療文教基金會、蓮花基金會、世界宗教博物館等經常舉辦生命教育相關活動，收相輔相成功效。

此間還不包括宗教信仰社團，臺灣是宗教信仰自由的地區，宗教團體對臨終關懷及悲傷輔導有很大的幫助，唯臺灣之生命教育推動，主要以教育心理學及哲學為核心。

2.「生命熱線」之設置成效

當一般人感到鬱悶、挫折時，有生命熱線之設置，以協助調適民眾鬱悶心情與紓解壓力是很重要的。衛生福利部心理及口腔健康司設有安心專線「1925」（依舊愛我），主要提供民眾一般心理調適問題與自殺防治等輔導服務；有需要時，也可提供轉介醫療單位資訊，具有即時救助與資源轉介功能。臺灣生命熱線的設置較有規模的，包括有生命線、張老師、觀音線等，而其中尤以「生命線」成效殊勝，是全天24小時接聽電話，電話1995（要救救我），此乃社團法人國際生命線臺灣總會設置的專線，聽話員皆為志工，受過嚴格的訓練，專業知識、服務熱忱及輔導技巧，有口皆碑，受益人數眾多。唯目前因人力資源不足，部分縣市暫停夜間服務。

3. 多元服務

大學與大學間志同道合的學者們成立相關組織，為中小學或社會大眾推廣心理健康等生命教育的服務，如社團法人臺灣生命教育學會、社團法

人臺灣失落關懷與諮商協會等。大學還會與企業界合作提供在職訓練、工作坊或演講活動，教導企業員工將生命教育的理念，如正念減壓、正向心理學、溝通藝術等運用在工作職場中，展現生命教育的多元實用性。大學是學術研究的最高殿堂，也引領著社會的進步。綜觀大學生命教育三十年來的努力，無論在學術研究、人才培育、社會服務及特色建立方面，都有相當亮眼的成果，可以說善盡職守，為新世代的來臨打下堅實的基礎。

參、在時代變遷中大學生命教育的展望

一、回首過去、看見當下、放眼未來

大學生命教育三十年，在學者們引領之下建構不少理論模式，累積許多教學資源、師資與組織建設，期盼無論是教師、學生或行政主管，皆能重視大學生命教育能帶來的生命啟迪功能，此領域不會獨尊學歷、證照，乃至是否為生命教育相關科系的畢業生，卻相當重視生命教育的學習過程中，帶給每一位學習者的「啟發」作用。每一堂課都是種下一粒導引正向心靈的種子，再加上學習者的省思與內化，反覆咀嚼後必能在自己的生命中發揮作用。因此，生命教育的課程無論大學或中小學都應長期實施，連貫所學知能，應用在自我生命與未來生涯中。

二、省思生命價值與意義

大學乃社會教育體系之最高學術單位，對社會的風氣著實發揮不少引導作用。從大學校院畢業後無論是學士、碩士或博士，都曾領受過高等教育的豐厚資源，在學習過程中受過系所風氣薰習、教師教導、同儕影響下，往往與未來職場選擇、社交圈建立與生涯發展有關。因此，大學生命教育的教學是引領學生思考自我生命意義與提升自我價值的學習機會，修習過生命教育課程的大學生們，能回饋社會，為社會注入正向的力量，使社會

風氣持續向上與向善。

三、深化生命教育教學知能

生命教育的課程已自初、中期較偏重理論的建構，轉而到後期理論與實務兼具的課程模式，未來還需要納入社會的變革、後工業與資訊時代的多元元素，隨時代變遷注入專業知識與能力。除了學術單位與學程的創立、學術刊物的出版、各式研討活動的辦理之外，大學生命教育的教學者還須思考如何建立以學習者為本的理論架構與實務模式，適性適才，落實生命教育的專業化發展。

四、協助學生內化生命經驗

在高中階段，透過生命教育的學習以培育學生初步的思辨知能，在大學階段的生命教育課程也應承襲高中所學，將更寬廣、更專業的理論知識與前人實務經驗累積相互融合，提升學習效果。此外，教學者與學習者願意將課堂所學融入日常生活中，讓日常生活的累積成為生命的學問，以發揮長期影響力。

五、飛揚自我生命光彩

大學學生畢業後至社會工作，往下個人生階段前進。生命教育的影響，無疑是為了曾經的莘莘學子們在各種人生難關、生涯抉擇，乃至生命價值觀上，停下腳步省思生命的機會，也在課堂中將生命的主導權交還給每一位學生。一次次自我與他人的生命經驗分享、一道道對於人生難題的擬答嘗試，都成為未來學生們真實遇到的人生光景之一部分。大學生命教育三十年，仔細想想，不也是希望每一位學生都能夠踏實與快樂地飛揚自我的生命嗎？

肆、結語：生命教育的過去、未來及現在

生命教育之過去

生命教育

從無　到有

從幾個人做到一群人

從「一地」推廣到兩岸四地

從被家長誤會纍纍到深受肯定

從吃盡許多苦頭到漸入佳境

方漸漸了解生命教育的內涵

才體驗到被生命教育觸動的感動

從心動、行動到撼動

漸漸澄清了生命的價值

肯定了生命的意義

終將無怨無悔

義無反顧地投入再投入

生命教育之未來

是在高規格的環境保護及生態平衡下的生命教育

是在科技快速進步下的生命教育

是在專業課程學理基礎紮實之配合下的生命教育

是在通識教育提升學生的軟實力之下的生命教育

是在引入中華文化古聖先賢生命智慧的生命教育

生命教育之現在

我們現在正站在「關鍵點」上

能否「當下承擔」

能否挑起「承先啟後」的責任

能否「開闊胸襟氣度」

單看大家的眼光、見識、前瞻性、開創性

與時代脈動銜接及對時代使命的認同感

深者見深，自然有領導者出現

過去已經過去了

未來能否美好就在現在

把握當下！

　　大學生命教育走過三十年，種下無數株生命的幼苗在學生的心田中，無論是教學者、學習者、行政主事人員，以及所有見證過臺灣生命教育成長與茁壯的每位參與者，大家齊聚一堂共同享用我們生命喜悅的果實，點滴在心頭，感動不已。如此我們能體會生命教育帶給我們的受用與省思生命的機會，並且生生不息、傳承給我們的下一代、下一代，再下一代……

後 記

　　謹以本文紀念對生命教育推廣不遺餘力的朱小蔓教授，她一定很高興看到這本書的出版！

　　我們對於在 2021 年初答應寫這篇文章感到後悔，因為大學生命教育三十年之回顧很難用一萬三千字的篇幅來說明，所以在寫作過程中我們盡量力求架構完整，故部分內容僅以條列陳述，請海涵並多指教！

　　在生命教育發展過程中，三位不同時點的人居然能非常有緣齊聚一堂。本文三位作者以不同角度參與之，有推動大學生命教育之辛勤教學者；有修習早期大學生命教育課程畢業後，現已站在講臺回饋學生之教學者；有大學生命教育教學成熟期之學習者，在學習過程中享受豐富生命教育資源。

在寫作過程中，不同理論的辯解、不同論點的互補，互相激勵、默契十足。很高興我們有志一同。

參考文獻

中正大學電機研究中心（2013 年，9 月）。**101 學年度教育部生命教育學習網經營結案報告書。**

李泓穎（2021）。**2020 年臺灣大專校院生命教育相關課程之統計與分析**，未發表。

李泓穎、吳善揮（2021）。臺灣與香港中學生命教育之比較研究。**學校行政，131**，186-210。

紀潔芳（2007）。**生命教育課程教學與人力資源手冊**。嘉義縣：吳鳳科技大學。

紀潔芳、鄭瑋宜、鄭璿宜、曾懷荻（2015a）。**打開生命教育百寶箱**。臺北市：蓮花基金會。

紀潔芳、鄭瑋宜、鄭璿宜、曾懷荻（2015b）。臺灣大專校院生命教育相關課程：開授與教學之探討。載於**生命教育你我他**（頁 126-145）。臺北市：蓮花基金會。

孫效智（2015）。生命教育核心素養的建構與十二年國教課綱的發展。**教育研究月刊，215**，48-72。

教育部（2018）。十二年國民基本教育課程綱要綜合活動領域。**十二年國民基本教育資訊網**。取自 https://reurl.cc/6aayZ6

教育部生命教育全球資訊網（2021）。**國際生命教育外館文章**。取自 https://reurl.cc/j888OM

黃天中（1991）。**死亡教育概論（I、II）**。臺北市：業強。

臺灣大學歷年課表數位典藏（2012）。**分班編組課程：通識教育**。取自 https://reurl.cc/4y3z7R

作者介紹

　　紀潔芳，中興大學農業經濟（應用經濟）碩士，公務人員高考及格，曾任經濟部物價督導會報調研組組長兼一般經濟科科長、臺灣省政府秘書處專門委員、彰化師範大學教授兼圖書館館長。目前已退休，從事生命教育推廣工作、杭州師範大學弘豐中心特約研究員。2014 年榮獲加拿大 The International Network on Personal Meaning 協會頒發終身奉獻獎、2010 年獲宋慶齡基金會生命彩虹獎。

　　謝依樺，彰化師範大學中國文學系學士、碩士，現就讀高雄師範大學教育研究所博士班，且為嘉義高商國文科教師、生命教育第二專長教師。

　　李泓穎，南華大學生死學系學士，學習過程中領受該系多元豐沛之生命教育學習資源，也將生命教育的學習與實踐做為人生志向。現就讀中正大學教育學研究所碩士班，並修習中學輔導科師資培育學程。

註：本篇附錄請於心理出版社網站下載閱讀。
　　網址：https://reurl.cc/a9aag9
　　解壓縮密碼：9789860744170

筆　記　欄

筆 記 欄

國家圖書館出版品預行編目（CIP）資料

創新與傳承：大學生命教育課程規劃與教學實務／
紀潔芳主編. -- 初版. -- 新北市：心理出版社
股份有限公司, 2021. 07
　　面；　公分. --（生命教育系列；47015）
　ISBN 978-986-0744-17-0（平裝）

　1.通識教育　2.生命教育　3.高等教育

525.33　　　　　　　　　　　　　　110009820

生命教育系列 47015

創新與傳承：大學生命教育課程規劃與教學實務

主　　編：紀潔芳
責任編輯：郭佳玲
總 編 輯：林敬堯
發 行 人：洪有義
出 版 者：心理出版社股份有限公司
地　　址：231026 新北市新店區光明街 288 號 7 樓
電　　話：(02) 29150566
傳　　真：(02) 29152928
郵撥帳號：19293172　心理出版社股份有限公司
網　　址：https://www.psy.com.tw
電子信箱：psychoco@ms15.hinet.net
排 版 者：辰皓國際出版製作有限公司
印 刷 者：辰皓國際出版製作有限公司
初版一刷：2021 年 7 月
I S B N：978-986-0744-17-0
定　　價：新台幣 850 元